Jürgen Reinhold
Erinnerungen

Jürgen Reinhold

Erinnerungen

Der lieben Gundel,

der kundigen Zeitgenossin,

vom Verfasser

Essen, den 26. 11. 2000

Klartext

Die Deutschen Bibliothek - CIP-Einheitsaufnahme
Reinhold, Jürgen:
Erinnerungen / Jürgen Reinhold. - Essen: Klartext-Verl., 2000
ISBN 3-88474-917-X

Gestaltung: Reinhard Pietrass, Velbert-Langenberg
Umschlagfoto: Frank Vinken, Essen
DTP/Scans: TRISIGN, Essen
Fotos Bildteil: Soweit nicht besonders gekennzeichnet, aus dem Archiv des Verfassers
Druck und Verarbeitung: Runge, Cloppenburg
Gesetzt aus der Stone Serif, 9 Punkt auf 14 Punkt, im Programm Quark-X-Press
Papier: Plano Book Werkdruck 90 g/qm (Schriftteil), Luxo Magic 135 g/qm (Bildteil)

ISBN 3-88474-917-X

INHALT

Für Helga,
die dieses Buch in jeder Phase seiner Entstehung als
kritische Mitleserin zu Inhalt und Form begleitet hat.

VORWORT

Diese Lebenserinnerungen beginnen 1923, im Jahr meiner Geburt, und umfassen das „Dritte Reich" (1933-1945) und damit den Zweiten Weltkrieg (1939-1945), das zentrale Ereignis für die damals lebende Menschheit. Dabei hat keine geschichtliche Figur einen derartig weitreichenden und unheilvollen Einfluss auf uns gehabt wie Adolf Hitler. Die heutigen Menschen fragen sich, wie er an die Macht kommen konnte und warum ihm die Deutschen gefolgt sind, so wie ich selbst. Ich habe daher als Hintergrund meines Lebens die Geschichte unserer Zeit immer insoweit zusammengefasst dargestellt, als das nach meiner Meinung zum Verständnis und zur Beurteilung unseres Verhaltens notwendig ist.

Ich habe mich bemüht, meine damalige Einstellung wiederzugeben, auch wenn sie für mich nachteilig erscheint, und bei gegebenem Anlass eine heutige geläuterte Bewertung angefügt.

Dagegen habe ich keine Geschichte der späteren Nachkriegszeit schreiben wollen. Die jüngeren Leser haben sie schon selbst erlebt und können sich ein eigenes Urteil bilden. Natürlich enthält die Schilderung meines weiteren Lebens zwangsläufig viele Bezüge auf seinen jeweiligen Hintergrund.

Essen, im Februar 2000 — Jürgen Reinhold

I. KINDHEIT IN HALLE/SAALE
(1923 - 1928)

VOR mir liegt eine abgegriffene blaue Lederbrieftasche. Mein Vater fand sie 1914 im Ersten Weltkrieg auf dem Vormarsch bei einem gefallenen französischen Soldaten. Er nahm sie zur späteren Feststellung seiner Identität mit. Aber leider gab es keine Anschrift. So behielt er sie als Erinnerungsstück.

Drei Tage vor meiner Geburt (11. Juni 1923) half meine damals zehnjährige Kusine Irmgard Rummel meiner Mutter. Da sie zum Einkaufen geschickt werden sollte, suchte meine Mutter eine Geldtasche für das viele Papiergeld, das damals nötig war. Da entsann sie sich der blauen Lederbrieftasche und entdeckte dabei zufällig, eingenäht unter dem Futter, 300 französische Francs, von denen niemand etwas gewusst hatte. Das war die Rettung! Denn in Deutschland herrschte damals die „Inflation“, d.h. Geldentwertung.[1)]

Grund für diese inflationäre Entwicklung waren die wirtschaftlichen Folgen des verlorenen Weltkrieges. Deutschland hatte an die Siegermächte, also insbesondere England und Frankreich, hohe „Reparationen“ (Kriegsentschädigungen) zu zahlen. Im Inland waren die Kriegsfolgen zu beseitigen, Kriegsopferrenten und andere Verpflichtungen zu leisten. Dies alles überstieg die finanziellen Möglichkeiten des Deutschen Reiches. Die Regierung half sich mit immer schnellerem Drucken von Papiergeld. Die Lohn-und Gehaltsempfänger erhielten täglich bündelweise Geldscheine mit immer höherem Nennwert, zuletzt mit „Eine Billion RM“, und durften auch sofort die dringendsten Einkäufe vornehmen, denn am nächsten Tag waren die Preise wieder gestiegen. Ganze Vermögen und alle Ersparnisse gingen so verloren. Mein Großvater Reinhold, der sich für seinen Ruhestand etwas zurückgelegt hatte, um sich ein Haus zu kaufen, erzählte mir mit bitterer Stimme, dass er für diese Summe schließlich noch ein Pfund Butter bekommen hätte. – Dazu rollte zwischen Juli und August eine Streikwelle über das Land hinweg, die Arbeitslosigkeit wuchs ständig, und die Wohnungsnot war groß.

In dieses Chaos hinein wurde ich geboren. Zur Freude meiner Eltern war ich ein gesundes Kind. Mein Vater, der keine Ahnung von Neugeborenen hatte, fürchtete zwar zunächst, ich hätte einen „Wasserkopf“ oder einen „Turmschädel“. Aber meine Großmutter Rindtorff, Mutter von elf Kindern, die bei meiner Geburt half, konnte ihn beruhigen. In der Geburtsstunde um 7 Uhr

3 Minuten schien die Sonne. Das Gebetbuch meines Großvaters Reinhold enthielt für diesen Tag den Spruch aus der Apostelgeschichte Kapitel 8 Vers 39: „Er zog seine Straße fröhlich". Getauft wurde ich am 13. 8. 1923 durch einen Schulkameraden meines Vaters vom Schleusinger Gymnasium. Mein Taufspruch ist dem 84. Psalm Vers 12 und 13 entnommen: „Gott der Herr ist Sonne und Schild; der Herr gibt Gnade und Ehre: er wird kein Gutes mangeln lassen den Frommen ..."

Meine Eltern waren verständlicherweise über den eingangs erwähnten wertvollen Devisenfund froh. Denn die Hebamme liquidierte „für den Beistand bei einer regelmäßigen Geburt bis 8 Std.": 75.000 Mark und für „14 Wochenbesuche je 7.000 Mark": 98.000, zusammen: 173.000 Mark. Prof. Dr. Stieda berechnete für ärztliche Bemühungen am 17. Juni, einem Samstag,: 50.000 Mark. Für die Ausleihe einer Säuglingswaage mussten, entsprechend der inflationären Entwicklung, gezahlt werden: Für die Zeit vom 11. 6. - 31. 8.: 14.400 Mark, für die Zeit vom 1. 9. - 30. 9.: 2.375.000 Mark und, nach der Stabilisierung der Währung, für die Monate Oktober bis Dezember 1923: 30 Rentenmark. Für eine Geburtsanzeige im früheren Lebenskreis meiner Eltern in Schleusingen in Thüringen wurden an das „Henneberger Kreisblatt" 8.300 Mark gezahlt. Die 300 französischen Francs hätten meinen Eltern zum offiziellen Umtauschkurs am Tage meiner Geburt (11. 6. 1923) rund 2 Milliarden RM gebracht, wofür sie das alles bezahlen konnten. Natürlich werden sie aber die wertbeständigen Devisen nicht komplett in ziemlich wertloses Papiergeld umgetauscht haben, sondern sie nach Angebot und Nachfrage auf dem freien Markt umgesetzt haben für alles, was notwendig war, wie Lebensmittel für die stillende Mutter. Aber sie erfüllten sich auch einen Herzenswunsch: eine Wanduhr, die heute unserer Tochter Johanna gehört.

Die Einkünfte meines Vaters waren damals noch gering. Ich schätze sie auf 200 bis 300 RM brutto im Monat. Er war Assistent am Physikalisch-Chemischen-Institut der „Martin-Luther-Universität Halle-Wittenberg", wo er im Juli 1922 zum „Dr. phil."[2] promoviert hatte. Es war das übrigens die „Hausuniversität" der Familie für die zahlreichen Theologen unter meinen Vorfahren, auch so weit sie aus Westdeutschland stammten. Während des Studiums lernten sie in Halle und Umgebung häufig ihre späteren Ehefrauen kennen, wie mein Großvater Moritz Reinhold und mein Urgroßvater Carl Reinhold. Meine Mutter arbeitete bis zu meiner Geburt als Technische Assistentin am Chemischen Untersuchungsamt des Hygienischen Instituts des berühmten Physiologen Prof. Emil Abderhalden an der Universität Halle. Sie bestritt einen wesentlichen Teil des Familieneinkommens, was damals in sogenannten bürgerlichen Verhältnissen keineswegs selbstverständlich war. Ihr Einkommen wird auch etwa 200 bis 300 RM brutto betragen haben.

Mein Geburtshaus in Halle/Saale in der Ludwig-Wucherer-Straße 56 steht noch. Seit ihrer Hochzeit am 11. 8. 1920 mussten meine Eltern dort in ziemlich beengten Verhältnissen zur Untermiete wohnen. Die Wohnung lag im Hinterhaus im 1. Stock und bestand aus zwei Zimmern (Wohn-und Schlafzimmer) und Küchenmitbenutzung. Das Einvernehmen mit Frau Schlesinger, einer Jüdin, war gut. Sie passte auf, dass meiner Mutter das Essen nicht anbrannte, während sie mich stillte. Als Ausspruch ist überliefert: „Frau Reinhold, in ihrem Topf kracht's!“

Erst im Juni 1924 hatte das Wohnungsamt Erbarmen, und wir konnten in eine eigene Etagenwohnung im ersten Stock der Laurentiusstraße 15 umziehen. Bis dahin reichen auch meine frühesten Erinnerungen zurück. Schemenhaft sehe ich mich noch aus meiner niedrigen Perspektive zwischen Kisten und Kasten des Umzugsgutes herumtappen. Da es in dieser Zeit keine vergleichbaren Ereignisse in der Familiengeschichte gibt, dürfte mich meine Erinnerung nicht täuschen. Der Umzug in die neue Wohnung brachte zwar eine Verbesserung der Lebensverhältnisse, aber schön war es auch in der Laurentiusstraße nicht, wovon man sich heute noch überzeugen kann. Immerhin bezeichnete meine Mutter die Wohnung als „sonnig“. Sie bestand aus fünf kleineren Zimmern, von denen eins untervermietet war, und Küche. Eins davon war ein sogenanntes „Berliner Zimmer“, wie man ein Durchgangszimmer im Seitenflügel zum Hinterhaus hin nannte. Die Toilette befand sich auf der halben Treppe. Ein Badezimmer gab es nicht. Ich wurde einmal in der Woche in der Küche in einer Holzbadewanne gebadet.

Die heute selbstverständlichen elektrischen Waschmaschinen und Trockenschleudern gab es noch lange nicht. Einmal im Monat musste meine Mutter eine „große Wäsche“ in der Waschküche, die wohl jedes Haus hatte, bewältigen. Dann herrschte große Aufregung im Haushalt. So empfand ich es jedenfalls. Schon am Vorabend kam die gebrauchte Wäsche, die während des Vormonats in einem Wäschekorb (in Hamburg „Wäschepuff“ genannt) gesammelt worden war, zum Einweichen in den Waschkessel. Der Waschtag begann bei uns schon morgens um 5 Uhr. Dies musste offenbar so sein, weil das bei den Großeltern auch schon so war. Dann wurde Feuer unter dem Kessel angemacht, um die Leinenwäsche zu kochen. Um 7 Uhr erschien Frau Mutterlose, unsere „Waschfrau", für die ein ständig zu erneuernder Vorrat an Bohnenkaffee bereitgehalten werden musste. Nun begann der eigentliche Waschvorgang mit der Hand und einem „Rubbelbrett". Am Schluss folgten mehrere Spülgänge. Eine einfache Wringmaschine preßte das Wasser aus der Wäsche, die nun auf einer Leine auf dem Dach des Hinterhauses zum Trocknen aufgehängt wurde. Am nächsten Tag wurden die großen Stücke „auf die Rolle" (Heißmangel) gebracht und die kleineren Stücke mit eisernen Bügeleisen, die auf dem Herd erhitzt wurden, gebügelt. Ein elektrisches Bügeleisen gab es erst Jahre später. Das Ganze war eine große körperliche Strapaze für jede Hausfrau. Erst lange nach dem Zweiten Weltkrieg konnten die Haushalte allmählich mit modernen Waschmaschinen ausgestattet werden. Damals beschäftigte meine Mutter, wohl aus finanziellen Gründen nur zeitweise, ein „Dienstmädchen" (im Berliner Jargon abwertend „Dienstspritze" genannt). „Frieda" war ein freches, schnippisches Mädchen, die vor allem Bonmots zum Tageslauf beisteuerte, die meine Mutter beim Mittagessen zum Amüsement meines Vaters wiedergab.

Geheizt wurde zum Teil mit den in Mitteldeutschland üblichen Kachelöfen mit Back- oder Bratröhren, in denen im Winter Bratäpfel zubereitet wurden, zum Teil mit eisernen Öfen. Im Schlafzimmer wurde nicht geheizt, auch nicht im kältesten Winter. Dafür hatte ich noch das Erlebnis der „Eisblumen" an den Fenstern. Mit einer gegen die Scheibe gedrückten Geldmünze konnte man sich ein „Guckloch" öffnen. In der Küche stand eine sogenannte „Grude", die mit Grudekoks aus Braunkohle betrieben wurde. Auf solchen Gruden thronte in den meisten Küchen eine weiße Emaillekanne mit „Muckefuck", d. h. Ersatzkaffee aus gerösteten Körnern von Gerste, Roggen oder Malz. Auch Zichorie wurde zugesetzt. Nur sonntags oder zu besonderen Anlässen gab es „echten" Kaffee. Er wurde in Handmühlen gemahlen. Wir hatten eine türkische Mokkamühle aus Messing, die besonders feines Mahlgut lieferte, aber nur unter größerem Kraftaufwand zu betreiben war. Kamen viele Gäste, musste ich später meiner Mutter beim Kaffeemahlen helfen. Auch ein kleiner Gasherd war in unserer Küche schon vorhanden. Elektrische Kühlschränke gab es noch nicht. „Eisschränke" mit ihren Bestückungsnotwendigkeiten konnten sich nur wenige Haushalte leisten, zu denen unserer nicht gehörte. Damals hatten wir noch Gaslicht. Ein Ereignis war, als eines Abends zum ersten Mal das elektrische Licht aufflammte. Die Wohnungseinrichtung war einfach. Meine Mutter konnte keine große Aussteuer von zu Hause bekommen. Ihre insgesamt noch neun Geschwister hatten zum Teil früher geheiratet oder waren im Begriff, dies nach dem Ende des Ersten Weltkrieges zu tun. Nach meinen Eltern heirateten innerhalb der nächsten vier Monate noch zwei Schwestern meiner Mutter: Tante Erna und Tante Idel. Das war eine starke finanzielle Belastung meiner schon lange verwitweten Großmutter Rindtorff. Außer einigen Möbel- und Wäschestücken stand nichts zur Verfügung. Alles andere schafften sich meine Eltern nach und nach selbst an, so wie wir das nach dem viel schlimmeren Zweiten Weltkrieg (1939-1945) auch tun mussten. Sie besaßen Arbeitszimmer-und Esszimmermöbel aus schwarz gebeiztem Fichtenholz und ein weißes Schleiflackschlafzimmer. Ein Biedermeiersofa war geerbt. Bei Wahlmöglichkeit wurde Jugendstil bevorzugt.

Meine Mutter war sehr musikalisch, was bei den vielen Kantoren unter ihren Vorfahren nicht verwunderlich ist. Bald wurde ein schwarzes Klavier von dem Hallenser Klavierbauer Wilhelm Spaethe für sie angeschafft, natürlich auf Abzahlung. Klavierspielen hatte sie sich selbst beibringen müssen. Ihr Vater, ein sehr musikalischer Mann, der wohl glänzend Klavier spielte, hatte ihr lediglich einige Anfangsgründe zeigen können. Für Klavierstunden war bei zehn Kindern kein Geld vorhanden. Es wurde zwar Hausmusik gemacht, wie in vielen Bürgerhäusern. Wollte mein Großvater aber zum Beispiel von Schleusingen aus ein Konzert von Max Reger[3)] besuchen, tat er das zu Fuß, im Winter, wie meine Mutter berichtet hat, mit einer Handlaterne durch den Schnee stapfend. Der heutige Musikfreund hat es da viel leichter mit nahen Konzerten und den modernen technischen Möglichkeiten, die Radio, Fernsehen und Tonkonserven bieten, was es am Anfang des 20. Jahrhunderts noch nicht gab. Meine Mutter nahm Gesangstunden bei Frau Schmidt-Haym, Tochter des berühmten Hallenser Professors für deutsche Literaturgeschichte Dr. Rudolf Haym. Sie hatte einen jubelnden Sopran und erzählte voll Stolz, dass ihre Lehrerin ihr am Schluss der Ausbildung gesagt habe: „Jetzt sind sie reif für die Bühne!“ Sie sang auf vielen Familienfesten und bei anderen Anlässen und war Mitglied von akademischen Gesangvereinen. Mit einigen befreundeten Damen traf sie sich zu Singnachmittagen. Außerdem hatte sie Malstunden gehabt. Einige ihrer Ölbilder und Kohlezeichnungen sind erhalten. Zum Teil habe ich ihre Entstehung miterlebt.

In dieser künstlerischen Atmosphäre wuchs ich auf. Fast jeden Tag sang meine Mutter am Klavier Lieder von Mozart, Beethoven, Schubert, Schumann, Mendelssohn, Brahms, Reger und Robert Franz. Eins ihrer Lieblingsmusikwerke war Regers „Variationen und Fuge über ein Thema von Mozart“ op. 132.

Mein Vater war nicht sehr musikalisch. Er brummte die Weihnachtslieder mit. Wenn meine Mutter zur Gitarre Lieder aus dem „Zupfgeigenhansl“ sang, beteiligte er sich auch.

Ich selbst hatte Musik sehr gern. Sie beflügelte mich wie heute noch. In dem Zimmer, in dem das Klavier stand, ließ ich mich auf dem Teppich mit einem Bilderbuch nieder und hörte meiner Mutter zu. Manchmal nahm ich meine Trommel und marschierte, angeregt durch die schönen Melodien, „mit großem Getöse“ um den Tisch herum, was meine Mutter natürlich störte. Leider war ich kein Schlagzeuger, der Schumanns „Frauenliebe und Leben“ („... An meinem Herzen, an meiner Brust, du meine Wonne, du meine Lust! ...“) kongenial hätte interpretieren können. Sie hörte deshalb eine Weile auf zu spielen und zu singen. Das tat ich ebenfalls und wartete, bis sie wieder anfing zu musizieren. Dann setzte auch ich meinen Rundgang fort. Aber meist hörte ich still zu. Der Versuch meiner Mutter, mir Klavierspielen beizubringen, scheiterte. Wir brachten es nur bis zur „Mühle am Bach“ (vierhändig). Wie meist hatte ich keine Lust, mich „außerplanmäßigen“ Pflichten zu unterwerfen.

Im übrigen wuchs ich umsorgt und umhegt von der zärtlichen Liebe meiner beiden Eltern auf. Da sie beide 1893 geboren waren und ihre wesentliche Prägung noch vor dem Ersten Weltkrieg erfahren hatten, bin ich naturgemäß in mancher Beziehung, wie alle meine Altersgenossen, auch ein Kind des 19. Jahrhunderts und seiner geistigen Strömungen. Maßgeblich war in diesem ersten Lebensabschnitt meine Mutter. Kam mein Vater aber aus dem Institut nach Hause, wurde er zur Hauptperson. Ich beschäftigte ihn dann mit meinen Spielsachen und bezog ihn in meine Spiele mit ein. Ich habe folgende Szene in Erinnerung: Wir spielten am Sonntag nach dem Essen unter dem Tisch. Dort befand sich meine „Wohnung“, in der mein Vater ein Lager beziehen musste, auf dem er einschlief, bis ihn meine Mutter aus der unbequemen Position befreite. Besonders stolz war ich, wenn mein Vater mich mit ins Institut nahm, weil er dort laufende Versuchsanordnungen zu überwachen hatte. Ich stromerte dann im ganzen Gebäude umher und erstreckte meine Streifzüge bis aufs Dach, wo mich dann der „Institutsdiener“, wie das damals hieß, einfing. Einmal drang ich auch in den Hörsaal ein, wo der damalige Chef Prof. Dr. Tubandt gerade eine Vorlesung hielt. Unter dem Gelächter der Studenten setzte er mich ins Auditorium, bis mich mein Vater dort wieder herausholte. Viel später erklärte er mir das Prinzip der Photosynthese und viele andere chemische und physikalische Gesetze.

Meine Mutter schrieb meine körperlichen und geistigen Fortschritte in Tagebüchern auf, wo man sie im einzelnen noch nachlesen kann. Es sind eine Menge niedlicher „Aussprüche aus Kindermund" dabei. Die Tagebücher enthalten aber auch Hinweise und Kommentare zu wichtigen Familien- und politischen Tagesereignissen und sind daher auch als Geschichtsquelle interessant. Da ich keine weiteren Geschwister bekam, konzentrierte sich die Aufmerksamkeit meiner Eltern ganz auf mich. Ich war ein sogenanntes „Einzelkind", das wohl ziemlich verwöhnt wurde, nur gemildert durch den Einfluß meiner älteren Kusinen Hildegard und Ilse Rummel, die am Ort wohnten und mich schwesterlich bis in mein 13. Lebensjahr hinein begleiteten. Wir verstanden uns sehr gut. Einmal beschimpfte ich sie allerdings mit: „Ihr frechen Biester!", um ihnen später nachzurufen: „Ihr seid die schönsten Mädchen von ganz Halle!" Wir spielten mit ihren Käthe-Kruse-Puppen, die damals aufkamen, und Weihnachten mit ihrem großen Puppenhaus. Die mir zugewiesene Rolle als Puppenvater fand ich nur mit Einschränkungen attraktiv. Aber die „Laterna magica" schaffte allweihnachtlich eine tatsächlich „magische" Stimmung, die von den bunten ungewohnten Lichtbildern im Stil der Jahrhundertwende ausging. In Glasstreifen wurden im Mehrfachtakt Weltwunder und Bubenstreiche feilgeboten. Ähnliches konnte man in den Schaukästen der Jahrmärkte bewundern.

Halle war eine Großstadt von etwa 200.000 Einwohnern in der preußischen Provinz Sachsen. Auch damals schon war die Luft dort in der Nähe des mitteldeutschen Industriegebiets mit seinen Braunkohlentagebauen und der chemischen Industrie in Leuna und Bitterfeld belastet und ungesund. Die Papierfabrik im Vorort Kröllwitz lieferte bei bestimmten Windrichtungen einen speziellen Gestank hinzu. Sicher wurde meine Veranlagung zu Bronchialkrankheiten durch diese Umweltbedingungen ungünstig beeinflusst.

So traf es sich glücklich, dass wir etwa zweimal im Jahr mit der Eisenbahn zu meinen Großeltern Reinhold ins Oberbergische Land nach Lieberhausen im Kreis Gummersbach fahren und uns dort in der gesunden und schönen Landschaft erholen konnten. Mein Großvater war noch bis 1928 in diesem Dörfchen Pastor. Das Leben in Lieberhausen spielte sich in den einfachen Strukturen ab, die aus dem letzten Jahrhundert überliefert waren. Die weitläufige Gemeinde „zählte etwa 1.000 Seelen". Die Menschen lebten in ihren kleinen Fachwerkhäusern vom Ertrag ihrer Gärten, Äcker und Waldstücke. Meist war auch etwas Kleinvieh wie Hühner, Enten, Gänse, Kaninchen, auch eine Kuh, Ziege oder ein Schwein vorhanden. Viele Männer gingen zur Aufbesserung ihres Lebensunterhalts als Arbeiter in die nahe Papierfabrik. Manche Menschen kamen nie aus diesen begrenzten Lebensverhältnissen heraus. Eine alte Frau fragte uns: „Gibt et dahinten auch Kirken?"

An die Zeit dort kann ich mich gut erinnern. Wir wohnten bei den Großeltern im Pfarrhaus, das der Großvater 1895 anstelle des baufälligen alten hatte errichten lassen. Die Mittel hierfür hatte er in den Jahren 1893 und 1894 durch eine Hauskollekte beschafft, indem er die gesamte Rheinprovinz bereiste. Das zweistöckige Haus mit angebauter Scheune war „gutbürgerlich" eingerichtet. Es hatte im Erdgeschoß eine „gute" und eine „beste" Stube, die im Stil der achtziger Jahre des vorigen Jahrhunderts mit Polstermöbeln von rotem Samt und mit schweren „Portieren" ausgestattet waren und nur zu besonderen Anlässen benutzt wurden. In der Wohnküche gab es neben der allgemeinen Wasserleitung eine hauseigene Pumpe. Der Pumpenschwengel war mit einem großen Messingknauf geschmückt. Im Obergeschoß befanden sich die Schlafzimmer der Eltern und der fünf Kinder sowie die „Studierstube" meines Großvaters. Hinter dem Haus lag ein kleiner Teich unter den Obstbäumen in der abfallenden Wiese. Mit meiner Großmutter durfte ich Enten und Hühner füttern. Nicht weit entfernt vom Pfarrhaus gab es einen großen Pfarrgarten mit Obstbäumen. Das Einkommen der Pastoren bestand damals ja noch zum Teil aus Naturalbezügen. Meine Großmutter zog dort Kartoffeln und Gemüse, wie z. B. auch die damals aufkommenden Tomaten, die meinem Vater eine große Enttäuschung durch ihren herben Geschmack anstatt des erwarteten süßen bereitet hatten.

Die kleine Kirche in der Ortsmitte rührt in ihren Anfängen aus dem Ende des 11. Jahrhunderts her. Sie ist wegen ihrer aus der Mitte des 15. Jahrhunderts stammenden Fresken als „bunte Kerk" von Lieberhausen bekannt. Zur Zeit meines Großvaters waren sie unter einer Kalkschicht verborgen, die erst in der Mitte des 19. Jahrhunderts aufgebracht worden war, um dem „ärgerlichen Sprichwort" von der Buntheit der Kirche ein Ende zu machen. Mein Vater hat mir erzählt, dass er als Kind an dieser Schicht herumgekratzt habe, wobei größere Stücke heruntergefallen und die daruntergelegenen bunten Wandmalereien sichtbar geworden seien. Mein Großvater hat dann die wissenschaftliche Untersuchung und Freilegung und später (1912-13) die Restaurierung der alten Fresken veranlasst. Da ich als Kind schon in die Gottesdienste meines Großvaters mitgenommen wurde, habe ich ihn noch in dieser schönen Kirche predigen hören. Weil meine Mutter mich flüsternd darauf aufmerksam machte, beeindruckte es mich, wie die Sonne durch ein Kirchenfenster auf die segnenden Hände meines Großvaters fiel und der Ring an seiner Hand aufglänzte. Während des Gottesdienstes, der mich natürlich langweilte, betrachtete ich die naiven Bilder an den Wänden. Besonders der Höllenrachen, der am Jüngsten Gericht die Sünder verschlingt, hatte es mir angetan. In den Kindergottesdienst wurde ich meinem Großvater zuliebe eines Tages auch geschickt, aber gegen meinen hinhaltenden Widerstand, denn ich wollte sonntags ausschlafen und spielen. So schlief diese Pflicht allmählich auch ein, zum Kummer meines Großvaters, dem nichts übrig blieb, als zu resignieren.

An ihn, meinen Großvater Moritz Reinhold, habe ich eine wache Erinnerung, da ich ihn noch bis zu meinem 14. Lebensjahr erlebt habe. Er war ein mittelgroßer schwerer Mann mit damals schon weißem Haar und wohlgepflegtem weißen Vollbart. Er strahlte Ernst und Würde aus. Mich schaute er aber aus seinen blauen Augen durch seine Brille stets freundlich an, immer bestrebt, mich durch einen Scherz zu erfreuen, auch wenn ihm das manchmal nicht ganz gelang, so als er mir eines Tages zur Empörung meiner Großmutter am Mittagstisch Senf auf die Nase strich! Als Pfarrer war er, auch noch im Ruhestand, außer Haus adrett gekleidet mit dunklem Anzug, Weste, Schlips und Kragen. An den beiden Uhrketten befanden sich die goldene Uhr, die ich geerbt habe und die von meinem Urgroßvater Rinck stammt, sowie ein Kompass. Bei der Gartenarbeit in seinem Hausgarten trug er einen grauen Arbeitskittel und im Hause zu den Mahlzeiten oder am Schreibtisch eine gemütliche Joppe. Er rauchte entweder eine seiner Pfeifen oder gelegentlich eine gute Zigarre, die er in einem ledernen Etui aufbewahrte, das ich heute noch benutze, allerdings als sogenannten „Tresor“ für das im Hause benötigte Papiergeld.

Es gibt viele Fotos von ihm, auch zusammen mit mir. Auf einem Bild stehen wir zusammen, ich im ungeliebten Matrosenanzug, den mir meine Großmutter spendiert hatte. Auf dem zeitlich unmittelbar folgenden Bild zieht er mir den Hosenboden stramm, als ob er mir eine Tracht Prügel verpassen wollte. Sein verschmitzter Blick zeigt aber, dass es nur ein Scherz ist. Solche gerieten, wie schon angedeutet, oft etwas tollpatschig, wie überhaupt seine Persönlichkeitsausstrahlung bei aller Würde etwas unbeholfen Schwerfälliges an sich hatte. Meine Großmutter erzählte mir lachend, dass der Großvater ihr eines Tages, als sie krank im Bett lag, etwas besonders Gutes tun wollte und ihr eine dicke Bouillon mit Nudeln servierte. Als Einlage gab er noch ein ganzes Gänseei hinzu. Diese Kraftmahlzeit schüttete er der Großmutter dann stolpernd und mit Schwung ins Bett! Humor war nicht seine Stärke. Er verfügte über ein kleines Heft, in das er Witze eintrug, die äußerst harmlos waren. (Ein Beispiel: Der Schüler berichtet seinem Lehrer, dass sie zu Hause Zwillinge bekommen hätten. Auf die Frage nach dem Namen der beiden Kinder erzählt er: „Donner" und „Doria". So hätte sein Vater bei Erhalt der Nachricht jedenfalls ausgerufen!) Da wußte die Familie schon, wenn er sich bei einer Geselligkeit im Hause für kurze Zeit zurückzog, dass nun ein neuer Witz kam. Der Heiterkeitserfolg war denn auch immer sehr groß!

Er konnte sich aber über den unfreiwilligen Humor anderer Menschen ebenso herzlich freuen. Wie hätte er wohl über die Abschiedsworte des Presbyters seiner alten Gemeinde an seinem Grabe geschmunzelt: „Hier ruht er nun, der verschlafene Entehrte ... der entehrte Verschlafene ... der verehrte Entschlafene!" wie ich selbst mitangehört habe. Bei aller Strenge, die er gegenüber seinen fünf Kindern walten ließ, hatte er auch ein weiches Herz. So erlebte ich einmal in den Ferien, als ich ihn nach dem Mittagsessen, wie üblich, in seiner Studierstube besuchte und er mir aus seinem Leben erzählte, dass er bei der Schilderung des Abschieds von seiner früh verstorbenen Mutter (Bertha geb.Weber) in Tränen ausbrach.

Insgesamt war er ein sehr ernsthafter Mann, der sein ganzes Leben in den Dienst der Verkündigung des Wortes Gottes gestellt hatte, wie sich aus seinen Lebenserinnerungen deutlich ergibt. Diese hat er, auf sanften Druck meiner Mutter, die ihm ein schönes großes, in Leder gebundenes Tagebuch mit vielen weißen Blättern geschenkt hatte, aufgeschrieben. Er begann mit der Niederschrift am 16. 4. 1932 im 72. Lebensjahr und beendete sie am 24. 1. 1933, also innerhalb von neun Monaten, wovon ich mich bereits weit entfernt habe. Die 224 Seiten im Format 20 mal 25 Zentimeter hat er mit seiner kleinen Schrift engzeilig mit Tinte beschrieben. Den Inhalt hat er nach einem chronologischen Prinzip verfaßt, ersichtlich ohne großes Konzept. Er war es ja gewohnt zu formulieren. In 40 Dienstjahren hat er, wie alle Pastoren, für jeden Sonn- und Feiertag, für alle Hochzeiten, Taufen, Konfirmationen und Beerdigungen in seiner Gemeinde eine Predigt verfassen müssen, das heißt also schätzungsweise 4 - 5.000. Alle hat er schriftlich ausformuliert. Auch im Ruhestand hat er seine Amtsbrüder noch bei über 1.000 Amtshandlungen vertreten, wie er festgehalten hat. Eine ungeheuere Fleißarbeit, die nicht nur intellektuell bewältigt werden musste! Nach seinem Tod fanden wir alle seine Predigten fein säuberlich gebündelt in Regalen auf dem Dachboden gelagert. Einige davon hat mein Vater aufgehoben, die ich besitze. So ist es möglich, den Stil seiner Predigten nachzuempfinden. So ist es auch zu verstehen, dass er für seine Lebenserinnerungen keine Gliederungen und Entwürfe brauchte, sondern sie ohne Änderungen aus dem Stegreif niederschrieb.

Inhaltlich behandelt er theologische Fragen ausführlich. Er berichtet über die Vorlesungen an der Universität Halle an der Saale und seine Professoren, über die Gemeindearbeit, über „Kirche, Separatismus und Gemeinschaft", auch über innere Kämpfe in der Gemeinde mit dem Presbyterium. Interessant sind die Schilderungen über das Leben in der Gemeinde während des Ersten Weltkriegs und der nachfolgenden Inflation. Er half den Frauen der gefallenen oder kriegsabwesenden Männer beim Einbringen der Ernte und beim Dreschen. Für seinen vielfältigen Einsatz erhielt er im März 1918 das „Verdienstkreuz für Kriegshilfe" verliehen, das er mir später voller Stolz zeigte, neben dem „Jubiläumsabzeichen für 25jährige treue Mitgliedschaft im Preußischen Landes-Kriegerverband"!

Über den Tod seiner zweiten Tochter Margarete, meiner Patentante, am 23. 2. 1924 im Alter von 33 Jahren schreibt er schmerzlich bewegt. Sie war nach ihrer Ausbildung als Kaiserswerther Diakonisse Gemeindeschwester in Kierspe. Die Nachrufe der Gemeinde sind voll des Lobes über ihre unermüdliche Arbeit. „...Kein Weg war ihr zu weit, kein Gang zu schwer..." Jeder, der sie gekannt hat, rühmt ihr fröhliches und selbstloses Wesen. Meine Großeltern und Eltern, ihre Geschwister und Bekannten sprachen stets mit der größten Hochachtung und Liebe von ihr und mit tiefem Bedauern über den Tod dieser Frühvollendeten.

Mein Großvater schildert auch die schwere Aufgabe, die den Pastoren zukam, wenn sie den betroffenen Familien die Nachricht vom Tode ihres Sohnes oder Ehemannes überbringen und sie trösten mussten: „In diesen Zeiten geschah es, dass die Gemeindeglieder von einem Schrecken befallen wurden, wenn der Pfarrer auf ihr Haus zuging. Man befürchtete eine Trauerbotschaft." (Im Zweiten Weltkrieg war diese Aufgabe den Ortsgruppenleitern der NSDAP übertragen. Die Dienststellen der Wehrmacht waren angewiesen, Gefallenennachrichten den örtlichen Parteidienststellen zuzuleiten.)

Meine Großmutter Johanna Reinhold geb. Rinck war eine ernste, würdige Frau, die sich immer grade, fast steif, hielt. Sie hatte ihre Jugend in Halle verlebt, wo ein Teil ihrer Vorfahren herstammte[4)]. Mein Großvater hatte sie 1883 während seines Studiums der Theologie an der Universität Halle und seiner

Dienstzeit als „Einjährig-Freiwilliger“[5] kennengelernt. Als Großstadtkind musste sie nun Pfarrfrau in dem kleinen oberbergischen Dörfchen sein und auf viele gewohnte Bequemlichkeiten verzichten. So richtig wohlgefühlt hat sie sich dort, glaube ich, nicht. Aber sie hat sich pflichtbewußt in ihr Leben gefügt, ihre fünf Kinder aufgezogen und sich der Gemeinde an der Seite ihres strengen und oft jähzornigen Mannes gewidmet. Die seelischen Belastungen waren häufig so groß, dass sie zeitweise in Depressionen verfiel und dann wochenlang in einem kirchlichen Heim in Tannenhof bleiben musste. Eine äußere Anerkennung wurde ihr zuteil, als ihr Mitte der dreißiger Jahre das sogenannte „Mutterkreuz“ verliehen wurde, das unter Hitler aus familienpolitischen Gründen gestiftet worden war. Auf diesen „Orden“ war sie sehr stolz. Mein Großvater zollt ihr in seinen Lebenserinnerungen „ein ganz besonderes Lob“ für ihren Einsatz im Ersten Weltkrieg.

Mich mochte sie sehr gern und verwöhnte mich, wenn ich in den Ferien bei ihr war. Sie brachte mir alle möglichen Kinderspiele bei (Müller und Schulze stehn vor'm Laden ... Ich will dir was erzählen von der Muhme Rehlen ...). Als Großstadtkind beobachtete ich das dörfliche Leben mit Erstaunen. Als ein durchgegangenes Pferd durchs Dorf galoppierte, war das eine Sensation für mich. „Fahrendes Volk“ wurde mit Mißtrauen beobachtet. Wenn es hieß: „Die Zigeuner kommen!“ wurden die Kinder in die Häuser gerufen und die Hühner eingesperrt! Meine Großmutter berichtete mir auch kleine Vorkommnisse aus der Kindheit meines Vaters. So hatte er eines Tages einen jungen Fuchs aus dem Wald mit nach Hause genommen und in der Scheune neben dem Hühnerstall untergebracht. Als dieser dort, seiner Art gemäß, damit begann, öfter mal ein Huhn zu erlegen, wurde er wieder im Wald ausgesetzt, sehr zum Kummer meines Vaters, der traurig gesagt habe: „Er lief mir doch so schön nach!“ Einmal hatte er seiner Mutter als Weihnachtsgeschenk ein Eierschränkchen gebastelt, konnte aber sein Geheimnis nicht bis zum Feiertag bei sich behalten, sondern erklärte seiner Mutter: „Kriegst auch kein Eierschränkchen!“ Damit verhielt er sich wie die meisten Kinder.

Im Ruhestand lebten meine Großeltern im benachbarten Meinerzhagen in einem Einfamilienhaus mit großem Garten in der Gerichtsstraße 11. Natürlich fuhren wir dann in den Ferien dorthin. Aber sie besuchten uns auch in Halle, wo sie viele Beziehungen hatten und auf alten Spuren wandelten. In Meinerzhagen fanden regelmäßige Treffen mit den Schwestern meines Vaters und Kusine Waltraud statt. Da sie vier Jahre jünger ist als ich, war sie damals, im

Gegensatz zu heute, als Gefährtin der Ferien nur von begrenztem „Wert". Meist vertrugen wir uns aber gut. Als Entgleisung jener fernen Tage ist meine Unmutsäußerung überliefert: „Wenn ich nicht so kinderlieb wäre, hätte ich ihr eine geknallt!" Dies wird mir bis heute vorgehalten. Auf dem großen Rasen im Garten der Großeltern spielten wir mit der Familie Croquet (ein Rasenspiel mit Holzkugeln, Hämmern und Toren). Im Hause gab es ein Klavier und ein Harmonium, das ich später geerbt habe, das aber (1965) bei einem Brand leider zerstört wurde. Mein Großvater begleitete bei den Hausandachten die Choräle auf dem Harmonium. Hausmusik wurde auch sonst bei Gelegenheit ausgeübt. In Lieberhausen kam der Schullehrer mit der Geige. In Meinerzhagen spielte mein Großvater bei gegenseitigen Einladungen vierhändig Klavier. Meine Großmutter und ich hörten zu.

Der andere Hintergrund meines Lebens war die große und weitverzweigte Familie Rindtorff. Meine Großmutter Ida geb. Kalkoff lebte nach dem Tod meines schon 1908 im Alter von 53 Jahren gestorbenen Großvaters Richard Rindtorff bereits längere Zeit in Halle. Sie war eine großartige und sehr gemütvolle Frau und bildete den natürlichen Mittelpunkt der Familie. Ein solches Vorbild kann gar nicht hoch genug eingeschätzt werden. Es wirkt noch heute in unterschiedlicher Intensität in den nächsten Generationen fort. Wir besuchten die Großmutter häufig und trafen dort auch Tante Gertrud, eine Volksschullehrerin, die eine imponierende Persönlichkeit war. Modern und aufgeschlossen für neue Entwicklungen, war sie in der deutschen Frauenbewegung deren geistiger Führerin Helene Lange begegnet. Von den damals noch lebenden zehn Kindern wohnten zeitweilig bis zu sechs mit ihren Familien in Halle. Die nicht seltenen Familienfeste fanden bei der Großmutter oder im Hause Rummel am Wettinerplatz statt, meiner „zweiten Heimat" bei Tante Lucie geb. Rindtorff und Patenonkel Alfred, der damals Oberstudienrat an der nahen Oberrealschule war. Bei den häufigen Kliniksaufenthalten meiner Mutter zog ich mit Schulranzen und Waschzeug zu meiner „Vizemutter" Tante Lucie um, wo ich mich bei Vetter und Kusinen wie zu Hause fühlte. Dann führte ich den Namen „Friedrich Rummel" in scherzhafter Anspielung auf den „bitterbösen Friederich" des „Struwwelpeters".

Außer den schon erwähnten Kusinen Irmgard, Hildegard und Ilse gab es noch den viel älteren Vetter Hans, den ich zwar verehrte, der aber wegen des Altersunterschiedes nur selten in meinem kindlichen Lebensbereich auftauchte. Er war ein hochgewachsener Mensch von kraftvoller Statur, sportlich und musikalisch sehr begabt. Er spielte gut Klavier und Fagott. Ich kann mich an seine Besuche bei uns erinnern. Er hatte, wie auch seine Schwestern, ein sehr gutes Verhältnis zu meinen Eltern. Wenn er kam, setzte er sich ans Klavier und spielte. Dann rief er meiner Mutter etwa zu: „Tante Ilse, was war das? – Brahms!" Nach seinem Abitur studierte er zunächst Französisch, Musik und Sport. Dabei lernte er das Segelfliegen kennen und beschloß bald, Flieger bei der neu entstehenden Deutschen Wehrmacht zu werden. Über sein Schicksal werde ich noch berichten.

Die oben zitierten Familienfeste waren bemerkenswert. Die Großfamilie repräsentierte zu einem guten Teil das sogenannte Bildungsbürgertum. Von den überlebenden Töchtern und Söhnen waren sechs Akademiker und/oder mit solchen verheiratet, drei Lehrer, einer Offizier und einer landwirtschaftlicher Buchprüfer. Dementsprechend lebhaft und geistvoll waren die Tischgespräche. Es wurde über Gott und die Welt diskutiert. Meine Eltern hatten nach dem Ersten Weltkrieg die Vorträge von Rudolf Steiner, dem Begründer der Anthroposophie, besucht, die er in vielen Universitätsstädten hielt. Das gab ganz aktuellen Diskussionsstoff. Ferner wurde über Mathilde Ludendorff, die zweite Frau des Generals Erich L., gesprochen, die mit ihm zusammen für „artgemäße deutsche Gotterkenntnis" eintrat. Da war beißende Ironie angesagt nach Rindtorffscher Art, die von meinem Großvater Richard Rindtorff herrührte, und manchmal weniger die Argumente würdigte als die Formulierung und den Wortwitz.

Mein Großvater Richard Rindtorff war ein politisch sehr engagierter Mensch gewesen, der in den Reichstag ging, um dort Bismarck zu hören, der übrigens eine, wie er erzählte, überraschend hohe Stimme gehabt hätte. Auch sonst nahm er am Zeitgeschehen interessiert Anteil, was damals nur über die Zeitungslektüre möglich war. Der Auftritt des „Hauptmanns von Köpenick"[6)] belustigte ihn natürlich auch. Eine Schwester meiner Mutter, schildert das so: „Unser Vater saß in der Sofaecke und las die Zeitung. Auf einmal lachte er hell los. Da war die ganze Geschichte passiert. Später wurde noch kommentiert, der Schuster habe internationale Heiterkeit erregt, was bisher niemandem gelungen war." Der Großvater machte sich auch gerne über die Schleusinger Kleinbürger lustig, mit denen er ja zusammenleben musste, nachdem ihm eine akademische Laufbahn versagt worden war. Die Hilfe für einen Mitschüler während des Abiturs wurde als „Täuschungsversuch" gewertet und führte zu seiner Relegation. So konnte er „nur" Lehrer werden. Sein scharfes Urteil war gefürchtet. Mein Urgroßvater Kalkoff, sein Schwiegervater, stellte bei einem Besuch in Schleusingen mißbilligend fest: „Bei euch geht keiner ungestraft vorüber!" So erzählte es meine Mutter. Sie berichtete auch, dass sie und ihre Schwestern diesen Großvater immer mit einem tiefen Hofknicks begrüßt und in der dritten Person („Ihr!") angeredet hätten. Er war Lehrer und Kantor in Kölleda in Thüringen.

Die aktuelle Politik war ein Hauptthema der Gespräche bei meiner Großmutter. Auch der Humor kam nicht zu kurz. Ich lauschte den Diskussionen meist vom Fußboden aus, zum Schein über ein Buch gebeugt. So bekam ich mehr mit, als die Erwachsenen ahnten, insbesondere Stoff für humoristische Einlagen, die ich zur Freude meiner Großmutter öfter wiederholen musste. „Schwerpunkt" war dabei die Nachahmung von Gestik und Diktion der Anwesenden. Solches trieb ich auch später mit „Erfolg" in der Schule.

In meinen ersten Lebensjahren spielte ich zu Hause, meist mit meinen Kusinen. In einen Kindergarten gab mich meine Mutter nicht, weil sie sich nicht von mir trennen mochte. Sie meinte, gerade die frühe Kindheit sei die schönste und wichtigste Zeit für Mutter und Kind und sollte nicht beeinträchtigt werden. Außerhalb der Wohnung bewegte ich mich zunächst nur unter der Aufsicht der Eltern. Wir gingen einkaufen oder spazieren, in die Dölauer Heide, in den Zoo, den botanischen Garten, usw. Im Winter ging mein Vater mit mir zum Rodeln in die Brandberge vor den Toren der Stadt. Die Väter setzten sich mit ihren Kindern in Mantel und Hut auf den Schlitten. Sportkleidung gab es kaum. Das heutige, jährlich wechsende Angebot an modischer Sportkleidung war noch unbekannt. Oft nahm mich meine Mutter mit zu ihren betreuerischen Besuchen zu älteren Verwandten und Bekannten. Diese „Spaziergänge" schätzte ich an sich nicht. Die Gespräche, denen ich zuhören musste, langweilten mich meist. Die Süßigkeiten, die dabei anfielen, konnten das nicht ausgleichen. Als Luxus galt eine der damals noch seltenen Bananen, die meine Mutter und ich unterwegs gemeinsam verzehrten. Meine Eltern gingen mit mir auch zum „Jahrmarkt", der auf dem Roßplatz am Wasserturm, der heute noch steht, abgehalten wurde. Dort gab es zahlreiche Attraktionen wie Achterbahn, Riesenrad, Karussel, Schiffschaukel, Geisterbahn, Steile Wand, Elektro-Autos, Schaubuden, Würstchenbuden und vieles mehr, wie heute noch. Mein Mut endete vor den Stufen der Achterbahn. Aber mein Vater nahm mich auf seinem Schoß mit. Er schaukelte dem Rest der Familie auch etwas auf der Schiffschaukel vor, was sein Ansehen in meinen Augen ins Unermessliche steigerte. Etwa vom dritten Lebensjahr an spielte ich „im Hof" mit anderen kleinen Jungen. Mädchen waren nicht dabei. Vermutlich wurden sie zur damaligen Zeit noch von uns ferngehalten. Auf der Straße lernte ich die sächsische Mundart in ihrer halleschen Ausprägung besser kennen als meinen Eltern lieb war. Zu Hause wurde natürlich hochdeutsch gesprochen mit rheinischem bzw. thüringischem Anklang, wie in der Heimat meiner Eltern. Dementsprechend wurde ich immer korrigiert, wenn ich wieder „abgerutscht“ war. Mein Wortschatz erweiterte sich um den Jargon der „Gassenjungen“, insbesondere um alle möglichen Schimpfwörter, die mir später bei der Deutschen Wehrmacht noch oft wiederbegegnen sollten.

Die Laurentiusstraße war für mich der Schauplatz interessanter Ereignisse. Morgens kam der Milchmann mit dem Pferdewagen, dem damals noch allgemein üblichen Transportmittel. Er zapfte die Milch mit einem Liter- oder kleineren Maß ab. Viele Frauen trafen sich dabei zum Schwatz. Später fuhr der gelbe Postwagen durch, zum Teil schon als Elektrokarren betrieben. Die Wagen mit Bierfässern und Eisstangen für die Kühlschränke rollten im schweren Pferdezug vorbei. „Braunbier“ (Malzbier) wurde mit Hilfe einer Handschelle laut ausgerufen. Im Winter kam der Kohlenmann und brachte Braunkohlebriketts, die er auf einem Rückenbrett in die Häuser trug. Im Sommer erschienen Beerensammler mit Handwagen und riefen im Dreiklang ihre „Hei-del-beern“ aus. Eine regelmäßige Erscheinung waren die Straßenmusikanten, die, meist mit Drehorgeln, auch in den Hinterhöfen spielten. Mildtätige Spenden in Höhe von 5 oder 10 Pfennigen, die in Papier gewickelt und nach unten geworfen wurden, waren der Lohn. „Lumpensammler“ zogen mit Schiebekarren oder Pferdewagen vorbei und riefen ihre Dienste aus: „Lumpen – Papier – Eisen!“ Es war ein geruhsamer Betrieb.

Die „Entsorgung“ der Großstadt Halle war teilweise noch sehr primitiv. Die Aschengrube im Hof wurde von städtischen Arbeitern mit Tragkörben in Pferdewagen entleert. Die Staubentwicklung war entsprechend groß, und alle Fenster mussten geschlossen werden. Die Abortgrube wurde in Kesselwagen leergepumpt; Kanalisation hierfür gab es noch nicht. Den Vorgang fand ich besonders faszinierend. Der Unternehmer hieß „Panse“. Rückten seine Fahrzeuge an, wurde er von den „Gassenjungen“ ausgerufen: „Der Scheißpanse kommt!“ Zunächst wurde mit Rohren und Schläuchen eine Verbindung zur Grube hergestellt, wobei wir einen schaudernden Blick in die Tiefe wagten. Dann wurde der Motor angeworfen und gepumpt, bis das Schauglas anzeigte, dass das Ziel erreicht war. Der Gestank war gewaltig. Aber wir hielten geduldig und sachkundig durch.

Natürlich spielten wir alles Mögliche: Kreisel, Reifen, Ball, Kullern (Murmeln), Hasche (Nachlauf), Roller, Holländer (Selbstfahrer), usw. Einmal fuhr ich mit meinem Holländer auf dem Bürgersteig, was einen „Sipo“ (Polizisten) zum Einschreiten veranlaßte. Ich weigerte mich aber, auf das holprige Kopfsteinpflaster der Fahrbahn auszuweichen und beschimpfte ihn zur Freude der „Kollegen“ mit: „Du dummer Sipo!“ Der nahm mich daraufhin „fest“ und brachte mich zu meiner Mutter nach oben. Auf seine Beschwerde hin „verwalkte“ sie mich der Form halber und entließ mich wieder nach unten zur Fortsetzung der bisherigen „Fahrpraxis“. Es gab auch Gemeinschaftsspiele wie „Räuber und Gendarm“ oder Soldatenspiele. Überhaupt wurde damals, dem militarisierten Zeitgeist nach dem Ersten Weltkrieg entsprechend, viel mit Zinn- oder Elastolinsoldaten gespielt. Einmal schickte mich meine Mutter mit den letzten 50 Pf. des Haushaltsgeldes zum Fleischer, um „Gehacktes“ für das Mittagessen zu holen. Mein Freund Werner Enke begleitete mich. Neben dem Fleischerladen befand sich ein Spielwarengeschäft, dessen Auslagen wir fasziniert begutachteten. Ein Elastolinsoldat mit schwarz-weiß-roter Fahne (den Reichsfarben), die mit Goldfransen gesäumt war, hatte es uns besonders angetan. Werner plädierte dafür, zunächst diesen Fahnenträger zu kaufen. Ich hatte wegen des „Gehackten“ Bedenken, überwandt sie aber zugunsten des Fahnenträgers, der 45 Pf. kostete. Für die restlichen 5 Pf. bekam ich natürlich kein Gehacktes mehr, aber Vorwürfe von meiner Mutter, die uns nun mit Spiegelei abspeisen musste!

Zu Hause errichtete meine Mutter mit ihrer Phantasie eine Märchenwelt um mich. Sie erzählte mir viele Geschichten, die sogar in einem Heft mit dem Titel „Reinhold's Märchen“ festgehalten wurden. Später hat sie unseren Kindern daraus vorgelesen. Die Erzählung „Das Schaufenster“ hat sie sogar aufs Tonband gesprochen, so dass man ihre, den Kindern zugeneigte Stimme, noch hören kann. Weihnachten 1928 bekam ich ein Puppentheater geschenkt, das meine Mutter selbst mit Kulissen ausgestattet hatte. Die Puppen, darunter das berühmte „Weißkäppchen“, wurden an Zwirnsfäden durch die Szenen der meist selbsterdachten Theaterstücke geführt. Besonders „Die Sterntaler“ sind mir im Gedächtnis geblieben. Am Schluss der Vorstellung regnete es zerkleinertes Silberpapier auf die Bühne. Zum „Samstagsritual“ gehörte es, dass mein Vater mir ein Märchen vorlesen musste. Ich suchte aus Grimms Märchen ein möglichst langes Stück heraus, und zwar nach optischen Gesichtspunkten, da ich ja noch nicht lesen konnte. Meist fiel meine Wahl auf den „Trommler“, der für meinen Vater auf diese Weise zum „Alptraum“ wurde. Ich besaß auch viele gute Bilderbücher. Die deutschen Märchen und Sagen kannte ich fast alle sehr früh. Kurioserweise gehörten bei mir Bechsteins Märchen und „Kartoffelpuffer" zusammen. Gab es zum Mittagessen jene in der Pfanne gebratenen Reibekuchen, ließ ich mich schon vorher mit dem von Ludwig Richter illustrierten Märchenbuch und einem Teller auf dem Teppich nieder und wurde von meiner Mutter mit immer neuen wohlschmeckenden Puffern direkt aus der Pfanne versorgt. Die entsprechenden Fettflecken kann man heute noch auf mancher Buchseite feststellen. Als ich zwölf Jahre alt geworden war, schenkte mir meine Mutter eine Ausgabe der Werke von Theodor Storm, die es besonders preiswert unter der Hand gab, da sie „schimpflicherweise" mit einer Einleitung des im „Dritten Reich" verfemten Thomas Mann versehen war. Meine Mutter las mit mir gemeinsam Stücke daraus. Mit dem „Kleinen Häwelmann", „Pole Poppenspäler" und dem „Schimmelreiter" fingen wir an. Später gab es auch noch die Werke von Theodor Fontane. Sogar einen Zeitungsroman lasen wir gemeinsam: „Michael, ich rufe dich!". Sonst spielte ich um meine Mutter herum, die mich meinem Alter entsprechend beschäftigte. In der Küche half ich ihr beim Abtrocknen, wobei sie mir zur Schadensverhütung immer denselben Holzquirl reichte, bis ich das merkte und beleidigt abzog. Spielzeug hatte ich wenig. Wie bei den meisten Kindern gab es im Laufe der Jahre einige Teddybären. Dazu von meiner Mutter selbst hergestellte Stoffpuppen. Diese Gestalten dienten oder dienen bis heute, ungeachtet ihres Aussehens, unseren Kindern und Enkeln als „Spielkameraden". Ferner besaß ich einen von meinem Vater stammenden „Anker"-Steinbaukasten und Holzbausteine, die in zwei großen Pappkartons aufbewahrt wurden. Das heute übliche Spielzeugangebot war damals nicht vorstellbar. Die kindliche Phantasie wurde noch viel mehr gefordert. In späteren Jahren wurden eine Reihe Gesellschaftsspiele angeschafft wie „Mensch ärgere dich nicht!", „Fang den Hut!", „Hammer und Glocke" und „Rommé", die im Familienkreis gespielt wurden, besonders an den Wochenenden, bevorzugt mit den Kusinen, aber auch mit zufälligen Besuchern wie Großeltern, Onkeln und Tanten. Selbst meine Eltern spielten abends, wenn ich schon im Bett lag, solche Spiele, ehe dann mein Vater meist noch eine „Nachtschicht" am Schreibtisch begann.

Die Adventszeit erfüllte meine Mutter, wie viele Mütter, mit einer erwartungsvollen Stimmung. Weihnachtsgeschenke wurden gebastelt. Mein Vater zeigte mir, wie man mit der Laubsäge schöne Silhouetten aus Sperrholz herstellen konnte, eine damals viel geübte „Kunst". Der Schuh wurde abends, nach altem Brauch, ins Fenster gestellt. Am nächsten Morgen lag dann, je nach meiner Führung während des Vortages, etwas Schönes, vielleicht ein Plätzchen oder aber ein Stück Kohle darin. Der Nikolaus erschien am 6. Dezember in stets wechselnder Gestalt, entsprechend dem Angebot an Untermietern, Onkeln oder Bundesbrüdern meines Vaters, mit einem großen Sack, der kleine Geschenke und vor allem Äpfel, Nüsse und Apfelsinen enthielt. Ich spielte dieses Spiel mit, zunächst gläubig, später kritisch, zuletzt belustigt. Der Heilige Abend war der Höhepunkt. Das Weihnachtszimmer war plötzlich verschlossen. Der (verpönte) Blick durchs Schlüsselloch zeigte, außer Tannenzweigen mit Lametta, wenig. Bei Beginn der Dämmerung war die Spannung nicht mehr zu beherrschen. Meine Mutter spielte dann auf dem Klavier und sang mit uns die alten Weihnachtslieder: O, Tannenbaum – Stille Nacht – Es ist ein Ros entsprungen – Morgen kommt der Weihnachtsmann und zum Schluss: Heut' schleust er wieder auf die Tür. Im Weihnachtszimmer klingelte es auf geheimnisvolle Weise. Die Tür öffnete sich und gab den Blick auf den Tannenbaum und später auf die Geschenke frei. Ähnlich phantasievoll ging es zu Ostern (Osterhase), Pfingsten (Pfingstochse) und am Geburtstag (Geburtstagsmann) zu. Der Jubilar erwachte mit einem roten Schleifchen am Nachtgewand, was auf rätselhafte Weise dorthin gekommen war. Am 1. April gab es die üblichen Scherze. Meine Mutter war Meisterin im Erfinden von Überraschungen. Einmal scheuchte sie meinen Vater morgens mit der Nachricht hoch, der Nachfolger meines Großvaters habe sich scheiden lassen, woran natürlich kein Wort stimmte. Zu Sylvester war mein Vater auf zahlreiche Überraschungen gefaßt. Erwartungsgemäß explodierte seine Zigarette oder entwickelte dicken Rauch, der als Schnee wieder herabrieselte. Einen besonderen Erfolg erzielte ich mit einem sogenannten „Geräuschekissen“ aus Gummi, das aufgeblasen wurde und bei jeder Belastung äußerst unanständige Laute von sich gab. Die „Ouvertüre“ blieb auch hier meinem Vater vorbehalten, den es beim Zubettgehen erwischte. Ich wachte nachts von dem Gelächter meiner Eltern auf. Ein frühes Ende erlebte jenes Kissen am Neujahrs-tag, als meine gewichtige Großmutter Rindtorff ihm beim Platznehmen in einem Sessel mit einem letzten „Fanfarenstoß“ das Lebenslicht ausblies. Die in schadenfroher Erwartung versammelte Familie brach in große Heiterkeit aus, die immer wieder aufflammte. Auch jetzt, während ich dies schreibe, ist es so.

In der Familie Reinhold wurde traditionell Schach gespielt. Mein Vater brachte mir bald bei, wie die Figuren aufgestellt werden und wie sie ziehen können und müssen. Aber zu richtigen Partien ist es leider wegen seines frühen

Todes nicht mehr gekommen. Dagegen habe ich oft zugeschaut, wenn mein Vater mit meinem Großvater oder mit meinem Onkel im Urlaub Schach spielte. Auch Freunde meines Vaters kamen zu Schachabenden zu uns.

Meinen Vater erlebte ich nicht nur als Spielkameraden, sondern er betätigte sich, wenn er Zeit hatte, auch zu Hause. Einmal kelterte er in Küche und Speisekammer Johannisbeerwein. Dazu schleppte er aus dem Institut Glasballons, Schläuche und Glasröhren herbei und errichtete die entsprechenden „Versuchsanordnungen". Wenn nötig wirkte er als „Glasbläser" und formte die Werkstücke über dem Bunsenbrenner selbst. Die Beeren wurden gepreßt und angesetzt. Meine Mutter war über die entstehende Unordnung und die Blockierung ihrer Küche nicht sehr begeistert. Über die Qualität des Endprodukts ist nichts überliefert. Ein anderer Interessenbereich war die Fotografie. Mein Vater besaß eine Plattenkamera mit Balg, die man zusammenklappen konnte, und ein Stativ für die Familienfotos. Für Blitzlichtaufnahmen verwendete man damals Papierbeutel mit Pulverfüllung. Meist wurden diese an aufwendigen „Bauwerken" aus Leitern und Besenstielen aufgehängt und der Papierstreifen mit einem Streichholz angesteckt. Die Explosion lieferte das nötige Blitzlicht in unterschiedlicher Qualität und einen Pulverqualm, der oft die Anwesenden schwärzte und zum Husten brachte. Solche Aufnahmen waren daher nicht sehr beliebt. Sie führten sogar gelegentlich zu Zimmerbränden. Die Wartezeit vom Entzünden des Papierstreifens bis zum Blitz war sehr unterschiedlich. So gibt es manches Bild aus dieser Zeit, das eine unvorbereitete Szene zeigt. Auf einem Foto ist mein Vater beim Hinsetzen zu sehen, wie er meiner Mutter seine Kehrseite zuwendet. Situationskomik kam auf diese Weise zu ihrem Recht. Die Platten entwickelte mein Vater selbst und stellte auch die Abzüge her. Mit seinen Schalen, Rahmen und anderen Gerätschaften habe ich später selbst noch hantiert.

Ein besonderes Ereignis war damals das seltene Auftauchen eines Flugzeuges. Nach dem Versailler Vertrag waren Deutschland Militärflugzeuge verboten. Es waren daher nur einige Zivilflugzeuge der 1926 gegründeten Deutschen Lufthansa und von Luftsportvereinen zu sehen. Dabei handelte es sich durchweg um einmotorige leichte Flugzeuge, die in geringer Höhe von wenigen 100 m dahinzogen. Die Menschen liefen meist noch auf die Straße oder ans Fenster, um diese Sehenswürdigkeiten anzustaunen.

Im Februar 1927 erlebte ich zum ersten Mal einen Brand. Abends 7.30 Uhr wurde das Feuer in unserem Dach entdeckt. Meine Mutter riß mich aus dem

Bett. Ich höre sie noch rufen: „Ach Gott, ach Gott! Der Dachstuhl brennt!" Ich wurde in eine Decke gehüllt und zu den Nachbarn gegenüber gebracht. Von dort aus konnte ich den Feuerschein auf unserem Dach sehen. Es war ein aufregendes Erlebnis. Später (1965) hat mich meine Mutter noch einmal gerettet, wie ich unten schildern werde.

Im Hinterhaus wohnten in Halle die armen Familien, so auch bei uns in der Laurentiusstraße. Die Lebensverhältnisse in diesem Milieu waren erbärmlich. Die Arbeitslosigkeit wuchs ständig, bis zu einer Höhe von schließlich 6,1 Mio. Menschen in Deutschland im Jahre 1933. Nicht zuletzt deshalb kam Hitler damals an die Macht. Große Teile der Bevölkerung hatten keine ausreichende Ernährung. Es verging kein Tag, an dem bei uns nicht mehrere Bettler um Geld oder etwas Essen baten. Die Kinder in meiner Umgebung liefen häufig barfuß. Von Familienplanung war keine Rede. Meine Mutter schnappte Aussprüche aus dem Hinterhaus hierzu auf, die ebenso kurios wie traurig sind. (Beispiele: „Ich wär doch unserm Vater nich das Häppchen Verknüchen nähm! ... Meistens hatte ich das Chlück und se starben mich widder ... Eens jing mich ma Weihnachten druff!") Ungeziefer und Krankheiten, wie Tuberkulose, breiteten sich aus. Auch ich muss mich damals angesteckt haben, was allerdings erst 60 Jahre später festgestellt wurde, als ich wegen einer chronischen Bronchitis in Behandlung war. Die Bronchoskopie ergab einen „frühkindlichen Infekt" im rechten Lungenflügel. Ich war denn auch viele Jahre meiner Kindheit sehr anfällig für Erkrankungen.

Halle war bei den geschilderten Verhältnissen ein Nährboden für die Kommunistische Partei Deutschlands (KPD). Man sprach vom „roten Halle". Hier gab es schwere politische Auseinandersetzungen und blutige Kämpfe z.B. während des Kapp-Putschs (1920) und später. Schon in meiner frühen Kindheit habe ich Straßenschlachten und Prügeleien zwischen verschieden uniformierten politischen Gruppen und mit der Polizei erlebt. Die Hauptrolle spielten die „Nazis" (Nationalsozialisten) und die Kommunisten. Einmal beobachtete ich vom Balkon meiner Großmutter aus, die damals am „Steintor" Nr. 17 im 5. Stock wohnte, wie sich von mehreren Seiten verschiedene Marschblocks auf den Platz zu bewegten. Es kam zu einer großen Straßenschlacht, die schließlich von starken Polizeikräften mit Knüppeln beendet wurde. Auch vor Rummels Haus am „Wettiner Platz" gab es eine Straßenschlacht mit Polizeieinsatz. Zu meiner Enttäuschung durften wir Kinder aber nicht zugucken, sondern wurden auf die hintere Hausseite verbannt. Auf der Straße wurde ich einmal von anderen kleinen Jungen mit der Frage angehalten: „Nazi oder Kommuniste?“ Sicherheitshalber antwortete ich „Kommuniste!“, was mir eine Tracht Prügel ersparte. Aus dem „Politjargon“ jener Zeit bewunderte ich neidvoll die Wortschöpfung eines Klassenkameraden: „Nazi verrecke, sch... um die Ecke!“ Einordnen konnte ich das alles damals natürlich noch nicht, aber es hatte einen sensationellen und meine kindliche Welt beunruhigenden Charakter. Ich hatte durch meine Herkunft das Glück, Not und Armut nur am Rande kennenzulernen, aber ich wußte durchaus, was das war.

Am 24. 5. 1928 habilitierte sich mein Vater und war als Privatdozent hinfort Mitglied des Lehrkörpers der Universität. Nicht nur wegen der zahlreichen Antrittsbesuche bei den Kollegen und der entsprechenden Gegenbesuche strebten meine Eltern eine bessere Wohnung an. Sie waren froh, als sie unter großen finanziellen Opfern Ende 1929 in eine geräumige Wohnung mit Garten in guter Lage am Mühlweg Nr. 4 neben dem Diakonissenhaus ziehen und so das bedrückende bisherige Milieu verlassen konnten. Mein Vater musste dem Vormieter, einem pensionierten Major, einen sogenannten „Abstand“ von 1.000 RM leisten, eine für die damaligen Verhältnisse und das Einkommen meiner Eltern ungeheure Summe, die in kleinen Monatsraten abgezahlt werden musste. Ich erinnere mich daran, dass meine Mutter meinem Vater Vorwürfe machte, wie er einen Schuldschein in derartiger Höhe hätte unterschreiben können. Der Major hatte auf diese Weise ein schönes Taschengeld. Eines Tages, Jahre später, kam ein Briefumschlag mit dem durchgerissenen Schuldschein als Zeichen dafür, dass die Summe abbezahlt war.

Wir wohnten nun in einem guten Wohnviertel unter Hochschullehrern, Ärzten, Kaufleuten, Bankiers, Höheren Beamten, usw. Nicht weit von uns war eine Zeitlang die Wohnung von Felix Graf von Luckner, dem sogenannten „Seeteufel“, der im ersten Weltkrieg als Kommandant des Hilfskreuzers „Seeadler“ von sich reden gemacht hatte. Am Ende des zweiten Weltkrieges übergab er, zusammen mit einem Freund meiner Eltern, dem Arzt Dr. Werner, die Stadt Halle den anrückenden Amerikanern und bewahrte sie so vor der Bombardierung und Zerstörung.

In der neuen Wohnung hatte ich jetzt ein eigenes Schlafzimmer und ein sehr großes Spielzimmer mit den Maßen 7,80 mal 5,80 m, das meinem Vater sogar ermöglichte, mir mit Hilfe eines langen Zwirnsfadens und des Gewichtes einer Kuckucksuhr den Foucaultschen Pendelversuch zu demonstrieren. Es war eine sogenannte „hochherrschaftliche“ Wohnung im ersten Stock mit Wirtschaftsräumen im Erdgeschoß. Letztere benutzten wir aber auf die Dauer nicht, da wir keine Haushaltshilfe hatten und meine Mutter die vielen Räume nicht allein bewirtschaften konnte. Interessant fand ich ein Sprachrohr, das vom Speisezimmer hinunter in die Küche führte. Ich probierte es aus, indem ich meine Mutter in der Küche anrief und ihr dann eine Tasse Wasser nach unten schickte, die voll traf mit entsprechenden Konsequenzen. Das war aber eine einmalige Entgleisung, noch dazu in „Mittäterschaft" meiner Kusine Ilse!

Vom Mühlweg ist es nicht weit zur Saale mit ihren Badeanstalten, wohin meine Eltern mit mir im Sommer gingen, und mit der Peißnitz-Insel und ihren Sportplätzen und großen Wiesen. Eine davon wurde im Winter überflutet und zur Eisbahn umfunktioniert. Viele Kinder, aber auch Erwachsene, wie zum Beispiel mein Onkel Alfred, tummelten sich dort abends bei Scheinwerferlicht. Meine Mutter hätte es gern gesehen, wenn ich ein Schlittschuhläufer und vielleicht sogar ein Eishockeystar geworden wäre. Da musste ich sie leider enttäuschen. Später bin ich aber ein ganz guter Sportler geworden. Damals hatte ich noch etwas schwache Fußgelenke, so dass ich auf dem Eis dauernd umknickte. Mein Wille hingegen war schon voll entwickelt! Als meine Mutter mich zwingen wollte, auf die Eisbahn zu gehen, erlitt sie eine Niederlage. Ich musste einen neuen, mir dazu auch noch verhassten Mantel anziehen, und sie schob mich mit der extra erworbenen Dauerkarte vor die Tür. Dort blieb ich aber stur stehen, trotz mehrerer Kontrollblicke und Ermahnungen. Nach etwa einer Stunde gab sie es auf, meinen Willen brechen zu wollen, und ich war in Zukunft vom Schlittschuhlaufen erlöst. Die Dauerkarte musste verschenkt werden!

II. SCHULZEIT IN HALLE/SAALE (1929 - 1936)

1929 kam ich zur Schule, wie damals üblich nach den Osterferien. Natürlich war das ein großes Ereignis mit Zuckertüte und Anteilnahme der ganzen Familie. Ich entsinne mich, dass ich die große bunte Tüte (s. Foto) kaum halten konnte. Zur Ausrüstung gehörten ein Ranzen und eine Brottasche zum Umhängen, ferner eine Schiefertafel mit Griffel und Schwamm zum Löschen der Tafel. Wir waren etwa 35 „ABC-Schützen" in der Hermann-Schule, die auch Neumarkt-Schule genannt wurde. Knaben- und Mädchenschule lagen, durch einen Zaun getrennt, nebeneinander. Unser Lehrer, Herr Lehmann, brachte uns das Pensum der „Volksschule", die acht Klassen umfasste, recht und schlecht bei. Heute glaube ich, dass er krank war, denn er saß oft in seinem weißen Kittel auf dem Katheder, gab uns schriftliche Aufgaben und starrte vor sich hin. Die Zusammensetzung der Klasse war nicht homogen. Die verschiedensten Schichten waren vertreten. Etwa 20 Kinder stammten aus bürgerlichen Familien des Mittelstandes, einige aus Arbeiterfamilien, wie mein Freund Werner Enke, oder aus dem sogenannten Proletariat. Dort waren die Väter oder Mütter meist Hilfsarbeiter oder arbeitslos. Drei waren Söhne von Hochschullehrern. Es gab wohl nur wenig Kinder, deren Väter Akademiker waren. Am Ende des vierten Schuljahres verließen 22 Schüler, also rund zwei Drittel der Klasse, die Schule, um auf die Mittelschule oder eine Oberschule überzuwechseln. Fast alle Schüler waren, im Zentrum des Wirkungsbereichs von Martin Luther, evangelisch. Ein Klassenkamerad, Harry Lichtenstein, war Jude. Er wurde etwas später von seiner Mutter zur Einschulung gebracht. Ich hielt ihn zunächst für ein Mädchen, weil er einen langen Kittel trug, der etwa so lang war wie seine kurzen Hosen. Ich erzählte meiner Mutter demzufolge von „der" Harry. Aber bald klärte sich der Irrtum auf.

Bei der geschilderten Sozialstruktur hatten die Kinder sehr unterschiedliche Kleidung. Ärmliche und abgerissene Sachen, zerlöchertes Schuhwerk gab es häufig. Ab und zu erschienen Fürsorgerinnen, Schulärzte und Beamte des Jugendamtes, um den dringendsten Notständen abzuhelfen. Meine Mutter gab mir während der gesamten Volksschulzeit ein zusätzliches Frühstücksbrot für einen bedürftigen Klassenkameraden mit. Nicht bei jedem Kind war die Sauberkeit gewährleistet. Einmal in der Woche hatten wir „Baden". Im Keller der Schule gab es Brauseräume. Wir mussten ein Handtuch mitbringen. Unter Aufsicht des Lehrers hatte sich jeder unter der warmen Brause zu waschen. Ich entsinne mich, dass uns Herr Lehmann aufforderte, nicht die Kniekehlen zu vergessen. Meine Mutter fand, dass die ganze Aktion für mich natürlich überflüssig sei. Aber es gab, wohl aus Gründen der Gleichbehandlung, keine Befreiung. Für mich war das eine Art von „Sozialkontakt“ eigener Art. Die in allen Schulräumen und auch in vielen Ämtern und öffentlichen Einrichtungen stehenden Spucknäpfe dienten der Hygiene wohl nur bedingt.

Der damalige Erziehungsstil war stark von der Durchsetzung von „Zucht und Ordnung“, also Sekundärtugenden, bestimmt. Dabei spielte die Prügelstrafe, jedenfalls bei den Jungen, eine wesentliche Rolle, ohne dass jemand etwas dabei fand. Auch in der Familie und in der Kirche im Konfirmandenunterricht, war das in unterschiedlicher Abstufung so. Die Prügelstrafe als Erziehungsmittel stammte in Preußen aus dem Bereich des Militärs. Unter dem König Friedrich Wilhelm I., dem sogenannten „Soldatenkönig“ und Vater Friedrichs II., des Großen, wurde sie zur Durchsetzung der Befehle und des Drills auf dem Exerzierplatz eingesetzt und von den Unteroffizieren angewandt. Da die entlassenen Unteroffiziere nach ihrer Militärdienstzeit meist im Staatsdienst Verwendung fanden, gelangte die Prügelstrafe auch in die Schulen. So oder ähnlich war es sicher auch in den anderen deutschen Ländern und in den Nachbarstaaten. Wohl jeder Lehrer hielt im Schrank oder ganz offen einen Rohrstock als Erziehungsmittel bereit. Besondere Günstlinge des Lehrers hatten das Primat, bei Bedarf einen neuen Rohrstock einzukaufen. Während meiner gesamten Volksschulzeit, und sogar noch in der Unterstufe des Gymnasiums, gab es mehr oder weniger dramatische oder sensationelle Prügelszenen, wobei die „Delinquenten“, je nach Persönlichkeit oder schauspielerischer Begabung, der Klasse gegenüber mit dem Lehrer um einen „guten Abgang in Würde“, gewissermaßen um den „moralischen Sieg“ kämpften. Die ersten Szenen dieser Art fanden schon bald nach Schulbeginn statt. Anfänglich wurden besonders schüchterne Kinder noch von den Eltern gebracht, die dann aber bald wieder gingen. Nur bei Heinrich Schiller war das anders: Sobald die Mutter oder der Vater Anstalten machten zu gehen, fing er erbärmlich an zu schreien, so dass die Eltern zunächst dableiben mussten. Das konnte natürlich nicht endlos fortgesetzt werden. So sahen sich dann, nach vielen Androhungen, zunächst der Vater, dann der Lehrer, veranlasst, den armen Heinrich über die Schulbank zu ziehen und ihn, der eine mit der Hand, der andere mit dem Rohrstock, zu verprügeln. Da ich in der Nähe saß, bekam ich einige „Streifschüsse" ab. Diese Tortur wiederholte sich an mehreren Tagen, bis irgendwann der Widerstand gebrochen war. In diesem Fall war der Lehrer kraft Brachialgewalt der eindeutige Sieger. Ein Meisterstück an Psychologie war das aber sicher nicht. Jeden Tag erzählte ich zu Hause, wie der arme Heinrich wieder gebrüllt hatte. Meine Mutter prägte den Spruch: „Heinrich Schiller ist ein Brüller!" Deshalb ist mir sein Name im Gedächtnis geblieben. Wenn sich ein Lehrer nicht durchsetzen konnte oder sich ein sehr schwerer Disziplinarverstoß ereignet hatte, wurde der Delinquent vom Hausmeister mit einem besonders dicken Knüppel dem Rektor vorgeführt, der die Strafe höchstpersönlich vollzog. Wir hörten dann zitternd das Geheul des Bestraften durchs Haus hallen. Dabei war der Rektor eine zierliche, fast zarte Erscheinung! Ein Musiklehrer hatte die Unart, den Schülern mit dem Geigenbogen auf die Finger zu hauen. Ein anderer kommandierte: „Beugen!" Beugte der Sünder seinen Rücken tief zu Boden, so dass sich der Hosenboden entsprechend stark spannte, sagte er lobend: „Gut gebeugt! Setzen!" Hatte dieser aber Angst vor dem drohenden Schlag und beugte nur halbherzig, knallte der Stock mit aller Wucht auf das arme Hinterteil.

Eine andere „Erziehungsmethode" war die Förderung der Denunziation. Der Lehrer beauftragte bei Abwesenheit einen (Muster)schüler damit, die Namen seiner Klassenkameraden an die Tafel zu schreiben, die gegen Verbote oder Ordnungsvorschriften verstießen (Nicht sprechen! Nicht abschreiben! Nicht aufstehen!). Bei Mehrfachverstößen musste er Kreuze hinter die Namen machen. Das führte manchmal aus der Laune der Klasse heraus zu „Wettbewerben", so dass der Aufpasser an der Tafel „Buchführungsschwierigkeiten" bekam. Nach Rückkehr des Lehrers erfolgte der „Strafvollzug". Die „Angekreuzten" mussten vortreten und wurden der Reihe nach über die vorderste Bank gelegt und mit dem Rohrstock verprügelt. In der Volksschule war ich nicht unter den „Leidtragenden". Erst auf dem Gymnasium ereilte mich das Schicksal auch. Durch vorsorgliche Auspolsterung des Hosenbodens mit Heften versuchten wir, den Schmerz des Knüppels zu mildern. Aber nicht immer fielen die Lehrer auf diesen Trick herein.

Anlaß zu Bestrafungen bot auch der „Einsatz" von Stinkbomben, Nieß- und Juckpulver, Knallerbsen und anderem Schabernack. Man erwarb so etwas für wenige Pfennige in einem winzigen Lädchen in der Geiststraße bei einem alten Mann mit dicken Brillengläsern, der in ein Märchen von Andersen gepasst hätte.

Natürlich bestand die Volksschulzeit nicht nur aus solch negativen Erlebnissen. In der Heimatkunde gab es viele Informationen über unsere Heimatstadt Halle, und wir machten auch manche Exkursion in die Umgebung. Lesen und Schreiben lernte ich sehr schnell, auch wenn unser Lesebuch nicht fehlerfrei war (..."Alles munter? Nein? Berni ein böses Bein! O o! Na, balde heile!"...). Wir hatten bei Schulbeginn, wie erwähnt, noch eine Schiefertafel mit Griffel, Schwamm und Lappen. Zunächst lernten wir Druckbuchstaben, später lateinische und schließlich deutsche Schrift nach dem System „Sütterlin". Grammatik fand ich langweilig und überflüssig, da mir da keine Fehler unterliefen. Von „starken" und „schwachen" Wörtern oder vom „Beugen" hielt ich nichts. Rechnen betrachtete ich als notwendiges Übel. Mein Hauptinteresse galt damals wie heute den Menschen und ihrem Verhalten. Das war nicht immer für meine Noten günstig, da ich wohl den Lehrer interessiert beobachtete, ihm aber nicht zuhörte.

Meine Zeugnisnoten bewegten sich zwischen „Eins" und „Drei" bei insgesamt fünf Noten, wobei die „Eins" die beste und die „Fünf" die schlechteste Bewertung darstellte. Versetzt wurde ich immer. Ein wirklich guter Schüler war ich nie, da es mir oft an der Konzentration fehlte. Ich war auch häufig krank. In den vier Volksschuljahren fehlte ich laut Zeugnisheft insgesamt an 209 Tagen, also 30 Wochen.

Die erste „soziale Funktion" meines Lebens war das Öffnen und die Ausgabe der Milchflaschen, die übrigens selbst bezahlt werden mussten, in der großen Pause. In der Nacht vor der ersten „Amtshandlung" konnte ich vor Aufregung kaum schlafen. Leider wurde ich bald krank und musste nach Rückkehr feststellen, dass sich ein anderer Mitschüler meines Amtes bemächtigt hatte und es auch nicht wieder preisgab. Das war dann auch gleich die erste große Enttäuschung meines Lebens, aber nicht die letzte.

1929 und 1932 hatte ich das Glück, während der großen Ferien mit Tante Lucie Rummel und den beiden Kusinen Hildegard und Ilse an die Ostsee fahren zu können. Dort war in Friedrichsort bei Kiel Onkel Paul Rindtorff Lehrer, bei dem wir unser Quartier nahmen. Tante Elisabeth bemühte sich um unser leibliches Wohl. Gerhard und Annelie waren die beiden Kinder, mit denen wir spielten. Der Strand an der Kieler-Bucht war nicht weit, und so sah ich zum ersten Mal das Meer. Vor allem gab es die unterschiedlichsten Schiffe zu beob-achten: Handels- und Passagierschiffe und, da Kiel der traditionelle Hafen der Deutschen Marine war, Kriegsschiffe. Allerdings hatte der Versailler Vertrag nach dem Ersten Weltkrieg die Zahl der deutschen Kriegsschiffe stark eingeschränkt. Drei alte Linienschiffe waren noch vorhanden, wovon ich eins, die „Schleswig-Holstein", zu sehen bekam. Dieses Schiff wurde später dadurch weltberühmt, dass es am 1. September 1939 vor der Westernplatte in Danzig den Zweiten Weltkrieg mit der Beschießung der polnischen Stellungen eröffnete. 1932 bestaunte ich das Segelschulschiff „Niobe" der Deutschen Reichsmarine im Hafen. Wenige Tage später, am 26. 7. 1932, ging es mit 69 Mann im Fehmarn-Belt in einer überraschenden Böe unter. Ich erblickte auch das zwölfmotorige Großflugboot von Dornier (DO-X), das zu Hilfeleistungen eingesetzt wurde. Es flog mit starkem Motorenlärm in niedriger Höhe über die Kieler Bucht in Richtung Fehmarn, um Schwimmwesten über der Unglücksstelle abzuwerfen. Morgens stand ich meist vor allen anderen auf und schaute an der nahen Kaserne den Matrosen beim Exerzieren zu. Dies alles waren erste Berührungspunkte zum Militär, das später in meinem Leben noch eine so große Rolle spielen sollte.

Am 31. 5. 1931 gingen meine Eltern zum ersten Mal mit mir ins Kino. Zu sehen gab es den berühmten Stummfilm „Die Nibelungen – Teil 1 Siegfried" von Fritz Lang, der in neuerer Zeit aus alten Archiven rekonstruiert worden ist. Auf die Heldengestalt und den Kampf mit dem Drachen war ich durch die Erzählungen meiner Eltern schon lange vorbereitet worden. Natürlich machten diese Szenen einen ungeheuren Eindruck auf mich. Höhepunkt des Tages war aber das Luftschiff „Graf Zeppelin" (LZ 127), das ich als weitere „Premiere" meines Lebens zum ersten Mal anstaunte. Später flog es im Rahmen eines Deutschlandrundfluges zusammen mit seinem Schwesterschiff „Hindenburg" (LZ 129) noch einmal über Halle hinweg. Die mächtigen Luftschiffe waren je 245 m lang bei einem Durchmesser von 47 m. Das war für jeden Zuschauer ein großartiges Erlebnis. Bis heute hat es keine derartig dimensionierten Luftschiffe mehr gegeben. Am 6. 5. 1937 fiel die „Hindenburg" einer Brandkatastrophe in Lakehurst bei New York zum Opfer. Mit diesem Unglück endete die Luftschifffahrt in Deutschland. Bei der Katastrophe kam auch der Vater meines Klassenkameraden Frido Erdmann um, der als Oberst der Luftwaffe und Kommandeur der Luftnachrichtenschule in Halle an diesem Flug teilgenommen hatte.

1931 nahm mich meine Mutter mit zum Rektoratswechsel in die Universität. Ich sah den feierlichen Einzug von Rektor und Senat und des gesamten Lehrkörpers in die große Aula, darunter mein Vater und mein Patenonkel Alfred Rummel, der als französischer Lektor teilnahm. Da war ich natürlich stolz. Ich wurde auch zum Fackelzug der Studenten mitgenommen, den sie dem neugewählten Rektor darbrachten. Höhepunkt war das Zusammenwerfen der Fackeln auf den Brandbergen vor den Toren der Stadt. Überhaupt prägten damals noch die Studenten mit ihren Mützen und Bändern das Straßenbild. Mit dem heraufziehenden „Dritten Reich" spielten dann aber immer mehr andere Uniformen eine bestimmende Rolle.

Im Sommer 1931 besuchten meine Eltern mit mir eines Sonntag morgens die Jubiläumsausstellung anlässlich des 60. Geburtstages des Malers Lyonel Feininger in der Moritzburg. Seine seit 1929 entstandenen „Halle-Bilder" waren dort zu sehen. Ich habe noch eine dunkle Erinnerung an den strengen Eindruck, den diese Werke auf mich achtjährigen Knaben machten, der nur die reizenden Bilderbücher von Else Wenz-Viëtor und die romantisierenden Landschaftsmalereien seiner Mutter kannte.

Im März 1932 fand der erste Wahlgang zur fälligen Reichspräsidentenwahl statt. Meine Großmutter Rindtorff und insbesondere meine Tante Gertrud waren politisch sehr interessiert und besaßen schon eins der damals noch seltenen Rundfunkgeräte. Meine Eltern hörten dort die Reden der maßgebenden Politiker im Wahlkampf. Auch ich wurde mitgenommen und hörte deshalb die Rede Hindenburgs mit an, des amtierenden Reichspräsidenten, der als Generalfeldmarschall und Feldherr des Ersten Weltkrieges in breiten Bevölkerungskreisen eine mystische Verehrung genoß. An seine Schlußworte „Das ist Sinn und Ziel meiner Kandidatur!" und seine tiefe Stimme erinnere ich mich genau, weil ich sie immer wieder zur Erheiterung meiner Eltern nachzuahmen versuchte.

Die politischen Diskussionen waren damals auch in unserer Familie sehr lebhaft. Die wirtschaftliche Situation Deutschlands wurde, nach vorübergehender Besserung der Konjunktur durch Zuführung ausländischen, insbesondere amerikanischen Kapitals, immer schwieriger. Reichskanzler Brüning (Zentrumspartei) regierte mit sogenannten „Notverordnungen", die der Reichspräsident nach Artikel 48 der Weimarer Reichsverfassung, also unter formal zulässiger Ausschaltung des Reichstages, erließ. Die Arbeitslosenzahl überstieg bei 65 Millionen Einwohnern inzwischen die 6 Millionen-Grenze, die Arbeitslosenquote 30 %. Die Bedeutung Hitlers, der die Verhältnisse demagogisch anprangerte, wuchs mit jeder Wahl. So erschien Hindenburg damals den bürgerlich-konservativen Kreisen, die der mit Ende des Ersten Weltkrieges und nach der Flucht Kaiser Wilhelm II. nach Holland untergegangenen Monarchie nachtrauerten, als letzter Garant der alten gesellschaftlichen Strukturen. Mein Vater war deutsch-national eingestellt und als Soldat und Offizier des Ersten Weltkrieges ein Anhänger Hindenburgs. Meine Mutter begann angesichts der wirtschaftlichen Verhältnisse damals, Hitler und seinen Versprechungen zu glauben, wie immer mehr Deutsche. Mein Vater flehte meine Mutter buchstäblich an, doch nur dieses eine Mal noch auf ihn zu hören und Hindenburg zu wählen. Ich weiß aber nicht, wie sie sich letzten Endes entschieden hat. Hindenburg wurde wiedergewählt. Die Wahl war eine klare Entscheidung des Volkes für die Republik und gegen die Diktatur. Auch bei der Reichstagswahl am 31. 7. 1932 erreichten Hitler und seine „Nationalsozialistische Deutsche Arbeiter Partei“ (NSDAP) erst 37,8 % der Mandate.

Der Sommer 1932 brachte mir, wie in fast jedem Jahr, über zwei Monate Ferien. Das hing damit zusammen, dass die Schulferien und die Semesterferien der Universität sich nicht deckten. Da meine Eltern natürlich auch mit mir zusammen wegfahren wollten, lösten sie den Haushalt während dieser Zeit formell auf. Meine Klassenkameraden beneideten mich um diesen „Sonderurlaub“. Aber ich musste das Versäumte nachholen.

Während der Zeit in Meinerzhagen las uns mein Großvater aus seinen selbstgeschriebenen Lebenserinnerungen vor, die heute in meinem Besitz sind. Seitdem sind mehr als 60 Jahre vergangen, und ich schreibe nun auch Lebenserinnerungen.

Kaum war ich wieder in der Schule, erkrankte ich der Reihe nach an Blinddarmreizung, Angina und Scharlach. Letzterer war damals eine schwerwiegende Krankheit, da es noch keine Antibiotika gab. Das Gesundheitsamt ließ mich unter der Betreuung meiner Mutter zu Hause, weil ich ein eigenes Schlafzimmer hatte und dort mit allen Vorsichtsmaßnahmen isoliert werden konnte. Ich brauchte also nicht in die Isolierstation eines Krankenhauses verlegt zu werden. Zum Trost für erlittene Leiden bekam ich nach meiner Genesung zu Weihnachten eine elektrische Eisenbahn der Spur 0, die heute noch existiert. Die Freude war groß. Hinfort lag ich häufig mit meinem Vater auf dem Fußboden, um mit der Eisenbahn zu spielen. Gelegentlich gesellten sich auch Kollegen meines Vaters hinzu, die mir als „Konkurrenten“ unerwünscht waren.

Im März 1933 schrieben wir, die wir auf die höhere Schule oder Mittelschule überwechseln sollten, einige Prüfungsarbeiten (Diktat, Aufsatz und Rechenarbeit). Die Prüfungskommission am Stadtgymnasium Halle, dem späteren „Christian-Thomasius-Gymnasium“, befand mich für geeignet. Auch einige andere Klassenkameraden schafften es. Meine Mutter ging mit mir zu der Aufnahmezeremonie in die große Aula, wo die Namen derer verlesen wurden, die noch mündlich geprüft werden mussten. Ich atmete auf, als ich nicht dabei war. Mein Vater ging voller Stolz mit mir in die Stadt und kaufte mir die weiße Schülermütze des Stadtgymnasiums. Für ihn war es klar gewesen, dass ich eine humanistische Bildung bekommen müsste, während meine Mutter dafür plädiert hatte, dass ich aufs Reformrealgymnasium gehen sollte, um vor allem Englisch zu lernen. Rückblickend betrachtet hatte sie vielleicht Recht, wie sie ja überhaupt der modernere Mensch war. Mein Vater verkörperte demgegenüber den konservativen Typ des ernsten und nachdenklichen Wissenschaftlers, dem der Umgang mit den klassisch-antiken Bildungsinhalten, wie den antiken Sprachen und der griechisch-römischen Gedankenwelt, wichtiger erschien. Schließlich hatten wir da in der Familie eine lange Tradition. Zurück bis zum Anfang des 17. Jahrhunderts waren in jeder Generation Pfarrer (nach derzeitigem Wissensstand: zwölf), Apotheker und Ärzte zu finden, die, je nach Bildungsgang, eine Lateinschule, ein Gymnasium oder eine Universität besucht hatten. Ich war in der zehnten Generation der Familie einer, der sich auf den langen Bildungsweg eines Gymnasiasten begab, voller Interesse dafür, was mir da wohl geboten werden würde. Mein Großvater gratulierte mir mit einem „Knittel"-Gedicht:

„Herrn Jürgen Reinhold
Staatlich geprüfter Sextaner
Der erste Schritt zum Abiturio!
Wie sind da Oma und Opa froh.
Denn wenn in der Welt keine Sexta wär,
Wo kämen die Studenten her.
Zum guten Anfang, den Jürgen getan,
Hoffen wir, daß es geht weiter bergan;
Daß übers Jahr er Versetzung kann melden,
Wünschen wir ferner dem kleinen Helden. ..."

Mit solcherlei guten Wünschen bedacht, begann ich also den neuen Bildungsabschnitt.

Im ersten Schuljahr gehörte mein Vetter Hans Rindtorff meiner Klasse an. Dann verließ er sie wieder, weil er überfordert war, insbesondere wohl wegen der ungünstigen häuslichen Verhältnisse. Er war der Sohn von Richard Rindtorff, einem älteren Bruder meiner Mutter, der im Ersten Weltkrieg aktiver

Offizier gewesen und in russische Kriegsgefangenschaft geraten war. In Sibirien hatte er Jahre zugebracht und war schließlich nach einer abenteuerlichen Flucht zurückgekehrt, ohne je etwas über diese Zeit zu erzählen. Offenbar hatte er nicht verkraftet, was ihm widerfahren war, und er fand nicht mehr in das bürger liche Leben zurück. Dazu heiratete er eine Frau, die von der Familie nicht akzeptiert wurde. Sie erzählte allerdings, meine Großmutter habe sie immer gut behandelt. Tante Hildegard stammte aus einfachen Verhältnissen, hat aber ihr Leben tapfer gemeistert, wovon später noch die Rede sein wird. Hans Rindtorff ist im Zweiten Weltkrieg in Russland gefallen.

Der Unterricht im Gymnasium war sehr gut: Intensiv und systematisch. Wir erhielten hier das Rüstzeug für die ganze weitere Schulzeit. Die lateinische Sprache fand ich faszinierend, hatte mir aber vorgestellt, dass das Übersetzen nach Art eines Verschlüsselungssystems vor sich ginge, also buchstabenweise. Als ich entdeckte, dass man doch sein Gedächtnis mit vielen Vokabeln füttern musste, ließ die anfängliche Begeisterung wieder nach und pendelte sich auf einer mittleren Marke ein. Mein Großvater war in den großen Ferien mein „Privatlehrer", so wie er einst meinen Vater für die dritte Klasse des Gymnasiums vorbereitet hatte und wie er auch selbst einmal von seinem eigenen Vater vorbereitet worden war. Ich war über diese Betreuung nicht sehr begeistert, da sie mich in meinen Ferienplänen störte. Deshalb bat mein Großvater meine Eltern, in den nächsten Ferien auf diese Betreuung zu verzichten, weil ihm das gute Verhältnis zu mir wichtiger sei als meine Fortschritte in Latein. In allen anderen Fächern wie Mathematik und Deutsch wurden die neuen lateinischen Grundbegriffe vermittelt und erklärt. In Biologie lernten wir zunächst ein Bestimmungsschema, an Hand dessen dann die einzelnen Tiere und Pflanzen durchgenommen wurden. In Deutsch galt es, lange Schachtelsätze mit den entsprechenden lateinischen Ausdrücken zu gliedern und zu bestimmen. Die Interpunktionsregeln wurden gnadenlos gepaukt. Aber wir mussten auch viele Gedichte auswendig lernen wie „Die Heinzelmännchen zu Köln" und „John Maynard". Der Geschichtsunterricht begann traditionell mit der griechischen und römischen Geschichte. Typischerweise diktierte uns aber der Geschichtslehrer die Reihe der preußischen Hohenzollern-Könige von Friedrich I. bis zu Wilhelm II. zur Aufnahme ins Geschichtsbuch. Das müsse ein preußischer Gymnasiast von Anfang an wissen. Ich habe sie denn auch nie vergessen.

Im Musikunterricht übten wir „Das Lied von der Glocke" (nach Schiller) ein, das anlässlich einer Schulfeier vorgetragen wurde. Ich habe noch eine lebhafte Erinnerung an die dramatische Vertonung (nicht Bruch, nicht Romberg). In Sexta oder Quinta (5. oder 6. Schuljahr) erlebte ich ein Schulfest im nahegelegenen Bad Lauchstädt, wo Schüler der Oberstufe und „ausgeliehene" Schülerinnen des Lyzeums in dem von Goethe gegründeten kleinen Theater ein Stück spielten, dessen Titel ich vergessen habe, das aber von Katte[1)], dem Jugendfreund Friedrichs des Großen, handelte und mich sehr beeindruckte.

Die politischen Verhältnisse in Deutschland entwickelten sich weiter ungünstig. Nach dem Rücktritt von Reichskanzler Brüning versuchten sich noch Franz von Papen (Zentrumspartei) und der intrigante General Kurt von Schleicher kurzfristig als Reichskanzler. Hitler ließ sich von beiden aber weder einbeziehen noch ausschalten. Schließlich ernannte Hindenburg, wenn auch nur zögernd, Adolf Hitler am 30. Januar 1933 zum Reichskanzler. Dieses später als „Tag der Machtergreifung" bezeichnete Datum war der Beginn der wohl verhängnisvollsten Phase der deutschen Geschichte, die mit dem Untergang des alten Deutschen Reiches am 9. Mai 1945 endete. Obwohl Hitler nur zwölf Jahre an der Macht war, nannte und nennt man das von ihm beherrschte Regime das „Dritte Reich" in Nachfolge des Heiligen Römischen Reiches des Mittelalters (bis 1806) und des Bismarck-Reiches (ab 1871). Hitler verbot im Zweiten Weltkrieg die Anwendung dieses Begriffs auf sein Regime, wahrscheinlich weil er ihm für seine historische Selbsteinschätzung nicht angemessen erschien.

Ich kann mich genau an den 30. bzw. 31. Januar 1933 erinnern. Wir selbst hatten kein Radio. Fernsehen gab es noch nicht. Man war auf Zeitungsnachrichten angewiesen. Manchmal kamen Extrablätter heraus. Verwandte, Freunde und Nachbarn unterrichteten sich gegenseitig und diskutierten dabei die Ereignisse. Wenn etwas in der Luft lag, stürmte mein Vater zum nächsten Zeitungsstand und kehrte aufgeregt zurück, schon unterwegs im Laufen lesend. An diesem Tag kam unser Nachbar Prof. Dr. Scholder, ein Fachkollege meines Vaters, zu uns. Ich sehe ihn noch mit der flachen Hand auf den Tisch schlagen und ausrufen: „Es ist unerhört!" Beide Herren diskutierten lebhaft und waren offenbar mit der eingetretenen Entwicklung nicht einverstanden. Beide waren Weltkriegsoffiziere gewesen und deutschnational eingestellt. Natürlich kann ich die Argumentation nicht wiedergeben, sondern nur den äußeren Eindruck der Unterhaltung.

Weiter ist mir der „Tag von Potsdam" in Erinnerung geblieben: Am 21. März 1933 eröffnete Reichspräsident von Hindenburg den am 5. März neugewählten Reichstag in der Garnisonskirche in Potsdam, einem Traditionsort preußischer Geschichte, wo damals die Preußenkönige Friedrich Wilhelm I., der „Soldatenkönig", und Friedrich II., der Große, beigesetzt waren. Adolf Hitler sprach als neuer Reichskanzler. Das Ganze spielte sich in einem feierlichen Rahmen mit Glockengeläut und militärischem Zeremoniell ab und wurde im Rundfunk übertragen. Hier lieferte der am 14. März als „Reichsminister für Volksaufklärung und Popaganda" vereidigte Dr. Joseph Goebbels sein Meisterstück in neuer Funktion. Wie man in seinem schon 1934 veröffentlichten Tagebuch „Vom Kaiserhof zur Reichskanzlei"[2] nachlesen kann, kümmerte er sich persönlich um die „kleinsten Kleinigkeiten" des Ablaufs der Feierlichkeiten.

Wir Kinder erlebten die Übertragung im Rahmen einer Schulfeier. Man nannte diese nun immer öfter vorkommenden Ereignisse „Gemeinschaftsempfänge". Meine Mutter schrieb in mein Tagebuch: „Am 21. März war der große deutsche Tag. Das war eine rechte Erquickung nach all diesen Jahren. Jürgen war von früh bis spät abends unterwegs. Erst um 12 Uhr zur Schulfeier, bei der durch das Radio die ganze Potsdamer Feier übertragen wurde. Alle Geschäfte waren geschlossen, damit jeder teilnehmen konnte. Um 2 Uhr gingen wir dann durch die beflaggten Straßen in den Film ‚Der Choral von Leuthen'. Jürgen war ganz hingerissen.[3] Abends war dann der große Fackelzug, an dem 25.000 Menschen teilnahmen. Wir standen auf dem Hallmarkt, wo alle aufmarschierten und die Reden gehalten wurden. Um 10 Uhr war unser Bürschle so müde, daß wir schon vor Schluss nach Hause gingen. Es war so ein schöner Tag, wie wir ihn seit dem Kriege in seiner Größe nicht mehr erlebt hatten." Diese Schilderung meiner Mutter ist sicher repräsentativ für die Stimmung an diesem Tag, den man mit Recht als „volkspsychologischen Erfolg"[4] einschätzen kann. Meine Mutter bewahrte als politisch interressierte Frau Zeitungen zu wichtigen Ereignissen auf, so ein Sonderheft der „Berliner Illustrirten Zeitung" (die Schreibweise ohne „ie" ist richtig!) über die Staatsfeierlichkeiten bei der Reichstagseröffnung und die entsprechende Einzelnummer der „Leipziger Neuesten Nachrichten", die ich noch besitze. Bemerkenswert ist der Leitartikel dieser damals noch nicht gleichgeschalteten Zeitung zu diesem Tage unter der Überschrift „Im Geiste von Potsdam"[5], der in anpasserischer Haltung der zumindest zeitweiligen Abschaffung des parlamentarischen Systems das Wort redet und sich beschwörend der trügerischen Hoffnung hingibt, dass Hitler später die Macht freiwillig wieder hergeben werde. Dass dies nicht geschehen ist, widerlegt derartige Spekulationen und zeigt, wie gefährlich es ist, das Prinzip der „Dreiteilung der Gewalten"[6] zu verlassen und mit dem Teufel zu paktieren.

Mein Übergang auf die höhere Schule fällt mit dieser verhängnisvollen Entwicklung zusammen. In einem besonders bildungsfähigen Alter wurde ich, wie alle meine Altersgenossen und wie auch jeder andere Deutsche, dem immer stärker werdenden Einfluß des Nationalsozialismus mit seinem Totalitätsanspruch ausgesetzt. Je nach Alter, Herkunft, Umgebung, Entwicklung, Bildung und Erfahrung wirkte sich dieser Einfluß ganz unterschiedlich auf die einzelnen Menschen aus.

Viele Deutsche, wenn auch zunächst nicht die Mehrheit, folgten Hitler aus Überzeugung. Aber auch sie war aus unterschiedlichen Quellen gespeist. Die chaotischen politischen und wirtschaftlichen Verhältnisse der Nachkriegszeit setzten die autoritätsgewohnten Deutschen meist hilf-und kritiklos den Parteiprogrammen und Versprechungen zahlreicher Parteien und Politiker aus. Bei der Vermittlung und Verarbeitung des politischen Gedankenguts kam es naturgemäß nicht nur auf die Logik, sondern auch auf die persönliche Ausstrahlung und das Rednertalent der Politiker an.

Hitler hatte die Fähigkeit, seine Zuhörer mit einer demagogischen Rhetorik regelrecht „anzuheizen“ und in eine Massenpsychose zu versetzen. Von ihm ging eine Faszination aus, die etwa durch den Film „Hitler – eine Karriere“ von Joachim C. Fest vermittelt wird. Von Karl-Heinz Janßen[7)] ist kritisiert worden, dass die Zuschauer „minutenlang voyeuristische Zeugen der halb pseudoreligiösen, halb erotischen Vereinigung zwischen Ver-Führer und Verführten, der verzückten Hingabe einer zu allem bereiten Masse, vor allem der Mädchen und Frauen,“ würden. Ich halte aber gerade diese Eindrücke für wichtig, um den heute lebenden Menschen die persönliche Wirkung Hitlers auf seine Umwelt begreiflich zu machen, die ihn nur vor dem Hintergrund der Geschichte auf Grund heutiger Erkenntnisse sehen. Dabei gibt es Beispiele von Massenhysterie aus den verschiedensten Lebensbereichen wie Sport oder Musikfestivals noch heute reichlich. Auch andere Politiker als Hitler haben damals, wie heute, die Laut-stärke als untaugliches Mittel zur Überzeugung verwendet. Sebastian Haffner[8)] hat ebenfalls davon gesprochen, dass Hitlers Auseinandersetzungen mit der Menge in den großen Veranstaltungen wie Wahlkämpfen, Reichsparteitagen und Reichstagssitzungen geschlechtlichen Beziehungen glichen, die einem „kollektiven Orgasmus“ zustrebten und mit der völligen körperlichen Erschöpfung des Redners und der Zuschauer endeten. Ich werde später berichten, wie ich Hitler kurz vor Beginn des Zweiten Weltkrieges aus nächster Nähe gesehen habe und wie er auf mich selbst gewirkt hat.

Wer sich mit dem Phänomen „Hitler" befassen will, sollte außer dem oben erwähnten Film „Hitler – eine Karriere" auch Joachim C. Fests bedeutende Hitler-Biographie[9] studieren. Eine weitere sehr wichtige Geschichtsquelle, neben anderen, zur Person Hitlers sind die „Erinnerungen"[10] von Albert Speer. Er war Hitlers Architekt und seit 1933 in seiner engsten Umgebung zu finden. Hitler ernannte ihn im Krieg 1942 zum Reichsminister für Bewaffnung und Munition. Wie kein zweiter hat er Hitler bis kurz vor dessen Tod aus nächster Nähe kritisch beobachten und kompetent beurteilen können, ungeachtet seiner Rechtfertigungsversuche für sein eigenes Tun. Auch der bekannte amerikanische Historiker Gordon A. Craig hat in seinem bedeutenden Werk „Deutsche Geschichte 1866 - 1945"[11] in fünf Kapiteln sachkundig und nüchtern über Hitler und sein Regime berichtet. Das Buch Werner Masers „Adolf Hitler Legende Mythos Wirklichkeit"[12] enthält auf 669 Seiten eine schier unglaubliche Menge von Tatsachen über die Person Hitlers wie zum Beispiel auch über seine Abstammung und Familie, sein Verhältnis zu Frauen und seinen Gesundheitszustand. Der Leser erhält Einblick in jede erreichbare Einzelheit dieses unheilvollen Lebens ohne Rücksicht darauf, ob sie für den Ablauf der politischen und militärischen Ereignisse von Bedeutung ist. So ist es für die Geschichte zwar ein ironischer Akzent, aber nur am Rande von Belang, ob Hitler möglicherweise „Vierteljude" im Sinne der Nürnberger Gesetze war oder im Ersten Weltkrieg in Frankreich einen unehelichen Sohn hinterlassen hat. Dagegen erfährt man, dass er seit der Katastrophe des Winters 1941/42 nicht mehr an den Sieg geglaubt, sondern nur noch versucht hat, den Krieg und sein Leben zu verlängern. Man liest ferner, dass er am 15. 8. 1942 mit Himmler und Globocnik ein polnisches Vernichtungslager inspiziert und auf eine Beschleunigung der „Aktion" gedrängt hat, also durchaus im Einzelnen über den Ablauf dieses Massenmordens Bescheid wußte und darauf Einfluß genommen hat, was viele Deutsche nicht wahrhaben, sondern es Himmler allein anlasten wollen, sofern sie nicht, trotz Bergen von Beweisen, den gesamten unheilvollen Sachverhalt bestreiten und verdrängen.

Die Rolle, die Hitlers Buch „Mein Kampf" (Erster Band 1924, Zweiter Band 1927) bei seinem Aufstieg und für die Einschätzung seiner Person gespielt hat, ist zweifelhaft. Man findet darin bei historisch-philologischer Aufarbeitung zwar seinen fanatischen Judenhass und seine gen Osten gerichteten Eroberungspläne dokumentiert („... Ostpolitik im Sinne der Erwerbung der notwendigen Scholle für unser deutsches Volk."). Ob die damaligen Politiker und

Diplomaten oder das deutsche Volk aber daraus ableiten konnten, welche unheilvollen politischen Aktivitäten Hitler zur Verwirklichung seiner Ziele entwickeln würde, ist eine ganz andere Frage. Dies würde zunächst voraussetzen, dass das Buch überhaupt gelesen und sein Inhalt Gemeingut und Überzeugung der erwähnten potentiellen Leserschaft geworden wäre. Ein „Bestseller" im heutigen Sinne ist es nicht gewesen, trotz einer gedruckten Auflage von rund zehn Millionen Exemplaren, die wohl vor allem während des „Dritten Reichs" (1933 - 1945) verkauft worden sind. In dieser Zeit wurde „Mein Kampf", gleichsam als Bibelersatz, zu offiziellen Anlässen wie Hochzeiten, auch Konfirmationen und vergleichbaren Feierlichkeiten, verschenkt. Nach meiner Meinung haben die meisten der so Beschenkten aber nicht mehr als einen Blick in die 780 Seiten des Buches getan und es dann, vielleicht neben die Bibel, das Konversationslexikon und Goethes Werke, in den Bücherschrank oder auf den „Hausaltar" gestellt. In der Schule war es keineswegs Pflichtlektüre. In unserem Unterricht ist es nicht behandelt worden. Die 27 Kapitel sind in Aufbau und Stil ungenießbar und eine Zumutung für jeden durchschnittlichen Leser. (Leseprobe aus dem Kapitel „Volk und Rasse" : „... Es liegen die Eier des Kolumbus zu Hunderttausenden herum, nur die Kolumbusse sind eben seltener zu treffen ...") Für die meisten Zeitgenossen wird es daher nicht attraktiv gewesen sein, solche Lektüre zu konsumieren, die ja bei ihrem Erscheinen nicht die einzige auf dem Büchermarkt war. Es konnte auch nicht vorausgesehen werden, welche unselige Rolle Hitler später noch spielen sollte. Ich selbst habe 1940 als 16jähriger einen Leseversuch unternommen, bin aber gescheitert und habe wenig behalten. In Erinnerung ist mir lediglich noch, dass die Ausführungen über „Propaganda und Organisation" Eindruck auf mich machten. Ich kann mich entsinnen, dass die Menschen, wenn das Gespräch einmal auf „Mein Kampf" kam, sofort in Redensarten und Ausflüchte auswichen, um das Thema alsbald wieder zu verlassen. Das Buch ist also wohl allgemein nicht wirklich gelesen worden und damit auch nicht als Bestandteil in das öffentliche oder heimliche Gedankengut in Deutschland eingegangen. Das schließt nicht aus, dass Einzelne es aus den unterschiedlichsten Gründen durchgearbeitet und ihre Schlüsse daraus gezogen haben, und zwar im positiven wie im negativen Sinn. Anhänger wie Kritiker des Regimes werden sich in ihrer Einstellung bestätigt gesehen haben. Ein wesentlicher Einfluß auf die Geschichte ist jedenfalls nicht anzunehmen. Hitler hätte seinen verhängnisvollen Weg auch ohne sein Buch „Mein Kampf" genommen. Es nützte vor allem seinem persönlichen Konto.

Viele Menschen folgten Hitler aus anderen Beweggründen, als den bisher dargestellten. Ein Hauptgrund war, dass die meisten Deutschen, insbesondere die aus dem Ersten Weltkrieg heimgekehrten Soldaten, die Bestimmungen des Friedensvertrages von Versailles, als ungerecht und entehrend empfanden. Er legte Deutschland und seinen Verbündeten in Artikel 231 die alleinige Kriegsschuld auf, was Gordon A. Craig als eine Verfälschung der Tatsachen bezeichnet. Der Vertrag besiegelte am 28. 6. 1919 das Ende eines Krieges, der noch in der Gedankenwelt und nach den überkommenen Regeln des 19. Jahrhunderts geführt worden war. Es handelte sich also, im Gegensatz zum Zweiten Weltkrieg, um rein militärische Auseinandersetzungen, bei denen die Zivilbevölkerung meist nicht unmittelbar betroffen war. Die deutschen Soldaten fühlten sich so gut oder schlecht, wie ihre Gegner. Sie kämpften, wie diese, als Patrioten für „Gott, König und Vaterland". Auf ihren Koppelschlössern stand in Preußen, wie auch später im ganzen Deutschen Reich, „Gott mit uns". Diese gotteslästerliche Unterstellung ignorierte, dass eine göttliche Parteinahme in solchem Erdenstreit nicht erkennbar ist. (Auf den bayrischen Koppelschlössern stand übrigens nur „In Treue fest", auf den württembergischen „furchtlos und treu" und auf denen der Waffen-SS bezeichnenderweise „Unsere Ehre heißt Treue".) Beide Seiten sahen sich im Recht. Aber, wie immer, hatten die Sieger bei Vertragsschluß die besseren Karten.

Der Vertrag sah vor, dass vom Reichsgebiet (ohne Kolonien) insgesamt 70.579 Quadratkilometer (etwa die Größe Bayerns) mit 7,3 Millionen Einwohnern (etwa die Bevölkerungsstärke Niedersachsens) abgetrennt werden sollten. Das waren im Westen Elsaß-Lothrigen, das seit dem Deutsch-Französischen Krieg (1870/71) zum Deutschen Reich gehörte, die Kreise Eupen und Malmedy, die an Belgien gingen, und das Saargebiet, das bei wirtschaftlicher Ausnützung durch Frankreich, für 15 Jahre unter Völkerbundsverwaltung gestellt und danach einer Volksabstimmung über die zukünftige staatliche Zugehörigkeit unterworfen werden sollte. Im Osten fielen die Provinzen Posen und Westpreußen fast ganz an das neugegründete Polen. Danzig wurde „Freie Stadt" unter Hoheit des Völkerbundes. Das um das Memelgebiet verkleinerte Ostpreußen wurde durch den „Polnischen Korridor" vom übrigen Reichsgebiet getrennt. Polen erhielt damit einen Zugang zur Ostsee. In Masuren, Oberschlesien und Schleswig wurden Volksabstimmungen über die künftige staatliche Zugehörigkeit vorgesehen. Die deutschen „Schutzgebiete" (Kolonien) in Afrika (Deutsch-Südwest-, Deutsch-Ostafrika, Kamerun und Togo) und im Pazifischen Raum (die westlichen Samoa-Inseln und der Nordosten von Neuguinea: „Kaiser-Wilhelms-Land") fielen als Mandatsgebiete an den Völkerbund und wurden (ebenso wie die Kolonien der Alliierten) spätestens nach dem Zweiten Weltkrieg selbstständig. Deutschland verlor drei Viertel seiner jährlichen Förderung von Zink- und Eisenerz, über ein Viertel der Steinkohlenförderung sowie rund ein Sechstel seiner Getreideernte. Das deutsche Auslandsvermögen verfiel der Liquidation. Die deutsche Flussschifffahrtsflotte und die Handelsflotte mussten fast ganz abgeliefert werden; ferner große Mengen von Material, Maschinen, Lokomotiven und Waggons. Die großen deutschen Flüsse und der Nord-Ostsee-Kanal wurden internationalisiert, das linksrheinische Gebiet und eine Zone 50 km rechts des Rheins entmilitarisiert. Das Landheer durfte, bei Abschaffung der Allgemeinen Wehrpflicht und des Generalstabs, nur noch 100.000 Mann betragen. Schwere Artillerie, Panzer und Luftwaffe waren verboten. Der Marine billigte man noch 36 kleinere Schiffe und 15.000 Mann zu. Der Rest der Kaiserlichen Flotte (74 Schiffe) wurde in die Bucht von Scapa Flow in den schottischen Orkney-Inseln überführt und unter deutschem Kommando interniert. Die Flotte versenkte sich dort am 21. 6. 1919 auf Befehl des Vizeadmirals von Reuter selbst, was übrigens eine jahrelange Ölpest zur Folge hatte. Ferner erlegte man Deutschland langjährige Rohstofflieferungen und Reparationszahlungen in Milliardenhöhe auf (Stand 1921: 132 Milliarden Goldmark, später Herabsetzung durch Dawes- und Youngplan und Hoover-Moratorium, letztendlich in das Londoner Schuldenabkommen über die deutschen Auslandsschulden vom 27. 2. 1953 einbezogen und abgewickelt).

Die Deutschen erhofften sich also von Hitler die Beseitigung dieses als Schmach empfundenen Friedensvertrages, den man in Deutschland auch als „Diktat" bezeichnete. Unser Geschichtslehrer veranlasste uns, unser Geschichtsbuch entsprechend zu korrigieren. Dieser Meinung war auch mein Vater, für den das ein wichtiger Grund war, 1933 der NSDAP beizutreten. Ein weiterer Beweggrund war für ihn, dass er, wie viele Deutsche damals, „dabei sein" wollte, wenn nun der erhoffte Aufbau nach dem Ersten Weltkrieg beginnen würde. Ich erinnere mich an Tischgespräche meiner Eltern in denen artikuliert wurde, dass man sich als Gegengewicht und Korrektiv der weniger positiven Kräfte der „Bewegung" in diese einbringen müsste. Dass dies nicht möglich sein und sich später als trügerische Hoffnung erweisen würde, war damals wohl den wenigsten erkennbar. Viele ausländische Politiker und Diplomaten glaubten bis zum Ausbruch des Zweiten Weltkriegs, Hitler bändigen zu können.

Vor allem bot sich Hitler als rettende Kraft zur Abwehr der kommunistischen Revolutionsdrohung an, erst im Inneren und dann der Außenwelt gegenüber. Diese Verheißung ist stärker als nahezu alles andere gegenüber der deutschen Bevölkerung und gegenüber dem westlichen Ausland wirksam gewesen, worauf Joachim C. Fest in einem neuen Vorwort zu seiner Hitler-Biographie hingewiesen hat, das in der FAZ vom 7. 10. 1995 unter dem Titel „Zeitgenosse Hitler" publiziert worden ist.

Ein weiterer Grund, sich Hitler anzuschließen, war die trostlose wirtschaftliche Situation mit der hohen Arbeitslosigkeit, die er zu beseitigen versprach. Für manche deutsche Politiker, war er auch nur Mittel zum Zweck. Sie hofften, seine Kräfte zu „kanalisieren" und damit ihre eigenen politischen Ziele zu erreichen. Die Zusammensetzung seines Kabinetts, in dem zunächst nur Göring (ohne Geschäftsbereich) und Frick (Innenminister) außer ihm selbst Mitglieder der NSDAP waren, zeigt, dass Hitlers Einfluß noch nicht übermächtig war. Auch nach der Auflösung und Neuwahl des Reichstages am 5. 3. 1933 erhielt die NSDAP lediglich 44 % der Sitze. Nur zusammen mit den Koalitionspartnern, der sogenannten „Kampffront Schwarz-Weiß-Rot", insbesondere mit Hugenberg und von Papen, erreichte Hitler eine knappe absolute Mehrheit im Reichstag von 52 %.

Den Durchbruch zur absoluten Macht leitete er erst nach dem Reichstagsbrand vom 27. 2. 1933 ein, den er versuchte, den Kommunisten in die Schuhe zu schieben, um sie auszuschalten. Bereits am 28. 2. erließ der Reichspräsident auf Vorschlag der neuen Reichsregierung die „Verordnung zum Schutz von Volk und Staat", durch die wichtige Grundrechte außer Kraft gesetzt wurden, und zwar letztlich bis zum Ende des „Dritten Reiches". Im brennenden Reichstagsgebäude war der Holländer Marinus van der Lubbe verhaftet, vom Reichsgericht am 23. 12. 1933 zum Tode verurteilt und am 10. 1. 1934 hingerichtet worden. Die Hintergründe der Tat wurden nie eindeutig geklärt. Es gibt drei Theorien: Alleintäterschaft van der Lubbes, Anstiftung durch die Kommunisten und Anstiftung durch die Nationalsozialisten. Über diese Frage ist nach dem Zweiten Weltkrieg, vorher war das nicht möglich, eine jahrzehntelange Debatte zwischen Historikern, Zeitzeugen und Sachverständigen geführt worden, die immer wieder einmal aufflammt.

Ich habe gegenüber der Frankfurter Allgemeinen Zeitung (FAZ) auf den von der Diskussion wohl übersehenen Gesichtspunkt hingewiesen, dass Hitler selbst schon 1923 eine Brandstiftung angekündigt hat. Der Auslandspressechef der

NSDAP und Hitlergefährte „Puzzi“ Hanfstaengl hat in seinem 1980 neu aufgelegten Buch „15 Jahre mit Hitler – Zwischen Weißem und Braunem Haus“ berichtet, dass Hitler am 11. 3. 1923 in einer Geheimbesprechung mit dem Chef der Heeresleitung General von Seeckt, nach dem Tagebuch des Obersten von Selchow, der als Adjutant von Seeckts an diesem Gespräch teilnahm, unter anderem gesagt hat: „... Wir werden den Reichstag in Brand stecken, und wenn alles in Bewegung geraten ist, werden wir uns an Sie wenden, Herr General, und Sie bitten, die Führung zu übernehmen! ...“ Wenn dieser Bericht zutreffend ist, und die detaillierte Darstellung spricht dafür, wäre das ein wichtiges Indiz für die Urheberschaft der Nationalsozialisten am Reichstagsbrand.

So interessant diese Frage auch sein mag, wichtig bleibt, dass Hitler den Brand für seine Zwecke wirkungsvoll ausnutzte und schließlich mit dem sogenannten „Ermächtigungsgesetz“ vom 24. 3. 1933 das demokratische Prinzip, gegen die Stimmen der SPD, abschaffen lassen konnte. Von da an erließ die Reichsregierung die Gesetze! Die anderen Parteien lösten sich entweder selbst auf oder wurden, wie die SPD, verboten. Schließlich erließ die Reichsregierung am 14. 7. 1933 ein Gesetz gegen die Neubildung von Parteien. Die NSDAP war nun die einzige Partei in Deutschland. Hitler hatte freie Bahn!

In der Schule merkten wir an der Einführung eines „Staatsjugendtages“, dass sich etwas veränderte: Am Samstag fiel die Schule aus. Statt dessen war „Dienst“ bei der Hitler-Jugend. Die weißen Schülermützen unseres Gymnasiums wurden bald als „Spießerdeckel“ verunglimpft und damit verdrängt. Wie zu lesen ist[13)], waren die Mützen 1903 anlässlich eines Besuches des Kaiserpaares in Halle eingeführt worden, wurden also nur 30 Jahre getragen. Wir Kinder, ich war neun Jahre alt, beschäftigten uns vor allem mit dem äußeren Bild der Veränderungen, den Uniformen, Rangabzeichen, Fahnen, Aufmärschen und Fackelzügen. Wir bekamen auch die Hektik und Stimmung dieser Tage mit. Meine Mutter schreibt im März 1933 in mein Tagebuch: „Zur Zeit sind alle Kinder ganz 'nazi'-toll. Jürgen macht in Politik. Er liest Kriegsliteratur und singt das Horst-Wessel-Lied[14)]. Die Jungens spielen Soldaten und Krieg. Der Sandhaufen ist ständiger Schützengraben.“ Ich verfaßte „Flugblätter“ törichten Inhalts für unsere Spiele. Aber erst am 6. 2. 1934 trat ich dem „Deutschen Jungvolk“ (DJ), der Unterorganisation für die 10 - 14jährigen Jungen in der „Hitler-Jugend“ (HJ), bei. Ich hatte eigentlich keine große Lust dazu, weil ich mich ungern in meiner Freizeit einschränken ließ. Aus demselben Grund hatte ich schon früher anderen Anwerbungsversuchen verschiedener Jugendverbände widerstanden.

Nachdem allmählich immer mehr Klassenkameraden in Jungvolk-Uniform in der Schule erschienen, wollte ich auch „dabei sein", obwohl damals noch kein Zwang hierzu bestand.

Erst am 1. 12. 1936 erging das Reichsgesetz über die Hitler-Jugend (Reichs-Gesetz-Blatt I S. 993), durch das diese als Einrichtung zur politischen Schulung und vormilitärischen Ausbildung geschaffen wurde. Am 25. 3. 1939 wurde schließlich die Jugenddienstpflicht durch die „Jugenddienstverordnung" eingeführt, durch die alle deutschen Jugendlichen beiderlei Geschlechts ohne Ausnahme erfaßt wurden. Die Teilnahme am Dienst konnte mit schriftlichen Ermahnungen, notfalls mit polizeilicher Vorführung, erzwungen werden.

Manche Zeitgenossen behaupten heute, sie seien nicht Mitglied der Hitler-Jugend gewesen oder ausgetreten oder hätten sich gedrückt. Solche Behauptungen sind mit Vorsicht zu genießen. Es gab wohl in verschiedenen Orten oppositionelle Gruppen wie die „Edelweißpiraten". Ich bin ihnen selbst nie begegnet. Nur in Gießen hörte ich später davon. Ein HJ-Führer des sogenannten „SRD" (Streifendienst) erzählte mir, dass er mit seinen Jungen, die sich wie eine Art SS fühlten und gaben, in Frankfurt gegen sie eingesetzt worden sei. Ich habe das damals für „Angabe" (Großtuerei) gehalten, zumal man offiziell darüber nichts hörte, weil es dem Ansehen des Regimes geschadet hätte.[15)] Dem „Dienst" in der Hitler-Jugend konnte man sich generell genausowenig entziehen wie dem Wehrdienst. Nur Krankheit oder (seltene) Irrtümer oder Täuschungen bei der Erfassung konnten das verhindern. Zur Schau getragener oder heimlicher Widerstand führte, wie in allen autoritären Regimen, zu Bestrafung und Verfolgung.

Der Dienstbetrieb im Deutschen Jungvolk in Halle gefiel mir nicht besonders. Wir standen viel auf Plätzen herum und mussten an Aufmärschen und Parteikundgebungen teilnehmen. Das Exerzieren war eine Art Soldatenspielerei. Einmal war ich mit „auf Fahrt". Wir schliefen in Zelten und kochten selbst ab. Sonst fand ich es langweilig, weil ein vernünftiges, uns Jungen gemäßes Programm fehlte. Später in Gießen gefiel mir das alles viel besser.

Im Jahre 1934 erlebte ich die Eingliederung einer anderen Jugendorganisation in die Hitler-Jugend. Ich glaube, es war der Christliche Verein Junger Männer (CVJM). Unser „Fähnlein" (ca. 100 Jungen) war vor dem Museum am Wettiner Platz angetreten. Im Gleichschritt erschien die andere Gruppe, deren Führer sich unserem Fähnleinführer meldete. Nach einigen feierlichen Worten hieß es: „Weggetreten!", und die anderen Jungen reihten sich der Größe nach bei uns ein. Im Laufe der Zeit verschwanden ihre Uniformen. Die Braunhemden der HJ ersetzten nach und nach ihre blauen Hemden. Die Gleichschaltung war vollzogen. So geschah es überall.

In der „SA“ (Sturmabteilung der NSDAP) gab es in der oberen Führung Bestrebungen zu einer „zweiten Revolution“. Der Stabschef der SA, Ernst Röhm, ein Offizier des Ersten Weltkrieges und alter Kampfgefährte Hitlers, strebte nach größerer Macht für sich und seine paramilitärische Truppe (die 1934 auf dreieinhalb bis vier Millionen Mann angewachsen war[16)]) mit dem Fernziel der Eingliederung der Reichswehr in die SA. Er besetzte die SA-Führungsränge mit seinen angeblich homosexuellen Freunden und lieferte so Hitler eine der Scheinbegründungen für seine spätere Absetzung und Ermordung. Der militärische Wert der SA war gering. Sie bestand zwar zu einem großen Teil aus ehemaligen Weltkriegsoldaten, war aber nicht kaserniert, sondern kam nur zum „Dienst“ zusammen. Bewaffnung gab es nur ausnahmsweise; schwere Waffen fehlten ganz. Hitler selbst spottete über diese „doch recht krummknochigen SA-Männer“. Das deckt sich mit der Einschätzung weiter Bevölkerungsschichten für die Zeit nach der „Machtergreifung“. Für uns Jungen und Mädchen bildeten die meist dickbäuchigen SA-Männer den Gegenstand von Geringschätzung oder Spott. Früher, in der sogenannten „Kampfzeit“, war das vielleicht anders. In dem Nürnberger Prozess gegen die Hauptkriegsverbrecher stellt das Urteil vom 30. 9. / 1. 10. 1946 fest, dass bis zu der am 30. Juni 1934 einsetzenden Säuberung die SA zu einem großen Teil eine aus Raufbolden und Draufgängern zusammengesetzte Gruppe gewesen sei, die an den Ausschreitungen dieser Zeit teilgenommen habe. Der Gerichtshof hat aber davon abgesehen, die SA, im Gegensatz zur SS, als eine verbrecherische Organisation zu erklären.

Hitler fürchtete Röhms Konkurrenz um die Führung. Zunächst warnte er ihn und versuchte ihn zurückzuhalten. Als Röhm mit seiner „wilden, kraftmeiernden Kumpanei“ fortfuhr, nach der „zweiten Revolution“ der vergessenen Revolutionäre zu rufen, machte Hitler, nachdem er sich der Zustimmung der Reichswehr versichert hatte, am 30. Juni 1934, ohne Hinweise auf einen konkreten Aktionsplan von Röhm zu haben, kurzen Prozess. Er verhaftete persönlich Röhm früh morgens in dessen Hotel in Bad Wiessee. Dorthin hatte Hitler auch alle höheren SA-Führer zu einer „offenen Aussprache“ bestellen lassen. Auf der Rückfahrt nach München fing er die anreisenden SA-Führer ab und ließ sie, zusammen mit Röhm, in das Gefängnis in München-Stadelheim schaffen. Im ganzen Reich begann eine Verhaftungswelle nach vorher aufgestellten

Listen mit Kennzeichnungen wie „Reichsliste" oder „Abschußliste". Besonders Göring tat sich in Berlin hervor und ließ die Verhafteten sofort ohne Urteil erschießen. Dabei erweiterte er, der „einzigartigen Gelegenheit" wegen, die Mordaktion über den Kreis der „Röhmputschisten" hinaus. Erschossen wurde auch Hitlers Amtsvorgänger, General von Schleicher, mit seiner Ehefrau in der Wohnung.

Hitler war am Abend des 30. Juni nach Berlin zurückgeflogen. Am Sonntag, den 1. Juli demonstrierte er Normalität, zeigte sich mehrfach am Fenster der Reichskanzlei und gab am Nachmittag sogar eine Gartenparty für die Parteiprominenz und die Kabinettsmitglieder, zu der er auch die Frauen und Kinder der Geladenen bat. Während in Leipzig eine Zeitung bereits die Erschießung Röhms gemeldet hatte, wartete dieser noch in seiner Zelle im Gefängnis Stadelheim auf sein Schicksal.[17)] Hitler bewegte sich inzwischen „in aufgeräumter Laune unter seinen Gästen, plaudernd, teetrinkend, kinderlieb", während er wohl zwischendurch den Befehl gab, Ernst Röhm in Stadelheim zu erschießen. Man legte dort Röhm eine Pistole auf den Tisch und gab ihm 10 Minuten Zeit, sich selbst zu erschießen. Da er dies nicht tat, wurde er von zwei SS-Führern, darunter dem Kommandanten des KZ Dachau, Theodor Eicke, ermordet. Insgesamt wurden etwa 85 Personen ohne Gerichtsverfahren erschossen, darunter der gänzlich unbeteiligte Musikkritiker Dr. Willi Schmid, der einer Verwechslung mit dem SA-Gruppenführer Wilhelm Schmid zum Opfer fiel. Die Morde geschahen „mit einer brutalen Nachlässigkeit" meist an Ort und Stelle, in Büros, Privatwohnungen oder auf der Straße. Zahlreiche Leichen wurden erst nach Wochen in Wäldern oder Flussläufen gefunden.

Hitler hatte sich mit diesem Massenmord von seinem Konzept der legalen Erlangung der Macht weit entfernt. Ihm lag sehr daran, die gesamte Mordaktion formal zu legalisieren. In der Kabinettssitzung vom 3. Juli ließ er ein Gesetz verabschieden, das folgenden Wortlaut hatte: „Die zur Niederschlagung hoch- und landesverräterischer Angriffe am 30. Juni, 1. und 2. Juli 1934 vollzogenen Maßnahmen sind als Staatsnotwehr rechtens."

Am 13. Juli trat Hitler vor den Reichstag und versuchte in einer mehrstündigen Rede, die Ereignisse der vergangenen Tage zu rechtfertigen. Die Zahl der Ermordeten addiert sich in seinem Bericht auf 74. Zum Schluss verlas Reichstagspräsident Göring eine Entschließung, die lautete: „Der Reichstag billigt die Erklärung der Reichsregierung und dankt dem Reichskanzler für seine tatkräftige und entschlossene Rettung des Vaterlandes vor Bürgerkrieg und Chaos." Er beschloß die Sitzung mit der Erklärung, das ganze deutsche Volk, Mann für Mann und Frau für Frau, vereinige sich in einem einzigen Aufschrei: „Wir alle billigen immer das, was unser Führer tut!“ Das war der Höhepunkt der Selbstrechtfertigung.

Während dieser turbulenten Tage war ich mit meiner Mutter in den Sommerferien bei meinen Großeltern in Meinerzhagen. Meine Mutter schreibt darüber in mein Tagebuch: „Leider war die Zeit durch den Röhmputsch so unruhig, daß ich selbst keine Erholung fand.“ Das deckt sich mit der Schilderung Joachim Fests über die Tage vor Hitlers Aktion: „Die steigende Spannung teilte sich zusehends auch dem öffentlichen Bewußtsein mit. Eine schwirrende Unruhe erfüllte das Land und verband sich mit einem eigenartigen Gefühl der Lähmung und Niedergeschlagenheit“.[18)]

Da war es für uns eine große Freude, dass mein Vater, sechs Jahre nach seiner Habilitation, durch Urkunde vom 25. 6. 1934 zum nichtbeamteten außerordentlichen Professor in der Naturwissenschaftlichen Fakultät der Universität Halle-Wittenberg ernannt wurde. Wir erfuhren das durch ein Telegramm meines Vaters aus Halle. Diese Würdigung langjähriger Tätigkeit als Forscher und Hochschullehrer erfreute insbesondere natürlich meine Mutter, die diesen Aufstieg mit ihrer Arbeit ebenfalls ermöglicht und begleitet hatte, und meine Großeltern, die auf ihren Sohn sehr stolz waren. Ich dagegen konnte mit meinen elf Jahren noch nicht voll ermessen, was solch ein Ereignis für meinen Vater und für unsere Familie bedeuten würde. Ich sah nur die Anerkennung und die Hochachtung, die meinem Vater entgegengebracht wurden und die auch hinfort auf uns ausstrahlten. Es ist kein Verdienst, aber ein unschätzbarer Vorzug, einer solchen Familie zu entstammen, wie ich später immer wieder erfahren habe.

Am 2. 8. 1934 starb der Reichspräsident von Hindenburg im Alter von 86 Jahren. Meine Mutter schrieb in mein Tagebuch: „Am 2. August tat der Vater Hindenburg die Augen für immer zu. Das waren schwere Tage für das deutsche Volk.“ Wie immer gibt sie mit ihren Kommentaren die Stimmung vieler Menschen wieder. Ich besitze noch Sondernummern der „Berliner Illustrirte Zeitung“ und der „Deutsche Allgemeine Zeitung“, die den Verstorbenen würdigen und den Staatsakt der Beisetzung im Tannenbergdenkmal bei Hohenstein in Ostpreußen schildern. Generalfeldmarschall von Hindenburg gilt ja als „Der Sieger von Tannenberg“, der ersten großen Schlacht des Ersten Weltkrieges gegen die Russen, die kurz nach Kriegsbeginn im August 1914 in Ostpreußen eingedrungen waren. Es gelang ihm mit seinem Generalstabschef General Ludendorff, die 8. deutsche Armee zum Sieg über die Russen zu führen, die 150.000 Tote und Verwundete und 93.000 Gefangene verloren, gegenüber 15.000 Toten und Verwundeten des deutschen Heeres. Es war die größte „Vernichtungsschlacht" des Ersten Weltkrieges, die Ostpreußen damals rettete und die Verehrung der meisten Deutschen für Hindenburg begründete. Seinem Reichskanzler Adolf Hitler blieb es vorbehalten, 30 Jahre später durch den von ihm begonnenen Zweiten Weltkrieg den endgültigen Verlust Ostpreußens herbeizuführen.

Das Urteil der Geschichte über Hindenburg ist zwiespältig. Einerseits wird er als „Vater des Vaterlandes", als Kriegsheld und ehrwürdiger Repräsentant einer vergangenen Gesellschaftsordnung gewürdigt, der ein Teil des Volkes nachtrauerte, andererseits als derjenige kritisiert, der Hitler in den Sattel hob und damit letzten Endes den Untergang des alten Deutschen Reiches ermöglichte, was er natürlich nicht wollte. Hitler vollendete seine Machtübernahme dadurch, dass er noch am Todestage Hindenburgs eine Beschlußfassung der Reichsregierung herbeiführte, wodurch das Amt des Reichspräsidenten mit dem des Reichskanzlers vereinigt wurde und die bisherigen Befugnisse des Reichspräsidenten „auf den Führer und Reichskanzler Adolf Hitler" übergingen. Gleichzeitig beauftragte er den Reichsinnenminister mit der unverzüglichen Durchführung einer Volksabstimmung über diese Beschlußfassung.

Ferner wurde die gesamte Wehrmacht noch am 2. August auf Hitler persönlich, nicht auf die Institution (das „Deutsche Reich") oder den jeweiligen Amtsinhaber (den „Reichspräsidenten" oder „Reichskanzler") vereidigt. Die Eidesformel erhielt folgenden Wortlaut: „Ich schwöre bei Gott diesen heiligen Eid, dass ich dem Führer des Deutschen Reiches und Volkes, Adolf Hitler, dem Oberbefehlshaber der Wehrmacht, unbedingten Gehorsam leisten und als tapferer Soldat bereit sein will, jederzeit für diesen Eid mein Leben einzusetzen."

Damit hatte er sich auch die gesamte bewaffnete Macht Deutschlands persönlich verpflichtet. Ich habe später selbst diesen sogenannten „Fahneneid" geleistet, als ich im Zweiten Weltkrieg Soldat wurde.

Die Volksabstimmung fand am 19. 8. 1934 statt und ergab eine Zustimmung von 84 % der Stimmberechtigten. Niemand konnte Hitler mehr gefährden. Es bedurfte eines fünfeinhalbjährigen Krieges der ganzen Welt gegen Deutschland, um ihn und seine Gewaltherrschaft zu beseitigen.

Bemerkenswert aus dieser Zeit ist für mich das Schicksal meines jüdischen Klassenkameraden Harry Lichtenstein, mit dem ich schon in der Volksschule zusammen war. Dort gab es wohl noch keine antisemitischen Äußerungen. Für uns Kinder spielten solche Fragen keine Rolle. Insbesondere für mich nicht. Wir beschäftigten zum Beispiel einen jüdischen Klavierstimmer, Herrn Goldmann, der jahrelang zu uns kam. Auch unser Lehrer Herr Lehmann war völlig neutral und unbefangen. Auf dem Abschiedsphoto unserer Klasse ist Harry sogar an bevorzugter Stelle in der Mitte der ersten Reihe zu sehen. Nach dem Übertritt ins Stadtgymnasium, der ja zeitnahe mit Hitlers Machtübernahme zusammenfiel, wurde die Situation der Juden, und damit auch für Harry, sofort schlechter.

Schon am 1. April 1933 organisierten Goebbels und Ley den Boykott jüdischer Geschäfte und Einrichtungen. SA-Männer sperrten sie mit Schildern, auf denen stand: „Kauft nicht bei Juden!" Ich kann mich gut an diese Aktion entsinnen, denn in den Hauptgeschäftsstraßen unserer Stadt gab es viele jüdische Kaufhäuser, in denen wir bis dahin auch Kunden waren. Durch das „Gesetz zur Wiederherstellung des Berufsbeamtentums" vom 7. 4. 1933 wurden alle „Nichtarier", also Juden, aus Beamtenstellen ausgeschlossen. Durch solche und ähnliche Maßnahmen fühlten sich die Antisemiten ermuntert, ungesetzliche Akte und reinen Terror gegen die Juden auszuüben. Das setzte sich bis in die Schulen fort.

Mir ist hierzu ein Ereignis besonders in Erinnerung geblieben. Auf dem Heimweg von der Schule gingen wir meist in kleinen Gruppen nach Hause. In der Geiststraße überholte uns an einer Straßenkreuzung im Laufschritt Harry Lichtenstein. Er rief uns zu, dass er von einem Klassenkameraden verfolgt würde, der ihn verprügeln wolle. Wir möchten ihn doch nicht verraten. Dann stürzte er in einen Hauseingang und versteckte sich dort. Kurz darauf erschien der Verfolger und fragte uns, ob wir Harry gesehen hätten. Das verneinten wir. Darauf setzte er seine Jagd fort. Harry tauchte nun wieder aus seinem Versteck auf, rief uns erleichtert zu: „Ich danke euch!", drückte uns die Hand und lief in der Gegenrichtung davon. Seinen gehetzten Gesichtsausdruck habe ich bis heute nicht vergessen.

Ein anderer Vorfall spielte sich in der Lateinstunde bei unserem Ordinarius „Kalle" (Karl) Achtzehn ab. Er war durch eine Kriegsverwundung ziemlich schwerhörig und völlig kahlköpfig, was ihm bei den erbarmungslosen Schülern manchen Spott eintrug. Eines Tages hatte Harry Lichtenstein einen Wecker mitgebracht, um damit einen Streich zu vollführen. Er steckte also in der Pause vor dem Lateinunterricht den Wecker in den Papierkorb. Mitten in der Stunde fing dieser „pünktlich" mit großer Lautstärke an zu klingeln. „Kalle" Achtzehn hörte das zunächst nicht, wurde aber durch das Gelächter der Klasse aufmerksam und entdeckte das „Corpus Delicti". Auf seine eindringlichen Fragen nach dem Übeltäter meldete sich Harry. Er wurde daraufhin von „Kalle" Achtzehn mit dem Ruf „Du verdammter Judenbengel!" über die vordere Bank gezogen und mit dem Rohrstock heftig verprügelt.

Gleich nach der „Machtübernahme" begann die jüdische Emigration aus Deutschland. Juden, die die Drohungen Hitlers ernst nahmen und die finanziellen Möglichkeiten dazu hatten, wanderten in verschiedene Länder aus, bevorzugt in die Nachbarländer Deutschlands, wohl in der Hoffnung, eines Tages zurückkehren zu können, aber auch nach den USA. Bis zum Herbst 1938 wanderten rund 170.000 deutsche Juden aus, ein Drittel ihrer Gesamtzahl.[19)]

So verschwand wohl eines Tages auch Harry Lichtenstein aus der Schule. Da wir Ostern 1936 nach Gießen zogen, habe ich das nicht mehr selbst erlebt. Ich fürchtete zunächst, dass ihn sein Schicksal durch die Judenverfolgung ereilt hätte. Im Jahre 1967 veranlaßte ich eine Suchaktion bei „The Jewish Agency - Search Bureau for Missing Relatives" in Jerusalem, die Guido Goldman von der Universität Harvard einleitete, den ich bei Berthold Beitz im Hause Krupp kennengelernt hatte. Da Guido als Sohn von Nahum Goldmann, dem Präsidenten des jüdischen Weltkongresses und der zionistischen Weltorganisation, alle Möglichkeiten der Nachforschung offenstanden, er aber gleichwohl erfolglos war, hatte ich die Hoffnung schon aufgegeben, Harry Lichtenstein wiederzufinden. Umso überraschter war ich, als bei der ersten Schulfeier nach der Wiedereröffnung unseres Gymnasiums im April 1993 in Halle zu hören war, dass Harry Deutschland noch rechtzeitig hatte verlassen können und heute in Paris lebte. Ich nahm sofort schriftlich und telefonisch Kontakt zu ihm auf. Harry und seine Frau Jeanette luden uns nach Paris ein, und so konnten wir uns am 8. 9. 1994 nach fast 60 Jahren auf dem Gare du Nord in die Arme schließen.

Wir erfuhren, dass er, seinen Eltern folgend, 1938 illegal nach Paris gekommen und nach Kriegsbeginn zunächst als „Deutscher" im Lager „Les Milles" interniert worden war, ungeachtet der Tatsache, dass er als Jude vor der deutschen Verfolgung geflohen war. Später gelang es ihm, in der Illegalität unterzutauchen. Dort arbeitete er als Deutschlandkenner bis zum Kriegsende im Geheimdienst der Résistance. Ein schlimmes Schicksal hatte auch seine Frau, die er nach dem Krieg kennengelernt hatte. Als ursprünglich polnische Jüdin war sie mit ihrer Familie aus Frankreich, ihrer Zwischenzuflucht, nach

Auschwitz verschleppt worden und hat dort mit ihrer Schwester unter dramatischen Umständen überlebt, während ihre Mutter, nachdem ihr Vater schon in Frankreich erschossen worden war, in Auschwitz in der Gaskammer ermordet wurde. Zum ersten Mal in unserem Leben begegneten wir einem der wenigen Überlebenden, die diesem Schicksal entronnen sind. Mit Erschütterung und Rührung haben wir die vorbehaltslose Zuwendung dieser Menschen und ihre große Gastfreundschaft erlebt.

An andere Klassenkameraden des Gymnasiums in Halle kann ich mich kaum erinnern, nur an den Urenkel von Richard von Volkmann, der als Chirurg und, unter dem Decknamen Richard Leander, als Verfasser von Märchen wie „Träumereien an französischen Kaminen“ bekannt wurde. Natürlich fragte jeder Lehrer unseren Volkmann, ob der in Halle sehr bekannte große Volkmann sein Vorfahre sei. So ist er mir im Gedächtnis geblieben.

Das Jahr 1935 brachte Hitler einen großen, vor allem internationalen Zuwachs an Macht und Ansehen. Dabei kam ihm der Umstand zur Hilfe, dass sich die Bevölkerung des Saargebiets, das im Versailler Vertrag von Deutschland abgetrennt und der Verwaltung des Völkerbundes unterstellt worden war, am 13. 1. 1935 in einer vom Völkerbund kontollierten Volksabstimmung mit 90,4 % Mehrheit für die Wiedervereinigung mit Deutschland entschied. Die Begeisterung hierüber war in ganz Deutschland sehr groß, woran ich mich gut erinnern kann. Hitler verstand es, dieses Ereignis als einen persönlichen Erfolg auszugeben, obwohl die Saarländer auch ohne ihn so votiert haben würden, wie sie das nach dem Zweiten Weltkrieg in der Volksabstimmung vom 23. 10. 1955 mit 67,7 % nochmals taten.

Seit dem Vertrag von Versailles durfte Deutschland nur eine sogenannte „Reichswehr“ mit 100.000 Mann unterhalten. Am 16. 3. 1935 führte Hitler die allgemeine Wehrpflicht wieder ein und setzte die Stärke der neuen Wehrmacht auf 36 Divisionen mit 550.000 Mann fest, was ebenso gegen den Versailler Vertrag verstieß wie die Aufstellung einer Luftwaffe. Die Alliierten ließen sich das, von formellen Protesten abgesehen, gefallen, übrigens auch die Einführung der zweijährigen Militärdienstzeit am 24. 8. 1936. Das kam einer Verdoppelung der Stärke der Wehrmacht auf über eine Million Mann gleich, weil ein Jahrgang nicht entlassen wurde, sondern ein weiteres Jahr dienen musste. Meine Eltern waren, wie viele Deutsche, begeistert über diese Entwicklung. Besonders mein Vater als Weltkriegssoldat und -offizier sah ein wichtiges Kapitel des verhassten Versailler Vertrages beseitigt.

Die Engländer führten ihre bereits 1934 mit Deutschland begonnenen Verhandlungen über den Abschluß eines Flottenabkommens fort, durch das die Flottenstärken zwischen Deutschland und England auf ein Verhältnis von 35 zu 100 festgeschrieben werden sollten. Es erschien ihnen wichtiger, Deutschland auf diesem Wege an die Kette zu legen, als die Befürchtungen der Franzosen gegen ein Wiedererstarken Deutschlands zu beachten. So kam es am 18. 6. 1935 zur Unterzeichnung des Flottenabkommens, sinnigerweise am Tage von Waterloo, an dem 1815 die Engländer und die Preußen gemeinsam Napoleon besiegt und damit sein politisches Ende herbeigeführt hatten.

Für unsere Familie gab es in diesem Jahr folgende Ereignisse: Ostern 1935 zogen wir in Halle innerhalb des Hauses Mühlweg 4 von der Parterre-Wohnung in die viel schönere Wohnung im ersten Stock um, deren Charme in einer 8 m langen Terrasse bestand, auf der ich sogar mit dem Fahrrad meines Vaters herumfuhr. Außerdem gab es noch einen zweiten Balkon vor dem Arbeitszimmer meines Vaters. Dort tranken wir manchmal Kaffee. Von oben hatte man einen schönen Blick in Rotdorn- und Akazienbäume und in einen riesigen Fliederstrauch, in dem ich meinen „Hochsitz" hatte und wo unter der Regie meiner Mutter einmal ein Laternenfest gefeiert wurde. Etwa 20 Papierlaternen waren überall im Baum verteilt, so dass die Passanten bewundernd auf der Straße stehenblieben. Für die Kinder gab es Kuchen, Würstchen und Himbeersaft.

Am 12. 6. 1935 feierten wir zum letzten Mal den Geburtstag meiner Großmutter Rindtorff. Sie wurde an diesem Tag 74 Jahre alt. Schon länger litt sie unter einer Herzschwäche. Ihr arbeitsreiches Leben mit elf Kindern hatte ihr die letzten Kräfte abverlangt. Sie erzählte einmal, dass sie in zwanzig Jahren nicht eine einzige Nacht hätte durchschlafen können. Am 13. 9. 1935 starb sie. Ihre letzten Worte waren: „Ach, wenn doch dort, wo ich hingehe, Musik wäre." Sie wurde tief betrauert von ihren zehn Kindern, die an ihrem Sterbebett versammelt waren, von ihren Schwiegerkindern und 19 Enkeln, aber auch von allen anderen Menschen, die sie gekannt hatten. Professor Dr. Lotte Lorenz, eine Bekannte der Familie, sagte bei der Trauerfeier: „Sie hat Würde, Klugheit und Charme in sich vereinigt, wie es selten einem Menschen gelingt". Auf dem Gertraudenfriedhof in Halle fand sie ihre letzte Ruhestätte.

Noch kurz vor ihrem Tod hat sie miterleben können, dass mein Vater einen Ruf an den Lehrstuhl für Physikalische-Chemie an der Ludwigs-Universität Gießen erhielt. Zur Wahl stand auch die Technische Hochschule in Dresden. Mein Vater entschied sich jedoch für Gießen, nachdem er in Gießen und bei der Regierung in Darmstadt seine Vorstellungen für die Ausstattung seines Instituts als Voraussetzung seiner künftigen wissenschaftlichen Arbeit hatte durchsetzen können. Die Ernennungsurkunde zum ordentlichen Professor an der Universität Gießen wurde am 17. 1. 1936 unterzeichnet, und zwar nach den neuen Gegebenheiten in Deutschland von dem „Führer und Reichskanzler" Adolf Hitler. Diese Urkunde besitze ich noch. Hitler unterzeichnete, zumindest damals, die Ernennungsurkunden der Professoren, Generale und der oberen Beamten und Behördenleiter selbst, wahrscheilich, um sie sich persönlich zu verpflichten.

Unsere Tage in Halle näherten sich schnell ihrem Ende. Mein Vater musste schon mit Beginn des Wintersemesters 1935/36 seinen Dienst in Gießen antreten und fuhr Anfang November dorthin. Zunächst lebte er allein in einem möblierten Zimmer. Meine Mutter und ich blieben noch in Halle wohnen, damit ich das Schuljahr beenden und dann Ostern in die neue Schule in Gießen überwechseln konnte. Mein Vater hatte dort ab 1. 4. 1936 eine Wohnung in einem Dreifamilienhaus gemietet, das sich noch im Bau befand.

Am 7. 3. 1936 erlebten wir die Wiederbesetzung der in den Locarnoverträgen von 1925 garantierten entmilitarisierten Zone des Rheinlands durch deutsche Soldaten. Die alliierten Vertragspartner, insbesondere England und Frankreich, ließen diesen Vertragsbruch Hitlers ohne Gegenmaßnahmen geschehen, der auf diese Weise einen weiteren internationalen Machtzuwachs verzeichnen konnte. Bei der deutschen Bevölkerung, die, wie auch meine Eltern, diese Korrektur von Nachkriegsregelungen meist stürmisch begrüßte, erzielte er darüber hinaus auch innenpolitisch eine bedeutende Stärkung seines Ansehens, insbesondere wieder bei den ehemaligen Weltkriegssoldaten.

Meine Eltern schieden mit gemischten Gefühlen aus Halle. Hier hatten sie geheiratet und wichtige Jahre ihres Lebens verbracht. Hier wurde ich geboren. Hier ließen sie auch viele liebe Verwandte und Freunde zurück. Aber vor ihnen lag, wie sie meinten, eine hoffnungsvolle Zukunft in neuen, besseren Lebensverhältnissen. Auch ich ging voller Erwartungen nach Gießen, das für mich von so großer Bedeutung und für wichtige Jahrzehnte meines Lebens die Heimat werden sollte.

III. SCHULZEIT IN GIESSEN
(1936 - 1941)

AM 1. April 1936 war es so weit: Wir bestiegen den D-Zug in Richtung Kassel, um nach Gießen an der Lahn zu fahren. Tante Gertrud und Tante Lucie mit Irmgard, Hildegard und Ilse brachten uns an den Bahnhof. Auch für sie war es ein Lebensabschnitt, der mit unserer Abreise zu Ende ging, und manche Träne floß.

In Gießen angekommen gaben wir unser Handgepäck auf, weil mein Vater uns zunächst etwas von unserer neuen Heimat zeigen wollte. Er führte uns durch die Friedrichstraße bis zum Südende der Stadt. Dort befand sich am Aulweg eine Straßenbaustelle, wo sich meine Mutter zum Auftakt der Zukunft den Fuß verstauchte. Das bewirkte eine Trübung der weiteren Besichtigungstour zu unserer neuen Wohnung, die noch nicht fertig war. Wir schliefen in der ersten Gießener Nacht im Hotel „Schütz". Dort bekam ich beim Abendessen das „heulende Elend". Wahrscheinlich hatte ich Heimweh. So schickten mich meine Eltern am nächsten Tag zu meinen Großeltern nach Meinerzhagen, um in Ruhe die Wohnung einrichten zu können. Ostern holten sie mich dann ab. Alle vertrauten Möbel hatten ihren Platz gefunden, und ich fühlte mich schnell heimisch.

Wir hatten im Leihgesterner Weg 2 eine schöne große Fünf-Zimmer-Wohnung im Erdgeschoß mit Küche und Bad und einem sogenannten „Mädchenzimmer" im Dachgeschoß. Die Miete betrug 130,– RM (kalt), bei einem Einkommen meines Vaters von etwa 700,– RM (brutto). Erstmals hatten wir zur Freude meiner Mutter auch Zentralheizung. Das anstrengende Schleppen von Kohle und Asche hatte ein Ende. Zur Entlastung meiner Mutter wurde ferner eine Haushaltshilfe eingestellt. Martha kam aus einem Dorf der Umgebung. Zu unserer Wohnung gehörte eine Veranda mit angrenzender Gartenterrasse und einem Hausgarten mit einigen Zwetschenbäumen. Meine Mutter war eine große Blumenfreundin und hatte nun die Möglichkeit, nach Herzenslust Blumen und auch Gemüse anzupflanzen. Witzigerweise fand sie dabei die Unterstützung eines kleinen naturbegeisterten Jungen, Bernd Vogel, der der Sohn eines Kollegen meines Vaters war. Später wurde er Ministerpräsident von Rheinland-Pfalz und Anfang 1992 von Thüringen. Mittags nutzte mein Vater die Möglichkeit, sich auf einem Liegestuhl unter den Obstbäumen auszuruhen.

Mein Zimmer lag an einer Hausecke. Ich hatte schnell heraus, dass ich es durch eins der beiden Fenster über Mauervorsprünge verlassen und wieder erreichen konnte, wovon ich in den kommenden Jahren reichlich Gebrauch machte.

Unser Haus stand in der aufgelockerten Bauweise des Südviertels am Stadtrand in schöner Wohnlage zwischen Parks, Gärten und Villen. Gleich um die Ecke war mein Schulkamerad Wilhelm Schmidt zu Hause, mit dem mich bis auf den heutigen Tag eine enge Freundschaft verbindet. Er wohnte in der Friedrichstraße gegenüber der Kinderklinik, die eines Tages Ziel unserer Abenteuerlust wurde: Wir stiegen an einem Staketengatter hinauf auf den Balkon des ersten Stockwerks, wo uns die entsetzten Schwestern entdeckten, die wohl Schlimmes für ihre Kinder befürchteten, aber natürlich ganz zu Unrecht!

Vor den Toren der Stadt lag nicht weit entfernt ein Krupp gehörendes stillgelegtes Braunsteinbergwerk. Dort hatten sich über abgesackten Schächten Trichter und Teiche gebildet. Es war eine wildromantische Naturlandschaft entstanden: Der Bergwerkswald. Er war das ideale Gelände für Erkundungsstreifzüge für uns Jungen. In den Teichen fingen wir Frösche und verschiedene Sorten von Molchen und Salamandern. Es gab viele Arten von Vögeln und Insekten. Im Sommer wurde gebadet, besonders im „Silbersee“, dem größten der Teiche.

Gießen gehörte zum „Volksstaat Hessen-Darmstadt“, dem früheren Großherzogtum Hessen-Darmstadt, der, wie alle anderen Länder, seit dem „Gesetz zur Gleichstellung der Länder mit dem Reich“ vom 31. 3. 1933 von einem „Reichsstatthalter“ regiert wurde, der meist zugleich „Gauleiter“ der NSDAP war. In Hessen war das Jakob Sprenger, in Preußen zum Beispiel Adolf Hitler selbst, der Hermann Göring mit der Ausübung der Geschäfte beauftragte. Diese Regelung zeigt, wie sehr sich die einzige Partei, die NSDAP, durch Personalunion auch praktisch des gesamten Staatswesens bemächtigt hatte.

Gießen hatte 1936 rund 37.000 Einwohner. Dazu kamen etwa 12.000 Soldaten in mehreren Kasernen und einem Fliegerhorst. In Prospekten der damaligen Zeit wurde Gießen „Universitäts-, Garnisons- und Gartenstadt“ genannt. Die „Ludwigs-Universität“ hatte nur etwa 700 Studenten. Mein Vater hatte in seinen Vorlesungen über Physikalische-Chemie pro Semster etwa 20 Studenten, dazu einige Doktoranden. Die Verhältnisse waren in dieser kleinen Universitätsstadt, wo jeder jeden kannte, als idyllisch zu bezeichnen. Das Kolloquium hielt mein Vater z. B. gelegentlich in unserer Wohnung ab, und meine Mutter servierte den Studenten dazu Kaffee und Kuchen.

Gießen war auch der Sitz des Landrats des Landkreises Gießen und eines Landgerichts, an dem ich später für einige Zeit tätig sein sollte. Es hatte mehrere höhere Schulen: Gymnasium, Realgymnasium, Oberrealschule und Lyzeum, in die nicht nur Kinder aus Gießen, sondern auch aus der bäuerlichen Umgebung gingen. Die Akademiker Gießens stammten häufig in erster Generation aus solchen ländlichen Familien und waren stolz darauf. In meiner Klasse hatten wir mehrere „Fahrschüler", darunter mein späterer Freund Dieter Schönhals aus Hungen, die morgens mit dem Zug, dem Omnibus oder dem Fahrrad aus Kleinstädten und Dörfern der Umgebung anreisten und dadurch einige „Vorteile" hatten oder sich nahmen: Sie kamen meist etwas später und gingen etwas früher als die Gießener Schüler. Von unseren Lehrern stammten viele auch aus bäuerlichen Verhältnissen, so unser Deutschlehrer Oberstudienrat Dr. Buß, Vater unseres Klassenkameraden Gerold, und unser Mathematiklehrer Studienrat Dr. Lotz. Die Bevölkerung Oberhessens spricht heute noch einen etwas harten hessischen Dialekt, der sich in den bürgerlichen Kreisen Gießens in eine weichere Mundart abgewandelt hat. Die Gießener Bevölkerung wird von den übrigen Hessen mit gutmütigem Spott „die Schlammbeißer" genannt in Anspielung auf den sumpfigen Ursprung der Stadt im Lahntal. Da ich zum ersten Geburtstag in Gießen ein Fahrrad bekam (Kaufpreis: 75,– RM), habe ich mir die Stadt und die nähere Umgebung an Hand von Stadtplan und Landkarte sehr schnell erschlossen. Meist tat ich das, während meine Eltern Mittagsschlaf hielten. Zuerst umrundete ich den Anlagenring, der der früheren Stadtbefestigung folgt. Die Innenstadt hatte noch eine alte Bausubstanz mit zum Teil mittelalterlichen Gebäuden, wie Altes und Neues Schloss, Zeughaus, Stadtkirche und Rathaus. Dazu das alte Burgmannenhaus und viele schöne Fachwerkhäuser jüngeren Datums. Im übrigen gab und gibt es noch die typischen Gießener Bürgerhäuser mit quadratischem Grundriß, seitlichem Eingang und zwei oder drei Stockwerken. Es gab zwei Straßenbahnlinien, die rote und die grüne Linie, dazu eine Kleinbahn mit Dampflok in die Umgebung, das sogenannte „Bieberlieschen", mit der man über die Lahn ins Biebertal in Richtung Dünsberg fahren konnte. Mir gefielen die bewaldete Mittelgebirgslandschaft des Vogelsberges und die Wetterau viel besser als das langweilige, öde Land um Halle herum. Die Außenbezirke der Stadt waren mit Klein- und Mittelbetrieben besetzt. Die Lahn fließt hinter dem Bahndamm der Strecke Kassel-Frankfurt und ist praktisch nicht zu sehen. Das Panorama Gießens wird von der Kuppel des Dünsbergs, den beiden mit Burgen besetzten Kegeln von Vetzberg und Gleiberg und dem Schiffenberg mit dem ehemaligen Kloster eingerahmt. Das liebliche Bild eines „Landstädtchens", wie meine Mutter es bezeichnete, ist den schweren Bombenangriffen des Zweiten Weltkriegs zum Opfer gefallen und kaum noch irgendwo zu finden.

Das Kulturleben Gießens wurde außer von der Universität maßgeblich vom Stadttheater und den akademischen Chören und Orchestern geprägt. Meine Mutter sang im „Akademischen Gesangverein" mit, wie auch die Mutter meines Freundes Wolfgang Willich, und meine spätere Schwiegermutter im „Sängerkranz". Bei Konzerten in der Aula der Universität war gelegentlich die weltberühmte Koloratursopranistin Erna Sack (1898-1972) zu hören, deren Stimme bis zum viergestrichenen C reichte. Der Ehemann der Künstlerin stammte aus dem benachbarten Dorf Heuchelheim, sonst wäre Gießen wohl kaum in den Genuss ihrer Besuche gekommen. In derselben Aula erlebten wir viele Jahre später ein Solokonzert der französischen Pianistin Monique Haas, die mir, der ich in einer vorderen Reihe saß, den wohl illusionären Eindruck vermittelte, dass sie nur für mich spielte.

Es gab ein reichhaltiges Vereinsleben in der Stadt. Etwas Besonderes waren und sind die sogenannten „Fünfziger"-Vereinigungen. Mitglieder sind Gießener Männer und Frauen aller Schichten desselben Jahrgangs, die sich ab Vollendung ihres 50. Lebensjahres regelmäßig treffen, um miteinander Geselligkeit zu pflegen und in der Umgebung Gießens zu wandern. Auch die Universität hatte einen sogenannten „Rennklub", der die Professoren im Sommer einmal monatlich zu Wanderungen zusammenführte. Man ging zu den Burgen und traditionellen andern Ausflugszielen und aß dort Butterbrot mit „Handkäse" oder Kuchen vom Blech. Mit meinem Vater fuhr ich mit dem Fahrrad auf den Schiffenberg, wo wir im Schatten der Klosterruine Rast machten bei Bier und Milch.

Universität und Garnison spielten im gesellschaftlichen Leben die Hauptrolle, wie in vielen Städten, nicht etwa „die Partei" als solche. Wohl waren viele Angehörige dieser Stände auch Parteimitglieder, nicht jedoch die aktiven Offiziere (Berufsoffiziere), denen das durch das Wehrgesetz verboten war, da sie von Parteien unabhängig und nur dem Staat verpflichtet sein sollten. Damit fielen sie übrigens nach dem Zweiten Weltkrieg durch die Maschen der sogenannten „Entnazifizierungsgesetze", die sich an formalen Kriterien, wie Mitgliedschaften bei der Partei und ihren Gliederungen, mit widerlegbaren Schuldvermutungen orientierten.

Das tägliche Leben in Gießen verlief im Großen und Ganzen wie in Halle. Der technische Standard der Haushalte, Höfe, Geschäfte und Betriebe dürfte im Deutschland jener Tage ungefähr gleich gewesen sein. Als Kuriosität, wenn nicht Skandal, habe ich in Erinnerung behalten, dass Schuhgeschäfte als Zeichen besonderen Fortschritts spezielle Röntgengeräte einführten, mit denen die Kunden und das Personal gemeinsam prüfen konnten, ob die Füße im Schuhwerk genügend Platz hatten! Von Schutzeinrichtungen wie Brillen, Bleischürzen u.s.w., wie sie Röntgenpersonal benutzen muss, war keine Rede! Erst nach dem Krieg wurde diese heute unvorstellbare Gefährdung abgeschafft.

Der erste Schultag im „Landgraf-Ludwigs-Gymnasium", einer 1605 gegründeten Schule, war ein wichtiges Ereignis für mich. Mein Vater brachte mich zum Direktor Dr. Wolkewitz, wo sich auch schon der andere „Neue", Wolfgang Willich, eingefunden hatte. Der Direktor übergab uns unserem zukünftigen Ordinarius (Klassenlehrer), dem Studienrat Dr. Meuser, der uns beide neben sich nach oben in die Aula zur Schuljahreseröffnung führte. Uns war nicht sonderlich froh zumute, da sich das Interesse der anderen Schüler natürlich auf uns Neue konzentrierte. Wir wurden dann nebeneinander auf die freigebliebene Bank vorne links im Klassenzimmer gesetzt, die aus der Schülerperspektive als exponiert gilt. Man fühlt sich dort zunächst schutzlos der Kontrolle und dem Zugriff des Lehrers ausgesetzt, jedoch zu Unrecht. Wir erkannten bald die taktischen Vorteile des „toten Winkels", der, direkt unter den Augen des Lehrers, sowohl den Gedankenaustausch (das „Spicken") während der Klassenarbeiten, als auch vielfältige Streiche gestattete.

Unsere Schule befand sich damals an der Südanlage-Ecke Bismarckstraße. Dieses humanistische Gymnasium hatte weniger als 200 Schüler, darunter nur etwa acht Mädchen. Das Gebäude hat den Zweiten Weltkrieg im wesentlichen unbeschädigt überlebt. Heute beherbergt es Institute der Universität. Die Schule zog inzwischen in neue Gebäude an der Reichenberger Straße um, wohin auch noch unsere älteste Tochter Angelika gegangen ist, bis wir nach Essen übersiedelten. Unser erstes Klassenzimmer lag, von der Straße aus gesehen, im Erdgeschoß rechts neben dem Haupteingang. Die Klasse hatte etwa 25 Schüler, darunter ein Mädchen, Margot Adam, die, wie Jahrzehnte später herauskam, im selben Haus wie meine spätere Frau Helga wohnte und ihre Spielgefährtin war. Die Fluktuation in der Klasse war ziemlich groß durch Neuzugänge und Abgänge beim Schuljahreswechsel. Dabei handelte es sich nicht nur um die Pechvögel, die das „Klassenziel" nicht erreicht hatten, sondern um diejenigen, die durch die Versetzung ihrer Väter, die oft Offiziere waren, zu- oder abwanderten.

Auch Wolfgang Willichs Vater war Offizier. Er hatte als Generalmajor das Luftgaukommando Gießen übernommen. So konnte es nicht überraschen, dass er schon 1939 wieder von Gießen wegging und mein enger Kontakt zu Wolfgang damit ein plötzliches Ende fand. Unsere Freundschaft hat aber ein Leben lang gehalten bis zu Wolfgangs viel zu frühem Tod am 17. 6. 1989. Die Beziehungen zu ihm waren in diesen ersten Gymnasiumsjahren besonders eng, wie auch später zu seinen Geschwistern. Aus den Tagebuchnotizen jener Zeit, die mir Wolfgang 50 Jahre später zur Verfügung stellte, ist zu ersehen, dass wir fast täglich zusammen waren beim Schwimmen, Radfahren und Spielen. Schon die Heimfahrt von der Schule verlief gemeinsam, nämlich auf meinem Fahrrad, auf dem neben Fahrer und Beifahrer die beiden Schultaschen auf dem Gepäckträger und Wolfgangs Cello, ausbordend über das Vorderrad ragend, Platz fanden. Mit dieser polizeiwidrigen Fuhre fädelten wir uns täglich in die „Marschlücke" zwischen zwei Polizeibeamten ein, die um die gleiche Zeit auf ihren Fahrrädern zum Mittagessen nach Hause fuhren. Die Zuverlässigkeit der Beamten ermöglichte es uns, das Risiko des Erwischtwerdens bei Aufrechterhaltung hoher Spannung zu minimieren. Auch zahlreiche Streiche wurden ausgeheckt. Beim gemeinsamen Durchlesen der „Berliner-" und der „Münchener Illustrierten", die ich jeden Donnerstag für je 20 Pf. kaufte, kamen wir auf die Idee, den Bestellschein einer Lexikon-Reklame mit dem Namen der „Gärtnersgattin Miltenberg" auszufüllen, die mit „Klosterfrau Melissengeist" so sehr zufrieden war, wie wir einer anderen Reklame entnehmen konnten. Leider war nie festzustellen, ob jene Gärtnersgattin über den Empfang des 24bändigen Elitewerks glücklich war.

Auch zu vielen anderen Klassenkameraden, außer den schon genannten, unterhielt und unterhalte ich, freundschaftliche Beziehungen. Da gab es dann die üblichen Einladungen zu den Geburtstagsfeiern (Maximalmitbringsel: Eine Tafel Schokolade) und sonstige Kontakte je nach den speziellen Interessen und Entwicklungsstufen. So war es jahrelang üblich, dass Otto Brüggemann und ich, unsere Fahrräder schiebend, gemeinsam von der Schule nach Hause bummelten und über Gott und die Welt diskutierten. Ich erinnere mich an musiktheoretische „Vorträge" von Otto über den Kontrapunkt und über die fundamentale Bedeutung C. M. von Webers Oper „Der Freischütz". Friedel Mecke, dessen Eltern einen Garten mit Häuschen an der Lahn hatten, war glücklicher Besitzer eines Faltboots. Mit diesem paddelten wir einige Kilometer lahnaufwärts und ließen uns dann wieder zurücktreiben. Dabei machten wir griechische Hausaufgaben!

Erwähnenswert sind einige Mitschüler, die durch besondere Zeitumstände zu uns stießen: René Koenigk kam aus Vevey am Genfer See, um besser Deutsch zu lernen. Seine Muttersprache war Französisch. Bei Kriegsbeginn holte sein Vater ihn wieder ab. Er beschimpfte uns beim Abschied als „Nazis", obwohl wir für den Krieg auch nichts konnten. Am 1. 11. 1939 meldete sich Willy Adam, gebürtiger Gießener, bei unserer Schule. Er hatte seit 1936 eine klösterliche Internatsschule in Holland besucht, um später Priester zu werden. Im Oktober 1939 entzogen die reichsdeutschen Behörden der Schule die Abiturerlaubnis und damit den deutschen Schülern ihre berufliche Grundlage. So war er froh, in seiner Vaterstadt eine Bleibe auf dem humanistischen Gymnasium zu finden, das einen Fortgang seiner angestrebten Ausbildung gewährleistete. Sein „Leben zwischen Kirche und Welt"[1)] hat er in lesenswerten Memoiren festgehalten. Nach Beginn des Zweiten Weltkrieges bekamen wir in der Folge der Räumungsmaßnahmen an der deutschen Westgrenze von der Zivilbevölkerung zwei neue (katholische) Mitschüler. Sie blieben wegen der Kontinuität der Ausbildung auch dann bei uns, als sie in ihre Heimat hätten zurückkehren können. Generell kann man sagen, dass der Zusammenhalt unserer Klasse sehr gut war und es keine „Fraktionen" gab. Das ist bis heute so geblieben.

Hans-Jochen Vogel, der eine Klasse unter mir das Gymnasium besuchte und dessen Vater Professor für Landwirtschaft an der Universität Gießen war, kam, wohl auf Veranlassung meiner Mutter, die mit Frau Vogel befreundet war, zu mir zum Kindergeburtstag. Wir haben nach dem Krieg in Marburg zusammen Jura studiert und den Kontakt auch nicht verloren, als er Oberbürgermeister von München und Regierender Bürgermeister von Berlin, Bundesjustizminister sowie Fraktions- und später Parteivorsitzender der SPD wurde. Aus derselben Klasse wurde Ehrhard Reusch, Pastorensohn aus dem nahen Leihgestern, der oft mit dem Fahrrad an unserem Haus vorbei zur Schule fuhr und mit dem ich auch in Marburg zusammen studierte, für mein späteres Berufsleben von besonderer Bedeutung, worauf ich noch zu sprechen komme.

Die Anforderungen des Landgraf-Ludwigs-Gymnasiums erschienen mir geringer als die des Stadtgymnasiums in Halle. Mir gefiel der etwas gemütlichere Betrieb in Gießen besser als der strenge preußische in Halle. Durchschnittlich lag ich zur Freude meiner Eltern um eine Note besser als bisher. Im ersten Zeugnis hatte ich „Gesamtnote 2". Dieser „Bonus" wurde aber im Laufe der Jahre aufgezehrt, da ich mich wieder nicht auf den Lehrstoff konzentrierte, sondern auf die Lehrer und ihre Eigenarten. War die Versetzung gefährdet, traf ich unter den Fächern eine Auswahl, welche ich wohl favorisieren müsste, um „dranzubleiben". In Deutsch war ich immer gut. Die Literaturstücke des Lehrplanes las ich in einem Zuge zu Beginn des Schuljahres durch und bestritt aus diesem Fundus ohne Mühe alle Schul- und Hausarbeiten, die verlangt wurden. Meinem Vater zuliebe, der ja Physikochemiker war, lernte ich Physik und Chemie von Anfang an und hatte guten Erfolg, obwohl mich diese Fächer nicht sonderlich interessierten. Besonders der Chemie konnte ich nicht viel abgewinnen. In Latein legte ich mit meinem Freund Wilhelm Schmidt öfter mal einen „Zwischenspurt" ein. Wir präparierten mit stoischem Fleiß die schier endlosen Sätze des Livius und konnten ihnen sogar einigen Sinn entlocken. Auch die Mathematik machte uns im Sektor „Winkelfunktionen" partielle Freude. Im Griechischen half mir das Arbeitsprinzip, das ich in Deutsch anwandte: Ich las das betreffende Werk von Xenophon, Homer oder Plato vorab in deutscher Übersetzung, so dass ich niemals ganz scheitern konnte. Französisch machte mir als Sprache Spaß. Leider wurde es nach zwei Jahren gegen Englisch ausgetauscht. Nach Kriegsbeginn (1. September 1939) hatte ich die törichte Meinung, dass man nicht die Sprache seines Feindes studieren sollte. Nach unserem Sieg müssten vielmehr die Engländer Deutsch lernen! Dieser Irrlehre folgten auch andere Altersgenossen, wie ich nach dem Krieg von einem deutschen Vorstandsvorsitzenden gehört habe.

Sport machte mir viel Freude. Das entsprach dem Zeitgeist. Vom 6. - 16. Februar 1936 fanden in Garmisch-Partenkirchen die IV. Olympischen Winterspiele und vom 1. - 16. August 1936 in Berlin die XI. Olympischen Sommerspiele statt. Dies war bereits 1931 beschlossen worden. Hitler benutzte 1933 nach seiner Machtübernahme die sich nun bietende Chance, durch organisatorisch perfekte und großzügige bauliche Vorbereitungen die Spiele zu einem Aushängeschild seines Regimes zu machen. Die Spiele wurden ein großer Erfolg für Deutschland, sportlich und politisch, und zwar innen- wie außenpolitisch. Die überragende sportliche Gestalt dieser Olympischen Spiele war allerdings der farbige US-Amerikaner Jesse Owens mit vier Goldmedaillen in der Leichtathletik. Der deutsche Oberleutnant Handrick gewann den modernen Fünfkampf. Das bewegte meine Freunde und mich, ebenfalls einen „Fünfkampf" einzurichten. Wir kämpften jede Woche in den Wettbewerben 400 m-Lauf, 800 m-Lauf, Kugelstoßen, Speerwerfen und Weitsprung um die Blaue, Rote und

Schwarze Stecknadel, die am Jackenaufschlag getragen wurde. Das Ganze spielte sich in unmittelbarer Umgebung um unser Haus herum ab. Eine Wertungstabelle wurde aufgestellt. Weil ich damals eine körperliche Überlegenheit gegenüber meinen Freunden hatte, erhielten sie jeweils Punktevorgaben. Wir nahmen diese Wettkämpfe also sehr ernst. Später war der Läufer Rudolf Harbig mein Idol. Er hatte 1939 den Weltrekord über 800 m auf 1:46,6 Min. geschraubt, der noch bis viele Jahre nach dem Krieg Bestand hatte. Meine Eltern schenkten mir zum Geburtstag eine Stoppuhr für meine eigenen „Rekorde". Der Marathonlauf der Olympischen Spiele belebte die alte Legende von dem Läufer, der die Nachricht vom griechischen Sieg des Miltiades über die Perser im Jahre 490 v. Chr. über 42km von Marathon nach Athen brachte und dort bei seiner Ankunft tot zusammenbrach. Dies inspirierte unseren Klassenkameraden Sälzer zu einem kuriosen Auftritt: Während wir auf die nächste Stunde warteten, riß er die Türe auf, stürmte mit dem Schrei: „Wir haben gesiegt!" aufs Katheder und brach dort unter dem Beifall der Klasse „tot" zusammen. Übrigens konnte ich auch meinen Vater für den Sport motivieren. Er trainierte mit mir gemeinsam auf dem Universitätssportplatz für den Erwerb eines Sportabzeichens. Wir drehten gemeinsam auf der 400 m-Bahn unsere Runden. Während ich das Reichsjugendsportabzeichen erringen konnte, erreichte mein Vater sein Ziel nicht mehr, da die häufigen militärischen Übungen und Einsätze als Reserveoffizier und der dann beginnende Krieg das verhinderten.

Damals bekamen wir eines Tages den Besuch meines Vetters Hans Rummel, Leutnant und Pilot bei der Luftwaffe, und des Bruders von Wilhelm Schmidt, Oberarzt bei der Luftwaffe. Die beiden landeten auf einem Übungsflug mit zwei einmotorigen Hochdeckern vom Typ Focke-Wulf „Stößer" auf dem Gießener Fliegerhorst der Luftwaffe. Nach einem kurzen Kaffeebesuch bei Schmidts bzw. uns durften wir sie zum Abflug auf den Militärflugplatz begleiten, was natürlich für uns sehr interessant war.

Mein Hauptinteresse galt in jenen Tagen typischerweise dem Motorsport, insbesondere den Autorennen. Mercedes-Benz, Auto-Union, Alfa-Romeo, Maserati und Bugatti kämpften damals um die führende Stellung im Automobilsport. Die Rennfahrer, die ihre „Ställe" zum Sieg führten, genossen nicht nur in der sportlich interessierten Öffentlichkeit ein unglaubliches Ansehen, sondern bei uns Jungen eine oft fanatische Verehrung. Ich war Mercedes-Anhänger und favorisierte den legendären Rudolf Caracciola und seine Stallkameraden Manfred von Brauchitsch, Hermann Lang, Louis Chiron und Luigi Fagioli.

Andere hielten die Daumen für die Auto-Union und für Hans Stuck und den leider bei Weltrekordversuchen auf der Autobahn bei Darmstadt tödlich verunglückten jungen und strahlenden Volkshelden Bernd Rosemeyer. Ich verfolgte jedes Autorennen am Radio und in der Zeitung. Die erreichbaren Bilder und Berichte klebte ich in ein besonderes Album ein. Noch heute weiß ich zum größten Teil, wer die „Großen Preise" jener Zeit gewonnen hat. So kann man nachempfinden, was es für mich sportbegeisterten Knaben, der damals als Berufswunsch „Rennfahrer" angab, bedeutete, als ich zu meinem Geburtstag 1936 ein Foto des von mir verehrten Rudolf Caracciola mit folgender eigenhändiger Unterschrift bekam:

„Jürgen Reinhold gewidmet – Rudi Caracciola"

Meine Mutter hatte ihm geschrieben, dass ich von ihm geträumt hätte. Über diese Anhänglichkeit hatte er sich so gefreut, dass er mir diese persönliche Widmung schickte. Seine Sekretärin fügte noch die unterschriebenen Fotos der übrigen Mercedes-Rennfahrer sowie ein Buch über Caracciola bei. Voller Stolz und Freude nahm ich die Bilder mit in die Schule und zeigte sie den Klassenkameraden und auch manchem Lehrer. Ich sonnte mich in dem Ansehen dieser so dokumentierten Beziehung.

Bald wurde ich zum Vorturner für die morgendlichen Gymnastikübungen der ganzen Schule auf dem Schulhof bestimmt. Zu diesem Zweck musste ich auf einem Tisch die Übungen vormachen, worüber ich mich auch deshalb freute, weil schon mein Vater und mein Großvater zu ihrer Zeit diese Funktion in ihren Schulen innegehabt hatten. Schwimmen lernte ich erst im Alter von dreizehn Jahren im Schulunterricht. Das Gießener „Volksbad" lag zentral und war für mich auch sonst gut erreichbar. Im Sommer tummelten wir uns „an der Lahn". Am liebsten hatte ich Leichtathletik. Ich war ein ganz guter Mittelstreckler. In der Oberstufe bekamen wir Boxen, das unter Hitler als Lehrfach eingeführt wurde, um die „Härte" als bevorzugte Tugend zu fördern. Hitler forderte auf einem Reichsparteitag in Nürnberg: „Hitlerjungen müssen sein: Hart wie Krupp-Stahl, zäh wie Leder und flink wie die Windhunde!" Unser Sportlehrer Dr. Feick lehrte uns zunächst die Grundschläge und schickte uns dann mit den Übungshandschuhen aufeinander los. Dabei leisteten Wilhelm Schmidt und ich Überdurchschnittliches, indem wir uns nach Kräften vermöbelten. Zum Schluss mussten wir alle gegen unseren Lehrer boxen, der dabei nur leichte Handschuhe trug und uns der Reihe nach k.o. schlug, damit wir das auch mal erlebt hatten.

Der deutsche Boxweltmeister im Schwergewicht Max Schmeling, einer der bekanntesten deutschen Sportler überhaupt, sollte 1938 gegen den Amerikaner Joe Louis seinen Titel verteidigen. Das war für Wilhelm Schmidt und einige Freunde wichtig genug, uns im Morgengrauen um den Kurzwellenempfänger eines Klassenkameraden zu versammeln, um den Kampf zu erleben. Wir hatten kaum die schlechte Verbindung hergestellt, als der Kampf auch schon mit dem KO Schmelings beendet war und wir betrübt wieder nach Hause in unsere Betten zogen. 55 Jahre später (1993) sah ich Max Schmeling anlässlich des 80. Geburtstages von Berthold Beitz in der Villa Hügel in Essen „in natura", was für mich ein sentimentales Vergnügen war.

Ein völlig unpolitischer Streich ereignete sich 1936 im Umkleideraum der Turnhalle nach dem Sportunterricht. Aus einer Augenblickslaune heraus sangen wir die „Internationale" mit solcher Lautstärke, dass unser im Nachbarhaus wohnender Direktor Dr. Wolkewitz aufgeregt erschien und uns zur Ruhe mahnte. Er glaubte natürlich selbst nicht an „Regimekritik" der zwölf- und 13jährigen, hatte aber wohl Sorge, dass ihm der Vorfall, falls er bekannt würde, zum politischen Nachteil als Schulleiter gereichen könnte. Unsere geglückte Provokation erfüllte uns mit diebischer Freude. Diese war auch in Zukunft häufig die Motivation unserer einschlägigen Aktivitäten.

Der „Lehrkörper der Anstalt" (das Lehrerkollegium) war von besonderer Qualität. Unser Englischlehrer und späterer Direktor Dr. Karl Glöckner hat darüber in der Festschrift „Charisteria" (Dankopfer) zum 350jährigen Bestehen des Landgraf-Ludwigs-Gymnasiums Gießen im Jahre 1955 kompetent berichtet. In seinem „Rückblick auf 75 Jahre Landgraf-Ludwigs-Gymnasium" beschreibt er in dem Abschnitt „Zusammenbruch und Wiederaufbau" die schwierige Zeit des Dritten Reiches, die ja auch unsere Schulzeit war. Er schreibt dort: „... Wir brachten es auf etwa 50 % Parteigenossen im Kollegium. Doch ob wir PG waren oder nicht, wir haben einander stets als Mitarbeiter betrachtet, haben, Rücksicht nehmend auf die Stellung und Meinung des anderen, nicht selten das Für und Wider erörtert und hatten dabei die Gewißheit, dass unter uns keiner des Verrats fähig war ..."[2)] Ich glaube nicht, dass man das von vielen Schulen dieser Zeit sagen kann.

Ich habe erlebt, dass Dr. Glöckner sich in einer für die damalige Zeit unglaublichen Weise kritisch gegen das Hitler-Regime äußerte. Man musste fürchten, dass irgend jemand ihn anzeigen würde. Unser Klassenkamerad Jochen Wilke ereiferte sich besonders über die Äußerungen Dr. Glöckners und setzte mehrmals an, etwas gegen ihn zu unternehmen. letzten Endes unterließ er es aber, und Dr. Glöckner blieb unbehelligt. Seine Unterrichtsmethode war unkonventionell: Er betrat die Klasse meist unvorbereitet und fragte zu Beginn des Unterrichts aus Koketterie, welches Fach jetzt dran wäre, wodurch er seine umfassende und stets präsente Bildung demonstrieren wollte, die er allerdings besaß. Er unterrichtete Deutsch, Geschichte, Geographie, Englisch und Spanisch. In jüngeren Jahren hatte er in Kolumbien gelebt und dort im Schulwesen gearbeitet. Dabei hatte er sich insbesondere um die Schulen für einige Tausend deutschstämmige Einwohner gekümmert und war von da aus in dem im Jahr 1881 unter anderem Namen gegründeten „Verein für das Deutschtum im Ausland“ (VDA) tätig, der erst ab 1938 zunehmend nationalsozialistischen Zielen unterworfen wurde. Für ihn war diese Tätigkeit zunächst eine nazifreie Nische, die ihm wohl auch als Alibi für mangelnde Parteiaktivitäten diente.

Der politische Einfluß auf den Lehrstoff war, je nach Fach und Lehrer, unterschiedlich. Naturwissenschaftliche Fächer und alte Sprachen eigneten sich naturgemäß weniger zur Indoktrination, als Deutsch, Geschichte und Geographie. Ich habe aber nicht in Erinnerung, dass solche Einflüsse sehr stark gewesen wären. Allerdings gab es politisch gefärbte Schulfeiern, bei denen sich aus verschiedenen Anlässen Schüler und Lehrer in der Aula versammeln mussten, meist zu sogenannten „Gemeinschaftsempfängen“, bei denen den Reden von Hitler oder anderen Größen des Reiches am Radio gelauscht werden musste. Eine Zeit lang hatten wir, ich glaube es war montags vor Unterrichtsbeginn, Vorträgen unterschiedlicher Qualität politischer Funktionäre zu lauschen, von denen mir nur der von Robert Ley, dem „Reichsorganisationsleiter“ und „Führer der Deutschen Arbeitsfront“ (der Nachfolgeorganisation der aufgelösten Gewerkschaften), in Erinnerung geblieben ist. Ley, der offensichtlich betrunken war, ließ im Kontext sinnlosen Gestammels den „klassischen“ Satz fallen: „... und Napoleon war 'n Italiener, das muss auch mal gesagt werden!...“ Damit überschritt er bei unserem Direktor die Hemmschwelle der Ergebenheit. Der schaltete empört das Radio aus und schickte die Schüler zum Unterricht.

Von Bedeutung in diesem Zusammenhang ist, dass es in Deutschland traditionell, wie wohl in fast jedem anderen Land, einen national-vaterländisch ausgerichteten Unterricht gab. Heldenverehrung vielerlei Art von Siegfried bis zu Manfred von Richthofen, dem erfolgreichsten deutschen Jagdflieger des Ersten Weltkrieges, wurde, wie heute noch in fast allen anderen Staaten, praktiziert. Dabei muss man berücksichtigen, dass die damalige Bevölkerung kaum eigene Informationsmöglichkeiten hatte. Rundfunksender wurden in Deutschland erst Ende 1923 in Betrieb genommen. Rundfunkempfänger gab es in primitiver Form auch erst seit dieser Zeit, waren aber in den Haushalten noch die Ausnahme. 1933 kam der sogenannte „Volksempfänger" auf den Markt, der zum Preis von 76,– später von 59,- RM millionenfach verkauft wurde, um als Sprachrohr nationalsozialistischer Propaganda zu dienen. Ab 1938 kam auch noch ein „Deutscher Kleinempfänger" zum Preis von 35,– RM hinzu. Mit diesen Geräten konnten nur Mittel- und Langwellen empfangen werden, also keine Kurzwellen, mit denen ausländische Sender vor allem zu hören gewesen wären. Freie Meinungsbildung fand im deutschen Rundfunk mangels erlaubter Opposition nicht statt. Die Presse war gleichgeschaltet. Ich besitze noch einige Bände (1939 - 1942) der „Oberhessischen Tageszeitung", die meine Mutter gesammelt hat und die dies belegen. Ausländische Zeitungen waren kaum erhältlich. Auslandskontakte bildeten die Ausnahme. Pro Kopf und Reise durften grundsätzlich nur zehn Reichsmark in Devisen umgetauscht werden, was Auslandsreisen praktisch unmöglich machte. Die heutige Freizügigkeit und das Fehlen jeder Devisenbewirtschaftung haben den Bürgern unbegrenzte Informationsmöglichkeiten rund um den Erdball eröffnet, von denen die damalige Bevölkerung nicht einmal hätte träumen können. Das heutige Medienangebot, insbesondere das Fernsehen, gewährleistet zudem eine Aktualität der Berichterstattung, die früher unvorstellbar war. So konnte es damals zu einer völlig einseitigen Unterrichtung, zu einem lückenhaften Wissensstand und zu einer naiven Einstellung der Bevölkerung in Deutschland kommen, wie man sich das heute kaum noch vorstellen kann. Dasselbe dürfte übrigens sinngemäß auch für die Bevölkerung anderer Länder gelten, mit Ausnahme der Führungsschicht der Kolonialmächte, zu denen Deutschland nicht mehr gehörte.

Über einzelne Lehrer könnte viel gesagt werden. Unser Klassenkamerad Wilhelm Schmidt hat hierzu in der von ihm verfassten Abiturzeitung treffende Formulierungen gefunden. Jeder Lehrer hatte natürlich starke und schwache Seiten. Letztere bleiben in der verklärten Erinnerung der Schüler oft besonders haften, was sicher ungerecht ist. Aber auch ich kann es mir nicht ganz versagen, einiges davon zum Besten zu geben.

Jeder kennt das Buch „Die Feuerzangenbowle" von Heinrich Spoerl oder den danach gedrehten Film mit Heinz Rühmann als Hauptdarsteller. Wenige wissen, dass die Uridee hierzu aus der Humoreske „Der Besuch im Karzer" von Ernst Eckstein[3] stammt. Die erfundene Geschichte spielt in unserem Gießener

Gymnasium, das Ernst Eckstein bis 1862 besuchte. Das Vorbild für „Dr. Samuel Heinzerling" ist der Direktor Dr. Geist, bei dem Eckstein Unterricht hatte und der offenbar die in dem genannten Film von Erich Ponto vorgeführte Sprechweise („Sätzen sä säch!") praktizierte. Zu meiner Zeit war in unserem Gymnasium noch ein Karzer vorhanden, jedoch nicht mehr „in Betrieb". Aber manche Begebenheit und die Atmospäre unserer ersten Schulzeit erinnern mich an Ecksteins Schilderung.

Das positive Vorbild eines konzentriert arbeitenden Lehrers war unser Mathematiker Dr. Lotz. Als Beispiel für seine Lehrmethode habe ich einen Unterrichtsbeginn nach den großen Ferien in Erinnerung behalten: Dr. Lotz betrat mit schnellem Schritt die Klasse, stürmte aufs Katheder und dozierte: „Hans ist so groß wie Fritz. Karl ist auch so groß wie Fritz. Also ist Hans so groß wie Karl. Wenn zwei Größen einer dritten gleich sind, so sind sie auch untereinander gleich! – Aufschreiben!" Nach weniger als einer Minute war also das erste Arbeitsergebnis erzielt! In diesem Stil ging es durch das ganze Schuljahr hindurch weiter. Verträumte Blicke spürte er unweigerlich auf. Dann hieß es: „Mündliche Aufgabe schriftlich!" oder: „Heute mittag um drei in meiner Wohnung!" Mancher Schüler soll noch jahrelang nach Verlassen der Schule Alpträume mit Dr. Lotz als „Schreckensfigur" gehabt haben.

Anders als Dr. Lotz pflegte Dr. Saßmannshausen eine ausgeprägt deutliche und langsame Sprechweise. Er war im Ersten Weltkrieg als Soldat in einem Bunker durch einen Granateinschlag verschüttet und in seiner Nervenkraft stark beeinträchtigt worden. Darauf nahmen die meisten Schüler leider keine Rücksicht. Einige haben mit satanischen Provokationen den Abbruch des Unterrichts erzwungen. Der Gepeinigte konnte dann seine Emotionen nicht mehr beherrschen und verließ fluchtartig die Schule, um wochenlang nicht zurückzukehren. Unsere Klasse hatte dagegen ein gutes Verhältnis zu ihm, nicht zuletzt vielleicht deshalb, weil ich zu Beginn des Schuljahres beschlossen hatte, Physik zu lernen und damit als Initiator von Streichen ausfiel. So erntete ich manches Lob von ihm („Reinhold, setzen sie sich, es war recht gut!"). Da mir solches nicht oft widerfuhr, habe ich es behalten. Seine Lehrmethode war umständlich, aber einprägsam. Sein klassischer Satz aus der Farbenlehre: „So kann Rot entweder eine Spektralfarbe sein, oder aber aus der Vereinigung aller Farben außer Grün entstanden sein." wurde von mir auf die Formel „reduziert": „So kann Rot entweder Grün oder Blau sein." Dieser Unsinn diente mir natürlich nur zur übersteigerten Nachahmung seiner Sprechweise.

Unser Latein- und Deutschlehrer Dr. Appel war der Typ des skurrilen Sonderlings. Immer mit einem altertümlichen Gehrock bekleidet, hätte er gut in die „Feuerzangenbowle“ gepaßt. Seine kleine, zierliche Gestalt wurde von einem Kahlkopf gekrönt, den wir als „Gletscher“ bezeichneten. Überall im Schulhaus begegnete man der von Wilhelm Schmidt in einer genialen Vereinfachung geschaffenen Karikatur, die den „Gletscher“ ins Aberwitzige vergrößerte. Im Winter tauchte die Karikatur auch unter den trippelnd formenden Schritten der Schüler auf dem Schulhof im Schnee auf. Dr. Appel war ein im Grunde guter Mensch, der aber seiner witzigen Sprechweise wegen („Ö,Ö, ich höre ...!“) viel nachgeäfft und belacht wurde und dadurch im Laufe der Zeit misstrauisch und verbittert wurde. Im Unterricht war er sehr von seinen schriftlichen Konzepten abhängig. Eines Tages hatte er im Lateinunterricht die deutsche Übersetzung des grade behandelten Kapitels vergessen und schickte daher Richard Kliffmüller, unsere „Koryphäe“, nach Hause, um das stützende Papier zu holen. Aber nun war guter Rat teuer: Wie konnte die Zwischenzeit überbrückt werden? Zunächst wurde der lateinische Text durch einen von uns gelesen, was unter antreibenden Signalen aus dem „Untergrund“ sehr schnell vollendet war. Also wurde der Text erneut gelesen. Unter dem Gelächter der Klasse wiederholte sich das Kommando: „Es liest's nochemal der...!“ noch mehrfach, bis endlich der rettende Engel mit dem Konzept der Übersetzung auftauchte. Höhepunkt des Spaßes war eine Weinprobe, die Wilhelm Schmidt in unserer Abiturzeitung in Verse gekleidet hat. Danach hatte Dr. Appel behauptet: „Die süßen Weine, wisse Se, die dun se all', die süße se!“ Dem hatte Hans Krause, dessen Vater unter anderem mit Wein handelte, energisch widersprochen und den Gegenbeweis durch Mitbringen einer Reihe von Probefläschchen angetreten. Dr. Appel widerstand der Versuchung der angebotenen Weinprobe: „Was will ich mit dem süße Zeuch? Laßt mich in Ruh' un deild en euch!“ In der nächsten Stunde gab Dr. Glöckner Englisch: „Englisch heißt nun die Parol' bei Glöckner in der nächsten Stunde. Wir trinken fleißig auf sein Wohl, die Flaschen machen froh die Runde! Glöckner kaut Englisch bis zur Verdünnung; bei uns jedoch, da herrscht Stimmung!“ Eine ähnliche Szene ist aus der „Feuerzangenbowle“ bekannt.

Ein böses Spiel trieben wir mit einem Referendar. Der Unglückliche hatte mit uns erhebliche Disziplinschwierigkeiten. Hatte er eine Stunde allein zu halten, war der Teufel los. Die Schüler verließen nach Gutdünken ihre Plätze und steigerten sich mit immer größerem Gelächter in allerlei Streiche, besonders hinter dem Rücken des um Ruhe und Ordnung kämpfenden Jungpädagogen.

Eines Tages wurde der Lärm, der aus unserer Klasse auf den Flur drang, so groß, dass der Direktor aufmerksam wurde und den Referendar nach draußen zitierte. Wir hörten die „Standpauke“ von drinnen mit an. Unvergeßlich ist eine Lehrprobe in Gegenwart des Klassenlehrers, des Direktors und eines Ministerialbeamten aus Darmstadt. Der Unterricht hatte soeben begonnen, als die immer etwas später kommenden Auswärtigen die Klasse betraten. Sie hatten sich einen besonderen „Auftritt“ ausgedacht, jedoch nicht bemerkt, dass hinten in der Klasse die Prüfungskommission saß. So drängten sie äußerst unbefangen in die Szene, begrüßten mit Handschlag und dem damals üblichen „Heil Hitler!“ den Referendar und die Schüler der vordersten Reihe und setzten zu allen möglichen ungehörigen Reden und Gesten an, bis sie plötzlich die Situation erkannten und sich kleinlaut auf ihre Plätze begaben. Natürlich gestattete dieses Verhalten tiefe Einblicke in den sonst üblichen Ablauf. Der Referendar verließ bald darauf den Schuldienst und wandte sich der wissenschaftlichen Laufbahn zu, in der er es zu etwas gebracht hat. Nach dem Krieg ist er ins Lehramt zurückgekehrt und soll dort Gutes geleistet haben.

Dekan (Superintendent) Unverzagt war unser (evangelischer) Religionslehrer mit altertümlichem Habitus. Damals wurde in Hessen, im Gegensatz zu Preußen, noch zu Beginn und Ende eines Schultages und einer Religionsstunde gebetet. Daran hatte Hitlers Machtübernahme nichts zu ändern vermocht. Unser Religionsunterricht war von nationalsozialistischem Einfluß frei, obwohl der sogenannte „Kirchenkampf“ schon begonnen hatte.[4] Erst als Karl Hammes, wie oben geschildert, zu uns stieß, bekam der Religionsunterricht einen neuen Impuls. Hammes durfte als Katholik freiwillig an diesem Unterricht teilnehmen und verwickelte Dekan Unverzagt in kritische Streitgespräche über Glaubensfragen. Unverzagt war ein herzensguter Mann. Das schützte ihn und seinen Unterricht aber nicht vor törichten Streichen der Schüler. So kassierten Wolfgang Willich und ich zwei Stunden Arrest „wegen groben Unfugs“, weil wir während eines Unterrichts unter unserer Bank ein Feuer aus Papierschnitzeln mit starker Rauchentwicklung entfachten. Wir fühlten uns als Helden, und unser Ansehen in der Klasse stieg wahrscheinlich. Wir „übten“ auch die Veränderung unserer Sitzordnung während des Unterrichts durch sprungweises Überwechseln in andere Bankreihen und Plätze, bis unserem Lehrer das veränderte Klassenbild auffiel und er zornig eingriff. Klingelte es zum Schluss der Stunde, verließen wir eigenmächtig sofort den Klassenraum und provozierten so den wütenden Protest des Dekans.

Das verschüttete Gedächtnis gibt als vergnüglichen „Gedankensplitter" noch jenen Gummischlauch preis, der mir während des Unterrichts als „Sprachrohr" zu den hinteren Bänken diente. Mein „Hintersasse" Friedel Mecke konnte dann seinen Lachreiz meist nicht bändigen und platzte heraus. Es folgten die fälligen Ermahnungen und Eintragungen eines „Tadels" ins Klassenbuch, was wir eigentlich mehr als „Ehre" würdigten. Wilhelm Schmidt und ich erfanden eine Art „Tapferkeitsmedaille", die in verschiedenen „Klassen" nach Kriterien verliehen wurden, die sich am Grad der Flegeleien orientierten (Zahl der Tadel und Arreststunden u. Ä.). Es wurde auch üblich, sich durch ein überlautes: „Hör doch uff!" gegen Scheinprovokationen und Hänseleien von Mitschülern zu wehren nach dem Muster: „Herr Doktor, Reinhold stört!" Dieses Theater war natürlich eine Quelle ständiger Erheiterung. Einen fesselnden Biologie- und Chemieunterricht erteilte Dr. Menger mit vielen geheimnisvollen Erläuterungen. Dabei kamen interessante, nicht immer zum Thema gehörende Geschichten zum Vortrag. So fehlte nicht eine Darstellung der Entstehung des Warenzeichens „Johann Maria Farina gegenüber dem Jülichsplatz" aus der Kölnisch-Wasser-Branche und ein Hinweis auf den in der Tat „äußerst interessanten" Kriminalfilm „Der Vierte kommt nicht". Damals kam das Medium Film auch als Lehrmittel für Schulen auf; nur war der Bestand an Lehrfilmen noch gering und unsystematisch. Es konnte nicht ausbleiben, dass mancher Film mit unserer „Unterstützung" mehrfach vorgeführt wurde. Zum Beispiel passte der reizende Puppenfilm nach dem Märchen der Gebrüder Grimm „Von einem, der auszog das Gruseln zu lernen", nicht unbedingt zum Lehrstoff für die Oberstufe. Dennoch stellte Dr. Menger öfter mal die Frage, ob wir diesen Film schon gesehen hätten, was wir selbstverständlich verneinten. Dann hieß es: „Verdunkeln!" und die elektrisch betriebene Einrichtung verschaffte uns Gelegenheit zu allerlei Aktivitäten wie Errichtung einer Wasserfontäne vor dem Projektionsapparat durch Daumendruck unter die Wasserleitung. Auf den Film zu achten, lohnte sich schon lange nicht mehr. Ein Film über die Elche Ostpreußens endete zu unserem Bedauern unmittelbar vor der sich anbahnenden Hochzeitsszene, das tägliche Brot heutiger Fernsehkinder.

Dr. Seibold gab einen ausgezeichneten Französischunterricht und hatte auch Humor, wie er bei folgendem Streich bewies: Wilhelm Schmidt und ich formten einen neuen „Klassenkameraden" aus einem Trainingsanzug, den wir mit Papier ausstopften. Als Kopf diente ein Luftballon, den wir in der großen Pause mit Hilfe meines Vaters im Physikalisch-Chemischen-Institut mit Wasserstoffgas füllten. Diese Puppe setzten wir in die hintere Bankreihe, wo sie mit wiegendem Kopf auf die nächste Stunde wartete. Dr. Seibold bemerkte den neuen „Schüler“ sofort, nahm sein Parteiabzeichen vom Revers und stach mit dessen Nadel den Ballon platt, sodass unser Scherz schnell und ohne Autoritätsverlust für den Lehrer beendet war. Ein ähnlicher Streich sah so aus: Sechs auf die gleiche Weise gefüllte und mit Zwirn gehaltene Luftballons ließen wir auf ein geheimes Zeichen gleichzeitig von den sechs hinteren Plätzen aufsteigen und auch alle sechs Sitze der hinteren Reihe laut klappern.

Ein gewisser „Höhepunkt“ auf diesem Gebiet war die Eintragung eines Lehrers durch uns ins Klassenbuch. Der Assessor Sbresny, der uns Geographie beibrachte, hatte offenbar die Unterrichtsstunde vergessen. So beschlossen wir unter „Anleitung“ von Wilhelm Schmidt, folgenden Eintrag im Klassenbuch vorzunehmen: „Sbresny erscheint nicht zum Unterricht.“ Dabei hatte jeder Mitschüler je einen Buchstaben der Reihe nach zu schreiben, solange bis der Satz beendet war. Einer, der sich drücken wollte, wurde durch Eintauchen seines Kopfes in das Schwammwännchen durch Wilhelm Schmidt „veranlasst“, dann wenigstens am Schluss einen Punkt zu setzen. Die Sache geriet bis zum Direktor, der eine Beweisaufnahme durchführte, jedoch vergeblich, denn auf die Frage „Wer war das?“ erhob sich mit Recht die ganze Klasse. Nun kam die Folgefrage nach dem spiritus regens. Da sich niemand meldete, fragte der Direktor der Reihe nach jeden von uns ab. Als er beim letzten erfolglos angekommen war, musste er handeln. Er beendete die Situation mit dem Verdikt „Also waren Sie's!“ und knallte dem Betreffenden „eine“. Wie meist bei solcher „Justiz“ traf es einen Unschuldigen.

Übrigens traf ich Sbresny im Krieg im Luftschutzkeller unserer Kaserne in Weimar während eines nächtlichen Fliegeralarms wieder. Er lag in seiner schwarzen Panzeruniform neben mir auf einer Holzpritsche. Ich erkannte ihn nach Beendigung des Alarms, als wir uns von den Pritschen erhoben. Wir konnten aber nur wenige Worte wechseln. Nach dem Krieg erlebte ich ihn in der Schule nochmals als Lehrer, und zwar sehr positiv und verständnisvoll für uns „alte Krieger“, die wir nochmal auf der Schulbank sitzen mussten.

Zum Abschluß der „Chronik der Streiche“ sei der „Solidarisierungsdelikte“ gedacht. Sie reichten von „Sitzstreiks“, die vermeintliche Lehrerwillkür bestrafen sollten und in der Verweigerung jeglicher Antwort kumulierten, bis zum „Schwänzen“. So versammelte sich die Klasse einmal in der Fahrradhalle, anstatt in den Schulraum zu gehen. So entsinne ich mich eines Davonstehlens in die benachbarten Anlagen, um einen bestimmten Unterricht, ich glaube „Chorsingen", zu vermeiden. Eine komplette Aufzählung unserer einschlägigen Aktivitäten ist nicht möglich und wohl auch nicht tunlich. Aber von diesen unvermeidlichen Späßen abgesehen, mussten wir doch auch unser Arbeitspensum bewältigen.

Als ich Ostern 1939 in die Oberstufe (heute: ab Klasse 11) versetzt wurde, hatte ich das sogenannte „Einjährige" erreicht. Mein Vater war stolz hierauf und lud mich feierlich ins „Café Hettler" am Selterstor ein, das eine winzige Terrasse mit vielleicht fünf Tischen besaß, von denen aus man das Kleinstadtgetriebe beobachten konnte und auch selbst gesehen wurde. Er wollte dort mit mir ein Glas Wein trinken und aufs Erwachsenensein anstoßen. Ich fühlte mich natürlich sehr geehrt, musste aber seine Einladung insoweit ablehnen, als es sich um Alkohol handelte, denn für Jungvolkführer war es in Gießen verpönt, Alkohol zu trinken und zu rauchen. Dafür erbat ich eine Portion Eis, die mir auch gewährt wurde. Wichtig war für mich, dass sich mein Vater mit mir 15jährigem in aller Öffentlichkeit zu ungewöhnlicher Tageszeit ins Café setzte und mich damit als „Erwachsenen" ehrte.

Ein erheblicher Teil unserer Tagesabläufe wurde vom „Dienst" im Jungvolk oder in der Hitler-Jugend beansprucht, und zwar in einem Maße, dass ich selbst zum Beispiel nur den Donnerstagnachmittag für mich zur freien Verfügung hatte. Wie schon früher erwähnt, hatte mir dieser „Dienst" in Halle nicht gefallen. In Gießen nun war ich davon angenehm überrascht ja begeistert. Unsere Führer stammten hier aus der Pfadfinderschaft. Es waren „Pfundskerle". Unser „Fähnleinführer" Werner Wiegand war der Prototyp eines solchen Pfadfinderführers. Er ist im Zweiten Weltkrieg in Russland gefallen. Mein „Jungzugführer" Heinrich Kraft war von gleichem Schrot und Korn. Er war ebenfalls Schüler unseres Gymnasiums in einer höheren Klasse. Dass er später den Kontakt zu einer gewissen Helga Funk, meiner späteren Ehefrau, über seine Freundin Ilse Schmall knüpfen sollte, war damals nicht vorauszusehen, zumal diese Mädchen etwas älter waren als ich und damit aus einer näheren Betrachtung ausschieden.

Unser Jungvolkdienst fand also im Pfadfindermilieu statt. Meist zogen wir in den schon erwähnten Bergwerkswald. Dort machten wir „Geländesport" und „Geländespiele", lernten Zelte und Kochstellen bauen und alles was man „auf Fahrt" braucht und können muss. Auch Mutproben gab es, die im Abseilen neben einem dort vorhandenen „Kamin" gipfelten. Sogar ein „Nachtgeländespiel" habe ich erlebt, was wildromantisch war.

Im Laufe der Jahre bekam unser Dienst vormilitärischen Charakter. Kartenlesen und der Umgang mit Marschkompaß und Planzeiger gehörten ebenso dazu wie das Abfassen von Meldungen und das Bewegen im Gelände, einzeln und in Gruppen. Die politische Schulung umfasste als Themen z. B. „Das Leben des Führers“ und „Das Deutschtum im Ausland“. Wir führten aber auch die immer häufiger angesetzten Altmaterialsammlungen in den Haushalten durch, um zur Aufbesserung der knappen Rohstoffressourcen Deutschlands beizutragen. Dazu kamen die Straßensammlungen des „WHW“ (Winterhilfswerk).

Im Herbst fand jeweils ein großes mehrtägiges „Herbstgeländespiel“ statt, den Herbstmanövern des Heeres vergleichbar, an denen alle Gießener „Fähnlein“, sechs an der Zahl, teilnahmen. „Ordnungsdienst“ (Exerzieren) gab es auch. Wir waren ein „zackiger Haufen“ und belegten bei einem Wettbewerb des gesamten Gebiets „Hessen-Nassau“ einen vorderen Platz unter den „top ten“. Aber auch hierbei gab es Humor und Heiterkeit. So erinnere ich mich an eine Szene, als eine Kolonne beim Marsch durch die Stadt an einer Kreuzung rechts abschwenkte, während der Führer singend allein gradeaus weitermarschierte, was er natürlich bald merkte und gute Miene zum bösen Spiel machen musste. Ein weiterer Schwerpunkt unserer Tätigkeit waren die sogenannten „Volksgemeinschaftsabende“. So führten wir am 6. 3. 1937 „Des Kaisers neue Kleider“ (nach Andersen) auf und und am 21. 3. 1939 „Der Kupferne Aladin“. Besucher dieser Veranstaltungen waren meist die Eltern, Geschwister und Freunde. Gipfel meiner „Theaterlaufbahn“ war eine Tätigkeit als Souffleur, wobei mir meine einschlägige „Kommunikationspraxis“ aus den Klassenarbeiten zustatten kam.

Höhepunkte des Jahres waren aber die Fahrten. Es gab kleinere Fahrten in die nähere Umgebung Gießens. Übernachtet wurde dann meist in Jugendherbergen, aber auch in Zelten. In den großen Schulferien fanden die sogenannten „Hessen-Nassau-Fahrten“ statt, die uns im Jahresturnus in andere Teile Hessens führten. Auch dort veranstalteten wir nach Erreichen des Tageszieles für die Bevölkerung „Dorfgemeinschaftsabende“ mit allerlei sportlichen und humoristischen Aufführungen.

Mit Fahrrädern ging es auf „Großfahrt“. Hierbei gab es wirklich viel zu sehen und zu erleben. Im Sommer 1937 durfte ich zum ersten Mal mitfahren. Die Fahrt führte etwa 30 Jungen in drei Wochen von Gießen über Frankfurt, Heidelberg, Karlsruhe, Baden-Baden, die Hornisgrinde, Offenburg, Freiburg zum Feldberg und von da durchs obere Donautal über Stuttgart, Heilbronn und Eberbach zurück nach Hause.

In Stuttgart besuchten übrigens die über 18 Jahre alten Führer die auch dort gezeigte Ausstellung „Entartete Kunst", wo man die Werke bedeutender Künstler wie der Expressionisten und der Künstlergemeinschaften „Der blaue Reiter" und „Die Wilden" (Fauves) zu Diffamierungszwecken zusammengefaßt hatte, was aber wahrscheinlich eine ganz andere Wirkung hatte. Wir anderen Jungen bekamen davon nichts mit und hörten nur anschließend die witzelnden Kommentare der älteren Kameraden, die sicher kein unbefangenes Urteil in der verhetzten Atmosphäre der Ausstellung gewinnen konnten. Nach heutiger Kenntnis sollen 16.558 Werke auf den „Index" gesetzt worden sein, mit ganz unterschiedlichem Schicksal.

Unterwegs schliefen wir mal im Zelt, mal in der Scheune, mal in der Jugendherberge, mal im Privatquartier. Das Ganze kostete uns 30 Reichsmark. Für mich 14jährigen war das ein großes Erlebnis mit allerhand „Abenteuern". So sprangen wir in Heidelberg von der Neckarbrücke in den Strom und fuhren, natürlich verbotenerweise, ein Stück stromaufwärts auf Schleppkähnen mit, bis die Schiffer uns wieder ins Wasser scheuchten; dann ging es schwimmend zurück.

In Heidelberg gab es aber auch ein „Kulturprogramm": Unser Fahrtgruppenführer schleppte uns aufs Heidelberger Schloss, wo wir im Schloßhof bei Scheinwerferbeleuchtung die feierliche Eröffnung der „Reichsfestspiele Heidelberg 1937" erlebten. Aufgeführt wurde das Lustspiel „Amphitryon" von Heinrich von Kleist mit Gustaf Gründgens und Marianne Hoppe. Von unseren hinteren Stehplätzen aus konnten wir nur wenig verstehen. Dazu ermüdete uns das zeitaufwendige Vorprogramm mit Begrüßungsrede und Musikumrahmung, sodass ich von der Aufführung des Theaterstücks, dessen Inhalt ich nicht kannte, nichts hatte. Nur einige optische Erinnerungen sind mir geblieben.

Die Abfahrt von der Hornisgrinde (1.164 m) im Nordschwarzwald erfolgte im Minutenabstand. Schon der zweite von uns flog aus der Kurve und musste vom Fähnleinführer samt Fahrrad und Gepäck als zusätzliche „Beiladung" zu Tal gebracht werden. Dort kühlten wir die Freiläufe mit Wasser und kamen uns vor wie die Helden. Kameradschaft wurde u. a. dadurch geübt, dass die Schwächsten vorwegfuhren und bei den häufigen Reifenschäden immer jemand zur Hilfe bei dem Pechvogel zurückbleiben musste. Verstöße gegen die Fahrtdisziplin wurden abends mit dem „Strafmaß: Fünf auf den Blanken" geahndet. Nach Abschluß der Fahrt gab es noch einen sogenannten „Kakaoabend", auf dem die Reste der Fahrtenkasse „verprasst" wurden.

Im Herbst 1937 wurde ich zu meiner Überraschung zum „Hordenführer" ernannt, einem Rang, der aus der bündischen Jugend übernommen worden war. Stolz durfte ich nun auf dem linken Unterarm einen silbernen Winkel tragen, etwa dem Gefreitenwinkel der Wehrmacht vergleichbar. 1938 wurde ich auch „Jungenschaftsführer" und bekam eine rotweiße Führerschnur. Auch solche Schnüre waren ähnlich etwa von den Pfadfindern benutzt worden. Ich war nun für ein Dutzend Jungen verantwortlich, mit denen ich zum Beispiel in eigener Regie „auf Fahrt" ging. Wir zelteten dann und kochten selbst ab, wofür mir meine Mutter Kochrezepte mitgab. Außerdem hatte ich monatlich den Beitrag einzusammeln (30 Pf + 5 Pf Versicherung + 1 „Langemark"-Pf[5)]). Dabei lernte ich die vielfältigsten Lebensverhältnisse kennen. Oft traf ich große Armut und erbärmliche Wohnverhältnisse an, wie z. B. in einer Barackensiedlung neben der Kläranlage Gießens jenseits der Lahn, „Marokko" genannt. Dann wurde der Beitrag erlassen. Später (1940) wurde ich auch „Jungzugführer" mit grüner, „Hauptjungzugführer" mit schwarzgrüner und (1941) „Fähnleinführer" mit grünweißer Führerschnur, worauf ich sehr stolz war. In der letztgenannten Funktion führte ich das sogenannte „Lehrfähnlein", in dem der zu „Führers Geburtstag" (20. April) neu aufgenommene Jahrgang der 10jährigen Jungen aus Gießen (etwa 300) zusammengefaßt war. Dort wurden sie auf die „Pimpfenprobe" vorbereitet, wie es sie auch schon in der bündischen Jugend gegeben hatte. Folgende Bedingungen mussten erfüllt werden: 60-m-Lauf in 12 Sekunden, Weitsprung : 2,75 m, 25 m Ballweitwurf, Packen eines Tornisters, Teilnahme an einer anderthalbtägigen Fahrt, Kenntnis des Horst-Wessel-Liedes[6)], des „Fahnenliedes" der HJ und der „Schwertworte" des Jungvolks, die lauteten: „Jungvolkjungen sind hart, schweigsam und treu. Jungvolkjungen sind Kameraden. Der Jungvolkjungen höchstes ist die Ehre." Wer bestanden hatte, erhielt das Recht, das Fahrtenmesser zu tragen mit der eingravierten Aufschrift „Blut und Ehre". Dies alles machte auf zehnjährige Jungen natürlich einen großen Eindruck. Die Praxis war weniger blutrünstig. So wurde das besagte Fahrtenmesser nicht zur „Selbstverteidigung", sondern zum Kartoffelschälen, Büchsenöffnen, Abschneiden von Zeltstöcken und „Heringen" oder zu Messerspielen verwendet.

In der überschaubaren Mittelstadt Gießen war es fast selbstverständliche „Ehrensache", dass die Oberschüler, Jungen wie Mädchen, Führer beim Jungvolk oder den Jungmädeln waren. Sie blieben dann mit Erreichen der „Altersgrenze" (14 Jahre) als Führer bei diesen Organisationen und wechselten nicht zu den 14 - 18jährigen Jugendlichen bei der Hitler-Jugend (HJ) bzw. dem Bund deutscher Mädchen (BdM) über. Gewiß war solche Selbsteinschätzung kein objektives Kriterium für eine umfassende Beurteilung eines jungen Menschen, aber sie spielte damals eine große Rolle in der gegenseitigen Bewertung und bei der Achtung oder gar Bewunderung, die man insbesondere den älteren Jungen oder Mädchen entgegenbrachte.

Wie oben geschildert verliefen auch andere Großfahrten. Im Sommer 1938 durchwanderten wir den Harz von Goslar über den Brocken nach Nordhausen. An einer Fahrt nahm auch „John" als Gast teil, ein englischer Boy Scout. Kurz vor Kriegsbeginn fand unsere letzte Fahrt statt: Vom 26. 7. bis zum 13. 8. 1939 fuhren wir mit dem Fahrrad quer durch Süddeutschland über Würzburg zunächst nach Bamberg, wo wir im Dom den berühmten „Bamberger Reiter" besichtigen wollten, dessen „siegfriedhafte Gestalt" (Hamann) in der Ästhetik des Dritten Reiches, zusammen mit der „Uta von Naumburg", eine große Rolle spielte. Am Eingang wurden wir von einem katholischen Priester gefragt, ob wir beten wollten. Als wir sagten, dass wir nur den „Bamberger Reiter" sehen wollten, wies er uns barsch zurück und erklärte, hier sei ein Gotteshaus und kein Museum. Wir gingen dann aber doch noch durch einen anderen Eingang hinein. Schon damals war ich von der geringen Größe des Standbildes überrascht, das oft durch die entsprechende Perspektive von Fotoaufnahmen andere Erwartungen hervorruft. Dann ging es über Bayreuth nach Eger, das seit der unten beschriebenen „Sudetenkrise" und dem Münchener Abkommen vom 29. 9. 1938 mitsamt den sudetendeutschen Gebieten der Tschechoslowakei zum Deutschen Reich gehörte. Dort hatte die Hitler-Jugend ein großes Zeltlager eingerichtet, in dem sämtliche Fahrtengruppen, zeitlich gestaffelt, einige Tage verbringen mussten. Wir lernten alle das heitere Lied „Jetzt kommen die lustigen Tage, Schätzel, ade !" ohne zu ahnen, dass vier Wochen später der Zweite Weltkrieg beginnen würde

Das größte Erlebnis war für uns, dass wir am 31. Juli 1939 Adolf Hitler mehrfach aus nächster Nähe in Bayreuth sahen, wo er sich anlässlich der Wagner-Festspiele aufhielt. Ich erinnere mich genau an das todernste Gesicht Hitlers, der in seinem offenen Wagen in weißer Gesellschaftsuniform in zwei Meter Entfernung an unserem Spalier vorbeifuhr. Zu diesem Zeitpunkt hatte er längst beschlossen, den Feldzug gegen Polen zu beginnen, wie noch ausgeführt werden wird. An diesem Tag schrieb ich zwei Postkarten an meine Eltern, die sich in ihrem letzten gemeinsamen Urlaub vor dem Krieg im Schwarzwald befanden.

Da diese Karten unverfälscht wiedergeben, was ich damals erlebt und empfunden habe und was so typisch für die damalige Zeit ist, will ich hier wörtlich aus den Originalen, die ich noch besitze, zitieren:

„... eben haben wir ein großes Erlebnis gehabt. Wir haben den Führer gesehen! Ganz nah fuhr er an uns vorbei. Wir standen in der ersten Reihe. Er sah sehr ernst aus. ..."

„... heute schrieb ich Euch eine Karte, daß wir den Führer gesehen hätten. Das alles ist heute mittag noch weit übertroffen worden. Wir hatten nämlich gehört, daß der Führer während der Pausen am Fenster (Anm.: des Festspielhauses) stehen würde. Als wir ankamen, machten wir einen solchen Eindruck, daß ein SS-Offizier zum Führer ging. ...Wir bekamen dann vom Führer 300 RM gestiftet für die Fahrtenkasse. Diese wurden uns vom Obergruppenführer Brückner[7)]übergeben. Dann sahen wir den Führer noch 3mal aus unmittelbarer Nähe. Der Jubel war unbeschreiblich. Wir sind ganz heiser. Außerdem sahen wir SA-Obergruppenführer Prinz August Wilhelm[8)], Frau Winifred Wagner usw. Das war der schönste Tag der Fahrt. Der Führer war sehr ernst, aber als er uns sah, strahlte er. Wir durften überall durch die Absperrung. Zu Hause werde ich Euch ausführlich erzählen! ... Der Höhepunkt der Fahrt war ja nun heute. Etwas Schöneres werden wir wohl im ganzen Leben nicht mehr erleben. Sieg Heil! J."

Es existiert noch ein Foto (s. Fototeil) unserer Fahrtengruppe, auf dem wir unter den Gästen vor dem Festspielhaus in Erwartung Hitlers in einer der Pausen zu sehen sind. Meine damalige Stimmung habe ich in deutlicher Erinnerung. Ich schrie mir mit Tränen in den Augen die Stimme heiser mit „Heil!"-Rufen. Aus meiner damaligen Sicht konnte ich kaum fassen, den Mann leibhaftig vor mir zu sehen, der „Deutschland geeint und Stück für Stück von den Fesseln des Versailler Vertrages befreit" hatte. Noch hatten ja der Krieg und die Massenmorde an den Juden nicht begonnen, und nur wenige wussten, was heute bekannt ist. Damals war ich 16 Jahre alt, unkritisch, begeisterungsfähig und verblendet. Ausländische Politiker und Diplomaten machten vor, dass man mit Hitler umgehen und verhandeln konnte, trotz negativer Erfahrungen mit Vertragsbrüchen und trotz brutaler Verbrechen wie „Röhmputsch" und „Reichskristallnacht". Ein Großteil der Schriftsteller und Intellektuellen innerhalb und außerhalb Deutschlands hat sich „noch lange und noch zu später Stunde" über Hitler getäuscht und „nur mit äußerst anfechtbaren Mitteln auf ihn zu reagieren" gewusst. Günter Scholdt hat in seinem jüngst erschienenen Buch „Autoren über Hitler"[9)] einen „Kontinent von Selbsttäuschungen, Illusionen, Ängsten und Opportunismen" dargestellt, von dem man „ohne Selbstüberhebung nicht glauben kann, dass man zu den paar Gerechten gehört hätte"[10].

Am 30. März 1937 feierten wir in Meinerzhagen den 77. Geburtstag meines Großvaters Reinhold. Er fühlte, dass es sein letzter sein würde. Ein Herzleiden machte ihm sehr zu schaffen. In einer erschütternden Ansprache nahm er Abschied von uns allen. Im Juni fuhren meine Großeltern noch einmal zur Kur nach Bad Nauheim. Von dort aus besuchten sie uns zum ersten Mal in Gießen, um unsere neue Heimat kennenzulernen. Mein Vater nahm meinen Großvater mit in eine Vorlesung. Dort saß er würdevoll und aufmerksam in der letzten Reihe des Hörsaals und war sichtlich stolz auf seinen Sohn, der es so weit gebracht hatte. Am 1. September 1937 starb er in seinem Haus in Meinerzhagen. Mein Vater weilte an seinem Sterbebett. Die Beisetzung erfolgte auf dem Friedhof in Lieberhausen in seiner alten Gemeinde neben seiner Tochter Margarethe, die ihm früh vorangegangen war, wie ich oben berichtet habe.

Ostern 1938 wurde ich von Pastor Otto Trapp, einem Bekannten meines Vaters, in der Petruskapelle am Wetzlarerweg konfirmiert. Leider konnte mein Großvater nun nicht mehr teilnehmen, was sicher sein größter Wunsch gewesen war. Aber meine Großmutter Reinhold war anwesend und eine Reihe von Onkeln und Tanten. Mein Vater hielt eine ernste Tischrede.

In diese Schuljahre fallen weitere wichtige außen- und innenpolitische Ereignisse, die unser Leben mehr und mehr bestimmten:

Am 18. 7. 1936, kurz vor Eröffnung der bereits erwähnten Olympischen Sommerspiele in Berlin, brach in Spanien der Bürgerkrieg aus. General Franco löste, gestützt auf die spanische Fremdenlegion und Truppen aus Spanisch-Marokko, einen Putsch gegen die Republik aus, faßte mit Hilfe deutscher Transportflugzeuge Fuß im spanischen Mutterland und brachte in jahrelangen erbitterten Kämpfen ganz Spanien in seine Gewalt. Ernest Hemingway hat in seinem aufregenden Buch „For Whom the Bell Tolls" (Wem die Stunde schlägt) einen Eindruck davon vermittelt, was Bürgerkrieg bedeutet. Franco wurde bei seinem Eroberungsfeldzug von Deutschland und Italien unterstützt. Das Bombardement der baskischen Stadt Guernica am 26. 4. 1937 durch italienische und durch deutsche Flugzeuge der „Legion Condor"[11] wurde später durch Picassos berühmtes Gemälde weltbekannt. Die Sowjetunion leistete der republikanischen Regierung militärtechnische Hilfe. Die Republik wurde ferner durch freiwillige internationale Brigaden unterstützt. Frankreich und Großbritannien verhielten sich neutral. Sie beteiligten sich seit April 1937, wie auch das offizielle

Deutschland und Italien, an internationalen Kontrollen an den spanischen Küsten am Atlantik und im Mittelmeer, um den Nachschub der kriegführenden Parteien zu kontrollieren, wie in London vom sogenannten „Nichteinmischungsausschuß“ beschlossen worden war.

Die deutsche Öffentlichkeit erregte sich, als republikanische Flugzeuge mit sowjetrussischer Unterstützung am 29. 5. 1937 Bomben auf das Panzerschiff „Deutschland“ warfen, das auf der Reede von Ibitza lag. Es gab 31 Tote und 110 Verwundete. Die Angreifer glaubten, den Franco-Kreuzer „Cerveras“ getroffen zu haben. Zur Vergeltung beschossen das deutsche Panzerschiff „Admiral Scheer“ und Torpedoboote Stadt und Hafen von Almeria mit schwerer Artillerie. Es gab 24 Tote und 100 Verletzte. 8.000 Menschen wurden obdachlos.[11a] Die Republik brach am 28. 3. 1939 mit der Besetzung Madrids durch die Truppen Francos militärisch zusammen.

Mein Vater und ich verfolgten täglich an Hand einer großen Landkarte, die in meinem Zimmer an der Tür angebracht war, den militärischen Verlauf des Bürgerkrieges. Die deutsche Öffentlichkeit sympathisierte mit Franco. Die „Legion Condor“ wurde nach Schluss des Bürgerkrieges im Rahmen einer Siegesparade feierlich in Deutschland empfangen und durch General von Richthofen an Hitler vorbeigeführt. Es gab ein populäres „Lied der Legion Condor“. Franco regierte Spanien als Diktator bis zu seinem Tode im November 1975. Es gelang ihm, im Zweiten Weltkrieg neutral zu bleiben. Deutschland wurde im Russlandfeldzug von ihm lediglich auf freiwilliger Basis durch die „Blaue Division“ unterstützt.

Am 5. 11. 1937 eröffnete Hitler in einer Geheimkonferenz in der Reichskanzlei in Berlin seinem engsten Führungskreis (Reichsaußenminister von Neurath, Kriegsminister von Blomberg und den Oberbefehlshabern der drei Wehrmachtsteile von Fritsch (Heer), Raeder (Marine) und Göring (Luftwaffe) die Ziele seiner Politik, die in dem sogenannten „Hoßbachprotokoll“ vom Wehrmachtadjutanten Oberst Hoßbach festgehalten worden sind. Hitler legte seine Raumplanung dar, die nur auf dem Wege der Gewalt zu lösen sei. Die Niederwerfung Österreichs und der Tschechoslowakei müsse am Beginn stehen, wie es ja auch geschehen ist. Das Protokoll wurde erst im Nürnberger Kriegsverbrecherprozess (1946) bekannt. Die Darlegungen Hitlers riefen bei Neurath, Blomberg und Fritsch erhebliche Betroffenheit und zum Teil scharfen Widerspruch hervor. Fritsch und Neurath wollten kurz nach der Konferenz Hitler von seinem Kriegskurs abbringen. Aber er empfing sie nicht. Es war eine „gegenseitige Desillusionierung", die der Novemberkonferenz das Gepräge gegeben hatte. Für Hitler war das Anlass, die wichtigsten Spitzenpositionen umzubesetzen. Dabei kamen ihm eine Reihe von Zufällen zur Hilfe.

Am 12. Januar 1938 heiratete der verwitwete von Blomberg wieder. Hitler selbst und Göring waren die Trauzeugen. Kurze Zeit darauf wurde bekannt, dass die Ehe des Feldmarschalls eine „Mesallianz mit sittenpolizeilichem Charakter" war. Die zweite Ehefrau war einige Zeit als Prostituierte geführt und einmal sogar bestraft worden, weil sie Modell für unzüchtige Fotos gestanden hatte. Blomberg war daher für das Offizierskorps und für sein Amt untragbar geworden und wurde von Hitler am 26. Januar entlassen. Das Kriegsministerium wurde aufgelöst. An dessen Stelle trat das „Oberkommando der Wehrmacht" mit dem General Keitel an der Spitze, der Hitler und seinen Ansinnen kritiklos ergeben war und dies 1946 in Nürnberg mit dem Tod am Galgen bezahlen musste.

Inzwischen hatten Göring und Himmler eine Polizeiakte gegen den Oberbefehlshaber des Heeres, Generaloberst von Fritsch, besorgt, die ihn der Homosexualität bezichtigte. Es handelte sich allerdings um eine „banale Fahndungspanne" der Polizei, die einer Namensverwechslung aufgesessen war. Die Beschuldigung, die in einer „Gegenüberstellung" kumulierte, erwies sich als haltlos, führte aber zur Entlassung des Generals, der sich bei Kriegsbeginn freiwillig an die Front meldete und vor Warschau fiel. Hitler ernannte zu seinem Nachfolger den General von Brauchitsch, der ihm treu ergeben war, sich jedenfalls mit seinen Bedenken nicht gegen ihn durchsetzen konnte.[12)]

Im Zuge dieser Maßnahmen wurden sechzehn ältere Generale pensioniert und vierundvierzig weitere versetzt. Göring, der gehofft hatte, die Position Fritschs zu bekommen, wurde zur Milderung seiner Enttäuschung zum Generalfeldmarschall ernannt. Mein Vater war darüber ebenso verwundert wie seinerzeit über die Beförderung Blombergs, weil nach preußischer Tradition ein Feldmarschall nur auf Grund von militärischen Leistungen im Kriege ernannt werden konnte.

Hitler hatte auf diese Weise mit einem Schlag, ohne Andeutung eines Widerstandes, auch im militärischen Bereich alle Gegner von einigem Gewicht ausgeräumt. Nach einem Wort des französischen Botschafters in Berlin, André François-Poncet, glückte Hitler gleichsam ein „trockener 30. Juni", also ein nicht blutiger. Er entfernte gleichzeitig den mißliebig gewordenen Außenminister von Neurath und ersetzte ihn durch den Botschafter in London, Joachim von Ribbentrop.

Im Frühjahr 1938 löste Hitler auch das schwelende Österreichproblem.[13] Es war die erste expansive Aktion seiner Laufbahn. Den von Italien und England im Stich gelassenen Bundeskanzler Kurt von Schuschnigg bestellte er nach Berchtesgaden auf den ihm gehörenden „Berghof", den er auch als eine Art von inoffiziellem Regierungssitz gebrauchte. Dort eröffnete er ihm am 12. Februar in barscher Form seine Forderungen: freie Betätigung für die Nationalsozialisten in Österreich, die Ernennung seines Gefolgsmannes Seyß-Inquart zum österreichischen Sicherheits- und Innenminister, eine allgemeine Amnestie, die natürlich insbesondere den Nationalsozialisten zugute kommen würde, und die Angleichung der österreichischen Außen- und Wirtschaftspolitik an die des Deutschen Reiches. Schuschnigg erklärte, dass er auf Grund der österreichischen Verfassung keine abschließenden Zusagen geben könne. Daraufhin riß Hitler die Türe auf und wies Schuschnigg hinaus. Wenig später unterschrieb dieser die erhobenen Forderungen.[14] Bereits am 18. Februar ernannte er Seyß-Inquart zum Innenminister. Das wirkte auf die österreichischen Nationalsozialisten stimulierend. Durch eine Reihe von provozierenden Gewalttaten kündigten sie die bevorstehende Machtübernahme an. Schuschnigg versuchte dem durch eine Volksabstimmung „für ein freies und deutsches, unabhängiges und soziales, für ein christliches und einiges Österreich" zu begegnen, die am 13. März stattfinden sollte. Hitler kam dem zuvor, nachdem er in London und Rom festgestellt hatte, dass von dort nichts zu befürchten war, indem er am 11. März ultimativ den Rücktritt von Schuschnigg und die Ernennung von Seyß-Inquart zum Bundeskanzler fordern ließ. Am Abend verkündete Schuschnigg am Rundfunk seinen Rücktritt und forderte die österreichische Armee auf, den „allfällig einrückenden deutschen Truppen" keinen Widerstand entgegenzusetzen. Diese Rede habe ich mit meinen Eltern am Rundfunk mitangehört in einer schlecht zu verstehenden Übertragung eines österreichischen Langwellensenders. Ich entsinne mich, dass wir aufgeregt diskutierten, was der österreichische Ausdruck „allfällig" bedeutete, ob also die deutsche Wehrmacht bereits einrückte oder das eventuell bevorstand. Zu diesem Zeitpunkt war Himmler schon nach Wien vorausgefahren, um die Säuberung des Landes von „Volksverrätern und anderen Staatsfeinden" in Gang zu setzen.

Am 12. März 1938 rückten deutsche Truppen in Österreich ein. Hitler selbst überschritt am Nachmittag unter Glockengeläut bei seiner Geburtsstadt Braunau am Inn die Grenze. Vier Stunden später zog er unter dem Jubel der Bevölkerung in Linz ein und hielt dort vom Balkon des Rathauses eine Ansprache an die Menge. Dieser triumphale Einzug wurde vom Rundfunk übertragen. Natürlich hörten meine Eltern und ich zu. Es dauerte viele Stunden bis Hitler zu Worte kam. Der Jubel nahm kein Ende. Immer wieder brandeten die Sprechchöre auf: „Ein Volk, ein Reich, ein Führer! – Wir wollen unseren Führer sehen! – Sieg Heil!“ Es war ein „elementarer Vereinigungstaumel“, der „jeder Beschreibung spottete“, wie eine schweizer Zeitung schrieb. Die „Vereinigungseuphorie“ riss auch viele ursprüngliche Gegner des „Anschlusses“ mit.

Am 13. März 1938 zog Hitler in Wien ein und verkündete vom Balkon der Hofburg aus der tausendköpfigen Menge auf dem Heldenplatz den „Anschluß“ mit den bekannten Worten: „Als Führer und Kanzler der deutschen Nation und des Reiches melde ich vor der deutschen Geschichte nunmehr den Eintritt meiner Heimat in das Deutsche Reich.“ Im letzten Plebiszit des Regimes stimmten die gewohnten 99 % der Stimmen für den Anschluß Österreichs an das Deutsche Reich. In diesem Begeisterungstaumel blieben die Ausschreitungen, vor allem der aus Deutschland zurückkehrenden Österreichischen Legion, fast unbemerkt.

Ich selbst habe erst 1950 davon gehört, als wir das Buch „Die Welt von Gestern“ des österreichischen Schriftstellers jüdischer Herkunft Stefan Zweig[15)] zu lesen bekamen. Er beschreibt „... die Unmenschlichkeit, die sich entlud an jenem 13. März 1938, dem Tage, da Österreich und damit Europa der nackten Gewalt zur Beute fiel! Jetzt sank die Maske. Da die anderen Staaten offen ihre Furcht gezeigt, brauchte sich die Brutalität keinerlei moralische Hemmung mehr aufzuerlegen, sie bediente sich – was galt noch England, was Frankreich, was die Welt? – keiner heuchlerischen Vorwände mehr von ‚Marxisten‘, die politisch ausgeschaltet werden sollten. Jetzt wurde nicht mehr bloß geraubt und gestohlen, sondern jedem privaten Rachegelüst freies Spiel gelassen.“ Und er beschreibt, was sich in Wien abspielte: „... Mit nackten Händen mussten Universitätsprofessoren die Straßen reiben, fromme weißbärtige Juden wurden in den Tempel geschleppt und von johlenden Burschen gezwungen, Kniebeugen zu machen und im Chor ‚Heil Hitler‘ zu schreien. Man fing unschuldige Menschen auf der Straße wie Hasen zusammen und schleppte sie, die Abtritte der SA-Kasernen zu fegen; alles, was krankhaft schmutzige Haßphantasie in vielen Nächten sich orgiastisch ersonnen, tobte sich am hellen Tage aus ...“ Fotos davon sind erhalten.

Österreich hieß im Sprachgebrauch des „Dritten Reichs“ nunmehr: „Die Ostmark“, und Deutschland: „Das Großdeutsche Reich“. Neue ergänzte Landkarten erschienen. Das österreichische Heer wurde der Deutschen Wehrmacht einverleibt und zog als ihr Bestandteil in den Zweiten Weltkrieg. Als ich 1941 Soldat wurde, hatte ich drei österreichische Kameraden in meiner Stube. An der italienischen Südfront kämpfte 1943/44 die „Reichsgrenadierdivision-Hoch- und Deutschmeister", Trägerin alter österreichischer Tradition, neben uns. Ein gewisses österreichisches Nationalbewußtsein hatte sich über die sieben „deutschen Jahre" von 1938 bis 1945 erhalten. Mit Überraschung und Enttäuschung stellte ich bei Kriegsende, das ich mit meiner Division in Kärnten erlebte, fest, dass noch am Tage des ersten Waffenstillstandes (7. Mai 1945) überall auf unserem Rückzugsweg an öffentlichen Gebäuden und auch an vielen Bauernhöfen und Privathäusern die alten rot-weiß-roten Fahnen Österreichs gehisst wurden. Zum Teil war das vielleicht Opportunismus, um dem Gericht der Sieger zu entgehen. Aber sicher war bei einem Teil der Bevölkerung die Bindung an das alte Österreich erhalten geblieben. Damit verband sich allerdings häufig auch die Verdrängung jedes Verantwortungsgefühls für die Folgezeit und eine Verfolgtenmentalität auch der Kreise, die den „Anschluß" bejaht hatten. Nach dem Urteil des Mitglieds einer alten österreichischen Familie, Andreas Razumovsky[16] (vgl. Beethovens „Rasoumowsky-Quartette" opus 59), haben die Österreicher eine grundlegende Revision, ein grundlegendes Umdenken ihrer Beziehungen zum Staat Israel und zu seiner Bevölkerung sowie zur eigenen Vergangenheit noch nicht einmal begonnen.

Schon vierzehn Tage nach dem Anschluß Österreichs wandte sich Hitler seinem nächsten Ziel laut „Hoßbachprotokoll" zu: der Zerschlagung der Tschechoslowakei, einem Staatengebilde, das 1918 nach dem Zusammenbruch der Doppelmonarchie Österreich-Ungarn mit Billigung der Alliierten entstanden war und 46 % Tschechen, 13 % Slowaken, 28 % Deutsche, 8 % Magyaren, 3 % Ukrainer, ferner Polen und Juden umfasste.[17] Hitler traf sich mit dem Führer der etwa drei Millionen Sudetendeutschen, Konrad Henlein, dessen Sudetendeutsche Partei bei den Wahlen vom Mai 1935 zur stärksten politischen Partei des Landes geworden war und seit 1937/38 über ihre bisherigen Autonomiewünsche hinausging. Der Anschluß Österreichs an das Deutsche Reich hatte das Selbstbewußtsein der Sudetendeutschen ungemein gesteigert und große Demonstrationen unter der Parole „Heim ins Reich!" ausgelöst. Hitler ermutigte Henlein zu einer herausfordernden Haltung gegenüber der Prager Zentralregierung. Er möge dort jeweils unannehmbare Forderungen stellen und so den Boden für deutsche Interventionen bereiten. Bei seinem Staatsbesuch Anfang

Mai 1938 in Italien hatte Hitler dort die Bereitschaft herausgehört, ihm freie Hand gegenüber der Tschechoslowakei zu gewähren. Auch die Westmächte hatten Prag inzwischen aufgefordert, den Sudetendeutschen entgegenzukommen. Der britische Unterstaatssekretär Butler äußerte am 22. April 1938 einem Vertreter der deutschen Botschaft in London gegenüber, man sei sich bewusst, dass Deutschland sein nächstes Ziel (die tschechoslowakische Frage) erreichen werde. Und der britische Botschafter Henderson erklärte am 21. Mai gegenüber dem Reichsaußenminister von Ribbentrop, dass Deutschland auf der ganzen Linie siegen werde.[18]) Hitler war daher sehr überrascht, als die Prager Regierung am 20. Mai, durch die Gerüchte über deutsche Angriffsvorbereitungen beunruhigt, die Teilmobilmachung anordnete und England und Frankreich den Schritt nachdrücklich billigten und dabei auf ihre Beistandspflichten hinwiesen. Er sah sich gezwungen, am 22. Mai alle Vorbereitungen zur Besetzung der Tschechoslowakei abzustoppen und seine Zeitplanung hierfür (Herbst 1938) zu überprüfen. Er empfand diese Entwicklung als starken Prestigeverlust, zumal die internationale Presse die „Maikrise" als endlich gelungene Zurückweisung und Demütigung Deutschlands feierte. Er unterrichtete daher Mussolini und den britischen Außenminister in Sonderbotschaften davon, dass „durch Drohungen, Druck oder Gewalt" von ihm nichts zu erreichen sei, sondern nur das Gegenteil bewirkt werde. In einer Konferenz in Berlin mit den militärischen und außenpolitischen Spitzen des Reiches verkündete er den „unabänderlichen Entschluß, die Tschechoslowakei in absehbarer Zeit durch eine militärische Aktion zu zerschlagen." Als Zeitpunkt setzte er, „in einer Reaktion des präzisierenden Trotzes," den 1. Oktober 1938 fest.

Die Ereignisse eskalierten nun. Ende Juni 1938 hielt die Deutsche Wehrmacht nahe der tschechischen Grenze Manöver ab. Am sogenannten „Westwall", den Grenzbefestigungen an der Westgrenze Deutschlands gegenüber der französischen „Maginot-Linie", wurde der Ausbau verstärkt. Mein Vater, der als Reserveoffizier bereits seit September 1934 verschiedene Übungen gemacht hatte, wurde am 29. 7. 1938 erneut zu einer „Übung" beim Gießener Infanterie-Regiment 116 einberufen und als Kompanieführer eingesetzt. Im September nun rückte er, „hoch zu Roß" vor seiner Kompanie, an den „Westwall" in den Pfälzer Wald südlich Pirmasens aus, wo vier Wochen lang Schanzarbeiten zu verrichten waren Die Fotos, die ich von diesem Marsch von der Kaserne zum Gießener Verladebahnhof gemacht habe, sind noch erhalten. Natürlich machte sich insbesondere meine Mutter Sorgen, ob es Krieg geben würde, nachdem

Hitler am 12. 9. 1938 auf dem Reichsparteitag in Nürnberg wieder starke Worte gefunden hatte. Sie hatte meinen Vater ja schon im August 1914 in den Ersten Weltkrieg ziehen sehen, aus dem er 1918 mit drei, z. T. schweren Verwundungen zurückgekehrt war. (Eine Kugel hatte seine rechte Hand getroffen, eine seine linke Hüfte und eine sein linkes Ellenbogengelenk zerschmettert, so dass der Arm steif blieb. Ein Granatsplitter hatte seinen Stahlhelm an der linken Schläfe fast durchschlagen, aber sein Leben wurde gerettet. Ich besitze den Helm noch.)

Die erwähnte Rede Hitlers war das Signal zu einem Aufstand im Sudetengebiet, der zahlreiche Opfer forderte. In Deutschland wurden die Kriegsvorbereitungen fortgesetzt. Da erklärte der britische Premierminister Chamberlain am 13. September 1938 überraschend seine Bereitschaft, unverzüglich und ohne Rücksicht auf Prestigefragen zu einer persönlichen Aussprache mit Hitler an jeden gewünschten Ort zu kommen, am besten auf dem Luftwege, obwohl er noch nie im Leben ein Flugzeug bestiegen hatte. Hitler fühlte sich sehr geschmeichelt und schlug ein Treffen in Berchtesgaden auf seinem „Berghof" vor. Dort empfing er Chamberlain am 15. September und verlangte kurzerhand die Angliederung des Sudetengebietes an Deutschland. Man einigte sich schließlich darauf, dass Chamberlain zu einer Kabinettsberatung über diese Frage nach England zurückfliegen solle, während Hitler zusicherte, in der Zwischenzeit keine militärischen Maßnahmen zu ergreifen.

Hitler glaubte nicht daran, dass England letzten Endes der Annexion des Sudetenlandes zustimmen würde und setzte die Kriegsvorbereitungen fort. Er ließ unter Führung des inzwischen nach Deutschland geflohenen Konrad Henlein ein „Sudetendeutsches Freikorps" aufstellen, das schließlich sogar die Städte Eger und Asch besetzte. Umso überraschter war er, als Chamberlain ihm bei einem erneuten Treffen im Godesberger Hotel Dreesen am 22. September 1938 die Zustimmung von England, Frankreich und auch der Tschechoslowakei zur Abtretung des Sudetenlandes überbrachte und sogar die Aufhebung der Bündnisverträge zwischen Frankreich, der Sowjetunion und der Tschechoslowakei vorschlug. Statt dessen sollte eine internationale Garantie die Unabhängigkeit des Landes gewährleisten. Damit waren Hitlers weitergehende Pläne, die auf die Annexion der gesamten Tschechoslowakei zielten, gefährdet. Er lehnte daher das Angebot unter Hinweis auf die Gebietsforderungen von Ungarn und Polen ab und erklärte, das Problem müsse endgültig bis zum 1. Oktober restlos gelöst sein. Chamberlain verlangte nun ein schriftliches Memorandum über den Inhalt der deutschen Forderungen und reiste zurück. Das britische Kabinett lehnte die neuen deutschen Forderungen am 25. September ab und sagte der französischen Regierung englische Unterstützung für den Fall eines Krieges mit Deutschland zu. Hitler setzte dem britischen Botschafter Sir Horace Wilson, der mit dieser Boschaft Chamberlains zu ihm gekommen war, eine Frist. Er werde seine Divisionen nur zurückhalten, wenn das Godesberger Memorandum Deutschlands zum 28. September, 14 Uhr, von der Prager Regierung akzeptiert worden sei. Dieselbe Forderung erhob er in seiner Rede am 26. September im Berliner Sportpalast, in der er sich zum ersten Mal als der „erste Soldat" des Volkes bezeichnete.

Der Verlauf des 27. September dämpfte Hitlers Euphorie. Die deutsche Bevölkerung zeigte nicht die erwartete Kriegsbegeisterung. Eine motorisierte Division, die auf dem Marsch von Stettin zur tschechoslowakischen Grenze durch Berlin über die Ost-West-Achse durch die Wilhelmstraße an der Reichskanzlei vorbeigeführt wurde, erweckte keinen Jubel. Nach dem Tagebuch des amerikanischen Journalisten William Shirer „verschwanden die Menschen rasch in der Untergrundbahn, und die paar, die stehenblieben, bewahrten tiefes Schweigen. ... Es war die auffallendste Kundgebung gegen den Krieg, die ich je erlebte. ... Vor der Reichskanzlei standen kaum zweihundert Menschen. Hitler machte eine finstere Miene, wurde sichtlich ärgerlich und verschwand bald nach drinnen, ohne den Vorbeimarsch abzunehmen."[19)] Eine Fülle weiterer Nachrichten besagte, dass England, Frankreich und die Tschechoslowakei umfangreiche Kriegsvorbereitungen begonnen hatten. Im Laufe des Tages erklärten sich Jugoslawien, Rumänien, Schweden und die USA warnend für die Gegenseite. In den späten Abendstunden des 27. September diktierte Hitler einen Brief an Chamberlain, in dem in versöhnlichem Ton eine förmliche Garantie für die Existenz der Tschechoslowakei angeboten wurde. Dieser bat am 28. September Mussolini um Vermittlung.

Im Hintergrund dieser dramatisch zugespitzten Situation hatte sich inwischen eine Verschwörung gegen Hitler formiert. Unter maßgeblicher Führung von General Halder, dem neuen Generalstabschef, wurde ein Putsch für den Augenblick vorbereitet, in dem Hitler den Marschbefehl gegen die Tschechoslowakei ausgeben würde. In der Widerstandsgruppe waren fast alle Namen vertreten, die auch später, am 20. Juli 1944 beim Attentat gegen Hitler, wieder auftauchten.[20)] Da platzte wie eine Bombe die Nachricht in die Szene, dass Hitler auf die Vermittlung Mussolinis hin eingelenkt und einer Konferenz in München zugestimmt habe. Damit war dem gesamten Aktionsplan gegen Hitler die Grundlage entzogen, und die Geschichte nahm ihren Lauf.

Schon am 29. September gegen Mittag begann in München im neuerrichteten „Führerbau“ am Königsplatz die Konferenz der Regierungschefs von England, Frankreich, Italien und Deutschland (Chamberlain, Daladier, Mussolini und Hitler). Am frühen Nachmittag legte Mussolini den Entwurf für ein Abkommen vor, der in Wirklichkeit am Vorabend von Göring, Neurath und Weizsäcker[21)] formuliert worden war, um dem zu einer militärischen Aktion treibenden Ribbentrop zuvorzukommen. Auf dieser Grundlage wurde nachts zwischen zwei und drei Uhr das berühmte „Münchener Abkommen“ unterzeichnet, das die Abtretung der sudetendeutschen Gebiete an das Deutsche Reich regelte. Am 1. Oktober 1938 begannen die deutschen Truppen mit dem Einmarsch, Hitler folgte selbst am 3. Oktober unter dem Jubel der sudetendeutschen Bevölkerung. Er hatte in Deutschland erneut an Ansehen gewonnen. Viele Menschen fühlten sich durch die andauernden Erfolge Hitlers regelrecht „verwöhnt“ und warteten, welche Überraschung ihnen der „Führer“ nächstens „bescheren“ werde.

Obwohl er einen bedeutenden Erfolg ohne kriegerische Mittel errungen hatte, war Hitler unzufrieden. Die Westmächte hatten ihn durch ihre Nachgiebigkeit um das von ihm angestrebte weitergehende Ziel gebracht: den Einzug in Prag und die endgültige Zerschlagung der Tschechoslowakei. Dazu kam das Verhalten der deutschen Bevölkerung, die Chamberlain Ovationen darbrachte, als er nach der Unterzeichnung des Abkommens zu abschließenden Besprechungen durch München zu Hitler fuhr. (Ähnliches erlebten wir in unserem Bekanntenkreis. Meine Mutter ärgerte sich darüber, dass eine Bekannte Chamberlain in überschwenglichen Worten für seine Friedensbemühungen pries.) Während sich die Tschechoslowakei von ihren Verbündeten mit Recht verraten fühlte und ihr Präsident Benesch zurücktrat und in die USA emigrierte, belohnte die englische und französische Bevölkerung ihre Verhandlungsführer bei deren Rückkehr statt mit wütenden Demonstrationen mit begeisterten Huldigungen, weil sie begreiflicherweise den Frieden für das Wichtigste hielt. Chamberlain schwenkte bei seiner Ankunft in London triumphierend ein Schriftstück und verkündete: „Peace for our time!“ Das Bild ging um die Welt als Dokument eines großen Irrtums. Winston Churchill aber sah die Dinge wie sie waren. Er begann seine Rede in der nächsten Unterhaussitzung mit den Worten: „Wir haben eine totale, eine umfassende Niederlage erlitten.“ Er meinte nämlich, dass man Deutschland keine weiteren Konzessionen hätte machen dürfen, sondern ihm entschlossen hätte entgegentreten müssen. Wie man heute weiß, hatte Deutschland zu diesem Zeitpunkt nicht die militärischen Mittel für eine längere Auseinandersetzung und hätte schnell niedergeworfen werden können. Ein Jahr später war das anders. Da konnte Hitler den Zweiten Weltkrieg beginnen, der dann über fünf Jahre dauern sollte.

Zunächst aber gab er am 21. Oktober 1938 die Weisung zur militärischen „Erledigung der Resttschechei" und zur „Inbesitznahme des Memellandes". Das war ein durch den Versailler Vertrag ohne Befragung der Bevölkerung an die Alliierten abgetretener und an Litauen gewaltsam angegliederter Teil Ostpreußens. Am 24. November befahl er ergänzend die Vorbereitung der Besetzung Danzigs, der Ostseehafenstadt an der Weichselmündung. Auch sie war durch den Versailler Vertrag ohne Befragung der Bevölkerung vom Deutschen Reich abgetrennt worden und 1920 zu einem Freistaat unter Völkerbundskontrolle gemacht worden. Außerdem ermunterte er die slowakischen Nationalisten, auf den weiteren Zerfall der Tschechoslowakei hinzuwirken.

Am 7. November 1938 schoss der 17jährige polnische Jude Herschel Grynszpan den Legationssekretär Ernst vom Rath in der deutschen Botschaft in Paris mit mehreren Revolverschüssen nieder und verletzte ihn so schwer, dass mit seinem Ableben gerechnet werden musste. Über die Motive für diese Tat gibt es mehrere Versionen, auf die es aber nicht ankommt. Das deutsche Regime jedenfalls nahm das zum Anlass, eine Pressekampagne gegen die Juden unter der Überschrift „Anschlag des Weltjudentums" zu beginnen. Am 9. November 1938 starb vom Rath. Hitler erfuhr das während einer Feier zur Erinnerung an den Marsch zur Feldherrnhalle in München am 9. November 1923 (Hitlerputsch), sprach längere Zeit mit Goebbels und verließ dann die Versammlung. Goebbels teilte den anwesenden „Alten Kämpfern" mit, vom Rath sei der Kugel des „jüdischen Mordbuben" erlegen. In einer antisemitischen Haßtirade forderte er Vergeltung und Rache. Wie beabsichtigt, wurde die Rede als indirekte Aufforderung zum Handeln verstanden. Die Partei- und SA-Funktionäre wiesen ihre Zuständigkeitsbereiche an, Pogrome (Ausschreitungen) gegen die jüdischen Bevölkerungsteile zu beginnen. Das geschah sofort. Synagogen, Häuser und Geschäfte wurden in Brand gesteckt, insgesamt 91 Juden ermordet, mehr als 30.000 verhaftet und zeitweilig in Konzentrationslagern inhaftiert. Kurz darauf wurde alles jüdische Eigentum beschlagnahmt und den Juden eine Sondersteuer von einer Milliarde Reichsmark auferlegt.[22] Damit begann eine neue Stufe der

Judenverfolgung. Die Ausschreitungen dieser Nacht erhielten im Volksmund wegen des dabei zertrümmerten Glases ironisierend die Bezeichnung „Reichskristallnacht". Dieser Ausdruck beinhaltet allerdings angesichts der Mordtaten Züge einer zynischen Verharmlosung oder gar Sympathie.

Ich selbst habe am Vormittag des 10. Novembers 1938 die in Gießen stattfindenden Ausschreitungen miterlebt. Wir hatten gerade Griechischunterricht bei unserem Direktor Dr. Wolkewitz, als wir durch Rauch und Flammen auf einen Brand in der Nachbarschaft unseres Gymnasiums in der Südanlage aufmerksam wurden. Wie sich herausstellte, handelte es sich um die eine der beiden Gießener Synagogen. In der Pause verließen die meisten von uns aus Neugier den Schulhof und beobachteten, was sich ereignete. SA-Leute in Uniform waren überall zu sehen. An Polizei kann ich mich nicht entsinnen. Eine große Menschenmenge lief schnell zusammen. Mit Verwunderung registrierte ich, dass die Feuerwehr nicht das machte, was ihre Aufgabe war: zu löschen. Sie beschränkte sich auf den Schutz der benachbarten Gebäude. Ich empfand keine Freude angesichts dieses Brandes. Bei dem Fünfzehnjährigen überwogen die schaudernden Empfindungen, die der Anblick eines Großbrandes verursacht. Es war eine Sensation für mich. Da ich etwas Derartiges noch nie mit eigenen Augen gesehen hatte, war ich vor allem am Verhalten der Erwachsenen und insbesondere der Behörden interessiert. Überrascht stellte ich fest, dass niemand eingriff, um zu verhindern, was da ablief. Nun setzte sich die Menschenmenge in Richtung Oswaldsgarten in Bewegung, wo die zweite Gießener Synagoge stand. Auch wir liefen aus Neugier mit. Bei unserem Eintreffen dort war die Synagoge noch unversehrt. Jetzt begannen SA-Leute mit Unterstützung der Feuerwehr Türen und Fenster einzuschlagen und die langen Fenstervorhänge anzuzünden. Ich sehe noch die Flammen an den Vorhängen hochzüngeln. Bald brannten sie lichterloh. Kurz darauf stand das ganze Gebäude in Flammen. Auch hier beschränkte sich die Tätigkeit der Feuerwehr, deren Wache unmittelbar neben der Synagoge am Oswaldsgarten lag, auf den Schutz angrenzender Gebäude. Während der erste Brand noch durch Zufall hätte entstanden sein und dann in der Folge Beifall hätte finden können, wurde spätestens jetzt klar, dass es sich um eine von oben gesteuerte judenfeindliche Aktion handeln musste. Die Reaktionen der Menschen waren sehr unterschiedlich. Es gab von hämischer Zustimmung bis zu empörter Ablehnung alle Formen der Stellungnahme.

Auf dem Rückweg zur Schule kamen wir im Neuenweg an einer jüdischen Pferdemetzgerei vorbei, wo bereits der Mob wütete. Die Schaufensterscheiben waren eingeschlagen und die Einrichtung zerstört. Die Waren wurden geplündert. Bedrückt kam ich mit mehreren Klassenkameraden wieder in meiner Klasse an, wo uns der Direktor wegen unserer unerlaubten Entfernung aus der Schule zur Rede stellte. Wir erhielten dafür eine Stunde Arrest. Dr. Wolkewitz brachte seine Entrüstung über diese Brandstiftungen zum Ausdruck, so etwas dürfe es bei uns nicht geben. Zu Hause erzählte ich, was ich erlebt hatte. Mein Vater war darüber sehr empört. Ein Staat dürfe so etwas nicht machen. Meine Eltern konnten sich allerdings nicht vorstellen, dass Hitler selbst den Befehl zur Durchführung der Pogrome gegeben habe. Sie trauten das eher Göring oder Goebbels zu.

Hier lernte ich zum ersten Mal in der eigenen Umgebung eine Einstellung kennen, die später in dem immer wiederkehrenden Ausdruck mündete: „Wenn das der Führer wüßte!" Breite Bevölkerungskreise hatten offenbar das tiefverankerte Bedürfnis, einen untadeligen Kaiser, König, Präsidenten oder jetzt „Führer" zu haben. Was dem entgegenstand wurde verdrängt oder anders erklärt. Hier trat der „eingewurzelte bürgerliche Instinkt" zutage, der „durch Ausschreitungen von der Straße her, die den verblaßten Erinnerungen an die Jahre von Unordnung und Gesetzlosigkeit wieder zum Leben verhalfen, nur zu schrecken, nicht zu mobilisieren war." Es gab einen unverkennbaren Gegensatz, der schon immer zwischen Hitlers rigorosem Judenwahn und dem „lauen deutschen Antisemitismus" bestanden hatte.[23)] Darum hatten die deutschen Massen weder bei dem Boykott jüdischer Geschäfte durch die SA am 1. April 1933 noch bei den Pogromen des 9. und 10. November 1938 mitgemacht.[24)] Es waren größtenteils abkommandierte Schlägertrupps, die mordeten und brandschatzten. „Spontane" Großpogrome im ganzen Reichsgebiet konnte es schon begrifflich nicht geben. Sie waren ohne zentrale Organisation nicht denkbar. Andererseits hatte es nicht mehr als Mitleid, Verärgerung und Beschämung bei den Deutschen gegeben, keine offene Auflehnung, was in einem totalitären Regime nach den Erfahrungen des „Röhmputsches" auch nicht zu erwarten war. Insgesamt war Hitler enttäuscht über die Einstellung der deutschen Bevölkerung zu seiner antisemitischen Politik und zu seiner Kriegstreiberei.

Im März 1939 schritt Hitler zur geplanten endgültigen Zerstörung der Tschechoslowakei: Am 13. März drängte er den slowakischen Nationalistenführer Tiso, den er nach Berlin bestellt hatte, zum Abfall von Prag. Am 14. März wurde demzufolge im Parlament von Preßburg (Bratislava) ein Unabhängigkeitsmanifest verlesen, das der Reichsaußenminister von Ribbentrop in slowakischer

Sprache übergeben hatte. Die Slowakei musste sich aber unter der Formel „Schutzfreundschaft" verpflichten, ihre Außen- und Wehrpolitik im engsten Einvernehmen mit dem Deutschen Reich zu führen. Sie musste auch der Stationierung deutscher Truppen in der Westslowakei zustimmen.

Noch am Abend des 14. März trafen der tschechische Staatspräsident Hacha und sein Außenminister Chvalkowsky in Berlin ein, wohin man sie zitiert hatte. Man ließ sie stundenlang warten. Sie versuchten vergeblich, den Verhandlungsgegenstand zu erfahren. Zwischen ein und zwei Uhr Nachts wurden sie schließlich von Hitler empfangen, der ihnen eröffnete, dass um sechs Uhr die deutsche Armee von allen Seiten her in die Tschechei einrücken und die deutsche Luftwaffe die Flughäfen besetzen werde. Etwaiger Widerstand werde mit allen Mitteln gebrochen werden. Einlenkendenfalls könnten den Tschechen ein großzügiges Eigenleben, eine Autonomie und gewisse nationale Freiheiten gegeben werden. Kurz nach zwei Uhr wurden die beiden Politiker aus Hitlers Arbeitssaal entlassen und versuchten, nachdem Hacha mit Hilfe von Hitlers Leibarzt einen Herzanfall überstanden hatte, in den verbleibenden vier Stunden, den Prager Stellen die Anweisung zu übermitteln, dem deutschen Einmarsch keinen Widerstand entgegenzusetzen. Dies gelang, und kurz vor vier Uhr unterschrieb Hacha die Unterwerfungsurkunde, durch die er „das Schicksal des tschechischen Volkes und Landes vertrauensvoll in die Hände des Führers des Deutschen Reiches" legte, wie Goebbels dann über alle deutschen Sender verkündete. Um sechs Uhr des 15. März 1939 überschritten die deutschen Truppen die Grenzen und trafen bereits gegen neun Uhr in Prag ein. Noch am gleichen Abend traf auch Hitler in Prag ein und verbrachte die Nacht auf dem Hradschin, der Burg von Prag. Bis der englische und der französische Botschafter am 18. März in Berlin Protestnoten überreicht hatten, war das „Reichsprotektorat Böhmen und Mähren" unter dem „Reichsprotektor" Freiherrn von Neurath gegründet worden.

Bereits eine Woche später, am 21. März 1939, begab sich Hitler in Swinemünde an Bord des Panzerschiffs „Deutschland" und nahm Kurs auf Memel. Die litauische Regierung in Kowno (Kaunas) hatte er am 19. März auffordern lassen, am nächsten Tag in Berlin die Abtretungsurkunde für das Memelgebiet zu unterzeichnen. Dies geschah, und Hitler zog am 23. März zur Mittagszeit umjubelt in Memel ein. Die deutsche Bevölkerung konnte diesen Abläufen kaum noch folgen. Ich entsinne mich, dass wir mit ungläubigem Staunen, aber glücklich, von dieser erneuten Korrektur von Nachkriegsregelungen hörten.

Mit der Besetzung von Prag hatte Hitler allerdings die Toleranzgrenzen der Westalliierten überschritten. Von nun an führten alle seine weiteren außenpolitischen Aktivitäten unaufhaltsam zum Krieg.

Sein nächstes Ziel war die bereits geplante Besetzung Danzigs und die Klärung des Verhältnisses zu Polen. Reichsaußenminister von Ribbentrop übergab dem polnischen Botschafter Lipski am 21. März 1939 einen Vorschlag über einen umfassenden deutsch-polnischen Ausgleich. Deutschland wollte gegen die Rückgabe von Danzig und den Bau einer exterritorialen Autobahn durch den polnischen Korridor nach Ostpreußen eine Verlängerung des 1934 abgeschlossenen Nichtangriffspaktes auf fünfundzwanzig Jahre sowie eine formelle Grenzgarantie bieten. Deutschland lud Polen auch zum Beitritt in den 1936 mit Japan abgeschlossenen „Antikominternpakt" ein, der sich gegen Moskau und den kommunistischen Weltherrschaftsanspruch richtete. Als Gegenleistung hierfür wurden Polen Gebiete der zur Sowjetunion gehörenden Ukraine in Aussicht gestellt, auf die Polen schon früher Ansprüche im polnisch-sowjetischen Krieg (1920-21) teilweise durchgesetzt hatte.

Polen hatte sein Heil bisher im strengsten Gleichgewicht zwischen den beiden Nachbarkolossen Deutschland und Russland gesehen. Die vorübergehende Ohnmacht beider Länder am Ende des Weltkriegs hatte ihm 1919 zur staatlichen Existenz verholfen. Es hatte sich auch auf deren Kosten nachträglich vergrößert. Polens Außenpolitik wurde inzwischen von Außenminister Josef Beck geleitet, einem Mann von „intriganter Glätte". Er hatte ehrgeizige Pläne für ein „Drittes Europa", das unter polnischer Führung von der Ostsee bis zum Hellespont einen neutralen Mächteblock als Gleichgewichtsfaktor zwischen Deutschland und der Sowjetunion bilden sollte. Von dieser Position aus lehnte Beck den deutschen Vorschlag strikt ab. Ebenso lehnte er einen britischen Vorschlag eines Konsultativabkommens zwischen Großbritannien, Frankreich, der Sowjetunion und Polen ab, da sich dieses gegen Deutschland gerichtet hätte. Doch indem er die beiden Nachbarstaaten gleichermaßen zurückwies, schuf er ungewollt die Voraussetzung für eine Annäherung zwischen diesen.[25)]

Als Chamberlain Ende März aufgrund einiger unbestätigter Nachrichten über einen deutschen Handstreich gegen Danzig in einer „Art Verzweiflungsschritt" in Warschau anfragen ließ, ob Polen Einwände gegen eine britische Garantieerklärung habe, stimmte Beck dieser unverzüglich zu. Am 31. März gab Chamberlain daraufhin vor dem Unterhaus die berühmte Erklärung ab, England und Frankreich würden sich „für den Fall irgendeiner Aktion, die klarerweise die polnische Unabhängigkeit bedroht, ... verpflichtet fühlen, der polnischen Regierung alle in ihrer Macht stehende Hilfe sofort zu gewähren". Nun dauerte es nur noch fünf Monate bis zum Beginn des Zweiten Weltkrieges.

Hitler sah in der britischen Garantie eine Vollmacht für die „exzentrischen Polen", Deutschland nach Belieben in kriegerische Unternehmungen zu verwickeln. Er erkannte auch, dass sein Werben um England, zum Beispiel durch Abschluß des Flottenvertrages, endgültig verschmäht worden war und dass er nicht damit rechnen konnte, dass dieses seinen Drang nach Osten zum Gewinn „neuen Lebensraums" dulden würde. Schon am 1. April 1939 kündigte er daher anlässlich des Stapellaufs des Schlachtschiffs „Tirpitz" in Wilhelmshaven die Beendigung des Flottenvertrages an. Am 3. April aber gab er an die Wehrmacht die geheime Weisung zur Vorbereitung eines Angriffs auf Polen und zur gleichzeitigen Besetzung Danzigs ab 1.9.1939. So geschah es dann ja auch.

Am 7. April 1939 überfiel Mussolini mit seinen Truppen Albanien, nachdem er kurz zuvor in Berlin hatte erklären lassen, er sei jetzt gezwungen, ebenfalls „irgend etwas zu bekommen". Die Folge war, dass die Westmächte nun auch Griechenland und Rumänien eine Beistandsgarantie erteilten. Deutschland wiederum warnte die kleineren europäischen Mächte vor den „englischen Verlockungsversuchen". Diese nervösen Aktivitäten in Europa veranlassten Präsident Roosevelt, die jahrelange Zurückhaltung der USA gegenüber der übrigen Welt zu beenden und am 14. April ein Schreiben an Hitler und Mussolini mit der Aufforderung zu richten, eine zehnjährige Nichtangriffsgarantie für einunddreißig namentlich genannte Staaten abzugeben. Hitler antwortete Roosevelt am 28. April vor dem Reichstag mit einer Rede, die vom Stil her selbst im Ausland Zustimmung fand (der amerikanische Journalist W. L. Shirer bezeichnete sie als die „wahrscheinlich brillanteste, die er je gehalten hat"). Inhaltlich lag sie neben der Sache und zeigt bereits hier Hitlers Fehleinschätzung der USA, die 1941 in der Kriegserklärung Deutschlands an die USA gipfelte. Ich kann mich genau an diese Rede und den entsprechenden Eindruck erinnern, den sie damals auf meine Eltern und mich gemacht hat. Wir hörten, wie wohl viele Deutsche, alle Reden Hitlers am Radio an. Nachdem England am 26. April die allgemeine Wehrpflicht eingeführt hatte, kündigte Hitler das deutsch-englische Flottenabkommen und den Vertrag mit Polen. Die Gegner bezogen Stellung.

In England und Polen kam es nun zu mehr oder minder heftigen antideutschen Demonstrationen. Die deutsche Presse begann nach längerem Schweigen die antipolnische Kampagne wieder. Auf Anweisung von Goebbels mussten die Ausschreitungen gegen die Volksdeutschen in Polen, die vor allem in den durch den Versailler Vertrag abgetrennten ehemals deutschen Gebieten von Oberschlesien und dem Korridor stattfanden, der Aufmacher bleiben. „Was das Volk oder das Ausland von den Polengreueln glaubt oder nicht, ist unwichtig. Entscheidend ist, dass diese letzte Phase des Nervenkrieges nicht von Deutschland verloren wird."[26)]

Am 30. April fragte der britische Botschafter in Paris den französischen Außenminister Bonnet, was er über das ein wenig unheimliche Schweigen Hitlers über Russland in jener Rede denke. Frankreich hatte am 15. April ein Angebot an die Sowjetunion gerichtet, den gegenseitigen Vertrag von 1935 der veränderten Weltlage anzupassen. Auch England war bald in diese Verhandlungen eingetreten. Sie litten allerdings unter dem Misstrauen der Beteiligten. Da der Westen sich durch sein ungeschicktes, wenn auch hochherziges Verhandeln ohnehin verpflichtet hatte, das gesamte Vorfeld der Sowjetunion zu verteidigen, fehlte dieser ein aktuelles Interesse an weiteren Vereinbarungen. Aus den Akten der britischen Regierung ist inzwischen bekannt[27)],dass Stalin zwar Unterstützung mit seiner gewaltigen Militärmacht, darunter 136 Heeresdivisionen, in Aussicht gestellt, jedoch verlangt hatte, seine Truppen auch ohne Durchmarscherlaubnis der polnischen oder rumänischen Regierung einsetzen zu dürfen. Noch während dieser schleppenden Verhandlungen begann die Sowjetunion ein verwegenes Doppelspiel mit Hitler. Nach einem ersten Wink Stalins in einer Rede am 10. März trat die Sowjetunion mehrfach an Deutschland heran und machte ihr Interesse an einer Neuregelung der Beziehungen deutlich. Ideologische Meinungsverschiedenheiten „brauchten ... nicht zu stören". Sie wechselte sogar ihren jüdischen Außenminister Litwinow durch Molotow aus im Interesse eines besseren Verhandlungsklimas. Als die Sowjetunion Mitte Juli die von Deutschland inzwischen unterbrochenen Wirtschaftsverhandlungen wieder in Gang bringen wollte, zögerte Hitler nicht mehr. Am 26. Juli begannen diese in Berlin. Am 14. August instruierte Ribbentrop den deutschen Botschafter von der Schulenburg in Moskau über das Angebot zur Abgrenzung der beiderseitigen Interessensphären, verwies auf die gemeinsame Gegnerschaft zu den „kapitalistischen westlichen Demokratien" und bot seinen baldigen Besuch in Moskau an. Da London und Paris die Durchmarschforderungen Stalins endgültig ablehnten, ließ dieser die Verhandlungen mit den Westmächten am 19. August abbrechen und Hitler am nächsten Tag den Entwurf für einen Nichtangriffspakt nebst geheimem Zusatzprotokoll überreichen. In diesem wird Osteuropa für den „Fall einer territorialpolitischen Umgestaltung in den baltischen Staaten und im polnischen Staat" in die Interessensphären Deutschlands und der UdSSR aufgeteilt, die ungefähr durch die Linie der Flüsse Narew, Weichsel und San abgegrenzt werden. Außerdem erhebt die Sowjetunion Anspruch auf das zu Rumänien gehörende Bessarabien. Molotow erkundigte sich nach der deutschen Bereitschaft zum Abschluß dieser Vereinbarungen. Nach einer persönlichen ungeduldigen Intervention Hitlers bei Stalin erklärte sich die Sowjetregierung mit dem Eintreffen Ribbentrops in Moskau am 23. August einverstanden.

Als ich am Dienstag, den 22. August 1939 morgens die Zeitung aus unserem Briefkasten holte, leuchtete mir folgende Schlagzeile entgegen:

Nichtangriffspakt Berlin - Moskau

Berlin, 21. August. Die Reichsregierung und die Sowjetregierung sind übereingekommen, einen Nichtangriffspakt miteinander abzuschließen. Der Reichsminister des Auswärtigen von Ribbentrop wird am Mittwoch, den 23. August, in Moskau eintreffen, um die Verhandlungen zum Abschluß zu bringen.

Diese Nachricht schlug überall in Deutschland, und natürlich auch anderswo, wie eine Bombe ein. Die Deutschen stellten mit ungläubigem Erstaunen fest, dass es möglich war, mit dem „Erzfeind" Sowjetunion einen Nichtangriffsvertrag abzuschließen. Ein Freund erzählte mir, dass ein Nachbar, der früher Kommunist gewesen sei, geäußert habe: „Ich habe immer gewusst, dass wir uns einmal zusammentun würden."

In den Nachtstunden des 23. August unterzeichneten Ribbentrop und Molotow im Kreml den Nichtangriffspakt und das geheime Zusatzprotokoll[28]. Zwischen Stalin, der der Unterzeichnung beiwohnte, und Ribbentrop wurden Trinksprüche ausgetauscht. Stalin trank auf das Wohl Hitlers und erklärte, die Sowjetunion nehme den neuen Pakt sehr ernst, er könne auf sein Ehrenwort versichern, dass die Sowjetunion ihren Partner nicht betrügen würde. Ribbentrop berichtete später, Stalin und Molotow seien „sehr nett" gewesen, er habe sich „in ihrer Mitte gefühlt, wie unter alten Parteigenossen"(!). Die „fatale Intimität dieser Nacht" verhüllte die geheimen machtpolitischen Vorbehalte beider Seiten und ihre „gigantischen Träumereien".[29]

Alle Aktivitäten der Westmächte und auch Italiens, die nun noch folgten, konnten an dem Entschluß Hitlers, Polen anzugreifen, nichts mehr ändern. Lediglich den Termin hierfür verlegte er wegen einer Intervention Mussolinis noch einmal vom 26. August auf den 1. September 1939, 4.45 Uhr.

Wir konnten am 27. August in der Zeitung lesen, dass der für die Zeit vom 2. bis 11. September angesetzte Reichsparteitag, der den Namen „Frieden" führen sollte, nicht stattfinde. „Ob seine spätere Abhaltung ins Auge gefaßt werden kann, hängt von den Zeitumständen ab." hieß es. Als ich dies las, dachte ich: „Jetzt gibt es Krieg!" Dies wurde durch die weitere Mitteilung erhärtet, dass für die „außerhalb der Standorte befindlichen Teile des Heeres und der Luftwaffe" eine Postsperre von etwa zehntägiger Dauer eintrete. Ferner erschien auf der ersten Seite unserer Zeitung unter der Überschrift „Stählerner Wächter der deutschen Ehre" ein Foto des schon früher erwähnten „Schulschiffes Schleswig-Holstein" bei der Ankunft im Danziger Hafen, wo es zu einem „Besuch" festgemacht hatte. Schließlich wurden Mitteilungen über eine sofortige Luftsperre über Deutschland, über Einschränkungen des Zugverkehrs und die Einführung einer Bezugsscheinpflicht für lebenswichtige Güter, wie gewisse Lebensmittel, Seife und Hausbrandkohle, Spinnstoff- und Schuhwaren, bekanntgemacht. Jeder Deutsche ahnte nun, dass es Krieg geben würde.

Aus dem Blickwinkel unserer Familie sah das so aus:

Mein Vater war schon am 14. August 1939 wieder zu einer „Reserve-Übung" als Hauptmann und Kompanieführer zum Gießener Infanterie-Regiment 116 einberufen worden. Er konnte zunächst noch zu Hause schlafen und am Familienleben teilnehmen. Am 28. August wurde er als Kompanieführer zum Infanterie-Ersatz-Bataillon 116 nach Marburg versetzt, kam aber immer noch zum Wochenende nach Hause. Die Trennung von ihm vollzog sich also schrittweise, was insbesondere für meine Mutter wichtig war. Ich selbst erlebte diese Phase als 16jähriger in der hektischen Atmosphäre dieser Tage auf meine Weise. Selbstverständlich verfolgte ich alle Nachrichten am Rundfunk und in der Zeitung. Auf meinen Vater in seiner Offiziersuniform mit den Tapferkeitsauszeichnungen des Weltkriegs (Eisernes Kreuz 2. und 1. Klasse, Bayrisches Militärverdienstkreuz mit Schwertern, Silbernes Verwundetenabzeichen für drei erlittene Verwundungen) war ich sehr stolz. Er hatte mir im Laufe der Jahre viel vom Krieg erzählt, aber in einer sehr ernsten Art und Weise. Sogenannter „Hurra-Patriotismus" war ihm verhasst. Er war ein strenger Offizier, aber nur weil er das zur sachgerechten Ausbildung seiner Soldaten und damit zu ihrem Schutz im Einsatz für notwendig hielt. Er erzählte uns dagegen auch, dass er eines Tages auf dem Truppenübungsplatz einen Unteroffizier dabei erwischte, wie dieser seine Leute schikanierte, indem er sie bis zur Erschöpfung durch das Gelände jagte („Hinlegen! ... Auf marsch marsch!") Er hat diese Soldatenschinderei sofort abgebrochen und den Unteroffizier mit „Drei Tagen geschärftem Arrest" bestraft. - Als ich nach Kriegsausbruch zu meinem Vater sagte: „Ich ärgere mich, dass ich jetzt erst 16 Jahre alt bin und deshalb nicht mit in den Krieg kann!" antwortete er mir sehr ernst: „Sei du nur still und froh, dass du nicht mitmusst. Ein Krieg ist eine sehr ernste Sache. Da geht es um Leben und Tod!" Ich war dann später doch noch vier Jahre Soldat und hatte reichlich Gelegenheit, mir ein eigenes Urteil über den Krieg zu bilden und festzustellen, wie Recht mein Vater gehabt hatte.[30)]

Wir Jungen wurden in der Folgezeit sehr stark durch das Deutsche Jungvolk für Hilfsdienste verschiedener Art in Anspruch genommen, wie auch die Mädchen bei den Jungmädeln. An Schule war nicht mehr zu denken. Wir arbeiteten zum Beispiel im Heeresverpflegungsamt am Aulweg. Dort beluden wir Güterwagen mit Getreidesäcken und frischgebackenem Brot für die Truppen an den Grenzen. Dies alles fanden wir sehr wichtig und setzten uns bis zur körperlichen Erschöpfung ein, sodass mein Vater eines Morgens dafür sorgte, dass ich mich erst einmal wieder ausschlafen konnte. Beim Wehrbezirkskommando Gießen halfen wir beim Ausstellen der Einberufungsbefehle „zu einer mehrwöchigen Übung" und fuhren sie zum Teil mit unseren Fahrrädern noch nachts in den umliegenden Dörfern aus. Ich entsinne mich, dass eine Bauersfrau beim Erhalt des Einberufungsbefehls für ihren Mann in Tränen ausbrach. Aus der „mehrwöchigen Übung" wurden für die meisten Soldaten mehrere Jahre. Für viele war es der Beginn einer Leidenszeit, die oft erst nach jahrelanger Kriegsgefangenschaft in Russland, Frankreich, Kanada, USA und anderswo zu Ende ging. Millionen kehrten nie zurück, sondern fielen auf den Schlachtfeldern und Meeren der Welt.

Am Morgen des 1. September 1939 war ich mit dem Fahrrad in der Stadt unterwegs. Gegen 10 Uhr hörte ich im Neuenweg aus einem Zeitungskiosk eine Radioübertragung aus dem Reichstag in Berlin. Ich hielt an und hörte zu, wie Hitler die berühmt gewordenen Worte sprach: „Polen hat nun heute Nacht zum ersten Mal auf unserem eigenen Territorium auch durch reguläre Soldaten geschossen. Seit 5.45 Uhr[31)] wird jetzt zurückgeschossen!" Wie man heute weiß, handelte es sich um von der SS vorgetäuschte „polnische" Angriffe bei Groß Rauden und Kreuzburg im oberschlesischen Grenzgebiet. Hitler hatte bereits am 10. August 1939 Himmler mit den Vorbereitungen von derartigen Überfällen beauftragt. Ferner drang in Gleiwitz der SS-Sturmbannführer Alfred Naujocks mit sechs in Zivil gekleideten SS-Leuten in den dortigen deutschen

Sender ein. Ein Dolmetscher verlas eine kurze Proklamation eines angeblichen „polnischen Aufständischenverbandes" in polnischer Sprache, in dem mitgeteilt wurde, dass „der Sender besetzt und die Stunde der Freiheit nahe" sei. Nach einigen Pistolenschüssen verschwanden die Täter. Der Dolmetscher wurde von deutschen Sicherheitsbeamten erschossen. Der Leiter der Geheimen Staatspolizei, Heinrich Müller, ließ einen toten KZ-Häftling in polnischer Uniform zurück.[32] Um 4.45 Uhr hatte die „Schleswig-Holstein" aus allen Rohren das Feuer auf die polnische „Westernplatte" eröffnet. Gleichzeitig überschritten deutsche Truppen überall die Grenze nach Polen.

England und Frankreich standen zu ihren Garantieerklärungen für Polen und erklärten nach kurzen Ultimaten, die auf den sofortigen Rückzug der deutschen Truppen gerichtet waren, am 3. September Deutschland den Krieg. Der Zweite Weltkrieg hatte begonnen.

Der Feldzug gegen Polen war rein militärisch ein großer Erfolg. Dank der Überlegenheit der Deutschen Wehrmacht an Zahl, Ausrüstung, Ausbildung und Führung wurde die tapfer kämpfende polnische Wehrmacht in 18 Tagen völlig zerschlagen. Der Polenfeldzug erhielt in der Militärgeschichte die Bezeichnung „Blitzkrieg". Legendär sind die verzweifelten Attacken polnischer Kavallerieschwadronen gegen deutsche Panzer, die natürlich mit der Vernichtung der Lanzenreiter endeten. In wenigen Tagen wurden der Polnische Korridor und Danzig besetzt und die Zange um Warschau von Ostpreußen und Oberschlesien her geschlossen. Am 27. September kapitulierte Warschau. Die polnische Regierung war bereits am 17. September nach Rumänien geflohen.

Am 17. September marschierte auch die Sowjet-Armee in Polen ein „zur Wahrung ihrer eigenen Interessen und zum Schutz der weißrussischen und ukrainischen Minderheiten in Ostpolen". Die zwischen den deutschen und sowjetischen Truppen vereinbarte Demarkationslinie entsprach dem deutsch-sowjetischen Geheimabkommen vom 23. August 1939. In Brest-Litowsk fand eine gemeinsame Parade deutscher und russischer Truppen statt, die dort zusammengetroffen waren. Bis zum 13. Oktober 1939 wurde die Demarkationslinie von beiden Seiten vollständig erreicht. Der Polenfeldzug war beendet. Polen hatte wieder einmal aufgehört zu bestehen.

Bei den Kämpfen in Polen ist mein Vetter Hans Rummel als Oberleutnant der Luftwaffe am 14. September 1939 gefallen. Er gehörte der „Sturzkampfstaffel See" als Flugzeugführer eines Sturzkampfbombers Ju 87 an. Bei den Angriffen auf den polnischen Kriegshafen Gdingen bei Danzig versenkte er den polnischen Zerstörer „Wicher“, was im Wehrmachtsbericht vom 4. September erwähnt wird. Bei einem Angriff auf eine polnische Flakbatterie bei Oxhöft wurde er abgeschossen und kam mit seinem Beobachter ums Leben. Er wurde dort beigesetzt. Es existiert ein Foto, auf dem Hitler, Göring und Keitel an dem Grab meines Vetters stehen, der einer der ersten Gefallenen des Zweiten Weltkrieges war. Er hinterließ seine junge Frau Inge geb. Schenke. Sie hatten erst am 25. Mai 1939 geheiratet. Der Schlußsatz seines letzten Briefes an sie lautete: „Wie bin ich stolz auf meine Stuka, und wie herrlich ist es, jetzt zu leben und für den Führer kämpfen zu dürfen!“

Auch während des Polenfeldzuges kam es noch zu schweren Ausschreitungen polnischer Elemente gegen die Volksdeutschen. Ein Massaker in Bromberg, dem am 3. und 4. September 1939 5.437 Deutsche zum Opfer fielen, ging unter der Bezeichnung „Bromberger Blutsonntag“ in die Leidensstatistik des Zweiten Weltkrieges ein. Die nationalsozialistische Propaganda verzehnfachte die Gesamtzahl der Opfer im Februar 1940 auf 58.000.[33)] Sie diente zur Rechtfertigung für alle folgenden deutschen Maßnahmen zur Ausschaltung der polnischen Intelligenz und Geistlichkeit und der Dezimierung des polnischen Volkstums im sogenannten „Generalgouvernement“, das am 26. 10. 1939 aus dem in deutscher Hand befindlichen Restpolen gebildet wurde. Generalgouverneur wurde Hans Frank. In dem Nürnberger Prozess gegen die Hauptkriegsverbrecher wurde er am 30. 9. und 1. 10. 1946 der Kriegsverbrechen und Verbrechen gegen die Menschlichkeit für schuldig befunden, zum Tode verurteilt und durch den Strang hingerichtet. In dem Urteil heißt es u.a., „...daß Frank ein williger und wissender Mitwirkender war bei der Anwendung von Terror in Polen, bei der wirtschaftlichen Ausbeutung Polens, die zum Hungertod einer großen Anzahl Menschen führte, bei der Deportation von mehr als einer Million Polen als Sklavenarbeiter nach Deutschland und bei einem Programm, das den Mord von mindestens drei Millionen Juden zur Folge hatte.“

Im Westen Deutschlands an der Grenze zu Frankreich gab es zunächst keine größeren Kampfhandlungen. Die deutschen und französischen Truppen lagen sich in den vorbereiteten Festungsanlagen und Stellungen der französischen „Maginot-Linie“ und des deutschen „Westwalls“ gegenüber. Die deutsche Regierung hatte jedoch bereits kurz vor Kriegsbeginn, gleichzeitig mit der Mobilmachung, die Räumung der westlichen Grenzgebiete gegenüber Frankreich und Luxemburg, also insbesondere des Saargebiets und der Südeifel, von der Zivilbevölkerung verfügt, um sie vor etwaigen Angriffen der Franzosen zu bewahren. Diese bedauernswerten Menschen mussten binnen weniger Stunden vorbereitungslos ihre Wohnungen räumen und mit nur wenigen Habseligkeiten die Züge besteigen, die sie überallhin in das Reichsgebiet transportierten. So trafen auch in dem Bahnknotenpunkt Gießen Tag und Nacht Züge mit „Zehntausenden von Rückwanderern aus den gefährdeten Grenzgebieten" ein, wie es am 7. September in unserer Zeitung hieß, und mussten sofort untergebracht werden. Hieraus ergaben sich umfangreiche organisatorische Aufgaben, in die natürlich auch die Jungen und Mädchen des Gießener Jungvolks und der Jungmädel einbezogen wurden. Wir waren fast ununterbrochen, auch nachts, im Einsatz, um die vielen Menschen, meist ganze Familien, in ihre Quartiere zu bringen. Ganz in unserer Nähe wurden in dem Studentenheim, das heute „Otto Eger Heim" heißt, Hunderte von Menschen verpflegt und betreut. Viele von ihnen klingelten an unserer Tür und fragten nach Bekleidung. Meine Mutter half, wo sie konnte, wie jeder andere auch. Für die einheimische Bevölkerung wurde der Kauf von Bekleidungsstücken zeitweilig verboten. Die Umsiedler erhielten von der NSV (Nationalsozialistische Volkswohlfahrt) Bezugsscheine, mit denen sie kostenlos in den Geschäften das Nötigste einkaufen konnten. Viele mussten in Krankenhäuser gebracht werden. Unterwegs waren Kinder geboren worden. Ein Schicksal machte die Runde: Eine Frau, die mit zwei eigenen und zwei fremden Kindern unterwegs war, brachte im Transportzug Zwillinge zur Welt. Sie starb dann in Gießen in der Klinik. Was damals einem Teil der Bevölkerung erstmals begegnete, sollte später im Bombenkrieg, auf Flüchtlingstrecks, bei der Verschleppung der Juden in die Vernichtungslager und der Vertreibung der Deutschen aus dem Osten in viel größeren und anderen Dimensionen allgemeines Schicksal werden.

Mit Kriegsbeginn wurde überall in Deutschland die Verdunklung eingeführt, um feindlichen Fliegern die Orientierung bei Nacht zu erschweren. Fenster mussten mit Vorhängen oder Rollos abgedunkelt werden. Auto-, Motorrad- oder Fahrradscheinwerfer hatten nur noch einen schmalen Leuchtschlitz. Fußgänger trugen selbstleuchtende Verdunklungsmarken an der Kleidung, um sich nicht umzurennen. Straftaten unter Ausnutzung der Verdunklung wurden unter drakonische Strafen gestellt und kamen daher kaum vor. In der Nacht vom 10. auf den 11. September gab es den ersten Fliegeralarm des Krieges für uns in Gießen. Um 3 Uhr heulten die Sirenen. Wir zogen mit gemischten Gefühlen in unseren vorbereiteten Luftschutzkeller. Mein Vater, der ja noch zu Hause schlief, schwang sich auf sein Fahrrad und fuhr eilig in die Kaserne zu seiner Kompanie. Nach einer Stunde gab es Entwarnung. Einige englische Flugzeuge hatten Flugblätter abgeworfen. Später gab es noch hunderte solcher Alarme und schwere Bombenangriffe auf Gießen. Aber dieses war das erste Mal. In Zukunft bekamen wir nach längeren Fliegeralarmen morgens in der ersten Schulstunde frei.

Ende September 1939 wurde unsere Klasse für zwei Wochen zur Erntehilfe in das kleine Dörfchen Lauter bei Grünberg geschickt. Viele Bauern waren ja schon zur Wehrmacht eingezogen. So auch der Jungbauer auf dem Hof, auf dem ich zusammen mit Wilhelm Schmidt und zwei anderen Mitschülern untergebracht wurde. Ferner waren dort auch noch drei Schülerinnen des Lyzeums einen Stock tiefer einquartiert, was dem Aufenthalt eine neue, noch unbekannte Qualität verlieh. Da wir zu schüchtern waren, unbefangene Gespräche mit den Mädchen zu führen, pflegten wir die „Kontakte" zu ihnen dadurch, dass wir abends Dickwurzknollen die Treppe vor ihrem Zimmer herunterpoltern ließen. Zu Beginn unserer Tätigkeit wurden wir früh morgens an die Dreschmaschine gestellt, die wir nach 12 Stunden völlig verdreckt, aber stolz verließen. Nachts stellte sich dann auch das sogenannte „Dreckfieber" ein. An den übrigen Tagen halfen wir auf dem Acker beim Kartoffelausmachen. Ich lernte in den Mittagspausen eine neue Delikatesse kennen: Pellkartoffeln mit Quark! Natürlich kam der Spaß bei uns nicht zu kurz. Unser karges Zimmer war mit zwei Betten ausgestattet, in denen wir jeweils zu zweit schlafen mussten. Als „Wandschmuck" hatten wir über jedem Bett einen Spruch hängen mit den Texten: „Eigner Herd ist Goldes wert" und „Mein Herz in mir teil ich mit Dir". Aus dieser Ausgangssituation entwickelten wir eine abendliche Zeremonie: Im Nachthemd traten die beiden Bettbesatzungen vor ihren Lagern an. Nach dem Kommando „Stillgestanden!" rezitierte jede Gruppe mit lauter Stimme ihren Spruch. Dann hieß es „Weggetreten!" und wir sprangen in unsere „Doppelbetten", dass es krachte. Mit solch harmlosen Scherzen wurde die Stimmung aufrechterhalten. An einem trüben Sonntag hatte ich die große Freude, dass mich mein Vater mit einem Wehrmachtsfahrzeug von Marburg aus besuchte. Er nahm mich auf „Sonntagsurlaub" mit nach Gießen zum Kaffeetrinken und ließ mich anschließend wieder zurückbringen! Am Ende der beiden Wochen erhielten wir als Entlohnung jeder 10,– RM. Für mich war das das erste selbstverdiente Geld.

Im Oktober wurde unsere Klasse nochmals für zwei Wochen zur Erntehilfe eingeteilt. Diesmal ging es nach Oberhörgern, einem kleinen Dorf in der Wetterau zwischen Butzbach und Lich. Peter Tesdorpf und ich wurden auf einem

Hof untergebracht. Unsere Tätigkeit bestand diesmal aus dem Sortieren der bereits im Keller lagernden Kartoffeln für verschiedene Zwecke (Speise- und Futterkartoffeln). Der Lohn betrug dieses Mal 20,– RM.

Dieser Geldzufluß glich das Loch wieder aus, das eine Strafe von 10,– RM nebst 2.50 RM Kosten in meinem Sparbuch gerissen hatte. Mit meinem Freund Erich Kuhl hatte ich nämlich „an einem bewohnten und von Menschen besuchten Ort" (§ 367 Ziff. 8 StGB) mit einem Luftgewehr solange Zielübungen auf eine Straßenlaterne durchgeführt, bis sie herabstürzte und in tausend Stücke zerbrach. Dies war mein erster Kontakt mit der Justiz, zu der ich später noch in nähere Beziehungen treten sollte.

Für den 28. 10. 1939 notierte meine Mutter in ihr Tagebuch: „Heute Nacht fiel der erste Schnee." Das war der Anfang eines ungewöhnlich harten Winters mit Kohlenknappheit und wochenlangen Kohlenferien für die Schulen, was wir begrüßten.

Am 8. November 1939 wurde auf Hitler im Bürgerbräu-Keller in München ein Sprengstoffattentat durch Zeitzünder verübt, wo er, wie alljährlich, am Vorabend der Feiern zum Gedenken an den 9. November 1923, vor seinen „alten Kämpfern" gesprochen hatte. Der Anschlag mißlang, weil Hitler die Veranstaltung früher als sonst üblich verlassen hatte. Es kamen sieben Menschen an der Stelle ums Leben, an der Hitler gesessen hatte. Täter war Georg Elser, ein politischer Einzelgänger, dessen Engagement Bewunderung und Anerkennung verdient. Wäre sein Plan geglückt, hätte die Weltgeschichte wahrscheinlich einen anderen Verlauf genommen, und unendliches Elend wäre vermieden worden. Denn Hitler war die prägende Leitfigur des Nationalsozialismus und von niemandem zu ersetzen. Wahrscheinlich hätten fanatische Nachfolger versucht, den Krieg fortzuführen. Aber die in der Wehrmacht vorhandenen Gegenkräfte hätten größere Chancen gehabt, auf das Geschehen Einfluß zu nehmen, auch wenn ihre Bestrebungen auf die Erhaltung eines starken Deutschlands gerichtet blieben. Es ist spekulativ, sich eine solche Entwicklung auszumalen, aber doch schwer vorstellbar, dass ohne Hitler alle Wahnsinnsentscheidungen der Jahre 1940 bis 1945 in gleicher Weise getroffen worden wären. Elser wurde noch am 9. April 1945 im KZ Dachau ermordet. [34)]

Am 28. 11. 1939 wurde mein Vater von Marburg nach Frankfurt am Main versetzt. Dort übernahm er als Kommandeur das I. Bataillon des neuaufgestellten Infanterie-Regiments 379. Für ihn, der ja nur Reserveoffizier war, bedeutete diese Betrauung mit einem solchen Kommando eine besondere Anerkennung, und er war sehr stolz darauf. Das Bataillon (vier Kompanien und Bataillonsstab, bestehend aus rund 500 Mann, 100 Pferden und 40 Fahrzeugen) war zunächst noch getrennt in seinen verschiedenen Aufstellungsorten in Frankfurt, Hanau und Fulda untergebracht, wurde aber bald in der Rhön auf dem Truppenübungsplatz Wildflecken zusammengeführt. Von dort ging es in einem dreitägigen Fußmarsch bei 23° Kälte über 112 km durch den winterlichen Spessart nach Hösbach bei Aschaffenburg am Main. Mein Vater hatte dabei eine verstärkte Marschkolonne von über 1.100 Mann, 350 Pferden und 100 Fahrzeugen zu führen, die etwa 10 km lang war. Er organisierte das Unternehmen vom Soziussitz eines Motorrades aus, mit dem er den Zusammenhalt der Einheiten und insbesondere der pferdebespannten Fahrzeuge auf den vereisten Straßen überwachte und die Nachtquartiere für Pferde und Soldaten in den kleinen Dörfern entlang der Marschstraße vorbereitete. Er hat diesen entbehrungsreichen Wintermarsch und die wenigen ihm noch verbleibenden Wochen bis zu seinem frühen Tod in nüchternen Briefen geschildert. Man ahnt die ungeheuere Belastung, die die Wintermonate 1939/40 für die Soldaten und insbesondere ihn selbst bedeuteten.

In Hösbach stellte sich meinem Vater seine letzte Lebensaufgabe, die er mit großem Ernst und Pflichtbewußtsein und, wie hinterher klar wurde, mit allerletzter Kraft anging: Die Ausbildung seines Bataillons, das aus jungen, unausgebildeten Soldaten bestand und für den bevorstehenden Fronteinsatz vorbereitet werden musste. Als erfahrenem Offizier, der die Anforderungen und Schrecken des Ersten Weltkrieges durch vier Jahre hindurch kennengelernt und am eigenen Leib erduldet hatte, war ihm klar, was auf seine Soldaten zukam. Er wollte, dass sie ihren zukünftigen Aufgaben und Belastungen möglichst gut gewachsen sein sollten, ohne ihr Leben und ihre Gesundheit mehr als unbedingt erforderlich zu gefährden. Dabei zweifelte er nicht an der Notwendigkeit seines Tuns und der Gerechtigkeit des Krieges aus deutscher Sicht. Dies entsprach dem Zeitgeist und der beschränkten Einsichtsmöglichkeit auch gebildeter Bevölkerungsschichten in die politische Situation oder gar in die geheimen Kriegsplanungen Hitlers, wie ich oben versucht habe darzulegen.

Es ging in Hösbach im wesentlichen um die Aufstellung von Ausbildungsplänen und die Vorbereitung und Durchführung von Gefechtsübungen im Gelände. Am 28. Januar 1940 schreibt mein Vater uns: „Ich sitze fast den ganzen Tag zu Pferde. Vorgestern habe ich drei Pferde müde geritten. Wenn ich dann andere Pferde geritten habe, freue ich mich immer wieder über meine ‚Suleika'.

Es ist weitaus das beste Pferd, vielleicht sogar in der Division. Es ist wirklich ein Genuss, es zu reiten. Meist reitet eine ganze Kavalkade hinter mir her, der Adjutant, der Ordonnanzoffizier, Pferdeburschen, Meldereiter und die berittenen Dienstgrade. Trotz des Schnees geht es querfeldein und durch herrliche Spessartwälder. Die Kompanien werden aufgesucht, die jetzt Kompanieübungen machen, oder es wird Gelände erkundet für Bataillons- und Regimentsübungen. Und diese Gelegenheiten werden benutzt, um die unerfahrenen Reiter auszubilden." Das hört sich ganz unbeschwert an und zeigt, dass mein Vater ein passonierter Reiter war. Aber sehr bald wurde offenbar, dass er ein schweres Leiden in sich trug. Trotzdem schreibt er uns noch am 9. Februar: „Ich bin natürlich, wie immer, kerngesund." Vom 24. bis 26. Februar war mein Vater zum letzten Mal auf Urlaub in Gießen. Nach Rückkehr hielt er noch einige Besichtigungen und Geländebesprechungen ab, „als Abschluß einer 2 1/2 wöchentlichen Ausbildungsperiode. Die Leute waren ganz fabelhaft, und ich konnte die Besichtigungen mit uneingeschränktem Lob abschließen. Anschließend allerdings musste ich mich für 2 Tage ins Bett legen, da mich die Grippe erfaßt hatte. ..." Am 3. März schrieb uns mein Vater seinen letzten Brief:

„Meine Lieben! Meine Grippe habe ich so weit überstanden, dass ich nun seit zwei Tagen fieberfrei bin. Am Montag werde ich also wieder dienstfähig sein. Das trifft sich gut, denn am Dienstag habe ich ein mehrtägiges Kommando anzutreten, über das ich nach Erledigung einmal schreiben werde. Während dieser Zeit werde ich nicht schreiben können. Seid also ohne Sorge, wenn ich einige Zeit nicht schreibe. Das Kommando geht übrigens nicht an die Front. ... Eben kommt der Postholer. Also rasch herzliche Sonntagsgrüße und bleibt schön gesund und munter! Im Urlaub war es sehr schön. Und von Zeit zu Zeit seht Ihr den Alten doch auch gern! ..."[35)]

Wir wussten mit dieser Nachricht nicht viel anzufangen. Ich hatte abenteuerliche Vorstellungen und Erwartungen.

Die Wirklichkeit war viel schlimmer. Der Bataillonsarzt Dr. Alzmann untersuchte meinen Vater im Zusammenhang mit seiner „Grippe" und stellte eine äußerlich zu ertastende kinderkopfgroße Geschwulst an der linken Niere fest. Der Befund wurde in der Klinik in Aschaffenburg durch Röntgenaufnahme bestätigt. Nur eine sofortige Operation konnte noch Rettung bringen. Mein Vater schrieb dann den oben zitierten Brief, um uns nicht zu beunruhigen. Aus demselben Grund ließ er sich nicht in der Universitätsklinik Gießen von einem Kollegen operieren, denn davon hätten wir ja erfahren. Auch wollte er in der

Nähe seines Bataillons bleiben. So wurde er am 6. März 1940 in Aschaffenburg operiert. In einer mehrstündigen Operation konnte die Geschwulst nicht mehr total entfernt werden, die auch schon Lunge und Magen befallen hatte. Es handelte sich um einen Nierentumor. Dr. Alzmannn schrieb später meiner Mutter: „Die Geschwulst hat schon lange bestanden. Wann sie entstanden ist, kann nicht genau gesagt, sondern nur geschätzt werden. Bestimmt hat sie Jahre gebraucht, um sich zu dieser Größe zu entwickeln. Allein durch die Härte gegen sich selbst und die Energie, die Ihren Gatten beseelte, ist es zu erklären, dass er etwaige Beschwerden nicht beachtete oder für unwesentlich hielt." Nach der Operation stellten sich eine Lungenentzündung und eine Darmlähmung ein, sodass der Zustand schnell schlechter wurde. Antibiotika waren damals noch nicht verfügbar.

Am Morgen des 8. März rief uns der Adjutant meines Vaters gegen dessen ausdrücklichen Willen an und bat uns, sofort zu kommen, da sich „Komplikationen" eingestellt hätten. Das war das erste, was wir von der Erkrankung meines Vaters hörten! Meine Mutter und ich fuhren nun sofort mit einem Taxi nach Aschaffenburg und trafen dort einen Sterbenden an. Wir konnten an diesem und am nächsten Tag wenige Sätze mit ihm sprechen. Er war noch hoffnungsvoll und dachte an einen Urlaub in Italien oder Jugoslawien nach Entlassung aus der Klinik. Er hatte keine Todesahnung. Als ich einmal einige Minuten mit ihm allein war, begann er in seinem Fieberzustand, seine Finger auf der Bettdecke hin und her zu bewegen. Da fiel mir eine Szene aus einem Buch ein: Ein Sterbender hatte dort ebenso „Himmelsblumen gepflückt". So wußte ich nun, dass er sterben würde. Am 9. März abends musste ich mich von ihm verabschieden. Ich habe ihn nicht wiedergesehen. Sein Leben erlosch in der gleichen Nacht.

Meine Mutter hat die letzten Tage und Minuten seines Lebens in bewegenden Worten in ihrem Tagebuch festgehalten. „... Das Leben ging ein zur Ewigkeit, die niemand kennt. ... Er lag, wie ich ihn nicht kannte, weit entrückt, fremd, unnahbar."

Mein Vater wurde 46 Jahre alt. Meine Mutter war ebenso alt, als er starb. Ich war 16 .

Es folgten die Trauer- und Beisetzungsfeierlichkeiten in Aschaffenburg, wo das gesamte Bataillon den Sarg zur Verabschiedung von seinem Kommandeur zum Bahnhof geleitete, und in Lieberhausen, wo mein Vater an seinem Geburtsort neben seinem Vater und seiner Schwester Margarethe mit militärischen

Ehren beigesetzt wurde. In der Nacht zuvor war er in der alten Dorfkirche aufgebahrt worden, dort wo er von seinem Vater getauft und konfirmiert worden war. Ehrenposten seines Bataillons hielten am Sarg Wache. Die Teilnahme der einheimischen Bevölkerung, die ihn ja von Kindesbeinen an gekannt hatte, war groß.

In Gießen fand eine Trauerfeier der Universität im Hörsaal des Instituts meines Vaters statt. Kollegen und Assistenten würdigten seine wissenschaftlichen Arbeiten und seine Persönlichkeit. Er war in der kurzen Zeit seines Wirkens Prodekan und Dekan seiner Fakultät gewesen und zur Wahl als Rektor der Universität vorgesehen, als der Krieg ausbrach.

Mit dem Tod meines Vaters endete für mich die Kindheit. Den Hintergrund, den Rat und die Unterstützung einer so starken Persönlichkeit habe ich in meinem künftigen Leben, besonders in diesen jungen Jahren, schmerzlich vermisst. Dazu musste ich meine Mutter stützen, die ein sehr tapferer, jedoch auch sehr emotionaler Mensch war und natürlich unter dem so frühen Tod ihres Mannes besonders litt. Sie hat sich aber immer treu, pflichtbewußt und liebevoll um mich gekümmert, auf vieles verzichtet und versucht, mir den Vater zu ersetzen. Sie hat mein Leben und später das meiner Familie bis in ihr 84. Lebensjahr hinein weiter in enger Verbindung begleitet. Sie starb am 20. 2. 1977 in Essen. Von ihr wird immer wieder die Rede sein.

In unserem Leben änderte sich zunächst rein äußerlich nichts. Wir konnten in der schönen Wohnung bleiben und mussten uns nicht auch in dieser Beziehung umstellen. Allerdings brachte der Krieg für jeden schrittweise Veränderungen in fast allen Lebensbereichen mit sich. Zunächst ging es um die Rationierung von Lebensmitteln, Bekleidung und Brennstoffen. Aber die Versorgung der Bevölkerung war zu Beginn des Krieges noch völlig ausreichend und blieb das auch über weite Strecken seines Verlaufs. Das entsprach dem Willen Hitlers, der nach den Erfahrungen des Ersten Weltkrieges die psychologisch zermürbenden Wirkungen einer jahrelangen rigorosen Einschränkungswirtschaft vermeiden wollte.[36)] Die wenigen alliierten Luftangriffe auf norddeutsche Häfen und Städte wurden meist verlustreich für die Angreifer durch Flak (Fliegerabwehrkanonen) und Jagdflieger zurückgeschlagen. Die Bevölkerung blieb vorerst noch vom Luftkrieg verschont. So harrte alles auf das Frühjahr 1940 und die Dinge die da kommen würden.

Schon im Oktober 1939 hatte Hitler begonnen, die siegreichen deutschen Divisionen aus Polen an die Westgrenze zu verlegen und neue aufzustellen oder auszubilden, wie z. B. diejenige meines Vaters. Ein Teil der Generalität hielt einen Angriff im Westen aus militärischen, wirtschaftlichen und sogar moralischen Gründen für falsch und riskant. Sie empfahl statt dessen den Krieg defensiv „zum Einschlafen“ zu bringen. Es formierte sich auch erneut Widerstand der gleichen Zusammensetzung wie im September 1938 vor dem Einmarsch ins Sudetenland. Der Oberbefehlshaber des Heeres, Generaloberst von Brauchitsch, wollte in einer Unterredung in der Reichskanzlei am 5. November 1939, dem Tag, an dem die deutschen Verbände ihre Bereitstellungsräume zum Angriff auf die neutralen Nachbarstaaten Holland, Belgien und Luxemburg beziehen sollten, einen letzten Versuch machen Hitler umzustimmen. Dieser fegte alle vorgetragenen Argumente gegen den Angriff in einem Tobsuchtsanfall hinweg und bestätigte seinen Angriffsbefehl für den 12. November. Der Termin ließ sich aber aus allen möglichen Gründen, wie Wetterverschlechterungen, nicht halten und wurde insgesamt neunundzwanzig Mal bis zum endgültigen Angriff am 10. Mai 1940 verschoben. Dem gingen allerdings noch zwei bedeutsame militärische Ereignisse voraus.

Am 30. November 1939 griff die Sowjetunion Finnland an, von dem es erfolglos die Abtretung strategisch wichtiger Gebiete gefordert hatte. Im sogenannten „Winterkrieg“ konnte sich Finnland trotz tapferer Gegenwehr nicht behaupten, sondern musste im Frieden von Moskau (12. März 1940) schließlich doch Westkarelien, Gebiete in Finnisch-Lappland und den finnischen Teil der Fischerhalbinsel mit Petsamo am Eismeer an die Sowjetunion abtreten.

Am 1. März 1940 beschloß Hitler auf den Rat des Oberbefehlshabers der Kriegsmarine, des damaligen Generaladmirals Raeder, die baldige Besetzung von Dänemark und Norwegen, um die schwedischen Erze von Kiruna, die über den norwegischen Hafen Narvik verladen werden, für Deutschland zu sichern und um eine Operationsbasis für Marine und Luftwaffe gegen England zu gewinnen. Der alliierte Kriegsrat beschloß am 28. März in London ähnliche Maßnahmen gegen Norwegen für den 5. April, musste sie aber aus technischen Gründen auf den 8. April verschieben. Den „Wettlauf“ nach Norwegen gewann die Deutsche Wehrmacht, deren erste Kriegsschiffgruppen am 7. April ausliefen. Am 9. April 1940 begannen die deutschen Truppen mit der Besetzung Dänemarks und Norwegens. Während sich Dänemark unter Protest den deutschen Maßnahmen fügte, setzte sich Norwegen zur Wehr. Erst ab dem 14. April brachten die Engländer endlich ihre Invasionstruppen bei Narvik, Namsos und Åndalsnes an Land, die mit unterschiedlichem Erfolg kämpften. Da inzwischen der Westfeldzug begonnen hatte, beschloß das britische Kabinett bereits am 24. Mai, das Norwegenunternehmen wieder abzubrechen. Bis zum 10. Juni konnten die noch in Narvik verbliebenen 25.000 alliierten Soldaten in zwei großen Konvois ohne Verluste nach Scapa Flow zurückgeführt werden.

Am 10. Juni 1940 kapitulierten auch die letzten norwegischen Truppen. Norwegen blieb bis zum Kriegsende in deutscher Hand. Die deutsche Kriegsmarine verlor 1 schweren und 2 leichte Kreuzer, 10 Zerstörer, 1 Torpedoboot, 6 U-Boote und eine Anzahl kleinerer Schiffe. Demgegenüber verlor die britische Flotte: 1 Flugzeugträger, 2 leichte Kreuzer, 9 Zerstörer, 5 U-Boote und zahlreiche kleinere Fahrzeuge, was für die Seemacht Großbritannien weniger ins Gewicht fiel als für die relativ kleine deutsche Kriegsmarine. Die deutschen Verluste betrugen 5.300 Mann an Toten, Vermissten und Verwundeten. Das darf angesichts der riesigen Verluste späterer Jahre als gering bezeichnet werden. In Deutschland wurde die tragische Geschichte einer Familie bekannt, die bei dem Untergang des schweren Kreuzers „Blücher“ alle vier Söhne verlor. Von da ab war es verboten, Brüder auf ein Schiff zu legen. Später gab es einen Erlass, der „letzte Söhne“ vom Frontdienst befreite, bis der „totale Krieg“ 1943 auch dieser Vergünstigung ein Ende bereitete.

Alle Erfolgsmeldungen wurden der deutschen Bevölkerung durch „Sondermeldungen“ des Oberkommandos der Wehrmacht, die mit Fanfarenstößen im Radio angekündigt wurden, bekanntgemacht. Natürlich warteten auch meine Mutter und ich, wie die meisten Menschen in Deutschland, auf diese zunächst häufigen Sondermeldungen, die mit dem Fortgang des Krieges seltener wurden und schließlich ganz aufhörten. Wir machten uns Gedanken, was wohl mein Vater zur Entwicklung des Krieges gesagt hätte.

Am 10. Mai 1940 begann der „Frankreichfeldzug“. Der „Blitzkrieg“ im Westen verlief noch spektakulärer als der im Osten. Unter Verletzung der Neutralität von Luxemburg, Belgien und Holland griff die Deutsche Wehrmacht in einer Operation, die Churchill als „Sichelschnitt“ bezeichnete, die alliierten Stellungen an, durchbrach sie bei Lüttich und Luxemburg und stieß zur französischen Kanalküste vor. Bei Dünkirchen wurden das englische Expeditionsheer und die französische Nordarmee eingekesselt. Die Engländer entkamen zu einem großen Teil in Schiffen, wenn auch ohne Ausrüstung, über den Kanal, weil die deutschen Panzer aus umstrittenen Gründen angehalten worden waren und so ihren Erfolg nicht ausnützten. Bis zum 4. Juni wurden in dieser Schlacht in Flandern 1,2 Millionen alliierte Soldaten gefangengenommen. Die holländische Armee hatte bereits am 15. Mai., die belgische am 28. Mai kapituliert. Die deutschen Truppen drehten nun nach Süden ein und besetzten Paris am 14. Juni. Drei Tage später erreichten sie die schweizerische Grenze und hatten damit die in der Maginot-Linie am deutsch-französischen Grenzgebiet liegende französische Ostarmee eingeschlossen. Am 22. Juni 1940 kapitulierte auch die französische Armee. Der Waffenstillstand wurde im Walde von Compiègne bei Paris in demselben Salonwagen in Gegenwart von Hitler abgeschlossen, in dem Deutschland im Ersten Weltkrieg am 11. 11. 1918 den Waffenstillstand unterzeichnen musste.

Südfrankreich blieb vorerst unbesetzt. In Vichy errichtete der Marschall Pétain mit Zustimmung Hitlers ein autoritäres Regime, das mit Deutschland zusammenarbeitete. Erst 1942 besetzten deutsche Truppen auch Südfrankreich, was die dorthin geflüchteten Franzosen und zahlreiche Deutsche, die schon vor dem Krieg nach Frankreich geflohen waren, wie z. B. auch mein oben erwähnter Klassenkamerad Harry Lichtenstein, in schwere Bedrängnis und Verfolgung brachte, wobei auch mit der deutschen Besatzung kollaborierende Franzosen auf unrühmliche Weise mitwirkten.

In der Schule erlebten wir die deutschen Siegeszüge mit, wenn die Sondermeldungen im Radio gesendet und von unseren Lehrern, die meist Teinehmer des Ersten Weltkriegs waren, mit Begeisterung und Genugtuung kommentiert wurden. Das Ansehen Hitlers wuchs nicht nur in fast allen Kreisen der Bevölkerung weiter, in deren Augen er ein wichtiges Kapitel des verhassten Versailler Vertrages korrigiert hatte, sondern er gewann auch bei der bisher teilweise skeptischen Generalität an Überzeugungskraft. Den militärischen Erfolgen Hitlers und seinen Plänen gegenüber schwanden ihre Bedenken immer mehr.

Für mich persönlich spielte diese Entwicklung des Krieges eine besondere Rolle. Durch den lebenslangen Einfluß meines Vaters, der, wie geschildert, ein Patriot und pflichtbewußter Soldat und Offizier war, wurde ich immer mehr in meiner Überlegung bestärkt, den Beruf des Offiziers zu ergreifen. Auch meine Mutter mit ihrer patriotischen Einstellung fand dies richtig. So bewarb ich mich im Herbst 1940 um den Eintritt in die „Offizierlaufbahn des Heeres". Als gewünschte Waffengattung gab ich selbstverständlich diejenige meines Vaters an: „Infanterie" und in zweiter Linie: „Motorisierte Infanterie", später „Schützen" oder „Panzergrenadiere" genannt. Dass unter diesen Umständen meine Begeisterung für die Schule „gegen Null" tendierte, ist vielleicht verständlich. Während ich die Teile des „Gewehrs 98" bereits auswendig und mit Marschkompaß und Planzeiger umgehen konnte, ließen meine Schulkenntnisse auf Gebieten wie Mathematik zu wünschen übrig, was keineswegs notwendig gewesen wäre. Ich empfand aber kein Bedürfnis, das noch zu ändern. Die „Musterung“ beim Gesundheitsamt ergab, dass ich „k.v.“ (kriegsverwendungsfähig) war. Ich hatte kein Verständnis dafür, dass meine Mutter über dieses Ergebnis in Tränen ausbrach. Sie hatte wohl im Stillen gehofft, dass ich nicht tauglich wäre und mir die Belastungen und Gefahren des Soldatenseins im Krieg erspart bleiben würden. Eine „Anfechtung“ hatte ich noch zu überstehen. Für Berufssoldaten war es nach dem Wehrgesetz verboten, einer politischen Partei anzugehören (wie oben erwähnt). Ich musste daher meiner Bewerbung um den Eintritt in die Offizierlaufbahn des Heeres eine Entlassungsbescheinigung der Hitler-Jugend beifügen. Damit konnte ich bei Vollendung meines 18. Lebensjahres nicht mehr automatisch in die NSDAP aufgenommen werden. Als ich mein Entlassungsgesuch dem „Bannführer“ von Gießen vorlegte, fragte er mich mißbilligend, warum ich nicht Offizier der Waffen-SS werden wolle. Ich erwiderte, dass ich nach dem Wunsch meines verstorbenen Vaters Offizier des Heers werden sollte. Darauf unterschrieb er widerwillig meine Entlassungsurkunde. Diesem Umstand verdanke ich, dass ich nach dem Krieg in den Fragebogen der sogenannten „Entnazifizierungsverfahren“ die Frage nach der Parteimitgliedschaft mit „Nein“ beantworten konnte.

Zunächst aber galt mein Interesse noch der Tanzstunde, die im Herbst 1940 beginnen sollte. Die Mutter unseres Klassenkameraden Otto Brüggemann ergriff die Initiative, im Rahmen unserer Klasse einen Tanzkurs bei der traditionellen Gießener „Tanzschule Bäulke“ zu organisieren. Während die „Herren“ fast ausnahmslos aus unserer Klasse kamen, handelte es sich bei den „Damen“ um die Schwestern unserer Klassenkameraden oder deren Schulfreundinnen, die etwa ein bis zwei Jahre jünger als wir waren, trotzdem entwicklungsbedingt meist körperlich und geistig reifer als wir. Es kostete mich anfangs einige Überwindung, solche unbekannten Wesen beim Tanzen zu berühren. Einige waren schlank wie Rehe, einige „massiv“ wie richtige Frauen. Da sollte sich einer auskennen! Sobald der Teilnehmerkreis feststand – es waren 16 Paare – kursierten bei uns Listen mit den Namen der Damen zur Meinungsbildung. Galt es doch diejenige Dame zu finden, die man nach der ersten gemeinsamen Tanzstunde nach Hause bringen wollte. Ich erkor ein sehr hübsches Mädchen, zierlich, mit schwarzen Haaren und dunklen Augen. Im Laufe der nächsten Wochen favorisierte ich aber auch andere „Damen“. Wir lernten Wiener Walzer, Langsamen

Walzer, Foxtrott, Tango und Rheinländer. Auch Quadrille wurde geübt. Es fanden mehrere Tanzveranstaltungen unter verschiedenen Vorzeichen statt, die man „Kränzchen" nannte. Es gab z. B. ein „Dirndlkränzchen" in Trachtenkleidung und ein „Nikolauskränzchen", bei dem kleine Geschenke ausgetauscht wurden, die der Nikolaus verteilte. Höhepunkt war im Februar 1941 der „Schlußball". Dort waren noch lange Kleider, dunkle Anzüge und weiße Handschuhe üblich, obwohl Krieg war. Das traditionelle Foto von diesem Ereignis zeigt eine Reihe mehr oder weniger eleganter Mädchen und Jungen an der Grenze des Erwachsenenseins. Lebensbindungen haben sich, trotz mancher Liebeleien, zwischen uns nicht ergeben. (Bei meinen Eltern war das anders: Sie lernten sich in der Tanzstunde in Schleusingen kennen. Das Datum ihres „Schlußballs", der 7. 7. 1911, galt bei ihnen als Verlobungstag und wurde später in ihre Eheringe eingraviert.) Unsere Tanzstunde war trotz aller Freude schon vom Krieg überschattet. Bald wurden die Ersten von uns Soldat. Fünf kehrten nicht zurück, einer blieb vermisst.

Zu dieser Zeit lasen auch wir „Ursula", die Novelle von Klaus Erich Boerner, eine zarte Liebesgeschichte mit tragischem Ausgang. Es war eine Art „Pflichtlektüre" bei der jüngeren Generation. Viele lasen nur die vielkolportierte „Szene auf S. 64" mit dem Käfer im Ausschnitt des Mädchens. Aber die reine Liebe, von der in der Geschichte die Rede ist, rührte manchen jungen Mann, wenn sie nicht gar sein Verhalten gegenüber dem weiblichen Geschlecht beeinflusste.

Im April 1941 wurde ich nach Kassel zu einer sogenannten „Psychotechnischen Eignungsprüfung" beim dortigen Generalkommando einberufen. Sie dauerte drei Tage. Es wurde die körperliche und geistige Eignung der Bewerber für den Offizierberuf überprüft. Zu diesem Zweck schickte man uns über Hindernisbahnen mit sogenannten „Eskaladierwänden" und anderen Schikanen und prüfte unsere sportlichen Fähigkeiten. Ich besaß bereits das Reichsjugendsportabzeichen und das silberne HJ-Leistungsabzeichen und hatte keine Schwierigkeiten. Auch Reitunterricht hatte ich schon genommen. Willensstärke testete man z. B. an Elektrisiergeräten. Vor laufender Kamera mussten wir zeigen, wie lange wir zwei Elektroden bei steigender Spannung festhalten konnten. Intelligenztests, schriftliche und mündliche Arbeiten verschiedener Art waren zu bewältigen. Den Höhepunkt bildete ein zehnminütiger Unterricht, den man über ein selbstgewähltes Thema zu halten hatte. Neben einem geschichtlichen Thema hatte ich den „Polenfeldzug" angemeldet. Meine Spekulation ging auf:

Als ich an der Reihe war, wählte der Leiter der Prüfungskommission, Oberst Braumöller, ein mit dem Ritterkreuz des Eisernen Kreuzes ausgezeichneter Kommandeur eines Infanterie-Regiments, den „Polenfeldzug". Ich hatte mich an Hand der veröffentlichten Berichte des Oberkommandos der Wehrmacht gut vorbereitet und hielt mit Hilfe der aufgehängten Landkarte einen konzentrierten Vortrag über Ziele und Gliederung der deutschen Truppen bei Kriegsbeginn und über den Verlauf der Kämpfe. Die Prüfungskommission war von diesem Vortrag sehr angetan. Ich hörte den Oberst sagen: „So etwas habe ich überhaupt noch nicht gehört!" Natürlich war ich sehr erfreut über solche Äußerung aus berufenem Munde. Als Gesamtergebnis dieser Prüfung wurde ich nicht zur Infanterie, sondern zur Nachrichtentruppe (heute: Fernmeldetruppe) einberufen, die als „Intelligenztruppe" galt. Darüber war ich keineswegs begeistert. Vielleicht hat aber diese Weichenstellung dazu geführt, dass ich den Krieg trotz der Teilnahme an vielen schweren Schlachten und Gefechten nach vier Jahren letzten Endes überlebt habe, was bei der Infanterie nicht so sicher gewesen wäre. Anfang Juli erhielt ich den Einberufungsbefehl für den 1. August 1941 nach Weimar zur „Panzer-Nachrichten-Ersatz-Abteilung 81".

Stolz ging ich mit meinem Einberufungsbefehl zu unserem Direktor und erhielt am 10. Juli 1941 „... auf Grund nachgewiesener Einberufung zum Wehrdienst gemäß Erlass d. H. Reichsministers f. Wissenschaft, Erziehung u. Volksbildung v. 8. 9. 1939 ... das Zeugnis der Reife zuerkannt." Man nannte dies in Kurzform „Reifevermerk". Damit war meine Schulzeit beendet.

Auch mehrere andere Klassenkameraden wurden schon vor dem Abitur, das erst im Frühjahr 1942 stattfand, eingezogen, weil sie sich, wie ich, freiwillig gemeldet hatten oder aus Altersgründen dazu heranstanden. Zehn Schüler blieben bis zum Abitur zurück. Ihnen wurde noch „Faust" (Teil I) vermittelt, was wir entbehren mussten.

IV. SOLDATENZEIT
(1941 - 1945)

Der Russlandfeldzug
(Hintergrund und Verlauf)

MEINE Soldatenzeit fing mitten im Krieg an. Der „Russlandfeldzug“, wie er genannt wurde, hatte am 22. Juni 1941 begonnen.

Ich schreibe dies am 31. August 1994 nieder, während die letzten russischen Truppen von Staatspräsident Jelzin und Bundeskanzler Kohl in Berlin verabschiedet werden, also über 50 Jahre später. Die Enkel der damaligen Soldaten marschieren in einer gemeinsamen Parade vor den beiden Staatsmännern vorbei. Zum Abschied singen die 1.200 russischen Gardesoldaten in deutscher Sprache: „Deutschland – wir reichen dir die Hand und kehren zurück ins Vaterland.“

Es ist heute kaum mehr vorstellbar, was sich damals in Russland ereignet hat. Millionen Soldaten und Zivilisten mussten ihr Leben lassen, ihre Gesundheit opfern oder jahrelang in Gefangenschaft verbringen. Die Rote Armee verlor 8.668.400 Menschen, die Zivilbevölkerung der Sowjetunion rund 6.700.000, insgesamt rund 15.400.000 Menschen. Demgegenüber sind insgesamt, also auf allen Kriegsschauplätzen, mindestens 3.100.000 deutsche und österreichische Soldaten gefallen und 1.200.000 vermisst. Die deutsche Zivilbevölkerung verlor 500.000 Menschen, die österreichische 24.300. Durch Vertreibung und Verschleppung starben rund 2.250.000 Deutsche, durch politische, rassische und religiöse Verfolgung rund 300.000 Deutsche. Die deutschen Gesamtverluste betrugen ca. 7.400.000, bei ca. 55.000.000 Menschenverlusten im Zweiten Weltkrieg insgesamt.[1] Ganze Städte und Landschaften wurden zerstört. Warum und auf welche Weise sich dies alles ereignete, ist schwer zu erklären. Ein Heer von Schriftstellern hat das in den letzten 50 Jahren versucht. Ich will hier eine kurze Zusammenfassung der Ereignisse aus meiner Sicht geben, die zum Russlandfeldzug geführt haben, als Hilfe für heutige Leser.

Hitler hatte seine gen Osten gerichteten Eroberungspläne schon in seinem Buch „Mein Kampf“ dokumentiert. Er sah in diesem Krieg gegen die Sowjetunion eine Art „Kreuzzug gegen den Bolschewismus“[2] und seine „große und eigentliche Aufgabe“, wie er während des Frankreichfeldzugs geäußert hatte.[3] Am 21. Juli 1940 forderte er den Oberbefehlshaber des Heeres auf, gedankliche

Vorbereitungen für den Krieg gegen Russland zu treffen. Er erwog sogar, die Auseinandersetzung bereits als Herbstfeldzug 1940 zu führen. Davon konnte ihn allerdings das OKW zunächst noch abbringen, weil die Zeit für die Vorbereitungen zu kurz war.

Es ist sinnvoll, vor der Darstellung von Beginn und Verlauf der eigentlichen Kampfhandlungen die völkerrechtliche Situation zu schildern, die 1941 zwischen dem Deutschen Reich und der Sowjetunion gegeben war. Diese war dem Genfer Kriegsgefangenenabkommen vom 27. 7. 1929 nicht beigetreten und hatte alle Verträge des zaristischen Russlands, u.a. die Haager Konventionen von 1899 und 1907, darunter auch die „Haager Landkriegsordnung" (HLKO), gekündigt.[4)] Die HLKO gilt als Vertrag nur zwischen den Staaten, die sie ratifiziert haben, und zufolge der Allbeteiligungsklausel (Art.2) nur dann, wenn die Kriegsführenden sämtlich Vertragsparteien sind. Sie hat aber in wesentlichen Teilen gewohnheitsrechtliche, also allgemeine Geltung erlangt. Sie ist keine abschließende Regelung und wird durch die gewohnheitsrechtlichen Grundsätze, die sich „aus den unter gesitteten Staaten geltenden Gebräuchen, aus den Gesetzen der Menschlichkeit und aus den Forderungen des öffentlichen Gewissens herausgebildet haben" (Martenssche Klausel in der Präambel) ergänzt.

Entgegen diesen Grundsätzen hat das OKW am 8. 9. 1941 eine verschärfte „Anordnung für die Behandlung sowjetischer Kriegsgefangener" erlassen. Dort heißt es u.a.:

„I. Behandlung der sowjet. Kr. Gef. im allgemeinen. Der Bolschewismus ist der Todfeind des nationalsozialistischen Deutschland. Zum ersten Male steht dem deutschen Soldaten ein nicht nur soldatisch, sondern auch politisch im Sinne des Völker zerstörenden Bolschewismus geschulter Gegner gegenüber. Der Kampf gegen den Nationalsozialismus ist ihm in Fleisch und Blut übergegangen. Er führt ihn mit jedem ihm zu Gebote stehenden Mittel: Sabotage, Zersetzungspropaganda, Brandstiftung, Mord: Dadurch hat der bolschewistische Soldat jeden Anspruch auf Behandlung als ehrenhafter Soldat und nach dem Genfer Abkommen verloren. ... Waffengebrauch gegenüber sowjet. Kr. Gef. gilt in der Regel als rechtmäßig. ..." Ein entsprechendes „Merkblatt" wurde an die späteren Wachmannschaften der Wehrmacht verteilt.

Bezeichnenderweise hat Admiral Canaris, der Chef des Amtes Ausland/Abwehr im OKW, der nach dem 20. 7. 1944 verhaftet und am 9. 4. 1945 im KZ Flossenbürg hingerichtet wurde, am 15. 9. 1941 eine Vortragsnotiz zur genannten Anordnung für die Behandlung sowjetischer Kriegsgefangener verfasst. Zu Beginn schildert er die oben von mir schon dargestellte Rechtslage in folgender Modifizierung:

„Das Genfer Kriegsgefangenenabkommen gilt zwischen Deutschland und der UdSSR nicht, daher gelten lediglich die Grundsätze des allgemeinen Völkerrechts über die Behandlung von Kriegsgefangenen. Diese haben sich seit dem 18. Jahrhundert dahin gefestigt, daß die Kriegsgefangenschaft weder Rache noch Strafe ist, sondern lediglich Sicherheitshaft, deren einziger Zweck es ist, die Kriegsgefangenen an der weiteren Teilnahme am Kampf zu verhindern. Dieser Grundsatz hat sich im Zusammenhang mit der bei allen Heeren geltenden Anschauung entwickelt, daß es der militärischen Auffassung widerspreche, Wehrlose zu töten oder zu verletzen; es entspricht zugleich dem Interesse eines jeden Kriegführenden, seine eigenen Soldaten im Falle der Gefangennahme vor Mißhandlungen geschützt zu wissen."

Nach Hinweis auf die grundsätzlich andere Auffassung des Erlasses wird kritisiert, dass die Anordnungen sehr allgemein gehalten seien. „... Hält man sich aber die sie beherrschende Grundauffassung vor Augen, so müssen die ausdrücklich gebilligten Maßnahmen zu willkürlichen Mißhandlungen und Tötungen führen, auch wenn Willkür formal verboten ist. ..."

Der Vortragsnotiz ist auch die Übersetzung des russischen „Erlasses über Kriegsgefangene" beigefügt, der mit dem Bestätigungsvermerk des Rates der Volkskommissare der UdSSR vom 1. 7. 41, Nr. 1798-80406 versehen ist und „der den Grundsätzen des allgemeinen Völkerrechts und weitgehend auch denen des Genfer Kriegsgefangenenabkommens entspricht. Dieser Erlaß wird zweifellos von der russischenTruppe an der Front nicht beachtet, jedoch sind beide – der russische Erlaß und die deutschen Anordnungen – vornehmlich für das Heimatgebiet bestimmt. Wenngleich kaum anzunehmen ist, daß der russische Erlaß im russischen Gebiet der Sowjetunion beachtet wird, so besteht doch die Gefahr, daß die deutschen Anordnungen von der feindlichen Propaganda erfaßt und dem sowjetischen Erlaß gegenübergestellt werden."

Canaris beendet seine Vortragsnotiz mit dem Schlußabsatz.

„Amt Ausl/Abw ist vor Erlaß dieser Anordnung oder ihrer Vorgangsverfügung nicht beteiligt worden. Gegen sie bestehen nach Ansicht Amt Ausl/Abw sowohl vom grundsätzlichen Standpunkt aus als auch wegen der sicherlich eintretenden nachteiligen Folgen in politischer und militärischer Einsicht schwere Bedenken. ..."

Generalfeldmarschall Keitel, der Chef des OKW und Vorgesetzte von Admiral Canaris, vermerkte handschriftlich auf der Vortragsnotiz:

„Die Bedenken entsprechen den soldatischen Auffassungen vom ritterlichen Krieg! Hier handelt es sich um die Vernichtung einer Weltanschauung! Deshalb billige ich die Maßnahmen u. decke sie. 23.9. K.(eitel)" (Hervorhebung vom Verfasser.)

Die Wehrmacht erhielt ferner durch den sogenannten „Kommissarbefehl" des Oberkommandos der Wehrmacht, der seit März 1941 vorbereitet und Ende Mai 1941 herausgegeben wurde, die völkerrechtswidrige Anweisung, alle gefangenen politischen Kommissare und „Politruks" der Sowjetarmee zu „erledigen" (Anm. d. Verf.: d. h.: zu erschießen). Dieser Befehl wurde von vielen Befehlshabern nicht weitergegeben oder nicht beachtet. Genaue Zahlen über die Durchführung dieses Mordbefehls sind nicht bekannt geworden, da „Vollzugsmeldungen" nicht gefordert waren. Dass er zumindest teilweise befolgt wurde, ist leider anzunehmen. So meldete am 28. 8. 1941 der Vertreter des Auswärtigen Amtes beim Luftwaffenführungsstab an das Auswärtige Amt: „Lt. Morgenmeldung des Armeeoberkommandos, Abteilung Ic, vom 24. 8. 1941, wurden nach Aussagen von Gefangenen beim XXXX. Armeekorps sämtliche deutschen Offiziere, die gefangen genommen wurden, erschossen, da deutscherseits politische Kommissare erschossen wurden." (Hervorhebung vom Verfasser.)

Hitler rückte im Mai 1942, offenbar aus Zweckmäßigkeitsgründen, von diesem Befehl ab. Er befahl, „um die Neigung zum Überlaufen und zur Kapitulation eingeschlossener sowjetrussischer Truppen zu steigern, ...daß den sowjetischen Kommandeuren, Kommissaren und Politruks zunächst versuchsweise in solchen Fällen die Erhaltung ihres Lebens zugesichert werden" könne.[5]

Zum Thema der sog. „Bandenbekämpfung" (das Wort „Partisanen" hatte Hitler zur Vermeidung von völkerrechtlichen Bezügen zum Kombattantenstatus verboten, wie mir mein Kollege bei Krupp Kurt Fett erzählt hat, der als Oberst d. G. der Leiter der Organisationsabteilung des OKW im „Führerhauptquartier" war) erließ das OKW am 16. 12. 1942 einen Befehl folgenden Inhalts (Quelle: Bundesarchiv - Militärarchiv - Freiburg, Kopie liegt mir vor):

„1.) Der Feind setzt im Bandenkampf fanatische, kommunistisch geschulte Kämpfer ein, die vor keiner Gewalttat zurückschrecken. Es geht hier mehr denn je um Sein oder Nichtsein. Mit soldatischer Ritterlichkeit oder mit den

Vereinbarungen in der Genfer Konvention hat dieser Kampf nichts mehr zu tun.

Wenn dieser Kampf gegen die Banden sowohl im Osten wie auf dem Balkan nicht mit den allerbrutalsten Mitteln geführt wird, so reichen in absehbarer Zeit die verfügbaren Kräfte nicht mehr aus, um dieser Pest Herr zu werden.

Die Truppe ist daher berechtigt und verpflichtet, in diesem Krieg ohne Einschränkung auch gegen Frauen und Kinder jedes Mittel anzuwenden, wenn es nur zum Erfolg führt. (Hervorhebung vom Verfasser.)

Rücksichten, gleich welcher Art, sind ein Verbrechen gegen das deutsche Volk und den Soldaten an der Front, der die Folgen der Bandenanschläge zu tragen hat, und keinerlei Verständnis für irgendwelche Schonung der Banden und ihrer Mitläufer haben kann.

2.) Kein in der Bandenbekämpfung eingesetzter Deutscher darf wegen seines Verhaltens im Kampf gegen die Banden und ihre Mitläufer disziplinarisch oder kriegsgerichtlich zur Rechenschaft gezogen werden. ..." (Die Hervorhebungen sind im Original enthalten.)

Soweit die formelle Völkerrechts- und Befehlssituation. Die Praxis sah auf beiden Seiten anders aus. Stalin selbst soll in Reden vom 6. und 7. 11. 1941 in Moskau geäußert haben, dass alle Deutschen, bis zum letzten Mann, zu vernichten seien. „Keine Gnade den deutschen Eindringlingen, Tod den deutschen Okkupanten." Diese Äußerung diente offenbar in zahlreichen Fällen einzelnen Offizieren und Kommissaren, aber auch ganzen Kommandobehörden zur Ausgabe von Erschießungsbefehlen. In dem Werk über die Wehrmacht-Untersuchungsstelle (WUSt) befasst sich der Abschnitt 18 mit der „Tötung deutscher Kriegsgefangener in der Sowjetunion". Nach dieser Quelle gerieten von 1941 bis 1945 laut den offiziellen sowjetischen Frontberichten 3.155.000 Deutsche in sowjetische Gefangenschaft. Davon starben ca. 1.110.000 oder 35,2 %, und zwar während des Krieges 60-70 %, der Rest in den Nachkriegsjahren. Im gleichen Zeitraum gerieten 5,7 Millionen Sowjetrussen in deutsche Gefangenschaft. Davon starben dort 3,3 Millionen oder 57,9 %. Diese Zahlen enthalten nicht die auf beiden Seiten nach der Gefangennahme ermordeten Kriegsgefangenen, sondern nur diejenigen, die in die offiziellen Lager gelangt sind. Die Ermordeten müssen unerkannt in den Statistiken der Gefallenen oder Vermissten enthalten sein.

Die WUSt ermittelte aus Beutepapieren, abgehörten Funksprüchen und Gefangenenaussagen folgende Begründungen für „einige Tausend" Gefangenenerschießungen: 1. Der deutsche Soldat leistete Widerstand (praktisch wurden nur Überläufer und sich ergebende Soldaten gefangengenommen), 2. Der Soldat war verwundet („Was sollen wir uns mit ihm abschleppen."), 3. Keine Zeit oder Möglichkeit zum Abtransport (manchmal wurden Hunderte von Soldaten erschossen), 4. Aussageverweigerung (nur die Aussagenden wurden ins Kriegsgefangenenlager zurückgebracht), 5. Nahrungsmittelknappheit, 6. Mitgliedschaft bei der Partei (NSDAP) und Eigenschaft als Offizier (nur höhere Offiziere wurden zur Vernehmung abgeführt, die jüngeren als vermutlich „hitlerergeben" erschossen), 7. Belohnung für höhere Tötungszahlen (Führung von „Abschußbüchern").

Im übrigen gingen die deutschen Vorbereitungen zum Angriff auf die Sowjetunion unverändert weiter, und zwar nicht nur in strategischer und taktischer, sondern auch in weltanschaulicher Beziehung. Besonders aufschlußreich sind die „Richtlinien für das Verhalten der Truppe in Rußland" des OKW vom 19. 5. 1941, die also vor Beginn des Angriffs auf die Sowjetunion am 22. 6. 1941 erlassen wurden (Quelle: Bundesarchiv - Militärarchiv - Freiburg. Kopie liegt mir vor. Abgedruckt auch im Katalog der Ausstellung „Vernichtungskrieg · Verbrechen der Wehrmacht 1941 bis 1944" Hamburg 2. Aufl. 1997 S. 179):

„1. Der Bolschewismus ist der Todfeind des nationalsozialistischen deutschen Volkes. Dieser zersetzenden Weltanschauung und ihren Trägern gilt Deutschlands Kampf.

2. Dieser Kampf verlangt rücksichtsloses und energisches Durchgreifen gegen bolschewistische Hetzer, Freischärler, Saboteure, Juden und restlose Beseitigung jedes aktiven oder passiven Widerstandes ..."

Daraus ergibt sich, dass der Angriff auf die Sowjetunion kein „Präventivkrieg", sondern ein weltanschaulicher Vernichtungskrieg sein sollte, worauf Generalfeldmarschall Keitel handschriftlich auf der schon dargestellten Vortragsnotiz von Admiral Canaris ausdrücklich hingewiesen hat. („Die Bedenken entsprechen den soldatischen Auffassungen vom ritterlichen Krieg! Hier handelt es sich um die Vernichtung einer Weltanschauung!")

Die Sowjetunion ihrerseits war keine Macht, die in ihren Grenzen in Frieden leben wollte. Stalin hatte seine territorialen Ansprüche im Westen bereits angemeldet.

Man kann also feststellen, dass sich damals zwei autoritäre Staaten mit machtbesessenen und von Sendungsbewußtsein erfüllten Diktatoren an der Spitze gegenüberstanden. Sie vertraten politische Interessen, die sich gegenseitig ausschlossen. Das musste früher oder später zum gewalttätigen Zusammenstoß führen. Daher ist es von untergeordnetem Interesse, welche der beiden Mächte mit welcher aktuellen Motivation zuerst über die andere herfallen wollte. Tatsächlich war es Hitler, der am 22. Juni 1941 die Sowjetunion angriff.

Nach dem Beginn des Russlandfeldzuges erschienen am 25. Juni 1941 in der deutschen Presse Berichte[6], wonach das Oberkommando der Wehrmacht aus dem „Führerhauptquartier", dem Befehlsstand Hitlers, ab 13. 1. 1941 dem Auswärtigen Amt, also gewissermaßen Hitler seiner eigenen Regierung, über „Sowjetische Grenzverletzungen" berichtet hätte. Danach betrafen diese anfänglich nur Luftraumverletzungen einzelner Flugzeuge. Am 11. 5. 1941 wird über einen größeren Aufmarsch sowjetischer Streitkräfte an der deutschen Ostgrenze berichtet. In Wahrheit erarbeitete die Abteilung „L" (Landesverteidigung) des Wehrmachtführungsstabes erst nach dem 19. 6. 1941 Texte von sog. „Zweck-Meldungen ... in der Form von einzelnen, teilweise rückdatierten Noten an das Auswärtige Amt" über Grenzverletzungen und ähnliche Verstöße der sowjetischen Armee und Luftwaffe. Am 18. 6. 1941 soll sich danach Hitler von Ribbentrop sogar einen „letzten Appell"(!) zu diesen noch zu erarbeitenden Meldungen bestellt haben, in dem Sinne, „daß die Bedrohlichkeit des russischen Aufmarsches weiteres Zögern nicht mehr zulasse."[7] Es handelte sich also um Rechtfertigungsmanöver gegenüber der Öffentlichkeit, um den eigenen Vorstoß als Präventivschlag zu tarnen.

Die Präventivkriegfrage war jahrzehntelang leidenschaftlich und zum Teil vorurteilsbehaftet umstritten und ist es noch. Es sollen bis heute viele wichtige Dokumente zu den sowjetischen Entscheidungsprozessen unter Verschluß gehalten werden, so in einem eigens eingerichteten Präsidentenarchiv, wo die Akten höchster politischer Instanzen untergebracht werden, die vom vorläufigen Archivgesetz der russischen Föderation ausgenommen sein sollen.[8] Inzwischen konnte der russische Historiker Lev Besymenskij die Dokumente des Präsidentenarchivs für eine Studie der sowjetisch-deutschen Beziehungen nutzen: „Die sowjetisch-deutschen Verträge von 1939: neue Dokumente", in: Forum für osteuropäische Ideen- und Zeitgeschichte 1998, Heft 2. Martin Schulze Wessel[8a] fasst das Ergebnis der Studie dahin zusammen, dass Stalins immenses Rüs-tungsprogramm Waffenimporte erforderte und er dafür bereit gewesen sei, Deutschland kriegswichtige Rohstoffe zu liefern. Es habe sich um die „Ergänzung" zweier Volkswirtschaften mit der Perspektive der gegenseitigen Vernichtung gehandelt. Besymenskij hat auch zusammen mit Gerd R. Ueberschär in einer gemeinsame Studie die Kontroverse um die Präventivkriegsthese mit demselben Ergebnis dargestellt („Der deutsche Angriff auf die Sowjetunion 1941", Darmstadt 1998).

Es kann heute wohl davon ausgegangen werden, dass beide Diktatoren vor dem Ende des Jahres 1940 ungefähr gleichzeitig ihren Entschluß zum Krieg gegeneinander fassten, ehe sie erste Nachrichten über verdächtige Truppenbewegungen des jeweils anderen hatten. Damit wäre auch der „Sowjetmythos" vom „Großen Vaterländischen Krieg" gegen den Überfall Deutschlands zerstört.

Erstaunlich ist, dass die Sowjets offenbar den deutschen Angriffstermin kannten und die Deutschen wiederum wussten, dass die Sowjets ihn kannten. Die Sowjets haben aber, wenn diese Information stimmt, ihre Fronttruppen nicht alarmiert. Vielleicht haben sie der Nachricht nicht geglaubt, da Termine häufig verschoben wurden, oder sie hielten sie für generell unglaubwürdig oder für Täuschungsmanöver, wie Stalin selbst, der andere Zeitvorstellungen hatte.

Beim Beginn der Kampfhandlungen waren beide Seiten überrascht, wie weit die gegnerischen Angriffsvorbereitungen jeweils gediehen waren. Generaloberst Halder, der Chef des Generalstabes des Heeres, notierte zwar schon am 7. April 1941 misstrauisch in sein Tagebuch, dass die russische Gliederung „sehr wohl einen raschen Übergang zum Angriff" ermögliche, beurteilte aber noch am 9. April 1941 offiziell in einem Fernschreiben „alle Massnahmen an russischer Grenze rein defensiv"[9]. Am 22. Juni, dem ersten Angriffstag, vermerkte er, dass der Feind vom deutschen Angriff überrascht und „taktisch nicht zur Abwehr gegliedert" gewesen sei. General Warlimont, der stellvertretende Chef des Wehrmachtsführungsstabes, spricht dagegen von der „weit über Erwarten hohen militärischen Bereitschaft der Sowjets, die u. a. durch die riesigen Zahlen an Kriegsgefangenen aus den Grenzschlachten und durch die in Grenznähe neu gebauten, vollbelegten Flugplätze" offenbar geworden sei. Die Beurteilung auf deutscher Seite ist daher unterschiedlich.

Der zunächst für den 15. Mai 1941 geplante Angriff auf die Sowjetunion musste mit Rücksicht auf die italienischen Misserfolge in Albanien, Griechenland und Nordafrika verschoben werden. Deutsche Truppen besetzten vorab, beginnend mit dem 6. 4. 1941, in schneller Folge Jugoslawien, das sich am 27. 3. 1941 nach zwei Tagen aus dem Dreimächtepakt (zwischen Deutschland, Italien und Japan) durch einen Putsch wieder befreit hatte, und das griechische Festland. Deutsche Fallschirm- und Gebirgsjäger eroberten vom 20. 5. bis 1. 6. 1941 in schweren und verlustreichen Kämpfen die von britischen Truppen besetzte griechische Insel Kreta. Mein Freund Heinrich Kraft nahm an diesem spektakulären Unternehmen teil. Als die siegreichen Fallschirmjäger wieder in ihrer Heimatgarnison Braunschweig einrückten, ließen sie in der Marschkolonne die Plätze ihrer gefallenen Kameraden frei. Die lückenhafte Gliederung hinterließ einen makabren Eindruck bei der zu einem jubelnden Empfang an den Straßenrändern versammelten Bevölkerung. Sie verstummte, ohne Blumen und Fähnchen zu schwenken.

Das Deutsche Afrikakorps unter General Rommel eroberte in zwölf Tagen die gesamte von den Italienern verlorene Cyrenaika zurück. Diese im Einzelnen glänzenden militärischen Leistungen führten aber zur weiteren Verzettelung der deutschen Kräfte in immer größeren Räumen.

Am 10. Mai flog Hitlers „Stellvertreter" Rudolf Heß, der selbst Pilot war, mit einem Jagdflugzeug vom Typ Me 110 auf eigene Faust nach Schottland und sprang dort mit dem Fallschirm ab, um Friedensgespräche zu führen. Die Engländer erkannten jedoch schnell, dass Heß nicht im Auftrag oder mit Duldung Hitlers gekommen war, und gingen nicht auf diesen Versuch ein.[9a)]

Die Deutsche Wehrmacht griff nun endgültig am frühen Morgen des 22. Juni 1941 in einer „Barbarossa" genannten Operation die Sowjetunion zwischen Ostsee und Karpathen mit folgenden Kräften an: 153 Divisionen, 600.000 motorisierte Fahrzeuge, 3.580 Panzer, 7.180 Geschütze und 2.740 Flugzeuge, aus Rumänien zwölf Divisionen und zehn Brigaden, aus Finnland achtzehn Divisionen, aus Ungarn drei Brigaden, aus der Slowakei zwei Divisionen und später drei italienische Divisionen sowie die „Blaue Division" mit spanischen Freiwilligen. Insgesamt waren anfänglich mehr als zwei Millionen Soldaten gegen die Sowjetunion aufgeboten.

Die militärischen Anfangserfolge der deutschen und verbündeten Truppen waren bedeutend. Die Sowjets wurden in gewaltigen Kesselschlachten umzingelt und verloren hierbei über eine Million Soldaten als Gefangene. Deutsche Verbände schlossen Leningrad (St. Petersburg) ein und stießen bis in die Vorstädte von Moskau vor, wie einst Napoleon. Dann beendeten Regen und Kälte den Vormarsch. Der deutsche Angriff blieb in Schlamm und Schnee stecken. Die sowjetischen Truppen begannen mit Gegenangriffen und erzielten tiefe Einbrüche in die deutschen Frontlinien, bis der Krieg in Frost und beiderseitiger Erschöpfung bis zum nächsten Frühjahr mehr oder weniger erstarrte. Auch dann (1942) konnten die deutschen Truppen noch Erfolge an allen Fronten verzeichnen. Im Süden der Ostfront stießen sie bis an die Wolga bei Stalingrad

(Wolgograd), in die Kalmückensteppe und den Kaukasus vor. Die deutsche Front und die Nachschubwege wurden allerdings immer länger, die Heimat blieb immer weiter zurück, rund 2000 km.

Den militärischen Verbänden folgten die sogenannten „Einsatzgruppen" der SS, der Sicherheitspolizei und des SD (Sicherheitsdienst der SS). Es handelte sich um vier motorisierte, halbmilitärische Formationen von je 500 bis 800 Mann, „A, B, C, D" genannt, die den drei Heeresgruppen Nord, Mitte und Süd und der 11. Armee, die von Rumänien aus unter dem Oberbefehl des damaligen Generalobersten von Manstein in die Sowjetunion einmarschierte, zugeteilt waren.

Sie hatten zunächst den Auftrag, für Sicherheit in den besetzten Gebieten zu sorgen. Neben den „normalen" Aufgaben (Beschlagnahme von Archiven, Einrichtung eines Netzes von Überwachung und Information usw.) sollten sie bestimmte Gruppen von Personen „hinrichten". Die wichtigsten waren die Funktionäre der kommunistische Partei, „radikale Elemente" und „Juden in Partei- und Staatsstellungen". Außerdem sollten Pogrome der einheimischen Bevölkerung unterstützt oder sogar organisiert werden. Es gab Anweisungen, welche Kategorien von Personen selektiert und exekutiert werden sollten. Z.B. war dem Führer der Einsatzgruppe auf der Krim nicht klar, ob es sich bei dem dort angetroffenen Stamm der Krimtschaks (nicht: Krimtataren) um Juden handelte. Seine Anfrage in Berlin ergab, die Krimtschaks seien Juden und daher zu erschießen. Sie wurden erschossen.

Die mörderische Arbeit der Einsatzgruppen ist akribisch dokumentiert dank den fast täglichen Berichten des Reichssicherheitshauptamtes (RSHA), das die Tätigkeitsberichte der Einsatzgruppen und -kommandos zusammenstellte. Die Einsatzgruppen ermordeten ungefähr eine Million Menschen (Juden, „Zigeuner" und Angehörige anderer Volks- und Religionsgruppen). Aber die „Endlösung der Judenfrage" war das noch nicht!

1947/48 wurden im sogenannten „Einsatzgruppenprozess" vor dem Nürnberger Militärgericht, diesem „größten Mordprozess der Geschichte", wie er in der Presse bezeichnet worden ist, vor allem auf Grund erbeuteter deutscher Dokumente, wie die schon erwähnten Berichte der Einsatzgruppen, 14 Angeklagte zum Tode verurtelt. 4 davon wurden schließlich am 7. 6. 1951 im Gefängnis von Landsberg hingerichtet: Otto Ohlendorf, Befehlshaber der Einsatzgruppe D, wegen Ermordung von 90.000 Menschen auf der Krim; Werner Braune wegen Teilnahme an diesen Verbrechen; Erich Naumann, SS-Brigadeführer, wegen Massenerschießungen von Juden in Litauen; Paul Blobel, Befehlshaber der Einsatzgruppe C, wegen Ermordung von 34.000 Juden in Babi Jar bei Kiew. Auf diese Prozesse und die rechtliche Beurteilung der Massenmorde an der Zivilbevölkerung komme ich später zurück.

Nach und nach fand eine „mörderische Eskalation" statt, die der Genfer Historiker Philippe Burrin in seinem Buch „Hitler und die Juden" (Deutsche Ausgabe: Frankurt am Main 1993) im Einzelnen schildert und die schließlich in der Entscheidung für den Völkermord an allen Juden gipfelte. Während Hitler zunächst bereit war, die Juden ausreisen zu lassen oder umzusiedeln („... nach Madagaskar oder Sibirien ...") – noch 1941 konnten einige tausend Juden emigrieren – trieb ihn sein zwanghafter Antisemitismus Mitte September 1941 zu dem Entschluss, möglichst alle umbringen zu lassen.

Am 1. September 1941 wurde die Polizeiverordnung über die Kennzeichnungspflicht erlassen, die besagte, dass alle Juden vom 6. Lebensjahr an ab dem 15. September einen gelben Stern auf der Kleidung zu tragen hatten. Dies war eine menschenunwürdige Diffamierung und eine Vorbereitung ihrer Deportation. Ich habe gelegentlich, wenn ich als Soldat in Urlaub nach Gießen kam, solche derart gebrannntmarkte Menschen auf der Straße gesehen. Ich war zunächst überrascht, dass es so etwas gab. Ich empfand Mitleid mit einem alten Herrn und seinem gequälten Gesichtsausdruck, den ich nicht vergessen habe, schließlich Ratlosigkeit darüber, was diese Maßnahme zu bedeuten hatte.

Innerhalb von vier Wochen, zwischen dem 18. September und dem 18. Oktober 1941, wurden die entscheidenden Maßnahmen getroffen. Die Teilnehmer an der sog. „Wannsee-Konferenz", die am 20. Januar 1942 stattfand, brauchten nur noch die von Himmler und seinen Leuten im Auftrag Hitlers entwickelte Lösung, nämlich Deportation aller europäischen Juden in Vernichtungslager wie Auschwitz, Maidanek, Treblinka u. a. nachzuvollziehen. Der Massenmord an Millionen Juden nahm seinen Fortgang.

Einberufung

Am 1. August 1941 wurde ich nun selbst Soldat. Vorher verbannte ich alle Schulbücher in die hinterste Ecke. Ich empfand eine gewisse Genugtuung über die Beendigung dieses Lebensabschnittes, der zwölf Jahre gedauert hatte. Ich verabschiedete mich von den Klassenkameraden, die mich zum Teil darum beneideten, dass ich nicht mehr zur Schule gehen musste. Ich machte auch Abschiedsbesuche bei allen Lehrern, die mir ehrlichen Herzens das Beste wünschten. Viele waren im Ersten Weltkrieg Soldat gewesen und wussten, was auf mich zukam.

Jetzt richtete ich den Blick nach vorn. Was mich erwartete, kannte ich nur aus Büchern, Erzählungen, Zeitungsberichten und Wochenschauen. Dass vieles ganz anders sein würde, ahnte ich. Ich war jedenfalls entschlossen, mir alle Mühe zu geben, ein guter Soldat und Offizier zu werden und meinem Vaterland in schwerer Zeit zu dienen, notfalls ihm mein Leben zu opfern. Dies hört sich heute pathetisch an, war aber genau meine Einstellung.

Wolfgang Willich, der ebenfalls Offizier werden wollte, besuchte mich noch einmal. Wir tauschten unsere Vermutungen und Empfindungen aus. Er hatte seinen Einberufungsbefehl zur Infanterie erhalten. Unsere Laufbahn verlief in Zukunft parallel. Das galt auch für die Urlaube, so dass wir uns dann meist sehen konnten.

Jetzt musste der Koffer gepackt werden mit allem, was der Einberufungsbefehl vorschrieb. Hierbei partizipierte ich von einem Rat von Wolfgangs Bruder Eberhard, der Militärarzt und schon ein erfahrener Soldat war. Er empfahl uns nämlich, ein Päckchen Stahlwolle für die Pflege der Kolbenplatte unseres Gewehrs mitzunehmen, was verboten war, aber uns davor bewahrt hat, beim Waffenappell insoweit aufzufallen. Meine Mutter zeigte mir noch, wie man einen Knopf annäht oder ein Loch im Strumpf stopft. Auch gute Ratschläge fehlten nicht, was „schlechte Mädchen" anbetrifft. So nahte die Abschiedsstunde. Meine Mutter machte ein Foto von mir, wie ich mit dem Koffer in der Hand auf der Treppe stehe. Man sieht, dass mir nicht ganz leicht zumute ist. Dann ging es zum Bahnhof, wo sich vier Fahnenjunker trafen, die alle in dieselbe Richtung fuhren, einer ungewissen Zukunft entgegen. Zwei von ihnen kehrten nicht zurück.

Ausbildung in Weimar

In Weimar stieg ich aus. Die Karl-Alexander-Kaserne lag an der Wilhelmsallee oberhalb des Goetheschen Gartenhauses und des Schloßparks an der Ilm. Es waren alte Backsteingebäude aus der Zeit um die Jahrhundertwende, aber umgeben von modernen Funkmasten. Auf dem Weg zur Kaserne traf ich den ersten Schicksalsgefährten, einen schmächtigen 17jährigen Jungen mit intelligentem Gesicht namens Berchter. Er fiel ein Jahr später in Russland. Wir meldeten uns an der Wache und wurden zu „Herrn Wachtmeister[10] Dittmar im linken Turm im vierten Stock“ geschickt. Er empfing uns mit freundlich-verschmitztem Lächeln als wollte er sagen: „ So, ihr wollt also Soldaten werden!“ Natürlich stimmte meine Meldung: „Ich melde mich zum Dienst!“ nicht. Ich wurde belehrt, wie das heißen müsste: „Funker Reinhold zum Fahnenjunkerlehrgang kommandiert!“ Ich betrat die Stube des Wachtmeisters also nach erneutem Anklopfen wieder und meldete mich möglichst laut mit dem richtigen Spruch. Er schickte uns zu einer Stube im fünften Stock. Dort trafen allmählich auch die anderen Lehrgangsteilnehmer ein, 24 an der Zahl, die auf zwei „Korporalschaften“ und zwei Stuben verteilt wurden. Die „Stube 153“ wurde nun für fast neun Monate meine Heimat. Dort schliefen wir zwölf Mann in Dreierbetten übereinander, was nicht ganz ungefährlich war, wie der Sturz eines Kameraden aus dem „dritten Stock“ zeigte. Er landete eines Nachts mit lautem Krach neben mir, der ich im unteren Bett lag, auf dem harten Fußboden. Ich höre ihn noch stöhnen: „Au, tut das weh!“ Es ist ihm aber nichts Ernsthaftes passiert.

Unser Lehrgangsleiter und „Fähnrichsvater“, wie man das nannte, war der 25jährige Leutnant Willy Tittelbach aus einer sudetendeutschen („k. und k.“) Offizierfamilie, den wir sehr verehrten und im internen Sprachgebrauch „Vati“ nannten. Trotz seiner Jugend war er uns ein vorbildlicher Erzieher. Er versuchte, uns die traditionellen Grundsätze eines idealistisch verstandenen Soldatentums zu vermitteln, das allerdings im krassen Gegensatz zu der gleichzeitig praktizierten gewissenlosen Kriegsführung Hitlers stand. Tittelbach ist 1942 in Afrika gefallen. Ein Brief meiner Mutter, mit dem sie ihm für seine Betreuung der Fahnenjunker danken wollte, kam mit dem Aufdruck: „Gefallen für Großdeutschland.“ zurück.

Ähnliches Glück hatten wir mit dem schon erwähnten Wachtmeister Dittmar, einem etwas älteren erfahrenen Unteroffizier, der uns bei aller Härte der Ausbildung väterlich behandelte und, immer mit etwas Humor, beibrachte, was wir wissen mussten. Im Zivilberuf war er in einem feinmechanischen Betrieb in Greiz tätig. Nach dem Krieg und der deutschen Wiedervereinigung konnten wir den Kontakt zu ihm erneuern und ein freudiges Wiedersehen feiern.

Dazu kamen die Ausbilder, die uns als „Korporalschaftsführer“ von früh bis spät am nächsten waren. Bei mir war das der Gefreite Nürnberger aus Nürnberg. Auch er war ein älterer Soldat, der uns mit Strenge aber auch mit Humor behandelte. Im Zivilberuf war er Vertreter einer Werkzeugfabrik.

Die Lehrgangsteilnehmer stammten aus allen Teilen Deutschlands, vier davon aus der „Ostmark" (Österreich), drei davon Adlige. Auch aus Rumänien kam ein Soldat, um an der deutschen Offizierausbildung teilzunehmen.

Gerhard Benkowitz war in Weimar zu Hause und konnte so öfter seine Eltern besuchen, worum wir ihn beneideten. Er brachte uns seinen Kleinempfänger mit, den wir in unserer Stube installierten. Allabendlich konnten wir nun vom Soldatensender Belgrad vor dem Einschlafen den sentimentalen „Ohrwurm" Lili Marlen, gesungen von Lale Andersen, hören. Benkowitz erzählte uns zum ersten Mal etwas über das KZ (Konzentrationslager) Buchenwald, das vor den Toren Weimars am Ettersberg hinter einer Reihe von modernen Kasernen im Wald lag. Kontakt zu diesem Lager hatten wir nie. Es war verboten, sich in der Nähe aufzuhalten. Über das, was sich dort abspielte, gab es nur Gerüchte. Benkowitz erzählte, es gäbe ein Krematorium, in dem Häftlinge verbrannt würden. Nachts schlügen die Flammen aus dem Kamin. Ich glaubte davon nur so viel, dass auch in Gefängnissen und Zuchthäusern gelegentlich Gefangene sterben würden und dafür dort ein Krematorium eingerichtet worden sei. Einmal sah ich auf dem Weimarer Bahnhof, als ich in einen Wochenendurlaub fahren wollte, wie Häftlinge in gestreifter Kleidung aus Eisenbahnwagen heraus – und an den Passanten vorbei – in bereitstehende LKW geführt wurden. Wir hörten, dass sie in einem Flugzeugwerk in Nohra bei Weimar arbeiten sollten. Was sich in Buchenwald und anderen KZs tatsächlich abgespielt hat, habe ich erst nach dem Krieg aus dem Buch „Der SS-Staat" von Eugen Kogon erfahren. Es hat mich sehr erschüttert und mir alle Illusionen über das NS-Regime geraubt. Auf dieses Thema komme ich noch ausführlich zu sprechen.

Das Soldatenleben begann „auf Kleiderkammer" mit dem Empfang der Uniformen und Ausrüstungsstücke wie Stahlhelm, Koppelzeug, Patronentaschen, Stiefel und Gamaschen. Jeder bekam eine Feldbluse nebst Feldmütze und einen Ausgehanzug, der wegen seines altertümlichen Schnitts „Kaiser-Wilhelm-Gedächtnisrock" genannt wurde, mit Schirmmütze, die wir „Postschaffnermütze" nannten. Dazu gab es Sportzeug und einen sogenannten „Drillichanzug" zum Waffen- und Revierreinigen aus weißem Leinen. Das war eine ungünstige Farbe, denn sie konnte nur durch ständiges „Schruppen" mit der Wurzelbürste erhalten werden. Sonst hieß es: „Sie müssen ihr Drillichzeug mal frisch teeren, allmählich kommt schon das Weiße durch!" Eine Art „heilige Handlung" war der Empfang von Gewehr und Seitengewehr „auf Waffenkammer". Dazu kam noch die Anprobe der Gasmaske „auf Gaskammer", wo ihr Sitz in einem „Stinkraum“ mit Tränengas getestet wurde. Zuständig war hier der Obergefreite Rath aus Köln, der ein Original war und uns mit seinem Kölner Dialekt und unglaublichen Schimpfwörtern amüsierte. War er „U. v. D.“ (Unteroffizier vom Dienst) bot er eine besondere Vorstellung bei der abendlichen Stubenabnahme. Seine Frage: „Ham' Se Staub jewischt?“ war gefürchtet. Er fand immer „Dreck“ auf den Spinden und unter den Betten, was man mit lauter Stimme und „dienstfreudigem Gesicht“ bestätigen musste, andernfalls man sich bei „chinesischen Ehrenbezeugungen“ (Liegestützen mit gleichzeitigem Zusammenschlagen von Händen und Hacken) auf dem Fußboden wiederfand. Unser Kamerad Lothar Wagentrotz entwickelte eine ungewöhnliche Idee, um den zusammengekehrten Staub nicht noch in letzter Minute vom 5. Stock zum Abfalleimer neben der Kaserne hinunterbringen zu müssen: Er deponierte ihn in einem Papposterei, das er in seinem Spind zur „Zierde“ aufhängte. Kein Mensch ahnte das staubige Geheimnis. Wir erfreuten uns besonders an der blumenreichen Kommisssprache des Obergefreiten, die immer neue Blüten trieb („Warum schlafen Sie nicht? Sie haben wohl 'ne Frau im Bett? Augen zu! Finger lang! Schlafen!“).

Die Rekrutenausbildung dauerte acht Wochen. Als „Rekrut“ war man noch kein „Soldat“ und daher auch kein „Mensch“, allenfalls „Halbsoldat“, als welcher man auch häufig bezeichnet wurde. Erst nach der sogenannten „Rekrutenbesichtigung“ durch den Abteilungskommandeur durfte man allein ausgehen, vorher nur in Begleitung und unter Aufsicht eines Ausbilders, denn man konnte ja noch nicht ordentlich grüßen. Das wurde auf dem Exerzierplatz ausführlich geübt: Die Korporalschaft trat in Reihe an. Es erschallte das Kommando: „Ehrenbezeugungen! ... durch Anlegen der rechten Hand an die Kopfbedeckung ... mit zehn Schritten Abstand ... der Erste ... anfangen!“ Dann wurde in schnellem Schritt am Ausbilder vorbeimarschiert und gegrüßt. Natürlich stimmte meist etwas nicht. Dann hieß es: „Kehrt marsch, marsch!“ und man durfte sich hinten wieder anstellen. Schwieriger waren andere Varianten wie „Vorbeihüpfen“ oder „Vorbeirobben“. Gelegentlich entartete das Ganze zur Clownerie, bei der sich auch die Ausbilder nicht das Lachen verkneifen konnten, ein Zeichen dafür, dass nicht alles immer nur ernst genommen wurde.

Am 15. 8. 1941 aber wurde es feierlich: Wir Fahnenjunker mussten auf dem Kasernenhof den „Fahneneid“ ablegen, was ich oben schon kurz erwähnt habe. Ich wurde zusammen mit einem anderen Kameraden dazu bestimmt, während der Eidesleistung für alle anderen die Hand auf den gezogenen Säbel eines Offiziers zu legen. Darauf war ich sehr stolz.

Während der Rekrutenzeit begann der Dienst morgens um 5 Uhr mit dem Frühsport. Wir sausten unter Führung unseres Leutnants durch das Kasernengelände. Dann folgten Freiübungen. Wenn unser „Vati" geglaubt hatte, uns schon frühmorgens „fertigmachen" zu können, hatte er sich getäuscht. Wir waren fast alle sportlich gut durchtrainiert und den Belastungen gewachsen.

Zum Frühstück gab es „Kommissbrot" mit Butter, Marmelade oder dem nicht sehr beliebten „Kunsthonig" und dem Brotbelag (Wurst oder Käse), der vom vorigen Abend übriggeblieben war. Es gab Ersatzkaffee oder Tee, die der „Stubendienst" in großen Kannen holen musste. Nur Sonntags gab es Bohnenkaffee. Den Getränken war meist das sogenannte „Hängepulver" oder „Hängolin" (Soda) beigegeben, das die Libido der Soldaten dämpfen sollte. Jeden Tag empfingen wir unsere „Portionen" d. h. Brot (500 g pro Tag) und Aufstrich, der reichhaltig war. Das Mittagessen wurde in der Kantine eingenommen. Es bestand aus Pellkartoffeln, Fleisch und Nachtisch oder aus Eintopf (z.B. Hülsenfrüchte mit Speck). Im Fronteinsatz war die Verpflegung gründsätzlich noch besser. Ich habe in meiner ganzen Soldatenzeit nur selten hungern müssen. Das hing dann mit örtlichen Nachschubschwierigkeiten während der Kampfhandlungen zusammen.

Nach dem Frühstück hatten wir während der gesamten Ausbildungszeit „Hören und Geben", d. h. Morsen mit Kopfhörer und Morsetaste. Bald wurden wir, je nach Fähigkeiten, in sogenannte „Hörklassen" eingeteilt. Ein guter Funker musste mindestens „Tempo 100" (d. h. Morsezeichen in der Minute) hören und geben. Das schaffte ich auch. Nicht jeder hatte die speziellen Fähigkeiten hierzu. Andere wurden „Fernsprecher" , das heißt: sie mussten Kabel verlegen, Störungen suchen, Vermittlungen betreiben usw. Beide Sparten waren wichtig. Im Einsatz wollten die militärischen Führer mit ihren Gegenstellen lieber telefonieren, waren aber bei zerschossenen Leitungen froh, eine Funkverbindung zu haben. Eine törichte „Hierarchie", die natürlich von den Funkern erfunden worden war, teilte die Nachrichtensoldaten in „Funker", „Fernsprecher" und „Kraftfahrer" ein, um ein „Gefälle" zu installieren, was es in Wahrheit nicht gab, weil jeder an seinem Platz unentbehrlich war.

Ein wichtiger Teil der Ausbildung war das Schlüsseln. Unter strenger Geheimhaltung wurden wir in die Hand- und Maschinenschlüsselsysteme der Deutschen Wehrmacht eingeführt. Dies war notwendig, weil der Funkverkehr damals, im Gegensatz zu heute, telegrafisch und zum Teil über große Reichweiten abgewickelt wurde und vom Gegner mitgehört werden konnte. Für Funksprüche vorwärts der Divisionskommandos war der sogenannte „Doppelkastenschlüssel" im Gebrauch, der den „Klartext" in die Fünfergruppen des „Chitextes" würfelte. Für den Funkverkehr zwischen höheren Stäben (Divisions- und Generalkommandos, Armeeoberkommandos usw.) wurde dafür ein Maschinenschlüssel eingesetzt. Hier war während des ganzen Krieges die legendäre Schlüsselmaschine „Enigma" (griechisch: „Rätsel") im Einsatz. In der äußeren Form einer Schreibmaschine vereinte sie in sich ein kompliziertes System von austauschbaren Walzen mit veränderbaren Ringstellungen und von Steckerverbindungen zahlreicher Kontakte. Die Kombinationsmöglichkeiten aus den sich täglich, später häufiger, ändernden Einstellungen der „Innereien" der Schlüsselmaschine gingen in die Millionen. Ihr Geheimnis wurde deutscherseits für unlösbar gehalten.[11)]

Der Dienstplan sah ferner „Ordnungsdienst" auf dem Kasernenhof vor, d. h. Gewehrgriffe „kloppen", Parademarsch und anderen Drill, der nach deutscher Vorstellung, und auch der vieler anderer Armeen, nun mal dazugehörte. Wir waren ein „zackiger Haufen". Wie auf allen Exerzierplätzen der Welt fehlte es nicht an Kommandos wie „Hinlegen!" ... „Auf, marsch, marsch!" ... „Hinlegen, Vorrobben!" ... „Mit Gewehr in Vorhalte hüpfen!" ... „Kniebeugen!" ..."Robben bis zum Horizont!" Selbst als wir geimpft worden waren,[12)] wurden diese Übungen fortgesetzt, „damit sich der Impfstoff besser verteilt!" Auch solche Pferdekur überstanden die Achtzehnjährigen. Zur „Auflockerung der Stimmung" waren gelegentlich Sprüche aufzusagen wie „Bin gern Soldat, hab's nie gewollt!" oder „Ach wär ich doch ein Bleisoldat und läg in einer Schachtel!". In diese Kategorie gehörten auch Übungen, die traditionell „Maskenball" genannt wurden und sogar noch einen praktischen Hintergrund hatten. Es ging darum, im Alarmfall und bei Dunkelheit in kürzester Zeit im Gefechtsanzug zur Stelle zu sein. Geübt wurde das nach dem Motto: „In 5 Minuten im Exerzieranzug antreten!" Oder: „In 3 Minuten im Sportzeug!" ... „In 5 Minuten im Ausgehanzug!" ... „In 3 Minuten im Drillichzeug!" ... „In 5 Minuten im Gefechtsanzug!" usw. Bei uns ungeübten Anfängern herrschte in kurzer Zeit ein heilloses Durcheinander in den Stuben und Spinden. Hinzu kam der Befehl, dass die Spinde immer mit einem Vorhängeschloß abgeschlossen sein mussten. Dies wurde in der Aufregung häufig vergessen mit der Folge, dass die Ausbilder während der nächsten „Runde" die offengebliebenen Spinde auslehrten und den Inhalt auf die Tische oder den Fußboden verteilten, manchmal sogar den ganzen Spind umkippten. Dann lagen die Socken im Kunsthonig, und die Gasmaske fand sich unter dem Briefpapier des Spindnachbarn. Das Ganze spielte sich unter den Anfeuerungsrufen der Ausbilder zwischen unseren Stuben im fünften Stock und dem Kasernenhof ab, also im wesentlichen in den Treppenhäusern. Am Schluss galt es, das Durcheinander zu beseitigen und die verschiedenen Gegenstände wieder auf die einzelnen Besitzer zu verteilen, was einige Zeit in Anspruch nahm. Beim nächsten Mal passierte uns so etwas nicht wieder. Den Abschluß eines „Maskenballs" bildete unweigerlich ein Stuben- und Spindappell mit gesteigerten Ansprüchen an Ordnung und Sauberkeit. Ohne Nachappelle des gesamten Lehrgangs oder Einzelner seiner Teilnehmer ging das nie ab. Zum Abschluß, der manchmal spätabends war, hieß es: „Wer noch ausgehen will, kann gehen!" Es war Ehrensache, dass dann der ganze Lehrgang geschlossen ausging, wenn wir auch noch so hundemüde waren.

„Ausgang" gab es normalerweise bis zum sogenannten „Zapfenstreich"[13)], d. h. bis 22 Uhr. Längerer Urlaub, z. B. bis Mitternacht oder „bis zum Wecken", d. h. bis 6 Uhr morgens, musste besonders beantragt werden. Wer „über den Zapfen wichste", d. h. sich verspätete, wurde bestraft, z. B. mit „Ausgangsbeschränkungen". Manche umgingen die Wache am Kasernentor, indem sie über den Zaun stiegen. Dabei durfte man sich natürlich nicht erwischen lassen.

Eine andere Strafe war die Kürzung des „Wehrsolds". Der einfache Soldat erhielt 1 RM pro Tag, der „Gefreite" 1,20 RM, der Unteroffizier 1,50 RM usw. Im Einsatz gab es 1 RM „Frontzulage" zusätzlich. Diese Beträge wurden im Ausland, d.h. in den besetzten Gebieten wie Dänemark, Italien, Sowjetunion, Ungarn usw., in Landeswährung oder Truppengeld ausgezahlt. Gab es in diesen Ländern nichts zu kaufen, wie in den meisten Ostblockländern, konnten die Soldaten bei ihrer Truppe sogenannte „Marketenderwaren" wie Seife, Rasierklingen, zusätzliche Rauch- oder Süßwaren, Briefpapier, Kondome usw. beziehen oder den Betrag nach Hause überweisen.

Es blieb dem einzelnen Soldaten überlassen, wie er seinen Ausgang verbrachte. Da man grundsätzlich nur in Uniform ausgehen durfte, hatte man sich entsprechend zu verhalten. Durch bestimmte Straßen des Rotlichtmilieus durfte man z. B. in Uniform nicht gehen. Wer das Ansehen der Wehrmacht schädigte, wurde bestraft. Wir besuchten meist ein Restaurant oder Kino.

Ratlos waren wir gegenüber dem Film „Ich klage an!", der sich für die Euthanasie (Sterbehilfe) ausspricht. Wir konnten nicht verstehen, dass in einem Film die staatliche Autorität angegriffen wurde, und merkten nicht, dass hier der Boden für den Missbrauch von Krankenhäusern für die Vernichtung „lebensunwerten Lebens“ im Rahmen des sogenannten „Euthanasieprogramms“ des „Dritten Reichs“ bereitet werden sollte.

Unser Fähnrichsvater war auch um unser gutes Benehmen und geistiges Wohl besorgt. Zur allgemeinen Erheiterung übten wir gesellschaftliche Umgangsformen „mit verteilten Rollen“. Mit Hilfe unseres Weimarer Kameraden Benkowitz wurde eine sogenannte „Fähnrichtanzstunde“ veranstaltet, die mich aber nicht sehr begeisterte. Die mir zugewiesene „Dame“ entsprach nicht meinen Vorstellungen, wohnte auch weit draußen am Stadtrand. Einige Kameraden gingen jedoch hinfort „mit Gerät“ aus, wie man das nannte. Eines Sonntag morgens besuchten wir gemeinsam mit unserem Leutnant die Weimarer Fürstengruft und standen an den Sarkophagen Goethes und Schillers. Einmal ging er mit einigen von uns als Belohnung für gute Schießleistungen ins Theater. Es gab die komische Oper „Der Wildschütz“ von Albert Lortzing.

An einem Samstag fand ein besonderer Stuben- und Spindappell statt. Da, wie vorauszusehen, nichts den strengen Vorstellungen unseres Leutnants entsprach, ordnete er die Wiederholung des Appells in den Fluren des Kellers an. Wir mussten also unsere 100 kg schweren Spinde ausleeren, sie fünf Stockwerke hinunter in den Keller schleppen und dort wieder einräumen. Unser Leutnant erschien zur angekündigten Zeit, kontrollierte die Spinde und gab uns dann den schon reichlich verspäteten Ausgang. Vorher mussten wir allerdings unsere Spinde und deren Inhalt wieder nach oben bewegen, was trotz Arbeitsteilung und gegenseitiger Hilfe Stunden in Anspruch nahm. Das Ganze war eine gute Vorübung für den „Tag der Wehrmacht“, der zugleich ein „Tag der offenen Tür“ war, zu dem auch meine Mutter aus Gießen angereist kam. Wir bauten als Teil der Vorführungen unsere Stube maßstabsgetreu auf dem Kasernenhof auf und zeigten dem Publikum Ausschnitte aus unserem Leben in der Kaserne vom Aufstehen bis zum Exerzieren.

Wichtig waren die Ausbildung an den verschiedenen Waffen (Gewehr, Pistole, Maschinenpistole, Machinengewehr (MG) und Handgranate), Zielübungen, Scharfschießen auf dem Schießstand und schließlich der Gefechtsdienst im Gelände. Zum Abschluß der Rekrutenausbildung mussten wir in der sogenannten „Rekrutenbesichtigung“ zeigen, was wir gelernt hatten mit Vorführungen auf dem Exerzierplatz, im Gelände und in einer Funkübung. Wir waren nun richtige Soldaten; jedenfalls hielten wir uns dafür.

Das bedeutete zugleich, dass wir nun auch „Wache schieben“ durften bzw. mussten, d. h. zunächst neben dem traditionellen Schilderhäuschen am Kasernentor mit Stahlhelm und Gewehr auf Posten ziehen oder nachts im Kasernengelände auf Streife gehen. Das war aber nur die äußere Seite des Wachehaltens in der Kaserne. Eigentlich ging es darum zu lernen, im Felde, meist nachts, für die anderen schlafenden Kameraden fürsorgliche Verantwortung zu übernehmen. Nicht zu Unrecht wurden „Wachvergehen", wie Schlafen auf Posten, besonders streng bestraft. Der Betreffende machte sich bei seinen Kameraden auch verächtlich, die sich auf ihn verlassen hatten.

In den nächsten sechs Wochen hatten wir nun Fahrschule für Motorrad (Krad), Personenkraftwagen (PKW), Lastkraftwagen (LKW) sowie leichte (bis 10 t) und schwere (über 10 t) Panzer der Typen I-III. Wir freuten uns über diese Abwechslung, die uns Befreiung vom Drill und dafür den Fahrschulunterricht mit Übungsfahrten in die Umgebung Weimars brachte. Wir lernten wie Benzin- und Dieselmotoren und wie 2-Takt- und 4-Takt-Motoren funktionieren. Besonders interessant fanden wir das Panzerfahren. Diese „Wagen" genannten Fahrzeuge wurden damals noch mit zwei Knüppeln für die beiden Gleisketten gelenkt. Die abschließenden Prüfungen bescherten uns fünf Wehrmachtführerscheine für die genannten Fahrzeugarten. Nicht einfach war der Funkbetrieb mit Kopfhörer, Morsetaste und Schlüsselmaschine im fahrenden Panzer, die praktische Anwendung des Erlernten.

Während der Ausbildung erhielten wir nicht selten Besuch sogenannter „hoher Tiere", d. h. Stabsoffiziere und Generale, die sich für den Offiziernachwuchs interessierten. Am eindrucksvollsten war für mich der General der Nachrichtentruppen des Heeres Erich Fellgiebel, der später wegen Teilnahme am Aufstand des 20. Juli 1944 gegen Hitler vom Volksgerichtshof unter Roland Freisler zum Tode verurteilt und in Berlin-Plötzensee am Galgen hingerichtet wurde. Er scheute sich angesichts des Todes nicht, Freisler im Gerichtssaal entgegenzuschleudern, er möge sich mit dem Aufhängen beeilen, sonst werde er eher hängen als die Verurteilten.[14)] Nach der Besichtigung musste ich während des Mittagessens neben dem General Platz nehmen, wahrscheinlich weil man mir gute Tischsitten zutraute. Er war ein väterlicher Typ und unterhielt sich freundlich mit mir, was auf mich großen Eindruck machte. Damals war er 55 Jahre alt. Von seiner Ablehnung Hitlers und seiner kritischen Einstellung ließ er sich natürlich nichts anmerken.

Am 8. 12. 1941 lasen wir in der Zeitung von dem Überfall japanischer Trägerflugzeuge auf die amerikanische Pazifikflotte in Pearl Harbor (Hawaii). Am 11.12.1941 hörten wir in einem Gemeinschaftsempfang die Rede Hitlers vor dem Reichstag, mit der er die deutsche Kriegserklärung an die USA bekanntgab. Italien vollzog den gleichen Schritt. Damit lagen die großen politischen Fronten des Krieges fest, und Deutschland kam seinem Untergang näher. Aber dies erkannten viele, wie auch ich selbst, damals noch nicht.

Allmählich rückte das Ende unserer insgesamt achteinhalbmonatigen Ausbildungszeit heran, als einige von uns Diphtherie bekamen und sofort in Krankenhäusern isoliert wurden. Die bei uns allen durchgeführten Abstriche ergaben bei mir und einigen anderen, dass wir zwar nicht erkrankt, aber Bazillenträger waren. Also musste auch ich mit den anderen Leidensgefährten ins Lazarett umziehen, zunächst nach Bad Berka in eine nette Kurklinik, dann nach Weida in eine als „Reservelazarett“ dienende Schule. Da ich keine Krankheitssymptome hatte, bedeutete diese Zeit reine Erholung für mich.

Leider musste ich auf diese Weise mein erstes Soldatenweihnachtsfest im Lazarett verbringen. Es ließ sich aber bei guter Verpflegung und nachgesandter Weihnachtspost aushalten. Ein Kamerad mit Namen Obermeier unterhielt uns mit herrlichen Persiflagen auf Joseph Goebbels in dem jedem Zeitgenossen geläufigen Singsang nach dem Muster: „Und wieder ist ein Waggon Schmelzkäse an die Front gerollt! ... und das verdanken wir dem Schützen Obermeier!“ Unseren versäumten Weihnachtsurlaub durften wir nachholen. Stolz fuhren wir zum ersten Mal in Uniform nach Hause. Ich zeigte mich auf dem „Bummel“ im Seltersweg und vor dem Lyzeum den Tanzstundendamen. Einmal nahm ich in Uniform an einem Deutschunterricht meiner alten Klasse teil. Eine freudige Überraschung bereitete uns unser Fähnrichsvater, indem er uns am 1. 2. 1942 durch Brief von unserer Beförderung zum „Gefreiten“ unterrichtete und uns den Gefreitenwinkel gleich mitschickte.

Nach dem Urlaub begann die Unterführerausbildung. Wir mussten allmählich Aufgaben als Vorgesetzte übernehmen. So wurden wir der Reihe nach wochenweise als „Lehrgangsälteste“ mit organisatorischen Aufgaben bei der Abwicklung des inneren Dienstbetriebes betraut. Ich hatte dieses „Vergnügen“ als Erster. Es bedeutete eine zusätzliche Belastung. Schließlich wurden wir für einige Zeit Rekrutenkompanien als Stubenälteste zugeteilt.

Unsere harte Ausbildung ertrugen wir, ganz im Zeitgeist, gern als notwendig und manche schikanös erscheinenden Abläufe mit Humor. Leider werden zu allen Zeiten und bei allen Armeen Soldaten auch schikaniert, was nicht zu rechtfertigen ist. Bei uns war das aber nicht so. Unsere Ausbilder waren für unseren Fahnenjunkerlehrgang ausgewählte Vorgesetzte und ihrer Persönlichkeit und ihrem Gesamtverhalten nach keine „Schleifer“, die uns nur „Kadavergehorsam“ beibringen wollten. Sie haben uns vermittelt, dass das Erlernen von „Befehlen“ und „Gehorchen“ und das Ertragen ungewöhnlicher Belastungen manchmal ungewöhnliche Mittel erfordern, um im Ernstfall jeder Situation gewachsen zu sein. Sicher mussten im Einsatz noch andere Eigenschaften hinzutreten, um ein guter Offizier zu sein, wie Tapferkeit, Vorbild in Not und Gefahr, selbstlose Sorge für die anvertrauten Soldaten und Ertragen von Entbehrungen. Es hatte leider nicht jeder Offizier alle diese Qualitäten.

Wir waren auch als Freiwillige und Bewerber für die Offizierlaufbahn während der Ausbildung insofern „privilegiert“, als wir nicht unter der breiten Masse der übrigen Soldaten lebten, sondern als Gleichgesinnte mit gleichen Interessen in gleicher psychologischer Ausgangssituation. Wir konnten uns notfalls gegenseitig stützen und helfen, was in anderen Verhältnissen nicht immer möglich war, wo Abiturienten, Studenten oder Akademiker, aber auch andere „Minderheiten“ oder Sonderlinge gelegentlich sadistischen Schikanen komplexbehafteter Vorgesetzter oder Kameraden ausgesetzt waren.

„Frontbewährung“ in Russland

Als nächster Ausbildungsabschnitt stand uns die sogenannte „Frontbewährung“ bevor. Für den dreimonatigen Einsatz bekamen wir schwarze Panzeruniformen mit Totenkopfspiegeln, die aus der alten Tradition der Totenkopfhusaren stammten. Wir Heeressoldaten trugen dazu das sogenannte Hoheitsabzeichen, einen Adler, auf der rechten Brustseite. Die Waffen-SS trug einen anders gestalteten Adler auf dem linken Oberarm. Von einem sowjetischen Kriegsgefangenen hörte ich später: „Vögelchen hier (rechte Brustseite) ... gut! ...Vögelchen hier (linker Oberarm) ... nix gut!“. In Russland sah man nicht selten deutsche Heeres-Soldaten, die die Totenkopfabzeichen von ihren Uniformspiegeln (verbotswidrig) entfernt hatten, um im Fall ihrer Gefangennahme nicht als Angehörige der Waffen-SS erschossen zu werden oder besonderen Repressalien ausgesetzt zu sein.

Nun warteten wir also auf die „Frontabstellung“. Jürgen Kilb und ich bekamen am 15. 4. 1942 einen Marschbefehl zur Panzer-Nachrichten-Abteilung 37 der thüringischen 1. Panzer-Division, die damals in Russland im Mittelabschnitt der Ostfront bei Rshew lag. Zusammen mit anderen Kameraden traten wir am nächsten Tag in einem Güterwagen die tagelange Reise an die Front an, voller Erwartung auf das, was uns der Krieg nach allen Vorbereitungen nun tatsächlich bringen würde.

Zunächst gab es noch einen zufälligen kurzen Aufenthalt auf dem Güterbahnhof in meiner Heimatstadt Halle, wo sich meine Mutter bei Rummels aufhielt. Ich konnte sie telefonisch unterrichten, und sie kam mit meiner Kusine Hildegard zum Bahnhof geeilt, sodass wir uns noch einmal sprechen konnten. Auch andere Angehörige kamen, um ihre Soldaten ein letztes Mal zu sehen. Ich erinnere mich an eine alte Dame mit großem Hut, offenbar eine Offizierfrau alten Stils, die sich von ihrem Enkel mit dem Ruf verabschiedete: „Und tüchtig 'reinhalten!" (Schießen). Er ist wenige Wochen später gefallen.

Unsere Fahrt führte mit häufigen Unterbrechungen über das noch unzerstörte Dresden und durch Oberschlesien, Südpolen, Minsk, Smolensk und Wjasma nach Rshew (ca. 200 km westlich Moskau). An jedem Morgen, wenn wir die Schiebetür unseres Güterwagens öffneten, sahen wir fremdere Landschaften, andere Kirchen und niedrige Holzhäuser. Immer öfter waren neben der Bahnstrecke zerschossene und ausgebrannte sowjetische und deutsche Panzer, Geschütze und Kriegsmaterial aus dem letzten Sommerfeldzug des Jahres 1941 zu sehen. Neben den auftauenden, noch verschneiten Feldern sah ich einen russischen Bauern, der mehrere tote Soldaten hintereinander gebunden hatte und sie mit seinem Pferd wegzog. Auf diese Weise machte ich die Bekanntschaft mit dem Tod und dem Umgang mit Menschen oder ihren Überresten. Wir begegneten auch Lazarettzügen voller Verwundeter und überholten solche, die mit weißbezogenen Betten zur Front fuhren, um Soldaten in Empfang zu nehmen, die heute noch nichts von ihrem Schicksal wussten. Das letzte Stück der Fahrt legten wir auf offenen Güterwagen zurück bis zu unserem Ausladebahnhof Oljenino. Dort bekamen wir sofort die „Feuertaufe". Mehrere Kampfflugzeuge vom Typ Ju 88 mit deutschen Kennzeichen griffen den Bahnhof mit Bomben und Bordwaffen an. Dies war ein verhängnisvoller Irrtum. Gemeint war der nächste Bahnhof an der Bahnstrecke, der bereits russisch besetzt war. Wir warfen uns unter Güterwagen, die allerdings mit Munition beladen waren, wie wir anschließend feststellten! Ein neben mir liegender Soldat, der in Urlaub fahren wollte, wurde tödlich getroffen.

Nun galt es Abschied von den Fahrtgenossen zu nehmen. Zufällig traf ich dabei Hans-Jürgen Müller wieder, mit dem ich am 1. 8. 1941 in Gießen die Reise zum Militär angetreten hatte. Gemeinsam gingen wir ein Stück in Richtung Front, bis sich unsere Wege trennten. Wir winkten uns noch einige Male zu.

Ich habe ihn nicht wiedergesehen. Er ist kurze Zeit später gefallen. Seiner Mutter musste ich nach dem Krieg diese letzten gemeinsamen Minuten immer wieder schildern.

Jürgen Kilb und ich marschierten weiter zu unserer Abteilung, die in einem kleinen russischen Dorf mitten in der hügeligen Landschaft lag. An sich gefiel mir diese Gegend mit ihren Birkenwäldern im bald beginnenden Frühling gut, aber der Krieg mit seinen Begleiterscheinungen ließ darüber keine Freude aufkommen. Bei unserem „Haufen", wie man sagte, angekommen, wurden wir verschiedenen motorisierten Funktrupps zugeteilt, die in sogenannten „KfZ 17" untergebracht waren. Kraftfahrer meines Trupps war ein Obergefreiter aus Weimar, der mir erzählte, dass er vor dem Krieg zur Wachmannschaft des KZ Buchenwald gehört habe. Er berichtete von „Zählappellen", bei denen er den Häftlingen, die sich rührten, mit der Faust „in die Schnauze" geschlagen habe. Da habe man „hart sein" müssen. Während dieser Zeit bei der SS habe ihn sein Vater, der aktiver Offizier gewesen sei, nicht angeguckt und ihm gesagt, er würde erst dann wieder mit ihm sprechen, wenn er von der SS zum Heer übergetreten sei, was er dann gemacht habe. Offenbar war das damals noch möglich. Von der Ermordung von Häftlingen in Buchenwald in dieser Vorkriegszeit erzählte er nichts.

Die Stellungen waren an diesem Frontabschnitt noch in Winterruhe erstarrt. Gelegentlich erschienen am Tage russische Aufklärungsflugzeuge und bei Nacht die wegen ihres eigenartigen Motorgeräuschs so genannten „Nähmaschinen" oder „Teppichklopfer". Sie warfen auf jeden Lichtschein Splitterbomben. Eines Nachts schlug eine solche Bombe mitten zwischen unseren Zelten ein und verletzte einen Kameraden tödlich. Er war grade aus dem Urlaub zurückgekommen. Ich erlebte zum ersten Mal die Beerdigung eines Soldaten meiner eigenen Einheit. Die nächsten Tage vergingen mit Angriffsvorbereitungen. Ende Juni rückten wir in die Bereitstellung zum Angriff vor. Ausgerechnet jetzt bekam ich eine eitrige Angina und musste für einige Tage ins Feldlazarett, das in der Schule eines kleinen Ortes hinter der Front untergebracht war. Dort erlebte ich den nächsten Fliegerangriff. Eine Bombe fiel in unser Gebäude. Wir saßen grade auf dem Flur und schälten Kartoffeln für die Feldküche. Der Kamerad neben mir wurde durch einen Bombensplitter tödlich getroffen, ein anderer verschüttet. Wir konnten ihn zunächst noch ausgraben, ehe er dann doch starb.

Am 2. Juli 1942 begann in unserem Frontabschnitt der Angriff. Dort war den Sowjets im vergangenen Winter ein tiefer Einbruch in die deutsche Front vor Moskau geglückt. Ihn galt es nun zu beseitigen, um die Front zu verkürzen. Am Vorabend rückten wir in einen vorgeschobenen Gefechtsstand direkt hinter der Hauptkampflinie (HKL) ein. Unsere 1. Panzer-Division hatte den Befehl, die sowjetischen Stellungen zu durchbrechen und entlang einer Straße die gegnerischen Truppen einzukesseln und zu „vernichten".

Vor Angriffsbeginn empfing jeder Soldat mit der Verpflegung im Kochgeschirr einen halben Liter Schnaps. Ich empfand das als beleidigend. Abgesehen davon, dass ich keinen Alkohol trank, brauchte ich keinen Anreiz dafür, meine soldatischen Pflichten zu erfüllen, wie ich sie verstand. Ein Alkoholrausch zur Betäubung von Angst erschien mir würdelos. Viele meiner Kameraden fühlten ebenso. Tage später tranken wir abgekochtes Grundwasser, das wir aus Granattrichtern oder selbstgegrabenen Löchern gewinnen mussten, denn die Feldküche konnte dem Angriffsfortschritt nicht immer folgen.

Bei Sonnenaufgang erschienen deutsche Sturzkampfbomber („Stukas") vom Typ Ju 87 und stürzten sich mit Sirenengeheul auf die sowjetischen Stellungen. Ihre Bomben und Bordwaffen richteten dort schwere Verheerungen an, wie wir später sahen. Die Bombeneinschläge rissen riesige Druckwellen sichtbar in den Morgenhimmel. Unterstützt von Artillerie griffen unsere Panzer und Schützen die russischen Bunkerstellungen an und durchbrachen sie. Ich wurde Führer eines Funktrupps, der den Kommandeur der Schützenbrigade in dessen Schützenpanzerwagen (SPW) zu begleiten und die Funkverbindung zum Divisionsgefechtsstand zu halten hatte. Diese Panzerfahrzeuge, wegen ihrer äußeren Form „Sargdeckel" genannt, boten einerseits einigen Schutz vor Infanteriefeuer und Granatsplittern, zogen aber andererseits die Aufmerksamkeit und das Feuer schwerer Waffen, wie Artillerie und Panzerabwehrkanonen (PaK) auf sich. Mein Vater hatte aus dem Ersten Weltkrieg berichtet, dass ihm die „Tanks", wie sie damals hießen, wie wandelnde Särge erschienen seien und er sich als Infanterist an der freien Luft wohler gefühlt hätte. Daran dachte ich, wenn immer wieder Granaten dicht neben uns einschlugen. Die nächste Zeit war äußerst anstrengend und aufregend für mich. Die ungewohnte Verantwortung für die mir anvertraute Funkverbindung belastete mich. Die eingekesselten sowjetischen Truppen wehrten sich mit allen Mitteln gegen ihr Schicksal und versuchten den Einkesselungsring, den wir entlang unserer Vormarschstraße gebildet hatten, zu durchbrechen, und zwar zu jeder Tages- und Nachtzeit an immer wechselnden Stellen mit Panzer- und Artillerieunterstützung und Einsatz der sogenannten „Stalinorgel", eines Raketengeschützes mit einer Serienfeuereinrichtung. Dazu wurden die gepanzerten Schlachtflieger vom Typ IL 2 eingesetzt, die im Tiefflug feuernd über uns hinwegrasten.

Die deutsche Luftüberlegenheit war aber zu dieser Zeit noch erdrückend. Nur die sowjetischen Tiefflieger hatten eine Chance, von den deutschen Jagdflugzeugen nicht entdeckt zu werden. Ein deutscher Fieseler „Storch" (Fi 156), das erste Kurzstartflugzeug der Welt, schaffte es, wie ich aus nächster Nähe beobachtet habe, in höchster Not, noch unter solchen sowjetischen Tieffliegern „hindurchzutauchen" und zwischen Bauernhäusern buchstäblich in der Luft „stehenzubleiben", bis die Gefahr vorbei war.

Jeder von uns war ständig in die Abwehr von Durchbruchsversuchen einbezogen. Oft entging ich nur knapp großen Gefahren, wie wir alle. So war eines Nachts meine Funkverbindung unterbrochen. Ich brachte die aktuelle Meldung daher zu Fuß zum nahen Divisionsgefechtsstand. Kaum hatte ich ihn erreicht, als hinter mir Scharen von sowjetischen Soldaten über eben diese Straße hinwegstürmten, auf der ich gekommen war. Die dort sofort eingesetzten deutschen Panzer hätten mich nicht mehr retten können.

Über einen schlimmen Vorfall muß ich hier berichten: In unserer Nachrichten-Abteilung gab es zwei Brüder, der eine in der Fernsprech-Kompanie, der andere in der Funk-Kompanie. Eines Tages versuchten sowjetische Soldaten den deutschen Einschließungsring dort zu durchbrechen, wo wir entlang der Straße Stellung bezogen hatten. In dem Waldgelände war es den Sowjets im Schutz der Dunkelheit gelungen, sich bis dicht vor unsere Stellungen vorzuarbeiten. Im Morgengrauen griffen sie überraschend an. Den Angriff konnten wir zurückschlagen. Einige gegnerische Soldaten gaben sich gefangen. Bei diesen Kampfhandlungen wurde der eine der beiden Brüder verwundet. Der andere war darüber so erregt, daß er heulend vor Wut zwei oder drei der Gefangenen in den Wald trieb und sie dort erschoß. Das habe ich selbst nicht beobachtet, aber die Schüsse gehört und die Toten später dort liegen sehen. Meine Kameraden und ich waren über die feige Tat sehr empört. Ein älterer Soldat sagte: „Das war glatter Mord!" Und das war es auch. Da die Kampfhandlungen sofort weitergingen, weiß ich nicht, ob der Täter später zur Verantwortung gezogen worden ist. Ergänzend kann ich nur bemerken, daß es sich um die Augenblickstat eines Einzelnen handelte, die zwar nicht von einem örtlichen Vorgesetzten befohlen, aber nur vor dem Hintergrund des oben erwähnten hetzerischen Befehls des OKW vom 19. 5. 1941 und der dadurch entstandenen Stimmung bei der Truppe erklärbar war.

Nach zehn Tagen ließen die sowjetischen Ausbruchsversuche allmählich nach. Das Oberkommando der Wehrmacht gab in einer Sondermeldung bekannt, dass „der im Raum südwestlich Rschew am 2. Juli begonnene umfassende Angriff deutscher Truppen, wirkungsvoll unterstützt durch Verbände der Luftwaffe, nach Durchbruch durch das feindliche Stellungssystem in schweren Waldkämpfen zur Einschließung und Vernichtung mehrerer Schützen- und Kavallerie-Divisionen sowie einer Panzerbrigade" führte. „In dieser elftägigen Schlacht wurden über 30.000 Gefangene eingebracht, 218 Panzer, 591 Geschütze und 1.301 Maschinengewehre und Granatwerfer sowie große Mengen anderer Waffen und Kriegsgerät aller Art erbeutet oder vernichtet. Die blutigen Verluste des Gegners sind schwer. Die Gefangenen- und Beutezahlen wachsen noch an." Es ist kaum vorstellbar, was sich hinter diesen nüchternen Zahlen in der Diktion jener Zeit an Not und Tod, Schweiß und Blut, Elend und Entbehrungen, Kummer und Trauer für beide Seiten verbirgt. Das gilt auch für alle anderen Kampfhandlungen dieses und jedes Krieges. Ich erlebte hier Derartiges zum ersten Mal in meinem Leben.

Als Panzer-Division war unsere Hauptaufgabe der Angriff. Daher wurden wir sofort nach Ende dieser Operation aus der Front herausgezogen und zum nächsten Einsatz weiter nach Süden verlegt. Auf dem Marsch dorthin hatte ich ein eigenartiges Erlebnis: Als ich aus dem Bauernhaus kam, in dem wir geschlafen hatten, begrüßte mich ein vorbeikommender russischer Bauer mit „Morgen!" Ich fragte ihn, wo er deutsch gelernt habe. Es stellte sich heraus, dass er im Ersten Weltkrieg als russischer Kriegsgefangener in meiner Heimatstadt Gießen in einem Barackenlager gelebt hatte. So klein ist die Welt! Im selben Dorf in der Nähe von Jelnja bat mich ein russischer Bauer in sein Haus und ließ mir von seiner Tochter Tee aus dem Samowar servieren. Zu meiner Überraschung hing an der Wand des Zimmers ein Plakat mit Hitlers Bild und kyrillischer Schrift, offenbar ein Produkt deutscher Propaganda. Über die Motive solchen Tuns kann man nur spekuliern, ob es sich um Anpassung an die damaligen Machtverhältnisse oder um eine antikommunistische Einstellung handelte. Immerhin waren in der Ukraine die ersten deutschen Truppen von der Bevölkerung als Befreier von der sowjetischen Herrschaft mit Brot und Salz begrüßt worden, wovon es zahlreiche Fotos und Filmaufnahmen gibt. Ich hoffe, dass der Familie ihr Verhalten später, nach dem deutschen Rückzug , nicht zum Verhängnis wurde. In einem anderen Haus zeigte man mir Schulbücher für den Deutschunterricht aus der Vorkriegszeit. Ich erinnere mich an den Satz: „In Goethe und Schiller verehren wir die größten deutschen Dichter."

Zum Leben gehörte auch, dass mir der Stabsarzt im oben erwähnten Lazarett die Anschrift seiner Nichte verpasst hatte, die einen Soldaten, möglichst Abiturienten, als Feldpost-Briefpartner suchte. Von nun an erhielt ich aus Deutschland Briefe von Cilli W., einem frühreifen Mädchen von 13 Jahren, die ihre verschiedenen körperlichen Vorzüge in einer Art Qualifikationskatalog pries. Ihre Anspielungen beantwortete ich zum Gaudi der Kameraden nach gemeinsamer Beratung, sodass wir einige Zeit unseren Spaß hatten.

In die Marschbewegung hinein erreichte mich der Rückreisebefehl nach Deutschland zur Fortsetzung der Ausbildung. Ich hatte mich offenbar bewährt und wurde am 1. August 1942, also genau ein Jahr nach Dienstantritt, zum „Fahnenjunker-Unteroffizier" befördert. Dann trat ich, zusammen mit Jürgen Kilb und einigen anderen Kameraden mit dem nächsten Güterzug die sechstägige Heimreise an. In Wirballen, an der ostpreußischen Grenze, musste jeder Soldat die Entlausungsstation passieren. In den russischen Holzhäusern und den Bunkern gab es manches „Kleingetier". Körperpflege, wozu auch das Knacken von Läusen mit den Daumennägeln gehörte, war im Einsatz kaum möglich. Ich entsinne mich, dass ich eines Nachts gleichzeitig Flöhe, Läuse und Wanzen hatte. Dazu kam die Mückenplage in den Sumpfwäldern dieser Landschaft. Mein Bedarf an Insektenkenntnis war also voll gedeckt. Nun hatte es damit ein Ende, und meine Mutter konnte mich Mitte August in Gießen wohlbehalten in die Arme schließen. Zunächst hatte ich Urlaub, den ich als mehr oder weniger „alter Krieger" absolvierte. Manchem Laufbahngefährten war dies schon nicht mehr vergönnt. Einige waren gefallen, andere verwundet.

Waffenschule in Leipzig

Nach dem Urlaub hatten wir uns in Weimar in unserer alten Kaserne bei der Ersatzabteilung zu melden. Dort wurden wir in verschiedenen Lehrgängen auf die Waffenschule in Leipzig vorbereitet, wo die eigentliche Offizierausbildung stattfand, die mit der Beförderung zum Leutnant enden sollte. 1942 waren die Verluste des deutschen Offizierkorps bereits sehr hoch. Von einem Offizier des Heerespersonalamts hörten wir in einem Vortrag, dass damals täglich 40 Offiziere fielen, jährlich etwa 14.500. Bei Kriegsbeginn gab es rund 90.000 Offiziere, am 1. Oktober 1942 rund 181.000, später bis zu durchschnittlich 250.000.[15)]

Die starken Verluste wurden also nicht nur ausgeglichen, sondern der Personalbestand dem wachsenden Bedarf, der durch Neuaufstellungen von Truppenteilen entstand, sogar ständig angepaßt. Das war nur durch einschneidende Verkürzung der Ausbildung möglich. Was im Frieden auf Akademien und Kriegsschulen in Jahren gelehrt wurde, war als Erziehungsziel längst verlassen. Wir wurden vom 12. 10. bis zum 15. 12. 1942, also in zwei Monaten, durch die Offizierschule gepreßt! Jener Offizier machte am Schluss seines Vortrages noch eine Rechnung auf, in der er der Zahlenstärke des deutschen Heeres die weit überlegene des sowjetischen Heeres gegenüberstellte und zu dem Ergebnis kam, dass also jeder deutsche Soldat eine bestimmte Zahl von sowjetischen Soldaten (ich meine er nannte die Zahl 14) „erledigen" müsse, damit der Kampf siegreich beendet werden könne! Diese Aussage unterschied sich in der Diktion, aber nicht in der Sache, von jenen hetzerischen Äußerungen des sowjetischen Dichters Ilja Ehrenburg, auf die ich noch zu sprechen komme.

Wir trafen Mitte Oktober zum 11. Offizieranwärter-Lehrgang (seit Kriegsbeginn) in Leipzig ein. Rund 600 Fahnenjunker, je zur Hälfte Funker und Fernsprecher, wurden in sechs Inspektionen zu je 100 Mann eingeteilt, darunter je 100 „Aktive", die, wie ich, Berufsoffiziere werden wollten. Zur engeren Ausbildung und Betreuung wurden wir „Aufsichtsoffizieren" zugeteilt, die uns Tag und Nacht unter die Lupe nahmen. Oberleutnant Goldbach war ein fähiger und erfahrener Offizier mit Engagement und Herz, der auch ein Quäntchen Humor nicht fehlen ließ. Wir erhielten Unterricht in allgemeiner Taktik, Waffentaktik, Kriegsgeschichte, Gerätelehre und Vorschriftenkenntnis. Man brachte uns bei, wie sich ein Offizier in und außer Dienst zu verhalten habe. Überflüssigerweise wurde in dieser Phase des Krieges auch noch Säbelexerzieren geübt, das nur auf Paraden vorkam. Ich habe es nie gebraucht. Sport und Gefechtsdienst fehlten nicht. Die Hindernisbahn hielt allerhand Schikanen bereit. Ein Kriechgraben war oben mit Stacheldraht verschlossen, um kriegsähnliche Verhältnisse zu simulieren. Ein Feuerwehrschlauch sorgte für den nötigen Matsch. Nach dieser Prozedur begaben wir uns in voller Uniform unter die Brause. Bei einer Gefechtsübung war ein Bachlauf zu überwinden. Begreiflicherweise bewegten sich die Angreifer konzentrisch auf die einzige Brücke zu, die daraufhin für gesprengt erklärt wurde. Nun mussten wir also, wie im Einsatz, das Wasser durchwaten. Mancher fiel der Länge nach hinein. Mein Weimarer Kamerad Stockmann holte sich dabei eine Lungenentzündung und starb. Antibiotika standen ja noch nicht zur Verfügung. Ein sinnloser Tod!

Bemerkenswert ist, dass uns eines Tages der Propagandafilm über das Warschauer Ghetto vorgeführt wurde, der heute allgemein bekannt ist. Wahrscheinlich sollte uns auf diese Weise Judenhass und -verachtung eingeimpft werden. Meine eigene Reaktion war Mitleid mit diesen bedauernswerten Gestalten. Das war auch bei vielen Kameraden der Fall. Wir konnten damals nicht verstehen, was mit diesem Film beabsichtigt war. Ersichtlich konnten die gezeigten Menschen an ihrem Schicksal nichts ändern. Die Zustände fielen auf die Machthaber zurück, die sie veranlasst hatten. Ich konnte nicht glauben, dass solches Elend beabsichtigt war. Ich konnte auch nicht begreifen, was das mit unserer militärischen Aufgabe zu tun haben sollte. Kommentare unserer Ausbilder zu dem Film gab es nicht. Ihr Kopfschütteln konnte vielfältig gedeutet werden. Die Fortsetzung der harten Ausbildung riß uns aus solchen Gedanken.

Zum Abschluß unserer Ausbildung fuhren wir nach Döberitz bei Potsdam. Dort wurde uns im Manövergelände der Infanterieschule vom „Infanterie-Lehrregiment" ein schulmäßiger Angriff mit scharfer Munition gegen einen imaginären Feind vorgeführt. Bei dieser Gelegenheit hörten wir, dass den japanischen Soldaten in ihren Manövern immer ein scharfer Schuss unter tausend Schuss Platzpatronen gemischt würde, um sie zu kriegsmäßigem Verhalten zu zwingen. Das wurde in Deutschland allerdings nicht übernommen.

In Potsdam wurden wir in die oben schon erwähnte Garnisonskirche zu den Särgen der beiden Preußenkönige Friedrich Wilhelm I., der „Soldatenkönig", und Friedrich II., der Große, geführt. Auf fast alle von uns, auch auf mich, machte das einen großen Eindruck.

Am 1. Dezember wurde ich mit den meisten meiner Kameraden zum „Fahnenjunker-Wachtmeister"[16] befördert. In Friedenszeiten hieß das „Fähnrich" oder „Oberfähnrich". Wir waren nun sogenannte „Portepeeträger" d. h., wir konnten einen Säbel mit silbernem Portepee tragen. Ich hatte von meinem Vater dessen (bayrischen) Säbel geerbt, den ich nun als „Traditionssäbel" verwendete. Meine Mutter hat ihn nach Kriegsende in einem Bombentrichter neben unserem Haus vergraben.

Am 15. Dezember wurden wir mit Wirkung vom 1. Dezember 1942 zum Leutnant befördert und waren damit Offiziere geworden. Ich hatte mein damaliges erstes Berufsziel erreicht und war erst neunzehn Jahre alt. Meine Mutter freute sich darüber. Mein Vater hätte sich bestimmt auch gefreut. Eigentlich waren wir viel zu jung für die bevorstehenden Aufgaben. Aber wir wuchsen auch mit ihnen und oft über uns hinaus.

Angeredet wurden Vorgesetzte übrigens in der dritten Person, wie das in der Deutschen Wehrmacht, im Gegensatz zur Waffen-SS, bis zum Kriegsende noch üblich war (Beispiele: „Ich bitte Herrn Leutnant fragen zu dürfen, ob ... Haben Herr Major schon gehört?") Anders als in der früheren österreichischen Armee redeten sich Offiziere mit gleichem Dienstgrad in der Deutschen Wehrmacht nicht mit „Du", sondern mit „Herr" und Familiennamen an, es sei denn, sie kannten sich aus früheren Ausbildungsabschnitten.

Ein Ereignis stand uns noch bevor: Hitler wollte den neuen Offizierjahrgang, wie üblich, im Berliner Sportpalast empfangen und seine traditionelle Rede halten. Am 18. Dezember wurden also alle neu beförderten Offiziere von Heer, Kriegsmarine und Luftwaffe, mehrere 1.000 Personen, im Berliner Sportpalast versammelt. Zur vorgesehenen Zeit wurde bekanntgegeben, dass der „Führer" wegen der Lage an der Ostfront das „Führerhauptquartier" nicht verlassen könne, sondern den „Reichsmarschall" Hermann Göring beauftragt habe, zu uns zu sprechen. Das Eintreffen Görings verzögerte sich immer wieder um zuletzt mehrere Stunden, bis er doch noch kam und zu uns sprach. Er war nach Auftreten und Duktus seiner Rede zutiefst deprimiert und stand sichtlich unter dem Eindruck der verzweifelten Situation der seit dem 22. November 1942 in Stalingrad eingeschlossenen deutschen 6. Armee. Er forderte uns auf, unsere Pflicht für das Vaterland bis zum Letzten zu tun. Seine Rede gipfelte in den Worten, die ich behalten habe: „Meine lieben jungen Freunde! Was ist denn schon dabei, wenn man sein Leben für das Vaterland opfert. Hauptsache der Sieg ist unser!" In der deutschen Einheitspresse las sich das so: „Der Reichsmarschall gab ihnen (den jungen Offizieren) die Losung für ihren künftigen Einsatz. Er umriß in packenden Ausführungen die Grundpflichten des deutschen Offiziers und zeigte an leuchtenden Beispielen, wie sich auch in diesem Kriege wieder der Heldenmut des deutschen Soldaten ruhmvoll bewährt hat." Derart „ermuntert" verließen wir die „Reichshauptstadt".

Für die meisten von uns kam jetzt die Versetzung an die verschiedenen Fronten des Krieges zu den Feldtruppenteilen, Flugplätzen und Schiffen. Für die frisch ernannten aktiven (Berufs-) Offiziere, zu denen ich nun gehörte, hatte das Heerespersonalamt aber erstaunlicherweise einen sogenannten „Ergänzungslehrgang" verfügt, um zu verhindern, dass dieser Teil des Offiziernachwuchses sofort wieder „verheizt" würde, wie man damals formulierte. Wir Weimarer Kameraden fanden uns also, zusammen mit vielen anderen Schicksalsgefährten, am 7. Januar 1943 in der Heeresnachrichtenschule in meiner Heimatstadt Halle zu einem vierteljährigen Lehrgang zusammen. Traurig waren wir angesichts der Kriegssituation darüber nicht. Wir würden schon noch früh genug wieder an die Front kommen! Wir absolvierten unsere Fortbildung mehr oder weniger lustlos. Statt dessen nutzten wir die uns vor der Frontabstellung noch verbleibende Freizeit nach Kräften. Ich besuchte vor allem die trotz des Krieges und der ständigen Fliegeralarme noch veranstalteten Konzerte. Es lag im Sinne von Goebbels, die zum Teil schon schwergeprüfte Zivilbevölkerung bei Laune zu halten. Ich hörte mir auf diese Weise zum ersten Mal in meinem Leben das „Wohltemperierte Klavier“ von Johann Sebastian Bach an. Die bekannte Pianistin Elly Ney (auch „Reichsklaviergroßmutter“ genannt) „zelebrierte“ einen ihrer Beethovenklavierabende, nachdem sie aus an sie gerichteten Feldpostbriefen vorgelesen hatte. Ich besuchte auch eine Aufführung von Mozarts Klavierkonzert in A-dur KV 488 mit dem berühmten Edwin Fischer. Nach solchen, oft von Fliegeralarmen unterbrochenen Konzerten fiel es schwer, wieder in die rauhe Wirklichkeit zurückzufinden, die von der militärischen Situation bestimmt war.

Stalingrad

Hitler war der Annahme, dass die deutschen Truppen im Osten für den Winter 1942/43 rechtzeitig und besser vorbereitet seien. Er beurteilte die Rote Armee als durch die letzten Kämpfe geschwächt und nicht mehr so stark wie im Vorjahr. Alle Heeresgruppen und Armeen waren angewiesen, „die erreichten Linien als Ausgangsbasis für eine deutsche Offensive 1943 auf jeden Fall zu halten.“

Nachdem aber am 19. und 20. 11. 1942 zwei sowjetische Großoffensiven nördlich und südlich von Stalingrad begonnen und bereits am 22. 11. zur Einkesselung der deutschen und verbündeten Truppen geführt hatten, befahl er: „Die 6. Armee igelt sich ein und wartet Entsatz von außen ab!“ Göring sagte großsprecherisch zu, täglich 300 Tonnen Nachschubgüter auf dem Luftweg in den Kessel zu transportieren. Daraufhin versprach Hitler der 6. Armee Entsatz. Es wurde aber nur ein Tagesdurchschnitt von 95 Tonnen erreicht bei einem angemeldeten Bedarf von mindestens 500 Tonnen. Am 12. 12. begann ein deutscher Entsatzvorstoß in Richtung Stalingrad, der aber bis zum 21. 12. nur bis auf 48 km an die Stadt heranführte und dann steckenblieb. Der nun als letzte Rettungsmöglichkeit noch verbleibende Ausbruch der 6. Armee aus Stalingrad wurde von Hitler verboten. Generaloberst Paulus, der Oberbefehlshaber der

Armee, lehnte daher das sowjetische Kapitulationsangebot am 8. 1. 1943 ab. Daraufhin begannen die sowjetischen Streitkräfte am 10. 1. ihre Offensive zur Zerschlagung des Kessels. Am 23. 1. verbot Hitler erneut die Kapitulation der 6. Armee.

Am 25. 1. spalteten die sowjetischen Truppen den Kessel von Stalingrad in einen Nord- und einen Südteil auf. Am 31. 1. ernannte Hitler Paulus zum Generalfeldmarschall in der Erwartung, dass dieser bis zum letzten Atemzug kämpfen und an der Spitze seiner Truppen sterben würde, wie das damals hieß. Zu Hitlers Entrüstung kapitulierte dieser aber am selben Tag mit den restlichen deutschen Truppen des Südkessels. Am 2. 2. kapitulierte auch der Nordkessel. Damit war der Kampf um Stalingrad beendet.

Wie man nach dem Krieg erfuhr, lehnte Paulus nicht etwa die Beförderung durch Hitler, der ihn opfern wollte, entrüstet ab, sondern bemühte sich vielmehr durch Einschaltung des deutschen Botschafters in der damals noch neutralen Türkei darum, aus Deutschland die Schulterstücke eines Generalfeldmarschalls mit den gekreuzten Marschallstäben zu erhalten, was Stalin sogar zuließ, der sich alle Entscheidungen über seinen prominenten Gefangenen vorbehielt.

Von den am 22. 11. 1942 eingeschlossenen rund 250.000 Mann der 6. Armee wurden 34.000, meist Verwundete, ausgeflogen, 125.000 sind gefallen, 91.000 gerieten in sowjetische Kriegsgefangenschaft, wovon etwa 6.000 nach Kriegsende zurückkehrten. Der Rest von rund 85.000 ist in der Gefangenschaft verstorben. Die deutsche Öffentlichkeit erfuhr das Ende am 3. 2. 1943 in pathetischen Worten: „... Das Opfer der Armee war nicht umsonst. Als Bollwerk der historischen europäischen Mission hat sie viele Wochen hindurch den Ansturm von sechs sowjetischen Armeen gebrochen. ... Die zweimal vom Gegner verlangte Übergabe fand stolze Ablehnung. Unter der Hakenkreuzfahne, die auf der höchsten Ruine von Stalingrad weithin sichtbar gehißt wurde, vollzog sich der letzte Kampf. Generale, Offiziere, Unteroffiziere und Mannschaften fochten Schulter an Schulter bis zur letzten Patrone. Sie starben, damit Deutschland lebe. Ihr Vorbild wird sich auswirken bis in die fernsten Zeiten, aller unwahren bolschwistischen Propaganda zum Trotz. Die Divisionen der 6. Armee aber sind bereits im neuen Entstehen begriffen."

Dem möchte ich einen Auszug aus einem Brief von Alexander Fürst zu Dohna-Schlobitten vom Januar 1943 gegenüberstellen: „Am nächsten Morgen, dem 17. Januar, übergab mir Oberst Adam[17)] ein Paket Kurierpost ... Gleichzeitig erklärte er mir, dass ich bei jeder passenden Gelegenheit den wahren Grund für die Vernichtung der rund 300.000 Soldaten im Kessel angeben solle: Schuld trage einzig und allein Hitler selbst. Es werde die Zeit kommen, wo man dieses öffentlich bekanntgebe. Die wenigen Überlebenden von Stalingrad hätten die heilige Pflicht, auf diese Tatsache hinzuweisen. Wenn man der 6. Armee vorwerfe, die ihr unterstellten Verbände schlecht geführt zu haben, oder feige gewesen zu sein, müssten Zeugen der Katastrophe den wahren Sachverhalt bekunden."

General de Gaulle rief 1944 beim Anblick der noch unberührten Ruinen des Schlachtfeldes von Stalingrad aus: „Welch ein großes Volk!" und, nachdem seine sowjetische Begleitung ihre Genugtuung bekundet hatte: „Ich meine die Deutschen!"[18)]

Die Stimmung in Deutschland war nun denkbar schlecht. Die Siegeszuversicht begann zu schwinden. Einen unvergleichlichen Einblick in genau diese schlimme Zeit bietet Walter Kempowskis „Echolot"[19)], in dem er in Form eines „kollektiven Tagebuchs" auf 3.000 Seiten Briefe und Dokumente für die Zeit vom 1. 1. bis zum 28. 2. 1943 veröffentlicht. Die Geschwister Scholl, Mitglieder der studentischen Widerstandsgruppe „Weiße Rose", warfen in der Universität München gegen das Regime gerichtete Flugblätter. Beide wurden gefasst und mit anderen Gesinnungsgenossen kurz darauf hingerichtet. Goebbels verkündete am 18. 2. 1943 in seiner berühmt-berüchtigten Rede im Berliner Sportpalast den „totalen Krieg" („Wollt ihr den totalen Krieg?"). Diese demagogische Rede und auch viele Nachrichtensendungen wurden durch sowjetische Propagandasender laufend gestört. Wurde z. B., wie üblich, die Verleihung hoher Tapferkeitsauszeichnungen, wie des Ritterkreuzes zum Eisernen Kreuz, an Soldaten der Deutschen Wehrmacht bekanntgegeben, rief der sowjetische Sprecher in deutscher Sprache dazwischen: „Und den anderen das Holzkreuz!" u.ä. Die alliierten Bombenangriffe nahmen an Stärke und Intensität zu. Täglich griffen Bombergeschwader bei Tag und Nacht mit mehreren hundert Bombern deutsche Städte an und warfen tausende von Tonnen Bomben ab, die tausende von Menschen töteten und schwere Verheerungen anrichteten. Betroffene Soldaten erhielten „Bombenurlaub", um nach ihren Angehörigen zu suchen oder ihre Familien umzuquartieren. Betroffen waren damals meist Großstädte wie Berlin, Hamburg, München und das Ruhrgebiet, später fast jede deutsche Stadt. Bei Kriegsende konnte man leichter die Städte aufzählen, die nicht angegriffen worden waren.

Wir waren froh, als der Lehrgang zu Ende ging und wir uns unserer eigentlichen Aufgabe, dem Fronteinsatz, näherten. Bis Ende April 1943 hielten wir uns noch in Weimar bei der Ersatzabteilung auf. Eines Tages wurde ich zum Adjutanten gerufen und bekam meinen Marschbefehl zur Nachrichten-Abteilung 171 der 71. Infanterie-Division, bei der ich bis zum Kriegsende bleiben sollte.

Diese Division war bei Kriegsbeginn aufgestellt worden und hatte schon am Frankreichfeldzug teilgenommen. Sie hatte sich den Namen „Die Glückhafte" beigelegt und trug als Erkennungszeichen an allen Fahrzeugen ein vierblättriges Kleeblatt mit gekreuzten Pferdeköpfen, da ihre Soldaten überwiegend aus Niedersachsen stammten. Ihr Name hatte ihr in Russland kein Glück gebracht. Sie war soeben in Stalingrad „draufgegangen", wie das im Landserjargon hieß, und wurde neu aufgestellt aus den etwa 10 % Soldaten, die als Verwundete oder Urlauber zufällig überlebt hatten, und aus „Ersatz", d. h. jungen Soldaten, die soeben erst eingezogen worden waren. Dazu kamen Offiziere aus der „Führerreserve" des Heerespersonalamts, wie auch wir „frischgebackenen" Leutnants. Der Zeitplan war sehr knapp. In fünf Monaten sollte die neue Division mit rund 10.000 Soldaten „stehen", eine kaum lösbare Aufgabe.

Ich erfuhr mein endgültiges Fahrtziel nicht sofort. Zunächst ging es zur „Frontleitstelle Flensburg". Das bedeutete, dass die Division im Norden, also im besetzten Norwegen oder Dänemark liegen musste. So war es auch. Ich erhielt den Befehl, mich in Horsens in Dänemark an der Ostküste Jütlands zu melden. Dort lagen der Divisionsstab und demzufolge auch die Nachrichtenabteilung. Dort nahm mein eigentliches Kriegsabenteuer, wie ich das empfand, seinen Anfang. Zum ersten Mal würde ich als Offizier Vorgesetzter sein und für Soldaten verantwortlich. Diese Aufgabe nahm ich sehr ernst und habe sie bis zum Kriegsende auch so aufgefasst und wahrgenommen.

Zunächst wurde ich als Zugführer der Funkkompanie zugeteilt. Kompaniechef war Oberleutnant Leuschner, ein sehr sympathischer Mann von Mitte Dreißig aus Liegnitz in Niederschlesien, im Zivilberuf Förster, mit dem ich lange Zeit ausgezeichnet zusammengearbeitet habe. Er vertraute mir die Aufsicht über die Kompanie an, die in der beschlagnahmten Tennishalle untergebracht war. Ich bekam dort ein kleines Zimmer und war nun den rund 120 Mann, mit denen ich den Rest des Krieges verbringen sollte, ganz nahe. Das empfand ich als besonders günstig, weil ich auf diese Weise die Soldaten schnell sehr gut kennen lernen konnte und sie mich. Dadurch bildete sich ein Vertrauensverhältnis, das sich in den vielen schweren Situationen der Zukunft bewährt und allen Belastungsproben, insbesondere in der Schlussphase des Krieges, standgehalten hat. Ich war nur wenig älter als meine Untergebenen, meist nur ein Jahr. Sie nahmen mich aber schnell an. Selbst ältere Soldaten, die schon Familienväter waren, kamen mit ihren Fragen zu mir. Einer breitete seine Eheprobleme vor mir aus und bat um Rat. Es gab auch berufliche oder andere Fragen.

Grundsätzlich galt es, aus dem Gros unerfahrener Soldaten in kürzester Zeit eine einsatzfähige Kompanie aufzustellen, deren Aufgabe es sein würde, die Funkverbindungen zwischen dem Divisionskommando und den Regimentern und selbständigen Abteilungen und Bataillonen herzustellen und zu halten. Unsere vollmotorisierte Kompanie erhielt ihre Fahrzeuge in dieser Phase des Krieges noch regelmäßig fabrikneu aus Deutschland und z. T. aus Frankreich (Peugeot) angeliefert. Die Funkfahrzeuge wurden nun mit Tarnanstrich und Funkgeräten versehen. Außer Dachantennen erhielten sie Teleskopmasten für aufsetzbare Sternantennen. Die Funkgeräte hatten Sendeleistungen zwischen 5 und 100 Watt im Mittel- und Kurzwellenbereich. Das reichte für normale Einsatzentfernungen im Divisionsbereich im Umkreis von etwa bis zu 50 km aus. Wir hatten es aber später in Italien mit extremen Entfernungen und Geländeverhältnissen im Gebirge zu tun. Dann halfen nur die Antennenbautricks erfahrener Funker und ihr feines Gehör, das sie auch im chaotischsten Weltraumgepiepse noch die Morsezeichen ihrer Gegenstellen aufspüren und empfangen ließ. Vorsorglich hatte ich vor meinem Weggang aus Halle mit einem Offizier der Heeresnachrichtenschule die Frequenzen, Rufzeichen und Schlüssel für eine Weitstreckenfunkübung abgesprochen. Das probierten wir nun aus. Es gelang uns, eine einwandfreie Funkverbindung zwischen Aalborg an der Nordspitze Jütlands und Halle/Saale, das sind rund 600 km, mit neuentwickelten 15 Watt-Sendern herzustellen, die den Raumwellenbereich und die reflektorische Wirkung der sogenannten „Kennelly-Heaviside-Schicht“ (Ionosphäre) ausnutzten. Diese Erfahrungen kamen uns später im Einsatz zugute.

Der Schwerpunkt der Ausbildung lag also, unter Verzicht auf Drill, auf dem Gebiet des Funkverkehrs. Baldmöglich wurden auch die Funktrupps zusammengestellt. Sie bestanden je aus einem Funktruppführer, drei Funkern und einem Fahrer. Wir legten großen Wert darauf, dass diese fünf Mann fachlich und menschlich gut zusammenpassten. Nur so konnten sie im Einsatz funktionieren und ihre wichtige Aufgabe erfüllen. Das wurde in Funkübungen getestet. Auf diese Weise bekamen wir ausgezeichnet funktionierende Funktrupps. Sie wurden von Anfang an bestimmten Infanterie-Regimentern und selbständigen Einheiten wie Pionier-Bataillon, Aufklärungs-Abteilung, Panzerjäger-Abteilung usw. zugeteilt, sodass sich das Zusammenwirken zwischen den Kommandeuren und „ihren" Funktrupps optimal einspielen konnte. Die die Ausbildung abschließende Divisionsübung zeigte, dass die Nachrichtenverbindungen funktionierten. Eine Eigenmächtigkeit leistete sich dabei der Nachrichtenoffizier eines Regiments, mein Freund Leutnant Engel, indem er den Funkverkehr „des Gegners", d. h. der anderen beiden Regimenter, abhörte und den falschen „Befehl" ausgab, den Angriff einzustellen, was auch geschah: Die beiden angreifenden Regimenter brachen ihren Übungsangriff ab und blieben im Gelände liegen. Dies trug bei der abschließenden Manöverkritik dem „Ia" (Erster Generalstabsoffizier) eine Rüge des Kommandierenden Generals ein, der mit Recht darauf hinwies, dass man im Einsatz mit allen möglichen Überraschungen durch den Gegner fertig werden müsse, auch mit Täuschungsmanövern.

Alle Soldaten nützten die Zeit in Dänemark, dem Land, in dem mitten im Krieg im wahrsten Sinn „Milch und Honig" flossen, nach Kräften zu ihrer Erholung aus. Ich trank z. B. morgens zum Frühstück einen Liter Sahne (!) und wurde mit meinen 20 Jahren noch nicht einmal dick dabei. Es gab Erdbeeren mit Schlagsahne und herrliches Sahneeis zu kaufen! Der Urlauberzug in Richtung Hamburg hieß „Blockadebrecher". Alle Urlauber waren schwer mit Paketen behängt, und die Angehörigen zu Hause nahmen die ungewohnten Kostbarkeiten staunend entgegen.

Ich leistete mir noch eine ganz besondere „Investition": Bei einem Spaziergang durch Horsens sah ich im Schaufenster eines Juweliers eine Auswahl von goldenen Eheringen liegen. Ich ging hinein und fragte, ob man die kaufen könne, denn in Deutschland gab es so etwas schon lange nicht mehr. Der Juwelier bejahte das. Ich zögerte nicht lange, raffte mein ganzes Geld zusammen und erwarb ein Paar goldener Ringe, die ich fortan in meinem Brustbeutel mit mir trug. Verheiratet oder verlobt war ich zwar nicht, hatte auch keine entsprechende Freundin im Visier, aber ich dachte mir: „Heiraten wirst du eines Tages doch. Dann hast du schon mal die Ringe." So konnte ich nach Kriegsende bei unserer Verlobung im Jahre 1947 Helga einen goldenen Verlobungsring anstecken! Einmal, gegen Ende der vorgesehenen Ausbildungszeit, durfte ich noch in Urlaub fahren. Dann begann das Warten auf den ersten Fronteinsatz unserer neuen Division. Würde es nach Russland gehen? Oder an welchen Kriegsschauplatz des Jahres 1943? Als Funkoffizier oblag mir die Entschlüsselung geheimer Funksprüche oder Fernschreiben, die beim Divisionskommando eingingen. Man rief mich dann an. Ich schwang mich mit dem roten Briefumschlag mit der Aufschrift „Geheime Kommandosache", der die Schlüsselunterlagen enthielt, auf ein Motorrad und fuhr zum Divisionsgefechtsstand, wo eine Schlüsselmaschine „Enigma" und das Fernschreiben warteten. So bekam ich jeweils als erster zu wissen, wohin es gehen sollte. Natürlich durfte ich die Nachricht nur dem Divisionskommandeur oder dem „Ia" übergeben und musste sonst strengstes Stillschweigen bewahren. Ich war dann „Geheimnisträger". Selbst meinem eigenen Kommandeur der Nachrichten-Abteilung durfte ich nichts sagen.

Das erste Fernschreiben dieser Art kam im Juni oder Juli vom OKW (Oberkommando der Wehrmacht) aus dem „Führerhauptquartier" und kündigte die Verlegung unserer Division an die Ostfront an. Kein Soldat wollte da gerne hin. Von Russland hatten die meisten, die da schon einmal waren, insbesondere in Stalingrad, genug. Aber dieser Kelch ging dann doch an uns vorüber. Unser Schicksal würde vielmehr im Süden liegen, wo sich die militärische Lage folgendermaßen entwickelt hatte:[20)]

Der Einmarsch in Italien

Bereits seit August 1942 griffen britische Flugzeuge Ziele in Sizilien an. Ab Oktober wurden die Luftangriffe regelmäßiger, häufiger und stärker und dehnten sich auch auf Sardinien, Süd- und Mittelitalien aus. Am 8. November 1942 landeten die Alliierten unter General Eisenhower in Nordafrika (Casablanca, Oran und Algier) und stießen durch französisches Kolonialgebiet nach Osten vor. Die Franzosen leisteten zunächst Widerstand, stellten aber am 10. November den Kampf ein. Hitler ließ daraufhin das bisher noch freie Südfrankreich besetzen und das noch geduldete französische Waffenstillstandsheer entwaffnen. Das Gros der französischen Kriegsschiffe im Hafen von Toulon versenkte sich selbst.

Feldmarschall Montgomery drängte die deutsche Heeresgruppe Afrika auf der ägyptischen Seite zurück nach Westen über Tobruk, Benghasi und Tripolis nach Tunis. Am 12./13. Mai 1943 kapitulierten 130.000 deutsche und 120.000 italienische Soldaten in Nordafrika. Darunter befand sich auch mein Weimarer

Kamerad Lothar Wagentrotz, der zur selben Zeit, als ich nach Dänemark fuhr, nach Afrika abgestellt worden war, grade „rechtzeitig", um in amerikanische Gefangenschaft zu geraten. Den Rest des Krieges verbrachte er in USA. Ähnlich erging es meinem Freund Heinrich Kraft, der, allerdings nach jahrelangem Einsatz als Fallschirmjäger an allen Kriegsschauplätzen, ebenfalls in Tunis in Gefangenschaft geriet und das Kriegsende in Kanada erlebte.

Die gesamte nordafrikanische Küste von Kairo bis Tanger war nun in den Händen der Alliierten. Hitler hatte Rommel vorher aus Afrika zurückbefohlen, da er ihn als im In- und Ausland hochangesehenen General für eine andere Aufgabe „aufsparen" wollte. Die Popularität Rommels war schon damals unglaublich groß. Noch heute ist er der bekannteste deutsche Heerführer des Zweiten Weltkrieges. Schon während des Krieges wurde er von seinen Gegnern begeistert gepriesen. Churchill selbst hatte immer wieder Rommels geniale Fähigkeiten betont herausgestellt, vielleicht weil dadurch die anfänglichen Misserfolge seiner eigenen Befehlshaber, wie Feldmarschall Montgomery, besser erklärt werden konnten. Natürlich wurde Rommel auch durch die deutsche Propaganda überschwenglich verherrlicht, eine in der Geschichtsschreibung nicht unbekannte Erscheinung. Ein berühmt gewordener Mann verliert seinen Ruf nicht so schnell wieder. Hitler maß dem Namen Rommels eine Bedeutung zu, „die dem Wert mehrerer Divisionen gleichkomme". Aus eigenem Kriegserleben kann ich bestätigen, eine wie große Rolle in den Gesprächen der Soldaten die Namen der Heerführer, der Generale und auch gewisser Waffengattungen (Fallschirmjäger) oder Truppenteile (Leibstandarte „Adolf Hitler") spielten. Sie machten Mut und gaben Selbstvertrauen.

Gleich nach dem Fall von Tunis begann die deutsche Führung Überlegungen „Über die Lage beim Ausscheiden Italiens aus dem Kriege" anzustellen. Hitler setzte einen Arbeitsstab unter Rommels Oberbefehl ein. In einer Lagebesprechung am 20. Mai 1943 im Führerhauptquartier äußerte Rommel: „Ich habe die große Sorge, mein Führer, dass die Italiener plötzlich umfallen und die Grenze sperren, insbesondere den Brenner ..." Es gab Meldungen, dass die italienischen Alpenbefestigungen mit Munition versehen und die Grenzgarnisonen in Alarmbereitschaft versetzt worden wären, und deutsche Eisenbahntransporte über den Brenner ohne ersichtlichen Grund angehalten wurden. Da durch Norditalien die deutschen Nachschublinien für Sizilien und Süditalien liefen, war diese Situation sehr gefährlich. Durch den „Tunis-Rückstau" waren zudem viele deutsche Truppen, Stäbe und Nachschubeinheiten in Italien hängen geblieben, weil sie ihr Ziel (Tunis) nicht mehr erreichen konnten. Unter dem Decknamen „Alarich“ wurden nun die deutschen Maßnahmen für das italienische Festland und das italienisch besetzte Südfrankreich ausgearbeitet. Italien war allerdings als gleichberechtigter Verbündeter der „Achse Berlin-Rom“ noch Herr im eigenen Hause, und jede Bewegung deutscher Truppen auf italienischem Hoheitsgebiet musste mit den italienischen Stellen abgestimmt werden. Hitler war aber fest entschlossen, mit der Entsendung zusätzlicher deutscher Kräfte in den italienischen Raum die eigene Einflußnahme auf die Kriegsführung im westlichen und mittleren Mittelmeerbereich zu verstärken. Mussolini dagegen wollte zumindest im eigenen Land das italienische Prestige wahren und einer aufdringlichen und unerwünschten deutschen Einmischung wehren. Hitler setzte sich letztlich über die Bestrebungen seines Bundesgenossen hinweg und schickte so viele deutsche Divisionen nach Italien, wie er wollte.

Am 10. Juli 1943 landeten die Alliierten auf Sizilien, das am 17. August fest in ihrer Hand war. Italienische Städte in Sizilien und auf dem Festland wurden bombardiert, am 19. Juli zum ersten Mal auch Rom. Schon im März hatten 100.000 italienische Rüstungsarbeiter in Turin gestreikt und „für Frieden und Freiheit“ demonstriert. Die italienische Bevölkerung war kriegsmüde geworden, das Ansehen Mussolinis nach zahlreichen militärischen Niederlagen verflogen. Krone und militärische Kreise schmiedeten Staatsstreichpläne gegen ihn. Selbst bedeutende faschistische Persönlichkeiten opponierten jetzt erstmals seit mehr als 20 Jahren gegen den „Duce“ (Führer). Am 24. Juli trat der „Große Faschistische Rat“ in Anwesenheit Mussolinis (!) in Rom zusammen und bat (mit 19 gegen 8 Stimmen) König Viktor Emanuel III., den bei Kriegsbeginn (10. 6. 1940) an Mussolini abgetretenen Oberbefehl über die italienische Wehrmacht wieder selbst zu übernehmen. Am 25. Juli empfing der König Mussolini, setzte ihn als Regierungschef ab und ließ ihn verhaften. Mussolini wurde auf abenteuerliche Weise über die Inseln Ponza (Golf von Gaeta) und La Maddalena (Sardinien) zum Gran Sasso-Massiv in den Abruzzen gebracht und im Sporthotel „Campo Imperatore“ gefangen gesetzt. Der König berief Marschall Badoglio zum neuen Regierungschef. Dieser erklärte zunächst, den Krieg an der Seite Deutschlands fortsetzen zu wollen.

In der Lagebesprechung am 25. Juli besprach Hitler in seinem Hauptquartier die entstandene Situation. Das Verhalten der Italiener erklärte er für „nackten Verrat“. Er und seine Umgebung trauten den Italienern nicht, die im Ersten

Weltkrieg (1916) Deutschland als Bundesgenossen schon einmal „verraten“ und ihm den Krieg erklärt hatten.

Bei dieser Besprechung fiel auch die Entscheidung über den künftigen Einsatz unserer Division. Bei der Aufzählung der zu treffenden Maßnahmen wurde erörtert, welche Divisionen sofort nach Italien verlegt werden könnten. Im unvollständig überlieferten Protokoll über diese Lagebesprechung heißt es:

„... Keitel: Die nächste Infanteriedivision.

Der Führer: Wunderbar, denen winkt etwas! Wenn sie da nicht eingesetzt werden, würden sie wahrscheinlich, ... denn der Verrat ändert natürlich alles ...“

Hitler erinnert sich hier ganz offensichtlich an die früher beschlossene Verwendung unserer Division im Osten (siehe das oben erwähnte Fernschreiben des OKW, das ich damals entschlüsselt hatte). Nun erzwang die Lage in Italien ihren Einsatz im Süden. Wieder hatte ich das neue Fernschreiben zu entschlüsseln. Es besagte, dass unsere Division in den Raum Villach-Laibach verlegt werden sollte. Da war natürlich meine Freude groß. Bei der Übergabe des entschlüsselten Fernschreibens vergatterte mich Oberstleutnant i.G. Pretzell zum strengen Stillschweigen, das ich natürlich einhielt. Meine Kameraden entnahmen aber meiner Miene, dass es wohl jedenfalls nicht nach Russland gehen würde. Bald merkten sie es dann selbst an der Richtung, die unsere Transportzüge nahmen.

Ich selbst wurde dem sog."V.P."(Vorauszubeförderndes Personal) zugeteilt, das das Eintreffen der Division im Zielraum vorzubereiten hat. Es handelte sich um eine Gruppe von etwa 10 Offizieren unter Leitung des Zweiten Generalstabsoffiziers, der für Nachschubfragen zuständig war. Auch mein Kommandeur, Hauptmann Kreft, gehörte dazu. So stiegen wir am 3. August 1943 in Horsens in den normalen Urlauberzug und reisten zunächst nach München, wo wir in einem Hotel neben der Frauenkirche übernachteten. Ich war noch nie in München oder südlich davon gewesen. Von da ging es weiter nach Cilli, dem heutigen Celje, in Slowenien. Dieses Gebiet war seit April 1941 von Deutschland besetzt und verwaltungsmäßig vereinnahmt worden. Zum ersten Mal sah ich bei dieser Reise die Alpen. An die genaue Fahrtstrecke kann ich mich nicht mehr entsinnen. Sie war jedenfalls sehr schön. Ich empfand das Ganze als ein aufregendes Abenteuer.

In Cilli, einem netten alten „k.u.k.“-Städtchen, war alles ruhig. Die Bevölkerung sprach aus der österreichischen Zeit häufig noch deutsch und war nach unserem Eindruck deutschfreundlich, zumindest die Mädchen. An sich war die

Krain von Partisanen beherrscht. Aber solange unsere Division hier lag, mussten sie sich zurückhalten. In Cilli empfing ich die Funkkompanie am Güterbahnhof und brachte sie in das Schulgebäude, ihr erstes „Einsatzquartier". Den Divisionsfunkplan hatte ich schon ausgearbeitet. Die Division folgte schulmäßig in Güterzügen, eingeteilt in sog. „Kampf- und Ergänzungsstaffeln". Einstweilen funktionierte alles immer noch so, wie ich es grade auf der Waffenschule gelernt hatte. Ab sofort stellte unsere Nachrichten-Abteilung den laufend eintreffenden Truppenteilen der Division Funk- und Fernsprechtrupps für die Verbindung zum Divisionskommando zur Verfügung.

Einen traurigen Zwischenfall gab es in diesen ersten Einsatztagen. In einem Zeltlager, in dem Teile der Nachrichten-Abteilung untergebracht waren, erschoß ein Posten der 1. Kompanie nachts irrtümlich einen Kameraden, der sein Zelt zum Austreten verlassen hatte und auf Anruf nicht die Parole nannte. Diese Panikreaktion eines unerfahrenen jungen Soldaten kostete seinen Kameraden das Leben. Seine Beisetzung erfolgte im Beisein der Eltern, die noch herbeigerufen werden konnten. Es war der erste Tote unserer Abteilung.

Nach wenigen Tagen empfingen wir Tropenuniformen und verlegten mit dem Divisionsstab nach Veldes, dem heutigen Bled, einem bekannten Kurort am Bleder See. Mit der „Kur" hatte es aber bald ein Ende. Ich wurde nämlich mit einem Nachrichtenzug, bestehend aus einem Funktrupp und zwei motorisierten Fernsprechbautrupps zu unserem Infanterie-Regiment 191 abgestellt, um von dort aus die Verbindung zur Division zu halten. Das Regiment hatte Stellung im Raum Arnoldstein bezogen, 5 km vor der italienischen Grenze an der Eisenbahnlinie und Straße Nr. 13 nach Udine. Die anderen beiden Regimenter (194 und 211) lagen weiter südostwärts und sollten die von Klagenfurt und Laibach nach Italien führenden Eisenbahnlinien sichern. Die Grenze durfte vorerst nicht überschritten werden. Mein Nachrichtenauftrag war zu dieser Zeit mit unseren geringen Möglichkeiten quer durch und über die Julischen Alpen nicht auszuführen. Dazu hätte kaum ein Armeenachrichtenregiment mit seiner viel größeren und vielfältigeren Technik ausgereicht. Es musste daher zunächst mit rückwärtigen Meldeköpfen und Meldefahrern gearbeitet werden.

Am 25. August 1943 entschloß sich das Oberkommando der Wehrmacht auf Drängen von Rommel, unsere Division auch gegen den Widerspruch der Italiener in Italien einmarschieren zu lassen, mit der vorgeblichen Begründung, dass die italienischen Sicherungen der Eisenbahnstrecken gegen Bandenüberfälle zu schwach seien. Das italienische Oberkommando protestierte scharf gegen diese ihm angekündigte Maßnahme und drohte mit bewaffnetem Widerstand. Dennoch begannen die deutschen Aktionen. Wir erhielten noch in der Nacht den Befehl, am nächsten Tag die Grenze zu überschreiten. Die Situation war äußerst gefährlich und angespannt. Die italienischen Grenztruppen hatten den Schlagbaum an der Hauptstraße geschlossen und Maschinengewehre in Stellung gebracht. Die Bunker in den Bergen waren besetzt. An der Grenze war ein italienischer General erschienen. Unser Kommandeur, Oberst Krancke, ließ das Regiment 191 in verschiedenen Marschgruppen in die Nähe der Grenze vorrücken. Der Einmarsch sollte möglichst friedensmäßig und ohne auffällige Marschsicherungsmaßnahmen erfolgen, eventueller Widerstand aber rücksichtslos gebrochen werden. Wie war das durchzuführen?

Oberst Krancke ließ die Regimentskapelle holen! Die Instrumente wurden selbst in dieser Phase des Krieges noch beim Tross mitgeführt. Die Musiker waren als Sanitäter eingesetzt. Wohl zum letzten Mal in diesem Krieg trat das Musikkorps als solches zusammen und bildete vor dem italienischen Schlagbaum die Spitze der Marschkolonne. Dahinter nahm eine Schützenkompanie unter Führung des Hauptmanns Offschany Aufstellung. Krancke befahl ihm, sich sein Ritterkreuz um den Hals zu hängen, um die Italiener zu beeindrucken. Dann ging er zu Fuß über die Grenze, um dem italienischen General mitzuteilen, dass er Befehl habe, die Grenze zu überschreiten. Es gab eine hitzige Debatte, die damit endete, dass Krancke das verabredete Zeichen gab. Der Schlagbaum wurde mit Gewalt hochgerissen, das Musikkorps setzte mit einem schwungvollen preußischen Marsch ein, und mit klingendem Spiel überschritt die Spitze des Regiments 191 die italienische Grenze. Die Italiener waren verblüfft und auf diese Entwicklung nicht vorbereitet. Der italienische General war überrumpelt. Ein Schießbefehl hätte ein Blutbad unter der deckungslosen deutschen Marschkolonne angerichtet. Aber dazu kam es nicht. Die italienischen Maschinengewehrschützen waren teils wütend, teils erleichtert, und ließen uns unbehelligt an sich vorbeimarschieren. Ich kann mich gut an das unangenehme Gefühl entsinnen, das wir alle gegenüber den durchgeladenen Maschinengewehren hatten.

Was nun folgte war „einfach“: Unsere Spannung war gelöst, und der Einmarsch verlief schnell und zügig. Offen blieb, ob sich die Italiener wieder fangen und später zum Widerstand übergehen würden. Um das zu klären, fuhr Oberst Krancke mit einigen Kradmeldern in schneller Fahrt nach Italien hinein. Ich folgte ihm mit meinem Fahrzeug und Fahrer Paulus. Von dieser rasenden Fahrt machte ich einige Fotos, die ich noch besitze. Hinter jeder Kurve der Gebirgsstraße konnte eine Straßensperre oder eine andere Überraschung auftauchen. Aber wir hatten unsere Bundesgenossen überschätzt. Nichts passierte, und wir konnten ungehindert an überraschten Gesichtern vorbei über Tarvisio, Pontebba und Chiusaforte dorthin durchfahren, wo die Fella in den Tagliamento mündet. In Gemona war das erste Ziel, der Südwestausgang der Julischen Alpen, ohne Zwischenfälle erreicht. Der Regimentsgefechtsstand wurde in Moggio, einem kleinen Ort am Fuß der Alpen, errichtet, wo wir bis zum 8. September blieben. Auch die anderen Einheiten der Division erreichten ohne große Zwischenfälle die Alpenausgänge.

Die Bewachung der Bahnlinien und Straßen, insbesondere der wichtigen Brücken, erfolgte nun gemeinsam durch deutsche und italienische Kräfte. Es entstand ein eigenartiges Nebeneinander der formal noch verbündeten Waffenbrüder, das von einem gegenseitigen Misstrauen geprägt war. Vorsorglich wurden für den Konfliktsfall alle Maßnahmen vorbereitet, um die Italiener zu entwaffnen und auszuschalten. Natürlich gab es aber überall, je nach dem Grad des Zusammenlebens mit der italienischen Bevölkerung und den verbündeten Truppenteilen auch freundschaftliche Beziehungen und Kontakte.

Ich entsinne mich z. B. an eine Einladung des italienischen Kommandeurs des nahen Tolmezzo an das Offizierkorps unseres Regiments zu einem „Kameradschaftsabend". Nicht ohne Bedenken folgten wir der Einladung, die eine Falle sein konnte. Wir ließen uns also von meinem Funkfahrzeug begleiten, das Verbindung zu einem bereitstehenden „Entsatzkommando" hatte. Einige Beiwagen-Kräder mit aufgeprotztem Maschinengewehr bildeten unsere selbstgewählte „Ehreneskorte". Wir wurden von dem italienischen Capitano freundlich empfangen und zur Garderobe geleitet. Dort legten wir aber nur unsere Mützen ab. Die Leibriemen mit den Pistolentaschen behielten wir um. Es wurde allen Befürchtungen zum Trotz ein netter Abend.

Zur gewissermaßen „vorbereitenden Einschüchterung" führte die Panzerjäger-Kompanie des Regiments eine Schießübung mit Panzersprenggranaten durch, zu der die italienischen und auch einige der neuaufgetauchten kroatischen Offiziere eingeladen wurden. Die PaK-Geschütze gingen in den Bergen über Moggio in Stellung und schossen auf Scheiben, die auf der gegenüberliegenden Seite des engen Tales im Gebirge angebracht waren. Die Granaten heulten über Straße, Fluss und Eisenbahn hinweg ins Ziel und explodierten mit ohrenbetäubendem Lärm, der in den Bergen lange widerhallte. Offensichtlich beeindruckt verließen unsere Gäste das Terrain. Später gab es in dieser Gegend denn auch keinen Widerstand.

Inzwischen hatte Marschall Badoglio nach seiner Regierungsübernahme entgegen seiner offiziellen Erklärung sofort heimlich auf diplomatischer und militärischer Ebene versucht, mit den Alliierten einen Waffenstillstand auszuhandeln. Am 3. September 1943 unterzeichneten die Italiener in Cassibile (Sizilien) die bedingungslose Kapitulation Italiens, die am 8. September 17 Uhr auf Veranlassung Eisenhowers über Rundfunk bekanntgegeben wurde. Am 9. September, morgens gegen 5 Uhr, flohen der König und seine Familie, Badoglio und die militärische Führung in Kraftfahrzeugen aus Rom nach Pescara und von dort aus mit einer Korvette nach Brindisi, das inzwischen in der Hand der Alliierten war, die seit dem 3. bzw. 9. September in Kalabrien und Apulien gelandet waren und nach Norden vorstießen.

Hitler hatte nach dem Bekanntwerden der italienischen Kapitulation mit dem Stichwort „Achse“ die für diesen Fall vorgesehenen Maßnahmen ausgelöst. Diese hatten die sofortige Entwaffnung der italienischen Wehrmacht zum Ziel. In Rom hatten der flüchtende König und seine Begleitung keinerlei Befehle oder Weisungen hinterlassen, setzten insbesondere nicht die für diese Entwicklung vorbereiteten Operationsbefehle in Kraft, sodass die italienischen Truppen den entschlossen vorgehenden deutschen Streitkräften führungs-, rat- und hilflos gegenüberstanden. Am 10. September war mit Rom die italienische Befehlszentrale in deutscher Hand.

Ich befand mich in der Nacht vom 8. auf den 9. September 1943 an der Grenze in Tarvisio in einem von mir dort eingerichteten Meldekopf für das erwartete geheime Stichwort „Achse“. Als der Spruch eintraf, fuhr ich zum Regimentsgefechtsstand, wo sofort Alarm ausgelöst wurde. Der vorgesehene Einsatz begann. Diesmal liefen die Ereignisse nicht so glatt ab, wie am italienischen Schlagbaum am 26. August.

In Tarvisio widersetzte sich die italienische Garnison der Entwaffnung. Das bedeutete, dass ein kritischer Punkt des deutschen Nachschubs an der italienischen Grenze gefährdet war. Diese Situation konnte dadurch „bereinigt“ werden, dass eine zufällig auf der Bahnstrecke vorbeifahrende deutsche Flakabteilung (Flak = Flugabwehrkanone), ausgerüstet mit 2cm-Vierlingsflak auf Selbstfahrlafette, angehalten und ausgeladen wurde. Die Geschütze fuhren im Halbkreis vor der italienischen Kaserne auf und eröffneten das Feuer. Dieser konzentrierten Feuerkraft und ihrer demoralisierenden Wirkung waren die italienischen Soldaten natürlich nicht gewachsen und kapitulierten ohne Gegenwehr sofort, indem sie weiße Tücher aus den Fenstern hängten. Sie wurden gefangen genommen, so weit sie nicht geflohen waren. So oder ähnlich endete die vielbeschworene deutsch-italienische Waffenbrüderschaft!

Von Tarvisio fuhr ich mit dem Gefreiten Paulus dem Regiment voraus nach Udine, um Nachrichtenverbindungen zu erkunden. Udine liegt in der Ebene zwischen Adria und Gebirge. Es ist Mittelpunkt der Landschaft Friaul mit heute etwa 100.000 Einwohnern, alte Kulturstadt und von großer wirtschaftlicher Bedeutung. Es ist auch wichtiger Verkehrsknotenpunkt und war daher auch damals von zentraler militärischer Bedeutung in dem Raum zwischen Triest und Venedig. Auf der schnurgraden Straße Nr. 13 zwischen Tricesimo und Udine gerieten wir in eine italienische Straßensperre, die es da noch gab. Ich sagte zu Paulus: „Da brechen wir durch!" Zunächst verlangsamten wir das Tempo zum Schein und fuhren dann in einer wilden Slalom-Schlingerfahrt durch die dort schußbereit stehenden italienischen Posten hindurch, die zur Seite springen mussten, um nicht erfasst zu werden. Bis sie reagieren konnten, waren wir mit hoher Geschwindigkeit davongefahren. In Udine trafen wir zu unserer Erleichterung an den Straßenkreuzungen und allen wichtigen Punkten schon die deutschen Flakgeschütze an, die uns kurz zuvor in Tarvisio geholfen hatten und bereits per Bahn hier eingetroffen waren.

Italienische Soldaten und Fahrzeuge waren kaum noch zu sehen. Ihre Situation war bedauernswert, die Befehlsverhältnisse im militärischen und zivilen Bereich chaotisch. Von Stunde zu Stunde verschwanden die Reste der italienischen Armee von der Bildfläche. Manche Kaserne lief buchstäblich leer, weil die Soldaten sich – mit oder ohne Waffen – davongemacht hatten und bereits untergetaucht waren, meist auf dem Weg in die Heimat, aber auch zu den Partisanen Titos im benachbarten Jugoslawien. In den Gebirgen nördlich Triest begann deren erbitterter Widerstand, z. B. in Görz (Gorizia). Dort war eine Kampfgruppe unseres Regiments 191 eingesetzt. Oberst Krancke wurde bei den Kampfhandlungen, neben einem Pakgeschütz stehend, schwer verwundet und fiel für den Rest des Krieges aus. Sein Nachfolger wurde Oberstleutnant Matthes, mit dem ich nun zusammenzuarbeiten hatte. (Er ist in den letzten Kriegstagen in Schlesien gefallen.) In der nächsten Zeit besetzten das Infanterie-Regiment 211 unserer Division Triest und das Infanterie-Regiment 194 Fiume (Rijeka). Unser Inf. Rgt. 191 erreichte am 12. 9. Pola (Pula) und entwaffnete die aus 12 - 14.000 Mann bestehende italienische Garnison, deren Mitglieder auf dem Seeweg nach

Venedig in ein Gefangenenlager abtransportiert wurden. Damit waren die wichtigen Häfen der Halbinsel Istrien (Istra) in deutscher Hand, nicht jedoch das zum Teil verkarstete Kalkhochland (bis 1.396 m ansteigend) dazwischen, das mehr oder weniger von Partisanen beherrscht wurde.

Insgesamt brachten es die schnell und entschlossen vorgehenden deutschen Truppen fertig, in wenigen Tagen die kriegsmüde und unmotivierte italienische Wehrmacht auszuschalten. Der israelische Schriftsteller Katriel Ben Arie schreibt: „Die Deutschen handelten blitzschnell, mit beispielhafter Effizienz und nach einem detaillierten Plan."[21] Es wurden mehr als 400.000 Soldaten entwaffnet und gefangengenommen sowie umfangreiche Waffenbestände und Material- und Verpflegungslager sichergestellt. Natürlich legten sich die deutschen Einheiten aus italienischen Vorratslagern möglichst große Bestände an. So ging unserer Division bis zum Kriegsende der Bohnenkaffee nicht mehr aus, und jeder Soldat durfte zu Weihnachten mit der Feldpost ein Pfund dieser Kostbarkeit nach Hause schicken.

Die italienische Kriegsmarine konnte mit einem großen Teil ihrer Flotte in den alliierten Machtbereich entkommen. Knapp 2.500 italienische Flugzeuge schlugen sich nach Apulien, Sardinien und Sizilien auf alliierte Flugplätze durch. Die deutsche Kriegsmarine und die deutsche Luftwaffe verfügten im Mittelmeerbereich nicht über genügend Kräfte, um dies zu verhindern. Es gab nur Teilerfolge.

Die Befreiung Mussolinis

Noch während die verschiedenen Teile der Wehrmacht dabei waren, die geschilderten Maßnahmen zur Entwaffnung der Italiener durchzuführen, fasste der General der Flieger Student, der Kommandierende General des XI. Fliegerkorps, am 11. 9. in eigener Verantwortung und ohne Wissen der deutschen Führung den Entschluß, Mussolini am Nachmittag des folgenden Tages durch das I. Bataillon des Fallschirmjäger-Regiments 7 der 2. Fallschirmjäger-Division aus seinem mutmaßlichen Gewahrsamsort auf dem Gran Sasso befreien zu lassen.[22] In einer kombinierten Land-Luft-Aktion gelang es, Mussolini am Nachmittag des 12. 9. aus dem Hotel „Campo Imperatore" herauszuholen und mit einem Fieseler „Storch" nach Pratica di Mare auszufliegen, von wo er über Wien und München ins „Führerhauptquartier" nach Rastenburg in Ostpreußen gebracht wurde. Dort traf er bereits am 14. 9. 1943 mit Hitler zusammen und gründete anschließend von dessen Gnaden die „Repubblica Sociale Italiana", auch „Republik Salò", nach seinem „Regierungssitz" am Gardasee, genannt, die bis zum Kriegsende ein Schattendasein im deutschbesetzten Italien führte.

Der „Bravourstreich im Hochgebirge" spielte sich so ab, dass am 12. 9. ab 14 Uhr insgesamt neun Lastensegler des Typs DFS 230, die von ihren Schleppflugzeugen auf etwa 2.700 m Höhe geschleppt worden waren, auf einer stark abfallenden Halde knapp 40 m vor dem Eingang des Sporthotels mit 110 Fallschirmjägern an Bord landeten. Bei dieser von den Italienern nicht für möglich gehaltenen Landung ging nur ein Lastensegler zu Bruch. Es gab einige Verletzte, aber keine Toten. Die etwa 100 Karabinieri, die dort oben als Bewachung eingesetzt waren, wurden völlig überrascht. Sie leisteten keinen Widerstand, da der von den Deutschen gegen seinen Willen „mitgeführte" Karabinieri-General Soleti ihnen verbot, das Feuer zu eröffnen.

Die Landmarschgruppe der Fallschirmjäger traf kurz nach 14 Uhr an der am Fuße des Gran Sasso liegenden Talstation der zum Berghotel führenden Drahtseilbahn ein, die nach Entwaffnung der italienischen Wachen unversehrt in deutsche Hand fiel. Etwa zur gleichen Zeit landete Hauptmann Gerlach, ein erfahrener Pilot, mit einem Fieseler „Storch" auf einem einigermaßen ebenen Geländestreifen vor dem Hotel. Ein perfekt italienisch sprechender Fallschirmjäger-Leutnant hatte inzwischen Mussolini in dessen Zimmer aufgespürt und herausgeführt. Wenig später startete Gerlach mit dem nur für zwei Personen eingerichteten Fieseler „Storch" mit Mussolini und dem SS-Hauptsturmführer Skorzeny, der sich, trotz der Bedenken Gerlachs, hinter den Piloten und Mussolini in das Kleinflugzeug gedrängt hatte. Nur der Beherztheit und dem hohen fliegerischen Können Gerlachs war es zu verdanken, dass die überladene Maschine nicht am Ende des als Startbahn dienenden und mit Steinbrocken übersäten Abhanges in die angrenzende Schlucht abstürzte, sondern nach anfänglichem Absacken doch noch abgefangen werden konnte und allmählich an Höhe gewann.

Dieser Erfolg hatte viele Väter. Insbesondere die Rolle Skorzenys ist umstritten, der oft als „Mussolini-Befreier" genannt wird. Die Frage, die historisch an sich nicht von Bedeutung ist, beanspruchte damals in der Öffentlichkeit und später in der Memoirenliteratur viel Raum. Das Beispiel zeigt das Spannungsverhältnis, das zwischen SS und Luftwaffe (d. h. zwischen Himmler und Göring) herrschte. Man sieht auch, wie manchmal in der Geschichtsschreibung Erfolge zugeordnet werden.

Seit dem 19. 9. 1943 begann das Generalkommando des II. SS-Panzerkorps, das inzwischen die Befehlsgewalt in diesem Bereich übernommen hatte, Vorbereitungen, „um Istrien von Banden und Partisanen zu säubern". Es handelte sich im Wesentlichen um das „Durchkämmen" Istriens von Nord nach Süd durch zwei Divisionen: Unsere 71. Infanterie-Division im rechten Abschnitt und die Waffen-SS-Division „Hitler Jugend" im linken Abschnitt. Der geballten Kraft der beiden Divisionen hatten die Partisanen nicht viel entgegenzusetzen. Schwierig war allenfalls das karstige Gelände Istriens, in dem sich die Partisanen auskannten und untertauchen konnten.

Mir fiel auf, dass im Abschnitt der Waffen-SS links neben uns Dörfer und Gehöfte brannten, während das bei uns nicht der Fall war. Bei einer Erkundungsfahrt, die ich mit meinem Fahrer Paulus in den linken Frontabschnitt machte, um Nachrichtenverbindungen herzustellen, sah ich in einem Dorf neben einer Häuserwand die Leiche eines Kleinkindes mit zerschmettertem Schädel. Die tote Mutter lag wenige Schritte daneben. In den menschenleeren Straßen trieben sich nur einige Waffen-SS-Soldaten herum. Diese entsetzliche Entdeckung machte uns sehr betroffen. So etwas hatten wir nicht für möglich gehalten.

Demgegenüber wurde in unserer Division auf Disziplin geachtet, wie folgendes Beispiel zeigt: Ein Unteroffizier unseres Artillerie-Regiments hatte in Istrien eine Italienerin vergewaltigt. Er wurde sofort vor das Kriegsgericht der Division gestellt, zum Tode verurteilt und erschossen. Eine Bekanntmachung hierüber in italienischer Sprache wurde in ganz Istrien an öffentlichen Plätzen und Telefonmasten angeschlagen, wie ich selbst gesehen habe.

Am 14. 11. 1943 besetzten Kampfgruppen unserer Division mit Unterstützung der Kriegsmarine die Adria-Inseln Lussino (Losinj), Cherso (Cres) und Krk ohne nennenswerten Widerstand. An dieser Aktion nahm ich nicht teil, weil ich einen Tag vorher in Urlaub fahren durfte. Die Reise nach Deutschland war wahrscheinlich gefährlicher als das Landungsunternehmen. Denn mein Wehrmachtsvolkswagen wurde im Karstgebirge auf der Fahrt zwischen Abbazia (Opatija) und Triest von Partisanen mit Maschinengewehren beschossen, wovon ich aber nichts gemerkt hatte. Erst deutsche Panzerbesatzungen an einem Straßenkontrollpunkt machten mich darauf aufmerksam. Glücklicherweise war ich nicht getroffen worden.

Nach meiner Rückkehr wurde ich nicht wieder nach Pola zum Infanterie-Regiment 191 geschickt, sondern in Abbazia beim Stab der Nachrichten-Abteilung 171 eingesetzt und zum Adjutanten des Kommandeurs ernannt, weil der bisherige Adjutant, Oberleutnant Herzberg, die Führung der 1. (Fernsprech) Kompanie übernommen hatte. Das war eine interessante neue Aufgabe für mich. Ich hatte dem Kommandeur zuzuarbeiten, seine Befehle vorzubereiten und die Durchführung zu veranlassen. Außerdem war ich Führer des Abteilungsstabes.

Die Neujahrsnacht 1943/44 erlebten wir noch in Abbazia. Es erging strenger Befehl, kein „Feuerwerk" zu veranstalten, mit dem Erfolg, dass Punkt 24 Uhr ein großer Feuerzauber begann, d. h. es wurde aus allen Rohren in die Luft „geballert". Es schossen alle Posten, alle Flakgeschütze und alle Küstenbatterien. Leuchtkugeln erhellten die weite Bucht von Fiume (Rijeka), Leuchtspurmunition „lockerte" mit ihren Lichterketten dieses Bild auf. Es war der letzte heitere Ungehorsam, ehe es wirklich Ernst wurde.

Anfang Januar 1944 erhielten wir den Befehl, uns zum Abmarsch an die italienische Südfront bereitzumachen. Hier waren die Alliierten nach der Eroberung von Sizilien (vom 10. 7. bis zum 17. 8. 1943), wie erwähnt, am 3. 9. an der Südspitze Kalabriens und am 9. 9. in der Bucht von Salerno bei Paestum gelandet. Gleichzeitig gingen sie auch in Tarent in Apulien an Land. An keiner Stelle gelang es den deutschen Verteidigern, die Alliierten wieder ins Meer zu werfen, obwohl das bei Salerno fast geglückt wäre. Der deutsche Rückzug erfolgte dann in hinhaltender Verteidigung schrittweise von Flussabschnitt zu Flussabschnitt und von Höhenstellung zu Höhenstellung im sogenannten „überschlagenden Einsatz", d. h. es gab ständig zwei Hauptkampflinien (HKL): eine am Feind, eine weiter zurück bei der Vorbereitung der neuen HKL, in die dann eingerückt wurde. Ziel dieser Kampfart war, Zeit für den Ausbau einer Hauptverteidigungsstellung weiter nördlich zu gewinnen. Allerdings war zwischen dem Oberkommando der Wehrmacht und den deutschen Oberbefehlshabern in Italien (den Feldmarschällen Kesselring und Rommel) die Frage erörtert worden, ob man überhaupt so weit im Süden der italienischen Halbinsel verteidigen sollte. Es wurde damals ernsthaft erwogen, die deutsche Südfront sofort in einem Zuge bis an die Apeninnen in Höhe Florenz zurückzunehmen. Bei dieser hinhaltenden Verteidigung waren die Frontlinien im Dezember 1943 bis in die Berglandschaft etwa 120 km südöstlich von Rom gerückt. Dort versteifte sich der deutsche Widerstand zunächst in erbitterten und verlustreichen Kämpfen bei San Pietro in den Bergen,[23] um weiter Zeit zu gewinnen.

Ab Januar 1944 eskalierten die Kämpfe bei der kleinen Stadt Cassino am Eingang des Liri-Tals und entwickelten sich dort, am „Tor nach Rom", in monatelangen erbitterten Kämpfen zu einer der größten Schlachten des Zweiten Weltkrieges.[24)] An diesen Kämpfen habe ich teilgenommen.

Wer an militärischen Abläufen trotz ihrer Dramatik nicht interessiert ist, kann hier zunächst die „Schlussbetrachtung" dieses Abschnitts auf S. 193 lesen, wo ich versucht habe, Grundsätzliches über den Krieg zu sagen. Er sollte aber wissen, dass diese Grundsätze erst vor dem Hintergrund des folgenden Berichts ihr volles Gewicht bekommen. Ich möchte auch darauf hinweisen, dass hier immer wieder meine eigenen Kriegserlebnisse dargestellt sind.

Die alliierte Militärgeschichtsschreibung unterscheidet vier, die deutsche drei Cassino-Schlachten. Die Frage ist nicht wichtig. Dem neutralen Betrachter mag die Dreiteilung plausibler erscheinen, die sich an den zeitlichen Unterbrechungen der Kampfhandlungen orientiert, den Erschöpfungspausen der miteinander ringenden Heere. Ihr folge ich, weise aber auf die andere Einteilung jeweils hin.

Ab 9. Januar 1944 rollte unsere 71. Infanterie-Division in 60 Eisenbahnzügen aus Istrien auf verschiedenen Wegen an, um die 15. Panzergrenadier-Division an der Südfront abzulösen. Die Fahrt führte uns an Venedig vorbei durch Oberitalien bis an die ligurische Küste bei La Spezia und dann über Livorno auf der Küstenbahnstrecke am Meer entlang nach Süden. Da alliierte Bomber ständig die Bahnstrecken angriffen, mussten wir häufig anhalten und umgeleitet werden. Ich empfand trotzdem diese Fahrt durch die schöne italienische Landschaft mit ihren Pinien und Zypressen und vorbei an den Dörfern und Städten mit ihren fremdartigen wohlklingenden Namen als abenteuerliches Erlebnis. Kaum einer von uns war hier je gewesen. In der Abenddämmerung wurden wir um Rom herumgeleitet und konnten von fern die Silhouette der Peterskirche erkennen. Nachts kamen wir südlich von Rom nach Frosinone, wo wir ausgeladen wurden, um im „Landmarsch" die Front zu erreichen. Zur „Begrüßung" empfing uns auf der Straße nach vorn starkes Feuer weittragender feindlicher Artillerie, so dass wir erst einmal seitwärts in einem kleinen Gebirgsdorf unterzogen. Unser vorausgefahrenes Grenadier-Regiment 211 – die bisherigen „Infanterie"-Regimenter waren in „Grenadier"-Regimenter umbenannt worden – hatte am 14. 1. die vorbereitete Hauptkampflinie erreicht. Es sollte die Hauptlast der ersten Cassino-Schlacht tragen. Als Folge des alliierten Drucks konnte der vorgesehene Austausch der beiden Divisionen nicht durchgeführt werden. Das Regiment 211 wurde vielmehr als Ablösung von verschiedenen anderen Truppenteilen zwischen die dort verbliebenen Divisionen geschoben und besetzte den Ort Cassino.

Zum Verständnis der sich nun entwickelnden gewaltigen Schlacht ist ein kurzer Überblick über die Landschaft nützlich. Das etwa 7 km breite Liri-Tal schlängelt sich mit der alten „Via Casilina" (Straße Nr. 6) durch das Gebirge südostwärts von Rom. Südlich des Tales liegen die Monti Aurunci mit einer Höhe von ca. 1.500 m, nördlich der Monte Cáiro mit 1.669 m. Diese Gebirgsmassive steigen steil aus der Ebene auf und liegen wie eine Barriere vor Rom. Die Eckpfeiler am Liri-Tal sind im Süden der Monte Máio mit 940 m und im Norden der Monte Cassino mit 516 m. Auf seiner Spitze liegt das weltbekannte Mutterkloster der Benediktiner, die Abbazia di Montecassino, gegründet im Jahre 529 nach Christus als erstes Kloster Europas von Benedikt von Nursia. Sie wird über eine ca. 9 km lange Serpentinenstraße erreicht. Am Fuße des Monte Cassino liegt die Stadt Cassino (auf einer Höhe von ca. 50 m) mit damals ca. 8.000 Einwohnern, das antike Casinum, das bis 1871 San Germano hieß. Durch die Stadt hindurch führt die schon erwähnte „Via Casilina", die Straße von Neapel nach Rom. Vor den genannten Gebirgszügen fließen von Norden nach Süden eine Reihe von kleineren Flüssen entlang (Rapido, Gari, Liri, Garigliano, Ausente, Minturno), die ineinander übergehen und etwa zwischen 5 und 10 m breit und 2 bis 3 m tief sind. Diese natürlichen Hindernisse boten sich der deutschen Seite zum Ausbau einer Verteidigungsstellung an, der sogenannten „Gustav-Linie". Sie führte von Gaeta am Tyrrhenischen Meer über etwa 150 km quer durch Italien nach Ortona an der Adria, was einer Entfernung von Oldenburg nach Hamburg entspricht. Entlang dieser Linie hatten deutsche und italienische Baueinheiten und deutsche Pioniere während der Monate Oktober bis Dezember 1943 unter dem Schirm der geschilderten hinhaltenden Verteidigung Bunker und andere Befestigungen errichtet.

Im Ort Cassino waren ein Teil der Stadt unter Wasser gesetzt, einzelne Häuser gesprengt, Minen verlegt und Drahtverhaue und Panzersperren errichtet worden. Die Bevölkerung war evakuiert worden, kehrte aber meist zurück und vegetierte in Felsenhöhlen und Notunterkünften dahin, von uns nach Möglichkeit unterstützt. Zwischen Deutschen und Italienern bestanden oder entwickelten sich meist schnell gute Beziehungen. Dienstleistungen wie Wäschewaschen wurden mit Lebensmitteln entlohnt, jedenfalls bis zum Beginn schwererer Kampfhandlungen und Bombardements. Dann waren die Menschen in ihren an Hinterhängen versteckten Felsenhöhlen sicherer als in ihren Häusern. Dazu fällt mir noch unser Obergefreiter ... ein, der gelegentlich mit einem Kommissbrot unter dem Arm auf einer Dorfstraße flanierte, bis er „Erfolg" hatte.

In Cassino also besetzten die beiden Bataillone des Grenadier-Regiments 211 die Stadtränder von Nord nach Süd bis zu dem dort gelegenen Bahnhof. Die schweren Waffen des Regiments (leichte und schwere Infanteriegeschütze, Panzerabwehrkanonen, schwere Granatwerfer und schwere Maschinengewehre) wurden massiert an geeigneter Stelle eingesetzt. Beiderseits der Via Casilina in Richtung Neapel erwarteten Gefechtsvorposten vor der Hauptkampflinie den Gegner.

Insgesamt hatten die deutschen Verteidiger an diesem Frontabschnitt unter dem Befehl des XIV. Panzerkorps eine Panzergrenadier- und zwei Infanterie-Divisionen zur Verfügung mit je etwa 10.000 Mann. Zu beachten ist, dass diese Divisionen nicht, wie Gebirgs- oder Jäger-Divisionen, zum Einsatz im Hoch- oder Mittelgebirge ausgerüstet waren. Das erschwerte ihren Einsatz hier beträchtlich. Der Heeresgruppe Süd unter dem Oberbefehl des Feldmarschalls Kesselring stand ferner im Raum der italienischen Hauptstadt Rom eine Reserve von zwei Panzergrenadier-Divisionen zur Verfügung.

Um die Dimension der Schlacht und das gegenseitige Kräfteverhältnis zu verdeutlichen, ist es sinnvoll, auch die Zusammensetzung der zum Durchbruch nach Rom sich bereitstellenden Alliierten kurz darzustellen, wobei man sich unter einer Division zur damaligen Zeit etwa zehntausend Soldaten vorzustellen hat:

Am Mittelmeer lag der deutschen Front ein britisches Korps mit zwei Infanterie-Divisionen gegenüber. Weiter ostwärts am Rapido stand eine US Infanterie-Division. Dahinter wartete eine US Panzer-Division auf den späteren Durchstoß nach Rom. Gegenüber unserem Grenadier-Regiment 211 und der angrenzenden deutschen (44.) Infanterie-Division („Hoch- und Deutschmeister") näherten sich eine weitere US Infanterie-Division und nördlich der Stadt Cassino eine algerische und eine marokkanische Infanterie-Division des französischen Expeditionskorps unter dem Befehl des Generals Juin.

Hierbei handelte es sich um französische Kolonialtruppen, die in Nordafrika die französische Niederlage überstanden hatten. Diese Soldaten waren für den Gebirgskampf besonders gut ausgebildet und von den Amerikanern ausgerüstet worden. Die Führung lag bei französischen Generalstabsoffizieren, die in ihrer alten Tradition erzogen worden waren. Es war eines der kampfkräftigsten Kontingente der Alliierten, das letzten Endes die Cassino-Schlachten entschied. Allerdings gab es auch Übergriffe der Afrikaner, genauer Marokkaner, gegenüber der italienischen Zivilbevölkerung. Sie vergewaltigten Frauen und plünderten. Die französischen Offiziere stellten die Disziplin wieder her, indem sie die schlimmsten Übeltäter öffentlich aufhängen ließen.

Der alliierte Plan sah einen kombinierten Angriff gegen die deutsche „Gustav-Stellung" und, in deren Rücken südlich von Rom, ein Landungsunternehmen bei Anzio und Nettuno vor. Beide Angriffskeile sollten sich vor Rom treffen und die deutsche Südfront einkesseln und vernichten.

Während unser Grenadier-Regiment 211 bereits in Cassino Stellung bezogen hatte, wurden unser Divisionsstab und die Nachrichten-Abteilung wieder umgedreht und wegen eines nördlich Rom befürchteten Landungsunternehmens der Alliierten im „Mot. Marsch" um Rom herum nach Bracciano verlegt. Wir bezogen zunächst im Castell Orsini (aus dem 15. Jahrhundert) unseren Gefechtsstand. Das war zwar nach einem am Tor angebrachten Schild mit der Unterschrift von „Generalfeldmarschall Kesselring" verboten, aber jetzt, in Erwartung eines feindlichen Angriffs ohne Bedeutung. Da bisher noch keine feindliche Landung erfolgt war, nächtigte ich zum ersten Mal in meinem Leben unter einem Baldachin und stellte mir vor, dass es das Bett der Fürstin Orsini gewesen sei. Im übrigen war es noch „saukalt", woran auch ein Höllenfeuer im Kamin meines „Schlafgemachs" nicht viel ändern konnte. Der Blick vom Kastell auf den Lago di Bracciano war jedenfalls großartig und ließ den Krieg für kurze Zeit vergessen.

Unser als nächstes anrollendes Grenadier-Regiment 194 wurde angehalten und zur Küstenverteidigung in diesem Raum nördlich Rom vorgesehen. Aber auch daraus wurde nichts, weil sich die Lage erneut verändert hatte:

Die erste Cassino-Schlacht

Denn am 17. 1. 1944 um 21 Uhr eröffnete das X. britische Korps im Süden die erste Cassino-Schlacht. Es bildete einen Brückenkopf über Garigliano und Minturno und drohte, südwestlich des Monte Máio durch das Ausente-Tal zum Liri-Tal durchzubrechen und damit auch die Stellungen am Monte Cassino aufzurollen.

Da die Alliierten nicht gleichzeitig auf breiter Front angriffen, sondern, wie man sehen wird, zeitlich gestaffelt, konnte Kesselring seine gesamte Heeresgruppenreserve, nämlich die beiden oben erwähnten Panzergrenadier-Divisionen, an die gefährdete Stelle werfen und den Angriff der Briten zum Stehen bringen. Ihr Brückenkopf konnte jedoch nicht wieder beseitigt werden, weil die deutschen Reserven bald anderswo gebraucht wurden.

Drei Tage später, am 20. 1. um 20 Uhr, griff weiter nördlich die 36. US Infanterie-Division über den Rapido beiderseits S. Angelo an. Er ist an dieser Stelle 9 bis 11 m breit und 3 m tief, mit 1 m hohen Steilufern, und reißender, damals eiskalter Strömung. Bei völliger Dunkelheit und dichtem Nebel und unter schwerem flankierenden deutschen Abwehrfeuer gelang es den Amerikanern nicht, feste Brücken über den Fluss zu bauen. Ihre Schlauchboote wurden zerschossen. Die Ufer waren vermint, verdrahtet und nach Schleusenöffnung überschwemmt. Die Angreifer verloren in wenigen Tagen rund 2.000 Mann an Toten, Verwundeten und Gefangenen und mussten alle gewonnenen Brückenköpfe wieder räumen. Die Reste der Division wurden herausgezogen und mit der 34. US Infanterie-Division vereint. „Schwerlich haben Soldaten je auf so verlorenem Posten gestanden, wie die 36. US Division," schrieb später ein britischer Schriftsteller. Es war ein Desaster, das nach dem Krieg sogar ein parlamentarisches Nachspiel hatte mit dem untauglichen Versuch, die Verantwortung für diesen Opfergang zu klären.

Der Landekopf bei Anzio und Nettuno

Zwei Tage später, am 22. 1. um 2 Uhr nachts landete das VI. US Korps unter General Lucas hinter den deutschen Linien südlich Rom bei Anzio und Nettuno. Nach und nach wurden eine US Panzer-Division, eine US Infanterie-Division, eine britische Infanterie-Division, Fallschirmjäger und andere Einheiten, insgesamt etwa 70.000 Mann, später über 125.000 Mann, an Land gesetzt. An dieser Stelle der Küste gab es praktisch keine deutsche Verteidigung, womit die Alliierten eigentlich gerechnet hatten. Nur eine deutsche Genesendenkompanie geriet aus dem Schlaf heraus schlecht bekleidet in Gefangenschaft. Die Chance, unter Ausnutzung des Überraschungseffekts mit sofortigem Angriff die etwa 30 km zu den Albaner Bergen vorzustoßen, durch die die wichtigen Straßen Nr. 6 und 7 von Rom nach Süden führen, und damit das deutsche Hinterland in Verwirrung zu setzen, wurde versäumt. Nicht einmal Aufklärung wurde betrieben, um festzustellen, wo die Deutschen waren. Eine kombinierte schnelle Kampfgruppe, bestehend aus einigen Panzern, motorisierten Geschützen und motorisierter Infanterie hätte mit entschlossenem Vorstoß in einer Stunde die Via Casilina und die Vorstädte Roms erreichen können. Es ist spekulativ sich vorzustellen, was sich dann ereignet hätte. Immerhin waren kampferfahrene deutsche Divisionen in der Nähe oder im Anmarsch, die solche alliierten Vorstöße in den Flanken hätten packen können. Zumindest hätten die Alliierten aber ein besseres Bild über die deutsche Lage gewonnen. Stattdessen wurde zunächst nur ein Brückenkopf von etwa 10 km Tiefe gebildet und eine Nachschubbasis errichtet. Man hatte wohl an die schlechten Erfahrungen bei Salerno gedacht. Als die Alliierten nach Tagen ernsthafte Angriffe begannen, war es zu spät. Nach einem bereits im Dezember 1943 von Kesselring veranlassten Alarmplan waren ein Verteidigungsring improvisiert und alle erreichbaren Truppen herangezogen worden. Bis zum 28. 1., also nach knapp einer Woche, waren 27 deutsche Bataillone aus 13 verschiedenen Einheiten am Landekopf versammelt. „Die Militärmaschine der Deutschen reagierte mit der Effizienz und Geschwindigkeit, die ihre Gegner immer wieder in Erstaunen setzte." Churchill z. B. fand die Leichtigkeit der Deutschen, mit der sie ihre Figuren auf dem Schachbrett verschoben, und die Schnelligkeit, mit der sie die notwendigerweise entstandenen Lücken an ihrer Südfront stopften, „eindrucksvoll".[25)]

Zu dem deutschen Einschließungsring gehörten auch wir, die wir noch bei Bracciano, nördlich Rom, auf eine alliierte Landung gewartet hatten. Diesmal durchquerten wir Rom aus Zeitgründen direkt. Ich sah zum ersten Mal viele berühmte Baudenkmäler, die ich nur von Bildern gekannt hatte. Wir fuhren über die Piazza Venezia an dem Nationaldenkmal für Viktor Emanuel II. und am Colosseum vorbei. Auf der Via Appia Antica machten wir bei den alten römischen Grabdenkmälern unter Zypressen eine kurze Pause. Ich hielt mit meinem Wehrmachtsvolkswagen genau vor dem Bildnis eines römischen Edelmannes, das mein Lateinbuch „Ludus Latinus" geschmückt hatte! Der Blick über die Campagna mit den großartigen Bogenreihen alter römischer Wasserleitungen passte mal wieder ganz und gar nicht zum Krieg. Es ging weiter durch die Albaner Berge an Castel Gandolfo vorbei nach Velletri, einer auf einem Vorsprung des Monte Artemisio malerisch gelegenen Stadt, wo wir etwas außerhalb in den Weinbergen unseren Gefechtstand errichteten. Von dort hatte man einen weiten Blick über den ganzen alliierten Landekopf und die Landungsflotte. Die alliierte Artillerie hatte das erkannt und sich bald auf alle markanten Punkte dieser Gegend eingeschossen. An den Nebelgranaten, die zuerst ein Zielviereck markierten, also gewissermaßen „testeten", konnte man erkennen, ob man beim nächsten Feuerschlag „dran" war, und sich, wenn möglich, in eine sichere Deckung verziehen. Veletri war sehr schnell ein Trümmerhaufen. Unsere Anwesenheit dort war aber nur von kurzer Dauer, da wir bald zu unserer ursprünglichen Aufgabe an die Südfront am Monte Cassino zurückgeholt wurden und dort auf der anderen Seite des Liri-Tals in dem kleinen Felsennest Esperia unseren Gefechtsstand bezogen.

Unser Grenadier-Regiment 194 traf etwas später am Landekopf ein und wurde, wie geschildert, in den deutschen Verteidigungsring eingegliedert. Die nun beginnenden alliierten Angriffe und deutschen Gegenangriffe waren schwer und verlustreich. Sie wurden mit Schwerpunkt um die Orte Cisterna und Aprilia geführt. Insgesamt schafften es die Alliierten nicht, aus ihrem Landekopf auszubrechen und in den Rücken der deutschen Cassino-Verteidiger zu gelangen. Am 1. 2. abends ließ General Lucas den letzten großen Angriff abblasen. Das VI. US Korps ging bis auf weiteres zur Verteidigung über. Lucas wurde wegen seines Misserfolges abgelöst. Mit der Errichtung des Landekopfs erreichten die Alliierten aber ein wertvolles Teilziel: Die Bindung vieler deutscher Divisionen, die an der eigentlichen Cassino-Front bitter fehlten.

Aus den Tagen am Landekopf entsinne ich mich an einen großen Angriff deutscher Bombenflugzeuge auf die alliierte Landungsflotte bei beginnender Dunkelheit. Es war das letzte Mal, dass ich so etwas sah. Die Luftüberlegenheit der Alliierten wurde mit jedem Tag drückender, so dass Truppenbewegungen tagsüber praktisch nicht mehr möglich waren. Jabos (Jagdbomber) beobachteten bis weit ins rückwärtige Frontgebiet jede Straße und machten Jagd auf jedes Fahrzeug und selbst auf einzelne Menschen. Ferner zogen große Pulks viermotoriger Bomber ins Hinterland und griffen dort Bahnlinien, Straßen, Brücken und andere Ziele an. Wir nannten sie ihrer starren und unbeirrbaren Flugformation wegen „Die Sturen". Sämtliche Truppenbewegungen, insbesondere der Nachschub von Munition und Verpflegung, konnten nur noch bei bedecktem Wetter oder bei Dunkelheit erfolgen und wurden auch dann im Hauptkampffeld durch Artilleriefeuer und bei klarer Mondnacht durch Jabos gestört. Deutsche Jagdflugzeuge („Jäger") waren nur noch selten zu sehen. Zum Schutz für unaufschiebbare Tagesfahrten erhielten größere Fahrzeuge Dachluken für Jabo-Beobachter, die ständig den Himmel absuchen mussten. Außerdem wurden entlang größerer Straßen im seitlichen Abstand Deckungslöcher gegraben und mit einem durch Strohbündel gekennzeichneten Stock erreichbar gemacht. So konnten sich Benutzer angegriffener Fahrzeuge in Sicherheit bringen, sofern sie rechtzeitig etwas merkten.

Positiv kann vermerkt werden, dass in Italien das Rote Kreuz in aller Regel beachtet wurde. Deutsche „Sankas" (Sanitätskraftfahrzeuge) fuhren mit weißem Anstrich und großem roten Kreuz auf dem Dach. Ich habe folgenden Vorfall beobachtet: Ein deutscher Sanka fuhr, eine große Staubwolke hinter sich herziehend, eine Straße entlang. Ein britischer Jabo hatte ihn entdeckt und setzte zum Angriff an. Der deutsche Fahrer bemerkte das und stoppte. Nachdem sich die Staubwolke verzogen hatte, wurde das rote Kreuz sichtbar. Der britische Pilot hörte sofort auf zu schießen und drehte ab.

Am 24. 1. griff an der Cassino-Front die 3. algerische Infanterie-Division nördlich der Stadt Cassino mit dem Ziel an, das Monte Cáiro-Massiv zu nehmen, damit Stadt und Berg Cassino zu umgehen und ins Liri-Tal herunterzustoßen. Die Algerier nahmen den Monte Belvedere und wurden erst am Colle Abate von dem inzwischen hier eingetroffenen Grenadier-Regiment 191 unserer Division zum Stehen gebracht. Die deutsche 44. Infanterie-Division war dort durch die vorausgegangenen Kämpfe am Ende ihrer Kräfte angelangt.

Am nächsten Tag, dem 25. 1., begann die 34. US Infanterie-Division mit den Resten der schon erwähnten 36. US Infanterie-Division nördlich Cassino mit ihrem Angriff. Gegen den nachlassenden Widerstand der deutschen 44. Infanterie-Division bildeten die Amerikaner einen Brückenkopf über den Rapido und brachten stärkere Panzerkräfte auf das Westufer. Mit diesen drangen sie in den Nordrand von Cassino ein, wo sich der Angriff festlief. Die Reste der 44. Infanterie-Division wurden dort von unserem Grenadier-Regiment 211 aufgefangen, das hier, wie erwähnt, seit dem 14. 1. in wohlausgebauter Stellung lag.

Nördlich Cassino bei Cáira gewannen die Amerikaner gegen die auch dort zerschlagene 44. Infanterie-Division rasch an Boden und nahmen am 1. 2. den Monte Castellone (771 m) und den Colle Maiola (481 m). Unser Grenadier-Regiment 211 warf seine Reserven, nämlich den Pionier- und den Reiterzug mit je etwa 30 Mann, mehr nicht, nach Norden ins Gebirge und verhinderte so die drohende Umklammerung von Stadt und Berg Cassino. Die Kräfte der 34. US Infanterie-Division, die bei den Kämpfen in den Bergen bereits über 2.200 Mann verloren hatte, reichten an dieser Stelle zu diesem Zeitpunkt nicht mehr aus, die letzten 2 km hinunter zur Via Casilina nach Süden durchzubrechen.

Quo vadis?
(1929)

Vater und Sohn (1936)
Mutter und Sohn (1939)

Auf Fahrt (1938)

Warten auf Hitler vor dem Festspielhaus in Bayreuth. Der Verfasser: 4. Reihe von unten, 4. von links (Juli 1939)

Der „frischgebackene" Leutnant (1942)

Die Abtei Montecassino (1979)
Der Einmarsch in Italien (25. 8. 1943) bei Tarvisio

Verlobung mit Helga Funk
(1947)

Spielen mit den Töchtern Johanna, Angelika, Almut und Ilse (1963)

Angelika malt Johanna eine Bildergeschichte und erzählt dazu (vier Wochen vor ihrem Tod am 26. 8. 1966)

Letzte Sitzung als Richter am Landgericht Gießen (März 1964)

FOTO: HILMAR PABEL

Arbeitsbesprechung im Zentralbüro (1965)

BERTHOLD BEITZ
GENERALBEVOLLMÄCHTIGTER
ALFRIED KRUPP VON BOHLEN UND HALBACH

ESSEN, 5. März 1964

Lieber Herr Reinhold !

Von Herrn Reusch habe ich erfahren, daß Sie sich entschlossen haben, den Tanz mit mir zu wagen. Ich habe mich über Ihre Entscheidung sehr gefreut und bin überzeugt, daß wir ausgezeichnet zusammenarbeiten werden.

Mit besten Grüßen

Ihr

Zu Krupp nach Essen

Fotos: Krupp

Krupp-Pressekonferenz (Jan. 1968) v.l.n.r. Berthold Beitz, H. J. Abs, Günter Vogelsang, der Verfasser: 2. Reihe 2. v. l.

Mit dem Krupp-Vorstand bei Berthold Beitz (1973) v.l.n.r. W. Siber, Dr. H. Elenz, Dr. A. Lukac, Berthold Beitz, E.W. Mommsen, Prof. Dr. W. Dettmering, Dr. E. Reusch, der Verfasser, Dr. K. Dyckerhoff

Als Leiter des Zentralbüros des Krupp-Vorstandes
(1970)

Foto: AP

Bundeskanzler Helmut Schmidt sprach wegen der Freilassung der Familie Dörner mit Staatspräsident Valéry Giscard d'Estaing (s. S. 330)

3. 6. 1975: Familie Dörner am Grenzübergang in Herleshausen *(s. S. 335)*

65-ster Geburtstag auf dem Baldeneysee in Essen
(1988)

Urlaubsreise (1978)

8. 10. 1999: Goldene Hochzeit (mit Enkel Moritz)

Töchter, Schwiegersöhne und Enkel:

Almut und Thomas Tepfer

Linda Tepfer

Reinhard und Ilse Pietrass mit Moritz und Nora

Samuel und Johanna Bächli mit Eva und Paula

Am 2. 2. griff die 34. US Infanterie-Division mit der Unterstützung von Panzern den Nordrand von Cassino und den Rocca Janula (Höhe 193) mit dem alten Kastell an, die beherrschende Höhe unmittelbar über der Stadt. Der Angriff blieb vor den Straßensperren liegen. Einbrüche wurden durch Gegenangriffe bereinigt. In den Häuserruinen wogte der Kampf tagelang hin und her. Der Gefechtsstand des II. Bataillons unseres Grenadier-Regiments 211 musste aus einer schützenden Felsenhöhle zurückverlegt werden. Es wurde eng vor dem Tor nach Rom!

Am Abend des 4. 2. erhielt unser Grenadier-Regiment 211 den Befehl vom Generalkommando des XIV. Panzer-Korps, die Stadt Cassino zu räumen und sich in einer am Südosthang des Klosterberges einzurichtenden neuen Riegelstellung weiterzuverteidigen. Da die neue Hangstellung ohne den Rückhalt von Häusertrümmern und mit verschlechterten Nachschubwegen nicht zu halten gewesen wäre, hätte den mit ständiger Luft-, Artillerie- und Panzerunterstützung angreifenden Alliierten die Via Casilina und der Weg nach Rom offengestanden. Die Kommandeure des Grenadier-Regiments 211 beschlossen daher aus ihrer besseren Übersicht über die örtlichen Verhältnisse und im wohlverstandenen Interesse der Sache, diesen Befehl n i c h t auszuführen. Sie entschieden sich vielmehr für einen Gegenangriff, um die Lage wiederherzustellen. In der Nacht wurden alle verfügbaren Kräfte, verstärkt durch Panzer, vom Gegner unbemerkt, bereitgestellt. Der Gegenangriff begann um 6.30 Uhr mit einem kurzen Feuerschlag aller schweren Waffen auf den Nordrand von Cassino. Die Stoßtrupps rollten die Stellungen der Amerikaner auf, machten 80 Gefangene und zerstörten 9 Panzer. Ein eingeschlossener deutscher Stützpunkt wurde befreit. Insgesamt wurde der Angriff ein voller Erfolg und die Stadt Cassino gehalten. Unser Grenadier-Regiment 211 wurde im Wehrmachtbericht mehrfach lobend erwähnt. Der Erfolg rechtfertigte also den „Ungehorsam" der Kommandeure. Auch in den folgenden Tagen blieb die Stadt Cassino in harten Nah- und Häuserkämpfen in deutscher Hand. Die Alliierten schossen täglich 30 - 40.000 Granaten in die Stadt, alle 2 Sekunden eine im statistischen Durchschnitt. Die 34. US Infanterie-Division setzte ihre Angriffe auch im Gebirge nördlich der Stadt fort und eroberte am 3. 2. den Kalvarienberg (593 m), die beherrschende Höhe nordwestlich gegenüber dem Monte Cassino. Der Berg wechselte mehrfach den Besitzer.

Der deutschen 90. Panzergrenadier-Division, die hier inzwischen den Kampfabschnitt von der 44. Infanterie-Division übernommen hatte, wurde in dieser kritischen Situation eine Fallschirmjäger-Kampfgruppe zugeführt. Das legendäre Fallschirmjäger-Regiment Nr. 1, eine kriegserfahrene Eliteeinheit, besetzte nordwestlich des Klosterberges die letzten bisher von unserem Grenadier-Regiment 211 gehaltenen Höhen über der Via Casilina. Das Fallschirm-MG-Bataillon 1 verteidigte den Monte Cassino unmittelbar, jedoch nicht das Kloster, das unbesetzt blieb. Das III. Bataillon des Fallschirmjäger-Regiments Nr. 3 eroberte am 10. 2. den Kalvarienberg zurück.

Am 11. 2. versuchte die 34. US Infanterie-Division zum letzten Mal, nach stärkster Artillerievorbereitung den Monte Cassino und den Kalvarienberg zu nehmen. Die Fallschirmjäger wiesen alle Angriffe unter schweren Verlusten für die Angreifer ab. Nachdem auch unser Grenadier-Regiment 211 seine Riegelstellung vor dem Eingang zum Liri-Tal gehalten hatte, musste das ausgeblutete II. US Korps abgelöst werden. Das war für die Alliierten das Ende der ersten Cassino-Schlacht.

Die Amerikaner wurden am 12. 2. durch das „Neuseeländische-Korps" unter General Freyberg abgelöst. Es bestand aus einer neuseeländischen, einer indischen und einer britischen Division. Diese Divisionen waren von der Adriaküste hierher verlegt worden.Sie sollten ursprünglich nach dem Fall des Monte Cassino nach Rom durchbrechen. Nun mussten sie weiter gegen die alten Stellungen anrennen.

Die Bombardierung des Klosters Montecassino

General Freyberg forderte vor einer Fortsetzung der Angriffe eine Ausschaltung des Klosters auf dem Monte Cassino, da er der Meinung war, dass dies wegen der hervorragenden Aussicht auf das Liri-Tal von deutschen Soldaten besetzt sei. Freyberg unterstand der neuseeländischen Regierung direkt. In der neuseeländischen Division war die gesamte wehrfähige männliche Bevölkerung seines Landes vereinigt, die damals weniger als zwei Millionen Einwohner umfasste, einschließlich der Urbevölkerung, der Maoris. Was Freyberg also durchsetzen wollte, setzte er auf politischem Wege durch. Zwar versuchten die alliierten Oberbefehlshaber in Italien, ihn von seiner Forderung abzubringen. Die zuständigen Luftwaffenbefehlshaber sicherten sich dabei durch Rückfragen bei ihren in England sitzenden Oberkommandos ab. Denn keiner wollte die Verantwortung dafür übernehmen, das weltberühmte Kulturdenkmal Abbazia di Montecassino zu zerstören. General Alexander entschied, wenn Freyberg auf seiner Forderung beharrte, sollte man das Kloster bombardieren. Freyberg beharrte. Es handelte sich wohl um ein psychologisches Problem. Alle Soldaten an diesem Frontabschnitt hatten ständig die Silhouette des Klosters hoch über sich, wie ich bestätigen kann. „Wohin man auch geht, immer blickt das verdammte Ding dort oben auf uns herab!" äußerten viele alliierte Soldaten. Sie litten offenbar unter der Vorstellung, ständig von dort aus beobachtet zu werden. Sie argwöhnten, dass der deutsche Feuerleitverkehr vom Kloster aus erfolge. Zwei amerikanische Generale überflogen das Kloster mit einer kleinen Piper Cub und behaupteten, im Tiefflug Antennen deutscher Funktrupps erkannt zu haben. Damals gab es wohlgemerkt noch keine Hubschrauber. Dünne Antennendrähte konnten aus einem Flugzeug heraus nicht erkannt werden. Es gibt genügend Möglichkeiten sie zu tarnen. Wer weiß, auf welche der in Italien so gebräuchlichen Wäscheleinen der Mönche oder Zivilisten, die sich dorthin geflüchtet hatten, die Generäle hereingefallen sind!

Das Kloster war im Übrigen n i c h t von deutschen Soldaten besetzt. Die Kunstschätze und Archive des Mutterklosters der Benediktiner waren Ende 1943 mit Lastwagen der Instandsetzungsabteilung der Division „Hermann Göring" nach Rom in den Vatikan und nach Spoleto in Sicherheit gebracht worden. Feldmarschall Kesselring hatte damals die Errichtung einer durch große Verbotstafeln gekennzeichneten Sperrzone um das Kloster befohlen und Posten der Feldgendarmerie an die Klosterpforte beordert. Auch als das Kloster in den Bereich der Kampfhandlungen rückte, wurde es nicht besetzt. Denn deutsche Truppen mieden im Kampfgebiet markante Gebäude aus Sorge vor Luftangriffen oder Artilleriebeschuß. Die Alliierten schätzten ihre Gegner falsch ein, als sie ihnen unterstellten, sich hier auf dem auffälligsten Punkt der Landschaft zu präsentieren. Die Forderung Freybergs, das Kloster zu bombardieren, ignorierte die Tatsache, dass sich die weitere Umgebung des Klosters ebenfalls ausgezeichnet zur Beobachtung des umgebenden Kampfgebietes und des gesamten Liri-Tals eignete. Die Zerstörung des Klosters konnte d a r a n nichts ändern. Im übrigen unterzeichnete der Abt Gregorio Diamare dem deutschen Leutnant Daiber von der 15. Panzergrenadier-Division am 15. 2. 1944 eine vorbereitete Erklärung, dass sich im Kloster zu keiner Zeit ein deutscher Soldat befunden habe, und der Verwalter des Klosters, Don Nicola Clemente, und Don Francesco Falconio erklärten, „dass im Inneren des Klosters und im weiteren Umkreis keine Verteidigungsstellungen bestanden." Aber die Ereignisse nahmen nun ihren Verlauf:

Der an sich für den 16. 2. geplante Angriff wurde wegen drohender Wetterverschlechterung auf den 15. 2. vorverlegt. Gegen 9.30 Uhr begann vom 150 km entfernten Foggia aus der Angriff der 15. Strategischen Luftflotte der Alliierten auf das Kloster. 142 Maschinen vom Typ B 17 (Fliegende Festungen) warfen 287 t Sprengbomben und 66 t Brandbomben ab. Ihnen folgten 47 Maschinen vom Typ B 25 (Mitchells) und 40 Maschinen vom Typ B 26 (Marauders), die weitere 100 t Sprengbomben abwarfen. Wir beobachteten von Esperia aus mit dem Fernglas dieses schaurige Schauspiel. Die Bomber drehten nach dem ersten Wurf nach Süden über uns hinweg ab und begannen in einem großen Kreis einen neuen Anflug. Das setzte sich bis in die Mittagsstunden fort. Jeder Quadratmeter des 100 mal 200 m großen Gebäudekomplexes wurde mit 20 kg Sprengstoff belegt. Das Kloster wurde stark zerstört. In ihm befanden sich mehrere Hundert italienische Flüchtlinge der Zivilbevölkerung, die auf die Unantastbarkeit dieser Stätte vertraut hatten. 250 von ihnen kamen ums Leben. Die wenigen Überlebenden verließen das Kloster mit dem Abt an der Spitze am 17. 2. zu Fuß. Deutsche Verluste gab es dort nicht.

Die Trümmer des Klosters brannten noch tagelang. Ihre Glut leuchtete durch die Nacht über das Liri-Tal bis zu uns herüber. Ein unvergeßlicher Eindruck! In dieses Chaos hinein richteten die Angreifer auch noch schweres Artilleriefeuer. Als das Kloster in Trümmern lag, wurde es vom deutschen Fallschirm-MG-Bataillon 1 besetzt, da nunmehr mit verstärkten alliierten Infanterieangriffen zu rechnen war.

Die 4. indische Infanterie Division war von der Vorverlegung des Bombenangriffs nicht unterrichtet worden. Sie begann ihren Angriff daher erst nach 18 Stunden am 16. 2.! Sie richtete bis zum 17. 2. drei erfolglose Angriffe gegen den Klosterberg. Das Fallschirm-MG-Bataillon 1 verteidigte ihn mit etwa 50 MG 42, einer neuen Waffe mit hoher Feuergeschwindigkeit. Diese Zusammenballung stellte für damalige Verhältnisse eine gewaltige Feuerkraft dar, denen vier indische Bataillone unter schweren Verlusten zum Opfer fielen.

Am Abend des 17. 2. griff die 2. neuseeländische Infanterie-Division den Ort Cassino mit Unterstützung von 180 Panzern entlang der Straße und der Eisenbahn an. Den Angriff begann das Maori-Bataillon. Den Maoris folgten Pioniere. Sie sollten Minen räumen, Straßensperren beseitigen und eine ca. 2 km lange Brückenstraße durch die Trümmer von Cassino bauen, auf der die Panzer der Infanterie folgen und den Durchstoß zur Via Casilina in Richtung Rom vollenden konnten.

Der Angriff wurde durch stundenlanges heftiges Artilleriefeuer vorbereitet, das sich bis Mitternacht ständig steigerte. Kurz nach Mitternacht griffen die Maoris an und stürmten den Bahnhof von Cassino. Bis zur Via Casilina am Ortsausgang in Richtung Rom waren es noch 500 m. In dem Buch von John Ellis „Cassino – The hollow victory“[26] ist das betreffende Kapitel überschrieben „The battle of the last 100 meters“.

Unser Grenadier-Regiment 211 setzte gegen 3 Uhr morgens seinen Pionierzug zum Gegenangriff ein, der mit 30 Mann wieder in das Bahnhofsgelände vordringen und sich im Lokomotivschuppen verschanzen konnte. Zu einem erneuten Einbruch in die deutschen Stellungen ließ es das Regiment nicht kommen. Es bereitete vielmehr einen Gegenangriff vor. Alle verfügbaren Kräfte wurden zusammengefaßt und durch ein Panzergrenadier Bataillon verstärkt. Unterstützt durch die gesamte dort verfügbare Artillerie und einige Sturmgeschütze griff das Regiment gegen 18 Uhr den Bahnhof an und eroberte ihn zurück. Damit war die alte Hauptkampflinie wiederhergestellt und der von den Alliierten angestrebte Durchbruch gescheitert. Der Wehrmachtsbericht vom 19. 2. 1944 meldet darüber:

„Bei Cassino warf der Feind an Stelle der abgekämpften Amerikaner indische Truppen in den Kampf, die während des ganzen Tages gegen den Höhenblock von Cassino anrannten.

Alle Angriffe wurden zusammengeschossen, einige Einbrüche im Gegenstoß sofort beseitigt. Zahllose Tote liegen vor unseren Stellungen. Der Bahnhof Cassino wechselte mehrmals den Besitzer und blieb endgültig in unserer Hand. Dort hat sich der schwerverwundete Pionierzugführer des Grenadierregiments 211, Feldwebel Hoffmann, besonders ausgezeichnet.“

General Alexander, der britische Oberbefehlshaber in Italien, brach die erste (für die Alliierten zweite) Cassinoschlacht ab. Diese Entscheidung wurde auch durch das schlechte Wetter erzwungen, das mit Regen, Schnee, Eis und Sturm in diesem schwierigen Gelände, das teilweise Hochgebirgscharakter hat, alle weiteren Kampfhandlungen erstickte. Die Front in und bei Cassino und am Klosterberg erstarrte buchstäblich.

Die Alliierten bereiteten sich genau vier Wochen auf den nächsten Angriff auf Cassino vor. Er sollte, wie General Alexander sich ausdrückte, mit einem Bombardement eröffnet werden, „das diesen Namen zu Recht trägt, und nicht nur eine kleine Demonstration darstellt, wie die vom 15. Februar.“ Eine zynische Bemerkung!

Neuseeländische Pioniere bauten hinter Sichtblenden eine 4 m breite Panzerstraße, die sogenannte „Cavendish-Road", von Cáira über das Gutshaus Massa Albaneta zum 800 m entfernten Rücken des Klosterberges.

Auf deutscher Seite war unser Grenadier-Regiment 211 abgelöst worden und in unseren Divisionsverband weiter südlich zurückgekehrt. Die Verteidigung des Cassinoabschnitts übernahm nunmehr komplett die auf vielen Kriegsschauplätzen bewährte 1. Fallschirmjäger-Division.

Am 15. 3. griffen zwischen 8.30 und 12.00 Uhr 455 vier- und zweimotorige Bomber, die zum Teil aus England und Nordafrika angeflogen kamen, dazu fast 300 Jagdbomber, die Stadt Cassino in mehreren Wellen an und warfen 992 Tonnen Bomben auf einen Raum von ca. 400 mal 1.400 m, das sind fast 2 kg Sprengstoff auf den Quadratmeter. Damit wurden zum erstenmal in der Kriegsgeschichte große Bomberverbände im Erdkampf auf geringflächige Ziele eingesetzt. Ferner waren über 300 Jagdflugzeuge zum Schutz der Bombenflugzeuge und zur Überwachung des rückwärtigen deutschen Frontgebiets eingesetzt. Im Luftraum über Cassino herrschte ein unvorstellbares Gewimmel alliierter Flugzeuge. Nach dem Luftangriff lagen Stadt und Klosterberg unter schwerem Artilleriefeuer. Etwa 900 Geschütze verschossen bis 20 Uhr rund 200.000 Granaten, die Ladung von 275 Güterwagen. Die alliierten Oberbefehlshaber verfolgten das Inferno vom Monte Trocchio bei Cervaro aus, einem kleinen Berg von 428 m Höhe im Vorfeld von Cassino, rund 10 km entfernt. Die alliierten Angriffstruppen waren in der vorausgehenden Nacht aus Sicherheitsgründen etwa 1.000 m zurückgezogen worden. Trotzdem wurden alliierte Stellungen, Hauptquartiere und Lazarette getroffen. Es gab mehrere Hundert Tote, darunter auch 140 italienische Zivilisten in Venavro, Pozzilli und anderen Orten am Volturno, die, wie Cassino, am Westufer eines Flusses und in der Nähe einer Bergkette lagen. Dieser schwerwiegende Irrtum bei der Navigation der alliierten Bomberpiloten forderte die unschuldigen Opfer.

Nach dem Bombardement griff die 2. neuseeländische Infanterie-Division um 15.30 Uhr mit der Unterstützung von 400 Panzern Cassino an. Dort waren von den 300 Fallschirmjägern des II. Bataillons des Fallschirmjäger-Regiments 3 ca. 220 unter den Trümmern begraben. Nur die in einer Felsenhöhle untergezogene Reservekompanie (ca. 80 Mann) hatte den Luftangriff ohne Verluste überlebt. Dieser Rest des Bataillons verteidigte die Stadt. Ein unbeschädigtes

Sturmgeschütz (ein niedriger Panzer ohne Turm mit fast starrer 7,5 cm Kanone) stand getarnt in der Rezeption des Hotels „Continental" mit Schussrichtung auf die Via Casilina und wehrte jeden Angriff ab, der von dort kam. Die Neuseeländer drangen nur bis zur Stadtmitte vor. Ihre Panzer konnten ihnen nicht folgen. Sie scheiterten an den Trümmerbergen, die ihre Bomber hinterlassen hatten. „Die Materialschlacht hatte sich überschlagen", wie von Tippelskirch in seiner Geschichte des Zweiten Weltkriegs treffend formuliert.

Winston Churchill telegraphierte an Alexander: „Ich hätte gern eine Erklärung, warum Sie immer nur auf den Engpaß am Klosterberg Cassino, also auf einer Breite von drei oder fünf Kilometern, einhämmern müssen. Etwa fünf bis sechs Divisionen sind auf diese Weise bereits verheizt worden. Es ist schwer zu verstehen, warum der einzige Weg nach vorn nur über diesen äußerst nachhaltig verteidigten Punkt führen soll ..." Alexander rechtfertigte sich damit, dass das Winterwetter bezüglich des Angriffsorts keine andere Wahl gelassen hätte, wies auf die unerwarteten Verzögerungen durch die vollkommen in Trümmern liegende Stadt hin und sprach anerkennend von den deutschen Fallschirmjägern: „Vergegenwärtigt man sich, dass sie dem Bombardement der Kampffliegerverbände des gesamten Mittelmeerkriegsschauplatzes ausgesetzt waren sowie dem Beschuß von annähernd 800 Geschützen, d. h. einer bisher beispiellosen Feuerkraft, die sechs Stunden anhielt, so bezweifle ich sehr, ob auf der ganzen Welt eine gleichwertige Truppe nochmal zu finden ist, die das aushält und anschließend mit einer derartigen Entschlossenheit weiterkämpft."

Der deutsche Wehrmachtsbericht meldet hierzu am 16. 3. 1944:

„An der Südfront griff der Feind nach ungewöhnlich schweren Bombenangriffen, von starker Artillerie und Panzern unterstützt, den Ort Cassino an. Die Angriffe scheiterten am heldenhaften Widerstand des hier eingesetzten Fallschirmjäger Regiments 3 unter der Führung des Oberst Heilmann und unter wirksamer Unterstützung durch das Werfer Regiment 71 unter Führung des Oberstleutnants Andrea." In der Nacht griff auch die 4. indische Infanterie-Division im Gebirge an. Sie nahm den schon in der ersten Cassinoschlacht umkämpften Rocca Janula und drang bis zur Höhe 435 dicht unterhalb des Klosters, dem sogenannten „Hangman's Hill", vor (eine galgenförmige Stütze der zerstörten Seilbahn zum Kloster). Dort blieb der Angriff liegen.

Am 16. 3. eroberten die Neuseeländer den Bahnhof von Cassino erneut und waren nur noch 1.200 m von den Indern auf der Höhe entfernt. In den folgenden Tagen wogte der Häuserkampf in Cassino hin und her.

Ein Naturereignis will ich hier erwähnen: In der Nacht vom 18. auf den 19. 3. brach der 80 km entfernte Vesuv aus. Seine klassische Rauchpinie, die seit Jahrhunderten seinen Kegel überragt hatte und die ich mit dem Fernglas von der Höhe der Monti Aurunci noch sehen konnte, erlosch. Der Ausbruch war schwer, hatte aber nicht solche Auswirkungen wie im Jahre 79 nach Christus, als die Städte Pompeji und Herculaneum verschüttet wurden. Der alliierte Nachschub erlitt also keine große Beeinträchtigung.

Am 19. 3. versuchten die Fallschirmjäger, den Rocca Janula zurückzuerobern. Das gelang zwar nicht, aber drei indische Bataillone konnten auf dem Wege zur Höhe 435 überrascht und zersprengt werden. Die weiteren Angriffe der Inder scheiterten.

Bei einem örtlichen Waffenstillstand von zwei Stunden wurden Verwundete geborgen und ausgetauscht. Die Briten liehen den Deutschen vier Tragbahren, die später zurückgegeben wurden. Man schenkte sich Zigaretten und Schokolade und ließ die anderen aus der Feldflasche trinken. Hier brach sich die verschüttete Menschlichkeit Bahn und demonstrierte den Wahnsinn des Krieges. An der Ostfront in Russland mit ihren verteufelnden Feindbildern („Asiatische Horden") wäre etwas Derartiges nicht vorstellbar gewesen.

Ein alliierter Panzerangriff über die oben erwähnte „Cavendish-Road" scheiterte. Von 40 Panzern kehrten 18 aus dem Gebirge zurück. In Reihe hintereinander auf dem künstlichen Gebirgspfad fahrend behinderten sie sich gegenseitig und wurden der Reihe nach abgeschossen oder, ohne Infanterieschutz, im Nahkampf von Hand mit Hafthohlladungen oder Minen gesprengt.

Damit hielten die Fallschirmjäger immer noch die Schlüsselpunkte von Cassino besetzt. Nach einem letzten erfolglosen Angriff brach General Alexander am 22. 3. die zweite, nach alliierter Lesart dritte Cassino-Schlacht, nach schweren Verlusten ab. Der Schriftsteller E. D. Smith, der als junger britischer Offizier an diesen Kämpfen teilgenommen hat, schreibt: „Mut und selbstlose Pflichterfüllung der Briten und Neuseeländer hatten sich gegenüber den entschlossenen Kämpfern der 1.Fallschirmjägerdivision als nicht ausreichend erwiesen. Zahlenmäßig weit unterlegen, ohne auch nur die annähernd gleiche Anzahl von Geschützen, mit einigen wenigen Panzern und lediglich hier und da ein bisschen kümmerlicher Luftunterstützung, waren die Deutschen auch in der dritten Cassino-Schlacht die Sieger geblieben."

Während die Kämpfe um Stadt und Berg Cassino tobten, herrschte im Liri-Tal und weiter südlich im Abschnitt unserer 71. Infanterie-Division relative

Ruhe, von Artilleriefeuer und ständigen Luftangriffen abgesehen. Insbesondere schoss sich die gegnerische Artillerie auf markante Punkte wie Straßenkreuzungen, Brücken und Serpentinen ein, um im Angriffsfall darauf konzentriertes Feuer richten zu können. An einer vom Feind einsehbaren Straße, die ich häufig passieren musste, ergab sich daraus für mich folgendes „Spiel": Erreichte ich mit meinem VW die gefährdete Straßenpassage, blieb ich zuerst stehen und erwartete den nächsten Granateinschlag, um dann schnell über die bewusste Stelle hinwegzufahren, ehe die nächste Granate heranheulte. Manchmal „belauerte" ich mich mit dem gegnerischen Richtschützen und minutenlang passierte nichts. Dann fuhr ich zum Schein ein kleines Stück vor, um ihn zum Abschuß zu locken, und hielt wieder an. War die Granate eingeschlagen, raste ich endgültig über die Gefahrenzone hinweg. An vielen kritischen Stellen wurden getarnte Umgehungsstraßen errichtet, die uns später gute Dienste leisteten. Unsere Fernsprechkompanie baute vorsorglich Umgehungsleitungen mit schwerem Feldkabel zwischen den verschiedenen Gefechtsständen im Gebirge, die nicht so schnell kaputtgeschossen werden konnten. Auch das hat sich bewährt.

Einmal schickte ich zur Aufbesserung unserer Verpflegung einen VW zu den Orangenplantagen an der Küste bei Terracina. Dort hingen die überreifen Früchte ungeerntet an den Bäumen oder lagen auf dem Boden herum, sodass sie nur in das offene Fahrzeug geschaufelt werden mussten. Hin- und Rückfahrt waren wegen der allgegenwärtigen Jabos natürlich sehr gefährlich. Wir freuten uns über die lange entbehrten Früchte, die an bestimmten Stellen einfach aufgeschüttet wurden. Jeder konnte so viel davon essen, wie er wollte. Mir bekam diese „Kur" aber nicht. In der folgenden Nacht schoss feindliche Artillerie mit 38cm-Granaten auf die Straßenenge und die Serpentine in Esperia. Im Abstand von wenigen Minuten kam ein solcher „Koffer" herangeheult und schlug in der Nähe ein. Ich verzog mich mit meinen Beschwerden hinter einen Felsen und schlief mich trotz aller „Begleitmusik" gesund.

In diese „ruhige" Zeit fiel auch ein überraschender Besuch des SS-Obergruppenführes und Generals der Waffen-SS Karl Wolff in unserem Divisionsgefechtsstand in Esperia. Wolff war der Adjutant Himmlers und dessen Verbindungsmann zu Hitler gewesen und jetzt der „Höchste SS- und Polizeiführer Italien" in Mussolinis Schattenrepublik Salò. Während unserer Zeit in Istrien hatten wir uns in seinem Machtbereich aufgehalten. Den Anlass seines Frontbesuchs kenne ich nicht. Er hielt jedenfalls einen Vortrag vor Offizieren der Division. Als Adjutant der Nachrichtenabteilung wurde ich zur Teilnahme befohlen. Zum Mißbehagen unseres Divisionskommandeurs, Generalleutnant Raapke, redete Wolff ihn mit „Lieber Kamerad Raapke" an, was in der Wehrmacht nicht üblich war. An den Inhalt von Wolffs Vortrag habe ich wenig Erinnerung. Er erzählte uns von Hitlers Siegeszuversicht und ermunterte uns zum „Kampf bis zum Endsieg". Später wirkte er beim Zustandkommen des vorzeitigen Sonderwaffenstillstandes der Heeresgruppe Italien am 2. Mai 1945 mit.[27)]

Ich hatte inzwischen genug von meiner Adjutantentätigkeit und bat meinen Kommandeur, mich zur Funkkompanie zurückzulassen. Er stimmte zu, weil deren Kompanieführer sich im Urlaub befand und die Kompanie „verwaist" war.

Ich zog also in die Funkzentrale um, die am Hinterhang von Esperia in einem Olivenhain gut getarnt aufgebaut war. Von dort aus kümmerte ich mich besonders um unsere zu den Regimentern abgestellten Funktrupps, die mit Schlüsselunterlagen, Gerät und Post versorgt werden mussten. Das war wegen der geschilderten Verhältnisse meist nur nachts und bei feindlichem Artilleriestörungsfeuer auf die Straßen und Wegekreuzungen möglich.

Bemerkenswert war die Einrichtung eines Abhörtrupps oberhalb von Esperia im Gebirge. Dort wurden Dolmetscher (sog. „Sonderführer") mit UKW-Spezialempfängern tätig, die aus günstiger Position den feindlichen Flugverkehr abhörten, insbesondere die Aufklärungsflugzeuge, die ihren Bodenstellen unbekümmert und unverschlüsselt mitteilten, was sie sahen. Beruhigend war die tägliche Meldung: „Esperia: Keine Bewegungen!" Der strenge Befehl, sich bei Anwesenheit von alliierten Flugzeugen nicht sehen zu lassen und bei Tage keinen Rauch aus Feldküchen und Bunkern zu verursachen, hatte also genützt. Ausgesprochen schwierig und mühsam war die Versorgung des Abhörtrupps mit Verpflegung, Gerät und Post. Dazu mussten Mulis eingesetzt werden, die auf einem steilen Eselspfad das fast deckungslose Felsengelände bis zu der einsamen Hütte zu überwinden hatten. Als die Amerikaner anfingen, über Esperia und dem anschließenden Straßenabschnitt einen „ständigen Betreuer" zu installieren, der in geringer Höhe dort seine Runden drehte und auch unsere „Eselkarawane" mit Bordwaffen angriff, musste etwas geschehen. Da es keine deutschen Jäger mehr gab, wurde auf dem benachbarten Monte d'Oro eine 2 cm-Flak installiert, die den lästigen Beobachter auf größere Höhen vertrieb. Natürlich musste jede erkannte Flakstellung mit Jabo-Angriffen rechnen. Solche „Zweikämpfe" waren für beide Seiten sehr gefährlich. An der Liri-Brücke bei

Pico beobachtete ich, wie eine angreifende Jabo-Dreierformation von einer 8,8 cm-Flakbatterie komplett abgeschossen wurde. Einmal versuchte ein deutscher Jäger vom Typ Focke-Wulf 190 einen Aufklärungsflug in Richtung Neapel. Er wurde nach einem Luftkampf über den Wolken abgeschossen und stürzte nicht weit von uns ins Gelände. Ein solches Ereignis wurde von Hunderten von Soldaten beider Seiten mit sehr unterschiedlichen Empfindungen beobachtet.

Während der „ruhigen Phase" wurde in unserer Nähe die Feuerstellung einer Batterie weittragender Langrohrgeschütze eingerichtet, die Ziele im feindlichen Hinterland zu beschießen hatten. Die Kanonen wurden grundsätzlich in getarnten Hinterhangstellungen vor der feindlichen Luftaufklärung versteckt. Sie wurden nur für Feuerkommandos herausgeholt und verschwanden sofort wieder. Trotzdem wurden sie vom „Aufklärer vom Dienst" entdeckt und bald von etwa 15 Jabos mit Bomben und Bordwaffen angegriffen. Der Schaden blieb gering, da unser Abhörtrupp rechtzeitig von dem Angriff „Wind" bekam und die Batterie warnen konnte, die eilig in eine vorbereitete Ausweichstellung überwechselte. So schlugen die Bomben in ebenfalls vorbereitete Attrappenstellungen. Der Vorfall zeigt, unter wie schwierigen Bedingungen auf deutscher Seite gekämpft werden musste, während die Alliierten sich mit ihrer großen Materialüberlegenheit so lange völlig unbefangen bewegten, bis sie angegriffen wurden.

Die dritte Cassino-Schlacht

Diesmal hatten sich die Alliierten sieben Wochen Zeit genommen, um ihr Ziel, den Durchbruch nach Rom, vorzubereiten. Die deutsche Führung rechnete nicht vor dem 24. 5. mit diesem Angriff. Deshalb reisten zwei wichtige deutsche Befehlshaber an der Cassino-Front am 17. 4. nach Deutschland, um auf dem Obersalzberg von Hitler das Eichenlaub zum Ritterkreuz des Eisernen Kreuzes entgegenzunehmen. Auf unseren General von Senger und Etterlin machte Hitler dabei „einen geradezu niederschmetternden Eindruck," wie er in seinem Buch „Krieg in Europa" im Einzelnen geschildert hat.

Auf beiden Seiten wurden verschiedene Ablösungen und Umgliederungen vorgenommen. Auf deutscher Seite standen vier Divisionen bereit. Unsere 71. Infanterie-Division wurde zum ersten Mal seit unserem Abmarsch von Oberitalien wieder geschlossen eingesetzt. Auf alliierter Seite wurden insgesamt sechzehn Divisionen bereitgestellt und mindestens 1.600 Geschütze. Das Stärkeverhältnis der alliierten zu den deutschen Truppen betrug etwa 3 : 1.

Erstmals kam auch das polnische Korps zum Einsatz. Es handelte sich um Soldaten, die 1939 in Ostpolen in sowjetische Gefangenschaft geraten waren. Im März/April 1940, also vor Beginn des Russlandfeldzuges, wurden 4.100 polnische Offiziere im Wald von Katyn (20 km südwestlich von Smolensk) „unweit eines Gebäudes der sowjetischen Geheimpolizei" erschossen Die Sowjetunion versuchte lange Zeit, diesen 1943 entdeckten Massenmord der deutschen Seite anzulasten, bekennt sich aber seit April 1990 zur Urheberschaft. Später, unter dem Eindruck der vernichtenden Niederlagen der Sowjets im Sommer 1941 wurden ca. 44.000 Mann dieser polnischen Gefangenen mit Zustimmung Stalins in der Sowjetunion ausgebildet und 1942 über den Iran und Nordafrika unter polnischer Führung (General Anders) nach Italien gebracht. (26.000 polnische Zivilisten konnten mit ihnen die Sowjetunion verlassen.[28)])

Der alliierte Großangriff begann am 11. 5. 1944. Obwohl das über 50 Jahre her ist, erinnere ich mich sehr genau daran. Es war eine tiefdunkle sternklare Nacht. Der Mond ging erst 23.30 Uhr auf. Nichts war zu hören, kein Schuss, kein Flugzeug. Es war absolut windstill. Keine Leuchtkugel war zu sehen. Der alliierte Funkverkehr ruhte.

Um 23 Uhr begann auf das Zeitzeichen der Londoner BBC ein Feuerschlag der alliierten Artillerie von 40 Minuten, zunächst auf die deutschen Artilleriestellungen. Anschließend lag das Feuer 80 Minuten lang auf den deutschen Stellungen, Gefechtsständen und markanten Zielen, auf die man sich vorher eingeschossen hatte. Auch unsere Divisionsfunkzentrale wurde mehrfach getroffen. Wir hatten mehrere Tote zu beklagen. Allein die Kanonen der 5. US Armee verschossen in den ersten vier Stunden 170.000 Granaten, zwölf pro Sekunde im statistischen Durchschnitt.

Um 1 Uhr griffen sämtliche alliierten Divisionen auf breiter Front an, diesmal also gleichzeitig. Der Wehrmachtbericht meldete hierüber: „An der Südfront trat der Feind östlich des Golfes von Gaeta bis in den Raum nordwestlich Cassino mit starken Kräften, von heftigem Artilleriefeuer, zahlreichen Panzern und Schlachtfliegern unterstützt, zu einem Ablenkungs- und Fesselungsangriff größten Stils an. Es entwickelten sich schwere Kämpfe, in deren Verlauf einige Höhenstellungen mehrfach den Besitzer wechselten. Durch den Einsatz neuer Kräfte auf beiden Seiten nimmt die Schlacht an Heftigkeit dauernd zu."

Im Abschnitt Cassino trat das polnische Korps zum ersten Mal in den Kampf ein. Es griff im Norden den Colle S. Angelo und den Kalvarienberg an, der zunächst verloren ging, aber am 12. 5. von den Fallschirmjägern wieder zurückerobert werden konnte. Die Polen gingen auf ihre Ausgangsstellungen zurück und erneuerten ihre Angriffe auf den Kalvarienberg am 13., 14. und 17. Mai, jedoch erfolglos. Ihre Panzer erlitten auf der „Cavendish-Road" das Schicksal ihrer Vorgänger in der zweiten Cassino-Schlacht.

Die meist unerfahrenen Polen kämpften aufopferungsvoll, um sich ihrem Volk gegenüber für die 1939 erlittene Niederlage zu rehabilitieren und gegenüber den Deutschen Rache zu nehmen. Die polnischen Offiziere hatten aber keine Erfahrung in der Führung ihrer Einheiten, schon gar nicht in solchem Gelände. Sie schickten ganze Bataillone in enge Kampfabschnitte, wo sich die Soldaten im Gebirge gegenseitig behinderten und hohe Verluste erlitten.

Die deutschen Fallschirmjäger kämpften ebenfalls aufopferungsvoll, wurden aber besser geführt. Es befanden sich meist nur kleine Einheiten von 50-100 Mann, wie Züge und Kompanien, im Hauptkampffeld. Die übrigen Einheiten wurde in Reserve gehalten und je nach Lage eingesetzt. Die deutschen Verluste waren daher viel geringer.

Am 17. 5. meldete der Wehrmachtsbericht:

„In dem gebirgigen Gelände der italienischen Südfront tobt auf einer Breite von 35 km eine Materialschlacht größten Ausmaßes. Ununterbrochenes Trommelfeuer mit gewaltigem Munitionseinsatz, stärkste Luftangriffe, Einsatz der Panzer als bewegliche Artillerie, erbittertes Ringen um jeden Stützpunkt und jede Höhe, die innerhalb kurzer Zeit mehrmals ihre Besitzer wechseln, geben diesen Kämpfen das Gepräge der großen Abwehrschlachten des letzten Weltkrieges (Hervorhebung vom Verfasser).

Gegenüber einer großen feindlichen Übermacht leisten unsere Truppen nunmehr seit sechs Tagen heldenhaften Widerstand. Die im Zuge der Kampfführung vollzogenen Absetzbewegungen verlaufen planmäßig. Die äußerst schweren Verluste des Feindes stehen in keinem Verhältnis zu dem rein taktischen Geländegewinn, den er erzielen konnte."

Die Wehrmachtsberichte waren „ein eigenartiges Gemisch aus nüchternem Militär-Rapport und politischer Propaganda", wie es in der Vorbemerkung von 1985 zur dtv reprint-Ausgabe der Wehrmachtberichte heißt. Sie dürften hier die richtige Einschätzung der Kampfhandlungen vermitteln, wie ich sie auch selbst erlebt habe.

Der Hauptstoß der Alliierten im Abschnitt unserer 71. Infanterie-Division richtete sich gegen das Ausente Tal und den Monte Máio im Vorfeld des Liri-Tals, der am 13. 5. fiel. Durch den erzielten Einbruch hindurch stießen die Franzosen auf den Liri vor. Dort wurde bei Pignataro eine alliierte Panzerbereitstellung vom Werfer-Regiment 71 zerschlagen. Ich war zufällig dabei, weil ich dem dortigen Regimentskommandeur einen Funktrupp zuführte. Fast wäre ich mit meinem Volkswagen auf der breiten Straße dem Feind in die Arme gefahren, wenn mich nicht die Infanteristen der vordersten deutschen Linie durch heftiges Winken zum Abdrehen veranlasst hätten. Ich erlebte so das Heranheulen der schweren Werfergranaten (mit Raketenantrieb), die zwischen den alliierten Panzern einschlugen und mehrere vernichteten. Der Angriff des Restes blieb vor den Pak-Geschützen der Panzerjäger-Kompanie „meines" Regiments 191 liegen, mit dem ich nach Italien eingerückt war. Der Kompaniechef zeigte mir die sieben Panzer vor uns, die sie soeben abgeschossen hatten und die noch rauchend im Gelände standen.

Aus diesen schweren Tagen ist mir unauslöschlich eine Szene im Gedächtnis geblieben: In Esperia hatten sich mehrere junge Infanteristen in einem Hauseingang vor dem Artilleriefeuer für einige Augenblicke in Sicherheit gebracht. Sie warteten, wie ich auch, auf die Pause zwischen Einschlägen schwerer Granaten, um dann bis zur nächsten Deckung weiterzulaufen. Einer der Soldaten wurde dabei durch einen Granatsplitter am Kopf schwer verwundet. Ein Kamerad bettete den Kopf des Sterbenden fürsorglich in seinen Schoß und verharrte so, bis dieser seinen letzten Atemzug getan hatte. Die Gruppe dieser beiden Menschen erinnerte mich unwillkürlich an eine eindrucksvolle Darstellung von Käthe Kollwitz über den Wahnsinn des Krieges.

Bei Esperia stiegen französische Gebirgstruppen, mit nur leichten Infanteriewaffen ausgerüstet, durch das Monte Petrella-Massiv, wo das angesichts des Hochgebirgscharakters niemand erwartet hatte. Die fast senkrechten Steilhänge wurden von deutscher Seite für uneinnehmbar gehalten und waren daher nicht besetzt.

Da die Verbindung zu unserem zuletzt unterhalb davon im Tal kämpfenden Grenadier-Regiment 211 verloren gegangen war, erhielt ich von meinem Kommandeur in Esperia den Befehl, den Regimentsgefechtsstand mit seinem Kommandeur Oberstleutnant von Rumohr zu suchen. Also begab ich mich mit einem jungen Infanteristen dieses Regiments auf den Eselspfad zu der inzwischen geräumten Abhörstelle und weiter hinauf ins Gebirge in der Hoffnung, dort die Gesuchten zu finden. Wir bewegten uns entgegen dem allgemeinen Rückzug. Bei Beginn der Dämmerung wurde es stiller um uns. Nur noch vereinzelt begegneten uns zum Teil verstörte oder demoralisierte deutsche Soldaten, die nach hinten strebten. Auf meine Fragen nach dem „Gefechtsstand 211" erhielt ich keine oder unbestimmte Antworten. Das Artilleriefeuer lag weit unter und hinter uns im Tal von Esperia. In der Dunkelheit fingen wir an, nach dem „Gefechtsstand 211" zu rufen mit dem Ergebnis, dass wir plötzlich in schweres Granatwerfer- und MG-Feuer gerieten. Wir waren also auf die Angriffsspitze der algerischen Gebirgsjäger gestoßen, die bereits bis hierhin vorgedrungen waren. Sie glaubten auf Grund unserer Rufe offenbar, hier bahne sich ein deutscher Gegenangriff an. Wir schossen in das Dunkel hinein und erhielten immer mehr Feuer. Nach etwa zwei Stunden wurde mein Begleiter durch einen Granatsplitter am Bein verwundet. Da wir an dieser Stelle offenbar die letzten deutschen Soldaten waren, beschloss ich nun den „Rückzug" ins Tal nach Esperia. Das war mit meinem Verwundeten auf dem Eselspfad ein beschwerliches Unternehmen. Der junge Soldat stützte sich mit einem Arm auf meine Schultern, und schrittweise humpelten wir durch die stockdunkle Nacht zurück. Immer wieder mussten wir uns wegen der Granatwerfereinschläge hinwerfen, was für den Verwundeten sehr schmerzhaft war. Zu allem Überfluß verlor ich in der Dunkelheit meine Brille, fand sie aber glücklicherweise sofort wieder. Weiter unten in der Hütte des Abhörtrupps fand ich vier versprengte Soldaten des Regiments 211 bei Kerzenschein, die beschlossen hatten, den Krieg für sich zu beenden. Sie fürchteten natürlich, dass ich sie wieder „vereinnahmen" würde. Als ich sie flüstern hörte: „Den legen wir um!" sagte ich zu ihnen: „Macht, was ihr wollt!", und wir setzten zu zweit unseren mühsamen Abstieg fort. Nach Stunden erreichten wir sehr erschöpft wieder die ersten Häuser von Esperia. Wir fanden in einer Felsenhöhle doch noch den völlig desorientierten Regimentsstab 211, der auf anderen Wegen im Tal dorthin geraten war. Ich konnte meinen Infanteristen einem Sanitäter übergeben und damit beginnen, eine Verbindung zum Divisionsstab herzustellen. Das gelang mir, indem ich unterwegs mit einem herrenlosen Feldfernsprecher eine x-beliebige „Strippe" anzapfte. Ich hatte Glück: Die Verbindung „lebte" noch und endete beim neuen rückwärtigen Divisionsgefechtsstand. Ich ließ mich mit unserem General verbinden und informierte ihn über die Lage, wie sie sich mir darstellte. Wahrscheinlich war das nach langer Zeit die erste Meldung aus diesem Abschnitt. Der Infanterist und ich hatten auch die Franzosen mit unserem Aufklärungsspähtrupp einige Stunden aufgehalten, was in dieser Phase des Rückzugs sicher wertvoll war. Kurz darauf erhielt ich vom Divisions-Kommandeur das „EK 2" (Eisernes Kreuz 2. Klasse) verliehen. Esperia fiel am 17. 5. 1944.

Im Militärarchiv in Freiburg konnte ich nach dem Krieg die Verlustmeldungen unserer Division nachlesen. Es heißt dort: „Gesamtausfälle vom 11. - 13. 5. 1944 einschließlich unterstellte Truppenteile ca. 5.000, davon 71. Inf. Div. ca. 2 - 3.000 Mann". Und für den 14.5. heißt es: „... ca. 800 Mann."

Die genaue Übersicht war also verloren gegangen. Im Kriegstagebuch der 10. Armee liest sich das so: „ Erfahrungsgemäß kostet der Großkampf pro Tag ein Bataillon." (Das waren damals ca. 2 - 400 Mann.)

Am 19.5. standen die Franzosen im Liri-Tal vor Pico. Unsere Division war völlig zerschlagen und musste am 20. 5. von der 26. Panzer-Division abgelöst werden. Der „Nachruf" des OKW lautete: „In den schweren Kämpfen der letzten Wochen hat sich die 71. Inf. Div. unter Führung des Generalleutnants Raapke hervorragend bewährt."

Die Alliierten „verabschiedeten" uns mit einem Feuerüberfall auf unsere Funkzentrale. Üblicherweise hatten wir uns Deckungslöcher gegraben und konnten beim Heranheulen der Granaten hineinspringen. Ein Einschlag direkt an meinem Deckungsloch überschüttete mich mit Erde. Ich blieb unverletzt.

Durch den französischen Angriffserfolg drohte den bei Cassino erfolgreich kämpfenden Fallschirmjägern die Umklammerung. Deshalb befahl Kesselring ihnen am Abend des 17. 5. den Rückzug. Die Fallschirmjäger zögerten ihren Abmarsch hinaus, da sie grundsätzlich kein von ihnen erobertes Gelände preisgaben. Kesselring persönlich musste den Divisionskommandeur veranlassen, dem Befehl Folge zu leisten. Die Polen erreichten die Klosterruine am 18. 5. um 9.40 Uhr und fanden nur noch eine kleine Gruppe deutscher Verwundeter vor. Seit 10.20 Uhr wehte dort die polnische Flagge. Die Schlacht am Monte Cassino war nach vier Monaten beendet.

Katriel Ben Arie [29)] schreibt in seinem Nachwort: „Eine gewisse tragische Ironie im Fall Monte Cassinos ist unverkennbar: Nach Monaten blutiger vergeblicher Kämpfe wurde der Ort schließlich einfach von den Deutschen geräumt – ein demütigender ‚Anti-Höhepunkt' für die Alliierten. Das erbitterte Ringen wurde nicht nach aufopferndem Kampf mit einem wirklichen Sieg auf dem Schlachtfeld gekrönt. Der Klosterberg und das umgebende Gelände erwarteten vielmehr – in aller Ruhe sozusagen – ihre Besetzung, als wollten die Deutschen ein letztes Mal dem Feind ihre Verachtung zeigen – einem erschöpften und blutbedeckten Feind."

Trotz dieser Erfolge griffen die Alliierten erst am 23. 5. aus dem Landekopf Anzio und Nettuno heraus an. Sie durchbrachen am 31. 5. bei Velletri die deutsche Umklammerung und stießen auf Rom vor, das sie am 4. 6. erreichten. Dank eines unsinnigen Wettlaufs nach Rom zwischen den Generalen Clark (der „gewann") und Keys konnte die Masse der deutschen 10. Armee an Rom vorbei zurückgeführt und eine neue Verteidigungslinie aufgebaut werden.

Schlussbetrachtung

Die Schlachten um Cassino und Anzio-Nettuno forderten auf beiden Seiten hohe Verluste. Genaue Zahlen liegen nicht vor, da sich die verschiedenen Quellen auf unterschiedliche Zeiträume beziehen und zum Teil Schätzungen sind. Wahrscheinlich waren es rund 350.000 Tote, Verwundete und Vermißte. Allein auf dem deutschen Soldatenfriedhof Cassino liegen 20.047 deutsche Soldaten, darunter auch die Gefallenen meiner Kompanie, die ich zum Teil selbst mit in die Erde gesenkt hatte.

Damit möchte ich die Einzeldarstellung von Kampfhandlungen beenden. Ich werde nur noch schildern, was ich selbst erlebt habe, und den unumgänglichen Rahmen, der zum Verständnis erforderlich ist. Ich hielt es aber für wichtig, am Beispiel dieser gewaltigen Abnutzungsschlacht, in die ich zufällig hineingeraten bin, zu zeigen, was ein Krieg bedeutet, wie er ein „Eigenleben" bekommt, nach welchen Gesetzen er geführt wird, dass ein Menschenleben nichts mehr zählt und das Gefühl für Menschenwürde und Rücksichtnahme immer mehr verloren geht. Bei meinen Vorträgen in der Bundeswehr über diese Kampfhandlungen bin ich oft gefragt worden, was die Soldaten beider Seiten empfunden haben und was sie immer wieder dazu gebracht hat, selbst in aussichtslosen Situationen weiterzukämpfen. Es ist sehr schwierig, darauf eine Antwort zu geben. Zeitgeist und Erziehung bilden das Hauptmotiv. Propaganda, Verhetzung und „Feindbilder" sind weitere Erklärungen. Aber damit wird nicht das Wesen dieses Teils des italienischen Feldzugs vom Frühjahr 1944 getroffen, nämlich der Schlachten am Monte Cassino, die mit der Schlacht um Verdun im Ersten Weltkrieg verglichen werden können.

Hier am Monte Cassino fand der vielleicht letzte Krieg „alter Art" statt, wie er von Clausewitz[30)] beschrieben worden ist, und wie er jahrhundertelang zum selbstverständlichen Gedankengut der Völker und Staaten gehört hat, um „die Politik mit andern Mitteln fortzusetzen". Er war wohl eine „gottgegebene Institution" geworden, die dazu diente, die Differenzen der Staaten nach bestimmten Regeln abzuwickeln. Beispiele dafür sind die „Haager Landkriegsordnung" von 1907 und die „Genfer Konventionen" von 1929 über den Schutz der Verwundeten, Kriegsgefangenen und der Zivilbevölkerung. Erlaubt war gewissermaßen nur „das schlichte Töten" von Soldaten, obwohl diese Regeln oft nach dem Belieben der kriegführenden Parteien verletzt wurden und werden.[31)] Unter der Herrschaft solcher Regeln, die zumindest ein schlechtes Gewissen der Kombattanten installieren, haben sich Erscheinungen wie Stolz, Waffenstolz und elitäres Selbstbewußtsein entwickelt und gehalten, die zum Beispiel unser Grenadier-Regiment 211 und die deutschen Fallschirmjäger bei der Verteidigung von Stadt und Berg Cassino maßgeblich zu ihrem heroischen Widerstand motiviert haben dürften. Dabei blieb auch eine gewisse, fast „sportliche" Fairness möglich, wie der oben geschilderte Austausch von Tragbahren. Ein von Katriel Ben Arie[32)] berichtetes Ereignis soll das abschließend verdeutlichen: „Nach dem ersten deutschen Angriff ergaben sich sechs leichtverwundete Fallschirm-jäger, einschließlich eines Feldwebels. Beim nächsten Angriff boten sie sich alle, mit Ausnahme des Feldwebels, als Krankenträger an. Dabei wurden zwei deutsche Soldaten getötet. Ein anderer rettete einem britischen Offizier das Leben vor einem deutschen Scharfschützen. Der deutsche Feldwebel beobachtete den Kampf zwischen Deutschen und Briten mit beruflicher, leidenschaftsloser Gelassenheit und gratulierte nach der erfolgreichen Verteidigung der Stellung dem ältesten britischen Offizier zu seinem Erfolg. Man muss sich fragen, was ihn dazu trieb, sich so zu verhalten. War es soldatische Disziplin, die ihm zur zweiten Natur geworden war, oder war es eher das Gefühl gleichen Schicksals angesichts gleicher Gefahr?"

Zu derartigen Kampfhandlungen in der vordersten Linie gehört nicht der Partisanenkrieg im Hinterland, dem ich nur gelegentlich, z.B. in Istrien, begegnet bin. Im Zusammenhang hiermit vorgekommene Geiselerschießungen, wie in den Ardeatinischen Höhlen bei Rom nach einem italienischen Partisanenüberfall auf das Polizeibataillon Bozen in Rom, habe ich nicht erlebt.

Nach Völkerrecht wurde Geiselnahme noch im Zweiten Weltkrieg als „erlaubter Kriegsbrauch" auch von den Alliierten betrachtet. In dem Verfahren des Jahres 1947 vor dem britischen Militärgericht in Venedig gegen Generalfeldmarschall Kesselring, den deutschen Oberbefehlshaber in Italien, in dem u.a. die Hinrichtungen in den Ardeatinischen Höhlen behandelt wurden, konnte sein Verteidiger, Prof. Dr. Erich Schwinge, zur Überraschung des Gerichts auf § 358d des US Basic Field Manual „Rules of Land Warfare" aus dem Jahr 1940 hinweisen, in dem es heißt: „Hostages (Geiseln) taken and held for the declared purpose of insuring against unlawful acts by the enemy forces or people may be punished or put to death if the unlawful acts are nevertheless committed." (Schwinge war nach dem Krieg in Marburg mein Strafrechtslehrer, wo er uns dies in der Vorlesung berichtete.)

Voraussetzung für Strafmaßnahmen gegen Geiseln war also die vorherige Auswahl solcher bedauernswerter Menschen, um nämlich Aktionen von Partisanen oder „Freischärlern" zu verhindern, wie z. B. die Aufstellung sogenannter „Kabelwachen" an Telegraphenmasten rückwärtiger Fernsprechleitungen. Rechtswidrig war daher die n a c h einem Angriff auf Soldaten oder militärische Einrichtungen vorgenommene Geiselnahme oder gar deren Erschießung. Dies waren vielmehr Racheakte zur Einschüchterung der Partisanen oder der sympathisierenden Bevölkerung.

Die zum Teil befohlenen, zum Teil eigenmächtig durchgeführten Strafmaßnahmen gegen die italienische Zivilbevölkerung waren reine Terrorakte. Dazu gehören auch die mir erst nach dem Krieg bekannt gewordenen Übergriffe einzelner Truppenteile, die offiziell unter der Bezeichnung „Partisanenbekämpfung" eingeordnet wurden und z.B. in dem mehrfach ausgestrahlten Fernsehfilm „Schrecken des Krieges – Deutsche Kriegsgreuel in Italien" dargestellt worden sind. Diese Aktionen waren wohl z. T. durch italienische Partisaneneinsätze ausgelöst worden, aber zumindest in ihrer Durchführung verbrecherisch, wenn nämlich befohlen wurde, die gesamte Zivilbevölkerung eines Dorfes oder Gehöftes zusammenzutreiben und einschließlich aller Frauen und Kinder zu erschießen.

Abschließend sei zu diesem Thema darauf hingewiesen, dass nach Art. 34 des Genfer Abkommens zum Schutz von Zivilpersonen in Kriegszeiten von 1949 die Geiselnahme nunmehr uneingeschränkt verboten ist. Trotzdem wird bis in die jüngste Zeit dagegen verstoßen, ganz zu schweigen von Verbrechen aller Art wie Mord, Totschlag und Vergewaltigungen, die unter keinem Gesichtspunkt zu rechtfertigen sind.

Im Mai 1979, nach 35 Jahren, besuchte ich mit Helga die Schlachtfelder am Monte Cassino. Im Tal unterhalb des Monte d'Oro bei Esperia fand ich die Stelle wieder, wo unsere Funkzentrale einige Zeit gelegen hatte. Am Hinterhang in der Nähe war damals ein Kriegerfriedhof eingerichtet worden. Dort hatten wir auch die Gefallenen unserer Kompanie beigesetzt. Stellvertretend nenne ich den Gefreiten Karl Bonorden, der im Granatfeuer gefallen war. Ein älterer Mann, der mit seinem Muli von den Bergen herunterkam, bestätigte mir, dass dort der

„Cimitero militare tedesco“ gewesen war. Die Toten seien später nach Cassino gebracht worden. Der Alte mit dem Muli nahm Anteil an meinen Erinnerungen. Er sprach von seiner eigenen Soldatenzeit, und dass wir eigentlich gemeinsam hätten siegen wollen, die Deutschen und die Italiener. Aber gesungen hätten wir zusammen und Wein getrunken! In seiner Erinnerung hatte sich der Schrecken des Krieges auf wenige wehmutsvolle Gedanken reduziert. Am nächsten Tage fuhren Helga und ich nach Cáira zum deutschen Kriegerfriedhof. Dort fand ich das Grab von Karl Bonorden, den ich am 12. Mai 1944 in Esperia zurückgelassen hatte. Ich erinnerte mich an sein Gesicht und an seine Stimme. Damals war er 20 Jahre alt.

An der Adria

Bereits am 21. 5. 1944 begann die Verlegung unserer Division an die Adriaküste bei Pescara. Die Fahrt führte durch die Abruzzen auf gebirgigen Strecken, natürlich bei Nacht. Ich fuhr mit unserem „Spieß“ Hauptwachtmeister Lipfert im Volkswagen. Wir wechselten uns am Steuer ab. Als es hell wurde, ließ die gespannte Aufmerksamkeit nach. Lipfert, der grade fuhr, nickte eine Sekunde ein und geriet von der Straße ab gegen einen Telegraphenmasten, den er „fällte“. Ich bekam ihn mitten ins Gesicht und eine entsprechende Beule auf der Stirn. Außer einer Gehirnerschütterung trug ich sonst keine Verletzung davon. Da der „VW“ schon damals einen Heckmotor hatte, konnten wir die Fahrt bis nach Avezzano fortsetzen, wo die Kompanie zur Rast untergezogen war. Statt Ruhe zu finden, mussten wir einen alliierten Bombenangriff über uns ergehen lassen. Es wurde niemand verletzt, aber ein LKW unseres Trosses beschädigt. Seitdem waren verschiedene Akten nicht mehr auffindbar; manche missliebige Angelegenheit fand so auf wunderbare Weise ihre Erledigung. Die „Akte Avezzano“ behielten wir in dankbarer Erinnerung.

In der Nähe von Chieti in einem Gebirgsdorf mit dem schönen Namen „Serramonacesca“ konnten wir nach den schweren Wochen an der Cassino-Front kurze Zeit Ruhe finden. Am 8. 6. begannen aber auch entlang der Adriaküste die Feindangriffe in Richtung Norden wieder.[33)] Die deutsche Abwehr erfolgte in der bewährten Kampfart der „Hinhaltenden Verteidigung“ im „überschlagenden Einsatz“. Die kleinen Flusstäler, die in kurzen Abständen vom Gebirge zur Adria führen, boten sich dafür an. Deutsche Pioniere sprengten hinter sich alle Brücken und an den steilen Gebirgsstraßen ganze Serpentinen, sodass die alliierten Verfolger bald den Anschluß zu den deutschen Nachhuten verloren. Der Verteidigungsabschnitt unserer Division verlief etwa 10 bis 30 km von der Adriaküstenstraße entfernt im Gebirge. Unser Weg führte über Téramo, Áscoli, Macerata nach Norden durch die z. T. wildromantische Landschaft, für die ich den Blick nie ganz verlor. Während dieser Absetzbewegung, die die Kämpfe nördlich Rom nicht aus dem Auge lassen durfte, wurden der Division laufend junger Ersatz, Waffen, Munition, Fahrzeuge und Gerät zugeführt und damit die entstandenen Lücken allmählich wieder aufgefüllt. Der schnelle Rückzug brachte auch manches italienische Verpflegungslager in unsere Hand. Einmal ernährten wir uns tagelang von 10.000 Eiern in jeder denkbaren Form, versüßt mit dem Inhalt eines ganzen Fasses mit „latte condensato zuccherato".

Ein problematisches Kapitel war „die Versorgung der Truppe aus dem Lande". Solange die Heeresverpflegungsämter und Nachschubdienste dabei die offiziell dafür vorgesehenen Wege beschritten, erhielten die Bauern oder Händler die entsprechenden Vergütungen oder Beschlagnahme-Entschädigungen. Wenn die „Landser" (Soldaten) aber dazu übergingen, sich ihre Feldküchenkost eigenmächtig aufzubessern, wurde es schwierig. Manchmal gab es Tauschgeschäfte mit der Bevölkerung. Dabei wechselten meist Brot und Eier oder Hühner den Besitzer. Manchmal kam es aber zu (verbotenen) „Beschlagnahmen" von Vieh durch die „Aufkäufer" der Feldküchen. So erschien einmal ein italienischer Bauer mit einem Zettel bei mir, auf dem mit der ungelenken Handschrift eines Landsers „bescheinigt" war:

„Die Kuh ging mit! Napoleon"

Ähnliche Erscheinungen hat es wohl zu allen Zeiten und bei allen Armeen der Welt gegeben.

In die Kategorie „Landserhumor" passt in diesem Zusammenhang das Erlebnis auf einem italienischen Marktplatz, wo ein Bäuerchen mit lauter Stimme verkündete: „Meine Apfelsinen sind große Sch...!" Hier hatte offensichtlich ein deutscher Landser Regie geführt, übrigens nicht zum Nachteil des Italieners, um den sich lachende deutsche Soldaten scharten und tüchtig kauften.

Ein anderes Thema war die Beschaffung von Treibstoff und Ersatzteilen. Es war unsere ständige Sorge, zu wenig Benzin zu haben. Die Truppe ging dazu über, schwarze Bestände zu horten, was verboten war. Niemand hielt sich daran, weil sonst die Gefahr bestand, dass die Treibstoffvorräte auf Grund der Bestandsmeldungen anderen Truppenteilen zugewiesen wurden. Trotz dieser „Vorratspolitik" wurde es gegen Kriegsende nötig, noch strenger zu sparen, indem zeitweise Pferde vor Kraftfahrzeuge gespannt wurden. Es war kein erhebendes Gefühl, ein Funkfahrzeug mit Bespannung zu sehen, der Fahrer die eine Hand am Steuerrad, die andere, bei heruntergeklappter Windschutzscheibe, am Zügel! Inzwischen waren auch Motoren mit sogenannten „Holzvergasern" entwickelt worden, die aber nur eine geringe PS-Leistung erbrachten. Die voluminösen Holzgeneratoren, die das Prinzip der Holzverkohlung oder Holzdestillation verwendeten, ragten gegen Kriegsende aus vielen Kraftfahrzeugen, selbst Panzern, heraus. Der Brennstoff Holz war eben leichter zu beschaffen, als das wertvolle Benzin. Eines morgens während des Rückzuges meldete der Kraftfahrer eines Funktrupps, dass ihm nachts der Motor ausgebaut und gestohlen worden sei. Wegen völliger Übermüdung hatte er nichts davon gemerkt, obwohl er im Führerhaus geschlafen hatte. Ersatzmotoren waren nicht vorhanden. So behalf sich unser Schirrmeister durch einen „Gegendiebstahl" bei den Kameraden der Nachbardivision. Das nannte man „Organisieren" oder „Hochziehen". Eines Tages erschien dieser tüchtige Schirrmeister mit einem „organisierten" Omnibus, den wir aber wegen zu hohen Spritverbrauchs stehenließen. Für die Zukunft verboten wir ihm solche eigenmächtige Bedarfsdeckung, die zum „Sport" zu entarten drohte.

Bald erhielt ich den Befehl, einen Divisionsfunklehrgang durchzuführen, um auch die Lücken bei den Funkern der Infanterie und Artillerie zu schließen. Er fand in Montescudo an der Grenze des Zwergstaates San Marino statt, etwa 200 km hinter der damaligen Front, so dass die Ausbildung in relativer Ruhe erfolgen konnte.

Die Fahrt dorthin war etwas abenteuerlich, weil sie durch Partisanengebiet führte, in dem es keine deutschen Truppen gab. Unser PKW war außer mir mit einem weiteren Offizier und dem Fahrer besetzt. Auf halber Strecke war es so weit. Ein vor uns fahrender PKW war in einem kleinen Ort beschossen worden und wartete auf Verstärkung. Wir beschlossen, gemeinsam durchzubrechen. Mit allen Waffen im Anschlag durchquerten wir in schneller Fahrt den Ort. An einem Fenster stand eine Italienerin auf Beobachtungsposten. Sie tauchte erschrocken unter, als sie uns sah. Wir andererseits waren froh, die Fahrt ohne weitere besondere Vorkommnisse beenden zu können.

In Montescudo fand ich am 4. 7. 1944 etwa 100 Mann mit vier Ausbildern vor, die schon mit dem Lehrgang unter Leitung eines Leutnants der Artillerie begonnen hatten. Ich übernahm seine Funktion und sein Quartier bei der Familie des Karabinieri-Obersten Dottore Fantini aus Rom, der hier ein Sommerhaus besaß und sich vor den Ereignissen in Rom in Sicherheit gebracht hatte. Ich bewohnte ein kleines Zimmer, gut betreut von der Signora. Der etwa 10jährige Sohn erhielt von mir Schokolade u. ä. Mit dem Colonello führte ich manchmal politische Gespräche. Er meinte: „Hitler è buono, Mussolini è non buono!", wobei er Hitler von dem Verdikt wohl nur aus Vorsicht und auch Höflichkeit gegenüber seinem Gast ausschloss.

Der 20. Juli 1944

Am 24. Juli 1944 meldete mir der diensthabende Unteroffizier den Lehrgang auf dem Marktplatz mit dem sog. „Deutschen Gruß", d. h. mit erhobenem rechten Arm, was an sich vorschriftswidrig war. Es musste nämlich „durch Anlegen der rechten Hand an die Kopfbedeckung" gegrüßt werden. Auf meine verwunderte Frage, was das zu bedeuten habe, berichtete er mir, am 20. Juli habe ein „Attentat auf den Führer" stattgefunden, das misslungen sei. Daraufhin habe der Reichsmarschall (Hermann Göring) als dienstältester Offizier der Deutschen Wehrmacht angeordnet, dass ab sofort die gesamte Wehrmacht aus Solidarität den „Deutschen Gruß" anzuwenden habe.

Über die Nachricht vom Attentat war ich entsetzt und zugleich erleichtert, dass der „Führer" am Leben geblieben war. Aus meiner damaligen Sicht empfand ich das Attentat als schimpflichen Verrat. Die näheren Umstände und die Identität der Attentäter waren zunächst nicht bekannt. Wir erfuhren erst vier Tage später von den Ereignissen in Deutschland. So gering waren die Informationsmöglichkeiten für die meisten Soldaten. Viele von uns konnten nicht verstehen, dass Offiziere, während wir „an der Front für Deutschland kämpften, dem geliebten Führer in den Rücken fielen". Diejenigen, die heimliche Gegner Hitlers waren, hüteten sich natürlich, ihre wahren Empfindungen zu zeigen. Das hätte wegen „Zersetzung der Wehrkraft" ein Kriegsgerichtsverfahren und die Todesstrafe bedeutet. Eines Tages hörte ich, dass unser neuer Erster Generalstabsoffizier, ein Major i. G., von zwei SS-Offizieren verhaftet und mitgenommen worden war. Über sein Schicksal habe ich nichts erfahren. Vermutlich ist er den Prozessen des Volksgerichtshofs unter seinem Präsidenten Freisler zum Opfer gefallen. Im übrigen hörten oder lasen wir nur die offiziellen Versionen.

Was sich damals wirklich ereignet hat, ist längst bekannt. Die Berichte darüber füllen Bibliotheken. Das beste Buch „Staatsstreich: Der lange Weg zum

20. Juli“[34] stammt von Joachim C. Fest, dem Verfasser der bedeutendsten Hitler-Biografie. Ich habe meine damalige Einstellung, die sich aus unserer begrenzten Einsichtsmöglichkeit erklärt, sofort geändert, als ich nach Kriegsende die wahren Tatsachen erfahren und begriffen habe, worum es den Attentätern ging. Vor den Widerstandskämpfern wie Oberst Graf von Stauffenberg oder dem früher erwähnten General Fellgiebel und vielen anderen habe ich heute hohen Respekt, ohne dass es mir auf ihre Motivation und Ziele im Einzelnen ankäme. Wer bereit war, sein Leben für die Beseitigung Hitlers zu opfern und dafür am Galgen oder vor dem Erschießungskommando starb, verdient Achtung und nicht Kritik der fernen Überlebenden.

Es ist auch hier, wie im Fall des Attentäters Georg Elser vom November 1939 im Bürgerbräu-Keller in München, spekulativ sich vorzustellen, was nach einem geglückten Attentat auf Hitler geschehen wäre. Es ist unwahrscheinlich, dass nach Wegfall der zentralen Figur Hitler sich nichts verändert hätte. So aber ging der Krieg gnadenlos weiter, bei uns fernab der Dramatik des missglückten Aufstands im „Alltag“ des italienischen Feldzugs.

Die Verhältnisse für die Soldaten, die ja alle von der Front zu diesem Lehrgang kamen, waren in dem kleinen Bergstädtchen Montescudo idyllisch. Sie wurden entweder im Gemeindesaal oder in Privatquartieren untergebracht, wobei sich die Freundlichkeit der Gastgeber proportional zur Teilnahme am Gottesdienst in der Kirche entwickelte mit der Folge, dass unsere meist evangelischen Landser am Sonntag in immer größeren Scharen zur Kirche strömten. Solche „Gläubigkeit“ wurde in der Deutschen Wehrmacht unter dem Begriff „Holzauge, sei wachsam!“ eingeordnet, wobei dieses Zitat von dem Anlegen des Zeigefingers unter ein Auge und leichtem Herabziehen des unteren Augenlides begleitet wurde. Das bedeutete, dass der Landser sich den Verhältnissen so gut wie möglich anpasste und das Beste aus seiner Situation machte. Nur der Kundige konnte hinter der stoischen Miene („Holzauge“) des Soldaten dessen spitzbübische Zweckmoral erkennen.

Der Lehrgangsunterricht fand in der kleinen Dorfschule statt. Wegen der großen Hitze begannen wir schon morgens um 6 Uhr und machten eine größere Mittagspause. Geübt wurden „Hören und Geben“ (d. h. Morsen), Schlüsseln und Funkgerätebedienen. In sechs Wochen mussten aus völligen Laien Funker gemacht werden. Meistens glückte das. In einigen Fällen brachte die Teilnahme an einem weiteren Lehrgang den Erfolg. Zwischen den beiden Lehrgängen fuhren wir Ausbilder mit geliehenen „Dogcarts“ (zweirädrige Pferde-Einspänner) an die Adria nach Riccione und Cattólica zum Baden. Wir schliefen in einem Bauernhaus bei einem Freund des Wagenbesitzers. Bei der Hitze und menschenleeren Stränden war es im Wasser zwar schön, aber nicht ungefährlich, denn ab und zu flogen Jabos im Tiefflug die Küste entlang und schossen auf alles, was sich bewegte. Da half nur „Schnelltauchen". Die Hin- und Rückfahrt musste wegen der Fliegergefahr nachts erfolgen.

Wir genossen diesen befristeten „Sommerurlaub" sehr, während die Front langsam näherrückte. Sie erreichte Ende August bei Pesaro die vorbereitete „Grüne Linie". Das starke Trommelfeuer auf die deutsche „HKL" war bis zu uns zu hören. Es dauerte auch nicht lange bis der Befehl eintraf, der Funklehrgang möge sich bereithalten, als sogenannte „Alarmeinheit" eingesetzt zu werden. Das war natürlich Wahnsinn. Denn dieser zusammengewürfelte „Haufen" hatte keinerlei Kampfkraft. Auch wären die soeben mühsam ausgebildeten Ersatzfunker in kurzer Zeit sinnlos „verheizt" worden. Meine entsprechenden Vorstellungen beim Divisionskommando hatten Erfolg, und wir erhielten Befehl, die Ausbildung beim Feldersatzbataillon der Division fortzusetzen. So hieß es am 31. 8., von Montescudo und seiner netten Bevölkerung Abschied zu nehmen und in Richtung Ravenna weiterzuziehen.

Der alliierte Durchbruchsversuch zur Po-Ebene blieb auf der Linie Rimini-San Marino hängen. Wegen erneuter starker Verluste wurde unsere Division nun endgültig abgelöst und in die altbekannte Gegend von Udine in der Nähe von Venedig zur Auffrischung verlegt. Der Transport erfolgte zum Teil im Landmarsch zum Teil mit der Eisenbahn. Dabei wurde der Transportzug unserer Nachrichten-Abteilung von Jabos angegriffen. Mein treuer Fahrer Paulus, mit dem ich so viel erlebt hatte, wurde dabei tödlich verwundet. Dieser Verlust ging mir besonders nahe. Unser Kommandeur, Major Kreft, wurde schwer verwundet und fiel aus. Hauptmann Herzberg, Chef der Fernsprech-Kompanie, wurde neuer Abteilungskommandeur. Das erfuhr ich aber erst viel später, als ich vom Funklehrgang zur Abteilung zurückkehrte.

Zunächst kam ich am 7. 9. mit dem Funklehrgang in das kleine Straßendorf San Zaccharia nördlich Milano Marittima „zur Küstenverteidigung". Die Soldaten wurden in den Häusern des Dorfes untergebracht. Ich zog zur Familie Missiroli, einem Ehepaar mit vier Kindern. Ornella, die bildhübsche 18jährige älteste Tochter, gefiel mir besonders gut. Ihre Mutter behandelte mich mit zurückhaltender Freundlichkeit und fragte besorgt, ob ich „sposata" (verheiratet) oder „fidanzata" (verlobt) wäre, was ich unter Hinweis auf mein jugendliches Alter (21 Jahre) verneinen musste. Dann gab es noch die zwölfjährige Romana, ein etwas herberer Typ, den achtjährigen Mario und die dreijährige Mirella. Ich erhielt Ornellas Zimmer als Wohnung angewiesen. Sie wurde natürlich zu ihrer Schwester umquartiert. Aber sie servierte mir mittags das Essen, das mir ihre Mutter gekocht hatte, mit lieblichem Lächeln. Wir spielten auch „Mühle und Dame", wozu uns ihre Mutter immer die kleine Mirella beigesellte. Diese Romanze fand leider am Abend des 19. 9. ihr Ende, als wir nach Bagnacavallo weiterziehen mussten. Mirella gab mir vom Arm der Mutter herab Küsschen, nicht jedoch Ornella, die nur Abschiedstränen vergoß. Die ihr von der Mutter beigeordnete Romana verteilte am Tor Fotos von Ornella, aber auch von sich selbst! (Eine Doppelromanze?) Wangenstreichelnd nahm ich schweren Herzens Abschied.[35)]

Auf dem Marsch hatten wir nur kleine Tagesziele zu bewältigen. Viel musste improvisiert werden. Meist fuhr ich mit einem Ausbilder auf Fahrrädern vorweg, um den Weg zu erkunden. Einmal traf ich einen Funktrupp der Division, in dessen Nachrichtenabteilung, wie ich wußte, mein Klassenkamerad Otto Brüggemann war. Man kannte ihn, und ich ließ ihm Grüße ausrichten. Wie ich nach dem Krieg erfuhr, sind sie auch angekommen. Eines Tages ließ ich den Lehrgang in einem Maisfeld in der Nähe eines Bauernhauses rasten und fuhr wieder vorweg. Als ich zurückkam, erwartete mich eine Hiobsbotschaft. Ein Lehrgangsteilnehmer hatte sich, entgegen dem strengen Befehl, von der Gruppe entfernt und war auf eigene Faust zu dem Bauernhaus gegangen. Von dort her war er von Partisanen angeschossen und dann schwer verwundet durch einige Soldaten zur nächsten kleinen Stadt in ein Wehrmachtslazarett gebracht worden. In dem Bauernhaus war natürlich niemand mehr zu finden. Im Lazarett musste ich hören, dass unser Kamerad leider verstorben war. Ich schrieb an die Familie, aber ohne die ganze tragische Wahrheit zu offenbaren.

In der Nacht vom 24. auf den 25. 9. überquerten wir auf einer Pionier-Fähre den Po, eine Nacht später die Etsch. Im Bahntransport ging es weiter über Padua, Vicenza und Treviso bis zum Piave-Übergang, wo die Eisenbahnbrücke zerbombt war. San Vito al Tagliamento erreichten wir im Fußmarsch durch „dickes" Partisanengebiet. Natürlich tauchten die Partisanen vor größeren Truppenverbänden unter. Setzten wir morgens unseren Marsch fort, läuteten die Kirchenglocken, um sie zu warnen. Auf dem Bahnhof von San Vito stand ein ausgebrannter deutscher Lazarettzug, ein Werk der Partisanen! Ein schlimmes, aber selbstverschuldetes Schicksal erlitt der Führer unseres Feldersatzbataillons,

Oberleutnant Schoppe. Er startete auf eigene Faust und ohne Abstimmung mit dem Divisionskommando ein Aufklärungsunternehmen ins Partisanengebiet. Dazu benutzte er ein kleines Pferdefahrzeug mit einem Funkgerät, das unter Heu versteckt war. Begleiter war ein italienisch sprechender deutscher Soldat. Beide hatten Zivilkleidung an und sich damit außerhalb völkerrechtlicher Bestimmungen und auf den „Status" der Partisanen begeben. Die Aktion mißlang. Das Fahrzeug geriet in einen Hinterhalt der Partisanen. Sie hängten den Oberleutnant auf, wovon uns ein italienischer Priester unterrichtete. Den Begleiter schickten sie zurück, nachdem sie ihn verprügelt hatten. Derartige eigenmächtige Aktionen wurden vom Divisionskommando sofort verboten.

In dem kleinen Städtchen konnte ich bis Ende Oktober die Ausbildung des Lehrgangs fortsetzen und erfolgreich beenden. Insgesamt etwa 200 Soldaten kehrten als Funker zu ihren Einheiten zurück. Ich wurde nun wieder in der Funkkompanie gebraucht. Der Kompaniechef, Hauptmann Leuschner, verließ uns, um Kommandeur einer Nachrichten-Abteilung zu werden. Ich wurde Anfang November mit der Führung der Kompanie beauftragt. Das war für mich jungen Offizier sehr ehrenvoll. Nach eineinhalb Jahren Tätigkeit in dieser Kompanie fühlte ich mich der Aufgabe sie zu führen, technisch und menschlich voll gewachsen. Das gegenseitige Vertrauen zwischen den Soldaten, Unteroffizieren und mir hatte sich in den Einsätzen des vergangenen Jahres in Not und Gefahr gebildet und bewährt. So gingen wir gemeinsam in die letzte Phase dieses Krieges, die unaufhaltsam heranrückte. Den Zeitpunkt seines Endes konnte niemand voraussehen. Die Einschätzung seines Ausgangs war bei jedem von uns sicher sehr unterschiedlich. Die offizielle Lesart verkündete bei jeder Gelegenheit Dr. Joseph Goebbels, der Reichspropagandaminister, vereinzelt, jedoch immer seltener, auch Hitler selbst. Was jeder Einzelne dachte, konnte er nur im kleinsten Kreis von Vertrauten erörtern.

Nach dem Beginn der alliierten Landungen in der Normandie am 6. 6. 1944 („Unternehmen Overlord") und in Südfrankreich am 15. 8. 1944 („Unternehmen Dragon") sanken die Hoffnungen auf den „Endsieg" in Deutschland drastisch. Im Volksmund hieß es: „Genießt den Krieg, den der Frieden wird fürchterlich!" Oder: „Die Lage ist hoffnungslos, aber nicht ernst!" Ich weiß nicht mehr, wann ich den Glauben an den deutschen Sieg verloren habe. Natürlich war es bei den meisten Menschen ein längerer Prozess, der sich an den fortschreitenden Ereignissen orientierte. Die Vernunft sagte einem zwar schon lange, dass der Krieg nicht mehr gewonnen werden könne. Viele vertrauten irrational aber noch auf die immer wieder angekündigten neuen „Wunderwaffen". Dabei handelte es sich um die sogenannten „Vergeltungswaffen" als Reaktion auf alliierte Bombenangriffe auf deutsche Städte. Erstmals in Deutschland entwickelte weittragende Raketen mit Sprengköpfen, die als „V1" und „V2" bezeichnet wurden, kamen ab Mitte Juni 1944 zum Einsatz. Sie bewirkten zwar große Zerstörungen in bestimmten Gebieten Englands, vor allem in London, konnten aber keinen Einfluß auf den militärischen Ablauf mehr ausüben.

Nach Ungarn

Ende November 1944 galt unsere Division wieder als kampfbereit. Am 22. 11. wurde ein Partisaneneinsatz im Raum Görz (Gorízia) am Isonzo plötzlich abgebrochen. Die bedrohliche Situation an der Ostfront forderte gebieterisch neue Truppen. Bereits am 25. 11. begann der Eisenbahntransport unserer Division nach Ungarn. Über Udine und Tarvis, wo wir vor mehr als einem Jahr die italienische Grenze nach Süden überschritten hatten, verließen wir dieses Land wieder, in dem wir so viel Schweres erlebt hatten und so viele Kameraden in fremder Erde zurücklassen mussten. Zurückbleiben mussten auch unsere fünf bis sechs italienischen „Hiwis" (Hilfswillige), die sich freiwillig zur Deutschen Wehrmacht gemeldet hatten und inzwischen als vollwertige Funker in unserer Kompanie eingesetzt waren. Ihr Schicksal in ihrem zerrissenen Vaterland war ungewiss. Nur kurz berührten wir in Klagenfurt und Graz deutsches Reichsgebiet. Am 26. 11. 1944 überquerten wir bei Szentgotthárd die ungarische Grenze. Am 27. 11. endete unsere Fahrt in Fünfkirchen (Pécs), weil die Sowjets bereits bis dorthin vorgedrungen waren. An der Ostfront hatte nämlich soeben eine große sowjetische Offensive aus den Donaubrückenköpfen im Raum von Mohacs begonnen. Die deutsche Verteidigung brach schnell zusammen. Die sowjetischen Truppen drangen praktisch ohne Gegenwehr vor. Nach meiner Erinnerung gab es nur eine einzige deutsche Flakabteilung, die sich den Angreifern noch entgegenstellte. Unsere Division war die erste, die in diesem ungeschützten Raum eintraf und die Sowjets nach und nach zum Halten brachte.

Zuerst galt es, alle Fahrzeuge an der kurzen Seitenrampe des Bahnhofs von Fünfkirchen unter feindlichem Artilleriefeuer zu entladen. Dies war umso schwieriger, als sich der ungarische Lokomotivführer zunächst weigerte, unter solchen Umständen weiterzuarbeiten, was man verstehen kann. Wir zwangen ihn mit vorgehaltener Pistole dazu, ein nicht einfaches Rangiermanöver durchzuführen und die Plattformwagen mit unseren Fahrzeugen darauf einzeln an die Rampe heranzuschieben, damit sie herunterfahren konnten. Dies glückte schließlich. Für mich waren es einige der dramatischsten Minuten des Krieges. Zunächst konnten wir nur versuchen, den sowjetischen Panzern zu entgehen, die bereits im Ort herumfuhren. Einen sah ich auf einer Parallelstraße die Kreuzung überqueren. Aber auch unsere Gegner hatten, wie so oft, nicht den vollen Durchblick. So gelang es uns, vor ihnen den westlichen Ortsrand zu erreichen und erst einmal in Richtung Szigetvár davonzufahren. Irgendwann konnte mit weiteren Teilen der Division, die vorher angehalten und ausgeladen worden waren, eine erste Frontlinie gebildet und der sowjetische Vormarsch verlangsamt werden. Bis dahin glich der deutsche Rückzug mehr oder weniger einer Flucht. Ich habe das Bild vor Augen, dass in einer kleinen Ortschaft ein Landser mit seinem Pferdefuhrwerk peitschenschwingend im wilden Galopp die Dorfstraße entlangfuhr und schrie: „Der Iwan kommt!" (So wurden die Russen genannt.) Am Ortseingang stellte ich fest, dass es deutsche Soldaten waren, die sich da näherten. Panik hatte also hier die Reaktionen bestimmt.

In hinhaltender Verteidigung gerieten wir am 1. 12. 1944 nach Szentlörinc, wo nach mehreren Tagen des Rückzugs ein Divisionsgefechtsstand bezogen wurde, ein Zeichen beginnender Konsolidierung. Ich richtete dort eine Funkzentrale ein, um die ersten Nachrichtenverbindungen zu einzelnen Kampfgruppen herzustellen. Unsere Außentrupps befanden sich ja bei den jeweiligen Regimentern auf deren Transportzügen. So konnten wir allmählich durch Funk erfahren, wo sich diese Einheiten befanden, und ihnen Befehle übermitteln.

Gegen Abend wurde die Situation in Szentlörinc bereits wieder brenzlich. Wo die Sowjets genau saßen, war unklar. Bei Dunkelheit näherten sich Motoren- und Kettengeräusche. Ihre Panzer schoben sich also langsam gegen den Ort vor und zum Teil auch schon rechts und links daran vorbei. Nach hinten führte nur noch eine einzige verschlammte Straße. Es herrschte trübes nasskaltes Wetter. Das Wiesen- und Ackergelände war aufgeweicht und fast unpassierbar. Natürlich hatte ein Divisionsgefechtsstand nichts in der vordersten Linie zu suchen. So verschwanden unser General und sein 1. Generalstabsoffizier mit Begleitung aus dem Ort, leider ohne uns darüber zu informieren. Auch unser Abteilungskommandeur verließ uns, ohne mir den Abmarsch freizugeben. Das hätte formal wohl nur der Divisionskommandeur gekonnt, der aber nicht mehr da war, was ich noch nicht wußte. Nur unser Stabsarzt Dr. Hammermann hielt bei uns aus. Irgendwann stellten wir fest, dass wir praktisch allein in Szentlörinc saßen. Man hatte uns offenbar vergessen oder unserem Schicksal überlassen. Einen klaren Überblick über die Situation hatte ich nicht, konnte ihn mir auch bei der herrschenden Dunkelheit nicht verschaffen, ohne meine Funktrupps in Gefahr zu bringen. Aus demselben Grund konnte ich mit ihnen auch nicht einfach wegfahren. Abgesehen davon, dass ich unsere Gegenstellen nicht „abklemmen" durfte, hätte ich mit unserem Aufbruch die Sowjets alarmiert und mit den Motorengeräuschen meiner Kolonne unkalkulierbare Reaktionen provoziert. Bei Dunkelheit Freund und Feind zu unterscheiden ist zudem nur schwer möglich. In diesem Dilemma war ich aber keinesfalls gewillt, mit meinen Soldaten in russische Gefangenschaft zu geraten. So postierte ich die einzelnen Funktrupps abfahrtbereit in der Deckung von Häusern. Um 7 Uhr morgens begann der erwartete Feuerschlag der sowjetischen Artillerie und gleichzeitig der Angriff. Das war der knapp kalkulierte Auslöser für unseren Rückzug. Als Dr. Hammermann und ich das Haus verließen, in dem wir gewartet hatten, erschienen die ersten Sowjets an der hinteren Grundstücksgrenze. Ich lief zu den drei Funkfahrzeugen und gab das Zeichen zum Losfahren, hätte mich aber fast selbst „vergessen". Ich musste nun auf einem Abkürzungsweg zur Straße eilen und erreichte grade noch das letzte meiner Funkfahrzeuge. Ich sprang auf das Trittbrett und konnte dem Fahrer mit meinem Taschentuch und Spucke die Windschutzscheibe von dem herumspritzenden Dreck einigermaßen freihalten, sodass er die Straße erkennen konnte. Über uns hinweg zog die Leuchtspur sowjetischer Maschinenwaffen. Es war ein Wettlauf mit den sowjetischen Panzern, die aber langsamer waren, weil sie rechts und links der Straße über die nassen Felder fuhren. So kamen wir glücklich davon. Am Ortsrand des nächsten Dorfes standen Gott sei Dank zwei deutsche Sturmgeschütze, die zwei unserer Verfolger abschossen. Damit trat zunächst einmal „Ruhe" ein. Es empfing uns dort auch unser Kommandeur, der schon geglaubt hatte, wir seien „geschnappt" worden. Auf dem Kirchturm von Szentlörinc hatte inzwischen ein sowjetischer Artilleriebeobachter Stellung bezogen und begann, gezieltes Artilleriefeuer auf uns zu lenken. Er wurde von den Sturmgeschützen mitsamt der Kirchturmspitze heruntergeschossen. Unser General stand mit einem Fernglas auf einem der Sturmgeschütze und beobachtete den Gegner. Ich hatte den Eindruck, dass er fallen wollte, denn es war ein Wahnsinn sich im feindlichen Feuer aller Waffen ungeschützt auf einen Panzer zu stellen. Aus der Sicht des OKW hatte er es nicht geschafft, mit unserer Division einen der üblichen Durchhaltebefehle zu befolgen. Am 10. 1. 1945 musste er das Kommando über unsere

Division abgeben und wurde höherer Artilleriekommandeur, eine ungerechte und von ihm sicher als diffamierend empfundene Versetzung, die ihm aber wahrscheinlich dazu verholfen hat, das Kriegsende zu erleben. Unser neuer und letzter Divisionskommandeur wurde Generalmajor von Schuckmann.

Die gemeinsam bewältigte Gefahrensituation in Szentlörinc hatte meinen Soldaten und mir wieder einmal gezeigt, dass wir uns aufeinander verlassen konnten. Dieses Bewußtsein hat uns auch befähigt, durch die letzten schweren Kriegstage, die vor uns lagen, zusammenzuhalten und die Heimat zu erreichen, was zum Schluss unser einziges Ziel war.

Am „Tag von Szentlörinc" war es immerhin geglückt, den sowjetischen Vormarsch wieder einmal zu stoppen. Auf ähnliche Weise konnte auch in den nächsten Tagen der russische Angriff weiter verlangsamt werden. Eine wirksame Hilfe war für uns ein deutscher Eisenbahn-Panzerzug, der mit zwei Geschützen, zwei 2 cm-Vierlingsflak und zahlreichen Maschinengewehren bestückt war. Solange die Bahnlinie parallel zu unserer Rückzugsbewegung verlief, erschien er immer wieder in unserer vordersten Front. Mit seiner gewaltigen Feuerkraft verbreitete er beim Gegner Angst und Schrecken. Dies war nur möglich, weil es hier zu diesem Zeitpunkt, im Gegensatz zum italienischen Kriegsschauplatz, keinerlei gegnerische Luftwaffe gab.

Ab Mitte Dezember 1944 gelang es, für etwa zwei Monate zwischen Plattensee (Balaton) und Drau auf der Höhe von Nagyatád eine Verteidigungslinie zu errichten und zu halten. Hier war das südlichste Ende der Ostfront. Südlich der Drau begann der Einflußbereich Titos. In den schwer zugänglichen Gebirgen Kroatiens wurden weder deutsche noch sowjetische Truppen eingesetzt. Auch auf russischer Seite machte sich die Dauer des Krieges bemerkbar. Er fand im wesentlichen weiter nördlich statt. Budapest, Wien und Warschau waren die Schwerpunkte der sowjetischen Angriffe. Am 16. 12. 1944 begann Hitlers letzter Versuch, sein Schicksal zu wenden. Die „Ardennenoffensive" zwischen dem Hohen Venn und dem Nordteil Luxemburgs drang etwa 60 km vor und erreichte am 22. 12. La Roche und die Gegend von Dinant, um sich dann festzulaufen.

Unsere Funkzentrale lag, nachdem sich die Front versteift hatte, in dem kleinen ungarischen Straßendorf Felsösegesd, der Divisionsgefechtsstand in einem nahen Schloss. Es herrschte weitgehend Kampfesruhe. Beide Seiten waren erschöpft. Ich bezog Quartier bei dem Gendarmen des Orts. Sonntags erschien er mit einer Flasche Zwetschgenschnaps und einem Wasserglas. Nach dem ersten Glas hieß es: „Leutenant, noch einen!" Man konnte diesen Beweis der Gastfreundschaft schwer ablehnen. Wir feierten, so gut es ging, das letzte Kriegsweihnachten. Der Karpfenteich des Dorfes half dabei. Die Bevölkerung teilte mit uns. Geschenke wurden ausgetauscht. Eine besondere Überraschung bereiteten uns drei unserer früheren italienischen „Hiwis", die eines Nachts wieder bei uns eintrafen. Sie hatten sich von unserem letzten Quartier in Oberitalien in ihren deutschen Uniformen auf abenteuerlichen Wegen zu uns durchgeschlagen. Das verstieß zwar gegen alle Vorschriften. Es wäre aber unmenschlich gewesen, sie nach Italien in eine ungewisse Zukunft zurückzuschicken. So drückte ich ein Auge zu und behielt sie bei unserer Kompanie. Wir konnten sie gut als Verstärkung gebrauchen. Ein besonderes Ereignis war der Absturz eines amerikanischen Bombers, der wohl bei einem Einsatz in Italien oder Süddeutschland angeschossen worden war und nun versuchte, in Ungarn die sowjetischen Linien zu erreichen. Er flog brennend in langsamem Flug ziemlich niedrig über uns hinweg und stürzte zwischen die Hauptkampflinien. Die Besatzung stieg aus und kam mit ihren Fallschirmen hinter den gegnerischen Stellungen herunter in Sicherheit.

Das Jahr 1945 begannen wir mit gemischten Gefühlen. Jeder fragte sich, was es bringen werde und wo wir wohl, den nächsten Jahreswechsel verleben würden. Die Ardennenoffensive war gescheitert und damit die letzte Hoffnung auf einen glimpflichen Ausgang des Krieges. So blieb uns nichts anderes übrig, als uns wieder dem grauen Alltag zuzuwenden. Zunächst galt es ja immer, den nächsten Tag zu erreichen. Im Januar schickte mich mein Kommandeur überraschend zu einem kurzen Kompanieführerlehrgang auf die Heeresnachrichtenschule nach Halle. So kam ich nach über einem Jahr wieder einmal nach Deutschland. Zunächst fuhr ich bis zum Beginn des Lehrgangs nach Gießen, um meine Mutter zu sehen. Sie befand sich aber bei Freunden in Schleusingen in Thüringen, wohin sie vor den schweren Bombenangriffen auf Gießen geflüchtet war. In unserer Wohnung traf ich meinen Klassenkameraden Richard Kliffmüller, der „Bombenurlaub" hatte, um seine in ihrer Wohnung ausgebombten Eltern bei uns unterzubringen. Unser Haus war unversehrt geblieben. Lediglich eine Bombe war wenige Meter entfernt im Garten eingeschlagen.

Auf der Straße begegnete ich zum letzten Mal meinem Klassenkameraden Jochen Wilke (Jahrgang 1925), der wegen einer Verletzung nicht Soldat geworden war und nun in Jungvolkuniform mit Pistole(!) auf dem Fahrrad herumfuhr. Er kam sich sehr wichtig vor. Nach dem Krieg wurde er mit Lynchmorden an abgesprungenen amerikanischen Bomberbesatzungen in Verbindung gebracht. In dem Buch „Damals und Heute“[36] heißt es: „Als ein amerikanischer Bomber über dem Schiffenberg abgeschossen worden war, konnte sich die Besatzung an Fallschirmen retten und kam z. T. auf dem Trieb in Gießen nieder. Führer des Bannes Gießen rasten auf ihren Motorrädern zum Trieb und erschossen mit ihren Pistolen alle notgelandeten Flieger in Lynchjustiz. ... Der für den Mord auf dem Trieb verantwortliche HJ-Führer tauchte Gerüchten zufolge in Ostdeutschland unter ...“ Zitiert wird dabei aus dem Buch „Angriffsziel Gießen 1944/45“.[37] Auch Jochen Wilke ist nie wieder aufgetaucht. Ob er jener „verantwortliche HJ-Führer“ war, weiß ich nicht. Es gab Gerüchte, dass er sich, wie viele Verdächtige damals, nach Südamerika abgesetzt habe. Auch seine Eltern haben angeblich nie wieder etwas von ihm gehört. Sollte er an dem Verbrechen beteiligt gewesen sein, hätte er seitdem mit dem Verlust seiner Heimat, seiner Angehörigen und seines gesamten Lebensbereiches, sogar seiner Identität, schwer gebüßt.

In Halle traf ich dann meine schnell angereiste Mutter wieder, die ich über ein Jahr nicht gesehen hatte. Die Stadt erwies sich wegen ihrer zentralen Lage in Deutschland als geeigneter Treff- und Durchgangspunkt für die Verwandtschaft. Günstig war, dass sie als eine der wenigen Städte Deutschlands praktisch nicht bombardiert wurde. Es hieß, das „rote Halle“ werde von den Alliierten geschont. Wir hatten hier mehrere Verwandte. Während meines Aufenthalts erschien mein Vetter Arnfried Frentzel-Beyme aus Königsberg. Dieser 15jährige Junge war von seinen Eltern am 20. Januar 1945 mit seiner Patentante auf den Weg nach Westen geschickt worden, damit er nicht in die Hände der Russen fiele, die schon dicht vor Königsberg standen. Der kleine Kerl schleppte in seinem „Affen“ (Tornister) neben einigen Lebensmitteln das Familiensilber mit. Die beiden gelangten mit Pferdewagentrecks, Wehrmachts-LKWs und Eisenbahn auf abenteuerliche Weise nach Halle. Seine Eltern schafften die Flucht über die Weichsel ebenfalls. Seine drei Brüder Klaus, Eckhardt und Ermbrecht waren entweder Soldaten oder im Arbeitsdienst. Auch mein Onkel Richard Rindtorff fand in Halle mit einem Teil seiner Familie auf der Flucht von Stolp in Pommern eine kurze Bleibe. Ich sah ihn bei dieser Gelegenheit zum letzten Mal. Über sein Schicksal und das seiner Familie werde ich später berichten. Schließlich kam meine Kusine Ilse Röhricht geb. Rummel mit Mann Peter und Sohn Falko aus dem Osten in Halle bei ihren Eltern an. Peter musste bald wieder an die Front, wo er als Hauptmann eine Reitereinheit übernahm, die sich aus nichtrussischen Völkerschaften rekrutierte.

Beim Lehrgang in der Heeresnachrichtenschule traf ich durch Zufall meinen früheren Kompaniechef wieder, von dem ich grade in Oberitalien das Kommando über unsere Kompanie übernommen hatte. Wir sprachen uns nur kurz. Auch er ist nicht zurückgekehrt. Im Lehrgang bekamen wir interessante Neuigkeiten vorgeführt, z. B. eine neuentwickelte Schlüsselmaschine, die aber nicht mehr zum Einsatz kam. Nach Schluss des Lehrgangs konnte ich auf Grund einer Bescheinigung meines Kommandeurs noch einige Tage Urlaub machen, was sonst nicht möglich gewesen wäre. Meine Mutter und ich fuhren nach Schleusingen im Thüringer Wald, ihrer Heimat. Sie blieb dort bis zum Kriegsende. Ich musste bald zurück zur Truppe nach Ungarn in eine ungewisse Zukunft. Wie immer wussten wir nicht, ob wir uns wiedersehen würden.

Bei meiner Kompanie war inzwischen von einem sogenannten „Ersatzhaufen" ein älterer Oberleutnant ohne Fronterfahrung eingetroffen. Das Heerespersonalamt hatte ihn auf Grund einer früheren Personalanforderung aus dem Jahr 1943 geschickt. Er versagte im Einsatz völlig, sodass unser Kommandeur mir die Leitung des Funkbetriebes wieder übertrug. Der neue Kompanieführer sah das ein, verzog sich zum Kompanietross und kümmerte sich um die Feldküche. Im Umgang mit den kriegserfahrenen Soldaten der Kompanie zeigte er wenig Fingerspitzengefühl. Einen nicht sehr sympathischen Obergefreiten erwischte er auf Posten im Schlaf, was normalerweise mit dem Odium des „Wachvergehens" behaftet war. Die äußeren Umstände dieses Vorfalls (totale Übermüdung, keine unmittelbare Feindnähe) waren aber nicht so gravierend, dass er nicht mit einer normalen Disziplinarstrafe hätte geahndet werden können. Trotz meiner Einwände verfaßte der neue Kompanieführer einen sog. „Tatbericht" an das Kriegsgericht der Division. In diesen dramatischen letzten Kriegswochen konnte das schwere Folgen für den Angeklagten haben: Degradierung, Versetzung zu einem Strafbataillon mit ungewissem Schicksal, im schlimmsten Fall Erschießung. Ich wurde als Leumundszeuge zur Kriegsgerichtsverhandlung zugezogen. Dort schilderte ich den Angeklagten wider besseres Wissen als guten Soldaten, der sich bewährt habe, und rettete ihn so vor unangemessener Bestrafung.

Nach meiner Erinnerung kam er mit einigen Tagen „geschärftem Arrest" davon, der unter Rückzugsbedingungen ohnehin nicht vollstreckt werden konnte. Das Schlimmste blieb ihm jedenfalls erspart. Im Widerstreit zwischen formaler Pflicht und Menschlichkeit habe ich mich damals für das Letztere entschieden.

Die Front am Plattensee war noch ruhig geblieben. Die Hauptkämpfe des zu Ende gehenden Krieges tobten anderswo. Am 6. 3. 1945 begann auch in Ungarn der letzte deutsche Angriff am Südende der Ostfront zur Entlastung der nördlicheren Frontteile. Nach Anfangserfolgen blieb das „Unternehmen Eisbrecher" im Bereich unserer Division am 23. 3. stecken. Es wurde ein Geländegewinn von maximal 10 km erzielt. Die Soldaten hatten mit Recht den Eindruck, dass sie leichtfertig „verheizt" würden. Der deutsche Rückzug begann nun auch hier. Durch das brennende Nagykaniza zogen wir bei Letenye über die Mur, die dort die ungarische Grenze bildet. Am 4. 4. 1945 verließen die deutschen Truppen Ungarn. Zum gleichen Zeitpunkt verschwanden schlagartig die letzten ungarischen Soldaten, die als Verbündete noch auf deutscher Seite gekämpft hatten. Man konnte es ihnen nicht verdenken. Der weitere Rückzug führte uns über Cakovec (Kroatien) nördlich der Drau entlang in Richtung Marburg an der Drau (Maribor, Slowenien). Wir bewegten uns schnell, aber geordnet nach Westen, um die sogenannte „Reichsschutzstellung" zu erreichen, die von Baueinheiten vorbereitet worden war.

Nach Überquerung einer Eisenbahnbrücke, ich glaube über die Drau, die schon mit einer Fliegerbombe zur Sprengung vorbereitet worden war, wurde es noch einmal dramatisch. Nachts kam ein dringender Funkspruch der Pioniere mit der Frage, ob sie die Brücke sprengen sollten. Ich ging damit zum 1. Generalstabsoffizier, der aber seiner Umgebung den strikten Befehl gegeben hatte, ihn nicht zu wecken, aus welchem Anlass auch immer, er müsse unbedingt ein paar Stunden schlafen. Dass er bei allen Strapazen und Belastungen seines Amtes totmüde war, glaubte ich gern. In diesen Tagen kamen wir alle kaum zum Schlafen. Nicht selten „fiel eine Nacht aus". Man wußte nicht mehr genau, ob es „gestern oder vorgestern" gewesen war, als sich dieses oder jenes abgespielt hatte. Die Müdigkeit konnte dann einen Grad erreichen, der nicht mehr beherrschbar war. War man eingeschlafen, verlangte der Körper gebieterisch sein Recht. Ich kann mich an einen Vorfall erinnern, als mich zwei Soldaten meiner Kompanie hochheben und auf die Füße stellen mussten, um mir einen wichtigen Befehl zu übermitteln, sonst wäre ich wieder eingeschlafen. So also ging es auch unserem „Ia", nur durften wir ihn nicht hochheben und auf die Füße stellen. Der diensttuende Oberfeldwebel schlug mir vor, doch selbst zu entscheiden, ob die Brücke gesprengt werden sollte. Das habe ich abgelehnt, denn ein Nachrichtenmann konnte nicht anstelle des taktischen Führers einen Befehl geben. Über diesen Grundsatz hätte ich mich vielleicht hinweggesetzt, wenn ich die Lage gekannt hätte. Ich wußte aber nicht, ob noch deutsche Truppen auf der anderen Seite des Flusses waren. Es hätte dann die Gefahr bestanden, dass ihnen der Rückzug abgeschnitten worden wäre. Besser konnten das die Pioniere an der Brücke entscheiden. Aber die mochten die Verantwortung offensichtlich auch nicht übernehmen. Das Ergebnis war, dass die Brücke nicht gesprengt wurde. Auf den Ausgang des Krieges hatte das wohl keinen Einfluß mehr. Die Sowjets wären auch so über den Fluss gekommen.

In dieser allerletzten Kriegsphase erreichte uns eine Suchanfrage eines höheren Stabes nach Freiwilligen, die bereit seien, als Funker hinter den feindlichen Linien mit Fallschirmen abzuspringen, um Informationen über den Gegner zu beschaffen. Die Bestimmungen der Haager Landkriegsordnung würden beachtet. Damit war offenbar das Tragen von Uniformen gemeint. Denn wer in Zivilkleidung entdeckt wurde, war nicht Soldat sondern Agent, und wurde standrechtlich erschossen. Ich konnte mir nicht ernsthaft vorstellen, mit einem Funkgerät hinter den feindlichen Linien abzuspringen. Aber mit meinen 21 Jahren war ich leichtsinnig genug, eine Freiwilligenmeldung abzugeben. Mein Kommandeur riet mir aber von einer solchen Freiwilligenmeldung ab. Der Krieg gehe sowieso zu Ende. Ich solle lieber bei unserer Truppe bleiben, um gemeinsam nach Hause zu kommen. Ich ließ mich überzeugen und zog meine Meldung zurück.

In der „Reichsschutzstellung" verhielten sich unsere Gegner, meist unsere früheren „Waffenbrüder" aus Bulgarien, etwa vier Wochen verhältnismäßig ruhig. Der Schwerpunkt der sowjetischen Angriffe lag nach wie vor weiter nördlich. Wir waren hierüber nicht böse. Wir kampierten in Orten mit damals deutschen Namen wie „Friedau", „Petrau", „Polstrau" und „Unterbühlen". In diesem traurigen Jahr gab es einen herrlichen Frühling. Die Obstbäume blühten in den slowenischen Bauerndörfern in aller Pracht. Es war ein eigenartiger Kontrast zu unserer Stimmung und hoffnungslosen Lage. Informationen von zu Hause gab es nicht mehr, da die Postverbindungen abgebrochen waren. Nur in den Nachrichten des deutschen Rundfunks konnten wir aus den Wehrmachtsberichten entnehmen, wie weit die Alliierten inzwischen in Deutschland vorgedrungen und welche Städte bombardiert worden waren. Am 10. 4. 1945 wurden Essen und Hannover erobert, am 13. 4. Wien. Am 17. 4. löste sich der „Ruhrkessel" auf, und 325.000 Mann gingen in alliierte Gefangenschaft. Der plötzliche Tod des amerikanischen Präsidenten Franklin D. Roosevelt am 12. 4. ließ bei manchem Deutschen trügerische Hoffnungen aufflackern, obwohl doch schon alles verloren war. Gerüchtweise war zu vernehmen, dass in Österreich bereits Soldaten mit alliierten Entlassungsscheinen in ihren Heimatorten eingetroffen seien, was demotivierend auf die übrigen deutschen Soldaten wirkte, die ihr Leben weiter opfern sollten. Am 25. 4. trafen sich amerikanische und sowjetische Truppen bei Torgau an der Elbe. Damit wurde der noch von deutschen Truppen gehaltene Raum in zwei Teile zerschnitten.

Hitlers Selbstmord

Am 30. April 1945, kurz vor halb vier Uhr nachmittags, beging Hitler in Berlin mit seiner ihm kurz vorher angetrauten Ehefrau Eva Braun im Bunker unter der Reichskanzlei mit einer Pistole Selbstmord, nachdem er am 29. 4. vom Ende Mussolinis erfahren hatte.[38)] Am 1. 5. 1945 verkündete ein Sprecher des OKW, dass „unser Führer Adolf Hitler heute Nachmittag in seinem Befehlsstand in der Reichskanzlei bis zum letzten Atemzug gegen den Bolschewismus kämpfend für Deutschland gefallen ist." Der von Hitler zum „Reichspräsidenten" ernannte Großadmiral Dönitz verkündete ebenfalls, dass Hitler „gefallen" sei: „In tiefster Trauer und Ehrfurcht verneigt sich das Deutsche Volk." So wurden die Deutschen in diesem Krieg ein letztes Mal belogen, indem mit falschem Pathos versucht wurde, Hitler für die Geschichte zu einer kämpferischen Heldengestalt hochzustilisieren. Statt dessen hatte er sich durch Selbstmord seiner Verantwortung entzogen, „um der Schande des Absetzens oder der Kapitulation zu entgehen"[39)]. Das, was er jahrelang jeden Einzelnen seiner Soldaten schwören ließ, nämlich als tapferer Soldat bereit zu sein, jederzeit für den Fahneneid sein Leben einzusetzen, das brachte er für seine Person nicht fertig. Er ließ das Deutsche Volk vielmehr in seinem Unglück allein, in das er es durch seine Verbrechen gestürzt hatte. Er errichtete sich selbst in der Geschichte der Völker ein negatives Denkmal unter zahlreichen anderen unrühmlichen Gestalten, die dort schon vertreten sind.

Selbstmord begingen auch Joseph Goebbels, der sich mit seiner Frau und seinen fünf Kindern vergiftete, und Heinrich Himmler, der zunächst versucht hatte, in der Uniform eines einfachen Soldaten unterzutauchen.

In unserer Divisionsgeschichte[40)] ist formuliert, dass sich bittere Enttäuschung bemerkbar machte im schmerzhaften Bewußtsein darüber, „dass Not und Tod, Entbehrungen und Strapazen erlitten worden waren für Menschen und ein System, die ihrer nicht würdig waren."

Ich erfuhr die Nachricht vom Tod Hitlers durchs Radio und eine wohl in Marburg an der Drau in deutscher Sprache gedruckte Zeitung, die eine Tochter des Bauern, in dessen Hof wir untergezogen waren, triumphierend schwenkte und einen Freudentanz aufführte. Für die Bevölkerung Sloweniens endete der Krieg mit entsetzlichen Grausamkeiten der slowenischen Partisanen gegen Kollaborateure und Deutsche.[41)] Und neue Probleme in Titos Jugoslawien kamen auf sie zu.

Der Krieg war noch nicht ganz zu Ende. Am 29. 4. mit der Teil-Kapitulation der in Italien kämpfenden deutschen Truppen beginnend, kapitulierte die deutsche Wehrmacht am 7. 5. 1945 in Reims und am 9. 5. in Berlin-Karlshorst bedingungslos. An einzelnen Stellen der Ostfront wurde noch weitergekämpft. Deutsche Soldaten wollten der sowjetischen Gefangenschaft entgehen oder möglichst vielen Deutschen die Flucht nach Westen ermöglichen. So war es auch bei uns.

Am 6. 5. hatte unsere Division begonnen, sich bei Nacht vom Feind abzusetzen. Am 9. 5. war sie in Marburg an der Drau zur Rundumverteidigung eingerichtet. Um Mitternacht kam bei uns die Meldung über die bedingungslose Kapitulation der Deutschen Wehrmacht mit dem Befehl durch, die Waffen niederzulegen. Da wir uns im sowjetischen Zuständigkeitsbereich befanden, hätte die Befolgung dieses Befehls die sowjetische Kriegsgefangenschaft bedeutet. Dank der unerschrockenen und verantwortungsvollen Einstellung von General Konrad, Kommandierender General unseres (LXVIII.) Armeekorps, setzten wir den Rückmarsch nach Westen solange fort, bis irgendwo jenseits der alten österreichischen Grenze zwischen Unterdrauburg (Dravograd) und Lavamünd der Befehlsbereich der von Italien nach Norden vorstoßenden britischen Truppen erreicht werden würde.

Dieser Marsch war geprägt von dem gemeinsamen unbändigen Willen aller Soldaten, die Heimat zu erreichen. Jede Strapaze wurde so bewältigt. Kein Versuch der Sieger, dies zu verhindern, hatte Erfolg. So marschierte auch unsere Division geschlossen die Drau aufwärts, ohne Behinderung durch die oft mit Sichtabstand folgenden Sowjets. Auch die Partisanensperren bei Völkermarkt und Griffen waren kein Hindernis. Die Sturmgeschütze und Kanonen unserer disziplinierten und gut geführten Marschformation veranlassten die Titotruppen, sich zurückzuziehen und uns passieren zu lassen.

Unsere Funkkompanie leistete zum letzten Mal den Einheiten unserer Division einen entscheidenden Dienst. Sie führte die einzelnen Marschgruppen der Division hauptsächlich nachts durch Sprechfunk über die als frei erkannten Haupt- und Nebenstraßen in den britischen Befehlsbereich. Unser „Ia" befand sich in einem unserer Funkfahrzeuge und leitete diesen Einsatz persönlich.

Die Rückmarschstraßen, über die wir ziehen mussten, boten ein unbeschreibliches Bild der Zerstörung und des Chaos. Ich wurde an das von Hitler in einer Rede großsprecherisch zitierte Wort erinnert, das seinen Ursprung im Alten Testament hat:[42] „Mit Mann und Roß und Wagen hat sie der Herr geschlagen!" Inzwischen aufgetauchte sowjetische Tiefflieger hatten unter den zurückgehenden deutschen Marschkolonnen und den Flüchtlingen ein Blutbad angerichtet. Die Hauptstraße entlang der Drau war rechts und links von zerschossenen Fahrzeugen und toten Pferden gesäumt. Es hatte aller Energie unserer den Rückzug deckenden Division bedurft, die Straße freizuhalten und gegebenenfalls mit Hilfe von Sturmgeschützen und anderen Motorfahrzeugen freizuräumen. An jeder Einmündung einer von Süden aus dem Titobereich kommenden Straße strömten deutsche Soldaten und Flüchtlinge auf die Hauptstraße. Jedesmal wurde versucht, diesen Menschen möglichst lange den Fluchtweg nach Westen offenzuhalten. Mußte irgendwann die Straßeneinmündung geräumt und der Rückzug fortgesetzt werden, blieb eine unbekannte Zahl von Menschen mit ungewissem Schicksal in der Hand der nachdrängenden Sowjets oder Titotruppen.

Kriegsende in Österreich

Der erste Brite, den ich sah, war ein aus deutscher Kriegsgefangenschaft befreiter betrunkener Soldat. Dann brachte ein britischer Offizier in einem PKW die Gewissheit, dass die Straße für uns frei sei bis St. Veith an der Glan in Kärnten, 20 km nördlich von Klagenfurt. Der Weg dorthin führte vorbei an den überall gehißten rot-weiß-roten österreichischen Fahnen. Die Engländer respektierten das Völkerrecht und internierten uns, die wir nach dem offiziellen Waffenstillstand in ihren Bereich gelangten. Wir waren also zunächst keine „Kriegsgefangenen"! Bevor wir diesen Weg antraten, zerstörten wir alle Funkfahrzeuge mit Panzerfäusten und die restlichen Schlüsselunterlagen. Übrig behielten wir einige LKWs für unseren Abtransport und die Funkgeräte, um notfalls Kontakte zu halten. Die Schlüsselmaschinen und viele Schlüsselunterlagen hatten wir schon vorher nach und nach vernichtet. In St. Veith marschierte unser in den Schlachten am Monte Cassino altbewährtes Grenadier-Regiment 211 zum letzten Mal an seinem Kommandeur Oberst von Rumohr vorbei und legte anschließend die Waffen nieder. Der englische Divisionskommandeur Oberst Bannerman war sehr beeindruckt von der Disziplin dieser deutschen Soldaten. Gegen die Übergriffe der Titotruppen, die versuchten, in Kärnten Fuß zu fassen, reagierte er empfindlich. Er beließ uns sogar 10% der Handfeuerwaffen, um uns gegen solche Übergriffe wehren zu können. Die Befehlsstruktur unseres Armeekorps blieb erhalten. Alle Offiziere behielten ihre Waffen. Alle Rangabzeichen und Auszeichnungen sollten auf Wunsch der Engländer weiter getragen werden. Der englische Kommandeur sorgte sogar persönlich dafür, dass die Titosoldaten dem deutschen Regimentskommandeur sein Ritterkreuz, das sie ihm abgenommen hatten, wieder zurückgaben. Mit diesem Verhalten erreichten die Engländer, dass sie es mit einem deutschen Armeekorps zu tun hatten, das zusammenhielt, um gemeinsam die Heimat zu erreichen. Sie konnten sich der funktionierenden deutschen Befehlsverhältnisse bedienen und uns später geschlossen nach Deutschland abschieben.

Zunächst begann für uns eine mehrwöchige Internierungszeit in der Umgebung von St. Veith. Nach der ungeheueren Anspannung und der völligen Erschöpfung der letzten Tage wären wir uns wie in einem Erholungsurlaub vorgekommen, wenn wir nicht unter den Eindrücken des verlorenen Krieges und der Ungewißheit über unsere Zukunft gelitten hätten. Es war ja nicht bekannt, was mit uns geschehen würde. Wilde Gerüchte über Auslieferung an die Sowjets schwirrten umher und ließen manchen zweifeln, ob es richtig gewesen war, sich den Bedingungen der Engländer zu unterwerfen. So passierte es immer wieder, dass einzelne Soldaten oder ganze Gruppen ihr Heil in der Flucht suchten. Sie hofften, die Hohen Tauern zu Fuß zu überqueren, was einigen unter großen Strapazen und Entbehrungen glückte, manchen jedoch nicht, die wieder in Gefangenschaft gerieten oder umkamen.

Ganz unbegründet waren die Sorgen nicht. In unserer Nähe kampierten auf den Feldern die Kosakeneinheiten, die unter dem Befehl des sowjetischen Generals Wlassow auf deutscher Seite gekämpft hatten und daher aus sowjetischer Sicht Verräter waren. Die britischen Kommandeure gaben den Kosaken ihr „Offizierehrenwort", dass sie sie nicht ausliefern würden. Sie mussten dies auf höheren Befehl trotzdem tun. Die Kosaken wurden den Sowjets übergeben, so weit sie nicht Selbstmord begangen hatten, und alle sofort hinter der Demarkationslinie in einem Fabrikgelände erschossen. Dies wurde nach dem Krieg im Einzelnen durch einen Fernsehbericht bekannt, in dem die damaligen britischen

Kommandeure zu Wort kamen und ihre Betroffenheit über das ihnen zugemutete Verhalten nicht verbergen konnten.

Ähnliches spielte sich nach Kriegsende in Schweden ab, als die dortigen Behörden die sogenannten „Militärbalten“ an die Sowjetunion auslieferten. Das waren lettische, estnische und litauische Soldaten, also seit 1940 nach der Besetzung ihrer Länder durch die Sowjetunion formal sowjetische Staatsbürger, die in der deutschen Wehrmacht gekämpft hatten und damit, wie die Kosaken, als Verräter galten. Sie waren nach Kriegsende nach Schweden geflohen.[42a)]

Vor diesem Hintergrund machten wir das Beste aus unserer Situation. Die Engländer ließen uns freie Hand bei der Gestaltung des Tagesablaufes. Sie kümmerten sich auch um unsere Gesundheit und fragten zu unserem Erstaunen, ob wir Seife und Zahnpasta genug hätten. Mit ihrer Zustimmung fuhren wir mit unseren Fahrzeugen an den nahen Längsee bei St. Georgen zum Baden. Auf einem Sportplatz in der Nähe konnten wir Leichtathletik treiben und Fußball spielen. Diese Zeit kam uns unwirklich vor. Das alles ereignete sich, während andere deutsche Kriegsgefangene unter harten Bedingungen in Kriegsgefangenenlagern vegetieren mussten wie in der Sowjetunion oder in Frankreich. Wir dagegen hatten großes Glück, was wir der Korrektheit der Engländer und unserem disziplinierten Zusammenhalt verdankten.

Auf den Feldern um St. Veith kampierten auch noch andere deutsche Soldaten und Flüchtlinge aller Art und Herkunft, die sich zum Teil unter unseren „Schutz“ begaben. Auch eine Gruppe von weiblichem Reichsarbeitsdienst in Uniform befand sich darunter. Die „Arbeitsmaiden“, wie sie offiziell genannt wurden, schliefen unter offenem Himmel in den Kornfeldern. Wir halfen ihnen nach Kräften mit Verpflegung. Einige verschwanden in den Zelten von Soldaten und machten dort „die Runde“. Natürlich war die Gefahr von Geschlechtskrankheiten dabei groß. Deutsche Frauen entgingen einer Internierung durch die Alliierten relativ leicht, indem sie vorerst in der österreichischen Bevölkerung untertauchten und dort die weitere Entwicklung abwarteten.

Während unseres Lagerlebens kam es zu einem tragikomischen Zwischenfall. Der ungeliebte Oberleutnant pflanzte unbegreiflicherweise neben seinem Zelt einen Kompanieführerstander aus Blech auf, wie er an PKWs geführt wurde. Eines Morgens steckte dieser kopfüber im Latrinengraben. Der Unglückliche wurde dabei beobachtet, wie er mit dem geschändeten Stander über der Schulter vom morgendlichen Gang zurückkehrte. Das Zeichen seiner Würde ward hinfort nicht mehr gesehen.

Eines Tages wurden alle Offiziere des Armeekorps von General Konrad zusammengerufen. Er eröffnete uns, dass wir nach einer Vereinbarung mit den Amerikanern demnächst geschlossen nach Süddeutschland abtransponiert und dort entlassen werden würden. Auch das war nur möglich, weil die Alliierten es mit einem geschlossenen Truppenverband zu tun hatten, der sich selbst verwaltete und ihnen keine Arbeit machte. Konrad verabschiedete sich und hob unsere Disziplin hervor, der wir unsere bevorstende Entlassung zu verdanken hätten. Mit dem gemeinsam gesungenen Deutschlandlied endete unser letzter dienstlicher Appell in der Deutschen Wehrmacht.[43)]

Es gab auch noch einen letzten Feldgottesdienst mit unserem Divisionspfarrer. Wer wollte, konnte das Abendmal empfangen. Ich hatte das Bedürfnis teilzunehmen. Ich kniete neben dem Theologiestudenten Hans-Georg Wendebourg, Unteroffizier und Funktruppführer in unserer Kompanie, mit dem ich mich besonders verbunden fühlte. Wir hatten schwere Zeiten miteinander verlebt. Später wurde er Pfarrer. Er hielt 1966 die Trauerfeier für unsere tödlich verunglückte Tochter Angelika. Unsere freundschaftliche Verbindung blieb bis zu seinem Tode erhalten und wird noch heute mit seiner Witwe fortgesetzt.

Während dieser eigentümlichen Zwischenphase begann für die meisten von uns die Auseinandersetzung mit dem eben beendeten Krieg und dem Hitlerregime. Aus den Radioempfängern, die wir noch besaßen, hörten wir begierig die alliierten Rundfunkmeldungen, die von allen Besatzungsmächten in deutscher Sprache gesendet wurden. Zunächst handelte es sich um Anweisungen an die Bevölkerung über das Leben in den einzelnen Besatzungszonen, über die Einrichtung von Verwaltungen, Ausgabe von Lebensmittelkarten, Einhaltung von Sperrstunden usw. Es gab aber auch Nachrichtensendungen, in denen immer öfter über die Befreiung von KZs und die dort aufgedeckten Greueltaten berichtet wurde. Es war von Bergen von Leichen, Krematorien, Massengräbern und halbverhungerten Häftlingen die Rede. Diese Tatsachen, die heute Allgemeingut sind, waren damals nur einem kleinen Teil der Bevölkerung bekannt. Ich selbst hatte nie etwas Derartiges gehört, auch nicht hinter vorgehaltener Hand. Für mich war das unverschämte „Feindpropaganda", wie alle Äußerungen unserer Kriegsgegner damals genannt worden waren. Ich schaltete daher solche Sendungen wutentbrannt ab. Ich konnte mir nicht vorstellen, dass in Deutschland oder auf deutschen Befehl derartige Massenmorde begangen worden sein sollten. Als sich ähnliche Nachrichten häuften und immer wiederholt wurden, begann ich an meiner Einstellung zu zweifeln. Konnte das alles für Propagandazwecke erfunden worden sein? Sollten wir also in diesem jahrelangen Kampf mit allen Opfern, Anstrengungen und Entbehrungen missbraucht worden sein? Viele unserer Kameraden machten sich die Antwort auf solche Fragen leicht: Für sie war und blieb alles das „Feindpropaganda". Und für manche unbelehrbare Menschen hat sich das bis heute nicht geändert, obwohl schon das Anhören der entsetzlichen Rede Himmlers vom 24. 10. 1943, die erhalten geblieben ist[44)], reichen müsste, um sich vom Gegenteil zu überzeugen. Ich nahm damals meine Zweifel und Probleme mit zurück nach Hause. Davon wird noch die Rede sein.

Mitte Juni 1945 fand der letzte Akt des Krieges für uns statt: Der Abtransport in die Heimat. Unter britischem Geleit setzte sich zum letzten Mal eine motorisierte Kolonne unserer Division in Marsch. In Mallnitz am Südausgang des Tauerntunnels ließen wir unsere Fahrzeuge, die uns zum Teil von Dänemark durch Italien und Ungarn bis hierher begleitet hatten, auf einem Feld neben der Bahnlinie zurück. Dann bestiegen wir mit unseren Rucksäcken und wenigen Habseligkeiten den bereitstehenden Güterzug. Immer noch hielten sich die einzelnen Truppenteile zusammen. Die Fahrt ging nach Württemberg, wo wir irgendwo ausgeladen und mit amerikanischen LKWs in Dörfer auf der schwäbischen Alb verteilt wurden. Wir standen nun unter dem Befehl der amerikanischen Besatzungsmacht. Offiziere wurden erstmals von den Soldaten getrennt. Zu sieben Kameraden lagen wir für einige Tage auf dem Dachboden eines Bauernhauses und nannten uns scherzhaft „Das Fähnlein der sieben Aufrechten" nach der Erzählung von Gottfried Keller. Am 28. Juni wurden alle Einheiten wieder zusammengebracht und mit LKWs nach Aalen transportiert, wo wir in der Maschinenfabrik Wasseralfingen zwischen Drehbänken und anderen Werkzeugmaschinen übernachteten. In der erzwungenen Untätigkeit kochte die Gerüchteküche noch einmal richtig auf. Der Morgenthau-Plan vom September 1944, durch den Deutschland auf den Status eines Agrarlandes reduziert werden sollte, wurde schon damals kolportiert, später aber nicht verwirklicht. Abenteuerliche Vorstellungen über unsere Zukunft geisterten durch die Köpfe. Eine Parole lautete, die Westalliierten würden sich zusammen mit den Deutschen gegen die Sowjets wenden und sie aus Deutschland vertreiben. Zu diesem Zeitpunkt war das ein unrealistischer Wunschtraum mancher Deutscher, der die Konfrontation des kalten Krieges vorwegnahm. Heute weiß man, dass Churchill unmittelbar nach Kriegsende eine Studie „Operation Unthinkable" (undenkbar) in Auftrag gab, durch die die Möglichkeit eines Überraschungsangriffs gegen die Sowjetunion unter Einbeziehung von 100.000 deutschen Soldaten geprüft werden sollte. So abwegig war dieser Wunschtraum also nicht. Hysterischer Höhepunkt der Ängste war ein angeblicher Plan der Sieger, alle deutschen Männer kastrieren zu lassen. Aber auch solche Gedanken hatte es gegeben. Roosevelt sagte am 19. 8. 1944 zu Morgenthau (der dieses Gespräch in seinem Tagebuch festgehalten hat):

„Wir müssen mit den Deutschen hart sei. Das heißt mit dem deutschen Volk, nicht nur mit den Nazis.Wir müssen sie entweder kastrieren, oder so mit ihnen verfahren, dass sie nicht länger Menschen zeugen, die so wie bisher weitermachen."[44a)]

Am 29. Juni begannen die Entlassungsformalitäten durch die Amerikaner. Vor dem Entlassungsgebäude trat unsere Nachrichten-Abteilung zum letzten Mal an. Nach Abschiedsworten unseres Kommandeurs Hauptmann Herzberg hieß es zum letzten Mal: „Weggetreten!" Die Abteilung hatte nach zwei Jahren der Zusammengehörigkeit aufgehört zu bestehen.

Ich verabschiedete mich von jedem einzelnen Soldaten meiner Kompanie mit Handschlag. Jeder von uns war nun sich selbst überlassen und musste seinen zukünftigen Weg allein suchen. Die meisten versprachen einander, Kontakt zu halten und sich möglichst zu helfen. Manche verschwanden auf Nimmerwiedersehen im Nachkriegsdeutschland, vielleicht weil sie umkamen, vielleicht weil sie die Verbindung zu einem verhassten Lebensabschnitt abbrechen wollten. Manche suchten später den Kontakt auf Gund von ausgetauschten Adressenlisten wie ich auch.

Das Entlassungsverfahren musste jeder in eigener Verantwortung absolvieren. Zunächst hatte man einen umfangreichen Fragebogen wegen der politischen Vergangenheit auszufüllen. Zum ersten Mal wurde ich mit solch einem „Handtuch" konfrontiert. Außer meiner Eigenschaft als Jungvolkführer hatte ich nichts anzugeben. Der gut deutsch sprechende amerikanische Offizier, der sich mit mir beschäftigte, hielt das nicht für schwerwiegend. Vielleicht half mir der Beruf meines Vaters, nach dem er mich fragte. Er erkundigte sich auch nach der Fakultät und gab mich dann zur Entlassung frei. Am Ausgang musste jeder seine Arme hochheben. Es wurde kontrolliert, ob man die Tätowierung mit dem Blutgruppenzeichen trug, woran man die Soldaten der Waffen-SS erkennen konnte. Zum Schluss bekam jeder einen „Schuß" mit DDT-Pulver in die Unterwäsche und einen Entlassungsschein ausgehändigt. Der Prägestempel, den der letzte amerikanische Soldat in der Entlassungskette am 29. Juni 1945 darauf anbrachte, stammte kurioserweise von der „Maschinenfabrik Wasseralfingen“. So genau nahmen es die Amerikaner bei den Formalitäten nicht.

Es gab Entlassungskriterien nach Berufsgruppen wie Bauern, Landwirschaftliche Arbeiter, Waldarbeiter, Ingenieure und Bauarbeiter, die für die bevorstehende Ernte und den Wiederaufbau im Interesse der Bevölkerung benötigt wurden. Andererseits wollte auch jeder andere nach Hause. Ich erwählte also vorerst den Beruf des „Landwirtschaftlichen Hilfsarbeiters“. Schließlich war ich ja schon einige Wochen in der Erntehilfe tätig gewesen!

Ein anderes Problem waren die Heimatorte. Lagen sie in den westlichen Besatzungszonen, also im Bereich der späteren Bundesrepublik, war die Entscheidung meist einfach. Lagen sie in der sowjetisch besetzten Zone, hatten viele Soldaten Bedenken wegen ihrer politischen Vergangenheit dorthin zurückzukehren. Waren sie bereit, in Zukunft unter dem Sowjetregime zu leben? Manche entschieden sich, selbst dann im Westen zu bleiben, wenn ihre Familien im Osten lebten. Sie hofften, ihre Angehörigen später nachholen zu können. Für einige boten diese Umstände auch die willkommene Gelegenheit unterzutauchen oder sich von ihren Ehefrauen zu trennen. Besonders schwierig stellte sich die Frage für solche Soldaten, deren Heimat im Osten verlorengegangen war, wie Ost- und Westpreußen oder Schlesien. Häufig war auch nicht bekannt, ob die Familien noch lebten oder wo sie sich aufhielten. Nicht wenige deutsche Soldaten nahmen solche Kameraden zunächst zu sich nach Hause mit.

Für mich war die Entscheidung insofern schwierig, als ich nicht wußte, wo sich meine Mutter aufhielt. Die Postverbindung war seit Wochen abgerissen. Nach den letzten Nachrichten war sie noch immer wegen der schweren Bombenangriffe auf Gießen in ihrer alten Heimat Schleusingen in Thüringen bei Freunden geblieben. Thüringen war zunächst von den Amerikanern besetzt worden. Es ging aber schon das Gerücht, dass sie es gegen eine Berlinbeteiligung mit den Sowjets tauschen wollten. Um eine Trennung von meiner Mutter zu vermeiden, hoffte ich, sie im Notfall mit in den Westen nehmen zu können. Also wählte ich von den uns angebotenen Entlassungsorten nicht „Gießen“ sondern „Erfurt“ als die Schleusingen nächstliegende Stadt.

Auf dem Platz hinter dem Entlassungsgebäude standen eine Reihe von amerikanischen LKWs bereit, die zu den verschiedenen Entlassungszielen fuhren. Immer wenn 40 Entlassene zusammen waren, fuhren die LKWs los. Bei dieser Belegungsstärke mussten wir alle dichtgedrängt stehen und auch noch unsere Habseligkeiten verstauen. Im Laufe der Fahrt rüttelten wir uns allmählich zurecht. An den Straßen winkte uns die Bevölkerung zu, was uns die Prozedur etwas erleichterte. Unterwegs begegneten wir Fahrzeugkolonnen der Amerikaner, die nach Westen rollten. Offenbar hatte ihre Räumungsbewegung schon begonnen. An manchen Straßenkreuzungen standen amerikanische Panzer mit nach Osten gerichteten Kanonen, ein Zeichen für gegenseitiges Misstrauen der Alliierten.

Zu meiner freudigen Überraschung machte unser Fahrer auf dem Weg durch den Thüringer Wald ausgerechnet in Schleusingen eine Pause. Ich benutzte die Gelegenheit, einen Passanten zu „Familie Könitzer" zu schicken, Jugendfreunden meiner Mutter. Sofort kam Herr Könitzer angeeilt und konnte mir erzählen, dass meine Mutter vor zwei Tagen nach Gießen zurückgereist sei. Er steckte mir noch eine Schachtel Zigaretten zu, und weiter ging die Fahrt nach Erfurt, wo wir abends ankamen und trotz unserer Entlassungsscheine in einer Kaserne abgesetzt wurden. Dank des zufälligen Halts in Schleusingen war die Situation für mich wesentlich vereinfacht. Ich hätte nämlich sonst zeitaufwendig versuchen müssen, auf ungewissen Wegen die etwa 70 km von Erfurt nach Schleusingen zu gelangen, um dort nach meiner Mutter zu forschen. So konnte ich sofort auf schnellstem Wege nach Gießen weiterreisen. Da die Amerikaner die in ihrem Gewahrsam befindlichen Kriegsgefangenen nicht den Sowjets überließen, sondern mit nach Westen evakuierten, hatten sie bereits eine Transportbewegung in Gang gesetzt. Ich beschloß, mir das als „Trittbrettfahrer" zunutze zu machen. Zunächst klärte ich die Lage und stellte fest, dass die einzelnen Kasernengebäude der Reihe nach geleert und die deutschen Kriegsgefangenen mit LKWs zum Bahnhof gebracht wurden. Da sich offensichtlich noch Tausende von Soldaten in der Kaserne befanden, hätte ich vielleicht zu den letzten gehört. Ich argwöhnte, dass ich Opfer einer Stichtagsregelung werden könnte,[45)] und arbeitete mich „sprungweise" im Schutz der Dunkelheit zum Abfahrtsplatz der LKWs vor. Dort mischte ich mich „unter das Volk" und befand mich bald in einem Güterzug, der nach Westen fuhr. Nachts wachte ich auf, als der Zug in Fulda hielt, konnte ihn aber wegen der Bewachung nicht verlassen. Sonst wäre ich schnell in Gießen gewesen. Die Fahrt endete am 30. Juni in Babenhausen (zwischen Darmstadt und Aschaffenburg). Der Bahnhof war von amerikanischen Soldaten umstellt, die uns mit Gewehrkolben auf Lkws trieben und in ein in den Wiesen am Ortsrand offenbar neu errichtetes Gefangenenlager brachten. So saß ich nun mit meinem Entlassungsschein hinter Stacheldraht, ohne zu wissen, wie lange meine neue Gefangenschaft dauern würde: Tage, Wochen,

Monate oder Jahre. Trotzdem hatte ich mich wohl richtig verhalten, denn ich hätte mir immer Vorwürfe gemacht, wenn ich mich nicht um meine Mutter gekümmert hätte.

Die Unterbringung in unserem Lager war notgedrungen primitiv. Wir mussten bei Wind und Wetter auf dem Boden unter freiem Himmel kampieren. Es gab Latrinengräben und einige Kräne, aus denen Wasser zum Waschen oder zum Trinken für mehrere hundert Mann tröpfelte. Mit jedem ankommenden Transportzug vermehrte sich die Zahl der Gefangenen. Am ersten Tag erhielten wir keine Verpflegung. Dann gab es kleine Rationen von wenigen Gramm Fett, einem Keks und einigen Erbsen oder Linsen, die wir aber mangels der nötigen Gefäße nicht kochen konnten. Ich aß meine Rationen sofort auf, damit sie nicht schlecht wurden oder verloren gingen. Sicher war kein böser Wille der Amerikaner am Werk, die auf die Menge der Gefangenen nicht vorbereitet waren. Am vierten Tag ergriff ich die Initiative und ging zur amerikanischen Lagerkommandantur, die sich in dem einzigen Haus auf dem Gelände befand. Dort zeigte ich meinen Entlassungsschein vor und fragte, ob ich das Lager verlassen könnte. Ich wurde zwar wieder weggeschickt. Es dauerte aber nicht lange, und ein deutsch sprechender amerikanischer Offizier mit Frankfurter Dialekt fuhr mit einem Jeep durchs Lager und forderte mit einem Megaphon alle Gefangenen, die einen Entlassungsschein hatten, auf, ans Lagertor zu kommen. Dort versammelten sich etwa 15 Mann. Der Offizier kontrollierte unsere Entlassungsscheine. Der Stacheldrahtzaun wurde geöffnet und wir aufgefordert vor das Tor zu treten. Dann schloß man das Tor wieder hinter uns zu und bedeutete uns, wir sollten uns schleunigst davonmachen. Das ließen wir uns nicht zweimal sagen und entfernten uns eilig in Richtung Babenhausen. Am Bahnhof bekam ich auf meinen Entlassungsschein hin eine Fahrkarte nach Gießen. Es fuhr tatsächlich alsbald ein Personenzug bis nach Hanau. Dort stieg ich aus, um meinen Kriegskameraden Karl Lange zu suchen, mit dem ich vor wenigen Tagen in Aalen zusammen entlassen worden war. Er war tatsächlich während meiner Odyssee schon zu Hause eingetroffen. Ich bekam etwas zu essen, und Karl brachte mich wieder zum Bahnhof. Über Hanau war ich entsetzt. Ich hatte noch nie eine derartig zerstörte Stadt gesehen. Auf meinem Weg stand buchstäblich kein Haus mehr. Die Bomben hatten ganze Arbeit geleistet. So ähnlich muss es in Dresden ausgesehen haben. Die dramatische Schilderung eines Brandes in Schillers Lied von der Glocke („Leergebrannt ist die Stätte …") wurde in diesem Krieg wohl oft übertroffen.

Nun kam der letzte Teil meiner Heimkehr. In Hanau stieg ich auf einen offenen Güterzug, der über Friedberg in Richtung Ruhrgebiet fuhr. Damals war es üblich, dass jeder auf Güterzügen mitfuhr, ob mit oder ohne Fahrkarte, erlaubt oder nicht. Ich hatte Glück. Unser Zug hielt kurz auf dem Bahnhof in Gießen. Ich sprang ab und war wieder in der Heimat. Jetzt fehlten nur noch wenige hunder Meter bis zu unserem Haus. Ob es wohl noch stand oder einem der letzten Bombenangriffe zum Opfer gefallen war? Ob meine Mutter sich von Schleusingen aus durchgeschlagen hatte? Da es inzwischen dunkel geworden war, herrschte die von der Besatzungsmacht verhängte Sperrstunde. Das Verlassen des Bahnhofs war daher verboten. Ich hatte aber keine Lust, bis zum nächsten Morgen zu warten und meine Neugier zu zügeln. So startete ich meine letzte „militärische" Aktion, nämlich „im sprungweisen Vorgehen" nach Hause zu kommen.

Zunächst beobachtete ich die Situation vor dem Bahnhof. Kein Amerikaner war zu sehen. Ich griff also meinen Rucksack und schlich über den Bahnhofsvorplatz hinter einen Strauch und von da über die kleine Fußgängerbrücke auf die andere Seite der Gleise. An den zerstörten Häusern der Friedrichstraße vorbei lief ich, immer wieder „sichernd", die lange „ungedeckte" Mauer bis zur Ecke der „Rodthohl". Dort konnte ich schon unser Haus sehen. Es stand noch! Ein letzter „Spurt" brachte mich unbemerkt zur Treppe unserer Haustür. Es war alles gut gegangen!

In unserer Wohnung brannte allerdings kein Licht. Ob jemand anwesend war? Ich klingelte. Nach einigen Sekunden rührte sich etwas. In der Küche ging Licht an, der Rolladen wurde etwas hochgezogen, und die Stimme von Herrn Kliffmüller fragte, wer da sei. Ich meldete mich. Er erkannte mich sofort und rief in die Wohnung hinein: „Frau Reinhold, Ihr Jürgen ist da!" Meine Mutter kam natürlich in heller Aufregung an die Tür und umarmte mich. Ich war nach fast vier Jahren Soldatenzeit am 4. Juli 1945 wieder zu Hause!

Zusammenfassend kann ich sagen, dass ich mit meinen 22 Jahren zwar Schweres erlebt, aber auch sehr viel Glück gehabt habe. So hatte ich, im Gegensatz zu den vielen anderen Kameraden das Glück heimzukehren und noch dazu ohne eine einzige Verwundung, obwohl der Tod oft buchstäblich rechts und links neben mir eingeschlagen hat! Gewissenskonflikte und -entscheidungen blieben mir erspart, auch weil mir die Kenntnisse erspart blieben. Ich bin niemals mit Befehlen wie zur Erschießung von Geiseln oder Kriegsgefangenen konfrontiert worden. Kein Vorgesetzter hat mich gezwungen, etwas zu tun, was mit dem Völker- oder Kriegsrecht nicht zu vereinbaren gewesen wäre oder was gegen meine eigenen moralischen Überzeugungen verstoßen hätte.

Ich habe allen Anlass, dem Schicksal für diese unbeschadete Heimkehr dankbar zu sein.

Zum Schluss dieser Betrachtungen möchte ich hier meiner Vettern Hans Rummel, Hans Rindtorff und Klaus Frentzel-Beyme gedenken, die im Zweiten Weltkrieg gefallen sind.

V. ERSTE NACHKRIEGSZEIT
(1945 - 1946)

FÜR mich erschienen die ersten Tage nach meiner Rückkehr unwirklich. Zunächst musste ich mich daran gewöhnen, dass keine Pflicht auf mich wartete. Keine Verantwortung gegenüber irgend jemandem hatte ich zu tragen, außer mir selbst gegenüber. Was zu tun war, musste jetzt jeder im Rahmen der Gegebenheiten für seine eigene Person entscheiden. Dafür gab es keine Motorengeräusche sich nähernder Panzer oder Flugzeuge mehr und keine heranrauschenden Bomben oder Granaten. Das „Sichern" des gejagten Wildes fiel erst allmählich von mir ab. Es hat Jahre gedauert, bis ich bei abschussähnlichen Geräuschen wie Sprengungen nicht mehr versucht war, mich hinzuwerfen, um Deckung zu nehmen.

Am Tage nach meiner Rückkehr gab es für unser Haus eine weitere Freude: Mein Klassenkamerad Richard Kliffmüller kehrte von der Marine heim! In Gießen sprach man von einem glücklichen Haus, in dem innerhalb von zwei Tagen beide Söhne aus dem Krieg zurückgekommen waren. Wie viele kamen nicht wieder!

Wie sah es jetzt in der Welt aus? Mit der bedingungslosen Kapitulation der Deutschen Wehrmacht am 9. 5. 1945 war der Krieg nur in Europa beendet. Im Fernen Osten tobte er gegen Japan weiter. Erst nach dem Abwurf der ersten (und bis heute letzten) Atombomben auf Hiroshima und Nagasaki am 6. und 9. August mit insgesamt 296.000 Todesopfern[1)] kapitulierten die Japaner am 2. September. Erst dann war der Zweite Weltkrieg wirklich zu Ende.

Die Menschen in Europa konnten dagegen schon seit Mai 1945 die Probleme der Nachkriegszeit anpacken. Die Deutschen mussten in ihrem zerstörten und aufgeteilten Land in der ihnen zuteil gewordenen Rolle der Besiegten mit dem Wiederaufbau beginnen. Sie bewegte die bange Frage: Was hatten die Sieger mit Deutschland vor? Auf welcher Grundlage würde ein Aufbau stattfinden können? Würde der „Morgenthau-Plan" wirklich durchgeführt werden, der aus Deutschland ein Agrarland machen wollte? Niemand konnte sich vorstellen, wie es weitergehen würde.

Das „bürgerliche" Leben begann sich erst allmählich zu normalisieren. Im Vordergrund stand die Befriedigung der Grundbedürfnisse menschlichen Lebens wie Nahrung, Wohnung und Heizung. Die Parole hieß für die nächsten

Jahre schlicht und einfach: „Wiederaufbau". Wer überlebt hatte und weiterleben wollte, musste arbeiten. Nicht jeder aber wollte nach der vernichtenden Niederlage der Deutschen und dem Zusammenbruch fast aller bisherigen Vorstellungen überhaupt weiterleben. Mancher wählte den Freitod. Auch in meinem überschaubaren Lebenskreis kam das vor. Viele hatten ihre Heimat und ihre Familien verloren, viele auch ihren Beruf aus politischen oder wirtschaftlichen Gründen. Der Wiederaufbau gestaltete sich ganz unterschiedlich je nach Wohnort und Zerstörungsgrad der Wohnungen und Betriebe, aber auch nach Besatzungszonen. Gießen lag in der amerikanischen Besatzungszone.

Noch während der Potsdamer Konferenz (17. 7. - 2. 8. 1945), die eine Umgestaltung Gesamtdeutschlands auf demokratischer Grundlage beschloß, trat in Berlin der Alliierte Kontrollrat zusammen, bestehend aus den vier Oberbefehlshabern der Siegermächte USA, Großbritannien, Sowjetunion und Frankreich, als nunmehr höchstes Regierungsorgan in Deutschland. Als eigentliches Beratungs- und Entscheidungsorgan wurde ein Koordinierungsausschuß gebildet, der aus den vier stellvertretenden Militärgouverneuren zusammengesetzt war. Die amerikanische Besatzungsmacht verfolgte als erste den Kurs, den Deutschen mehr und mehr Verantwortung zu übertragen. Schon am 6. 9. 1946 erklärte der amerikanische Außenminister Byrnes in seiner berühmten Rede in Stuttgart, der Alliierte Kontrollrat sei eine „Chimäre", ein Hirngespinst. Europa könne nicht von den Kriegsfolgen geheilt werden, wenn Deutschland daniederliege und zum „Armenhaus" werde. „Die amerikanische Regierung ist der Ansicht, dass das deutsche Volk in seiner Gesamtheit ... die Hauptverantwortung zur Führung seiner eigenen Angelegenheiten übernimmt."[2)] Demgemäß wurde durch Gemeindewahlen und Wahlen von Kreis- und Stadträten eine demokratisch legitimierte Verwaltung stufenweise von unten nach oben eingerichtet. In der britischen und französischen Zone vollzog sich die Demokratisierung grundsätzlich in ähnlicher Weise. So begann der Wiederaufbau, später gestützt durch den Marshall-Plan und das ERP (European Recovery Program).

Die junge Generation konnte mit den wiedererstandenen Parteien der „Weimarer Zeit" (1919 - 1932) allerdings nicht viel anfangen. Auch deren noch lebende Repräsentanten, wie z.B. Konrad Adenauer, waren uns vollkommen unbekannt. Einer politischen Partei habe ich mich nie angeschlossen, um meine Unabhängigkeit zu bewahren. Nach den Erfahrungen der Vergangenheit wollte ich nur noch Demokrat sein. Später habe ich gewählt, und zwar, je nach politischer Situation, fast alle demokratischen Parteien, also nie KPD oder DKP, obwohl ich zunächst kurze Zeit überlegt habe, ob man nicht notfalls im Interesse der Einheit Deutschlands für eine Übergangsphase eine kommunistische Herrschaft in Kauf nehmen müsse. Dass solche Überlegungen falsch waren, habe ich bald erkannt, abgesehen davon, dass die Besatzungsmächte sie nicht zuließen. Wichtiger war es, einen möglichst großen Teil Restdeutschlands der Demokratie zu erhalten, wie die Wiedervereinigung des Jahres 1990 bestätigt hat.

Die amerikanische und die britische Militärregierung bildeten im September 1946 zunächst die sogenannte „Bizone“ (Doppelzone) mit fünf deutschen Zentralämtern als ausführende Organe und im Juni 1947 das „Vereinigte Wirtschaftsgebiet“ mit Sitz in Frankfurt am Main. Im Februar 1948 wurden ein „Verwaltungsrat“ (Exekutive), ein „Wirtschaftsrat“ und ein „Länderrat“ als Organe der Legislative eingesetzt. Im April 1949 wurde die „Bizone“ durch Zusammenschluß mit der französischen Besatzungszone zur sogenannten „Trizone“ (Dreierzone) zusammengefaßt. Sie bildete den Vorläufer der Bundesrepublik Deutschland.

Ganz anders verlief entgegen den Potsdamer Beschlüssen die Aufbauphase in der sowjetischen Zone, die im Westen bald nur noch „Ostzone“ genannt wurde. Hier wurde unter sowjetischem Diktat ein autoritäres kommunistisches Regime installiert, das mit Demokratie nichts zu tun hatte, sondern für die deutsche Bevölkerung eine Fortsetzung ihres autoritär gesteuerten Lebens unter Hitler bedeutete.

Meine Heimatstadt Gießen war durch insgesamt 27 Luftangriffe stark zerstört worden; der schwerste fand am 6. Dezember 1944 statt, den auch meine Mutter miterlebte. 255 Lancaster-Bomber warfen 1193 ts Bomben auf Gießen. Der Stadtkern wurde zu etwa 80% vernichtet; schätzungsweise tausend Menschen kamen ums Leben.[3)] Unter diesen Umständen war es ein Wunder, dass unser Haus, wie erwähnt, nicht einmal beschädigt wurde. Wir teilten unsere Wohnung mit der ausgebombten Familie Kliffmüller (vier Personen) und einem weiteren Untermieter, den wir freiwillig aufnahmen. Zeitweise war das mein Klassenkamerad Otto Brüggemann, dessen elterliches Haus von der amerikanischen Besatzungsmacht beschlagnahmt worden war. In unserer Wohnung lebten also damals sieben Personen.

Das beengte Zusammenleben war längst die Regel, da schon seit Jahren Bombengeschädigte untergebracht werden mussten, und nun noch ständig Soldaten aus der Kriegsgefangenschaft zurückkehrten und immer neue Flüchtlinge aus dem Osten Deutschlands eintrafen. Sie wurden von dort gemäß den

Beschlüssen der Siegermächte von Teheran (1943), Jalta (Febr. 1945) und Potsdam (2. August 1945) vertrieben[4]. Bei Kriegsende lebten in den Ostgebieten des Deutschen Reiches und den deutschen Siedlungsgebieten außerhalb der Reichsgrenzen von 1937 rund 16,6 Millionen Deutsche. Davon befanden sich 1950 noch rund 2,7 Millionen in ihrer alten Heimat. Rund 11,7 Millionen waren nach Westen vertrieben worden. Die sogenannten „Vertreibungsverluste", also die Toten, die im Zusammenhang mit den Vertreibungsmaßnahmen der Siegermächte umgekommen, also meist von der fanatisierten Bevölkerung ermordet worden waren, betrugen rund 2,2 Millionen Menschen. Restdeutschland musste alle Vertriebenen aufnehmen und integrieren. Das war eine dramatische Herausforderung für die Behörden, aber auch für die Bevölkerung, die, besonders in den ersten Jahren, in dem verbliebenen Wohnraum zusammenrücken musste. Da es überall immer „solche und solche" gibt, waren die Belastungen für die Vertriebenen und die Aufnehmenden, trotz aller Solidarität, meist sehr groß. Es hat vieler Jahre an Aufbauleistungen der gesamten Bevölkerung bedurft, um diese beengte Situaton aufzulösen und zu entzerren.

Viele Menschen mussten noch Jahre nach Kriegsende in Kellern und Trümmern unter unglaublichen Verhältnissen leben. Oft führten Treppen oder Leitern von außen her in die Wohnungen, weil die Treppenhäuser zerstört oder einsturzgefährdet waren. Wo die Kamine fehlten oder beschädigt waren, wurden behelfsmäßig Ofenrohre durch die Fenster nach draußen geführt. Fensterglas war zunächst überhaupt nicht und später nur auf Bezugschein zu erhalten. Die Bewohner halfen sich mit Brettern, Pappe oder Drahtglas, sodass die Räume nicht selten dunkel waren. Nach und nach wurden einzelne Scheiben und dann auch ganze Fenster neu verglast, sodass sich die Wohnqualität allmählich wieder verbesserte. An den Neubau von Wohnhäusern war noch lange nicht zu denken. Erste Reparaturen galten der Wiederherstellung der Infrastruktur, d.h. der Kanalisation, Strom-, Gas- und Wasserversorgung, der Telefonleitungen und Verkehrswege wie Straßen, Eisenbahnen und Kanäle und zögernd auch dem Wiederaufbau zerstörter Häuser und Wohnungen. Viele Menschen mussten noch wochen- und monatelang Wasser in Eimern von zentralen Zapfstellen holen. Der Strom war rationiert. In den überbelegten Wohnungen gab es für die einzelnen Familien komplizierte Stromverbrauchsaufzeichnungen („Müllers dürfen erst am Freitag wieder kochen!").

Die in Wald und Feld überall noch herumstehenden deutschen Panzer, Fahrzeuge und alles mögliche Kriegsgerät mussten entfernt werden. „Kampfmittelräumdienste“ wurden eingerichtet, um Munition, Granaten, Minen und Bomben einzusammeln und unschädlich zu machen. Diese Dienste sind heute noch im Einsatz, da immer wieder, besonders bei Bauarbeiten, Bombenblindgänger gefunden werden, die entschärft und abtransportiert werden müssen.

Was die Menschen zunächst am meisten bewegte, war die Suche nach ihren Angehörigen. Durch die Kriegsereignisse waren viele Familien auseinandergerissen worden. Die starken Zerstörungen der Städte durch die alliierten Bombenangriffe oder zuletzt auch durch die Kampfhandlungen hatten zu großen Evakuierungsmaßnahmen geführt. Das hatte vorbeugend schon kurz vor Kriegsbeginn mit der Räumung der westlichen Grenzgebiete begonnen, wie oben geschildert. Später, mit zunehmendem Bombenkrieg, begann die sogenannte „KLV“ (Kinderlandverschickung). Das bedeutete, dass aus gefährdeten Gebieten, insbesondere aus dem Ruhrgebiet mit seiner Schwer- und Rüstungsindustrie, ganze Schulklassen der unteren Altersstufen mit ihren Lehrern in damals ungefährdete Gebiete wie Bayern oder das „Reichsprotektorat Böhmen und Mähren“ umgesiedelt wurden, während die älteren Jungen und Mädchen mit ihren Eltern zu Hause bleiben mussten, wo man sie brauchte. Auch meine Tante Magdalene Reinhold, Schwester meines Vaters, die Lehrerin in Essen war, zog mit ihrer Klasse nach Podiebrad in Böhmen.Viele Menschen waren aus eigenem Entschluß mit Sack und Pack aus den gefährdeten Gebieten zu Verwandten oder Bekannten in ländliche Gebiete ausgewichen. Das galt insbesondere für die sogenannten „Ausgebombten“. Die zurückkehrenden Kriegsgefangenen, die oft lange Zeit ohne Kontakt zu ihren Angehörigen gewesen waren, hofften, diese am letzten bekannten Wohnort zu finden, oft vergeblich, und mussten sich nun auf die Suche machen. Alle diese Menschen bewegten sich in einer Art „Massentourismus“ zunächst aus eigener Initiative zurück in ihre alten Lebensbereiche, wo sie nicht selten Trümmer und Chaos vorfanden. An den Häuserwänden hinterließen die ausgebombten Bewohner Nachrichten und neue Anschriften („Mutter +“ ... „Müller in Neustadt“ ... „Schmidt in der Hauptstr. 8“). Manchmal waren solche Schriftzüge noch jahrelang zu sehen, bis Häuser auch wieder verputzt werden konnten.

Viele Familien hatten ihren Hausrat oder Teile davon in vermeintlich sichere Gegenden Deutschlands ausgelagert. Oft zeigte sich, dass es besser gewesen wäre, die Dinge dort zu lassen, wo sie gewesen waren. Aber wer konnte das vorausahnen? Nun begannen die Menschen damit, ihre Habseligkeiten wieder einzusammeln. Überall auf Eisenbahnen und Straßen begegnete man solchen

„Transporten“ mit Kisten, Kasten, Koffern und Bündeln. „Volk auf Bündeln“ nannte das noch 1948 Max Frisch in einem Bericht über seine Eindrücke bei einer Deutschlandreise.[5] Die Betroffenen konnten froh sein, wenn sie wenigstens einen Teil ihrer Habe glücklich in ihrer jetzigen Wohnung wieder unter Dach und Fach bringen konnten. Aber viele hatten mit ihrer Heimat oder im Bombenkrieg buchstäblich alles verloren. Nicht wenige der heute lebenden Menschen wissen nicht, wie ihr gefallener Vater aussah, da keine Bilder von ihm gerettet werden konnten. Manche Kleinkinder hatten auf der Flucht ihre Eltern und Verwandten verloren und kannten nicht einmal deren und ihren eigenen Namen.

Hier ist zu erwähnen, dass die Eisenbahnen und Straßen, besonders die Brücken, durch die Kampfhandlungen und Bombenangriffe meist stark zerstört waren. An solchen Punkten mussten die Reisenden ihre Züge verlassen und die Hindernisse zu Fuß mit allem Gepäck überwinden, ehe die Fahrt mit anderen Verkehrsmitteln fortgesetzt werden konnte. Abgesehen davon gab es noch keine festen Fahrpläne. Meist fuhren nur Güterzüge insbesondere Kohlenzüge. Die Menschen fuhren so weit sie kamen, mit oder ohne Fahrkarten. Manchmal hielten die Züge nicht am richtigen Ort. Dann musste man mit dem nächsten Güterzug zurückfahren. Elektrifizierte Strecken gab es damals noch kaum, von einer Versuchsstrecke der Reichsbahn von Halle nach Leipzig und anderen kurzen Strecken im Gebirge abgesehen. Auch Diesellokomotiven standen praktisch noch nicht zur Verfügung. Der gesamte Bahnbetrieb wurde mit Dampflokomotiven abgewickelt. Geriet man auf einen beladenen Kohlenzug, war das eine schmierige Angelegenheit, besonders bei Regen. Man kam dann mit völlig verdreckter Kleidung am Ziel an. Lange Tunneldurchfahrten im Lokomotivenqualm hatten ähnliche Ergebnisse, von den Atembeschwerden ganz abgesehen. Ludwig Emanuel Reindl hat 1945 offenbar denselben Tunnel wie ich durchfahren, nämlich den Siegener, aber dabei im Gegensatz zu mir, ein fast romantisch zu nennendes Erlebnis gehabt: Der Kohlenzug hielt nämlich während eines Gewitterregens im Tunnel und die Reisenden sangen bei Kerzenschein und unter Begleitung einer Mundharmonika und einer Violine „Am Brunnen vor dem Tore“!

Personenzüge waren hoffnungslos überbesetzt. Die Menschen standen bei Wind und Wetter auch außerhalb der Wagen auf Trittbrettern und Puffern in gefährlichen Positionen. Auf den Bahnhöfen drängten die Reisenden mit allem Gepäck nicht nur durch die Türen, sondern auch durch die Fenster in die

Waggons, wo sie sich „zurechtrütteln“ mussten. Einer Frau wurden, wie wir von ihr hörten, beim „Einsteigen“ durch ein Fenster von draußen her die Schuhe ausgezogen. Mancher blieb zurück, und mancher musste weiter fahren als er wollte.

Ein besonderes Problem bestand darin, dass sich Tausende von ehemaligen Kriegsgefangenen aus der Sowjetunion, Polen und anderen östlichen Ländern und von Fremdarbeitern, die von der deutschen Besatzungsmacht aus ihren Heimatländern ins Reichsgebiet verschleppt oder angeworben worden waren, noch dort unter alliierter Duldung bis zu ihrem Rücktransport aufhielten und teilweise regelrecht die Straßen unsicher machten. Viele dieser durch den Krieg nach Deutschland verschlagenen Menschen wollten oder konnten nicht nach Hause zurückkehren, wo zumindest den ehemaligen Soldaten der Sowjetunion Anklage wegen Feigheit vor dem Feinde oder Fahnenflucht drohte, obwohl sie auf ihre Gefangennahme z. B. in den riesigen Kesselschlachten zu Beginn des Russlandfeldzuges keinen Einfluß gehabt hatten.

Wer sich nun als Deutscher nach Kriegsende, mit oder ohne Fahrrad, auf den Landstraßen bewegte, lief Gefahr, von solchen „DP“s (Displaced Persons) überfallen, ermordet und ausgeraubt zu werden. Das galt insbesondere für die sogenannten „Hamsterfahrten“ der städtischen Bevölkerung aufs Land. Mancher kam so ohne seine mühsam eingetauschten Lebensmittel, wie einige Pfund Kartoffeln oder Hülsenfrüchte, mit leeren Taschen nach Hause.

Die Solidarität der deutschen Bevölkerung war auch nach Kriegsende auf Grund des gemeinsamen Schicksals groß. Man half sich gegenseitig so gut wie möglich. Es war durchaus üblich, bei den geschilderten Reisen durch Deutschland abends in einem unzerstörten Haus um Nachtquartier zu bitten. Da unser Haus in Bahnhofsnähe lag, verging fast kein Tag, an dem nicht Reisende oder zurückkehrende Kriegsgefangene um Hilfe oder Unterstützung baten. Meist ging es um Übernachtung, oft auch nur um Toilettenbenutzung oder die Möglichkeit sich zu waschen oder zu rasieren. Als Dank bekam man dann gelegentlich z. B. eine der selten gewordenen Rasierklingen geschenkt, oder eine Mahlzeit wurde geteilt. Manchmal schliefen mehrere Durchreisende in der Wohnung wo Platz war oder einfach auf dem Fußboden. Ich selbst habe mich auf meinen verschiedenen Fahrten durch Deutschland an den Wohnorten von Verwandten oder Kriegskameraden orientiert und bin nie abgewiesen worden.

Die Versorgung der Bevölkerung mit Brennmaterial war besonders schwierig. Der Bergbau ruhte oder begann erst langsam wieder zu arbeiten. Die ersten

Lieferungen gingen an bevorzugte Verbraucher wie die Besatzungsmächte, an Krankenhäuser und kommunale Einrichtungen, wozu auch sogenannte „Wärmestuben" gehörten. Private Haushalte waren weitgehend auf Brennholz angewiesen. Die Bevölkerung wurde von der Forstverwaltung stadtteilsweise in die städtischen Forste eingewiesen, um selbst Holz zur schlagen oder zu sammeln. Eine Säge war ein kostbares Gut. Es gelang uns, über Bekannte an eine Schrotsäge zu kommen, die dann natürlich auch an andere Bekannte ausgeliehen wurde. Die Bürger unseres Stadtteils mussten sich in einer Parzelle des Stadtwaldes einfinden, wenn sie Holz haben wollten. Dort wurde uns von einem Förster jeweils eine große „Käferfichte" zugewiesen. Er zeigte uns, wie ein solcher Baum mit der Säge sachgerecht und in die richtige Richtung gefällt und zersägt wird. Den Abtransport hatte man selbst zu besorgen. Die wenigen erhaltenen Handwagen waren nun ebenfalls ein kostbares Gut. Man half sich gegenseitig mit dem Fällen und Wegbringen des Holzes. Zu Hause wurden die Stämme mit Säge und Axt ofengerecht zerkleinert und zum Trocknen aufgesetzt. Für die meisten Menschen, auch für mich, waren das unbekannte Tätigkeiten, die wir erst erlernen mussten.

Die Verpflegungssituation war sehr schlecht. Anfänglich gab es nicht einmal Salz, das für Konservierungszwecke, besonders auch von den Bauern, dringend benötigt wurde. In Gießen fand sich im Bahnhof auf einem Abstellgleis ein Waggon mit Salz, sodass dann wenigstens dieses Problem für alle gelöst war. Sonst wurden Grundnahrungsmittel auf Lebensmittelkarten in nur sehr geringen Rationen zugeteilt. Eines Tages schickten die Amerikaner Mais. Durch einen Übermittlungsfehler kamen große Mengen Hühnerfutter aus Mais an, das längere Zeit zu dem mehr oder weniger beliebten Mais-Gries-Wasser-Pudding (ohne Zucker) verarbeitet wurde. Fleisch und Fett gab es oft überhaupt nicht. Rauch- und Süßwaren konnte man sich praktisch nur auf dem schwarzen Markt beschaffen, wenn man Tauschobjekte anzubieten hatte. Lieferanten waren häufig Besatzungssoldaten, die ihre deutschen Mädchen (sogenannte „Ami-Huren") in Naturalien entlohnten. In Gießen befand sich auf dem Gelände des ehemaligen deutschen Militärflugplatzes ein großes Verpflegungslager der amerikanischen Streitkräfte. Hier arbeiteten zahlreiche deutsche Zivilangestellte und -arbeiter. Auch auf diesem Wege gelangten viele Bedarfsartikel nach draußen. Es wurde kolportiert, dass ein ganzer Güterzug mit Treibstoff spurlos verschwunden sei, was nicht ohne Mitwirkung korrupter Besatzungsangehöriger vorstellbar ist.

Auch die Versorgung mit Bekleidung und Schuhen war unterbrochen. Die zurückkehrenden Soldaten trugen ihre Uniformen weiter. Die Uniformknöpfe mussten abgetrennt und durch „zivile" Knöpfe ersetzt werden. Selbstverständlich war es verboten, Rangabzeichen, Orden und Ehrenzeichen zu tragen. Jedes Hakenkreuz war zu entfernen oder unkenntlich zu machen, auch in Personalpapieren. Jeder „Verbraucher" erhielt Kleiderkarten mit „Punkten", die aufgerufen wurden, wenn es etwas zu verteilen gab. Im übrigen wurde die Vorkriegsbekleidung mit großem Erfindungsreichtum immer wieder „gestreckt", d. h. ausgebessert, oder aus zwei alten Stücken ein neues „komponiert". Die Hakenkreuzfahnen erlebten eine wundersame, ursprünglich nicht geplante „Auferstehung" als Schürzen- oder Blusenstoff. Viele Frauen trugen blauweißkarierte Kleider aus Wehrmachtbettbezügen. Auch Fallschirmseide diente als Blusenstoff. Zum Schuhebesohlen fuhr ich mit dem Fahrrad 12 km nach Reiskirchen, wo es einen Schuster gab. Zwei Wochen später fragte ich nach. Das war ein zusätzlicher Kräfte- und Materialverschleiß.

Von den Ämtern, bei denen man sich anmelden musste, erfuhr ich, dass ich Lebensmittelkarten nur gegen Nachweis einer Arbeit erhalten könnte. Da war guter Rat teuer. Von meiner beruflichen Zukunft hatte ich noch keine Vorstellung. So meldete ich mich zunächst beim „Freiwilligen Aufbaudienst" der Universitätskliniken, die zum Teil schwer bombengeschädigt waren. Eine Gruppe von zurückgekehrten Soldaten mit Professor Scharrer an der Spitze arbeitete hier täglich in den Trümmern. Vor allem mussten Backsteine „geklopft", d.h. mit dem Hammer von Kalkresten befreit werden. Die Steine wurden beim Wiederaufbau der Kliniken verwendet. Ich kann heute noch zeigen, an welcher Stelle der Medizinischen Klinik „meine" Steine vermauert worden sind.

Täglich gingen wir auf den Seltersweg, den traditionellen „Bummel", um festzustellen, wer noch aus dem Krieg zurückgekommen war. Der Seltersweg war auch eine allgemeine „Nachrichtenbörse". Der Orientierungsbedarf war naturgemäß sehr groß. Zeitungen erschienen zunächst nicht. Auch die Post „ruhte". Jeder erzählte, wie es ihm ergangen war. Jeder hatte diese emotionsbeladene Lebensphase anders erlebt, meist mehr oder weniger dramatisch. Später gab es sogar Spielfilme, die Erlebnisse zurückkehrender Soldaten aus der Kriegsgefangenschaft schilderten. Es gab tragische Schicksale, wenn Soldaten, die jahrelang vermisst oder sogar für tot erklärt worden waren, zu Hause ihre Frauen wiederverheiratet und ihre Kinder, die sie oft noch nie gesehen hatten, unter fremder Obhut vorfanden. Solche Fälle waren rechtlich klar: Nach den

Paragraphen 38 und 39 des Ehegesetzes (Gesetz Nr. 16 des Kontrollrats) war mit der Schließung der neuen Ehe die frühere Ehe aufgelöst, auch dann, wenn die Todeserklärung nach Rückkehr des Vermissten aufgehoben wurde. Allerdings konnte die Ehefrau die Aufhebung der neuen Ehe verlangen und ihren früheren Ehegatten, und nur diesen, wieder heiraten. Aber menschlich gab es oft keine Lösung solcher Tragödien. Mancher konnte die Situation nicht ertragen und schied freiwillig aus dem Leben. Die Gerichte hatten jahrelang mit der Aufarbeitung dieser Fälle zu tun.

Selbst heute, über 50 Jahre nach Kriegsende und nach Wegfall des „Eisernen Vorhangs", werden noch Vermißtenfälle aufgeklärt. Seit dem Auftreten Gorbatschows (Friedensnobelpreisträger 1990 und Staats- und Parteichef der Sowjetunion) haben die Sowjetunion und ihre Nachfolgestaaten der „GuS" (Gemeinschaft unabhängiger Staaten) ihre Archive, auch der Lazarette und Kriegsgefangenenlager, geöffnet und so in vielen Zweifelsfällen Gewißheit ermöglicht.

Die Zahl der Heimkehrergeschichten ist Legion. Aus unserem Bekanntenkreis in Gießen ist die Rückkehr der beiden Söhne Günter und Harro Krollpfeiffer aus sowjetischer Kriegsgefangenschaft besonders erwähnenswert, die beide als gefallen gemeldet waren, und deren Todesanzeigen in der Zeitung gestanden hatten. Harro hatte sein brennend abstürzendes Kampfflugzeug als Letzter doch noch verlassen können, was die früher ausgestiegenen Kameraden nicht mehr bemerkt und ihn als gefallen gemeldet hatten. Auch Günter war während der Kampfhandlungen in Russland angeblich gefallen. Natürlich war die unerwartete Rückkehr beider Söhne für Eltern und Schwester eine unbeschreibliche Freude und ein Stadtgespräch.

Aus unserer Abiturklasse sind mir zwei besonders verwegene Fluchtgeschichten bekannt geworden:

Dieter Schönhals setzte sich im April 1946 zusammen mit zwei anderen Kameraden aus amerikanischer Kriegsgefangenschaft in Frankreich in „organisierten" Uniformen der jugoslawischen Wachmannschaften ab und fuhr mit gefälschten Papieren, die allen Zugkontrollen standhielten, in amerikanischen Urlauberzügen nach Hause zu seiner Mutter in Hungen bei Gießen. Dieter, der über zehn Monate deutsch-amerikanischer Dolmetscher gewesen war, konnte sich als einziger mit den meist amerikanischen Soldaten seines Abteils unterhalten, während seine nur deutsch sprechenden Kameraden die ganze Zeit „schlafen" mussten.

Wilhelm Schmidt befand sich bei Kriegsende als Luftwaffensanitäter beim fliegenden Personal auf einem Flugplatz bei Beneschau (Benesov) im „Protektorat“ in Böhmen. Die Besatzung seines Sanitätsflugzeuges, einer „Ju 52“, entschloß sich, der drohenden sowjetischen Gefangenschaft durch Flucht nach Westen mit ihrem Flugzeug zu entgehen. Das war gefährlich, denn nach dem Waffenstillstand konnten natürlich deutsche Flugzeuge sofort abgeschossen werden.

Der waghalsige Versuch glückte: Nach einem Tiefflug von rund 600 km landeten sie auf dem Flugplatz Essen-Mülheim und gingen in die Gefangenschaft der überraschten Sieger. Wilhelm kam durch verschiedene Lager nach Wochen schließlich in ein französisches Lager bei Ottweiler im Saargebiet, nicht ohne kleine Briefchen von seinem jeweiligen Aufenthaltsort durch die hilfsbereite Zivilbevölkerung nach Hause zu schicken. Alle kamen an, sei es durch die damals übliche Weitergabe an Reisende oder später wieder durch die Post. So konnte sich seine Schwester Annemarie von Gießen aus auf den Weg machen ihn zu suchen. Sie fand ihn schließlich in seinem letzten Lager, wo der französische Kommandant ihr einen kurzen Besuch gestattete. Der reichte aus, die Einzelheiten einer Flucht zu besprechen (Datum und Versteck von Zivilkleidung und gefälschten Papieren eines Verstorbenen). Da Wilhelm als Sanitäter bei den Franzosen große Freiheiten genoß, konnte er sich am vereinbarten Tag entfernen und mit seiner Schwester die nächtliche Flucht nach Osten beginnen. Nach vier Nächten erreichten sie den Rhein, den sie mit Hilfe eines Rheinschiffers überquerten. Schließlich landeten sie bei ihrer Schwester Bertha und deren Mann in Gernsheim. Die Weiterreise nach Gießen zu den Eltern war dann nicht mehr schwierig.

Wolfgang Willich kehrte im Juni 1948 und Gert Schliephake im Januar 1950 aus der sowjetischen Kriegsgefangenschaft zurück. Erst nach Stalins Tod (5. 3. 1953), zehn Jahre nach Kriegsende im September 1955, glückte es dem Bundeskanzler Dr. Konrad Adenauer in schwierigen Verhandlungen mit der sowjetischen Regierung in Moskau, die Freilassung der letzten rund 10.000 deutschen Kriegsgefangenen und 20.000 Zivilinternierten aus ihren Arbeitslagern zu erreichen.[6] Es gab also Menschen, die sich seit dem Beginn des Russlandkrieges im Juni 1941 bis zu ihrer Rückkehr nach Deutschland über 14 Jahre in Kriegsgefangenschaft oder Internierung befanden! Viele von ihnen waren schwer verwundet oder krank. Die seelischen Belastungen durch Demütigungen und Trennung von den Angehörigen, oft jahrelang ohne Postverbindungen, sind nicht vorstellbar. So können alle, die dieses Schicksal nicht erdulden mussten, aus tiefstem Herzen dankbar sein. Auch ich zähle mich zu ihnen.

Wie würde mein zukünftiges Leben aussehen? Die vier Jahre Soldatenzeit waren verloren. Manche Altersgenossen erklärten: „Ich möchte diese Erfahrungen nicht missen!" Diese gängige Redensart ist zynisch, heuchlerisch oder zumindest gedankenlos. Ich war damals niedergeschlagen über den Ausgang des Krieges. Aber mit wachsender Erkenntnis über das, was sich ereignet hatte, änderte sich meine Einstellung. Ich kam schnell aus dem Stadium der gedanklichen Wiederholung der Kriegserlebnisse heraus. Ich konnte den Krieg nicht verarbeiten wie einst (1920) Ernst Jünger in seinem Kriegstagebuch des Ersten Weltkrieges (1914 - 1918) „In Stahlgewittern", eine „Metapher, die den Kampf als Naturereignis mythisiert"[7)]. Die dort fehlenden Reflexionen über politische Hintergründe und über Sinn oder Berechtigung des Krieges wollte ich nicht auslassen. Im eigenen Lebenskreis überlegten wir anfangs, was wohl mein Vater zu alledem gesagt hätte. Diese Frage der Hilflosigkeit zeigt vor allem einen Mangel an eigenem Urteil. Ich hielt mich auch nicht lange mit solchen Spekulationen auf, die sie ja nur sein konnten, sondern versuchte, mir eine eigene Sicht der Dinge zu bilden. Ich konnte mir auch nicht vorstellen, dass mein Vater, der zur Generation Ernst Jüngers gehörte und ebenfalls ein Kriegstagebuch hinterlassen hatte[8)], bei Kenntnis der nun zutage kommenden Tatsachen ohne Nachdenken und Neubeurteilung aller Umstände starrsinnig auf alten Einschätzungen und Denkmustern beharren würde, wenn er noch lebte. Unverständlicherweise galt dieses Festhalten bei manchen Zeitgenossen, und gilt es zum Teil bis auf den heutigen Tag, als Tugend und einzig mögliche Einstellung zur Geschichte Deutschlands und alles andere als „Nestbeschmutzung", ein vielgebrauchter Ausdruck außerhalb historischer Kategorien.

Viele Deutsche litten ganz einfach unter der Erkenntnis, dass sie ihre edelsten Motive einem Schuft geopfert hatten. Einige von ihnen zogen daraus den Schluss, dass also das Ziel nicht falsch gewesen sein könne. Das ist unlogisch und heißt, den eigenen Irrtum zu leugnen. Es ist keine Schande, sich zu irren, wohl aber, auf dem Irrtum zu beharren.

Ich begann also, wie die meisten Deutschen, damit, über die politische Situation und unser Schicksal nachzudenken und mich mit den Ursachen hierfür auseinanderzusetzen. Der Prozess der „Vergangenheitsbewältigung" nahm damals seinen Anfang. Er hat sich bis zur Wiedervereinigung (1989/90) in den beiden Teilen Deutschlands entsprechend den dort gegebenen Verhältnissen ganz unterschiedlich entwickelt. Er ist bis heute nicht beendet und wird wahrscheinlich so lange andauern, bis auch der letzte Mensch unserer Generation nicht mehr lebt.

Einen Schub von Informationen zu diesem Thema brachten die Presseberichte der nach und nach unter der Lizenz der Besatzungsmächte wieder zugelassenen deutschen Zeitungen und insbesondere die Nürnberger Kriegsverbrecherprozesse.

Dass es dazu kommen musste, kann angesichts der ungeheuerlichen Verbrechen Hitler-Deutschlands nicht verwundern. Natürlich waren es Prozesse der Sieger, die nach Kriegsende die Schandtaten entdeckt hatten. Die Besiegten konnten nicht im Ernst erwarten, als Richter beteiligt zu werden, so wie sie nach einem Sieg Hitlers nicht ihre geschlagenen Gegner an entsprechenden Prozessen beteiligt hätten. Ebensowenig war zu erwarten, dass die Sieger zunächst die eigenen Kriegsverbrechen, die es auch gab, aufklären und aburteilen würden. Der Hinweis auf Kriegsverbrechen unserer Gegner kann den Deutschen nicht als Entschuldigung dienen, zumal sie ohne den deutschen Angriff auf Polen und die Sowjetunion nicht vorstellbar sind. Es ist eines Kulturvolkes unwürdig, sich zur Rechtfertigung eigenen Verhaltens auf fremdes Unrecht zu berufen, abgesehen davon, dass der Tu quoque (Du aber auch)-Einwand im internationalen Strafrecht nicht gilt. Am Ende des Prozesses fand die „Welt" ein überzeugendes Bild, wie Anneke de Rudder in der „ZEIT" vom 16. 8. 1996 berichtet: „In einem Land, in dem es keine Straßenbahnen gibt, braucht man keine Verordnungen gegen das Abspringen während der Fahrt. In einer Welt, in der die systematische Abschlachtung und Verbrennung von Millionen Menschen eine unbekannte Praxis ist, bedarf es keiner sie verhütenden Gesetzgebung. Es blieb Deutschland vorbehalten, diese Praxis einzuführen. Es ist dem deutschen Volk anheimgegeben, diesen Zusammenhang innerlich anzuerkennen."

Aber abgesehen von solchen Erwägungen formaler Art, die die Vorbedingungen der Nürnberger Prozesse betreffen, waren die abgeurteilten Taten im Kern schon immer strafbar und nicht Erfindungen der Sieger. Angefangen vom fünften Gebot („Du sollst nicht töten!") über alle Strafgesetzbücher der Welt ist das Töten von Menschen verboten und nur in besonderen Fällen (Notwehr-Nothilfe) erlaubt. Dass dagegen, insbesondere im Verhältnis zwischen den Staaten, immer wieder verstoßen wurde und wird, ändert daran nichts. Stehen aber industriell organisierte Massenmorde, wie in den deutschen Vernichtungslagern (z.B. Auschwitz) im Zentrum der Beurteilung, bedarf es keines besondern formalen Gesetzes mehr, um sie abzuurteilen und damit dem Grundsatz Nulla poena sine lege (Keine Strafe ohne Gesetz) gerecht zu werden. War schon immer die Tötung eines Menschen strafbar, so erst recht, wenn Millionen Menschen hingemordet werden. Dies ist der Bruch gültigen Rechts und nicht seine Verfolgung und Aburteilung in Nürnberg. Sollte der Prozess für die Sieger angesichts eigener Kriegsverbrechen Heuchelei gewesen sein, wie mancher meint, bleibt doch für Hitlerdeutschland auf immer die eigene Schande.

Dennoch bemühten sich die Sieger um zusätzliche Formalisierung der Prozesse und des Verfahrens. Sie beruhten ursprünglich auf der „Erklärung von St. James“ vom 13. 1. 1942, die in der Londoner Konferenz der von Deutschland besetzten europäischen Länder (Belgien, Tschechoslowakei, Frankreich, Griechenland, Holland, Jugoslawien, Luxemburg, Norwegen und Polen) beschlossen worden war. Sie wurde von den USA, Großbritannien und der Sowjetunion anerkannt. Lord Simon erklärte im Dezember 1943 im britischen Oberhaus, dass die Briten von ihrem Standpunkt aus gesehen, trotz aller Versuchungen und Erschütterungen durch die Leiden anderer, niemals versäumen dürften, der Gerechtigkeit um ihrer selbst willen Genüge zu tun. Es dürften keine Massenhinrichtungen von Namenlosen stattfinden, bloß weil Hinrichtungen von Massen auf der anderen Seite stattgefunden hätten. Die Erklärung von St. James verlangte daher auch die Bestrafung der deutschen Kriegsverbrecher in Verhandlungen durch ordentliche Gerichtsverfahren, nicht etwa durch Standgerichte, kurze Prozesse oder pauschale Aburteilungen, wie das die Deutschen in ihrem Herrschaftsbereich praktiziert hatten, von Massenmorden in „KZ's“ ganz abgesehen. Auch wenn die Siegermächte von diesen Grundsätzen in Einzelfällen selbst abgewichen sind, so haben sie das, im Gegensatz zu Deutschland, doch nicht als Prinzip verfolgt.

Die fanatische Deutschenfeindlichkeit, zu der der russische Dichter Ilja Ehrenburg als Kriegskorrespondent der offiziellen Armeezeitung „Krasnaja Swesda“ aufrief, hatte mit Justiz nichts zu tun und war zu verabscheuen. In seinem berüchtigten Flugblatt von 1942 hieß es auszugsweise: „Wir werden nicht reden. Wir werden uns nicht entrüsten. Wir werden töten. Wenn du nicht einen Deutschen am Tag getötet hast, war der Tag verloren ... Wenn du nicht den Deutschen tötest, wird der Deutsche dich töten ... Wenn du einen Deutschen getötest hast, töte einen weiteren – nichts stimmt uns froher als deutsche Leichen.“ Eine solche Hasstirade erschien selbst Stalin nicht zweckmäßig, so dass er kurz vor Kriegsende einen Artikel mit dem Titel „Genosse Ehrenburg vereinfacht" veröffentlichen ließ, durch den der deutschen Bevölkerung das Differenzierungsvermögen der Roten Armee demonstriert werden sollte: Deutsche und Faschisten seien keineswegs gleichzusetzen.

Im Oktober 1943 trat zum ersten Mal die UNWCC (Kriegsverbrechenskommission der Vereinigten Nationen) zusammen und arbeitete in Zukunft als Sammelstelle für Anzeigen von Kriegsverbrechen und zur Veröffentlichung von Listen Verdächtiger.

Am 1. 11. 1943 veröffentlichten die drei Hauptalliierten in Moskau die „Erklärung über deutsche Grausamkeiten im besetzten Europa". Danach sollten beim Abschluß eines Waffenstillstandes diejenigen deutschen Offiziere und Soldaten und Mitglieder der Nazipartei, die für Grausamkeiten, Massenmorde und Hinrichtungen verantwortlich waren, in die Länder zurückgesandt werden, in denen diese „abscheulichen Taten" begangen wurden. Wichtig war der Zusatz, dass sich die Erklärung nicht auf die Hauptkriegsverbrecher beziehe, „deren Verbrechen nicht in einem geographisch bestimmbaren Tatort begangen wurden". Diese würden auf Grund einer gemeinsamen Entscheidung der Regierungen der Alliierten bestraft werden. Dies war die Grundlage für die Bildung eines gemeinsamen Tribunals der Alliierten für die Aburteilung der Hauptkriegsverbrecher.

In dem „Londoner Abkommen" („London Charter") vom 8. 8. 1945 wurde Nürnberg als Verhandlungsort für den ersten Prozess gegen 22 Einzelpersonen und 6 „Gruppen oder Organisationen" ausgewählt. Das Tribunal erhielt acht Richter, von jedem entsendenden Staat zwei, unter Vorsitz von Justice Lawrence (Großbritannien). Die Anklage wurde erhoben wegen Verschwörung und Verbrechen gegen den Frieden, wegen Kriegsverbrechen und Verbrechen gegen die Menschlichkeit. Der Prozess wurde am 20. 11. 1945 in Nürnberg eröffnet. Er endete nach umfangreicher Beweisaufnahme mit dem Urteil vom 30. 9. und 1. 10. 1946.

Zwölf der Angeklagten wurden zum Tode durch den Strang verurteilt: Hermann Göring, Reichsmarschall und lange Zeit Stellvertreter Hitlers, Oberbefehlshaber der Luftwaffe; Joachim von Ribbentrop, Reichsaußenminister seit 1938; Wilhelm Keitel, Generalfeldmarschall und Chef des Oberkommandos der Wehrmacht (OKW); Ernst Kaltenbrunner, Chef des Reichssicherheitshauptamts; Alfred Rosenberg, Reichsminister für die besetzten Ostgebiete; Hans Frank, Generalgouverneur von Polen; Wilhelm Frick, Reichsinnenminister; Julius Streicher, Gauleiter von Franken und Herausgeber des antisemitischen Hetzblattes „Der Stürmer"; Fritz Sauckel, Generalbevollmächtigter für den Arbeitseinsatz;

Alfred Jodl, Generaloberst und Chef des Wehrmachtsführungsstabes im OKW; Arthur Seyß-Inquart, Reichskommissar der Niederlande; Martin Bormann, Leiter der Parteikanzlei Hitlers (in Abwesenheit).

Die Urteile wurden am 16. 10. 1946 in Nürnberg vollstreckt. Göring beging kurz vor der Vollstreckung Selbstmord. Die Leichen wurden im Krematorium des Münchener Ostfriedhofs verbrannt, die Asche in die Isar gestreut. Die Leiche Martin Bormanns wurde 1972 bei Bauarbeiten nahe der Berliner Invalidenbrücke entdeckt und identifiziert, zuletzt noch in jüngster Zeit durch eine sog. „mitochondriale DNA-Analyse" von Knochenteilen und deren Vergleich mit Blutproben einer mit Bormann verwandten Frau. Zweifel an der Identität dürften inzwischen durch Zeitablauf (Geburtsjahr Bormanns: 1900) ohnehin gegenstandslos sein. Im übrigen wurden die sterblichen Überreste Bormanns oder was dafür gehalten wurde 1999 verbrannt und ins Meer gestreut, so dass es eine „Wallfahrtsstätte" für Neonazis wie im Fall von Rudolf Heß nicht gibt.

Zu lebenslänglicher Haft wurden verurteilt: Rudolf Heß, „Stellvertreter des Führers" (er beging am 17. 8. 1987 im Spandauer Kriegsverbrechergefängnis Selbstmord[8a)]); Walter Funk, Reichswirtschaftsminister (entlassen 1957 wegen schlechter Gesundheit, verstorben 1960); Erich Raeder, Großadmiral und Oberbefehlshaber der Kriegsmarine bis 1943 (entlassen 1955 wegen schlechter Gesundheit, verstorben 1960).

Zu zeitlichen Haftstrafen wurden verurteilt: Baldur von Schirach, Reichsjugendführer und seit 1943 Gauleiter von Wien (20 Jahre); Albert Speer, Architekt Hitlers und Reichsminister für Bewaffnung und Munition (20 Jahre); Constantin Freiherr von Neurath, Reichsaußenminister bis 1938 und Reichsprotektor von Böhmen und Mähren (15 Jahre, entlassen 1954, verstorben 1956); Karl Dönitz, Großadmiral und Oberbefehlshaber der Kriegsmarine ab 1943, „Reichspräsident" nach Hitlers Tod bis zur Kapitulation (10 Jahre). Diese relativ niedrige Strafe, die niedrigste Zeitstrafe des Prozesses überhaupt, hat der Gerichtshof u. a. mit dem vergleichbaren Verhalten der britischen Admiralität bei der Führung des U-Boot-Krieges begründet, das es verbiete, Dönitz deshalb zu bestrafen.

Alle Haftstrafen wurden im Spandauer Kriegsverbrechergefängnis verbüßt. Es war die einzige Behörde, in der die Alliierten gemeinsam zusammenarbeiteten bis zum Tode von Rudolf Heß im Jahre 1987, der seit dem 1. 10. 1966, nach der Entlassung von Speer und Schirach, noch rund 21 Jahre als einziger Gefangener zurückgeblieben war. 1987 wurde dieser Gefängnistrakt auch abgerissen, um dem Entstehen eines „Wallfahrtsortes“ zum unseligen Andenken an die „Größen“ des „Dritten Reichs“ vorzubeugen. Alle Erinnerungsstücke, die sich noch im Gefängnis befanden, wurden vernichtet, der Abrißschutt „entsorgt“. Heute ist dort ein zweistöckiges Einkaufszentrum in Betrieb.[8b)]

Freigesprochen gegen das Votum der sowjetischen Richter wurden: Hjalmar Schacht, Reichswirtschaftsminister bis 1937, Reichsbankpräsident bis 1939; Franz von Papen, Vizekanzler bis 1934, Botschafter in Wien und Ankara; Hans Fritzsche, Chefkommentator des „Großdeutschen Rundfunks“.

Die folgenden Organisationen wurden als „verbrecherisch“ erklärt: Das Korps der Politischen Leiter der NSDAP, die Gestapo, der SD und die SS, nicht jedoch die SA, die Reichsregierung, der Generalstab und das OKW.

Das differenzierte Urteil und die abweichenden Voten der sowjetischen Richter widerlegen Behauptungen, dass ein „vorgefertigtes“ Urteil des Militärtribunals vorgelegen hätte. Einem Teil der deutschen Bevölkerung diente das Urteil als „Freispruch“ der Deutschen insgesamt, da ja nun die wirklich Schuldigen feststanden und die anderen „also“ unschuldig waren!

Nach diesem Prozess des Internationalen Militärtribunals (IMT) fanden weitere Kriegsverbrecherprozesse statt, darunter ein vergleichbarer in Tokio gegen 28 führende japanische Beamte und Militärpersonen, die im November 1948 alle verurteilt wurden, darunter 7 zum Tode. Im Gegensatz zum Nürnberger Prozess gelang es den elf Richtern des „Internationalen Militärtribunals für den Fernen Osten“(IMTFE) nicht, den Angeklagten und den Japanern eine selbstkritische Einsicht in ihren Angriffskrieg, ihre Taten und Untaten zu vermitteln. Nach dem Befund des amerikanischen obersten Bundesrichters Douglas war der Prozess „ausschließlich ein Instrument politischer Machtausübung“.[9)] Von den weiteren, etwa 10.000 wegen Kriegsverbrechen inhaftierten Japanern wurden 1.068 zum Tode verurteilt. Kaiser Hirohito verzichtete für seine Person auf seine ihm bisher nach japanischer Überlieferung immanente Göttlichkeit. Der alliierte Oberbefehlshaber US-General MacArthur sorgte aus praktischen Gründen der Regierbarkeit Japans nach Kriegsende dafür, dass der Kaiser weder angeklagt noch abgesetzt wurde.

Der Alliierte Kontrollrat für Deutschland hatte am 20. 12. 1945 zur Durchführung der Moskauer und Londoner Abkommen das Kontrollratsgesetz Nr. 10 über die Bestrafung von Personen, die sich Kriegsverbrechen, Verbrechen gegen den Frieden oder gegen die Menschlichkeit schuldig gemacht haben, erlassen. Jede der vier Besatzungsmächte konnte in ihrer Besatzungszone

Gerichtshöfe unter dieser internationalen Zuständigkeit schaffen und als Kriegsverbrecher Verdächtige verhaften und aburteilen lassen. Am gründlichsten taten dies die Amerikaner, die in Nürnberg zwölf Prozesse gegen 177 Angeklagte durchführten.[10] Es wurden Gruppen von Angeklagten gebildet wie z. B.: Ärzte, Juristen, SS-Angehörige, Industrielle, Generale und Diplomaten. Es wurden 24 Todesurteile erlassen, davon 12 vollstreckt. 36 Angeklagte wurden freigesprochen, der Rest zu Freiheitsstrafen verurteilt.

In Dachau wurde unter nationaler Zuständigkeit ein amerikanisches Militärgericht errichtet, das bis Ende 1947 gegen über 1.500 deutsche Angeklagte verhandelte, vor allem gegen das leitende Personal der Konzentrationslager (KZ) Buchenwald, Flossenbürg und Dachau. Es wurden 420 Angeklagte zum Tode verurteilt, 29 auf Grund einer Empfehlung einer Untersuchungskommission in USA begnadigt.[11]

Auch in der französischen Zone (dort in Rastatt) gab es einige Kriegsverbrecherprozesse unter internationaler Zuständigkeit. Ebenso in der britischen Zone vor britischen Kriegsgerichten, vor allem gegen das Personal des Konzentrationslagers Bergen-Belsen. In der sowjetischen Zone wurde das Gesetz Nr.10 praktisch nicht angewandt. Dort vollzog sich die Aburteilung von Kriegsverbrechern in anderen Formen, meist außerhalb der Öffentlichkeit durch sowjetische Militärgerichte, oft in pauschaler Aburteilung mit dem Strafmaß „25 Jahre".

Zahlreiche Deutsche wurden in den von Deutschland im Krieg besetzten Ländern abgeurteilt. Dazu kamen dort die „Verräter" dieser Länder wie Marschall Pétain in Frankreich und Quisling in Norwegen.

Dieser formale Überblick über den Ablauf der Kriegsverbrecherprozesse zeigt, dass Anlass genug bestand, den Schandtaten des von Hitler installierten Regimes nachzugehen. Eins der amerikanischen Gerichte, die in Nürnberg urteilten (Fall 7 – Südost-Generale), fand dafür die Worte, dass die Schuld der deutschen Besatzungskräfte „... Schande über eine einstmals angesehene Nation und ihre Angehörigen" gebracht habe.[12] Was hier an Einzelheiten offenbar wurde, ist in der Tat ungeheuerlich. Die Formulierungen der verschiedenen Urteile zeigen das Entsetzen der Richter über die von ihnen abzuurteilenden Taten.

Nach dem Urteil im sogenannten „Einsatzgruppen-Prozess" „überstiegen die Tatsachen in so ungeheurem Maße die Erfahrungen eines normalen Menschenhirns, dass nur die gründlichste juristische Untersuchung und die ausführlichste Gerichtsverhandlung ihre Echtheit prüfen und sie bestätigen konnten. Die Anklage lautet auf Mord – unglücklicherweise haben seit Kains Zeiten

Menschen ihre Brüder getötet –, aber in diesem Falle erreichten die Mordtaten solche phantastischen Ausmaße und überstiegen die Grenzen der Glaubwürdigkeit, dass dies mit hundertmal wiederholten Beweismitteln gestützt werden musste" und „Die Angeklagten waren keine unzivilisierten Wilden, die nicht die Feinheiten des Lebens zu schätzen wussten. Jeder dieser vor Gericht stehenden Männer hat den Vorzug einer guten Erziehung gehabt. Acht waren Juristen, einer Universitätsprofessor, ein anderer ein Zahnarzt und wieder ein anderer Kunstsachverständiger. Einer der Angeklagten gab als Opernsänger Konzerte in ganz Deutschland, bevor er seine Tour mit den Einsatzgruppen in Russland begann. Unter diesen gebildeten Männern von guter Herkunft befand sich sogar ein früherer Geistlicher, der sich selbst seiner geistlichen Würde entkleidet hatte."

Alles das ist für den heutigen Zeitgenossen unschwer nachzuprüfen in den Verhandlungsniederschriften und Dokumenten des IMT-Prozesses. Sie existieren in englischer, französischer und deutscher Sprache in einer offiziellen Serie von 42 Bänden, die unter dem Titel erschienen sind: „Prozess der Hauptkriegsverbrecher vor dem Internationalen Militärgericht". Kopien der deutschen Serie sind u.a. in allen größeren deutschen Gerichtsbibliotheken zu finden. Ich habe sie in der Bibliothek des Landgerichts Gießen studiert. Sie zeigen, in wie hohem Maße die Verteidiger Gelegenheit hatten, Beweisanträge zu stellen und Beweismittel vorzulegen und mit welcher Gründlichkeit diese Prozesse geführt worden sind. Die Dichte der Beweismittel macht auch plausibel, dass die ergangenen Urteile nicht anders lauten konnten. In diesem Sinne standen sie von vornherein fest. Darüber hinaus gibt es inzwischen eine kaum noch übersehbare Fülle von Dokumentensammlungen, Berichten, Fotos, Filmen, Tondokumenten, Abhandlungen und Biographien, die anlässlich der 50. Wiederkehr des Kriegsendes im Jahre 1995 zu einem großen Teil erneut in den Medien dargestellt worden sind. Wie unter diesen Umständen vereinzelt auch heute noch von der sogenannten „Auschwitzlüge" gesprochen wird, ist schlechthin unverständlich. Es handelt sich hierbei um eine skandalöse Unwissenheit oder Verdrängung.

Aber damals, unmittelbar nach dem Krieg, war das noch anders. Natürlich gab es zahlreiche Zeitzeugen, vielleicht Hunderttausende, die, gezwungen oder nicht, aus welcher Motivation auch immer[13)], an diesen Schandtaten teilgenommen hatten. Nach dem Tod der Hauptverantwortlichen Hitler, Göring, Goebbels, Himmler und Heydrich gilt das für die Regierungsmitglieder und

Befehlshaber und auch für die unmittelbar mit der Durchführung und Abwicklung von Mordbefehlen beauftragten Beamten, Polizisten, SS-Männer, Offiziere und Soldaten, auch der Wehrmacht, insbesondere des Heeres, so weit es in die verbrecherischen Erschießungsaktionen einbezogen war und sich nicht widersetzt hatte.

Als trauriges Einzelbeispiel kann hier das Verhalten des hoch gerühmten Feldmarschalls von Manstein (M.) dienen, dessen Tagebuch „Verlorene Siege" bekannt wurde. Der Göttinger Historiker Bert-Oliver Manig hat in seinem Bericht über den Manstein-Prozess des Jahres 1949 vor dem britischen Militärgericht in Hamburg, in dem M. zu einer Freiheitsstrafe von 18 Jahren verurteilt wurde, folgende Einzelheiten dargestellt:[13a)]

1.) In einem Armeebefehl vom November 1941 hat M. von der Truppe „Verständnis für die Notwendigkeit der harten Sühne am Judentum, dem geistigen Träger des bolschewistischen Terrors" gefordert. Diese „Härte" sei notwendig, auch „um alle Erhebungen, die meist von Juden angezettelt werden, im Keime zu ersticken". Das „jüdisch-bolschewistische System" müsse „ein für allemal ausgerottet werden."

2.) Laut Eintrag in das Kriegstagebuch der 11. Armee hatte M. in einer Stabskonferenz verfügt, dass es eines deutschen Offiziers „unwürdig" sei, Judenerschießungen beizuwohnen.

3.) Der oben erwähnte Befehlshaber der Einsatzgruppe D Otto Ohlendorf hatte im Januar 1942 in einem Brief an das Armeeoberkommando 11 erwähnt, dass M. aus der „Judenaktion" in Simferopol, der mehr als 10.000 Juden zum Opfer gefallen waren, 120 Uhren vom SD angefordert hatte. M. hatte dieses Dokument selbst abgezeichnet.

4.) Heeresdokumente ergaben, dass die Verbände der 11. Armee der Einsatzgruppe D Lastwagen und Treibstoff überlassen sowie Mannschaften zur Absperrung der Exekutionsorte zur Verfügung gestellt hatten. Systematisch hatten die Ortskommandanturen (des Heeres) die Erfassung der jüdischen Bevölkerung betrieben und diese den Einsatz- und Sonderkommandos des SD übergeben.

Solche Abläufe können aber nicht automatisch auf alle deutschen Soldaten bezogen werden, wie das heute aus Unkenntnis über die damaligen Verhältnisse oder böswillig manchmal behauptet wird. Auch bei einer um Mitwisser aller Art erhöhten Zahl von Teilnehmern ist ihr Prozentsatz bei (1933) 66 Millionen Deutschen (ohne Österreicher) oder bei 18,3 Millionen Soldaten, die während des Krieges in der Deutschen Wehrmacht eingesetzt waren, relativ gering, wenn auch immer noch beklagenswert hoch.

Typisch für die Diskussion der angeblichen Kollektivschuld aller Deutschen oder der deutschen Soldaten in ihrer Gesamtheit ist eine Buchbesprechung in der ZEIT Nr. 37 vom 4. 9. 1992. Dr. Volker Ullrich, der leitende Redakteur der Sparte „Politisches Buch" behandelt das „Tagebuch der Kriegsjahre 1940-1944" von Wilhelm Muehlon (Dornach 1992), eines deutschen Diplomaten und Direktoriumsmitglieds bei Krupp von 1913 bis 1917, der schon 1917 und wieder 1939 in die Schweiz übergesiedelt war. Ullrich führt zu der Frage aus, was die Deutschen von den Massenverbrechen des Nationalsozialismus, insbesondere von der Ermordung der Millionen Juden wissen konnten:

„Die Antwort ist eindeutig: alles! Im Oktober 1941 erfährt Muehlon aus der englischen Presse von ‚den ungeheuerlichen Bestialitäten, Abschlachtung, Schändungen ... , die namentlich von den deutschen Polizeitruppen im besetzten Russland verübt werden'. Anfang Dezember 1941 hört er im Londoner Rundfunk einen Bericht über die Massaker in Kiew, ‚wo innerhalb weniger Tage nach der deutschen Besetzung 52.000 Menschen umgebracht wurden'."

Ullrich zitiert aus dem besprochenen Buch weitere Veröffentlichungen und Verlautbarungen über deutsche Verbrechen in London und im Londoner Rundfunk und fährt fort:

„Nein, wir wollen sie nicht mehr hören, diese Unschuldslitanei: ‚Wir haben es nicht gewusst.' Millionen Deutsche hörten, trotz des Verbots, die deutschsprachigen Sendungen der BBC. Sie haben es also gewusst, wie auch die vielen anderen, die über die verschiedensten Kanäle etwas erfuhren. Man musste sich schon gewaltig anstrengen, Augen und Ohren fest verschließen, um nichts zu wissen."

Über diese pauschale Verdammung aller Deutschen habe ich mit Ullrich eine (briefliche) Diskussion geführt. Ich habe eingeräumt, dass unter den Deutschen, denen nicht die „Gnade der späten Geburt" (Bundeskanzler a. D. Helmut Kohl) zuteil geworden ist, sondern die damals mit wachem Verstand und entwickeltem Urteilsvermögen gelebt haben, es sicher viele gegeben habe, die ausländische Sender gehört haben oder auf den „verschiedensten Kanälen etwas erfuhren". Ich habe weiter ausgeführt:

„Ob sie ‚also' etwas gewusst haben, ist aber eine ganz andere Frage. Viele haben nicht geglaubt, was sie gehört haben, sondern dies als unverschämte „Feindpropaganda" bewertet. Oder muss man alles glauben, was man hört?

Sicher nicht. Das hängt vom bis dahin erworbenen Kenntnisstand ab. Aber den gilt es ja hier zu erforschen und nicht zu unterstellen.

Wenn man sich die Zusammensetzung der damaligen deutschen Bevölkerung vergegenwärtigt, so stammte die Generation unserer Eltern und Großeltern, die Verantwortung trug, aus dem vorigen Jahrhundert mit seinen christlichen Grundbegriffen und Wertvorstellungen. Industrialisierter Massenmord, wie er am 20. 1. 1942 Gegenstand der Wannseekonferenz war, kam in dieser Gedankenwelt nicht vor. Mein Großvater Reinhold, der als Pastor bis zu seinem Tod im Jahre 1937 der Bekennenden Kirche angehörte, hätte sich geweigert, solche Verbrechen einer deutschen Regierung zuzutrauen. Ich glaube, dass ein großer Teil der naiven und obrigkeitsgläubigen Bevölkerung ähnlich eingestellt war. Selbst bei der Reichstagswahl vom 5. 3. 1933 erhielt Hitler nur 44 % der Sitze, 56 % waren anderen Geistes. Mußten diese alles glauben, was sie hörten?

Was Wilhelm Muehlon in der sicheren Schweiz aus der englischen Presse oder risikolos aus dem Londoner Rundfunk erfuhr, stand den Deutschen nicht im gleichen Maße als Wissen zur Verfügung, schon gar nicht allen. Oder meinen Sie, dass Soldaten auf dem Vormarsch oder auf der Flucht oder im Bunker oder im U-Boot Gelegenheit hatten, ausländische Sender zu hören? Daraus können also nicht Ihre Schlußfolgerungen abgeleitet werden. Wenn Deutsche nicht glaubten, was sie hörten, so befanden sie sich anfangs sogar in ‚guter' Gesellschaft mancher Alliierter, die solch schrecklicheVerbrechen zunächst auch nicht glauben mochten. Der Rückschluß von heute offenkundigen Tatsachen auf damaliges Wissen anderer ist nicht ohne weiteres möglich.

Der Weg der Opfer in die Vernichtungslager war bekanntlich eine Einbahnstraße. Niemand kehrte zurück, jedenfalls nur ganz ausnahmsweise und nach Kriegsende. Wachmannschaften standen unter strengem Schweigegebot. Himmler sprach in seiner erhalten gebliebenen Rede vor Funktionären am 24. 10. 1943 in Posen über die ‚Ausrottung' der Juden von einem ‚niemals zu nennenden Ruhmesblatt'. Was trotzdem durchsickerte war jedenfalls nicht Allgemeingut von ‚Millionen', sondern ängstlich gehütetes Flüstergeheimnis von Vertrauten oder Kumpanen.

Ich bezweifele auch ganz generell Ihre Meinung, dass ‚Millionen' Deutsche ausländische Sender gehört haben. Natürlich gibt es darüber keine statistischen Erhebungen, sondern nur spekulative Schätzungen. Wer ausländische Sender hörte, riskierte sein Leben. Obwohl ich Funker bei der Deutschen Wehrmacht war, habe ich nie ausländische Sender gehört. Ein älterer Kamerad hatte mich davor mit dem Hinweis gewarnt, dass ausgeschaltete Geräte mit ‚stehengebliebenen Frequenzen' nach Wiedereinschaltung schon zur Überführung und Verurteilung der ‚Täter' geführt hatten. ...

Zusammenfassend bin ich der Meinung, dass es nicht gerechtfertigt ist, ‚die Deutschen' so einzustufen, wie Sie das in Ihrer verständlichen Empörung getan haben. ...

Es haben nicht alle Deutschen alles gewusst. Und dann sollte man es auch nicht so darstellen. Es geht nicht darum, eine schäbige Einstellung zu rechtfertigen. Es kann aber auch nicht hingenommen werden, dass pauschale Vorurteile einen ganzen Bevölkerungsteil von seiner so erlebten Vergangenheit und seiner Argumentation mit einem moralischen Verdikt abschneiden. Es geht nur um die geschichtliche Wahrheit. Emotionen taugen nicht für eine Beweisaufnahme."

Ullrich hat mir geantwortet, ich hätte gewiss Recht: „Es haben nicht alle Deutschen alles gewusst." Aber sehr viele hätten wohl mehr gewusst, als sie nach 1945 vorgaben. Er hat mich auf seinen Aufsatz „Wir haben nichts gewusst" – Ein deutsches Trauma – in der Zeitschrift „1999" Heft 4/91 hingewiesen, wo er diese verwickelte Thematik differenziert dargelegt habe. Dies ist in der Tat der Fall. Seine ausführlichen Untersuchungen aller verfügbaren Quellen gipfeln in der Beurteilung: „Tatsächlich kann wohl kaum davon ausgegangen werden, dass die Vorgänge in den Vernichtungslagern allgemein bekannt gewesen sind ..." und „Ob und was jemand von den Vernichtungslagern erfuhr, hing auch vom Wohnsitz ab. In den näher an den Mordfabriken gelegenen östlichen Gebieten war die Kenntnis offensichtlich verbreiteter als in den weiter entfernten westlichen Regionen."

Ich möchte ergänzen, dass ein großer Teil der Zivilbevölkerung in den zerbombten Städten keine Radios zur Verfügung hatte, um etwa die Nachrichten ausländischer Sender zu hören, was zudem, wie erwähnt, ein todeswürdiges Verbrechen war.

Interessant ist das Buch einer Engländerin[14)], die einen späteren deutschen Widerstandskämpfer geheiratet und mit ihm in Deutschland überlebt hatte. Vor einigen Jahren bekundete sie in einem BBC-Interiew, dass ihr in ihrem damaligen Lebenskreis nichts über Vernichtungslager, in denen Häftlinge in Gaskammern ermordet wurden, bekannt geworden sei.

Über die Rolle der Deutschen Wehrmacht im Zweiten Weltkrieg ist durch eine von Jan Philipp Reemtsma und sein „Hamburger Institut für Sozialforschung" 1996 initiierte Wanderausstellung mit dem Titel „Vernichtungskrieg. Verbrechen der Wehrmacht 1941 bis 1944" eine erneute Diskussion aufgeflammt. Ein 220 Seiten starker Ausstellungskatalog ist erschienen. Dargestellt sind drei Beispiele: „Serbien. Partisanenkrieg 1941", „Die 6. Armee. Unterwegs nach Stalingrad. 1941 bis 1942" und „Weißrußland · Drei Jahre Besatzung 1941 bis 1944".

Die Diskussion leidet darunter, dass ein Teil der Kritiker die Ausstellung weder gesehen noch den Katalog zur Kenntnis genommen hat, wie man immer wieder feststellen kann.

Ein Verdienst der umstrittenen Ausstellung und ihres Katalogs ist es, einem größeren Besucher- und Leserkreis, vielleicht erstmals, die verbrecherischen Befehle der Wehrmachtsführung zur Kenntnis gebracht zu haben. So waren die oben dargestellten „Richtlinien für das Verhalten der Truppe in Rußland" vom 19. 5. 1941, die also vor Beginn des Russlandsfeldzuges und ehe irgendwelche Erfahrungen über den Kampf mit dem zukünftigen Gegner vorlagen, erlassen wurden, außerhalb von Fachhistorikerkreisen offenbar weitgehend unbekannt. Z.B. schreibt der Major der Wehrmacht und Oberst d.R. der Bundeswehr Hans-Joachim Keitel noch 1997 in der „Deutschen Militärzeitschrift" 2/97: „... Ganz unsinnig aber ist die Behauptung, daß die Wehrmacht zu einem Vernichtungs- oder Rassenkrieg angetreten oder eingesetzt worden ist. Ein derartiger Befehl ist mir unbekannt. ..." Die Richtlinien und die schriftlichen Äußerungen von Generalfeldmarschall Keitel vom 23. 9. 1941 sind auf Seite 120 und122 abgedruckt und widerlegen ihn. Weitere Befehle über die „Behandlung von Straftaten feindlicher Zivilpersonen", „Richtlinien für die Behandlung politischer Kommissare" (sog. „Kommissarbefehl"), „Anordnungen für die Behandlung sowjetischer Kriegsgefangener", „Befehl zur Bekämpfung von Partisanen und Partisanenverdächtigen" sind auszugsweise abgedruckt und können von jedermann, wie ich es selbst getan habe, beim Bundesarchiv - Militärarchiv nachgeprüft werden. Daraus ergibt sich, dass bei dem bevorstehenden Angriff auf die Sowjetunion keine herkömmlichen Regeln militärischer Kriegsführung beachtet werden sollten. Dies folgt im Einzelnen aus den oben zitierten Befehlen, nach denen „der bolschewistische Soldat jeden Anspruch auf Behandlung als ehrenhafter Soldat und nach dem Genfer Abkommen verloren ..." habe. Sie sind nach Inhalt und Stil erschreckende Zeugnisse des verhetzten und gnadenlosen Zeitgeistes. Leider muß man feststellen, dass durch diese verbrecherische Befehlsgebung der Wehrmachtführung im Osten soldatische Ehrbegriffe, die traditionell in der deutschen Armee gepflegt worden waren, wozu auch eine anständige menschliche Grundeinstellung gegenüber dem Gegner gehört, systematisch untergraben wurden. Die tatsächliche Behandlung der sowjetischen Kriegsgefangenen durch die Deutsche Wehrmacht war dementsprechend völkerrechtswidrig und menschenunwürdig, wie weiter oben schon dargestellt worden ist. Sie hat sich als Repressalie der Sowjets bitter an den deutschen Kriegsgefangenen gerächt, auf die aber zum Teil doch völkerrechtliche Regeln angewendet worden sind (getrennte Unterbringung von Offizieren und Soldaten, Postmöglichkeiten nach Kriegsende).

Das in der Wehrmachts-Ausstellung gezeigte Photomaterial ist zum Teil mit verschiedenen Begründungen angezweifelt oder kommentiert worden, zuletzt noch von den polnischen bzw. ungarischen Historikern Musial und Ungváry. Dies hat zu einer Unterbrechung der Ausstellung geführt, um die Beanstandungen zu überprüfen.[14a)]

Soweit es sich darum handelt festzustellen, dass auf den Photos nicht Soldaten der Wehrmacht sondern Angehörige der SS oder Polizei abgebildet sind, ist das für mich weder Trost noch Beruhigung, denn Deutsche sind es allemal und tragen zu dem verheerenden Bild bei, das nach dem Krieg von unserem Volk zurückgeblieben ist.

Die heutigen Diskussionsbeiträge zu diesen Fragen lassen auch häufig jeden Sinn für die Zusammenhänge und jedes Mitleid für die Opfer vermissen. Es genügt nicht, das hier behandelte damalige Geschehen in der Deutschen Wehrmacht als eine Addition von Kriegsverbrechen einzelner Soldaten einzustufen, sondern es ist ehrlich und nötig, die befohlenen Abläufe, die Duldungen und Verhetzungen als maßgebliche Auslöser festzustellen.

Wohl ist die Diskussion über die damaligen Verbrechen und ihre Kenntnis nicht selten von der „Selbstgerechtigkeit der Nachgeborenen“[15)] belastet, die risikolos behaupten können, was sie in vergleichbarer Lage alles getan oder unterlassen hätten. Das ändert aber nichts daran, dass die Untaten jener Zeit so eingestuft werden müssen, wie sie es verdienen: als Verbrechen, die dem deutschen Volk Schande gebracht haben für lange Zeit.

Die Kriegsverbrechen der Alliierten sind von der „Wehrmacht-Untersuchungsstelle für Verletzungen des Völkerrechts“ (WUSt)[16)] festgehalten worden. Sie wurde in der Tradition der preußischen „Militär-Untersuchungsstelle für Verletzungen des Kriegsrechts“ im Ersten Weltkrieg zu Beginn des Zweiten Weltkrieges durch Erlaß des OKW vom 4. 9. 1939 gegründet. Sie hat alliierte und deutsche Kriegsverbrechen auf See und in folgenden Ländern dokumentiert: Polen, Holland, Belgien, Frankreich, Kreta, Nordafrika und Sowjetunion. Bemerkenswert ist die Dokumentation zahlreicher Todesurteile der deutschen Militärgerichtsbarkeit gegen Angehörige der Deutschen Wehrmacht, meist wegen Vergewaltigungen ausländischer Frauen. Einen derartigen Fall im Bereich unserer Division habe ich unter der Überschrift „In Istrien" mitgeteilt. Als konkrete Fälle der massenhaften Erschießung deutscher, polnischer und ukrainischer Kriegsgefangener und Zivilisten in der Sowjetunion und Polen sind erwähnt die Fälle Broniki, Feodosia (Krim), Grischino, Lemberg, Katyn und Winniza. Alle diese Fälle können aber, wie oben schon ausgeführt wurde, nicht zur Entschuldigung für deutsche Verbrechen dienen.

Im Lager unserer ehemaligen Gegner haben ebenfalls Diskussionen über verschiedene Tatbestände stattgefunden, die ihnen nicht zur Ehre gereichten. So hat man sich in England und USA gefragt, ob man alles getan habe, um auf die zumindest teilweise bekannte Situation der Juden hinzuweisen und entsprechende Maßnahmen zu treffen. Inzwischen ist sicher, dass die Alliierten zahlreiche Informationen über die Greuel in den deutschen Vernichtungslagern hatten. Sie verzichteten aber auf die Bekanntgabe, weil sie den auch in ihren Ländern vorhandenen Antisemitismus fürchteten. Sie glaubten nämlich, dass es die Kampfmoral ihrer Truppen schwächen könnte, wenn diese erkennen würden, dass sie sich für die Befreiung von Juden einsetzen müssten.

Der schwedische Schriftsteller und Journalist Ola Larsmo schildert[17)], dass die Nachrichten über die Vergasung der Juden schon im August 1942 an amtliche schwedische Stellen gelangt sind: „...im selben Monat, in dem die Vergasungen beginnen, wissen ausländische Diplomaten, was geschieht. ... Die Haltung des (schwedischen) Aussenministeriums gegenüber jüdischen Flüchtlingen war zu Beginn des Krieges von dem vagen Antisemitismus geprägt, der damals in Schwedens besserer Gesellschaft verbreitet war. Der berüchtigte ‚J-Stempel' im Pass deutscher Juden geht unter anderem auf die Initiative des schwedischen Außenministeriums zurück." Als aber die Deutschen im Herbst 1942 begannen, norwegische Juden zu konzentrieren und nach Auschwitz zu deportieren, begann das schwedische Aussenministerium nach dieser Darstellung mit Rettungsaktionen verschiedener Art, wie die Ausstellung schwedischer Pässe für norwegische Juden, was Paul A. Levine später als „bureaucratic resistance" gewertet hat. Larsmo hält die schwedische Haltung gegenüber dem nationalsozialistischen Deutschland für widersprüchlich: Die vielen neuen Informationen über die

Rolle Schwedens im Zusammenhang mit dem Goldhandel und der Geldwäsche im Krieg durch Deutschland verstärken nach seiner Meinung das Bild eines Opportunismus von Staat und Wirtschaft um ökonomischer Vorteile gegenüber dem schwächer werdenden Deutschland willen. Deutschland hatte in den eroberten Ländern, vor allem in Holland und Belgien, deren Goldreserven als Kriegsbeute geplündert, sie einschmelzen und mit Vorkriegsstempeln neu giessen lassen. Es besteht auch der Verdacht, dass dabei Gold, sogar Zahngold(!), deportierter und ermordeter Juden verwendet worden ist. Mit diesem „gewaschenen“ Gold soll Deutschland schwedische Eisenerzlieferungen während des Krieges bezahlt haben. Das ist aber auch mit deutscher Kohle erfolgt.[18] Das Gold wurde auf schwedische Depots in der Schweiz transferiert und dort mit falschen Stempeln versehen. Nach dem Krieg wurde ein Teil dieses Goldes den Eigentümern zurückgegeben. Über den Rest in schweizer und schwedischen Depots wird gestritten. Aber auch das moralische Handeln einzelner schwedischer Personen „mit wichtigen Funktionen im Staatsapparat“ wird nicht verschwiegen. Man habe einen „gewissen Handlungsspielraum“ ausgenutzt. Heute sind die Schweden dabei, ihre Rolle im Zweiten Weltkrieg aufzuarbeiten. Die Tageszeitung „Dagens Nyheter“ veröffentlichte am 21. 10. 1997 eine Extrabeilage mit dem Titel „Wer verdiente am Zweiten Weltkrieg?“. Für viele Schweden, die den Mythos von der makellosen Vergangenheit und der hohen Moralität ihres Landes liebgewonnen hätten, sei der Abschied von dieser Illusion schmerzlich. Es werde eine Weile dauern. Denn wie es aussehe, habe er soeben erst begonnen.[19]

Die „unrühmliche“ Rolle der Schweiz zwischen Deutschland und den Alliierten ist hier gleichfalls zu erwähnen.[20] Man wird zwar die schwierige Lage der Schweiz berücksichtigen müssen, die seit 1940 von Deutschland und Italien umzingelt war und sich ihre relative Unabhängigkeit erkaufen wollte. Aber man muß auch sehen, welche großen Vorteile schweizer Firmen wie der Waffenkonzern Bührle oder Bally hatten. Über die Schweiz wurden Kohlen nach Italien geliefert. Der Transfer von Kapitalien und tonnenweise Goldbarren wurde schon erwähnt. Die Erforschung der Rolle der Schweiz als Bankplatz für die Finanzierung deutscher Rüstungskäufe und damit bei der Verlängerung des Krieges steckt noch in den Anfängen.

Die Frage der Mitschuld der Schweiz an den Verbrechen gegen die Juden ist längst geklärt. Bereits 1938 hatte sie gefordert, die Pässe jüdischer Bürger zu kennzeichnen, wie das auch Schweden getan hat. Im August 1942 hatte sie dann die Grenzen für jüdische Flüchtlinge geschlossen, und zwar in dem „amtlich dokumentierten Wissen der Tag und Nacht rollenden Deportationszüge und des schrecklichen Geschehens in den dortigen Lagern. Im Wissen auch, dass den Abgewiesenen Schlimmstes drohte. Erst die Intervention aufrechter Politiker, der Hilfswerke, von Gertrud Kurz, der Presse und einiger Kulturschaffender zwang den Bundesrat, die Grenze vorübergehend etwas durchlässiger zu machen – bis der Sturm der Empörung abflaute, worauf er sofort im alten Ungeist weiter unschuldige Menschen den Nazis auslieferte, ohne Druck Berlins!". Immer noch ist die Schweiz in ihrer aus dem Krieg stammenden Igelmentalität gefangen: Allein gegen alle! Der bekannte schweizerische Schriftsteller Adolf Muschg hat neuerdings im „Zürcher Tages-Anzeiger" versucht, die Schweizer aus dem „Schlaf der Selbstgerechten" aufzurütteln mit gespaltener Reaktion der Öffentlichkeit.[21)]

Manche Schweizer heroisieren noch heute ihre damaligen Wachdienste als Soldaten an ihren Grenzen als „Fronterlebnisse", obwohl es doch nur darum ging, verängstigte jüdische Grenzgänger zu fangen und zurückzuschicken. Eine ernsthafte militärische Verteidigung gegen einen deutschen Angriff wäre der Schweiz wohl genauso wenig möglich gewesen, wie Italien im Jahre 1943. Aber vielleicht hat allein die Existenz der schweizerischen Armee etwaige deutsche Eroberungspläne verhindern helfen. Konrad Mrusek weist allerdings darauf hin,[22)] daß die Schweiz 1945 längst nicht mehr bedroht war und doch noch mit den Nazis Geschäfte machte. Die Amerikaner vermuteten dahinter „Geldgier", und das täten andere auch. Die Schweizer, formalistisch und legalistisch, wie sie nun einmal seien, sähen darin neutrale Vertragstreue bis zum bitteren Ende. Doch nach dem Ende des kalten Krieges würden die Eidgenossen wohl Mühe haben, diese und auch andere Regeln des Neutralitätsrechts einem Publikum mit historischem Kurzzeitgedächtnis plausibel zu machen.

Schließlich gab es auch in Portugal einen regen Handel mit Deutschland, wie auf einer Anfang Dezember 1997 im Goethe-Institut in Lissabon tagenden internationalen Konferenz von Wissenschaftlern zum Thema „Kriegswirtschaft und Raubgold" zu hören war.[23)] Michael Jeismann berichtet aus dieser Tagung, dass insgesamt 123 Tonnen Gold, das aus den Zentralbanken der von Deutschland besetzten Staaten oder von Opfern des Holocaust stammte, nach Portugal transferiert worden sein sollen. Portugal sei neben der Schweiz das zweitwichtigste Bestimmungsland von Raubgold gewesen. Ohne das aus den in englischer Hand befindlichen portugiesischen Bergwerken stammende Wolfram zur Stahlveredelung hätte Deutschland den Krieg nicht so lange führen können. Man erfährt, dass sämtliche Chefs der nationalen Zentralbanken gewusst hätten, dass das Gold, mit dem sie handelten oder handeln mussten, von Opfern des Holocaust geraubt war. Die englische Regierung, aber auch die Amerikaner, seien über diesen Handel informiert gewesen und hätten ihn aus verschiedenen politischen und wirtschaftlichen Erwägungen heraus geduldet, wollten auch Deutschland nicht wissen lassen, dass sie diese Handelsbewegungen verfolgten.

Anders als im Fall der Schweiz kommt nun die Diskussion um eine Beteiligung am Handel mit geraubtem Gold für die breitere Öffentlichkeit in Portugal überraschend. Man verweist vorsorglich darauf, dass mehr als hunderttausend jüdische Flüchtlinge über Portugal entkommen sind.

Die egoistische Abweisung jüdischer Emigranten durch verschiedene andere Länder, wie England in Palästina, ist zu bedauern, das taktische Schweigen des Papstes ebenfalls. Auch die Zurückweisung der Kontaktversuche deutscher Widerstandsgruppen findet heute oft kritische Ablehnung. Bei den Alliierten stand aber die bedingungslose Kapitulation der Deutschen Wehrmacht im Vordergrund ihrer Überlegungen. Jedes Verständnis für regimefeindliche Deutsche und damit eine Solidarisierung mit ihnen befand sich im Widerspruch zu dieser unnachsichtigen Haltung. Sie führte leider auch zu einer Versteifung der deutschen Verteidigung in der Schlußphase des Krieges und damit zu seiner Verlängerung und weiteren Opfern.

Vor dem Hintergrund aller solcher Denkprozesse versuchte ich, mir eine Meinung über mein künftiges Berufsleben zu bilden. Meine Mutter empfahl mir zu studieren, wie mein Vater und viele Vorfahren es getan hatten. Aber würde das möglich sein?

Mein alter Lateinlehrer Dr. Appel, den ich auf der Straße traf, empfahl mir voller Pessimismus, Elektriker oder Klempner zu werden, andere Zukunftsaussichten gäbe es für junge Deutsche nicht. Solchen gutgemeinten Ratschlägen mochte ich nicht folgen. Meine handwerklichen Talente sind nicht sehr groß. Ich wollte lieber einen geistigen Beruf anstreben. Aber welche Ausbildung, welches Studium kamen für mich in Betracht? Manche Fakultäten schieden für mich mangels Eignung oder Neigung von vornherein aus wie Medizin oder Naturwissenschaften. Aber auch Theologie, Philosophie und Philologie mochte ich, trotz großen Interesses im Einzelnen, aus den verschiedensten Erwägungen heraus nicht wählen So blieb im Wege der „Differentialdiagnose" schließlich das Studium der Rechtswissenschaften übrig, das meinen Neigungen am nächsten kam.

Für ein Studium würde aber wohl auch in Zukunft das Abitur notwendig sein. Würde der sogenannte „Reifevermerk“, der den Soldaten bei Einberufung erteilt worden war, statt dessen anerkannt werden? Universitäten wurden in den einzelnen Besatzungszonen mit der Lizenz der betreffenden Militärregierung erst nach und nach wieder eröffnet, zuerst in der britischen Zone (Göttingen, Bonn, Köln, Hamburg). Der Andrang von Studienbewerbern war sehr stark. Durch die Kriegsverhältnisse waren viele Soldaten aus ihrem Studium, das sie schon begonnen hatten, herausgerissen worden. Viele Rückkehrer wollten, wie ich, ein Studium neu beginnen. Die Handhabungen für die Zulassung der Studenten waren unterschiedlich. Angesichts des Ansturms auf die meist zerstörten Universitäten kam oft nur ein Numerus clausus in Frage. Die schon erwähnten Entnazifizierungsvorschriften schlossen einen Teil der Bewerber von vornherein aus. Jeder musste einen Fragebogen ausfüllen. Parteifunktionäre und Offiziere durften vorerst nicht studieren. Nur die unteren Offizierdienstgrade der Rangklasse der Leutnante und Oberleutnante konnten zugelassen werden. Dazu kamen Beschränkungen, die sich aus der örtlichen Herkunft der Bewerber ergaben. Grundsätzlich kamen nur die Bewohner der betreffenden Besatzungszone in Betracht, in der die Universität lag. Man musste praktisch zu den einzelnen Universitäten hinfahren und sich mit seinen Unterlagen vorstellen.

Ich machte mich also auf den beschwerlichen Weg durch das zerstörte Deutschland, mit den völlig überfüllten, fensterlosen Zügen, teilweise außen auf den Trittbrettern stehend, bei Regen und Wind. Zunächst ging es nach Göttingen. Dort traf ich zu meiner Überraschung in den Warteräumen der Juristischen Fakultät auch Studienbewerber in deutschen Offizieruniformen der Panzerwaffe und Kriegsmarine an. Die Engländer beschäftigten nämlich damals noch ohne Hemmungen freiwillige deutsche Soldaten in Uniform zu allen möglichen Abwicklungsdiensten wie Minenräumen, Transportaufgaben, Leitungs,- Straßen- und Brückenbau. Sie verhielten sich damit ähnlich pragmatisch wie seinerzeit in Österreich bei der Behandlung unseres Armeekorps. Es stellte sich heraus, dass ich ohne Vollabitur dort nicht studieren konnte. Auch im zerstörten Köln und in Bonn gab es keinen Studienplatz für mich. So meldete ich mich vorsorglich zu einem Sonderkurs für Luftwaffenhelfer und Kriegsteilnehmer meiner alten Schule an, der am 3. 12. 1945 begann.

Es war ein eigenartiges Gefühl für mich, nach über vier Jahren Kriegsabwesenheit wieder auf der Schulbank zu sitzen. Das Verhalten der alten Lehrer uns gegenüber war durchweg verständnisvoll. Sie respektierten, dass wir jahrelang unter oft schwierigsten Verhältnissen gelebt und oft große Verantwortung getragen hatten. Nach dem Ende des Ersten Weltkrieges hatten sie z. T. selbst erfahren, wie heimkehrenden Soldaten zumute ist, zumal wenn sie die Unterlegenen sind. Unser Mathematiklehrer Dr. Lotz allerdings setzte die Vergangenheit an Hand seiner alten Notizbücher übergangslos fort, indem er an unsere letzten Schulnoten anknüpfte, die nicht immer gut gewesen waren. Zu meiner großen Erleichterung dauerte dieses Zwischenspiel nicht lange. Die Universität Marburg an der Lahn öffnete ihre Pforten mit dem Wintersemester 1945/46 schon ab 15. 1. 1946. Als Zulassungsvoraussetzung wurde außer dem sogenannten „Vollabitur“ auch der „Reifevermerk“ mit der Maßgabe anerkannt, dass in den beiden ersten Studiensemestern je eine „Ergänzungsprüfung“ abgelegt werden musste. Dafür wurde z. B. ein Schein über die erfolgreiche Teilnahme an einer Übung des Bürgerlichen Rechts anerkannt, was ich dann ohne Schwierigkeiten schaffte. Aber noch war es nicht so weit. Die Quoten des Numerus clausus waren bereits erfüllt! Da kam mir der Rücktritt eines bereits zugelassenen Studenten zu Hilfe, von dem ich durch den Hinweis eines Bekannten Nachricht erhielt. Sofort fuhr ich wieder nach Marburg, wo mir der freundliche Prof. Dr. Reicke die Immatrikulation im Nachrückverfahren gestattete. Ich war glücklich und meldete mich sofort in Gießen bei meinem Sonderlehrgang wieder ab. Die „zweite Schulzeit“ hatte nur einen Monat gedauert, allerdings nicht ohne mir einen „Schulgeldbescheid“ in Höhe von 50,– RM zu bescheren, den ich auch bezahlt habe, und zwar gern.

Nun war ich „stud. iur.“ und begann mit großen Hoffnungen und Erwartungen den neuen Lebensabschnitt. Dabei war ich mir ständig meiner bevorzugten Situation bewusst, die sich so krass von derjenigen meiner Kameraden unterschied, die noch in der Kriegsgefangenschaft aushalten mussten.

VI. STUDIUM UND VERLOBUNG
(1946 - 1949)

VOR mir liegt ein vergilbter Zettel im Format DIN A4 mit der Aufschrift „VORLESUNGS-VERZEICHNIS für das Winter-Semester 1945/46" der „Rechts- und Staatswissenschaftlichen Fakultät der Philipps-Universität Marburg-Lahn". Aufgeführt sind immerhin 20 Vorlesungen, Übungen und Seminare und 10 Professoren. Mit diesem Minimalangebot konnte das erste Nachkriegssemester begonnen werden. Ich belegte sechs Vorlesungen mit insgesamt 17 Wochenstunden und begann meine Studien unbefangen und „mit Gottvertrauen".

Die äußeren Bedingungen waren für die Studenten relativ günstig. Marburg hatte fast keine Kriegsschäden erlitten. Das Bild einer alten traditionsreichen Universitätsstadt[1)] gab es noch. Allerdings hatte die amerikanische Besatzungsmacht einige Universitätsgebäude besetzt. Die Fakultäten rückten daher zusammen und halfen sich gegenseitig mit Hörsälen aus. Im juristischen Seminar war die gesamte Bibliothek erhalten geblieben, ein unschätzbarer Vorteil! Bestimmte Bücher aus der Nazizeit befanden sich kurioserweise im „Giftschrank" unter Verschluß und konnten nur mit Zustimmung des Dekans eingesehen werden. Offenbar hielt man die Studenten (noch) nicht für abgeklärt genug, sich mit diesen Lehren auseinanderzusetzen. Ich selbst konnte mir die juristischen Lehrbücher und Kommentare des gefallenen Mannes der Schwester Annemarie meines Freundes Wilhelm Schmidt ausleihen. Insoweit hatte ich gute Startbedingungen.

Die Wohnmöglichkeiten in Marburg waren trotz des unzerstörten Wohnungsbestandes sehr beengt. Jeder Raum unterlag selbstverständlich auch hier der notwendigen Wohnungszwangsbewirtschaftung. Denn zahlreiche Flüchtlinge mussten untergebracht werden. „Studentenbuden" waren nur schwer zu bekommen. Ein Kommilitone[2)] erhielt von seinem Vermieter die Erlaubnis, sich im Garten ein Loch zu graben, um dort zu „wohnen". Da er, wie fast alle von uns, jahrelang Soldat gewesen war, buddelte er sich eine Art „Panzerdeckungsloch", legte Stroh hinein und überdachte das Ganze mit seiner Zeltplane, die er aus dem Krieg mitgebracht hatte. Abends zog er sämtliche vorhandenen Kleidungsstücke übereinander an und erreichte mit seiner Militärdecke trotz großer Kälte noch eine erträgliche Nachtruhe. Morgens konnte er sich dann bei seinem „Vermieter" waschen und auch dort frühstücken. Soweit ich mich erinnere, gab es eine mitleidige Tochter im Haus, die ihn aufnahm, so dass er ihr Lager teilen konnte. Solche „Bratkartoffelverhältnisse“ führten dann manchmal auch zur Ehe.

Ich selbst hatte zunächst kein Zimmer in Marburg. Das war auch nicht weiter schlimm, denn die Entfernung von Gießen nach Marburg beträgt nur 30 km. Die meisten in Gießen wohnenden Studenten fuhren während ihres ganzen Studiums mit der Bahn nach Marburg. Allerdings waren die Zugverbindungen anfänglich nicht sehr günstig. Wenn ich die erste Vorlesung um 9 Uhr erreichen wollte, musste ich den Zug „5 Uhr 38 ab Gießen“ nehmen. Wir warteten dann in Marburg vor der Bäckerei gegenüber dem Universitätsgebäude bis es dort um 7 Uhr die ersten Brötchen gab, natürlich gegen Brotkarte. Jeder bekam ein Mohnbrötchen, das auch trocken sehr gut schmeckte. Das musste bis zu einem kärglichen Mittagsmahl in der „Mensa“[3)] reichen. Ich entsinne mich, dass wir für eine „25 g-Fleischmarke“ 50 g Blutwurst bekamen. Dazu gab es Rote-Rüben-Gemüse und ein „Heißgetränk“ aus heißem Wasser mit Aroma und Süßstoff. Bei solcher Verpflegung waren wir fast alle unterernährt. Damals wog ich etwa 56 kg. Nur wenige Studenten hatten Verbindung zum Land und damit etwas Zusatzverpflegung. Ich freute mich, wenn mir meine Mutter abends nach der Rückkehr von Marburg noch eine Suppe und eine Scheibe Brot anbieten konnte. 1 kg Brot musste eine Woche reichen. Meine Tagesrationen markierte ich mit dem Messer auf der Brotrinde.

Die Entbehrungen trafen fast die gesamte Bevölkerung und ließen sich so leichter ertragen. Wir sagten uns: „Hauptsache der Krieg ist vorbei!“ Jeder dachte daran, was er noch vor einem Jahr erlebt hatte. Ich befand mich damals in Ungarn in den Rückzugskämpfen. Demgegenüber empfand ich meine jetzige Situation als sehr positiv: Ohne Lebensgefahr konnte ich studieren und an die Zukunft denken!

Die Hörsäle waren mit Studenten in ihren alten Uniformen voll besetzt. Man konnte erkennen, bei welcher Waffengattung jemand gewesen war. Die Anrede untereinander war „Sie“. Nur einige wenige Studentinnen waren immatrikuliert, meist „in festen Händen“. Besonders schwer war das Schicksal der Kriegsblinden, die in größerer Zahl mit ihren Schreibgeräten unter uns saßen. Sie wurden von Begleitpersonen, oft den Ehefrauen, geholt und gebracht. In Marburg gab es schon damals eine Blindenstudienanstalt, in der nun auch die Kriegsblinden betreut wurden und zum Teil wohnen konnten. Ich kannte einige solcher Kommilitonen, die ich in die Vorlesungen führte oder ihnen beim

Heimweg half. Andere Schwerverwundete hatten Arme oder Beine verloren. Als besonders erschütternd empfand ich das Schicksal eines Kameraden, der beide Beine verloren hatte. Zwei Freunde trugen ihn täglich auf seinen Sitz. Später bekam er Prothesen und erlernte mühsam das Gehen.

Alle diese Studenten waren mit großem Ernst und Fleiß bei der Arbeit. Jeder wollte möglichst schnell seine Examina bestehen, um in einen Beruf zu kommen. Ein Studentenleben in „alter Burschenherrlichkeit" mit Mütze und Band, wie es unsere Väter gekannt hatten[4)], gab es zunächst nicht, war auch von der Besatzungsmacht verboten. Später wurden studentische Verbindungen wieder zugelassen, meist in Fortsetzung der Tradition der im „Dritten Reich" aufgelösten alten Verbindungen.

Für mich persönlich und viele andere kam ein Beitritt zu solchen Verbänden, die unter den politischen Verhältnissen der Napoleonischen Besetzung und der Freiheitskriege entstanden waren, nicht in Betracht. Was sich aus vaterländischen Motiven, aber unter den Bedingungen der absoluten Monarchie und des Ständestaates als studentisches Zusammenleben entwickelt hatte, musste heute nicht mehr sinnvoll sein. Nach dem völligen Zusammenbruch des Deutschen Reiches, seiner Institutionen und Lebensverhältnisse war für viele junge Menschen eine kritiklose Fortsetzung der alten Strukturen ohne Veränderungen unmöglich.

An der Bewältigung dieser Aufgaben wollte ich mitwirken. Wie das zu geschehen habe, war mir vollkommen unklar. Zu den alten Parteien der „Systemzeit" wie man das im „Dritten Reich" nannte, hatte ich, zu Recht oder zu Unrecht, kein Zutrauen. Dieselben Vorbehalte hatte ich auch gegen die alten studentischen Verbindungen. Hier sah ich viele sog. „Alte Herren" am Werk, die aus den unterschiedlichsten Motiven ihre alten Verbindungen restaurieren wollten. Ich hatte kein Interesse, nach meiner vierjährigen Soldatenzeit weiter an vorgefertigten Männerbündnissen teilzunehmen. Insbesondere sah ich nicht ein, mich bestimmten überlieferten und überholten Formen und Trinksitten zu unterwerfen. Es erschien mir auch absurd, etwa durch risikolose, weil geschützte, „Bestimmungsmensuren" (ritualisierte Fechtkämpfe mit scharfen „Schlägern") Tugendbeweise liefern zu sollen, die ich unter Einsatz meines Lebens sicher längst erbracht hatte. Vor allem sah ich leider ein dünkelhaftes Selbstbewusstsein und ein berechnendes Gewinnstreben am Werk. Bei suchenden Gesprächen mit Verbindungsstudenten kam am Schluss („übrigens") immer wieder mit gesenkter Stimme der Hinweis auf die Vorteile, die sich den

Mitgliedern der Verbindung durch „Beziehungen“ zu den „Alten Herren“ eröffnen würden. Hierauf mochte ich meine berufliche Zukunft nicht aufbauen. Ich bin daher keiner studentischen Verbindung beigetreten und habe mir auch insoweit meine innere Unabhängigkeit bewahrt.

Aus meiner Abiturklasse hat sich letzten Endes nur Gert Schliephake einer (nicht farbentragenden und nicht „schlagenden“) studentischen Verbindung angeschlossen: der „Gesellschaft Burg“ in Darmstadt, einer Schwesterverbindung des „Klosters“ in Gießen. Er tat dies aus alter Familientradition auf Anregung seines Vaters und, wie er mir schrieb, „um sich zu zwingen, nach den fünf Jahren Abkapselung in der Gefangenschaft, wieder mit Gleichgesinnten zu kommunizieren“, was sehr verständlich ist. Das Bild unserer Klasse ist insoweit vielleicht typisch für die Einstellung der ersten studentischen Nachkriegsgeneration, die Schweres erlebt hat.

Während des Studiums versuchte ich natürlich, die alte Stadt Marburg näher kennenzulernen. Besonders beeindruckend war für mich die (frühgotische) Elisabethkirche, die ab 1235 vom Deutschen Orden über dem Grab der Heiligen Elisabeth errichtet wurde. Dort stand ich zu meiner Überraschung nach unserem Besuch in Potsdam (1942) erneut an den Särgen der Preußenkönige Friedrich Wilhelm I., der „Soldatenkönig“, und Friedrich II., der Große, die 1945 vor den Sowjettruppen in Sicherheit und schließlich von den Amerikanern bei der Räumung von Mitteldeutschland hierher gebracht worden waren. Außerdem waren die Särge Hindenburgs und seiner Frau, die im Tannenbergdenkmal beigesetzt worden waren, nach Marburg überführt worden. In meinem Leben sollte ich noch zweimal den Gräbern der Preußenkönige begegnen: 1980 anlässlich einer Süddeutschlandreise in Hechingen auf der Hohenzollernburg, wohin die Familie die Särge ihrer Vorfahren verbracht hatte, und 1995 in Potsdam, wo Friedrich der Große auf der Terrasse des Schlosses von Sanssouci 1991 seine letzte Ruhe an dem von ihm selbst gewünschten Ort gefunden hat. Der Weg dieser Hohenzollern bis zu ihrem endgültigen Grab ist sicher symptomatisch für die Unruhe und Zerrissenheit der deutschen Geschichte in dieser Zeit. Als „Preuße“ nach Geburtsort, Abstammung und Erziehung habe ich immer eine vielleicht sentimentale Sympathie für diese Preußenkönige bewahrt. Die von ihnen maßgeblich geprägten und inzwischen sprichwörtlichen „preußischen Tugenden“ wie Pflichtbewußtsein, Unbestechlichkeit, Sparsamkeit, Pünktlichkeit und Uneigennützigkeit sind heute allgemein anerkannte, aber leider nicht immer erreichte Grundlagen öffentlichen und privaten Zusammenlebens.

Der Studienalltag vollzog sich zwischen Hörsaal, Seminar und Universitätsbibliothek. Ich stellte sehr bald fest, dass die meisten Professoren ihre Vorlesungen an einem bestimmten Lehrbuch orientierten. Ich zog es dann vor, mir den Lehrstoff in aller Ruhe im Juristischen Seminar einzuverleiben und besuchte die Vorlesungen nicht mehr.

Eine Ausnahme machte ich bei Geheimrat Professor Dr. Franz Leonhard, der als Jude erstaunlicherweise das „Dritte Reich" überlebt hatte, wahrscheinlich weil er am Ersten Weltkrieg als mit dem „E.K.1" ausgezeichneter Infanterieoffizier teilgenommen hatte, obwohl das viele andere Juden auch nicht vor dem KZ bewahrt hat. Er war ein Altmeister des Bürgerlichen Gesetzbuchs vom 18. 8. 1896 (BGB), dessen Entstehung er noch selbst miterlebt hatte und ebenso kompetent wie witzig über Sinn und Zweck der einzelnen Rechtsvorschriften referieren konnte. Er hatte eine berühmt gewordene erste Darstellung des Schuldrechts verfaßt. In seinen Vorlesungen diktierte er kurze Zusammenfassungen und gab dabei einleitend einen rechtsgeschichtlichen Überblick, der mit der stereotypen Formel begann: „GroßA: In Rom ..." Setzte er also wieder zu einem Diktat an, murmelte das Auditorium halblaut vorweg: „GroßA: In Rom ..." Kollegen, die von seiner Auslegung der Paragraphen abwichen, bedachte er mit beißendem Spott und führte ihre Argumentationen zur Freude seiner Hörer genüßlich ad absurdum.

Die zunächst trocken in ihrer abstrakten Fassung erscheinenden Paragraphen gewannen für mich schnell einen wohlüberlegten Sinn. Die Anwendung im praktischen Fall brachte meist die „Erleuchtung". So wagte ich mich bereits im 2. Semester in die „Übung im BGB für Anfänger" und hatte guten Erfolg. Hierdurch ermuntert traute ich mich schon im 3. Semester in die „Übung im BGB für Fortgeschrittene", mit noch besserem Erfolg. Ich hatte offenbar grundsätzlich verstanden, wie man an die Lösung eines „Falles" herangehen muss. Natürlich gab es nicht immer nur Erfolge für mich. Es kam auch vor, dass ich eine Klausur „verhauen" habe. Bald tat ich mich mit einem Kommilitonen aus Gießen zusammen, um gemeinsam zu arbeiten. Willi Runtsch war ein sympathischer Mann, Bauernsohn aus dem Sudetenland, mit dem ich einen guten Freund gewann. Später wurde er Oberbürgermeister von Gießen, aber leider schon früh von einer tückischen Krankheit dahingerafft.

Es war üblich, sich in den letzten Semestern vor dem Examen einem „Repetitor" anzuvertrauen. Das waren meist Rechtsanwälte oder wegen ihrer Parteizugehörigkeit aus dem Staatsdienst entlassene Richter oder Beamte. Zunächst gingen wir zu Rechtsanwalt B. aus Dresden. Es wurde erwartet, dass man im Winter pro Stunde ein Brikett für den Ofen des Unterrichtsraumes mitbrachte. Da die Unterrichtsstunde nach dem Mittagsessen stattfand, führte die ungewohnt wohlige Wärme oft dazu, dass unser Lehrer und mancher seiner Zuhörer sanft entschlummerten. Der Unterricht erwies sich auch sonst als wenig effizient, so dass wir zu dem sehr erfahrenen und agilen Landgerichtsdirektor a. D. Dr. K. überwechselten, der dazu Mitarbeiter eines damals sehr bekannten Kurzkommentars war. Bei ihm haben wir viel für das Examen und die Praxis gelernt.

Um Einblick in die Gerichtspraxis zu gewinnen, besuchten wir möglichst oft Gerichtsverhandlungen, insbesondere in Strafsachen. Die Alliierten ließen bald die deutschen Gerichte und die deutschen Gesetze wieder zu, soweit sie nicht offensichtlich nationalsozialistisches Unrecht darstellten. Ich erinnere mich an zwei Mordprozesse vor dem Landgericht in Gießen, die mit einem Todesurteil endeten. Die Urteile wurden nicht vollstreckt, weil die Besatzungsmächte dies verboten hatten. Später (1949) wurde durch Artikel 102 des Grundgesetzes die Todesstrafe abgeschafft, wie auch früher oder später in vielen Staaten der Welt. Wie ich finde: Mit Recht!

Es ist hier nicht der Ort, das Für und Wider der Meinungen über die Berechtigung und Zweckmäßigkeit der Todesstrafe ausführlich zu erörtern. Diese Frage hat die Menschen schon immer beschäftigt und ihre Beantwortung füllt Bibliotheken. Es sei nur auf die Fälle von nicht wiedergutzumachenden Justizirrtümern und die großen Zweifel an der abschreckenden Wirkung der Todesstrafe hingewiesen. Begriffe wie Rache, Vergeltung, Sühne, Schutz und Sicherung spielen da ferner eine Rolle. Die Abschlachtung eines Menschen durch den Scharfrichter finde ich ganz einfach grausam und eines Staates nicht würdig, der die Rechtsgemeinschaft vor Wiederholungstätern auf andere Weise schützen muss.

Meine Allgemeinbildung suchte ich durch Besuch nichtjuristischer Vorlesungen zu verbessern. Auch die Möglichkeiten der Universitätsbibliothek nutzte ich aus. So las ich das bisher für Deutsche verbotene „Kapital“ von Karl Marx. Da mir aber die Begriffswelt von Hegel, Marx und Engels nicht zur Verfügung stand, hatte ich keinen großen Gewinn von dieser Lektüre.

Marburg war nach dem Krieg mit der LDP zunächst eine liberale Hochburg. Dem späteren Bundeskanzler Dr. Konrad Adenauer waren die Marburger Universität und ihre Studenten wichtig genug, um dort einen Besuch abzustatten. Er hielt einen Vortrag vor Professoren und Studenten. An den Inhalt seiner Ausführungen habe ich wenig Erinnerungen. Er sprach in seiner nüchternen Art über die Ziele der CDU und pragmatische Themen des Wiederaufbaus. In der Diskussion beantwortete er nur schriftlich gestellte Fragen. Prof. Dr. Fritz von Hippel gegenüber äußerte er zu dessen Zettel: "Das ist mir zu kompliziert!", worauf dieser betroffen zusammenzuckte.

An bedeutenden Wissenschaftlern und Nobelpreisträgern, die damals Marburg besuchten, sind mir besonders der Chemiker Otto Hahn, einer der Entdecker der Uranspaltung, und der Atomphysiker Werner Heisenberg im Gedächtnis geblieben, der auch die „Weltformel" entwickelt hat. Beide Gelehrte stellten in einer gemeinsamen Vortragsveranstaltung der Universität den damaligen Stand der Atomphysik und die Entwicklung der Atombombe dar, deren Einsatz im Krieg gegen Japan uns zeitlich noch sehr nahe war.

1946 beschlagnahmte die amerikanische Besatzungsmacht in Gießen unsere Wohnung und das ganze Haus. Das deutsche Wohnungsamt wies meiner Mutter und mir im Vorort Klein-Linden zwei Zimmer in sehr beengten Verhältnissen zu. Wir hatten eine Woche Zeit, Möbel, die wir nicht in der neuen „Wohnung" aufstellen konnten, anderswo unterzubringen. Verschiedene gute Bekannte stellten in ihre Keller, was möglich war. Gott sei Dank gelang es nach wenigen Tagen, in Gießen in der Stephanstraße eine Drei-Zimmer-Wohnung in einem Einfamilienhaus Gießener Bauart zu erhalten, wo wir bei netten Leuten gut untergebracht waren. Natürlich fehlten Öfen und noch fast alle Fensterscheiben. Aber ein neuer Anfang war gemacht.

1946 konnte ich auch in Marburg bei der Familie von Zahnarzt E. ein Zimmer mieten und brauchte dann nicht mehr jeden Tag zwischen Gießen und Marburg hin- und herzufahren. Im Hause gab es drei nette Töchter im Alter zwischen etwa 16 und 20 Jahren. Ehe es hier jedoch zu „Weiterungen" kam, trat eine ganz andere Entwicklung ein. Ich lernte nämlich Helga kennen. Und das kam so: Anfang 1947 traf ich in Gießen auf dem schon mehrfach erwähnten Seltersweg, dem „Bummel", meinen Schul- und Jungvolkkameraden Heinrich Kraft wieder, der vor kurzem aus kanadischer Kriegsgefangenschaft zurückgekehrt war. Wir unterhielten uns über unsere Zukunftspläne. Er wollte Landwirtschaft oder Veterinärmedizin studieren, was in Gießen in der wiedereröffneten „Hochschule" für diese Fächer möglich war. (Andere Fakultäten waren noch nicht eröffnet.)

Wenige Tage später wurde ich von Heinrich auf dem Seltersweg mit der Frage angesprochen, ob ich Lust hätte, an einem Maskenball des „Gießener

Schwimmvereins" teilzunehmen. Er ginge mit seiner Braut Ilse Schmall hin. Deren Freundin Helga Funk habe keinen Tischherren für dieses Fest und keine Lust mitzugehen. Ich kannte Helga vom Ansehen als interessanten blonden Typ in der Begleitung ihres 1944 gefallenen Verlobten Otto Rühl, der mir ebenfalls flüchtig bekannt war. Auch der Bruder von Helga, Gernot, war mir schon gelegentlich auf dem „Bummel" bei den „Stehkonventen" der Nachkriegszeit begegnet. So sagte ich zu.

Am Tage der Veranstaltung fand ich mich im erhalten gebliebenen Frack meines Vaters mit Türkenfes und gemaltem Schnurrbart im Hause Funk ein, wo Helga und die übrigen Begleiter schon warteten, Helga als „Klärchen" im weißen Rüschenkleid. In diesen Kostümen nahmen die Veranstaltung und das Schicksal ihren Lauf. Die Sympathie entwickelte sich schnell zur Liebe, ohne daß hier von mir nähere Details erwartet werden können. Jedenfalls starteten wir mit Ilse und Hein sehr bald eine gemeinsame Fahrt nach Willingen, wo Ilse sich als Lehrerin an einer Privatschule bewerben wollte (Übrigens erfolgreich). Dort im Sauerland mit seinem guten Schigelände, nahmen wir alle an einem Schikursus mit unterschiedlichem Erfolg teil. Es gab heitere Bilder von mit Anfängern übersäten Schipisten. Wichtig war vor allem das Zusammensein. Natürlich besuchten wir die örtlichen Tanzveranstaltungen, teils in einer Turnhalle mit Bauernkapelle, teils im verschneiten Haus eines Mentors von Ilses Privatschule. Eine besondere Attraktion bot eine „Milchstube", in der man die damals noch rationierte Milch serviert bekam, pro Gast einen Becher. Wir „mißbrauchten" dieses Angebot, indem wir das Getränk heimlich in eine mitgebrachte Milchkanne abfüllten und in unserer Pension Pudding davon kochten. In einer Gastwirtschaft ließen sich Leute mit Beziehungen Kartoffelpuffer backen, deren lieblicher Duft uns in die Nase stieg. Als die Gäste ihre Plätze verließen und noch einige der Leckerbissen auf ihren Tellern zurückblieben, setzten wir uns handstreichartig in ihren Besitz und verzehrten die „Beute" genießerisch. Im möblierten Zimmer von Ilses Schulleiter Hermann Reidt gab es nette Abende bei karger Kost, aber guter Stimmung. Die grimmige Kälte wurde mit einem seiner Form wegen so genannten „Kanonenofen" bekämpft. Als Heizmaterial stand nur ein nasser Baumstamm zur Verfügung, der von oben in die Glut gestellt wurde und dichten Qualm verursachte. Durch das geöffnete Fenster entwichen Qualm und Wärme. Zum „Ausgleich" hielt der Gastgeber eine leere Blechdose aus einem CARE-Paket bereit, die einen Rest von Schokoladenduft verströmte. Jeder durfte einmal daran riechen! Nach Rückkehr fand im Hause Funk ein Tanzabend statt, auf dem sich die Dinge im Sinne einer baldigen Verlobung fortentwickelten, die zunächst „heimlich" und eine Woche später offiziell begangen wurde, nämlich am 9. 3. 1947. Dabei kamen die bereits erwähnten Ringe aus Dänemark schneller als erwartet zum „Einsatz". Es war eine herrliche Zeit mit großen Freuden aller Art.

Helga zu finden war für mich das Glück meines Lebens bis auf den heutigen Tag. Sie ist neben meinen Eltern der wichtigste Mensch für mich selbst und sicher auch für unsere Kinder und Enkel mit den Abwandlungen, die sich aus den Verbindungen und Beziehungen ihres eigenen Lebens ergeben. Zutreffend ist wohl auch das Wort von Graf Ahlefeldt, eines guten Bekannten bei Krupp: „Das Beste von Ihnen, Herr Reinhold, ist ihre Frau!" Auf unser gemeinsames Leben mit seinen Höhen und Tiefen werde ich immer wieder zu sprechen kommen.

Meine Schwiegereltern Julius Funk und Maria geb. Willing waren prächtige Menschen. Sie nahmen mich in ihrer offenherzigen Art sofort in die Familie auf, zu der neben Schwager Gernot und seiner späteren Frau Sonja von Schachofzeff auch noch die damals neunjährige Schwägerin Ebba gehörten. Vater Funk stammte aus dem kleinen Dorf Hahlen bei Minden. Er war ein typischer Westfale und ähnelte Konrad Adenauer äußerlich sehr. Von Beruf war er Generalvertreter der Schokoladenfirma „Sarotti" für einen großen Teil von Hessen. „Mutter Maria", wie wir sie scherzhaft nannten, stammte aus Hamburg-Harburg und „s-p-rach" ein gepflegtes Hochdeutsch mit Hamburger Färbung. Nach Kleidung, Auftreten und Lebensart war sie eine Dame, und zwar eine gutaussehende. Zu beiden Schwiegereltern und zu Schwager und Schwägerinnen hatte ich sofort ein herzliches Verhältnis. Auch meine Mutter fügte sich da gut ein. Von allen diesen lieben Menschen wird immer wieder die Rede sein. Helga hat über ihre Eltern, Großeltern und weitere Vorfahren selbst Zeugnis gelegt, so dass ich hier darauf verweisen kann.

Zunächst aber gewann das Studium in Marburg nach unserer Verlobung eine ganz neue Qualität. Wir besuchten zusammen Vorlesungen, wie die von Hahn und Heisenberg, und Konzerte. Unvergeßlich ist ein Konzert in Marburg mit der „Rheinischen Symphonie" von Schumann. Nicht unerwähnt soll bleiben, dass mir Helga öfter mal ein Konservenglas mit Griespudding mit nach Marburg gab, in dem gelegentlich als besonderer Höhepunkt der Mahlzeit ein Stück Zucker auftauchte. Manchmal überraschte sie mich bei meinen morgendlichen Wegen zum Bahnhof und gab mir noch etwas „Marschverpflegung" mit.

Im Sommer 1947 unternahmen wir eine Rundreise mit der Bahn, um uns bei der beiderseitigen Verwandtschaft vorzustellen. Wie damals üblich führten wir in einem Rucksack Lebensmittel, vor allem Kartoffeln, mit, denn man konnte es niemandem zumuten, mit den wenigen Lebensmittelmarken auch noch Besuche durchzufüttern. Unter anderem besuchten wir in Dieringhausen die Familie Budde, also Schwester und Schwager meines Vaters, wo in den letzten Jahren ihres Lebens auch meine Großmutter Reinhold lebte. Sie freute sich sehr, Helga noch kennenzulernen und schrieb an meine Mutter: „Wir haben uns alle hier sehr gefreut, als Jürgen uns seine liebe Braut vorstellte. Opa würde sie auch gewiss gleich in sein Herz geschlossen haben." (Meine Großmutter starb am 11. 10. 1947 im Alter von 84 Jahren in Dieringhausen.)

In Wuppertal-Elberfeld konnten wir Onkel Hans Reinhold, einen jüngeren Bruder meines Großvaters, und seine Familie aufsuchen. Da er Landgerichtsdirektor und sein Sohn Hans Amtsgerichtsrat (später Senatspräsident beim Oberlandesgericht Düsseldorf) war, konnte ich mich mit diesen kompetenten Verwandten gut über meine Berufspläne unterhalten.

In Hahlen lernte ich in der Heimat meines Schwiegervaters vier seiner Geschwister mit Familien kennen, alles prächtige Menschen. Leider konnten wir in Hamburg-Harburg Helgas Großmutter Willing wegen ihres schlechten Gesundheitszustandes und der kriegsbedingt beengten Wohnverhältnisse nicht mehr besuchen. Sie starb am 6. 2. 1948.

Finanzielle Probleme hatten wir, wie die meisten Deutschen, zunächst nicht. Fast jeder hatte während des Krieges größere Reichsmark-Beträge gespart, da es für Geld nichts zu kaufen gab. Mieten und andere gestoppte Preise konnten also meist mühelos bezahlt werden. Bezugscheine und Punkte waren viel wichtiger. In Deutschland waren seit der sogenannten „Preisstopp-Verordnung" vom 26. 11. 1936 Preiserhöhungen verboten. Die damit „zurückgestaute" Inflation hatte zur Ansammlung ziemlich wertloser RM-Konten geführt. Bei mir waren das z. B. 3.700 RM. Etwa 300 Milliarden der weitgehend wertlosen Reichsmark kursierten, als am Wochenende vom 18. auf den 20. Juni 1948 von den Alliierten in den drei Westzonen (nicht in West-Berlin) die lange erwartete Währungsreform durchgeführt wurde, eines der wichtigsten Ereignisse der Nachkriegszeit. Man teilte sie in der Umgangssprache hinfort in die Zeit „vor der Währung" und „nach der Währung" ein. Jeder konnte gegen Vorlage von Kenn- und Lebensmittelkarte ein „Kopfgeld" von 40 Reichsmark im Verhältnis 1 : 1 in „Deutsche Mark", wie die neue Währung hieß, eintauschen, im August nochmal 20 Reichsmark. Für einen kurzen Zeitraum hatten alle Westdeutschen dieselbe Geldmenge in der Tasche. Die nächsten Löhne und Gehälter wurden zum gleichen Nennwert bereits in DM ausgezahlt. Ich fand es erstaunlich, dass dieses neue wertvolle Geld nun in größerer Menge verfügbar wurde. Allerdings waren auch die Mieten in voller Höhe in neuer Währung zu zahlen. Sonstiges Bargeld, Sparguthaben, Kredite und Hypotheken wurden zunächst im Verhältnis 100 : 10 umgestellt, d. h. abgewertet, später nochmals auf ein Verhältnis 100 : 6,5. Ich bekam letzten Endes nach dem Altsparergesetz einen Entschädigungsbetrag von noch 24,10 DM ausgezahlt. Schuldner brauchten nur den abgewerteten Betrag an ihre Gläubiger zurückzuzahlen. Aktien wurden im Verhältnis 1 : 1 umgestellt. Sachwerte (z. B. Grundstücke, Briefmarken oder Schmuck) blieben unangetastet. Die „SBZ" (Sowjetische Besatzungszone) und Ost-Berlin holten ihre Währungsreform am 23. Juni 1948 nach, West-Berlin am 24. Juni. Damit waren West- und Ostdeutschland währungspolitisch getrennt, nachdem die alte Reichsmark noch drei Jahre nach Kriegsende in allen Besatzungszonen gegolten und eine gewisse „Deutsche Einheit" erhalten hatte.

Die erstaunlichste Wirkung der Währungsreform war das Auftauchen gehorteter Warenbestände in den Geschäften. Denn inwischen fast unbekannte Gegenstände lagen über Nacht in den Schaufenstern und konnten ohne Bezugsscheine gegen gute D-Mark gekauft werden. Der Schwarzmarkt verschwand sang- und klanglos nach dem Gesetz von Angebot und Nachfrage. Sogenannte „Jedermann-Waren" erschienen in den Geschäften. Ich kaufte mir ein blaues und ein grünes „Jedermann-Hemd" guter Qualität als erste „zivile" Kleidungsstücke nach dem Krieg. Auch meine Kommilitonen trugen solche Hemden. Eine gewisse „Uniformierung" gab es also noch einige Zeit, bis das Angebot größer und modischer wurde. Vor allem aber kaufte ich von meiner „Kopfquote" für Helga eine rote Lederhandtasche, die wir in einem Schaufenster im Seltersweg am Tag nach der Währungsreform bestaunt hatten, dazu einen Strauß roter Nelken. Sicher war das angesichts des sonstigen Lebensbedarfs unvernünftig, aber die beabsichtigte Überraschung glückte voll, und die schöne Erinnerung daran rechtfertigt bis heute diese finanzielle Entgleisung, die übrigens nicht die letzte war!

Nach der Normalisierung der Geldverhältnisse erfüllten sich die Menschen ihre Wünsche nach den jahrelang gewachsenen Prioritätenlisten. Man sprach von der „Freßwelle", der „Bekleidungswelle", der „Reisewelle" usw. Der Bedarfsstau konnte natürlich nur sehr langsam abgebaut werden.

Da meine Ersparnisse durch die Abwertung der Währungsreform zum Opfer gefallen waren, wie bei fast allen anderen Deutschen auch, berieten meine Mutter und ich, wie es finanziell weitergehen sollte. Weil ich bereits im sechsten (letzten!) Fachsemester war, hielten wir es für vernünftig, dass ich jetzt nicht irgend eine minderqualifizierte Arbeit übernehmen sollte, um Geld zu verdienen, sondern mich besser intensiv auf das Examen vorbereiten, um möglichst schnell in einen juristischen Beruf zu gelangen, der langfristig bessere Einkünfte versprach. Meine Mutter bezog damals Witwengeld in Höhe von monatlich 368,49 DM brutto. Das reichte bei sparsamer Lebensführung aus, um „über die Runden" zu kommen. Dabei entnahm ich monatlich 2 (zwei) DM als „Taschengeld" aus der Haushaltskasse: 1,– DM zum Haareschneiden, 1,– DM für zehn Rasierklingen, die dreimal benutzt wurden und daher einen Monat reichten. Sonstige Ausgaben waren vorerst nicht möglich.

Auf informellem und kulturellem Gebiet gab es inzwischen unter alliierter Lizenz und Einflußnahme erste Angebote. Deutsche Tageszeitungen verschiedener Couleur wurden wegen der darin enthaltenen Informationen und ungewohnt vielfältigen Kommentare gierig konsumiert. Die erste deutsche 14tägig erscheinende politisch-wirtschaftlich-kulturelle Zeitschrift von Format war „Die Gegenwart"[5)]. Die amerikanische Militärregierung gab seit 1945 rund zehn Jahre lang die „Neue Zeitung" als Tageszeitung für die deutsche Bevölkerung heraus. Das Blatt unterschied in vorbildlicher Weise zwischen Information und Kommentar.

Auf dem Büchermarkt erschienen zuerst ausländische Bücher, z.T. als deutsche Lizenzausgaben. Was seit der unseligen Bücherverbrennung des Jahres 1933 verboten war, konnte nun wieder gelesen werden. Aus der Not der Zeit wurde der Rowohlt Verlag bahnbrechend mit seinen RO-RO-RO (Rowohlts-Rotations-Romane). Sie erschienen im Zeitungsformat in einer Auflage von 100.000 bis 150.000 Stück zum Preise von zunächst 0,50 RM, später 1,– DM. Als erster Band kam Ernest Hemingways „In einem anderen Land" heraus. Ich besitze noch einige dieser vergilbten, auf schlechtem Zeitungspapier gedruckten Kostbarkeiten: Anna Seghers „Das siebte Kreuz" und Dr. Hjalmar Schacht „Abrechnung mit Hitler". Das für heutige Verlegervorstellungen ungewöhnliche Verlagskonzept ist fast rührend in seiner Bemühtheit um die damaligen Leser. Ich zitiere daher einige Sätze aus den „Bitten an die Leser" am Schluss eines im März 1948 gedruckten Heftes: „... Wir begannen dieses ungewöhnliche Unternehmen, weil wir in der bisher üblichen Buchproduktion keine Möglichkeit sahen, den ungeheuren Lesehunger der Nachkriegsjahre zu befriedigen. Deshalb druckten wir auf Zeitungspapier, von vornherein keine Qualität vortäuschend, die nicht vorhanden ist, wählten ein Format, das uns den rationellsten Rotationsdruck erlaubt und dadurch bei einer Auflage von 100.000 bis 150.000 Stück einen Preis von 50 Pfennig für das einfache Heft ermöglicht. ...

Auf Grund aller unserer bisherigen Erfahrungen ... wollen wir nicht vom Format abgehen. Vom Literarischen absehend und rein technisch formuliert heißt der Grundsatz für die RO-RO-RO's: Möglichst viele Buchstaben auf möglichst wenig Papier für möglichst wenig Geld! Würden wir uns für ein übliches Buchformat entscheiden, so würden wir allein durch die Ränder, die jede Seite hat, für jedes Buch ein Drittel Papier mehr benötigen als jetzt. Das bedeutet, dass wir durch unser Format bei drei Büchern das Papier für ein viertes gewinnen ..."

Später erschienen im Suhrkamp Verlag in „S. Fischers Bibliothek" die ersten „richtigen Bücher", von denen ich auch noch einige besitze: Ernest Hemingway „Wem die Stunde schlägt" und Hermann Hesse „Narziss und Goldmund". Jeder, der ihrer habhaft werden konnte, verschlang diese Bücher und diskutierte darüber. Ein neues literarisches Leben begann sich zaghaft wieder zu entwickeln.

Besonders bewegend war für mich und viele andere Menschen das erste Konzert nach Kriegsende im Gloria-Palast in Gießen, den die Amerikaner für diesen Zweck freigegeben hatten. Ein neu entstandenes Symphonie-Orchester aus Frankfurt spielte „Die Unvollendete" von Schubert und die 7. Symphonie von Beethoven. Man sah den Gesichtern der Zuhörer an, dass vielerlei Empfindungen nach dem Ende dieses schrecklichen Krieges durch ihre Köpfe gingen.

Auch auf die „Entnazifizierungsgesetze" muss noch eingegangen werden. Diese wurden z.B. in der amerikanischen Zone durch gleichlautende Gesetze vom 5. 3. 1946 in Bayern, Hessen und Württemberg-Baden erlassen. 13 Millionen Menschen mussten einen Fragebogen mit 131 Fragen nach der Zugehörigkeit zur Partei und ihren Organisationen ausfüllen. In den drei Westzonen ergaben sich daraus 3,6 Millionen zu verhandelnde Fälle.[6] Es wurden folgende Gruppen von Verantwortlichen gebildet: 1. Hauptschuldige, 2. Belastete (Aktivisten, Militaristen, Nutznießer), 3. Minderbelastete (Bewährungsgruppe), 4. Mitläufer und 5. Entlastete. Das Gesetz stellte widerlegbare Schuldvermutungen für bestimmte, in einer Liste aufgeführte Angehörige der NSDAP oder ihrer Gliederungen auf und sah für die Betroffenen Sühnemaßnahmen wie z.B. Arbeitslager bis zu zehn Jahren, Vermögenseinziehung, Aberkennung öffentlicher Ämter, Berufsverbote und Aufenthaltsbeschränkungen vor. Die Verfahren fanden vor „Spruchkammern" und mit „Öffentlichen Klägern" statt. Sie verstießen gegen allgemeine Rechtsgrundsätze, indem sie den formal Betroffenen die Beweislast für ihre Unschuld auferlegten, während im Strafrecht der Angeklagte bis zum Beweis des Gegenteils als unschuldig gilt und Zweifel der Beweisaufnahme zu seinen Gunsten gehen. Diese Art der Durchführung der „Entnazifizierung" war nicht sinnvoll, weil sie bei den Betroffenen keine Einsicht in das Fehlerhafte ihres Verhaltens förderte, sondern ihnen formale Argumente für eine innere Ablehnung ihres Verfahrens lieferte. Es war auch von vornherein zum Scheitern verurteilt, ein ganzes Volk in einen Anklagezustand zu versetzen und es durch eine Mühle von Fragebogenprozeduren zu drehen. Dieser als „Papierkrieg" empfundene Prozess förderte ebenfalls nicht die Einsicht in die Notwendigkeit der Aufarbeitung des von Hitler verursachten Unrechts. Zur Bewältigung der Papierflut und zur Entlastung der Spruchkammern wurde bald eine „Jugendamnestie" für alle nach dem 1. 1. 1919 geborenen Personen erlassen, also auch für Helga und mich. Meine Mutter war ohnehin nicht von dem Gesetz betroffen. In den Ländern der Bundesrepublik Deutschland wurden seit 1949 Entnazifizierungs-Schlußgesetze erlassen, die bis 1952 im Allgemeinen abgewickelt waren. Die sogenannte „Vergangenheitsbewältigung" und innere Auseinandersetzung mit dem Nationalsozialismus aber ging weiter.

Nach sechs (!) Semestern, im September 1948, war das Studium beendet. Wir wurden zwangsexmatrikuliert, um Studienplätze für die „im Stau" wartenden Bewerber, insbesondere immer noch zurückkehrende Kriegsgefangene, freizumachen. Für heutige Studenten, die zehn bis zwölf Semester für das Studium in Anspruch nehmen können, sind das nicht mehr vorstellbare Verhältnisse. Trotz der stark verkürzten Studienzeit haben wir das erlernt, was wir für unser Berufsleben brauchten. Unser Professor Schwinge hat später gesagt, er habe nie wieder eine solche Studentengeneration erlebt wie die unsere, die mit einem derartigen Ernst und Fleiß konzentriert und zielbewußt gearbeitet habe. Sie hat für den Wiederaufbau Deutschlands wichtige Führungskräfte beigesteuert. Viele meiner damaligen Marburger Kommilitonen sind in maßgebliche Stellen von Politik, Wirtschaft, Verwaltung und Justiz gelangt. Wenn ich Namen nennen soll, fallen mir der schon erwähnte Hans-Jochen Vogel (SPD), Alfred Dregger (CDU), sowie der ehemalige Bundesjustizminister Gerhard Jahn (SPD), ein.

Im November 1948 meldete ich mich beim Hessischen Minister der Justiz in Wiesbaden zur Ablegung der ersten rechtswissenschaftlichen Staatsprüfung (Referendarexamen). Wegen des „Rückstaus" der Bewerber wurde ich erst im März 1949 zur Prüfung zugelassen. Eine sechswöchige Hausarbeit, fünf Klausuren und eine mündliche Prüfung am 1. Juli 1949 habe ich glatt bewältigt. Nun war ich „Referendar".

Prüfungsglück hatte ich auch: Bei den Vorbereitungen zum Examen konzentrierte ich mich auf Fortentwicklungen der Rechtsprechung, die man nicht unmittelbar aus den Gesetzestexten ableiten konnte. Dabei stieß ich auf den Begriff der „Impfschäden" und die Frage, ob der Geschädigte unter dem Gesichtspunkt der „Aufopferung" für das Gemeinwohl Schadensersatz hierfür vom Staat verlangen könne. Sie ist zu verschiedenen Zeiten unterschiedlich beantwortet worden. Zu meiner freudigen Überraschung fragte mich einer der Prüfer in der mündlichen Prüfung, was ich von Impfschäden wisse! Ich trug mit gespielter Gelassenheit meine frisch erworbenen Kenntnisse vor, einschließlich des Zitats der entsprechenden Bände der Entscheidungen des Reichsgerichts. Der Prüfer hörte sich das mit fast ungläubigem Erstaunen an. Später erfuhr ich, dass er der Onkel meines Klassenkameraden Heinz Goubeaud sei. Dessen Nachfrage ergab, dass ich in der Prüfung einen ausgezeichneten Eindruck gemacht hätte. Wir wissen warum.

VII. HOCHZEIT UND REFERENDARZEIT
(1949 - 1953)

NACH der Universitätsabschlußprüfung stand ich, wie meine Kollegen, vor der Frage der weiteren beruflichen Zukunft. Referendare wurden scherzhaft auch „Schmalspurjuristen" genannt, im Gegensatz zu den „Volljuristen", die sich nach dem Vorbereitungsdienst einer „großen juristischen Staatsprüfung" unterziehen müssen. Dieser Vorbereitungsdienst dauerte dreieinhalb Jahre, für Kriegsteilnehmer nur zweidreiviertel Jahre. Über Unterhaltszuschüsse verkündete ein „Merkblatt über die Berufsaussichten des juristischen Nachwuchses" des Hessischen Ministerpräsidenten und Justizministers Zinn vom 12. Mai 1949, dass die geringen Mittel es nicht erlaubten, selbst bei dringender wirtschaftlicher Notlage in jedem Falle einen Unterhaltszuschuß zu bewilligen. Aus dem gleichen Grund könne vor Ablauf einer Ausbildungszeit von mindestens sechs Monaten in keinem Falle Unterhaltszuschuß gewährt werden. Später wurden Zuschüsse nur bei nachgewiesener „Bedürftigkeit und Würdigkeit" bewilligt. Man konnte von einer Abschreckungssperre sprechen.

Manche ältere Kollegen, die zum Teil schon Familienväter waren, konnten sich unter diesen Bedingungen selbst den verkürzten Vorbereitungsdienst nicht leisten, sondern mussten sofort Geld verdienen. Ohne Assessorexamen war theoretisch eine Bewerbung vor allem bei Banken, Versicherungsgesellschaften, Industrie und Handel möglich.

Aber auch solche Bewerber, die diese finanziellen Gesichtspunkte nicht scheuten, machten sich doch Gedanken darüber, ob sie überhaupt einen juristischen Beruf ergreifen sollten. Hierzu führte das genannte Merkblatt des Justizministers aus:

„Die gegenwärtig äußerst ungünstigen Berufsaussichten der Juristen veranlassen mich, bereits jetzt darauf hinzuweisen, daß Sie nach bestandener großer Staatsprüfung mit einer Übernahme als Anwärter für das Amt des Richters oder Staatsanwalts voraussichtlich nicht rechnen können. Auch der Bedarf der öffentlichen Verwaltung aller Ressorts an Juristen ist auf Jahre hinaus gedeckt. Die Anwaltschaft ist heute bereits zahlenmäßig stark übersetzt und kann daher nur noch in sehr geringem Maße eine Existenzgrundlage bieten. Auch Handel und Industrie lassen bei der heutigen Lage Juristen in nur sehr beschränktem Umfang Beschäftigung finden. ...

In Anbetracht dieser drückenden beruflichen und wirtschaftlichen Notlage des juristischen Nachwuchses, die mich mit großer Sorge erfüllt, und der zu begegnen ich zu meinem Bedauern nicht in der Lage bin, erscheint mir notwendig, dass jeder Referendar ernsthaft die Frage prüft, ob die Durchführung des Vorbereitungsdienstes bei derart ungünstigen Berufsaussichten noch angebracht ist."

Solche Hinweise waren nicht ermutigend, erwiesen sich übrigens glücklicherweise wegen des Aufschwungs und des „Wirtschaftswunders" in Deutschland bald als gegenstandslos. Aber auch für eine Eheschließung gab es zunächst keine wirtschaftliche Basis, so dass ich meinte, dass wir nicht so bald heiraten könnten. Unsere gemeinsame Überlegung führte demgegenüber zu dem Entschluß, es doch zu wagen. Denn ein jahrelanges Verlöbnis mochten wir nicht auf uns nehmen. Viele andere Paare unseres Lebenskreises heirateten in ganz ähnlicher Situation. Auch meine Mutter und meine Schwiegereltern machten uns Mut und versprachen, uns nach Kräften zu helfen. So setzten wir denn freudigen Herzens als Hochzeitstag den 8. Oktober 1949 fest.

Wir berieten auch meine berufliche Zukunft mit dem Ergebnis, dass ich mich am 26. 7. 1949 beim Hessischen Justizminister um Einstellung in den Vorbereitungsdienst bewarb mit dem Ziel, zunächst einmal „Volljurist" zu werden und damit die „Befähigung zum Richteramt" zu erwerben, die auch Voraussetzung für den Anwaltsberuf ist. Die endgültige Berufswahl konnte also vorerst noch offenbleiben. Wegen des großen Andrangs wurde ich erst am 1. 12. 1949 in den Vorbereitungsdienst eingestellt und unter Berufung in das Beamtenverhältnis auf Widerruf zum „Gerichtsreferendar" ernannt. Auch hier folgte der lapidare Hinweis, dass ich mit der Bewilligung eines Unterhaltszuschusses „in absehbarer Zeit" nicht rechnen könne.

Wir ließen uns aber nicht entmutigen, sondern feierten erst mal zum geplanten Termin in Gießen unsere Hochzeit. Nach einem netten Polterabend machte der Standesbeamte am nächsten Vormittag seine Sache brav. Die Trauung fand in der Johanniskirche durch Pfarrer Trapp statt, der mich auch schon konfirmiert hatte. Meine Schwiegereltern richteten das Hochzeitsfest in ihrer Wohnung aus. Da die Währungsreform mehr als ein Jahr zurücklag, wenn auch die Butter noch rationiert war, konnte schon ein fast „friedensmäßiges" Essen serviert werden. Helga war vor Aufregung kaum in der Lage, etwas davon zu genießen. Eine kleine Sensation bot eine riesige doppelstöckige Bonbonniere, die Sarotti aus der eben wieder angelaufenen Produktion meinem Schwiegervater für uns zur Verfügung gestellt hatte. Man muss sich vorstellen, dass es Pralinen seit Kriegsbeginn (1939), also seit zehn Jahren, nicht mehr gegeben hatte. Jeder Gast durfte mit aller gebotenen Zurückhaltung zugreifen, was aber von meiner zwölfjährigen Schwägerin Ebba scharf beobachtet und kommentiert wurde („Greifen sie nur zu! Andere haben schon vier und fünf Stück genommen!"). Das Wunderwerk wurde nach der Hochzeit bei einer Kundin meines Schwiegervaters im Seltersweg im Schaufenster ausgestellt, was zu der boomartigen Nachfrage führte, ob man das kaufen könne.

Die Hochzeitsgäste wurden aus dem großen Kreis der beiderseitigen Verwandtschaft und der Freunde paritätisch ausgewählt, denn die noch beengten Wohnverhältnisse ließen einen größeren Kreis leider nicht zu. Natürlich gehörten unsere Ehestifter Ilse und Heinrich Kraft dazu und mein Freund Wolfgang Willich, der inzwischen aus russischer Kriegsgefangenschaft zurückgekehrt war. Wir hatten ein harmonisches und heiteres Fest.

Unsere eheliche „Wohnung" konnten wir in der leerstehenden Küche meiner Mutter einrichten. Dieser Raum war etwa 12 qm groß, hatte zwei Fenster und den Vorteil, dass er getrennt von den übrigen Zimmern lag und über einen Wasser- und Gasanschluß verfügte. Mein Schwiegervater kaufte uns eine aufklappbare rote Couch und einen Kohleofen. Dazu kamen der Schreibtisch und ein Bücherbrett meines Vaters, ein Wäscheschrank meiner Großmutter und ein Sessel meines Großvaters. Meine Mutter steuerte noch einen Teppich sowie alte Gardinen bei. Das ergab eine herrliche Wohnung. Wer hatte damals so etwas?

Am ersten Tag unserer Ehe erlebten wir einen Kunstgenuss besonderer Art, weil mein Klassenkamerad Karl-Ed.Wallenfels uns seinen Plattenspieler und einige Schallplatten lieh, die den Krieg auf wundersame Weise überlebt hatten. So hörten wir an diesem Sonntag Morgen den schönen Choral „Zion hört die Wächter singen" aus der Kantate „Wachet auf, ruft uns die Stimme" von Johann Sebastian Bach (BWV 140) und Beethovens jubelndes Klavierkonzert Nr. 5 in Es-Dur. So etwas vergißt man nicht!

Zu unserer großen Freude spendierte uns mein Patenonkel Ermbrecht Rindtorff sogar noch eine kleine Hochzeitsreise. Bei einem Gießener Reisebüro buchten wir für eine Woche ein Quartier im äußerst schlichten „Gasthaus zur Sonne" in Lautenbach im Schwarzwald. Ein kleiner Omnibus brachte die letzten Reisenden dieses Sommers ans Ziel. Es waren zugleich die letzten Reisenden unseres Reisebüros, das mit dieser Fuhre „pleite ging". Man rief uns an, wir möchten mit dem Zug nach Hause kommen; man werde uns die Fahrtkosten ersetzen. Wir rafften unser letztes Geld zusammen und hatten Glück: Der Inhaber zog sein privates Portemonnaie und ersetzte mit seinem letzten Schein unsere Fahrtkosten. Dann ging er in Konkurs. Wir aber erlebten in Unkenntnis der sich anbahnenden Katastrophe eine unbeschwerte herrliche Herbstwoche mit schönen Wanderungen durchs romantische Renchtal und seine angrenzenden Höhen. Nachts ging ich auf die „Jagd", und zwar auf die Mäuse in unserem Zimmer. Frau Schmidt, unsere Wirtin, stattete uns mit einem „Mauskläpperli" aus, das uns schnell die erhoffte Nachtruhe bescherte. In Bad Griesbach gab es in einem Café die erste Schlagsahne der Nachkriegszeit, und zwar „einfach so", d.h. ohne Marken, einfach für Geld! Unsere rührende Wirtin versah uns für die Rückreise noch mit „Marschverpflegung" und bat um Übermittlung ihrer Bitte an den Reisebürochef, doch die rückständigen Zahlungen zu leisten. Außer einer Konkursforderung ist ihr aber wohl leider nichts geblieben.

Nun begann unser gemeinsames Leben. Helga führte weiter den Haushalt ihrer Eltern, da ihr vor Abschluß ihres Spruchkammerverfahrens eine an sich angestrebte Ausbildung als Fürsorgerin (heute: „Sozialarbeiterin") versagt war. Meine Schwiegermutter war bei angeschlagener Gesundheit nach dem Krieg am Ende ihrer Kräfte angelangt, so dass diese Tätigkeit bis auf weiteres nahelag und Helga ein kleines Einkommen bescherte. Mein Schwiegervater konnte seine schwerpunktartig im Außendienst liegende Tätigkeit wieder aufnehmen. Gernot setzte sein Studium der Elektrotechnik an der Technischen Hochschule in Darmstadt fort. Ebba ging inzwischen zur Oberschule. Sie alle brauchten eine hausfrauliche Betreuung, die Helga nun leistete. Im übrigen fühlte sie sich unter den damaligen Bedingungen natürlich auch für mich und unsere Wohnung verantwortlich, was insgesamt eine große Arbeitslast bedeutete.

Am 8. 12. 1949 überwies mich der Oberlandesgerichtspräsident in Frankfurt am Main zur Aufnahme des Vorbereitungsdienstes als Referendar auf die Dauer von drei Monaten dem Amtsgericht in Ehringshausen bei Wetzlar zur Beschäftigung. Am 15. 12. leistete ich vor dem Landgerichtspräsidenten in Limburg an der Lahn den Diensteid. Am 19. 12. 1949 fuhren mein Studienfreund Uli Finger und ich mit der Bahn nach Ehringshausen bei Wetzlar und meldeten uns bei dem dortigen Amtsrichter zum Dienstantritt. Damit begann ein ganz neuer Lebensabschnitt für mich: bei der Justiz.

Der Referendar ist eine Art gehobener „Justizlehrling", der alles zu lernen hat, was der Amtsinhaber seiner Ausbildungsstation (Richter, Staatsanwalt,

Rechtsanwalt, Verwaltungsbeamter pp.) tun muss. Daher nimmt er grundsätzlich an allen Sitzungen und Amtshandlungen teil, führt Protokoll und fertigt Entwürfe für Urteile und Beschlüsse an. Natürlich hängt der Erfolg der Ausbildung wesentlich von den fachlichen und menschlichen Qualitäten der Ausbilder ab. Da hatte ich im Großen und Ganzen Glück.

Damals befanden sich naturgemäß viele aus dem Ausland zurückgekehrte Juristen im Amt, die schon vor Hitler (1933) Berufserfahrung gesammelt hatten und dann vertrieben wurden oder emigriert waren. Es gab aber auch nicht wenige ehemalige „Parteigenossen", die wegen nur formaler Mitgliedschaft in der NSDAP „entnazifiziert" und wieder in den Justizdienst übernommen worden waren. Ihre Tätigkeit im „Dritten Reich" war oft nicht bekannt, zumal wenn sie aus Ostdeutschland kamen und ihre Akten vernichtet worden waren.

Einen Sonderfall bildeten die ehemaligen Militärberufsrichter, die als aktive Wehrmachtsangehörige nicht der Partei angehört hatten. Sie waren auch in den „Gesetzen zur Befreiung vom Nationalsozialismus und Militarismus" und deren umfangreichen Anlagen nicht erwähnt, obwohl die Verfasser dieser Gesetze ersichtlich bemüht gewesen waren, alle Einzelfälle der perfektionistischen deutschen Organisationsstrukturen zu erfassen. Das bedeutete nach dem Auslegungsgrundsatz „Argumentum e contrario" (Folgerung aus dem Gegenteil), dass diese Gesetze auf die dort nicht genannten Fälle nicht anwendbar waren. Diese Personen konnten daher blütenweiße Fragebogen zurückgeben. Sie waren von den Gesetzen „nicht betroffen".

Ob sie damit als Richter, Staatsanwälte oder Rechtsanwälte in den neu entstehenden demokratischen Staatswesen für diese Ämter geeignet waren, ist eine andere Frage. Das lässt sich nicht pauschal beantworten. Die „Standgerichte der letzten Stunde" können nicht der Wehrmachtsjustiz angelastet werden. Den durch „Führererlaß" vom 9. 3. 1945 errichteten „Fliegenden Standgerichten" gehörten nur noch Offiziere, also keine Wehrmachtrichter mehr an. Für Hitler waren sie ein Dorn im Auge. Er bezeichnete sie als „Förster des Untermenschentums"; das sollte heißen, sie hegten die „Verbrecher" wie der Förster das Wild.[1] Für die nach der Verordnung vom 15. 2. 1945 (RGBl. I S.30) von den Gauleitern als „Reichsverteidigungskommissaren" errichteten Standgerichte waren ebenfalls keine Wehrmachtrichter vorgesehen. Maßgebliche Angehörige der Militärjustiz, wie der Chef der Heeresrechtsabteilung Dr. Karl Sack und der Chef der Luftwaffenrechtsabteilung Dr. Rüdiger Schleicher, starben als Mitglieder des Widerstandes gegen Hitler am 9. bzw. 23. 4. 1945 am Galgen.

Die demokratische Legitimation der ehemaligen Militärrichter für ihre Nachkriegsberufe läßt sich daher nur an Hand ihrer Lebensläufe beurteilen. Diese waren damals allerdings nicht immer bekannt oder zugänglich. Bei der Großen Strafkammer des Landgerichts Gießen erlebte ich als Vorsitzenden den Landgerichtsdirektor Quack, einen ehemaligen Militärrichter. Er zeichnete sich durch eine souveräne Verhandlungsführung aus. Seine mündlichen Urteilsbegründungen waren druckreif. Man brauchte sie als Referendar nur mitzuschreiben und hatte seinen Urteilsentwurf fertig. Auch mein Ausbilder bei der Staatsanwaltschaft war Kriegsgerichtsrat gewesen. Mehr kann ich über sie nicht sagen.

Beim Landgericht Frankfurt/Main lernte ich als junger Gerichtsassessor bei der Großen Strafkammer den Landgerichtsdirektor Dr. Giesecke als Vorsitzenden kennen, der, zuletzt als Oberfeldrichter, bei der deutschen Militärjustiz tätig gewesen war. Bei Kriegsbeginn hatte er in Danzig die Anklage gegen die 38 überlebenden polnischen Postbeamten vertreten, die am 1. September 1939 das Danziger Postamt gegen die deutsche Besetzung verteidigt hatten. Sie wurden als „Freischärler" zum Tode verurteilt und am 5. Oktober 1939 erschossen. Das Kriegsgericht billigte ihnen nicht den von der Haager Landkriegsordnung geregelten Kombattantenstatus der Milizen zu.[2] Es ist zweifelhaft, ob die Postbeamten von Danzig dessen Voraussetzungen erfüllten. Strafverfahren gegen Giesecke und den Vorsitzenden des Kriegsgerichts, Bode, die nach dem Krieg von Söhnen der Erschossenen wegen Mordes angestrengt wurden, führten nicht zur Anklage. Sie wurden eingestellt.[3] Giesecke erzählte uns eines Tages von diesem Ereignis. Der polnische Leiter des Danziger Postamtes habe bei seiner Vernehmung eingeräumt, dass er und seine Beamten den Kombattantenstatus nicht erfüllt hätten. Die Erschießungen habe er, Giesecke, selbst als tragisch, aber unvermeidbar empfunden.

Besonders möchte ich hier meinen Ausbilder bei einer Zivilkammer des Landgerichts in Gießen erwähnen: Landgerichtsdirektor Dr. Rudolf Scheld (1901 - 1992). Er war ein scharfsinniger Jurist und von großem Gerechtigkeitssinn beseelt, den er auch als Richter im „Dritten Reich" nicht preisgab. Davon zeugen verschiedene seiner Beschlüsse, die er sogar in den Heften der „Juristischen Wochenschrift" jener Jahre veröffentlichen ließ. In seinen Entscheidungen verwendete er vordergründig Lehrsätze der „neuen Rechtsprechung", um sie in ihr Gegenteil im Interesse betroffener, oft jüdischer Bürger zu verkehren, wenn dies die Gerechtigkeit erforderte. Sein damaliges Wirken wird in dem Buch

„Die Richter im Dritten Reich“[4] beispielhaft für solche Juristen erwähnt, die sich auch unter dem Druck des Nationalsozialismus nicht zur Rechtsbeugung hinreißen ließen. Dr. Scheld war ein hervorragender Ausbilder, dem ich viel für mein Berufsleben verdanke. Er verlangte eine große Arbeitsleistung von seinen ihm anvertrauten Referendaren. Als ich später Richter am Landgericht Gießen wurde, holte er mich in seine Zivilkammer, wo wir sechs Jahre ausgezeichnet zusammengearbeitet haben.

Die Rolle der Justiz und der Richter im „Dritten Reich“ ist ein wichtiges Thema, das mich persönlich allerdings nicht betrifft, da ich erst nach dem Krieg Jura studiert habe. Ich möchte es aber hier kurz anschneiden. In Nürnberg wurde vor dem III. amerikanischen Militärgerichtshof der sogenannte „Juristenprozeß“ verhandelt. Angeklagt waren 14 Richter, Staatsanwälte und Ministerialbeamte der deutschen Justiz. Nachdem die Reichsjustizminister Franz Gürtner und Georg Thierack gestorben waren bzw. durch Selbstmord geendet hatten und der berüchtigte Präsident des „Volksgerichtshofes“ Roland Freisler bei einem Luftangriff am 3. 2. 1945 umgekommen war, blieb als Hauptangeklagter der Staatssekretär im Reichsjustizministerium Franz Schlegelberger übrig. Dazu kamen zwei weitere Staatssekretäre und vier leitende Beamte des Justizministeriums, der Oberreichsanwalt beim Volksgerichtshof Ernst Lautz und ein weiterer Reichsanwalt, sowie drei Vorsitzende von Sondergerichten. Zwei Angeklagte fielen wegen Selbstmordes bzw. Verhandlungsunfähigkeit aus. Der Hauptpunkt der Anklage war die Anschuldigung des „Justizmordes und anderer Greueltaten“, die die Angeklagten „dadurch begingen, dass sie Recht und Gerechtigkeit in Deutschland zerstörten und dann die leeren Hüllen von Rechtsnormen zur Verfolgung, Versklavung und Ausrottung von Menschen in einem Riesenausmaß benützten.“ Die Angeklagten verteidigten sich damit, dass, „wenn die gesetzlosen Kräfte unter Hitler und Himmler die Funktionen der Justizverwaltung an sich gerissen hätten, der Zustand im Volk schlimmer gewesen wäre, als er so war.“ Schlegelberger machte geltend, dass er gefürchtet habe, dass bei seinem Ausscheiden ein schlechterer Mann seine Stelle einnehmen würde. Das Militärgericht folgte diesen Argumentationen nicht. Die Angeklagten hätten, um das Justizministerium bei Hitler in Gnaden zu erhalten und um seine völlige Unterwerfung unter Himmlers Polizei zu verhindern, die schmutzige Arbeit übernommen, die die Staatsführer forderten und das Justizministerium als Werkzeug zur Vernichtung der jüdischen und polnischen Bevölkerung, zur Terrorisierung der Einwohner der besetzten Gebiete und zur Ausrottung des politischen Widerstandes im Inland benutzt. „Daß ihr Programm einer rassischen Vernichtung unter dem Deckmantel des Rechts nicht die Ausmaße annahm, die durch die Pogrome, Verschleppung und Massenmorde durch die Polizei erreicht wurden, ist ein schwacher Trost für diejenigen, die dieses ‚Rechts'-Verfahren überlebten, und eine fadenscheinige Entschuldigung vor diesem Gerichtshof ..." Das Urteil gipfelt in dem Satz: „Die Beschuldigung ist die der bewussten Teilnahme an einem über das ganze Land verbreiteten und von der Regierung organisierten System der Grausamkeit und Ungerechtigkeit unter Verletzung der Kriegsgesetze und der Gesetze der Menschlichkeit, begangen im Namen des Rechts unter der Autorität des Justizministeriums und mit Hilfe der Gerichte. Der Dolch des Mörders war unter der Robe des Juristen verborgen." Durch Urteil vom 4. 12. 1947 wurden Schlegelberger und drei andere Angeklagte zu lebenslänglicher Freiheitsstrafe, sechs Angeklagte zu zeitlichen Freiheitsstrafen verurteilt und vier Angeklagte freigesprochen. Bereits 1956 war der letzte Verurteilte entlassen.

Über diesen Prozeß, die wenigen Folgeprozesse und die Versäumnisse der bundesdeutschen Nachkriegsjustiz bei der Ahndung deutscher Justizverbrechen im „Dritten Reich" hat Heinrich Wefing unter der Überschrift „Der Dolch unter der Robe" berichtet.[5)]

Ich durchlief in Hessen die vorgeschriebenen Ausbildungsstationen vom Dezember 1949 bis zum September 1952. Mein Weg führte mich durch Amts- und Landgericht, Staatsanwaltschaft, Landratsamt und Anwaltsbüro über Ehringshausen, Nidda und Gießen bis zum Oberlandesgericht in Frankfurt am Main. Interessant waren dabei besonders die gelegentlichen Einsätze als Pflichtverteidiger, Sitzungsvertreter der Staatsanwaltschaft oder als beauftragter Richter bei der Erledigung von Rechtshilfeersuchen. So bekam man allmählich Übung im Umgang mit dem „rechtssuchenden Publikum".

Seit dem 1. 4. 1951 erhielt ich endlich einen Unterhaltszuschuß von monatlich 150,– DM, der nach und nach bis auf 270,– DM erhöht wurde! Besonders viel war das nicht. Aber man musste wohl oder übel davon leben. Später gab es für jedes Kind einen Zuschuß von anfänglich 20,–, später 35,– DM. Gelegentlich konnte ich mir durch Arbeiten in Anwaltsbüros ein zusätzliches Taschengeld verdienen.

Bemerkenswert im Einerlei des Justizalltags war eine Tagung der Arbeitsgemeinschaft der hessischen Referendare in Lindenfels im Odenwald im Juni 1951. Abgesehen vom damals noch bescheidenen Luxus des Tagungshotels gab es interessante Vorträge von Politikern, Wissenschaftlern und Juristen aller Art. In Erinnerung ist mir ein Vortrag von Prof. Dr. Karl Holzamer über „Philosophische Voraussetzungen der Jurisprudenz“ geblieben. Er war 1962 - 1977 Intendant des Zweiten Deutschen Fernsehens (ZDF). Ich bin ihm später bei Krupp in Begleitung seines damaligen persönlichen Referenten und späteren Nachfolgers Professor Stolte anlässlich eines Besuchs bei Berthold Beitz begegnet. Walter Dirks, Herausgeber der „Frankfurter Hefte“, sprach über „Abendland und Europa“. Aus dem Vortrag von Prof. Dr. E. W. Meyer, Universität Frankfurt/M., über „Ursachen des Nationalsozialismus“, über den ich ein Kurzprotokoll für den Veranstalter anzufertigen hatte, habe ich festgehalten, dass von den Erklärungsversuchen, die gemacht würden, u. a. folgender abzulehnen sei: „... Der Nationalsozialismus ist die Verkörperung des deutschen Volksgeistes.“ ... Es gebe aber keinen „hereditären“ (vererblichen) Volksgeist. Dieser These Meyers, eines Juden, kommt angesichts der neuerdings von Goldhagen wieder geäußerten Ansicht über den antisemitischen Volkscharakter der Deutschen Interesse zu. Für mich besonders eindrucksvoll war der Vortrag des Paters Prof. Dr. Thier über „Verwahrlosung als Zeitproblem“, ein Thema, das damals schon aktuell war und als „Dauerbrenner“ traurige Berühmtheit behalten hat. Er brachte uns als Lebensprinzip nahe, nicht nach anderen Zuständigkeiten zu suchen, sondern in der eigenen persönlichen, nachbarschaftlichen und beruflichen Umgebung die Augen offen zu halten und zu helfen. Dann wäre schon viel gewonnen. Wie Recht er hat! Im übrigen wurde uns ein Kultur- und Besichtigungsprogramm geboten, das uns zum Kloster Lorsch und in eine Elfenbeinschnitzerei in Lindenfels führte. Wir empfanden diese urlaubsähnliche Veranstaltung als eine großzügige Geste der hessischen Justizverwaltung. Den meisten von uns war so etwas Erholsames noch nicht begegnet.

Eine wichtige Information erhielten wir eines Tages über die Nürnberger Prozesse, als wir auf Veranlassung der Justizverwaltung einen von der amerikanischen Besatzungsmacht zur Verfügung gestellten Film vorgeführt bekamen. Nach meiner Erinnerung handelte es sich um filmisches Beweismaterial, das dem Internationalen Militärtribunal vorgelegt worden und der deutschen Bevölkerung damals noch nicht bekannt war. Es war auch der deutsche Film über das Warschauer Ghetto dabei, den man uns im Krieg während der Offiziersausbildung gezeigt hatte, wie ich schon geschildert habe. Wir waren über das Material sehr betroffen, und auch bei dem Letzten hat danach wohl ein Denkprozess begonnen.

Am 18. 9. 1952 endete mein Vorbereitungsdienst, und ich meldete mich zur großen juristischen Staatsprüfung. Dazu beantragte ich, die Prüfungsgebühr von 100,– DM in zwei Raten von 50,– DM zahlen zu dürfen, was mir auch gestattet wurde. So knapp lebten wir damals! Diesmal waren eine vierwöchige Hausarbeit an Hand eines praktischen Falls, fünf Klausuren und eine mündliche Prüfung zu absolvieren. Auch für die mündliche Prüfung erhielt man drei Tage vorher eine ausrangierte Akte aus der Gerichtspraxis, natürlich ohne die damalige Entscheidung. Man musste dann den Fall vortragen und einen eigenen Entscheidungsvorschlag machen. Meine Akte stammte kurioserweise aus dem „Dritten Reich" und behandelte die Klage eines „SA-Obertruppführers" gegen seinen Arbeitgeber, die „SA-Standarte ...". Ich ließ mir die Gelegenheit nicht entgehen, dieses Rubrum im vollen Wortlaut zu zitieren, was Heiterkeit bei der Prüfungskommission und den im Saal hinten zuhörenden künftigen Examenskandidaten zur Folge hatte und die gespannte Stimmung auflockerte. Aber sicher nicht nur deshalb bestand ich am 18. 3. 1953 das Examen und war nun Volljurist mit der Befugnis, den Titel „Assessor" zu führen. Die „Befähigung zum Richteramt" eröffnete mir den Zugang zur Justiz als Richter, Staatsanwalt oder Rechtsanwalt und zur höheren Beamtenlaufbahn. Auf Grund meiner inzwischen erworbenen Berufserfahrung entschloß ich mich, Richter zu werden und bewarb mich am 22. 3. 1953 um Einstellung in den hessischen Justizdienst.

VIII. RICHTER IN HESSEN
(1953 - 1964)

VOR einigen Jahren las ich in einer juristischen Zeitschrift die „Selbstdefinition" eines englischen Richters:

„Manchmal sitzen wir da und denken nach.
Und manchmal sitzen wir nur so da."

Meine eigenen Erfahrungen in diesem Beruf waren nicht so idyllisch. Nur am Anfang, vielleicht zum Eingewöhnen, hatte ich Glück. Am 9. 4. 1953 bestellte mich der Hessische Justizminister unter Berufung in das Beamtenverhältnis auf Widerruf zum Hilfsrichter bei dem Amtsgericht in Rüdesheim am Rhein, wo ich am 13. 4. 1953 meinen Dienst antrat. Es galt, den zur Kur weilenden Oberamtsrichter für sechs Wochen zu vertreten. Mein erstes Monatsgehalt betrug netto 592,85 DM.

Wieder begann ein neuer Lebensabschnitt für mich. Ich wußte zwar, was mich erwartete, war aber nun zum ersten Mal selbst verantwortlich. Zum ersten Mal zog ich eine Richterrobe an und betrat den Sitzungssaal durch die Tür hinter dem Richtertisch. Anwesend waren nur der Angeklagte und der Vertreter der Anklage. Es ging um einen Fahrraddiebstahl. Der Angeklagte war geständig. Der Anklagevertreter beantragte eine Gefängnisstrafe von einem Monat. Der Angeklagte tat mir leid. Außerdem hatte ich noch nie einen Menschen ins Gefängnis geschickt. Also machte ich von der Vorschrift des § 27b StGB Gebrauch und verhängte eine geringe Ersatzgeldstrafe. Falsch war das sicher nicht. Der Angeklagte nahm das Urteil an.

Später erlebte ich etwas Ähnliches: Der Angeklagte war auf die schiefe Bahn geraten und hatte Geld veruntreut. Er zeigte sich einsichtig und bereit, den von ihm angerichteten Schaden wieder gutzumachen. Ich erinnere mich nicht mehr an die Strafe, die ich verhängt habe. Jedenfalls brachte ich in der mündlichen Urteilsbegründung zum Ausdruck, dass strafmildernd habe berücksichtigt werden können, dass der Angeklagte dadurch einen guten Eindruck gemacht habe, dass er einsichtig zu seiner Tat gestanden habe. Nach der Rechtsmittelbelehrung erklärte der Angeklagte: „Herr Richter, ich nehme die Strafe an. Sie haben gesagt, daß ich einen guten Eindruck gemacht habe. Das genügt mir!" Offensichtlich hatte er in seinem bisherigen Leben noch wenig Lob empfangen, vielleicht auch nicht verdient.

Das neue Amt bereitete mir sonst keine Schwierigkeiten. Obwohl ich Anfänger war, hatte ich mein tägliches Arbeitspensum, das auch die sogenannte „Freiwillige Gerichtsbarkeit“ (Vormundschaften, Nachlaß- und Registersachen usw.) umfasste, bis zum Mittagessen erledigt. Wie schnell musste das erst der Oberamtsrichter schaffen! Ich nutzte diese geschenkte Freiheit (nach Art eines englischen Richters!) aus, das stimmungsvolle Rüdesheim und den Rheingau kennenzulernen.

Dazu gehörten natürlich die Weine, die hier besonders gut, zum Teil weltberühmt sind. Da ich später auch an den Amtsgerichten Eltville und Wiesbaden tätig war, kann ich behaupten, daß ich einen Überblick über den Rheingau, seine Weine und das Leben dort bekommen habe. Auch die negativen Seiten des Alkohols müssen erwähnt werden. So passierte es nicht selten, daß ich mich mit der Freigabe von Wein- und Bierleichen für die Beerdigung zu befassen hatte. Dann erschien ein alter Justizobersekretär bei mir und meldete mit seiner durch eine Hasenscharte veränderten Stimme: „Guten Morgen, Herr Assessor: Ein tragisches Ableben!“ Es war etwa ein Trinker im Straßengraben eingeschneit und dort verendet, angeblich ein schöner Tod! Die Polizeiberichte, die über meinen Schreibtisch gingen, handelten häufig von Trunkenheit. Über das Schicksal eines Touristen in seinem Hotel war beispielsweise zu lesen: „Der Inhalt fiel auf die Fensterbank. Man hörte den Fremden auch würgen.“ Mein Quartierwirt besaß einen eigenen Weinberg und sogar einen Weinkeller im Haus. Manchmal lud er mich zu einer „Weinprobe“ in das Gewölbe ein. Meine Dienstfähigkeit wurde aber nicht beeinträchtigt! Einblick in das berühmte Weingut eines preußischen Prinzen, das unter Nachlassverwaltung und damit unter meiner Dienstaufsicht stand, gewann ich genauso, wie in den Weinkeller des Fürsten Metternich in Rüdesheim, wo für Weinbaubehörden wie Landwirtschaftskammern und Bauerngerichte eine Besichtigung mit Weinprobe stattfand. Beeindruckend war die „Schatzkammer“ mit zum Teil jahrhundertealten Weinflaschen, deren Inhalt noch genießbar war, und die Testsicherheit erfahrener Weinbauern, die mit erstaunlicher Genauigkeit „blind“ (d. h. mit verdecktem Etikett) ausgeschenkte Weine nach Jahrgang und Lage bestimmen konnten.

Der Rhein bescherte mir noch eine andere Tätigkeit in Form des „Rheinschiffahrtsgerichts“, das für Hessen beim Amtsgericht Wiesbaden eingerichtet war. Meist ging es um Schiffskollisionen. Ein Problem bereitete es, die herumreisenden Schiffsbesatzungen verschiedener Nationalität zu „erwischen“, wenn sie wieder mal durch Hessen fuhren, um ihnen dann die Ladungen für die Gerichtsverhandlungen zuzustellen. Die Rheinschifffahrtspolizei war aber trick- und erfolgreich.

Der Wechsel durch die Gerichte eröffnete mir nach und nach fast alle Zweige der Justiz: Zivil- und Strafsachen und die schon erwähnte Freiwillige Gerichtsbarkeit, je nachdem, welches Ressort der zu vertretende Richter zu verwalten hatte. Zweimal hatte ich das Glück, meinen Arbeitsplatz von zu Hause aus erreichen zu können: einige Wochen beim Amtsgericht in Herborn und beim Landgericht in Gießen. Da freute sich die Familie! Sonst musste ich mir durch Zeitungsannoncen ein Zimmer besorgen, so in Offenbach, Wiesbaden, Eltville am Rhein und Frankfurt-Höchst. Diese Zimmer bei irgendwelchen Vermietern waren recht einfach: ohne fließendes Wasser, Heizung und Frühstück. Der Preis betrug monatlich etwa 50,– DM. Man erhielt dafür eine sogenannte „Trennungsentschädigung". Um die Verpflegung musste man sich selbst kümmern. Mittags aß ich entweder in der Gerichtskantine oder in einem Restaurant. Am Wochenende konnte ich nach Hause fahren.

Beim Amtsgericht in Offenbach am Main musste ich einen erkrankten Kollegen vertreten, der die Verkehrsstrafsachen, die Haftsachen und die Privatklagen dieser Großstadt zu bearbeiten hatte. Das Dezernat war seit Wochen verwaist und nur notdürftig verwaltet worden. Fast sämtliche Akten der Geschäftsstelle befanden sich in meinem Dienstzimmer auf Tischen und Stühlen gestapelt und harrten der Bearbeitung. Ich beschaffte mir zunächst einen Schlüssel des Gerichts, um von Dienststunden unabhängig zu sein, denn vor nachts 2 Uhr verließ ich das Gericht selten und war um 8 Uhr schon wieder anwesend. Ich sortierte die Akten nach Dringlichkeit, setzte Termine an und begann buchstäblich, Tag und Nacht zu arbeiten. Nach etwa drei Monaten hatte ich zum Erstaunen der Kollegen und der Geschäftsstelle „die Platte geputzt" und musste nun meinerseits zu einer Mandeloperation ins Krankenhaus gehen. Anschließend durfte ich zur großen Freude der Familie meinen ersten Erholungsurlaub bei der Justiz antreten.

Arbeitsreiche Monate gab es auch beim Amtsgericht in Wiesbaden, wo ich u. a. alle Privatklagen zu bearbeiten hatte. Das sind die Strafsachen, bei denen die Staatsanwaltschaft das öffentliche Interesse an der Strafverfolgung, wie z.B. bei Beleidigungen, Verleumdungen oder Körperverletzungen, verneint und die Verletzten auf den Weg der Privatklage verwiesen hat. Hier werden Kübel von Schmutz aus den Hinter- oder Vorderhäusern, aber auch komplizierte

politische Auseinandersetzungen vor dem Gericht ausgebreitet. Selbst ich als langjähriger Soldat konnte hier noch dieses oder jenes Schimpfwort „hinzulernen". Manchmal musste ich mir ein Lächeln verkneifen.
Damals begann ich, mir eine Sammlung von „Aphorismen" und Zitaten anzulegen. Hier folgt zur Freude des Lesers eine kleine Auswahl: Der Alimentenprozess eines unehelichen Kindes veranlasste die Kindesmutter zu der Mitteilung: „Teile dem Gericht mit, dass ich inzwischen entbunden habe und wieder frisch geladen werden kann." – Ein Ehescheidungsprozess trieb einen Zeugen zu der verzweifelten Aussage: „Ich weise den Vorwurf des Ehebruchs als hirnverbrannt und mit Entrüstung zurück. Nach bestem Wissen und Gewissen hat ein GV meinerseits nicht stattgefunden, wozu ich infolge überwältigender Impotenz auch nicht in der Lage war!" – In einem Bauprozess erläuterte der Beklagte: „Ich gebe zu, dass das Klosettrohr einmal verstopft war. Dieses Rohr richtet der Kläger jetzt als Waffe gegen mich!" – Die Formulierungskünste von Anwälten treiben manchmal seltsame Blüten: „In Sachen pp teile ich auf die Anfrage mit, dass die Erben folgende sind: 1.) ... 2.) ... , die jedoch zwischenzeitlich gleichfalls verstorben sind, und zwar je zu gleichen Teilen."– Blumenreich wird beschrieben: „Auch durch andere Zeugenaussagen zieht sich der Ersatzwagen als roter Faden." – Im Ehescheidungsprozess ist „dem Beklagten lediglich die beschädigte Kommode als Ausschreitung nach dem letzten Verkehr vorzuwerfen." – Klassisch wird geschildert „dass die Beklagte, wenn sie in Wut geriet, selbst einen Götz von Berlichingen in den Schatten stellte." oder beanstandet, dass „der Kläger versucht, sein brutales Verhalten nunmehr in eine Ohrfeige zu kleiden." – Der oberhessische Anwalt entnimmt seine Vergleiche der bäuerlichen Küche: „Die Eltern der Beklagten schürten an ihrer Tochter." – Über fatale Folgen von Geschenken berichtet die Kindesmutter: „Er schenkte mir eine schöne große Uhr und ich ihm ein weißes Kissen mit der Stickerei ‚Heute nacht oder nie!', bis ich mich schließlich Mutter fühlte."

So weit, so gut! Im April 1955 wurde ich zum Landgericht in Frankfurt überwiesen und zum Beisitzer einer Wiedergutmachungskammer bestellt, einer Spezialkammer des Landgerichts, die für die Abwicklung der Rückerstattungssachen nach Gesetz Nr. 59 der Militärregierung eingerichtet worden war. Es handelte sich im Wesentlichen um die Rückübertragung meist jüdischen Vermögens, insbesondere von Grundstücken und Firmen, das die Betroffenen während des „Dritten Reiches" vor ihrer Auswanderung veräußert hatten, um die ihnen auferlegte „Reichsfluchtsteuer" bezahlen zu können. Die Problematik lag häufig darin, dass die Verkäufer, die aus politischen, rassischen, religiösen oder sonstigen Gründen unter Auswanderungsdruck standen, ihre Käufer in der unmittelbaren Nachbarschaft gesucht hatten. Mit ihnen waren sie nicht selten befreundet gewesen und gewannen auf diese Weise nicht nur überhaupt einen Interessenten, sondern noch dazu einen, der angemessene oder gar höhere Freundschaftspreise gezahlt hatte. Nach Kriegsende standen sich dann oft die Erben der damaligen Vertragspartner gegenüber, bei denen die persönlichen Bindungen nicht mehr gegeben oder bekannt waren oder jedenfalls nicht mehr anerkannt wurden. Das Gesetz räumte aber auch in solchen Fällen den Verfolgten oder ihren Rechtsnachfolgern mit ihren Ansprüchen Priorität ein. Zwar erfolgte die Rückerstattung immer Zug um Zug gegen Rückzahlung des damaligen Kaufpreises und Erstattung von Aufwendungen durch die Käufer, aber die oben geschilderte Währungsreform vom Juni 1948 hatte alle Geldansprüche, auch diese, im Verhältnis 10 : 1 abgewertet. Das bedeutete im Ergebnis, dass die Grundstücke und Firmen im Gegenwert von nur 10 % des Kaufpreises zurückübertragen wurden. Gesetzesinitiativen in Richtung einer Entschädigung der Rückerstattungsschuldner passierten den Bundestag nicht. Die Erbitterung vieler solcher Käufer, die damals ihren verfolgten Freunden oder Bekannten helfen wollten, ist verständlich. Bei Abwägung dessen, was die Auswanderer demgegenüber zu erleiden hatten, nämlich den Verlust ihrer Heimat und ihrer gesamten Habe, hat das Gesetz deren Rückerstattungsverlangen den Vorrang gegeben.

Bei der Abwicklung dieser Verfahren habe ich mich nicht selten mit Erfolg bemüht, zu einem vernünftigen Vergleich zwischen den Prozeßbeteiligten zu gelangen, der zum Beispiel in einer gewissen Nachzahlung durch die damaligen Käufer an die heutigen Anspruchsteller bestehen konnte. Natürlich gab es auch erbitterte Auseinandersetzungen mit solchen Erwerbern, die damals skrupellos die Notlage der Auswandernden ausgenutzt und die Preise schamlos gedrückt hatten. In solchen Fällen musste nach dem Buchstaben des Gesetzes entschieden werden.

Meine jahrelange Tätigkeit in dieser Spezialmaterie führte später dazu, dass mich der Vorsitzende des Beschwerdesenats des Oberlandesgerichts Frankfurt zunächst als Hilfsrichter in seinen Senat anforderte. Da ich jedoch soeben meine erste Planstelle am Landgericht meiner Heimatstadt Gießen eingenommen hatte und nach Jahren der Trennung endlich mit meiner Familie zusammenleben konnte, bin ich dieser an sich ehrenvollen Aufforderung, auch auf Bitten meines Kammervorsitzenden und insbesondere von Helga nicht gefolgt. Dasselbe galt für eine in Aussicht genommene Abordnung als wissenschaftlicher Hilfsarbeiter an einen Senat des Bundesgerichtshofs in Karlsruhe. Statt dessen folgte ich schließlich einem dritten Angebot, das meinem Berufsweg eine ganz andere, vorher überhaupt nicht geplante Wendung geben sollte. Doch darüber später.

Beim Landgericht Frankfurt wurde ich gelegentlich als Vertreter erkrankter Kollegen in anderen Zivil- oder Strafkammern eingesetzt. Das begrüßte ich insofern, als ich den Kontakt zu den übrigen Materien der ordentlichen Gerichtsbarkeit und ihren Themen nicht verlor:

Am 1. 11. 1957 wurde die Frankfurter „Edelprostituierte" Rosemarie Nitribitt ermordet. Ihr „Markenzeichen" war ein schwarzes Mercedes-Kabrio 190 SL, mit dem sie ihre Kunden „akquirierte". Sie legte genaue Kundenkarteien mit Fotos und Tonbändern an, die die Basis für Erpressungen, auch nach ihrem Tod, wurden. Einer ihrer Vertrauten, Heinz Pohlmann, wurde vier Monate nach dem Mord als mutmaßlicher Täter verhaftet, jedoch mangels Beweisen freigesprochen. In unserer Gerichtskantine war der Untersuchungsrichter beim Mittagessen wegen seiner Detailkenntnisse der Halbwelt aus dem von ihm geführten Verfahren Gegenstand des Interesses. Über den angeblich bundesweiten Kundenkreis der „Lebedame" wurde in der Boulevardpresse und auch anderswo spekuliert. Erich Kuby schrieb einen Nitribitt-Roman und das Drehbuch zu Rolf Thieles Film „Das Mädchen Rosemarie". Nadja Tiller spielte die Hauptrolle. Der Fall erlangte in der Bundesrepublik eine Klatschspalten-Berühmtheit. Man sprach vom „Seelendschungel der Auto-Erotik", in dem die „Rechenmaschinen-Mentalität des Wirtschaftswunders" geisterte. Der „Nitribitt-Mythos" reichte bis in unsere Tage und ermunterte 1996 Bernd Eichinger zu einer Wiederverfilmung mit der Schauspielerin Nina Hoss. Aber das meist noch ärmliche Milieu jener Tage konnte der Film nicht mehr reproduzieren. Die schmuddelige Wirklichkeit des Dirnenlebens, auch im „gehobenen" Bereich von Hotel- und Messeprostitution, sah selbst für Rosemarie Nitribitt nüchterner aus. Bei der Großen Strafkammer des Landgerichts hatte ich öfter das zweifelhafte Vergnügen, tiefe Einblicke in das erbärmliche Leben der Zuhälter und Dirnen in der Weser-Elbe-Straße-Gegend am Frankfurter Hauptbahnhof zu nehmen. Den „Damen" im Kurbadmilieu Wiesbadens ging es nicht viel besser. Zu Gerichtsterminen erschienen sie allerdings in eleganten Pelzmänteln und genossen dort ihren „Auftritt" als Zeuginnen.

Am 1. 10. 1958, also nach über fünf Jahren auswärtiger Tätigkeit, wurde ich Richter auf Lebenszeit bei dem Landgericht in Gießen und zum „Landgerichtsrat" ernannt. Das „Leben im Umherziehen" hatte ein Ende.

Beim Landgericht Gießen arbeitete ich vorwiegend in einer Zivilkammer. Dort werden vermögensrechtliche Streitigkeiten mit höherem Streitwert und auch Ehescheidungsverfahren behandelt. Letztere waren damals besonders unerfreulich, da wegen des noch geltenden Verschuldensprinzips die sogenannte „schmutzige Wäsche gewaschen" und festgestellt werden musste, wer an der Zerrüttung der Ehe schuld war. Dann musste über unappetitliche Einzelheiten Beweis erhoben werden. Die Sorgerechtsentscheidungen über den Verbleib der Kinder belasteten mich am meisten. Ich habe auch als Vormundschaftsrichter immer darauf hingewirkt, daß Geschwister zusammenblieben und nicht als Streitobjekte der Eltern auseinandergerissen wurden.

Einen wachsenden Anteil der Schadensersatzprozesse nahmen die Straßenverkehrsunfälle ein. Nichts ist schwieriger, als den Ablauf eines Verkehrsunfalls zu rekonstruieren, bei dem sich in Sekundenbruchteilen die Situation verändert. Was Zeugen aus der Erinnerung im Gerichtssaal bekunden, hält in seinem Kern vor Ort der Wirklichkeit häufig nicht stand.

Generell ist jedem Richter, Staatsanwalt und Rechtsanwalt mit einiger Prozesspraxis bekannt, dass der unsicherste Beweis der Zeugenbeweis ist. Die Zeugen sind oft leidenschaftlich der Ansicht, dass sie recht haben („Ich erinnere mich ganz genau! Und ich habe ein sehr gutes Gedächtnis!") und bereit zu beschwören, was falsch ist. Sie überschätzen nämlich ihr Wahrnehmungs- und Erinnerungsvermögen. Auf einem anderen Feld liegen die bewußten Falschaussagen, wenn Aussage gegen Aussage steht. Da der Richter kein Hellseher ist und nicht selbst an den zu beurteilenden Vorfällen teilgenommen hat, ist er auf die Glaubwürdigkeit der Zeugen und damit auf seine Erfahrung und Menschenkenntnis angewiesen. Gegenüberstellungen können zum Ziel führen. Manchem Zeugen steht die Lüge gewissermaßen auf der Stirn geschrieben. Es gibt auch „Meisterschauspieler" wie häufig im Leben. So kann es passieren, dass die Wahrheit nicht ans Tageslicht kommt. Das ist zu bedauern, aber manchmal nicht zu vermeiden, wenn keine anderen Beweismittel zur Verfügung stehen. Für mich war dieses Ringen um die Wahrheit der wichtigste, aber auch interessanteste Teil meines Berufes. Die Rechtsfragen spielen demgegenüber nur selten die Hauptrolle in den Prozessen, da sie in den Gesetzen hinreichend geregelt oder durch frühere Gerichtsurteile seit langem entschieden sind. So bleibt die sogenannte „Tatsachenfeststellung" das Zentrum jedes Straf- oder Zivilprozesses. Bei Laienrichtern wie Geschworenen oder Schöffen fehlen gelegentlich die Voraussetzungen für eine richterliche Tätigkeit. Unabhängiges Denken und Beurteilen von parteiisch vorgetragenen Standpunkten sind nicht jedermanns Sache. Ich habe zu Beginn eines Schwurgerichtsverfahrens erlebt, dass ein Geschworener, der im bürgerlichen Leben eine Rolle spielte und sehr von sich eingenommen war, vor der Eröffnung der Sitzung zu mir sagte: „Für mich ist der Angeklagte ein Mörder!" Ich habe ihn darauf aufmerksam gemacht, daß es Aufgabe der Verhandlung sei, dies erst einmal zu prüfen und festzustellen. Dieses „Vorurteil" konnte ich korrigieren. Wie oft wird das nicht möglich sein, weil der Betreffende es nicht offenbart.

Die Prozessstoffe folgten naturgemäß der Entwicklung der Lebensverhältnisse im Nachkriegsdeutschland. Viel Streit ergab sich aus den beengten Wohnverhältnissen. Mietprozesse beschäftigten die Gerichte jahrelang. Ebenso die zerrütteten Ehen, die während des Krieges übereilt geschlossen worden waren. Erst allmählich „normalisierten" sich die Rechtsstreitigkeiten.

In den sechziger Jahren wurde in der hessischen Justiz im Rahmen der Demokratisierung der Gerichtsorganisation auch die Institution des „Richterrats" geschaffen, vergleichbar dem Betriebsrat der nichtrichterlichen Beamten und Angestellten. Meine Kollegen wählten mich zum ersten Richterrat des Landgerichts Gießen. Das war sehr ehrenvoll für mich. Ich hatte keine Mühe mit diesem Amt. Meist ging es nur um die Auswahl des Ziels und der Organisation der Betriebsausflüge.

Bemerkenswert aus dieser Zeit ist für mich eine Fortbildungsveranstaltung für Richter im Landgerichtsbezirk Gießen zum Thema „Blutgruppengutachten", die in Abstammungs- und Unterhaltsprozessen als Beweismittel herangezogen werden. Vortragender war ein älterer Universitätsprofessor, dessen Namen ich vergessen habe. Er behauptete in einer Nebenbemerkung, dass es einen grundsätzlichen Intelligenzunterschied zwischen der weißen und der schwarzen Rasse gäbe bei einer nur geringen Überlappung mit gleicher Intelligenz, während das Gros jeweils höher (weiße Rasse) bzw. geringer (schwarze Rasse) intelligent sei. Eine wissenschaftliche Begründung hierfür gab er nicht. Er war erstaunlicherweise immer noch ein Anhänger des Überlegenheitsanspruchs der weißen Rasse, wie er in den USA im Zusammenhang mit der Sklaverei und in Deutschland mit der Verherrlichung der „Nordischen Rasse" und dem antisemitischen Rassenwahn entstanden war.

Im Rahmen des Zuständigkeitsbereichs unserer Zivilkammer übernahm ich die Betreuung der Amtsgerichtsbezirke Friedberg und Bad Nauheim. Seltsamerweise fand ich sehr viele Prozesse vor, die wegen ihres Aktenumfangs im Justizjargon „Dicke Schinken" genannt wurden. Mit einer Gewaltleistung machte ich ihnen jedoch in wenigen Wochen „den Garaus", da sie schon lange entscheidungsreif waren. Als Elvis Presley in meinem Bezirk 1958/59 seiner Wehrpflicht genügte und auch eine Privatwohnung besaß, bekam ich im Rahmen eines Schadensersatzprozesses einigen Einblick in seine Wohnverhältnisse. Auch der Kuraufenthalt eines arabischen Potentaten, der mit Harem und Hofstaat ein bekanntes Hotel der Region mietete, hatte prozessuale Nachwirkungen, die ich einer vergleichsweisen Regelung zuführen konnte. Insgesamt gestaltete sich die Zusammenarbeit in unserem Kollegium unter der Leitung des schon erwähnten Landgerichtsdirektors Dr. Scheld sehr harmonisch. Ich habe eine gute Erinnerung an diese Jahre. Persönlich verband mich mit Dr. Scheld später ein fast freundschaftliches Verhältnis, das sich auch auf Helga und unsere Kinder erstreckte, nachdem wir eines Tages in dasselbe Haus zogen, ein städtisches Hochhaus „Im Lärchenwäldchen 2".

Erwähnt werden muß auch die Ausbildung der Referendare, die mir immer sehr am Herzen lag. Allein beim Landgericht Gießen waren mir etwa 50 Referendare anvertraut. Die meisten haben es zu etwas gebracht, aber nicht nur, weil ich sie betreut habe!

IX. BEI KRUPP IN ESSEN
(1964 - 1987)

EINES Tages, im März 1963, meldete sich der oben schon erwähnte Mitschüler und -student Ehrhard Reusch telefonisch bei mir am Landgericht Gießen. Er war nach Studium und Promotion zur Industrie gegangen und jetzt Personalchef bei Krupp in Essen. Er fragte mich, ob ich an einer Tätigkeit im Leitungsbereich von Krupp interessiert sei. Wir vereinbarten zunächst ein Informationsgespräch in Gießen. Es stellte sich heraus, daß Berthold Beitz, der Generalbevollmächtigte des Firmeninhabers Alfried Krupp von Bohlen und Halbach, für das Zentralbüro des Direktoriums, des höchsten Führungsgremiums des Unternehmens, einen neuen Leiter suchte, der auch sein „Persönlicher Referent" sein sollte. Über ihn hatte ich in der Zeitung gelesen, dass er für die deutsche Wirtschaft und Politik vor allem Ostkontakte geknüpft hatte. Ehrhard Reusch versuchte, so gut das in wenigen Stunden möglich war, ein Bild vom jetzigen Unternehmen Krupp und von der fraglichen Tätigkeit zu zeichnen. Er erwähnte auch die beachtliche Dotierung und überließ mir einige Organisationspläne und Prospekte. Ich bat zunächst um Bedenkzeit. Vertiefte Kenntnisse von Industrieunternehmen hatte ich nicht, auch nicht von Krupp und seinen Inhabern. Klischees wie „Waffenschmiede des Deutschen Reiches", „Kanonenkönig" und „Dicke Bertha" verzerrten das Bild nur. Allerdings hatte ich nach dem Krieg neben den anderen Nürnberger Prozessen anhand von Presseberichten gelegentlich den Krupp-Prozess verfolgt, der 1947/1948 vor dem Militärgericht in Nürnberg stattfand.

Erst viel später habe ich gelesen, dass das Unternehmen 1943, während des Zweiten Weltkrieges, mit Ermächtigung Hitlers durch die sogenannte „Lex Krupp" von einer Aktiengesellschaft in ein „Familienunternehmen mit besonders geregelter Nachfolge" umgewandelt und Alfried Krupp von Bohlen und Halbach als „Kronprinz" der Familie, nach der Erkrankung seines Vaters Gustav, zum allein verantwortlichen Leiter des Hauses ernannt worden war. Nach dem Kriege wurde er dann von den Alliierten in Nürnberg zusammen mit maßgeblichen Persönlichkeiten des Unternehmens im sogenannten „Krupp-Prozeß" vor Gericht gestellt. Die Anklage lautete in Punkt I. auf „Verbrechen gegen den Frieden" durch Planung und Durchführung von Angriffskriegen und in Punkt IV. auf „Verschwörung, solche Verbrechen gegen den Frieden begangen zu haben". Von diesen Vorwürfen, die sich ursprünglich gegen den inzwischen haftunfähigen Gustav Krupp von Bohlen und Halbach gerichtet hatten, wurden die Angeklagten freigesprochen. Punkt II. der Anklage lautete auf „Ausraubung" durch widerrechtliche Inbesitznahme von westeuropäischen und anderen Betrieben und Punkt III. auf „Zwangsarbeit" durch Verletzung des Kriegsrechts durch Beschäftigung von Kriegsgefangenen, Deportierten und KZ-Insassen. Am 31. 7. 1948 wurde Alfried Krupp zu zwölf Jahren Gefängnis nebst Einzug seines gesamten Eigentums verurteilt. Er befand sich vom 11. 4. 1945 bis zum 10. 2. 1951 in Haft. Der amerikanische Hochkommissar John J. Mc Cloy begnadigte ihn und 101 andere Verurteilte am 31. 1. 1951. Außerdem ordnete er die Rückgabe des beschlagnahmten Vermögens von Alfried Krupp an, da er sonst über alle anderen durch die Nürnberger Gerichte Verurteilten hinaus betroffen gewesen wäre. Mc Cloy „neigte zu der Auffassung, daß der Sohn den Platz seines Vaters auf der Anklagebank überwiegend deshalb einnahm, weil sein Vater auf dem Totenbett lag." Auch fand er es „sehr zweifelhaft, daß er irgendwelche Verantwortung für den Einsatz von Sklavenarbeitern in der Kruppschen Fabrik trug." Er meinte: „... Jede Fabrik im Ruhrgebiet, gleich welcher Größenordnung, hatte Zwangsarbeiter, die von der Regierung zugeteilt und von SS und SD beaufsichtigt wurden, und die Betriebe selbst hatten wenig, wenn überhaupt etwas mit den Bedingungen zu tun, unter denen sie arbeiten mussten."[1)]

Alfried Krupp versuchte nach seiner Entlassung aus amerikanischer Haft und Aufhebung der Beschlagnahme seines gesamten Vermögens seine Werke wieder in Gang zu bringen. Im Wege stand ihm dabei das Gesetz Nr. 27 der Alliierten Hohen Kommission, das die deutschen Monopole, insbesondere im Bereich der Grundstoffindustrien Kohle und Stahl, zerschlagen und die Eigentümer zum Verkauf ihrer Anteile zwingen sollte. Mit Krupp begannen die entsprechenden Verhandlungen in Mehlem, dem Sitz der Alliierten Hochkommissare, im September 1951. Nach langwierigen Auseinandersetzungen wurde der Vertrag, der die Zukunft von Krupp regelte, am 4. 3. 1953 unterschrieben. Alfried Krupp wurde verpflichtet, die Montanbeteiligungen (Kohle und Stahl) seiner Firma zu verkaufen. Drei angesehene deutsche Treuhänder „ohne Nazivergangenheit" wurden bestimmt (Reichskanzler a. D. Hans Luther und die Bankiers Herbert Lubowski und Carl Goetz). Sie sollten die Beteiligungen innerhalb von fünf Jahren an „unabhängige Personen" verkaufen. Trotz mehrfacher Fristverlängerungen fand sich niemand, der bereit war, Krupp-Vermögen zu kaufen. Schließlich (1968) wurde die Verkaufsauflage aufgehoben.

Alfried Krupp kümmerte sich sofort nach seiner Entlassung um Aufträge auf dem Weltmarkt und um seine Belegschaft. Bei einem Verhältnis von 16.000 Arbeitern zu 16.000 Pensionären sorgte er dafür, dass die Rentenzahlungen nicht komplett gestundet, sondern zunächst auf 50% begrenzt und innerhalb eines Jahres wieder auf den vollen Betrag gesteigert würden. Er appellierte an den alten Krupp-Geist und forderte die Facharbeiter auf, an ihre Arbeitsplätze zurückzukehren. Obwohl er jetzt keine attraktiven Löhne bieten konnte, verdoppelte sich die Belegschaft, verdoppelte sich nochmals und wuchs dann pro Monat um tausend Mann an. Für sie alle war seine Haltung in der Frage der Rentenzahlungen ein Beweis dafür, dass er „ein echter Krupp" war, der sich um seine Arbeiter kümmerte.[2)]

Auf meine Entscheidung konnten alle diese mir damals noch nicht bekannten Geschehnisse natürlich keinen Einfluß haben. Ich entschloß mich vielmehr unabhängig davon, das sicher interessante Angebot abzulehnen. Ich begründete es damit, dass mir meine jetzige Tätigkeit sehr gefiele und mir meine richterliche Unabhängigkeit einige tausend Mark im Monat wert sei. Damit war dieser „Anschlag" für mich erledigt.

Etwa ein Jahr später, im Februar 1964, trat der „Versucher" wieder an mich heran. Er fragte, ob ich nicht einmal einen unverbindlichen Besuch in Essen machen wolle, um mir Firma und Menschen anzusehen. Das fand ich immerhin interessant und fuhr Anfang März ins Ruhrgebiet. Dort führte ich Gespräche mit meinem noch amtierenden Vorgänger, der Vorstandsmitglied bei einer Tochtergesellschaft werden sollte, mit dem Finanzchef Arno Seeger und mehreren Stabsabteilungsleitern der Konzernleitung, schließlich mit Herrn Beitz selber, der Ehrhard Reusch und mich in seine Wohnung einlud. Auch Frau Beitz war anwesend. Ich machte in dem Gespräch darauf aufmerksam, dass ich bisher noch nicht in der Industrie gearbeitet hätte. Natürlich könne ich als Richter logisch und unabhängig denken. Herr Beitz fand es gut und wünschenswert, dass ich auch in der in Aussicht genommenen Position „wie ein Richter" und frei von internen Einflüssen agieren sollte. Es wurde auch über die für mich „märchenhafte" Dotierung meiner etwaigen Tätigkeit gesprochen. Aber für mich war viel wichtiger, ob ich den Anforderungen der neuen Stelle gewachsen sein würde, bat wieder um Bedenkzeit und reiste mit einem Kopf voller Überlegungen nach Gießen zurück.

Berthold Beitz hinterließ bei mir den Eindruck eines dynamischen Unternehmers mit Herz. Ich konnte mir vorstellen, dass es sehr interessant sein würde, mit ihm und für ihn in einem für mich ganz neuen Lebensbereich zu arbeiten. Erst später erfuhr ich auch etwas über seine Tätigkeit als Leiter der deutschen Karpathen-Öl AG in Boryslaw im besetzten Polen während des Zweiten Weltkrieges. Er rettete dort unter persönlichem Einsatz zahlreiche polnische Juden, die bei ihm arbeiteten oder ihn um Hilfe baten, vor der Ermordung oder der Deportation nach Auschwitz oder in andere Vernichtungslager. Einige dieser Menschen habe ich später in Essen kennengelernt. Sie haben mir anschaulich geschildert, wie Berthold Beitz sie buchstäblich in letzter Minute aus dem Deportationszug herausgeholt hat, wie dies später in dem Film „Schindlers Liste“ von Steven Spielberg in erschütternder Weise dargestellt worden ist.[3)]

Zu allen meinen Fragen holte ich den Rat von Verwandten und Freunden ein, deren Urteil mir viel bedeutete, darunter den meines Onkels Dr. Ermbrecht Rindtorff, Aufsichtsratsvorsitzender und Vorstandsmitglied in der chemischen Industrie des Ruhrgebiets. Er hielt mir vor Augen, dass ich eine sichere Beamten- gegen eine riskante Industrieposition tauschen würde. Für einen Wechsel sprach, dass das Ruhrgebiet das Zentrum der Schwerindustrie und wichtiger wirtschaftlicher Aktivitäten der Bundesrepublik war. Hier, in der Nähe der Bundeshauptstadt Bonn, wurde die Zukunft maßgeblich gestaltet. Sicher spielten bei der damals noch knappen Beamtenbesoldung auch finanzielle Überlegungen eine Rolle, denn wir hatten vier Kinder und sahen die neuen wirtschaftlichen Möglichkeiten. Aber ausschlaggebend war das nicht. Keiner konnte mir die Einschätzung darüber abnehmen, ob ich mich der neuen Tätigkeit und ihren Anforderungen gewachsen zeigen würde. Es galt auch zu bedenken, ob wir Gießen, unsere Heimat, mit ihren vielfältigen Bindungen und dem bescheideneren Milieu einer gesunden Mittelstadt verlassen sollten und ob die ganz anderen Lebensverhältnisse in der Großindustrie, die wir selbst noch nicht kannten, unseren Kindern zuträglich sein würden. Mein Kammervorsitzender Dr. Scheld riet mir zu einem Wechsel, obwohl er mich nur ungern gehen ließ. Damals war ich 40 Jahre alt. Wenn, dann musste ich jetzt „umsteigen“. Helga war bereit, alles mitzumachen, wenn mir nur die neue Arbeit zusagen würde. So beschlossen wir denn unter Zurückstellen mancher Bedenken schließlich, den Schritt ins Unbekannte zu wagen. Ich tat damit etwas, das heute gang und gäbe ist, nämlich einen zweiten Beruf zu ergreifen.

Mein Entlassungsgesuch aus dem Staatsdienst zum 31. März 1964 richtete ich Anfang März 1964 an den Hessischen Justizminister in Wiesbaden, der mir mit feierlicher Urkunde „für die dem Lande Hessen geleisteten treuen Dienste

Dank und Anerkennung" aussprach. Mir wurde auch, wie üblich, gestattet, meine bisherige Amtsbezeichnung („Landgerichtsrat") mit dem Zusatz „außer Dienst (a. D.)" zu führen, was bei der im Ruhrgebiet gegebenen Titelbewertung, insbesondere bei den „Bergassessoren", für mich von gewisser Bedeutung war. Von meinem Landgerichtspräsidenten erhielt ich ein Dienstleistungszeugnis, das mir in anerkennenden Worten alle möglichen Qualitäten attestierte, die mein „Ausscheiden aus dem Dienst nur bedauern" ließen. Diese Bemerkung kann daran gemessen werden, dass mein Dezernat nach meinem Weggang sofort geteilt und mit zwei Richtern besetzt wurde, die mein bisheriges Arbeitspensum nun gemeinsam erledigen konnten.

Vor meinem Wechsel suchte ich im Justizministerium in Wiesbaden den für die Richter zuständigen Ministerialrat auf, um mich zu verabschieden. Er erklärte mir unaufgefordert, daß ich mich gegebenenfalls um Wiedereinstellung in den Staatsdienst bewerben könne, wo man für einen um Industrieerfahrung „angereicherten" ehemaligen Richter jederzeit Verwendung finden würde. Das war eine beruhigende „Rückfahrkarte", die meiner Unabhängigkeit bei Krupp diente. Herr Beitz reagierte auf meine Zusage mit einem netten Brief (s. Fototeil). Er habe sich über meine Entscheidung, „den Tanz mit ihm zu wagen", sehr gefreut und sei überzeugt, dass wir ausgezeichnet zusammenarbeiten würden. Schon Anfang März 1964 erhielt ich einen von Herrn Beitz bereits unterschriebenen Dienstvertrag für die Dauer von drei Jahren mit einer für meine damaligen Verhältnisse sehr hohen Dotierung, die mir den Abschied von der Justiz „versüßte". Ich erhielt den Rang eines „Abteilungsdirektors" mit Prokura der Konzernleitung, was in der kruppschen Führungshierarchie einen hohen „Seiteneinstieg" bedeutete. „Schwimmen" musste ich dann allerdings selbst. Das gelang mir in dieser Position mit ihren besonderen Anforderungen immerhin 15 Jahre lang. Später wurde ich auch ein sogenannter „Volldirektor", d. i. der Rang unter dem Konzernvorstand.

Im Einzelnen habe ich der Reihe nach für Herrn Beitz und die späteren Vorstandsvorsitzenden der Fried. Krupp GmbH Vogelsang, Krackow, Mommsen und Petry gearbeitet und damit besonders wichtige und zum Teil dramatische Phasen der kruppschen Unternehmensgeschichte an zentraler Stelle begleitet. Wer Führungsstrukturen in der Industrie kennt, kann ermessen, was das in der Praxis bedeutet. Ich komme noch darauf zurück.

In einer Anwandlung von Galgenhumor formulierte ich am 8. 12. 1972, d. h. während einer besonders kritischen Übergangsphase in der Vorstandsspitze, in der äußeren Form einer „Mitteilung“ folgende Verlautbarung: "Die Zahl der Vorstandsvorsitzenden bei Krupp, die ich bereit bin einzuarbeiten, begrenze ich hiermit auf 5 (in Worten: fünf)“. Dieses Machwerk gab ich mit einem offiziellen Umlaufzettel des Zentralbüros in Vorstandsumlauf, von wo er mit den Abzeichnungen aller Vorstandsmitglieder an mich zurückkam (ich besitze dieses „Dokument“ noch !). Disziplinare Folgen hatte dieser Unsinn nicht, weil die Mitglieder des Vorstands humorvoll genug waren, ihn einfach passieren zu lassen. Das „Werk“ sickerte auf wundersame Weise durch den Konzern und erfreute die im Alltag gestressten Leser. Übrigens habe ich meine mir selbst gesetzte Grenze de facto „eingehalten“, wie man nachzählen kann.

Am 31. März 1964 trat ich mit Helga die Reise ins Ruhrgebiet an, um dieses Abenteuer unseres Lebens zu beginnen. Der Zug fuhr an Fördertürmen und Schornsteinen vorbei in Essen ein, das nun unsere neue Heimat werden sollte. Ich bezog zunächst ein Zimmer , bis wir in die von uns schon ausgesuchte kruppsche Wohnung einziehen konnten. Diese Wahl haben wir wegen der schönen Lage in Bredeney oberhalb des „Hügelparks“ und des Baldeney-Sees nie bereut, auch wenn mein Schwager Gernot das Haus als eine „Mischung von Villa und Knusperhäuschen“ bezeichnete.

Unser Familienleben veränderte sich im August 1964, als unser Haus in Essen endlich bezugsfertig war und der Umzug stattfinden konnte. Auch für meine Mutter war bald eine Apartment-Wohnung in einem nahen Krupphaus gefunden. Der Weggang von Gießen und den insbesondere für die Kinder harmonischen Verhältnissen im Lärchenwäldchen mit den vielen Spielgefährten, der Abschied von den Großeltern und Freunden mussten bewältigt werden. Das Eingewöhnen in die neue Welt in Essen vollzog sich aber schnell. Der Ortsteil Bredeney hat zwei Gesichter. Er ist einerseits eins der vielen Dörfer, aus denen Essen im Laufe seiner Geschichte zusammengewachsen ist, mit eigenem Markt und Rathaus, mit eigenen Schulen, Friedhöfen und Kirchen und einer teilweise ländlichen oder kleinstädtischen Bevölkerung. Andererseits gibt es „Prominentenviertel“, wo die sogenannten „Großkopfeten“ und Reichen, auch „Neureichen“, wohnen. Unser Haus liegt glücklicherweise abseits dieser Bereiche.

Ende Januar 1965 hatten endlich die letzten Handwerker unser Haus verlassen. Aber bereits am 6. März 1965 brannte es. Ich lag krank im Bett, und die kleine Johanna schlief noch. Die anderen Kinder waren in der Schule und Helga zum Einkaufen in der Stadt. Meine Mutter kam vormittags zu uns und bemerkte einen Brandgeruch im Haus. Wie oben erwähnt, hatte ich schon 1927 einen Dachstuhlbrand erlebt. Wie damals weckte mich meine Mutter. Ich stellte im Obergeschoß den Brandherd fest und alarmierte sofort die Feuerwehr. Die war zufälligerweise zu einer Übung ausfahrbereit aufgesessen und brauchte nur noch loszufahren. Binnen zwei Minuten stand sie vor unserem Haus und konnte mit den Löscharbeiten beginnen. Trotzdem war der Dachstuhl durch einen Kabelbrand stark beschädigt. Angelikas Zimmer im Dachgeschoss war am meisten betroffen. Leider wurden auch das Harmonium meines Großvaters und eine Kiste mit meinen wichtigsten Erinnerungsstücken, wie Kriegsbriefen, zerstört. Das Haus war unbewohnbar. Wir mussten es sofort verlassen. Glücklicherweise stand nebenan eine Doppelhaushälfte frei, die uns der Nachbar zur Verfügung stellte. So konnten wir unsere Möbel unterbringen, in vertrauter Umgebung wohnen und die Baumaßnahmen überwachen. Dank den Krupp-Baubetrieben war das Haus bald wieder bezugsbereit. Im August 1965 zogen wir ein, zum zweiten Mal innerhalb eines Jahres.

Am 1. April 1964 also meldete ich mich in der Hauptverwaltung von Krupp in der Altendorfer Straße 103 bei Herrn Beitz zum Dienstantritt. Das geschah mit gemischten Gefühlen, da mir ja alles in der neuen Umgebung fremd war. Ich hatte aber in der Person von Ehrhard Reusch eine großartige Anfangsunterstützung, zumal er früher auch einmal meine jetzige Funktion innegehabt hatte. Ich hielt mich nicht lange mit wehmütigen Erinnerungen an das ganz andere Justizdasein auf, sondern versuchte, mich möglichst schnell in mein neues Tätigkeitsgebiet einzuarbeiten.

Meine erste Aufgabe war kurioserweise, an der sog. „Jubilarrede" mitzuarbeiten, die der Firmeninhaber Alfried Krupp von Bohlen und Halbach damals jährlich im Essener Saalbau vor den Jubilaren des Unternehmens und vor der Wirtschaftspresse hielt, übrigens in Anwesenheit der letzten noch lebenden Krupp-Tochter Barbara Freifrau von Wilmowski geb. Krupp und ihres Ehemannes Thilo Freiherrn von Wilmowski. Nach seiner Rede verteilte der Firmeninhaber zusammen mit Herrn Beitz an alle anwesenden Jubilare mit 25jähriger Dienstzeit silberne Ehrennadeln in der Form des Firmenzeichens, der „Drei Ringe". Die 50jährigen Jubilare erhielten aus seiner Hand eine goldene Uhr in seinem persönlichen Büro. Die ältesten Jubilare empfing Alfried Krupp im Rahmen einer besonderen Einladung zur Empfangnahme goldener Ehrenplaketten in seiner Privatwohnung.

Für die Jubilare, oft in der dritten oder vierten Generation sogenannte „Kruppianer", war das noch anfangs der 60er Jahre ein besonderes Ereignis in ihrem Leben. Man muss sich vor Augen halten, dass die Firma Krupp seit 1811 existierte und nach und nach eine umfassende Betreuung ihrer Mitarbeiter einrichtete, die von der Wiege bis zur Bahre dauern konnte, von der Geburt in den „Krupp Krankenanstalten“, über die Wohnung vom „Kruppschen Wohnungsbau“, dem ein großer Teil Essens gehörte, den preiswerten Lebensunterhalt von der „Krupp Konsumanstalt“ bis zur Altersversorgung durch das kruppsche Sozialwerk und den Lebensabend im „Altenhof“, einem Stadtviertel auf kruppschem Grundbesitz. Ein alter „Kruppianer“ erzählte mir, dass früher in Essen Heiratsannoncen mit dem Zusatz erschienen seien: „Kruppianer angenehm.“ Interessanterweise habe ich selbst noch erlebt, dass Polizeibeamte kruppsche Dienstwagen mit den für das Unternehmen vorbehaltenen Kennzeichen „E-RZ“ (für „Erz“) grüßten oder bei allgemeinen Verkehrskontrollen durchwinkten, weil solche Autos bekanntermaßen durch die „Krupp Verkehrsstelle“ gut gepflegt wurden. Alfried Krupp fuhr seinen Porsche mit dem Kennzeichen „E-RZ 1“ übrigens selbst von seiner Wohnung zur Hauptverwaltung.

Zurück zur „Jubilarfeier“: Die einzige offizielle Verlautbarung des Hauses gegenüber der Öffentlichkeit war keine Rechtspflicht des Alleininhabers des kruppschen Vermögens. Er tat dies aber im Interesse der Einblicknahme durch Behörden, Banken und Kunden. Natürlich waren die meisten Konzernunternehmen, je nach Rechtsform, verpflichtet, Berichte zu veröffentlichen, aber die Betrachtung des Gesamtunternehmens erlaubte eben nur die traditionelle „Jubilarrede“. Krupp war gewissermaßen die letzte „absolute Monarchie“ Deutschlands, die sich zwar an die Gesetze halten musste, sich aber grundsätzlich niemandem gegenüber zu rechtfertigen brauchte. Später änderte sich das, worüber noch berichtet werden wird.

Es war eine sehr komplexe Aufgabe, die viel Fingerspitzengefühl erforderte, einen solchen Bericht zu erarbeiten. Wohl konnte ich an meinem ersten Tag bei Krupp nichts Maßgebliches zu dessen Formulierungen beitragen. Einen Satz aber steuerte ich dem Werk doch bei, der in seiner Allgemeinheit in fast jeden Zusammenhang passt: „Dennoch müssen auch wir uns immer wieder neu anpassen!“ Mit vorsichtiger Genugtuung hörte ich dann den Firmeninhaber meinen „Geistesblitz“ der andächtig lauschenden Zuhörerschaft vortragen. Der Satz erlangte im Team der Redenschreiber (neudeutsch: „Ghostwriter“) eine scherzhafte Berühmtheit und wurde immer wieder zitiert bzw. bei den Beratungen freundschaftlich-arglistig zur Debatte gestellt. („Herr Reinhold, sollten wir nicht … ?“)

Als „Leiter des Zentralbüros des Direktoriums“ hatte ich eine Schlüsselstellung in der Konzernleitung inne. Formal musste ich die Tagesordnungen für die Direktoriumssitzungen aufstellen und Protokoll führen, die Beschlußfassungen umsetzen und nachhalten. Ich sah sehr bald, daß es zu bestimmten Projekten unterschiedliche Intentionen und Vorstellungen gab, wie das wohl in allen Führungsstrukturen dieser Welt, in Politik, Wirtschaft, Wissenschaft, Verwaltung und Militär, der Fall ist. In diesem Spannungsfeld war es oft schwierig, aus dem Gesprächswust der Sitzungen den Willen oder gar die Beschlußfassung herauszufiltern und zu formulieren. Dabei habe ich das Rezept verfolgt, meine eigene Erkenntnis der Abläufe („wie ein Richter“) zu Grunde zu legen. Gelegentlich gab es Auseinandersetzungen, wenn ich meine Protokollentwürfe den Sitzungsteilnehmern zuleitete („Das habe ich nie gesagt!“ oder „Das haben wir so nicht beschlossen!“). Das führte dann aber meist zur Klärung, gegebenenfalls zu einer anderen Entscheidung. Gelang das nicht, wurden die Dinge ausgespart oder pragmatisch, das heißt mit gesundem Menschenverstand, geregelt.

Interessant war mir die Teilnahme an den jährlichen Sitzungen bei dem Firmeninhaber, in denen ihm das Direktorium den konsolidierten Jahresabschluss vortrug und erläuterte.

Wichtig für die tägliche Arbeit war der Kontakt zu den Vorstandsmitgliedern und Geschäftsführern der einzelnen Konzernunternehmen. Ich habe viel Zeit für die Gespräche mit dieser Führungsebene aufgewandt, was sich für die Zusammenarbeit sehr gut ausgewirkt hat. Dasselbe gilt für die Stabsabteilungsleiter in der Konzernleitung, die sogenannte „Zweite Ebene“. Ich war ja eine Art „Kupplung“ zwischen Vorstand und Konzern, die nur funktioniert, wenn sie „geölt“ ist. Dazu gehörte auch der Kontakt zu den verschiedenen Sekretariaten mit ihren oft eigenwilligen oder eigenartigen Damen, die sich in Garderobe und Frisuren mit ihrer modischen Eleganz und aktuellen Ausgestaltung deutlich von dem Erscheinungsbild meiner Protokollführerinnen bei der Justiz abhoben. Meine Arbeit brachte es mit sich, dass mich Kollegen und Geschäftsführer aus dem Konzern um Rat fragten. Mit zunehmender Erfahrung konnte ich da manche Antwort geben. Oft suchte jemand auch nur ein Gespräch. Wurde es schwierig, beriet ich mich mit meinem Kollegen Ehrhard Reusch, dem das Ressort „Seelsorge“ zustand. Auf diese Weise haben wir jahrzehntelang vertrauensvoll und ungetrübt zusammengearbeitet, dabei auch kritische und offene Worte gewechselt bis hin zum allerdings nicht ganz ernst gemeinten Zitat des „Götz von Berlichingen“, zur Freude oder zum Erstaunen zufälliger Zuhörer.

Die äußeren Arbeitsbedingungen im Zentralbüro waren für mich, gemessen an den Verhältnissen bei der Justiz, ungewohnt großzügig und elegant. Mein Arbeitszimmer lag in der berühmten „Dritten Etage", nur durch zwei Büros vom Zimmer von Herrn Beitz getrennt, das sich wiederum neben dem Zimmer des Firmeninhabers auf der gegenüberliegenden Seite des Flurs befand. Mein Schreibtisch war doppelt so groß wie der bei der Justiz. Ich hätte eine Modelleisenbahn darauf fahren lassen können. Drei tüchtige Sekretärinnen und viele Telefone standen mir zur Verfügung.

Die beschriebene Anordnung der Arbeitsräume brachte es mit sich, dass ich dem Firmeninhaber Alfried Krupp von Bohlen und Halbach, der mit „Herr von Bohlen" angeredet wurde, öfter auf dem Flur begegnete und ihm, wenn Herr Beitz sich im Urlaub befand, auch unmittelbar zuarbeiten, d. h. auch persönlich vortragen musste. „Alfried" oder „AK", wie er im Hausjargon genannt wurde, war ein vornehmer ernster Herr von damals 57 Jahren, der mir höflich und liebenswürdig entgegenkam. Als ich ihm nach unserem schweren Unfall zum ersten Mal wieder ohne Stöcke begegnete, sagte er zu mir: „Ich gratuliere Ihnen zu dieser Leistung, Herr Reinhold!"

In meiner ersten Zeit bei Krupp ging ich, wenn immer es meine Arbeit erlaubte, auf Reisen durch die Bundesrepublik, um die einzelnen Konzernunternehmen und deren Leiter kennenzulernen. Der Konzern beschäftigte damals rund 120.000 Mitarbeiter in den unterschiedlichsten Sparten. Es gab gewissermaßen nichts, was bei Krupp nicht hergestellt wurde. Das weltbekannte Firmenzeichen bestand aus drei ineinander verschlungenen Ringen, die die von Alfred Krupp (1812-1887) persönlich in der Zeit von 1851 bis 1852 entwickelten nahtlos geschmiedeten Eisenbahnräder repräsentieren und Krupps technische Vielfalt symbolisieren.

Als Grundlage meiner Tätigkeit musste ich mich möglichst schnell hiermit vertraut machen. Bergbau und Stahlproduktion, Industrieanlagengeschäft und Maschinenbau, Handel, Schiffs- und Flugzeugbau waren die wichtigsten Geschäftssparten. Waffen wurden nicht mehr produziert. Das unzerstört gebliebene Gebäude der Artilleriekonstruktion, die Wirkungsstätte des sogenannten „Kanonen-Müller", beherbergte seit Kriegsende die Hauptverwaltung der Konzernleitung neben dem später abgerissenen Turmhaus. In diesem Rahmen spielte sich meine Arbeit Jahr für Jahr ab.

Eine besonders interessante Dienstreise unternahm ich im Juni 1966 nach Rom, um dem Generaloberen des Jesuitenordens, dem Spanier Pedro Arrupe, einen Firmen-Jet (HS 125) für einen Flug nach Essen zu überbringen, wohin ihn Alfried Krupp eingeladen hatte. Die Bekanntschaft der beiden Herren rührte von einer Japanreise des Firmeninhabers her, bei der er der dortigen Jesuiten-universität (Sophia University) in Tokio eine namhafte Spende gemacht hatte. (Alfried Krupp selbst war evangelischer Konfession.) Ich benutzte diese Reise gern, um Ornella Fussi geb. Missiroli wiederzusehen und auch ihre Familie kennenzulernen.Wie ich oben geschildert habe, hatte ich im September 1944 in dem kleinen Dorf San Zaccharia bei Milano Marittima bei der Familie Missiroli im Quartier gelegen. Bei der Landung im Flughafen Ciampino wurde ich von Ornella und ihrem Ehemann empfangen, was für Ornella und mich ein Wiedersehen nach 20 Jahren war. Ich wurde von Familie Fussi gastfreundlich betreut. Dazu gehörte eine „Sightseeingtour" durch Rom, das ich zuletzt 1944 unter ganz anderen Umständen durchfahren hatte. Vor allem haben wir alte Zeiten besprochen und Fotos beider Familien und sogar einen Schmalfilm von San Zaccharia besichtigt.

In der Residenz des Jesuiten-Ordens machte ich dem Generaloberen meine Visite und erläuterte ihm die Modalitäten der Hin-und Rückreise. Arrupe war eine beeindruckende Persönlichkeit. Äußerlich von fast gebrechlicher Gestalt strahlte sein durchgeistigtes Gesicht hohe Intelligenz und menschliche Zuwendung aus. Später war mir Arrupe bei der Lösung einer humanitären Angelegenheit mit der DDR behilflich.

Der Konzern kam seit etwa 1966 zunehmend dadurch in finanzielle Schwierigkeiten, dass er für seinen stark expandierenden und auch gewinnbringenden Export aus dem eigenen Kreditvolumen vielen ausländischen Kunden ihre Anzahlungen zwischenfinanziert hatte und die Banken nicht mehr bereit waren, ein derartiges zusätzliches Volumen ohne weitere Sicherheiten zu gewähren. Der Zugang zum Kapitalmarkt war zudem durch die damalige Rechtsform (Eigentümer: „Der Kaufmann Alfried Krupp"; keine Aktien-Gesellschaft!) erschwert. Es kam daher im März 1967 zu Verhandlungen mit der Bundesregierung unter der Federführung von Bundeswirtschaftsminister Prof. Dr. Karl Schiller (SPD), dem Land Nordrhein-Westfalen und 28 Banken, die in zeitlich und sachlich genau umgrenzten Überbrückungsmaßnahmen mündeten. Das Sofortprogramm lautete:

Die Bundesregierung räumt der Firma Krupp eine Bürgschaft in Höhe von 300 Millionen DM ein, um die Finanzierung von Exportaufträgen sicherzustellen.

Die Banken geben dem Unternehmen weitere 100 Millionen DM Exportkredit und verpflichten sich, ihre Kreditlinien gegenüber Krupp bis zum 31. 12. 1968 nicht zu verändern.

Das Land Nordrhein-Westfalen räumt der Firma Krupp eine weitere Bürgschaft in Höhe von 150 Millionen DM ein, um dem Unternehmen zu helfen, kurzfristige Verbindlichkeiten auf dem „Euro-Dollar-Markt" in mittelfristige umzuwandeln.

Die Bürgschaften brauchten nie in Anspruch genommen zu werden, da unter ihrem „Schutz" die geforderten Maßnahmen, zum Teil vorfristig, getroffen werden konnten. Dagegen hatte Krupp hohe Bereitstellungsprovisionen an die Bürgschaftsgeber Bund und Land Nordrhein-Westfalen zu zahlen. Steuergelder sind in diesem Zusammenhang also niemals an Krupp geflossen, wie damals, in Unkenntnis der Begriffe, manchmal behauptet wurde.

Der „Preis" für die Gesamtregelung bestand darin, dass sich der Firmeninhaber verpflichten musste, sein Vermögen, gegebenenfalls über eine Stiftung, in eine Aktiengesellschaft oder GmbH einzubringen und umgehend einen Verwaltungsrat zu berufen, der mit den Rechten und Pflichten des Aufsichtsrats einer Aktiengesellschaft auszustatten war. Dies bedeutete einen tiefgreifenden Einschnitt in die Führungsstruktur des Unternehmens. Die Zeit der „absoluten Monarchie" war zu Ende.

Bereits im September 1966 war das Testament des Firmeninhabers Alfried Krupp entstanden, mit dem er die Einbringung seines gesamten Vermögens in eine gemeinnützige „Alfried Krupp von Bohlen und Halbach-Stiftung" verfügte. Sein einziger Sohn Arndt von Bohlen und Halbach, den ich auch kennengelernt habe, hatte auf sein Erbrecht gegen Gewährung gewisser Zahlungen verzichtet und so das Gesamtkonzept erst ermöglicht. Es war das Verdienst von Berthold Beitz, ihn von der Notwendigkeit und Richtigkeit dieser Entscheidung überzeugt zu haben.

Alfried Krupp starb am 30. Juli 1967 in seiner Villa in Essen an Krebs. Dort hatte er zurückgezogen gelebt, nur von einem Dienerehepaar betreut. Die Anteilnahme der Belegschaft und der Öffentlichkeit war groß. In einer eindrucksvollen Trauerfeier in der Villa Hügel hielt der amtierende Bundestagspräsident Eugen Gerstenmaier, der nach dem 20. Juli 1944 als Angeklagter vor dem Volksgerichtshof Roland Freislers gestanden hatte, die Gedenkrede, worum ihn Berthold Beitz gebeten hatte. In seinen Memoiren schreibt Gerstenmaier[4)]: „Nicht des mächtigen Konzerns wegen sagte ich zu, sondern als späten Dank für die noble Haltung, mit der der junge Krupp die Strafe des Alliierten Militärgerichtshofs in Nürnberg, die seinem kranken Vater galt, auf sich genommen hatte." Alfried Krupp von Bohlen und Halbach ruht neben seinen Vorfahren im Familienfriedhof in Essen-Bredeney.

Es ist besonders tragisch, dass Alfried Krupp kurz vor seinem Tod noch die Krupp-Krise mit ihren zum Teil demütigenden Begleitumständen erleben musste. Berthold Beitz hat als Testamentsvollstrecker und als Vorsitzender des Kuratoriums der Krupp-Stiftung, die gleich nach dem Tod des letzten Firmeninhabers gegründet wurde, die Wahrung der Firmentradition übernommen. Die Anteile der neuentstehenden Fried. Krupp GmbH, in die das gesamte Firmenvermögen eingebracht wurde, lagen nun bei der Krupp-Stiftung als neuer Eigentümerin. Da die Satzung vorschreibt, dass die der Stiftung zufließenden Erträge für philantropische Zwecke verwendet werden müssen, ist dem Willen von Alfred Krupp Genüge getan, dass „der Zweck der Arbeit das Gemeinwohl" sein soll.

Die Konzernleitung musste nun bisher nicht vorhandene Regularien (Satzung, Geschäftsordnungen für Aufsichtsrat und Vorstand), Berichte, darunter erstmals einen Geschäftsbericht für die neue Obergesellschaft, für Behörden und außenstehende Gremien erstellen. Der spätere Vorsitzende des Vorstandes der Fried. Krupp GmbH, Günter Vogelsang, ein früherer „Kruppianer" und zuletzt Vorstandsmitglied bei Mannesmann, wurde zunächst als „Berater" des Firmeninhabers bestellt und „moderierte" die Umstrukturierung des Unternehmens.

Für mich bedeutete das eine Doppelbelastung, da Herr Beitz noch bis zum Jahreswechsel 1967/68 in alter Funktion in seinem Arbeitszimmer in der Hauptverwaltung residierte, während Herr Vogelsang einige Zimmer weiter als zukünftiger „Boss" schon seine Arbeit aufgenommen hatte. Natürlich lief alles auf ihn zu, der mit seinen künftigen Mitarbeitern dabei war, die Regeln der neuen Unternehmensphase nach seinen Vorstellungen festzulegen. Ich aber saß in meinem Zentralbüro dazwischen und musste monatelang „zween Herren dienen". Ich konnte das nur mit äußerster Neutralität und Korrektheit durchhalten. Weihnachten 1967 verließ Herr Beitz seinen alten Wirkungsbereich, den er seit 1953 wahrgenommen hatte, und zog in das bisherige Gästehaus der Firma im Park der Villa Hügel, das von nun an als Verwaltungsgebäude der „Alfried Krupp von Bohlen und Halbach-Stiftung" diente. Er hatte mir angeboten, ihn dorthin zu begleiten. Dies war ehrenvoll für mich und ein Vertrauensbeweis, der ich fast vier Jahre sein engster Mitarbeiter gewesen war. Auch Herr Vogelsang war an meiner Mitwirkung in alter Funktion interessiert, da ich die internen Verhältnisse in der Konzernleitung gut kannte und die Kontinuität der dortigen Arbeit gewährleisten konnte. Die Frage war für mich schwierig zu beantworten. Beide Tätigkeiten lagen im Zentrum der kruppschen Hierarchie. In beiden Funktionen würde ich auch in Zukunft in bestimmten Konstellationen die Anlaufstelle sein mit gewissen Erwartungen für die Abwicklung. Nach langen Überlegungen entschloß ich mich dazu, meine bisherige Position beizubehalten. Mein Wunsch wurde von beiden Herren akzeptiert, die mir ungefragt bestätigten, dass ich die schwierige Überleitungsphase sachgerecht und loyal bewältigt hätte.

Ich wurde einer der engsten Mitarbeiter von Herrn Vogelsang und erlebte äußerst arbeitsreiche, aber interessante Jahre, die rückblickend zu meinen befriedigendsten Berufsjahren zählen. Unter meiner Mitwirkung wurde ein bisher unbekanntes Berichtswesen entwickelt und installiert und ein Zeitplan für die Vorbereitung der ab sofort vierteljährlich stattfindenden Verwaltungsrats-, später Aufsichtsratssitzungen eingeführt. Für andere Konzerne und Unternehmen war dies das tägliche Brot. Aber für uns alle stellte das einen schwierigen Gewöhnungsprozess dar, der noch dazu unter hohem Zeitdruck stand.

Im Januar 1968 fand die konstituierende Aufsichtsratssitzung der neuen „Fried. Krupp GmbH" unter dem Vorsitz von Hermann Joseph Abs, dem Vorstandssprecher der Deutschen Bank, statt, sowie eine erste Pressekonferenz der Gesellschaft (s. Foto) und eine Konzerntagung für die oberste Führungsebene. Alles dies erforderte umfangreiche Vorbereitungen. Es war eine kaum zu bewältigende Arbeitslast. Ich mußte nicht selten „Ganztagsschichten" einlegen. Mein Fahrer, den ich damals wegen meiner Unfallverletzungen hatte, verabschiedete sich dann nicht, wie sonst, mit den Worten: „Bis morgen!", sondern „Bis nachher!" Für Schreibkräfte wurde zusätzlich ein Schichtdienst eingeführt. Viele Mitarbeiter leisteten zahlreiche unbezahlte Überstunden. Fast alle leitenden Angestellten verzichteten aus Solidarität mit dem angeschlagenen Unternehmen für die Dauer eines Jahres auf 5 % ihrer Bruttobezüge. Nach Wochen der Resignation bewegte Krupp eine Aufbruchsstimmung.

Aus der Sicht der Familie hört sich diese Unternehmensphase in einem Brief von Helga vom 22. 12. 1967 auszugsweise so an:

„... Jürgens ganz unbeschreibliche dienstliche Belastung ließen mich nicht zur Ruhe kommen. Seit zwei Wochen sind wir keine Nacht vor drei Uhr ins Bett gegangen, ein paar Mal um vier Uhr. Gestern nun endlich sind die Verträge zur Umstellung der Firma Krupp unterschrieben worden. Heute zum ersten Mal ist Jürgen völlig, aber wirklich völlig erschöpft um 23.30 Uhr ins Bett gesunken. Ich war sehr in Sorge, wie er das nur durchhalten würde. Er war der Vertraute beider Seiten und hat durch seine unendliche Geduld und Ruhe und mit unbestechlicher Objektivität manches geschlichtet und geglättet..."

Diese strapaziöse Übergangsphase ging in eine ebenso strapaziöse Einarbeitungsphase für den neuen Vorstand von Krupp über. Die montäglichen Vorstandssitzungen begannen um 14 Uhr und endeten nicht selten zwischen 24 und zwei Uhr. Allerdings ließ mit der natürlichen Ermüdung der Teilnehmer die Effizienz der Sitzung deutlich nach. Wen wundert das?

Aus der Folgezeit möchte ich eine bedeutsame Veränderung hervorheben, die allgemeines Aufsehen, national und international, erregte: Die Beteiligung des Iran an Krupp. Im Jahre 1974 kam auf Veranlassung und unter maßgeblicher persönlicher Mitwirkung von Herrn Beitz zunächst eine Vereinbarung zu Stande, durch die der Staat Iran, noch unter der Herrschaft von Schah Mohammed Resa Pahlewi, 25,04 % des Grundkapitals der Fried. Krupp Hüttenwerke AG übernahm und ein Mitglied in den Aufsichtsrat der Fried. Krupp GmbH entsandte, aber auf die Führung der Geschäfte im Einzelnen nach den getroffenen Vereinbarungen keinen Einfluss nahm. Im Jahre 1976 beteiligte sich der Iran mit 25,01 % auch am Stammkapital der Fried. Krupp GmbH, der Obergesellschaft des Konzerns. Der Zufluss an Kapital war bedeutend und verbesserte die Finanzlage von Krupp beträchtlich. Die rechtlich und steuerlich komplizierten Vereinbarungen wurden zum Teil im Ausland geschlossen. So flog ich eines Tages mit einem Kollegen aus der Konzernleitung und dem Vertreter des Iran in einem Privatjet nach London, wo wir die Verträge unterzeichneten. Die Beteiligung des Iran besteht auch nach den Ereignissen weiter, die sich nach der Rückkehr des Ayatollah Khomeini am 1. 2. 1979 im Iran ergeben haben.

Meine Rolle bei Krupp habe ich nie als besonders bedeutend angesehen. Daher war ich überrascht, als ich eines Tages meinen Namen im „Spiegel"[5] fand. Unter den Überschriften MANAGER, Krupp und „Verlorener Sohn" wurde über die Einstellung von Dr. Karl-Heinz Sohn, Mitbestimmungs-Referent beim Deutschen Gewerkschaftsbund, als Nachfolger des zum Wissenschaftsminister aufgerückten Krupp-Direktors Dr. Gerhard Stoltenberg Leiter der „Stabsabteilung Volkswirtschaft" in der Konzernleitung von Krupp berichtet. Es hieß dort u.a.: „Die Bestallung Sohns ist ein neuer Personal-Coup des Krupp-Generals Beitz.

Schon immer hat Beitz seine Generalstäbler aus fremden Revieren geholt. So warb er den Bonner Legationsrat Dr. Dedo von Schenck als Chefjuristen und den Gießener Landgerichtsrat Jürgen Reinhold als Leiter seines Zentralbüros an."

Sogar in einem Industrie-Roman[6)] spielte ich eine nie gelebte Rolle! Der Verfasser benutzt als Vorlage für seinen „Tall"-Konzern und dessen Leiter „Benjamin Bach" den Krupp-Konzern und Berthold Beitz. So wie dieser im Konzern und im Ruhrgebiet gelegentlich als „BB" abgekürzt und so genannt wird, heißt der Romanheld „BB". Wie zufällig erhält auch der „Tall"-Konzern, wie früher Krupp, eine Bundesbürgschaft von diesmal 500 Millionen DM und eine Bürgschaft des Landes Nordrhein-Westfalen von 250 Millionen DM zur Finanzierung von Exportkrediten. Beim Leser wird so der Eindruck aktueller Informationen über das „Innenleben" von Krupp erweckt. Die dünne Handlung des Romans hat mit den Tatsachen und Persönlichkeiten des Lebens nichts zu tun, was auch treuherzig mit der üblichen Formel „frei erfunden" und „rein zufällig" am Anfang des Buches versichert wird. Das schützt aber die wirklichen Akteure nicht vor fälschlicher Identifikation mit ihren „Parallelfiguren" des Buches. So bin ich ernsthaft gefragt worden, ob ich für „Reinhard Feringer", den „jungen Mann" von Benjamin Bach, als „Modell" gedient habe. Der Romanschreiber und ich sind uns jedoch nie begegnet.

Das Leben bei Krupp hat mich allerdings zwangsläufig mit vielen Persönlichkeiten des öffentlichen Lebens in Kontakt gebracht, was mit der Bedeutung der Firma, ihres Inhabers und seines Generalbevollmächtigten Berthold Beitz zusammenhing. Es entsprach der Tradition des Hauses, dass hier zahlreiche Monarchen, Staatsoberhäupter und Regierungschefs zu Gast waren, wie zum Beispiel nach dem Zweiten Weltkrieg König Paul von Griechenland, Kaiser Haile Selassie von Äthiopien und Staatspräsident Bourguiba von Tunesien. Staatsbesucher in Bonn nahmen gern Gelegenheit, zur Pflege wirtschaftlicher Kontakte zu Krupp nach Essen zu reisen, wo sie mit der Unterbringung im Gästehaus und interessanten Besuchsprogrammen betreut wurden. So erhielt ein griechischer Reeder Gelegenheit, eine Krupp-Elektrolok auf der S-Bahn-Strecke Essen-Düsseldorf bis zum Bahnhof „Hügel" zu steuern, natürlich unter Aufsicht des Lok-Führers. Der Eisenbahn-Fan war sichtlich begeistert und orderte bei der Krupp-Werft AG „Weser" in Bremen einen Großtanker. Aber sicher spielten dabei auch technische Fragen und der Preis (mehrere Hundert Millionen DM) eine Rolle.

Auf vielfältige Weise lernte ich die Bundespräsidenten Carstens, Weizsäcker und Rau, Bundes- und Landesminister, Bundes- und Landtagsabgeordnete, Diplomaten, Unternehmer und Gewerkschaftsführer kennen, wovon mich Max Grundig und Otto Brenner besonders beeindruckt haben. Durch mehrfache Teilnahme am „Bremer Tabakkollegium", das sich „als eine freie, jeweils für eine Zusammenkunft eingeladene Gesprächsrunde von Persönlichkeiten aus den Bereichen Wirtschaft, Wissenschaft, Politik und Kultur" versteht und das in wechselnder Folge an verschiedene Plätze, wie auch z. B. in die „Villa Hügel", in- und ausländische Persönlichkeiten zu kollegialen Zusammenkünften einlädt, bin ich manchen Teilnehmern des öffentlichen und literarischen Lebens begegnet. Am interessantesten für mich waren die Vorträge des früheren französischen Staatspräsidenten Valérie Giscard d'Estaing und von Bundeskanzler a. D. Helmut Schmidt am 13. 11. 1986 in der Alten Universität zu Heidelberg über das Thema „Die Rolle Frankreichs und Deutschlands in der wirtschaftlichen und politischen Entwicklung Europas", aber auch des amerikanischen Historikers Gordon A. Craig am 6. 12. 1984 im Reichstag zu Berlin über „Das Geschichtsbewußtsein der Deutschen". Hierbei konnte ich mit Craig, dem Verfasser einer deutschen und einer europäischen Geschichte und eines Buches „Über die Deutschen", einige Worte wechseln. Der zierliche kleine Herr, der fließend Deutsch spricht, hat auf mich in seiner bescheidenen Art einen großen Eindruck gemacht.

Hervorzuheben ist der Besuch des Bundesverfassungsgerichts am 27. 11. 1969 unter seinem damaligen Präsidenten Gebhard Müller bei Krupp. Es handelte sich wohl um eine Art Informationsreise durch Industrieunternehmen. Den Mitgliedern des Gerichts wurden einige Krupp-Betriebe gezeigt und ihnen im Gartensaal der Villa Hügel ein Mittagessen gegeben. Auf meinen Wunsch saß ich neben dem Bundesverfassungsrichter Fabian von Schlabrendorff. Er war im Kriege als Oberleutnant der Reserve Ordonnanzoffizier bei Henning von Tresckow und im militärischen Widerstand ständiger Verbindungsmann zwischen der Heeresgruppe Mitte und Beck, Goerdeler, Oster und Olbricht gewesen. Nach dem 20. Juli 1944 wurde er verhaftet und in den KZs Flossenbürg und Dachau inhaftiert. Die Verhandlung gegen ihn vor dem Volksgerichtshof unter dem Vorsitz seines Präsidenten Freisler musste wegen Fliegeralarms unterbrochen werden. Freisler wurde während des Bombenangriffs durch einen herabstürzenden Balken erschlagen. Die Akten des Verfahrens gegen von Schlabrendorff hielt er noch in den Händen. Bei der Fortsetzung des Verfahrens durch einen neuen Vorsitzenden im März 1945 erreichte er unter Hinweis auf die erlittenen Foltern einen Freispruch! Erneut in Gestapohaft erlebte er das Kriegsende durch glückliche Umstände. Es war bewegend, nach Fellgiebel einen weiteren Mann des Widerstandes gegen Hitler persönlich kennenzulernen. Wir führten ein interessantes Gespräch über die damaligen Ereignisse.

Auch Kraft Frhr. von Palombini lernte ich kennen. Er war ein Freund des am 2. 2. 1945 hingerichteten ehemaligen Leipziger Oberbürgermeisters und Mittelpunkts der zivilen Widerstandskreise gegen Hitler. Palombini entging diesem Schicksal. Er wurde im April 1945 in den Wirren der Kämpfe um Berlin aus dem Gefängnis an der Lehrter Straße von der SS freigelassen. SS und Gefängnisverwaltungen waren über ihr eigenes Schicksal nach dem Eindringen der russischen Truppen in Berlin unsicher geworden und ließen zahlreiche politische Häftlinge willkürlich und nach ihrem Ermessen aus Angst vor eigener Bestrafung frei. Andere wurden ebenso willkürlich oder auf besonderen Befehl noch in letzter Minute erschossen.

Einen näheren Kontakt bekam ich zu dem bekannten Schriftsteller Walter Kempowski, der eine „Chronik des deutschen Bürgertums" („Tadellöser & Wolff", „Uns geht's ja noch gold", usw.) geschrieben hat, die z. T. auch verfilmt worden ist. Es gelang mir, ihn zu einer Dichterlesung beim „Kasino-Verein Krupp" zu bewegen. Aus diesem Anlaß war er unser privater Gast, woraus sich ein netter Briefwechsel entwickelte. Ich konnte ihm auch zu dem von ihm herausgegebenen „Echolot"[7] aus dem kruppschen Archiv etwas beitragen. Als nettes Andenken an ihn bewahre ich die persönlichen Widmungen auf, die er in seinen Büchern unserer Bibliothek anbrachte.

Meine Tätigkeit als Leiter des Zentralbüros der Konzernspitze von Krupp dauerte, wie erwähnt, fünfzehn Jahre. Sie im Einzelnen zu schildern ist nicht sinnvoll. Ich hatte eine zwar verantwortungsvolle Tätigkeit zu erbringen, aber im engeren Sinne keine „Verantwortung" zu tragen. Das verlangte mir nach der richterlichen Tätigkeit mit ihrer berufstypischen Unabhängigkeit eine bestimmte Entsagung ab. Dementsprechend empfand ich immer mehr das Bedürfnis nach einem Wechsel aus der Rolle des „ewigen Staatssekretärs" in eine eigenverantwortliche Position. So war ich froh, als mich der Vorstand am 1. September 1978 zum Mitglied der Geschäftsleitung der „Krupp Gemeinschaftsbetriebe" ernannte. Es handelte sich um ein Dienstleistungsunternehmen mit rund 1.000 Mitarbeitern, in dem alle Funktionen zusammengefasst waren, die ein Konzern für seine Tätigkeit braucht.

Dazu gehörte u. a. die Verwaltung der umfangreichen Liegenschaften, die einen nicht geringen Teil Essens mit den großen kruppschen Industrieflächen und Wohngebieten ausmachen. Dazu gehörten Zulieferbetriebe wie die eigene Energieversorgung mit Heizkraft- und Wasserwerk, die traditionelle „Hügelgärtnerei", die nicht nur kruppsche Gartenanlagen zu pflegen, sondern auch Neuanlagen wie Golf- und Tennisplätze anzubieten hatte, und die „Verkehrsstelle" zur Verwaltung des eigenen PKW- und LKW-Parks. Wichtig war das „Gewerbliche Ausbildungszentrum", die frühere „Lehrwerkstatt", das nicht nur die eigenen kruppschen Lehrlinge, sondern in Zusammenarbeit mit dem Arbeitsamt fremde Auszubildende betreute. Das Rechenzentrum einschließlich Entwicklung und Verkauf von Software auf technischem und kaufmännischem Gebiet waren ein weiterer wichtiger Teil des Unternehmens.

Mir wurden die zentralen Verwaltungsfunktionen zugeordnet wie die personelle Betreuung des bekannten „Historischen Archivs", des ältesten Industriearchivs Deutschlands, die Fachbücherei, der Sprachendienst, das Personal der Betriebskrankenkasse, die Betriebliche Altersversorgung und der Werksärztliche Dienst, was man im Brachenjargon zusammengefasst als „Sozial-Klimbim" bezeichnete.

Mit meinen beiden Kollegen hatte ich außer der Betreuung der jeweils eigenen Bereiche auch die Gesamtverantwortung für das Unternehmen mitzutragen und in den jährlichen Planungsbesprechungen mit dem Vorstand zu vertreten. Auf Bitten meiner Kollegen nahm ich mir die Erarbeitung und Herausgabe eines notwendigen Richtlinienwerkes für den von uns repräsentierten Tätigkeitsbereich vor. Natürlich musste für die Loseblattsammlung auch ein schöner Ringbinder produziert werden, für den ich die Farbe „Rot" wählte mit der Folge, dass das Werk bald konzernweit „DER ROTE REINHOLD" hieß und manche Nachahmung fand. Missdeutungen in politischer Hinsicht wurden mir aber nur scherzhaft zuteil.

Meine zehnjährige Tätigkeit als Mitglied der Geschäftsleitung hat mich befriedigt. Ich habe dabei manche Entwicklung eingeleitet oder fortgeführt. Die Einrichtung einer Selbsthilfegruppe für Suchterkrankungen für den Bereich der in Essen arbeitenden Krupp-Betriebe lag mir besonders am Herzen. Das führte auch dazu, dass mich Herr Beitz im Februar 1986 zum Mitglied des Kuratoriums der Stiftung „Die Fähre" bestimmte, einer Suchthilfeeinrichtung auf dem Gelände von Krupp im Essener Süden „Am Korstick". Das Kuratorium wählte mich zu seinem Vorsitzenden.

Sehr gern habe ich die Schallplattenproduktion „Musik auf Villa Hügel" betreut. Diese Arbeit hatte für mich schon in der Konzernleitung begonnen und setzte sich intensiver in meiner neuen Funktion fort. Der Krupp-Konzern ließ schon seit vielen Jahren, zunächst zusammen mit dem traditionsreichen Haus BAEDEKER und der Stadt Essen, später in eigener Regie, diese Sonderproduktion als Werbegeschenk für Kunden und Gäste herstellen. Als Musikliebhaber war es für mich interessant, die Tätigkeit eines Schallplattenproduzenten kennenzulernen. Dabei bedienten wir uns bewährter und leistungsfähiger Produktionsfirmen. Aber die Planung der Programme und die Gestaltung der Covers und Begleithefte war mir überlassen. Auf diese Weise lernte ich viele bedeutende Künstler kennen, die in der Villa Hügel spielten und oft auch nach den Konzerten unsere Gäste waren. Dazu zählten u.a. Gustav Leonhardt, Frans Brüggen und Anner Bylsma, Philippe Entremont, Ludwig Güttler, Eckart Haupt, Pierre W. Feit, Jörg Faerber, Karl Münchinger mit ihren zahlreichen Ensembles und Orchestern, insbesondere das Essener Folkwang-Kammerorchester unter Heinz Dressel, das eine Art „Hausrecht" aus jahrzehntelanger Zusammenarbeit mit Krupp in der Villa Hügel hatte. Als besondere „Delikatesse" entstand die Produktion „Jazz auf Villa Hügel" nach Themen von Johann Sebastian Bach mit dem Thomas Gabriel Trio, jungen Absolventen der Folkwang-Hochschule für Musik und Gestaltung. Die zehn Produktionen, die unter meiner Regie herausgekommen sind, erinnern mich an eine schöne und befriedigende Tätigkeit auf einem für mich nicht berufstypischen Gebiet.

Im übrigen gab es, wie in jedem Beruf, Höhen, Tiefen und grauen Alltag, was zu berichten sich im Einzelnen nicht lohnt. So kann ich hier die Schilderung meines Berufslebens abschließen. Am 31. August 1987, in meinem 65. Lebensjahr, beendete ich meine Tätigkeit bei Krupp und trat in den Ruhestand.

Natürlich habe ich die späteren Nachkriegsjahrzehnte mit allen ihren politischen, soziologischen und kulturellen Erscheinungen miterlebt, wenn nicht -erlitten. Wie ich in meinem Vorwort erwähnt habe, wollte ich aber hier nicht darüber schreiben, da die jüngeren Leser das alles schon selbst auf ihre Weise erlebt haben.

X. DAS GETEILTE DEUTSCHLAND, „REPUBLIKFLUCHT“ UND FREIKAUF

Allgemeine Übersicht

Ehe ich zum Schluss komme, will ich noch dieses Thema abhandeln, das mir besonders am Herzen liegt, wie wohl vielen Deutschen.

Wie es zur Teilung Deutschlands kam, habe ich im Kapitel „Erste Nachkriegszeit“ im Einzelnen geschildert. In der Folgezeit verlief das Leben in der damaligen „Ostzone“ und der späteren „DDR“ (Deutsche Demokratische Republik) nach ganz anderen Regeln als in den Westzonen und der späteren Bundesrepublik Deutschland. Die Entwicklung in den beiden Bereichen driftete immer weiter auseinander: in rechtlicher, politischer, wirtschaftlicher und kultureller Beziehung. Nach den Währungsreformen des Jahres 1948 wurden West- und Ostdeutschland auch währungspolitisch voneinander getrennt, was die noch in gewissem Umfang möglichen Kontakte der Bevölkerung über die grüne Zonengrenze hinweg weiter erschwerte. Mit der Verschlechterung der Verhältnisse in der DDR setzte eine Fluchtbewegung der ostdeutschen Bevölkerung nach Westen ein. Meist benutzten die DDR-Bürger die zunächst noch möglichen Reisen nach West-Berlin zur Flucht. Dort blieben sie oder wurden über die alliierten Luftkorridore in die Bundesrepublik ausgeflogen. Schließlich verließen täglich Hunderte von Menschen die DDR. Das war als sogenannte „Republikflucht“, später „Ungesetzlicher Grenzübertritt“ (§ 213 StGB der DDR) genannt, strafbar. In der Zeit vom Juli 1952 bis zum August 1953 flohen z. B. 367.283 Menschen aus der DDR in die Bundesrepublik, das sind monatlich durchschnittlich 26.234 oder täglich 874 Menschen. Die Höchstzahl wurde im März 1952 mit 58.605 oder täglich 1.953 Flüchtlingen erreicht. Man nannte das zutreffend eine „Abstimmung mit den Füßen“ gegen die DDR. Witze kursierten nach dem Muster: „Als Letzter geht Ulbricht und macht das Licht hinter sich aus.“

Die DDR zog schließlich am 13. August 1961 die „Notbremse“. Ihre Volkswirtschaft konnte den Verlust an Arbeitskräften nicht mehr verkraften. Die Sektorengrenzen nach Westberlin wurden gesperrt. Zugleich wurde mit der Errichtung von Grenzbefestigungen, wie Stacheldrahtzäunen und Betonmauern, begonnen. So entstand in einer Länge von 144 km die „Berliner Mauer“, ein

Schandmal in der deutschen Geschichte. Man muss sich vorstellen, was es bedeutet, wenn ein Staat seine Bevölkerung einsperrt, um sie am Verlassen des Landes zu hindern. Am 16. August wurde auch die Grenze zwischen DDR und Bundesrepublik gesperrt. Sie erstreckte sich über rund 1.400 km. Daher dauerte es einige Zeit, bis sie mit durchgehenden Zäunen und Sperrzonen, mit Wachtürmen, Minen und Selbstschussanlagen und auch durch Schießbefehl abgeriegelt war. Das kostete die DDR einen weiteren ungeheuren Aufwand an Menschen und Material, die dem Arbeitsprozess und der Volkswirtschaft entzogen wurden. Auch die jahrzehntelange Bewachung dieser monströsen Grenzbefestigungen erforderte die Vorhaltung einer ganzen Armee nutzlos beschäftigter junger Männer. Trotz aller dieser Maßnahmen konnten vom Mauerbau bis zur Wende (1989) immerhin noch etwa 40.000 DDR-Bürger nach West-Berlin fliehen. Die entsprechenden Zahlen für die innerdeutsche Grenze sind nicht bekannt. Sie müssen aber im Wesentlichen in den Statistiken des Notaufnahmelagers Gießen enthalten sein.

Auf westdeutscher Seite war es möglich, sich den neuen Grenzbefestigungen bis zum Anfassen zu nähern. In Westberlin war am Brandenburger Tor unmittelbar vor der Mauer ein erhöhter Beobachtungsstand errichtet worden, von dem aus Besucher nach Ostberlin hinüberblicken konnten. Auf östlicher Seite begannen die ersten Kontrollen schon einige Kilometer vor der Grenze, wie man z. B. als Besucher der Leipziger Messe bei der Rückreise beobachten konnte. Das gesamte Grenzgebiet war in einer Tiefe von mehreren Kilometern als Sperrzone ausgebaut worden und konnte nur mit besonderer Erlaubnis betreten werden. Die Bewohner siedelte man, soweit sie nicht geflohen waren, zwangsweise um. An der Grenze stehende Häuser wurden geräumt, zugemauert und später abgerissen.

Während also die nach Osten gerichteten und gestaffelten Grenzbefestigungen dazu dienten, die Menschen am Fortlaufen in den Westen zu hindern, wurden sie von der SED als „antifaschistischer Schutzwall“ bezeichnet. Das war eine Umkehrung der Verhältnisse und eine Verhöhnung des gesunden Menschenverstandes. Wenn die Bundesrepublik einen „antikommunistischen Schutzwall“ hätte errichten wollen, hätte sie nur die Grenzbefestigungen der DDR zu übernehmen brauchen. Sie hätten diesen Zweck perfekt erfüllt!

Im August 1986 besuchten wir mit Kusine Waltraud die Zonengrenze bei Netra an der Bundesstraße 7, die in Richtung Eisenach führt. Hier gab es keinen Grenzübergang, aber einen etwa vier Meter hohen Metallgitterzaun. Dahinter zog sich ein abgeholzter etwa 300 Meter breiter „Todesstreifen" quer durch die Landschaft mit einem zweispurigen zementierten Fahrstreifen für die DDR-Grenzpatroullien. In der Ferne hörte man Wachhunde bellen. Sonst war es totenstill und unheimlich. Später erreichten wir bei Tettau (nordöstlich Coburg) wieder die Zonengrenze mit Wachtürmen und Minenwarnschildern. Erstmals sahen wir zwei DDR-Grenzsoldaten. Sie bewachten eine Kuhherde, die dort in Grenznähe graste. Auf westdeutscher Seite war ein Gedenkkreuz für einen in der Nähe beim Minenverlegen tödlich verunglückten NVA (Nationale-Volks-Armee)-Soldaten „Harry" errichtet, „gewidmet vom westdeutschen Zoll." Solche Eindrücke von der innerdeutschen Grenze waren tief deprimierend, weil sie die Teilung Deutschlands so augenfällig machten.

Just am 13. 8. 1961 befand sich Volkmar Dörner, der Sohn meiner eingangs erwähnten Kusine Dr. Irmgard Dörner geb. Rummel, auf einer trickreich „erschlichenen" Besuchsreise in der Bundesrepublik und kam auch zu uns nach Gießen. Er wohnte bei seinen Eltern in Lützen und studierte in Leipzig Medizin. Das Physikum und einige weitere Semester hatte er schon absolviert. Ursprünglich wollte er in die DDR zurückkehren, aber mit dem heimlichen Ziel, später endgültig in den Westen überzuwechseln. Durch die über Nacht eingetretene neue Lage stand er vor einer schwierigen Entscheidung. Sollte er die Gunst der Stunde nutzen und in der Bundesrepublik bleiben? Niemand konnte ja wissen, wie sich die Dinge weiterentwickeln würden, und ob er jemals wieder die Chance erhalten würde, in den Westen zu gelangen. Nach verschlüsselter telefonischer Beratung mit seinen Eltern, vielleicht auch durch unseren Rat bestärkt, entschloss sich Volkmar schweren Herzens, die Brücken hinter sich abzubrechen und auf unabsehbare Zeit im Westen zu bleiben. Für einen so jungen Menschen von eben 21 Jahren war das eine Entscheidung von großer Tragweite. Sie bedeutete für ihn ja auch eine Trennung von Eltern, Geschwistern und Freunden. Er hatte aber richtig gehandelt. Zunächst führte er sein Studium in Freiburg/Breisgau zu Ende und lernte dabei auch Karin, seine spätere Frau kennen. Mit seinen Verwandten konnte er sich dann doch noch unter Inkaufnahme unbekannter Risiken zunächst im „sozialistischen Ausland" treffen, d. h. in der Tschechoslowakei und im Feriengebiet an der Küste Bulgariens, das für devisenbringende Westreisende zugängig war, und auch wieder in Lützen. Auf das weitere Schicksal seiner Familie komme ich noch zurück.

Dienstreisen führten mich seit 1964, also seit meiner Tätigkeit bei Krupp, mehrmals auf die Leipziger-Messe. Der Vorkriegsmessestand konnte von der

Firma wieder benutzt werden. Als Küchen- und sonstiges Dienstleistungspersonal wurden Frauen aus Leipzig angestellt. Diese durften zwar nicht in DM-West bezahlt werden, da sie über eine DDR-Gesellschaft vermittelt wurden, die die harte Westwährung kassierte. Aber Werbegeschenke, Lebensmittel und Zigaretten konnten ihnen doch zugesteckt werden. Wir gingen allerdings davon aus, dass sie gegenüber „der Stasi" (Staatssicherheitsdienst) über alles, was sich auf dem Messestand ereignete, berichtspflichtig waren, und dass in jedem Raum Abhöreinrichtungen existierten. Das galt auch für die Unterbringung in den Messehotels. Wie überall im Ostblock war man hierauf eingestellt und berücksichtigte das bei seinen Gesprächen. Nicht zuletzt deshalb war jeder Besucher aus dem Westen erleichtert, wenn er die Grenzkontrollen in Richtung Heimat hinter sich gelassen hatte. Aber das bedauernswerte Schicksal der Zurückbleibenden bedrückte mich und die meisten Reisenden, die Einblick in die eingeschränkten und trostlosen Lebensverhältnisse hatten nehmen können, am meisten. Erst jetzt erkannte man wirklich, warum sich so viele DDR-Bürger in ihrem Land eingesperrt fühlten und warum sie es verlassen wollten.

Für mich waren die Messebesuche deshalb von besonderer Bedeutung, weil ich zum ersten Mal nach dem Krieg wieder meine Verwandten in meiner Vaterstadt Halle an der Saale und im Raum Leipzig besuchen konnte, wie die eben erwähnte Familie Dörner in Lützen. Privatreisen in die DDR waren ja zu dieser Zeit des kalten Krieges praktisch unmöglich. Nur in streng begrenzten Ausnahmefällen, z. B. beim Tod von nahen Verwandten wie Eltern oder Kindern, erhielten westdeutsche Bürger vielleicht eine Reisegenehmigung für wenige Tage. In umgekehrter Richtung gab es das praktisch nicht. Der Willkür der DDR-Behörden waren Tür und Tor geöffnet. Die Westreisenden waren unwürdigen und schikanösen Meldepflichten ausgesetzt.

Die Abschottung der DDR von der Bundesrepublik und damit auch die Trennung von Familien- und gewachsenen Lebens- und Wirtschaftsverhältnissen aller Art führte zu vielfältigen Versuchen der DDR-Bevölkerung, die künstlichen Hindernisse zu überwinden.

Eine spektakuläre Flucht wagte z. B. am 15. 8. 1961 der NVA-Unteroffizier Conrad Schumann, als er in voller Uniform mit umgehängtem Gewehr in Berlin an der Bernauer Straße über den Stacheldraht in die Freiheit sprang. Das Zufallsfoto hiervon ging um die Welt. Als besonders unmenschlich bekannt wurde der Tod des 18jährigen Bauarbeiters Peter Fechter am 17. 8. 1962 an der Berliner Mauer. Bei einem Fluchtversuch gaben DDR-Grenzsoldaten insgesamt

35 Schuss auf ihn ab. Man ließ ihn eine Dreiviertelstunde hilflos zwischen den Stacheldrahtzäunen liegen, bis er leblos fortgetragen wurde. Vier der Grenzsoldaten wurden für ihre Todesschüsse „prämiert". Fechter war einer von 45 namentlich bekannten Personen, die seit dem 13. 8. 1961 bei Fluchtversuchen an der Mauer erschossen wurden.[1)]

Die Gesamtzahl der Todesopfer des DDR-Grenzregimes an der innerdeutschen Landesgrenze, an der Berliner Mauer, in der Ostsee und an anderen Stellen beträgt nach jüngsten Erkenntnissen der Berliner „Arbeitsgemeinschaft 13. August" bisher 943. Ermittlungsdefizite über Tötungsfälle im Hinterland oder an der bulgarischen Südgrenze, wo DDR-Urlauber zu flüchten versuchten, und an anderen Stellen sind dabei noch nicht berücksichtigt.

Die Menschen ersannen im Laufe der Zeit abenteuerliche Mittel und Wege, um in die Freiheit zu gelangen. So flogen am 16. 9. 1979 zwei Familien (Acht Personen) mit einem selbstgebauten Heißluftballon auf einer 2 qm-Plattform in 30 Minuten über die Grenze von Thüringen nach Bayern. Ein Ehepaar, das ich später kennenlernte, baute sich in jahrelanger versteckter Arbeit ein Zwei-Mann-U-Boot. Die Flucht scheiterte auf der Elbe bei Boitzenburg, wo die Grenze den Fluß überquerte. Das Boot wurde samt Insassen auf den Haken genommen und abgeschleppt. Mehrere Fluchtversuche mit Schiffen der DDR-Handelsmarine glückten oder scheiterten beim Durchfahren des Nord-Ostsee-Kanals oder in Drittländern. Häufig waren Versuche, schwimmend oder mit Booten über die Ostsee in den Westen zu entkommen. Beliebte Fluchtstrecken stellten die internationalen „Transitwege" durch die DDR von und nach Westberlin dar. Hier versuchten DDR-Bürger besonders an Parkplätzen in präparierte Westautos zuzusteigen. Eine ganze Familie flüchtete in selbstgeschneiderten sowjetischen Uniformen mit einem zum Militärfahrzeug umgebauten sowjetischen Auto. Zahlreiche Tunnel wurden von West- nach Ostberlin und in angrenzende Orte gegraben, durch die eine unbekannte Zahl von Menschen flüchten konnte.

Mit der Perfektionierung der Sperranlagen verlor die selbstorganisierte Flucht an Bedeutung. Mehr und mehr boten verschiedenartige Gruppen kommerzielle Fluchthilfe an, bei der gegen Zahlung hoher Westmark-Beträge Fluchtentschlossene aus der DDR ausgeschleust wurden. Bald waren auch zwielichtige und kriminelle Personen auf dem Markt, die vor allem die Vorschüsse der Verwandten im Westen abkassierten, ohne wirklich helfen zu können. Nach und nach gelang der Stasi, mit ihren Agenten in solche Organisationen einzusickern und so viele zur Flucht Entschlossene ans Messer zu liefern. Darüber hinaus betrieb die DDR „Fluchthilfe" in eigener Regie durch Fallenstellung. Die Technik der Ausschleusung basierte neben der Benutzung von Kofferräumen auf den Transitstrecken von und nach Berlin meist auf der Fälschung von Pässen und Reisepapieren, die den Eindruck erweckten, bei den DDR-Bürgern handele es sich um Bundesbürger, die ja im Osten als Touristen und Devisenbringer reiseberechtigt waren. Das Hauptproblem bestand in der Übergabe der gefälschten Papiere an die DDR-Bürger auf Flughäfen oder anderen Örtlichkeiten im Ostblock, die durchweg scharf überwacht wurden. Natürlich waren die zur Flucht Entschlossenen nervös und unsicher und im selbstbewussten Auftreten „altgedienter" Bundesbürger nicht geübt. So gelang nur wenigen die „offene" Flucht. Die meisten endeten als „Republikflüchtige" vor den Gerichten der DDR und wurden zu langjährigen Gefängnisstrafen verurteilt.

Auch Bürger der Bundesrepublik oder anderer Staaten wurden als Fluchthelfer verurteilt und in besonderen Gefängnissen untergebracht. Dazu kamen Menschen, die wegen wirklicher oder angeblicher „Spionage" für den Westen zu langjährigen oder gar lebenslänglichen Freiheitsstrafen verurteilt wurden. Schließlich gab es politische Gefangene, die wegen anderer Delikte gegen die „sozialistische Ordnung" bestraft wurden. Auf diese Weise füllten sich die DDR-Gefängnisse immer mehr.

Die humanitären Bemühungen für solche und andere politische Häftlinge in der DDR hatten sich aus der Sorge um die Kriegsgefangenen und Zivilinternierten, die in der Sowjetunion verurteilt worden waren, entwickelt. Schon 1947 begann sich die evangelische Kirche um diese Menschen zu kümmern. Nach der Gründung der Bundesrepublik (1949) übernahm das Auswärtige Amt die Betreuung wegen sogenannter Kriegsverbrechen verurteilter Deutscher. Es beauftragte den während des „Dritten Reichs" als Pflichtverteidiger vor dem Volksgerichtshofs bewährten Berliner Rechtsanwalt Behling damit, Rechtsschutz zu gewähren. Die Erkenntnisse über die zu betreuenden Personen erhielt das Büro Behling von einer Vielzahl von Organisationen, die sich mit den Problemen der DDR beschäftigten. Heimkehrer und Flüchtlinge wurden befragt. Es gab Erkenntnisse beim Deutschen Roten Kreuz, der Caritas, der Inneren Mission, beim „Untersuchungsausschuß freiheitlicher Juristen", bei der „Vereinigung der Opfer des Stalinismus", bei den Gewerkschaften und bei den sogenannten „Ostbüros" der politischen Parteien. Im Ministerium wurde die nach dem altersbedingten Ausscheiden von Rechtsanwalt Behling von verschiedenen Anwälten weiterbetriebene Kanzlei als „Rechtsschutzstelle“ geführt. Ab 1955 schaltete sie DDR-Anwälte als Korrespondenzanwälte ein, um die Verteidigung und spätere Gnadengesuche für die Verhafteten wahrzunehmen.

Der bekannteste dieser Anwälte war Wolfgang Vogel. Er kam aus dem DDR-Justizministerium und durfte 1954 in Ost-Berlin eine eigene Praxis eröffnen. 1957 wurde er auch in West-Berlin für den Bezirk des Kammergerichts als Rechtsanwalt zugelassen. Er war damit einer der wenigen Anwälte, die in Ost- und West-Berlin zugleich arbeiten und vor Gericht auftreten konnten. Wie ich mit ihm in engeren Kontakt kam, werde ich später berichten.

Nach dem Bau der Mauer am 13. 8. 1961 wurde der bis dahin freie Verkehr innerhalb der Stadt unterbrochen. Westberliner durften nicht mehr in den Ostteil der Stadt fahren. Nur Bundesbürger mit westdeutschem Ausweis konnten Ost-Berlin betreten. Den Rechtsanwälten der Rechtsschutzstelle in West-Berlin ohne einen solchen Ausweis war damit der persönliche Kontakt mit ihren Kollegen in Ost-Berlin verwehrt. Hier half der Rechtsanwalt Jürgen Stange, der in West-Berlin niedergelassen war, aber noch einen Bundespersonalausweis besaß, weil seine Mutter in Braunschweig lebte. Er lernte bei der Übermittlung eiliger Botschaften automatisch den Rechtsanwalt Wolfgang Vogel aus Ost-Berlin kennen. Daraus entwickelte sich eine langjährige Zusammenarbeit und eine enge persönliche Beziehung, die mir später zugute kam.

Im Laufe der Zeit begannen einflußreiche Persönlichkeiten verschiedener Herkunft und Organisationen, insbesondere Kirchen, damit, nach Wegen zu suchen, wie man politischen Häftlingen zur Freiheit verhelfen könnte. Es lag nahe, dabei an Geldzahlungen zu denken, gewissermaßen an „Lösegeld“. Einige wenige Häftlinge kamen auf diese Weise frei. Dass man so etwas als „unmoralisch“ abtun kann, besonders wenn man selber in der Freiheit lebt, überrascht nicht. Auch im damaligen Bundesministerium für gesamtdeutsche Fragen unter Minister Ernst Lemmer (CDU) wurden solche Ansinnen durch Staatssekretär Thedieck strickt zurückgewiesen: Menschen gegen Geld? Das macht man nicht! Die DDR-Behörden sollen nicht für ihr schimpfliches Tun noch belohnt werden, sondern ihre Gefangenen gefälligst ohne Gegenleistung freilassen, wozu sie nach allgemeinen menschenrechtlichen Grundsätzen ohnehin verpflichtet sind! Keine solchen Abmachungen also mit einem Unrechtssystem! Das war die Einstellung maßgeblicher Beamter im für diese Frage wohl am ehesten zuständigen Bundesministerium. Spezielle Rechtsvorschriften für dieses Gebiet gab es natürlich nicht.

Nach der Umbildung des Kabinetts Adenauer am 14. 12. 1962 wurde Rainer Barzel (CDU) Bundesminister für gesamtdeutsche Fragen. Über die Einzelabmachungen mit der DDR wegen der wenigen Freilassungen hatte er keine Kenntnis. Zu dieser Zeit brachte der Rechtsanwalt Stange von seinen Gesprächen mit dem Rechtsanwalt Vogel aus Ost-Berlin die Nachricht mit, dass die DDR bereit sei, in größerem Umfang politische Häftlinge gegen materielle Leistungen freizulassen. Die Anwälte der Rechtsschutzstelle in West-Berlin überlegten, auf welchem Wege sie der Bundesregierung dieses überraschende Ansinnen nahebringen könnten, das bisher auf Ablehnung gestoßen war. Man wählte den Weg über den früheren Leiter des Ministerbüros von Ernst Lemmer, Rolf May, der zum Springer-Konzern übergewechselt war. Axel Springer, dessen deutschlandpolitisches Engagement bekannt war, griff die Nachricht bereitwillig auf und übermittelte sie im Frühjahr 1973 in einem vertraulichen Gespräch an Minister Barzel. Dieser war, wie Springer, ungläubig und skeptisch, reagierte aber positiv, wie er beschreibt.[2)] Nach Abwägung des politischen Risikos und des Für und Widers einer solchen Aktion sprach er mit Bundeskanzler Adenauer, mit dem Chef des Kanzleramtes, Globke, und Staatssekretär Thedieck, später mit dem Vorsitzenden der CDU/CSU-Bundestagsfraktion, Heinrich von Brentano, dem Bundesfinanzminister Dahlgrün und auch mit Herbert Wehner (SPD), damals Vorsitzender des zuständigen Ausschusses des Deutschen Bundestages. Auf diese Weise hatte sich Barzel politisch und parlamentarisch abgesichert. Er nahm nun Kontakt mit Rechtsanwalt Stange, dem Überbringer der Meldung, auf und bedeutete ihm, dass er grundsätzlich bereit sei, ein klares Angebot der DDR zu prüfen. Als Vertrauensperson und Kontaktmann benannte er den damaligen Regierungsrat, späteren Staatssekretär, Ludwig Rehlinger, dessen Buch „Freikauf“[3)] die aktuellste und übersichtlichste Schilderung dieses bedeutsamen Kapitels in der Geschichte der deutschen Nachkriegszeit darstellt. Kurze Zeit später meldete sich Stange bei Rehlinger mit der Offerte, dass Tausend Häftlinge gegen Geld freigelassen werden sollten. Man erwarte eine entsprechende Namensliste.

Die oben genannte Rechtschutzstelle verwaltete rund 12.000 Akten über politische Verurteilungen im weitesten Sinne. Darunter befanden sich rund 4.000 Deutsche, die schon von sowjetischen Militärtribunalen in summarischen Verfahren verurteilt worden waren. Die Tatvorwürfe reichten von sogenannten Kriegsverbrechen über antisowjetische Hetze und „Diversion“ bis zur Spionage. Darunter befanden sich ferner die rund 3.400 Deutschen aus den sogenannten Waldheimer Kriegsverbrecherprozessen, in denen sie wegen angeblicher Verstöße gegen das Kontrollratsgesetz Nr. 10 in ebenso summarischen Verfahren durch eine Sonderstrafkammer des Landgerichts Chemnitz zu langjährigen Freiheitsstrafen verurteilt worden waren. Schließlich verbüßten Tausende von Deutschen lebenslängliche und andere Freiheitsstrafen wegen Vergehen gegen sogenannte „Boykottgesetze“ nach Art. 6 Abs. 2 der DDR-Verfassung von 1949, die pauschale Charakterisierungen von Straftaten enthielten.

Für das Ministerium begann nun eine sehr schwierige und belastende Arbeit. Man musste aus den 12.000 erwähnten Fällen eine Auswahl von 1.000 treffen. Ludwig Rehlinger hat das in seinem Buch (auf den S. 23 - 25) in bewegenden Worten geschildert. Es galt gewissermaßen, Schicksal zu spielen. Wer war der Freilassung am meisten würdig? Welche Kriterien verdienten beachtet zu werden: wann verurteilt, zu welcher Strafe, aus welchen Gründen, in welchem Gefängnis sitzt der Häftling ein, wie alt ist er, wie ist sein Gesundheitszustand, wie sind seine Familienverhältnisse und seine bisherigen Lebensumstände beschaffen? Der hohe Geheimhaltungsgrad und die Eilbedürftigkeit der Aktion verboten es, ergänzende Informationen einzuholen. Es konnte also nur nach bestem Wissen und Gewissen entschieden werden.

Rehlinger ließ sich jetzt in langen Sitzungen alle Akten der Rechtsschutzstelle vorlegen. Die erste Vorauswahl ergab fünftausend Akten, aus denen nun tausend für die Freikaufaktion herausgefiltert wurden. Rechtsanwalt Stange bekam den Auftrag, die Bereitschaft zu der vorgeschlagenen Verhandlung zu erklären. Doch nun bekam Ost-Berlin „kalte Füße“ und erklärte, kleiner anfangen zu wollen. Die Liste wurde daher vorerst auf fünfhundert, dann auf hundert, dann auf fünfzig und schließlich auf zehn Inhaftierte zusammengestrichen. Am Ende einigte man sich auf zunächst insgesamt acht Häftlinge. Einen schriftlichen Vertrag gab es nicht.

Bald wurde der erste Häftling freigelassen, ein von einem sowjetischen Militärtribunal zu lebenslanger Strafe verurteilter Tischler ohne Familie, der seit mehr als zehn Jahren in strenger Haft saß. Ludwig Rehlinger hatte in seinen Akten keinen nachvollziehbaren Grund für die extrem hohe Strafe entdecken können. „... Ein Mensch war von den Wirren des Krieges und der Nachkriegszeit verschlungen worden. ...“ Dieser vollkommen ahnungslose Häftling wurde eines Tages aus seiner Zelle geholt, empfing Zivilkleidung und seine persönlichen Sachen und wurde zum Direktor der Strafanstalt gebracht. Neben diesem standen Rechtsanwalt Vogel und ein Staatsanwalt. Der Direktor eröffnete dem Häftling, dass er entlassen würde. Rechtsanwalt Vogel und der Staatsanwalt nahmen ihn in die Mitte. Im Gefängnishof wartete der Mercedes Vogels, der sie nach Berlin brachte. Am S-Bahnhof Friedrichstraße in Ost-Berlin übernahm Rechtsanwalt Stange den ratlos staunenden Mann und begleitete ihn nach West-Berlin, wo er kurze Zeit später in der Rechtsschutzstelle im Bezirk Charlottenburg in einem Sessel vor einer langentbehrten Tasse Kaffee saß. Teilnehmer dieser Ankunft berichteten, dass der ehemalige Häftling sehr still gewesen sei. Er habe nur stumm um sich geblickt und ungläubigen Auges die Umgebung wahrgenommen. Als er dann die Wirklichkeit erkannt und begriffen habe, dass er tatsächlich frei sei, sei er mit einem Schock zusammengebrochen. „Daß einer an mich gedacht hat!" seien die einzigen Worte gewesen, die er über die Lippen gebracht habe.

Nachdem auf ähnliche Weise zwei weitere Häftlinge im Westen eingetroffen waren, erwartete die andere Seite nunmehr eine entsprechende Gegenleistung. Ausgehandelt und bereitgestellt wurde für die benannten acht Häftlinge eine durchschnittliche Kopfquote von rund 40.000 DM, die in etwa auch bei späteren Fällen als „Verrechnungseinheit" zugrunde gelegt wurde. In diesem ersten Fall erfolgte die Zahlung in bar. Rechtsanwalt Stange erhielt von Rehlinger auf dem Bahnsteig des S-Bahnhofs Lehrter Straße vor der Abfahrt nach Ost-Berlin ein Päckchen mit jener Geldsumme in Scheinen in die Hand gedrückt. Nach und nach wurden dann auch die anderen Häftlinge wie vereinbart freigelassen. Damit war der erste „Freikauf" in der Geschichte zwischen den beiden deutschen Staaten abgewickelt.

Am 17. 10. 1963 wurde eine neue Bundesregierung unter Bundeskanzler Ludwig Erhard (CDU) gebildet. Minister für gesamtdeutsche Fragen wurde Erich Mende (FDP). Auch er und alle späteren Bundesregierungen haben „die besonderen Bemühungen im humanitären Bereich" fortgesetzt. Allerdings wurde das Verfahren der wirtschaftlichen Gegenleistungen für die Freilassungen politischer Häftlinge geändert. Die zu Beginn praktizierte Barzahlung kam auf die Dauer aus vielerlei Gründen nicht mehr in Betracht. Ohne hier zu sehr ins Detail zu gehen sei skizziert, dass in den Bundeshaushalt jährlich unter bestimmten Schlüsselzahlen größere Budgetbeträge eingestellt und vom Präsidenten des Bundesrechnungshofes und besonderen Ausschüssen des Bundestages, an denen alle Parteien beteiligt waren, kontrolliert wurden. Man bediente sich eines vom Diakonischen Werk der Evangelischen Kirche in der Bundesrepublik entwickelten Verfahrens zur Unterstützung kirchlicher Einrichtungen wie Krankenhäuser und Kindergärten in der DDR. Das Diakonische Werk in Stuttgart bestellte bei Firmen in der Bundesrepublik Waren verschiedenster Art, die die Regierung der DDR benötigte, selbstverständlich keine verbotenen Rüstungsgüter, und ließ sie über die staatliche Handelsgesellschaft Intrac in die DDR liefern. Dort wurden der Kirche entsprechende Werte zu deren Gebrauch gutgeschrieben, so dass die Zuwendungen aus der Bundesrepublik, wenn auch auf Umwegen und in anderer Gestalt, die Empfänger erreichten. Auf Vorschlag von Bischof Hermann Kunst, damals Bevollmächtigter des Rates der evangelischen Kirche in Deutschland in Bonn, wurden die wirtschaftlichen Gegenleistungen für die Freilassungen politischer Häftlinge mit Zustimmung der Bundesregierung von nun an ebenfalls durch das Diakonische Werk abgewickelt, und zwar ohne besondere Verwaltungskosten wegen des humanitären Charakters der Angelegenheit. Zeitlich mit den Entlassungen der Häftlinge gekoppelt wurden die wirtschaftlichen Gegenleistungen erbracht. Sie umfassten Waren des täglichen Bedarfs wie Butter, Rohkaffee, Getreide, Südfrüchte, Düngemittel, später zeitweise Erdöl, Kupfer, Silber und andere Rohstoffe. Die Verträge wurden jeweils vom Bundeswirtschaftsministerium genehmigt.

Aus Gründen der Geheimhaltung wurden die freigekauften Häftlinge mit westdeutschen Omnibussen vom Abschiebegefängnis der DDR in „Karl-Marx-Stadt“ abgeholt und über den Grenzübergang Helmstedt nach Gießen zum „Notaufnahmelager“ gebracht. Die Fahrer konnten während der Fahrt die polizeilichen Kennzeichen der Fahrzeuge wahlweise auf west- oder ostdeutsche Beschriftung umschalten. Für die DDR-Bevölkerung war daher nicht erkennbar, um welche „Fracht“ es sich hier handelte. In Gießen erfolgte die endgültige Entlassung und Eingliederung der Häftlinge als Bürger in die Bundesrepublik Deutschland.

Im Zuge dieser „besonderen Bemühungen“ konnten in der Zeit von 1963 bis 1989 nach der Darstellung von Hartwig Bögeholz[4)] 31.775, nach derjenigen von Ludwig Rehlinger[5)] 33.755 politische Häftlinge freigekauft werden, über 2.000 Kinder mit ihren Eltern wiedervereint und über 250.000 Familienzusammenführungen über die innerdeutschen Grenzen hinweg geregelt werden. Speziell hierfür hatte die Bundesregierung zu verschiedenen Zeiten verschieden hohe „Gebühren“ zu entrichten. Es gab Listen mit jeweils 26 Namen für die bis Anfang der siebziger Jahre pro Liste 300.000 DM, d. h. pro Kopf 11.538,46 DM, gezahlt wurden. Später wurden pro Liste 500.000 DM bzw. 19.230,77 DM und nach Abschluss des sog. „Grundlagenvertrages“ mit der DDR (1973) pro Liste

50.000 DM bzw. 1923,08 DM gezahlt. Ab 1977 führte die DDR verschiedene Preisstufen ein: pro Liste teils 50.000 DM, teils 100.000 DM. 1981 kamen „Sonderlisten" hinzu, bei denen 8.000 DM pro Kopf gezahlt wurden. Statt Bargeld wurden später auch hier Waren und Güter geliefert, wie oben schon dargestellt. Die Erlöse hieraus flossen in die Staatsreserve der DDR und dann über den Bereich „Kommerzielle Koordinierung" (KoKo) unter der Leitung von Staatssekretär Alexander Schalck-Golodkowski auf das sog. Mielke-Konto und ab 1974 auch auf das sog. Honecker-Konto, das im Dezember 1989 zum Zeitpunkt der Wende zwei Milliarden DM auswies.[6)] Die Bundesrepublik Deutschland hat für die geschilderten humanitären Zwecke insgesamt Zahlungen im Wert von über 3,5 Milliarden DM erbracht. Die DDR hat sich also bis zum Schluß ihrer Existenz nicht gescheut, ihre Staatbürger für ihre willkürlichen Devisenbeschaffungszwecke zu vermarkten. Demgegenüber verschaffte die Bundesrepublik Deutschland auf diese Weise für dasselbe Geld deutschen Staatsbürgern die Freiheit.

Als Schlussergebnis der deutschen Völkerwanderungen der Kriegs- und Nachkriegszeit stellte das Statistische Bundesamt später für den Tag der deutschen Wiedervereinigung (3. 10. 1990) fest, dass im deutschen Staatsgebiet 79,67 Millionen Menschen lebten: In den alten Bundesländern 63,56 Millionen, in den neuen 16,11 Millionen.[7)]

Von allen diesen Besonderheiten der innerdeutschen Beziehungen wusste ich zunächst überhaupt nichts, wie auch der größte Teil der deutschen Öffentlichkeit keine Kenntnis davon hatte. Erst nach und nach und nur zum Teil wurden die Tatsachen bekannt. Sie werden inzwischen allmählich wieder vergessen sein, nicht jedoch bei den Freigekauften, die meist unerkannt unter uns leben, viele schon seit Jahrzehnten, und für ihren vorzeitigen Weg in die Freiheit, noch vor der Wende im Jahre 1989, dankbar sind.

Bei der Bevölkerung der DDR entwickelten sich die Lebensverhältnisse ständig weiter negativ. Insbesondere der Abstand zwischen den beiden deutschen Wirtschaftsgebieten klaffte immer stärker auseinander. Die Mangelerscheinungen in fast allen Lebensgebieten nahmen zum Teil groteske Züge an. Die seit 1956 gegründeten volkseigenen Versandhäuser versuchten, diese Mängel zu beheben. Sie scheiterten aber letzten Endes, weil sie nicht genug liefern konnten. 1976 mussten sie geschlossen werden. An Devisen war der Staat weiter interessiert. Für Ostdeutsche mit Westverwandtschaft war der Einkauf per Bestellschein deshalb nicht vorbei. Schon seit 1963 gab es den „Genex-Versand", einen als

Geschenkdienst eingerichteten Versandhandel. Er lieferte an DDR-Bürger über nur in der Bundesrepublik erhältliche Kataloge Waren, die in Devisen zu bezahlen waren.[8)] Aber dieser gelegentliche „Devisenvorteil" nützte den DDR-Bürgern an den Stränden der „sozialistischen Bruderländer" Rumänien und Bulgarien nichts. Dort waren sie nämlich alle einer beleidigenden Diffamierung gegenüber ihren bundesdeutschen Landsleuten ausgesetzt: In den Hotels durften sie für ihre Ost-Mark erst frühstücken, wenn sich die Westgäste von ihren Plätzen erhoben hatten, wo ihnen eine besser ausgestattete Speisekarte zur Verfügung stand!

Die staatlich gelenkte Zwangswirtschaft innerhalb des Ostblocks, die vor allem den Bedürfnissen der Sowjetunion zu dienen hatte, war nicht in der Lage, den Lebensbedarf der Bevölkerung angemessen zu decken. Zum Schluß war die DDR praktisch zahlungsunfähig.

Am 27. 10. 1989 erklärte der Leiter der MfS-Hauptabteilung XVIII, Generalleutnant Kleine, vor den Leitern der MfS-Abteilungen in einer eigens einberufenen „Arbeitsberatung", dass die Zahlungsfähigkeit der DDR „gegenwärtig gefährdet" sei. Bei den „produktiven Grundfonds" entspreche der dringende Investitionsbedarf ca. 500 Milliarden Mark bzw. der Höhe von zwei jährlichen Nationaleinkommen. Die Überwindung dieses Zustandes könne „nicht in zwei und auch nicht in fünf Jahren" erfolgen, sondern werde einen „langen Zeitraum" einnehmen. Die Entwicklung der Zahl der Berufstätigen in der Volkswirtschaft werde in zunehmendem Maße durch das Verlassen der Republik negativ beeinflusst. Allein im Zeitraum 1986 bis 1988 ergäben sich Verluste in einer Größenordnug von 84.444 Personen.[9)] Nicht erwähnt wird hier, dass die formal bestehende Vollbeschäftigung zum großen Teil einen Beschäftigungsleerlauf überdeckte. Zahlreiche DDR-Bürger berichteten uns, dass sie nach offiziellem Arbeitsbeginn mangels konkreter Aufträge mit Scheinbeschäftigungen herumsaßen oder private Dinge erledigten. Währenddessen waren ihre Kinder auf Staatskosten in Kindertagesstätten usw. untergebracht.

Auf der 10. Tagung des Zentralkomitees der SED vom 8. - 10. 11. 1989, der vorletzten seiner Geschichte, musste der Vorsitzende der Staatlichen Plankommission Gerhard Schürer verkünden, dass die Schulden der DDR auf 20 Milliarden Dollar angewachsen seien.[10)]

Die Einschränkungen der persönlichen Freiheit, auch der Reisefreiheit, wurden als lästig, unzumutbar und würdelos empfunden. Eltern konnten nicht damit rechnen, ihren Kindern die von ihnen gewünschte Ausbildung zukommen zu lassen, wenn sie nicht der privilegierten „Arbeiter- und Bauernklasse“ angehörten. Eine besondere Infamie stellte die Zwangsadoption von Kindern missliebiger Eltern dar, die sich z. B. wegen „Republikflucht“ im Gefängnis befanden. Ich bin selbst mit einem solchen Fall einer alleinerziehenden Mutter befasst gewesen, die ihren Sohn später im Westen wiederfand. Durch den regelmäßigen Brief- und Paketkontakt, aber auch durch Besucher von Messen und Kongressen, und nicht zuletzt durch den ständigen Konsum westlicher Radio- und Fernsehprogramme konnte es nicht ausbleiben, dass die Bevölkerung der DDR ihre eigenen Vergleiche der beiderseitigen Lebensverhältnisse anstellte. Der Hinweis auf den „Goldenen Westen“ wurde geläufig und üblich.

Besonders die Wohnverhältnisse waren beklagenswert. Die Bausubstanz war häufig verrottet und abbruchsreif. Nach der Wende stellte ich in meiner Vaterstadt Halle unglaubliche Zustände fest. Ganze Wohnviertel waren unbewohnbar und standen leer. Die einzelnen Stockwerke und Treppenhäuser waren von oben nach unten durchgebrochen. Die Häuser hatte man mit Bretterverschlägen abgesperrt oder zugemauert. Die Behörden kapitulierten und überließen solche Stadtviertel und Häuser sich selbst. Mit den knappen Baumaterialien wurden schwerpunktartig in Randgebieten die berüchtigten Plattenbauten errichtet, um die größte Wohnungsnot zu beheben. Natürlich bemühten sich die Bewohner nicht zerstörter Häuser, wie bei uns im Westen vor der Währungsreform (1948), darum, mit allen möglichen legalen oder illegalen Mitteln den Zustand ihrer Wohnungen zu verbessern.

Die Arbeitsbedingungen von Wissenschaftlern waren stark eingeschränkt. Neue Fachliteratur, besonders ausländische, fehlte. Kopiergeräte gab es nicht, so dass sich Interessenten in den Bibliotheken Notizen aus einzelnen Belegexemplaren mit der Hand machen mussten. Wissenschaftler erzählten mir, dass der Ausbildungs- und Wissensstand in einigen Fachgebieten deshalb um Jahre hinter dem westlichen Standard zurücklag.

Wie ich aus Gesprächen mit Hunderten ehemaliger DDR-Bürger weiß, waren junge Leute wie Schüler und Studenten, aber auch Arbeiter und „Angehörige der Intelligenz“ besonders verbittert über die penetrante Indoktrination ihrer Lern- und Arbeitswelt mit den vom Staat verordneten ideologischen marxistischen Lehren, gegen die es praktisch keinen Widerspruch gab. Das führte dann entweder zu einer taktisch motivierten Anpassung durch Rezitieren der erwarteten Sprüche und Lehrsätze und entsprechendes äußeres Verhalten oder zur Resignation durch Rückzug in die politische Teilnahmslosigkeit. Dadurch wiegten sich die Funktionäre in einer selbstgefälligen Sicherheit, wie sich bei den Demonstrationen, die zur Wende (1989) führten, zeigte.

So suchten immer mehr DDR-Bürger ihr Heil in der Flucht nach dem Westen, was selbstverständlich nicht verborgen blieb. Man muss sich vorstellen, wie es auf die Bevölkerung wirkte, wenn immer wieder, natürlich ohne Vorankündigung, ganze Familien von heute auf morgen aus ihrer Wohn- und Arbeitswelt spurlos verschwanden. Es hieß dann: „Die sind auch in den Westen abgehauen!“ Die Verwandten durften zu ihrem eigenen Schutz vorher meist nicht eingeweiht werden und waren daher überrascht und oft verbittert. Die negativen Auswirkungen dieser Fluchtbewegung nahm die DDR in Kauf und setzte den Verkauf von vor oder bei der Flucht verhafteten Staatsbürgern fort.

Die „Republikflucht“ der Familie Dörner

Im Kreis der Familie meiner mehrfach erwähnten Kusine Dr. Irmgard Dörner aus Lützen hatte die Abwanderung schon begonnen.Wie ich geschildert habe, blieb ihr Sohn Volkmar nach dem 13. 8. 1961 während einer Reise im Westen. Ihr geschiedener Ehemann Dr. Erich Dörner war bereits 1965 in die Bundesrepublik übergesiedelt. Im Jahr 1972 reiften nun auch in der übrigen Familie Fluchtpläne heran. Erich Dörner traf sich im Juli 1972 mit seinen Töchtern Almut und Renate in Ungarn und versuchte sie zu überreden, in die Bundesrepublik überzusiedeln, wo er sie gerne zur Unterstützung in seiner dortigen Arztpraxis eingesetzt hätte. Für die Schwiegersöhne Ulrich Müller und Steffen Gay, die beide Ärzte waren, drohte für das Frühjahr 1973 die Einberufung zur NVA. Irmgard Dörner hatte am 5. 11. 1972 ihr 60. Lebensjahr vollendet und war damit reiseberechtigt geworden. Sie hatte schon Weihnachten 1972 davon Gebrauch gemacht und war zu ihrem Sohn Volkmar nach Hamburg gereist. Aus heutiger Sicht hätte man ihr gewünscht, dass sie gleich dort geblieben wäre. Sie hätte sich damit großen Kummer und viele Entbehrungen und Demütigungen ersparen können. Sie wollte aber nicht ohne ihre übrigen Kinder im Westen bleiben, sondern deren Schicksal abwarten. Damals wurde beschlossen, dass die gesamte Familie mit allen Töchtern, Schwiegersöhnen und Enkeln, insgesamt neun Personen, in den Westen überwechseln sollte.

Tochter Renate und Ehemann verließen die DDR bereits am 3. April 1973. Sie folgten dem Bruder bzw. Schwager, der schon am 30. 3. 1973 mit Frau und Tochter diesen Weg gegangen war. Dabei hatte er eine andere Fluchthilfeorganisation beauftragt, die mit alliierten Soldaten zusammenarbeitete. Hier machten sich damals westalliierte Soldaten ein Devisengeschäft. Ihre Fahrzeuge durften ja von den DDR-Grenzern nicht kontrolliert werden! Auch sowjetische Grenzsoldaten drückten am Übergang Friedrichstraße gegen entsprechende „Gewinnbeteiligung" ein Auge zu. Solche Fahrten im Kofferraum eines alliierten Fahrzeuges waren aufregend und auch teuer genug (25.000 DM für zwei Personen). Insoweit überdauerte die Waffenbrüderschaft des „Großen Vaterländischen Krieges" den „Kalten Krieg".

Dramatisch wurde es, als die Massenflucht der noch verbliebenen sieben Familienmitglieder scheiterte. Volkmar Dörner hatte am 1. 3. 1973 in Hamburg mit der Firma Wolfgang Loeffler, Berlin, die „illegale Ausschleusung" seiner Mutter und aller seiner damals in der DDR wohnenden Geschwister und ihrer Familien vereinbart. Für jede der insgesamt neun Personen sollten 11.500 DM, also insgesamt 103.500 DM, beim Eintreffen in der Bundesrepublik fällig werden. Mit finanzieller Unterstützung seines Vaters zahlte er einen Vorschuss von 40.500 DM an. Vorgesehen war zunächst eine Ausreise mit gefälschten Pässen über Warschau per Bahn und Flugzeug, später, als das nicht funktionierte, über die Tschechoslowakei. Der Ausschleusungstermin musste mehrfach verschoben werden, was komplizierte und gefährliche Abstimmungsnotwendigkeiten zwischen allen Beteiligten zur Folge hatte. Westverwandte und -bekannte wurden dabei mit „Kurierdiensten" beauftragt. Auch ich führte während der Leipziger Frühjahrsmesse 1973 in der Leipziger Wohnung von Steffen und Renate Gay „konspirative Gespräche". Zuletzt wurde der 7. 6. 1973 als Fluchttag ins Auge gefasst. Die noch verbliebenen Familienangehörigen wurden jedoch am 5. bzw. 6. 6. 1973 aus ihren Wohnungen oder Arbeitsplätzen heraus in Lützen, Halle/Saale, Dresden und Stralsund verhaftet, die Kinder Anke Müller und Gunter Schmidt, damals rund drei und vier Jahre alt, zunächst in Heimen untergebracht.

Die Nachricht von den Verhaftungen gelangten verhältnismäßig schnell zu uns in den Westen. Der Schrecken darüber war sehr groß. Jeder, der die Pläne kannte, hatte natürlich gehofft, dass sie, wie im Fall Steffen und Renate Gay, gut verlaufen würden. Dass Irmgard im Alter von 60 Jahren ins Gefängnis musste, war besonders hart. Die größte Sorge bereitete aber das Schicksal der beiden kleinen Kinder, die ihren Eltern bei der Verhaftung mit Gewalt entrissen und weggebracht worden waren. Später konnten sie bei Verwandten in sehr verständnisvollen und warmherzigen Verhältnissen untergebracht werden. So wurde der Schock der Trennung von den Eltern gemildert, soweit das überhaupt möglich ist.

Auch unsere 85jährige Tante Gertrud Rindtorff aus Halle/Saale, die sich gerade zu Besuch bei uns in Essen befand, wurde Zeuge der schlimmen Nachricht, die für sie u. a. bedeutete, dass sie bis auf weiteres die Betreuung durch ihre Verwandten würde entbehren müssen. Wir boten ihr an, bei uns zu bleiben. Aber das hätte sie als „Verrat" empfunden. So kehrte sie bald nach Hause zurück, wo sie ihren Lieben gefühlsmäßig näher war.

Über den Hintergrund der fast gleichzeitigen Verhaftung der Familienmitglieder an vier verschiedenen Orten der DDR kann bis heute nur spekuliert werden. Manches spricht dafür, dass die Fluchthilfeorganisation Loeffler von der Stasi unterwandert worden war und sie daher die Fluchtpläne kannte. Nach der Wende stellte sich ferner aus Akten der „Gauck-Behörde" heraus, dass ein von der Stasi von Uli Müller in Ostberlin in der Umgebung des „Operncafés" gemachtes Foto durch systematische „Rasterfahndung" bei Universitäten und Kliniken identifiziert wurde. Die Verhaftung des gesamten Personenkreises führte dann unter Ausnutzung des Verhaftungsschocks und der Unerfahrenheit der Verhafteten zu deren Überrumpelung in den Aussagen. Das Weitere war für die Stasivernehmer ein leichtes Spiel, die die Familienangehörigen trickreich und rechtswidrig gegeneinander ausspielten.

Nach sieben Monaten Untersuchungshaft wurden unsere Verwandten vom 1. Strafsenat des Bezirksgerichts Rostock am 9. 1. 1974 „wegen gemeinschaftlicher staatsfeindlicher Verbindung in Tateinheit mit Vorbereitung zum ungesetzlichen Grenzübertritt im schweren Fall (Verbrechen gemäß §§ 100 Abs. 1, 213 Abs. 1 und 2 Ziff. 2 und 3, Abs. 3, 21 Abs. 2, 63, 64 Abs. 1 und 2 StGB)" wie folgt verurteilt:

Irmgard Dörner zu einer Freiheitsstrafe von vier Jahren, Jürgen und Karin Schmidt, sowie Ulrich und Almut Müller zu Freiheitsstrafen von je drei Jahren und sechs Monaten. Mit diesem im rechtstaatlichen Paragraphengewand daherkommenden Schandurteil wurde nicht mehr und nicht weniger mit jahrelangem Freiheitsentzug bestraft, als die Absicht, von einem Teil Deutschlands in den anderen überzuwechseln.

Unmittelbar nach der Hiobsbotschaft von der Verhaftung unserer Verwandten hatte ich mich an meinen früheren Chef Berthold Beitz gewandt, der wiederum Bundesminister Egon Bahr ansprach. Auf diesem Wege wanderte das erste Personaltableau über die Verhafteten nach Bonn zur Bundesregierung.

Damit wurden sie nun in die „Besonderen Bemühungen der Bundesregierung im humanitären Bereich" einbezogen, die ich schon beschrieben habe. Das bedeutete aber nicht, dass nun ein gewisser „Freikaufautomatismus" in die Wege geleitet wurde, wie sich gerade im Fall unserer Verwandten zeigen sollte. Vier der fünf Verhafteten waren Ärzte.

In der DDR begann sich damals bereits bemerkbar zu machen, dass vor allem Ärzte immer weniger bereit waren, ihre berufliche Zukunft auf die begrenzten Ausbildungsmöglichkeiten ihres Staates zu gründen. Auch die wirtschaftlichen Möglichkeiten waren mit denen im Westen nicht annähernd zu vergleichen. So wuchs der Trend zur Abwanderung der Mediziner in die Bundesrepublik immer stärker. Die DDR behauptete, dass sich hierdurch bereits gewisse Engpässe bei der medizinischen Versorgung der Bevölkerung bemerkbar machten. Sie versuchte daher auch, die „Kaufpreise" für Ärzte unter dem Gesichtspunkt hochzutreiben, dass sie ja für sie die teure Ausbildung bezahlt habe und nun auf die Gegenleistung verzichten müsse. Die Bundesregierung ließ sich allerdings nicht auf solche Berechnungsmethoden ein. Das führte dazu, dass die DDR es ablehnte, überhaupt noch Ärzte in den Freikauf einzubeziehen. Sie praktizierte vielmehr eine gewisse Zeit eine Entlassungsaktion für Ärzte, die sie in ihrem Jargon „weiße Wolke" nannte in analoger Verwendung des Bildes eines Schmetterlingsschwarmes auf eine Gruppe von Ärzten in ihren weißen Kitteln beim Verlassen der Gefängnisse. Demzufolge sagte mir eines Tages Rechtsanwalt Stange, dass wohl irgendwann mit einer vorzeitigen Entlassung meiner Verwandten aus der Haft gerechnet werden könne, aber nicht in die Bundesrepublik, sondern nur in die DDR. Diese Nachricht war niederschmetternd. Sie bedeutete das Scheitern aller Hoffnungen, in den Westen zu kommen. Alle Entbehrungen waren vergeblich gewesen.

In dieser Situation ergab sich eine überraschende Wendung. Mitte November 1973 bat mich Rechtsanwalt Stange telefonisch um einen nahen Besprechungstermin in Sachen meiner Verwandten. Einzelheiten könne er nicht nennen. Es handele sich um eine Angelegenheit von äußerster Vertraulichkeit, die auch geheim bleiben müsse. Wir vereinbarten einen Termin für den 27. 11. 1973, 15 Uhr in das Düsseldorfer Flughafenrestaurant. Da ich nicht wusste, was sich hinter diesen geheimnisvollen Andeutungen verbarg und ich auch keinerlei Risiko in irgendeiner Richtung eingehen wollte, ließ ich das Treffen durch unseren Sicherheitsbeauftragten beobachten. Rechtsanwalt Stange erschien pünktlich mit dem Flugzeug aus Berlin und eröffnete mir das Folgende:

Die DDR bemühe sich seit 1967/69 erfolglos um die Freilassung dreier ihrer Staatsbürger aus französischer Haft. Dort befanden sich die ehemaligen Fremdenlegionäre wegen Spionage für die DDR. Frankreich sei bei der Behandlung von Spionen bekanntermaßen unnachsichtig. Seine eigenen Spione verleugne es, besonders wenn es sich dabei um deutsche Staatsbürger handele.

Die DDR biete Frankreich jetzt als Gegenleistung die Freilassung von neun Deutschen an, die wegen Spionage für Frankreich, offenbar in Ost-Berlin, verurteilt worden seien. Außerdem sollten einige Fälle von Familienzusammenführungen solcher DDR-Bürger geregelt werden, die jetzt die französische Staatsangehörigkeit (vielleicht durch Eheschließung) besäßen.

Rechtsanwalt Vogel habe die Idee gehabt, ob ich in meiner Position bei Krupp vielleicht über die Möglichkeit verfüge, den steckengebliebenen Austauschprozess wieder in Gang zu bringen. Im Erfolgsfall werde man meine Verwandten, gewissermaßen als „Provision", in die Bundesrepublik entlassen. Abschließend ließ Stange mich zur Vorabinformation einen Blick in die beiden Namenslisten werfen. Er betonte, dass es sich hier um „Staatsgeheimnisse" (der DDR) handele. Er werde sie mir zuleiten, sobald ich Handlungsbereitschaft signalisiert hätte. Als ich Berthold Beitz über das Gespräch berichtete, erklärte er sich sofort bereit zu helfen. Er kannte den französischen Politiker Georges Pompidou, der als Nachfolger Charles de Gaulles 1969 Staatspräsident geworden war. Diesen wolle er ansprechen. Nachdem ich Stange entsprechend unterrichtet hatte, erhielt ich die beiden Listen übermittelt. Die Originalaufstellung mit allen Personalien und Strafangaben befindet sich noch in meinem Besitz.

Bei den drei in Frankreich wegen Spionage einsitzenden Personen waren zwei 1967 zu 18 und 20 Jahren und der Dritte 1969 zu 14 Jahren Freiheitsstrafe verurteilt worden. Auf der Liste der in der DDR wegen Spionage verurteilten Personen waren zwei zu lebenslänglicher Haft und sieben zu zeitlichen Strafen von 15, 11, 10, 7 und 6 Jahren verurteilt, darunter zwei Frauen. Sie enthält ferner zwei damals neue Fälle.

Auf der Basis dieser beiden Austauschlisten erarbeitete ich ein Memorandum, das zur Übergabe an Staatspräsident Pompidou bestimmt war. Natürlich musste es mit der DDR auf dem Weg über die Rechtsanwälte Stange und Vogel abgestimmt werden. Am 17. 12. 1973 konnte ich die gebilligte Fassung Berthold Beitz zuleiten. Zur Übergabe des Memorandums an den damals schon schwer kranken Pompidou kam es nicht mehr. Er starb am 2. 4. 1974. Der so günstig angelaufene Freilassungsprozess schien zu scheitern.

Aber eine nicht voraussehbare Verkettung von Umständen führte im Juni 1974 doch noch zur Fortsetzung der Bemühungen. Inzwischen war nämlich in der Konzernspitze von Krupp insofern eine Veränderung eingetreten, als Ernst Wolf Mommsen Vorsitzender des Vorstands und ich sein engster Mitarbeiter geworden war. Als erfahrener Unternehmer in der westdeutschen Stahlindustrie bei Klöckner und Thyssen war er vorübergehend in die Politik übergewechselt. Dort hatte er als Staatssekretär bei Helmut Schmidt gearbeitet, als dieser Bundesminister für Verteidigung und für Wirtschaft und Finanzen gewesen war. Als ich ihm von meinen Schwierigkeiten bei der Freilassung meiner Verwandten erzählte, war er sofort bereit, seine persönlichen Beziehungen zum nunmehrigen Bundeskanzler Helmut Schmidt in die angelaufenen Bemühungen einzubringen. Schmidt verfügte über ausgezeichnete Kontakte zum neuen französischen Staatspräsidenten Valéry Giscard d'Estaing. Kenner französischer Befehlsstrukturen berichteten, dass nur der Präsident der Republik die zuständigen Abwehrbehörden zum Einlenken in Austauschverhandlungen bewegen könnte. Nachdem Herr Mommsen den Bundeskanzler mit dem komplizierten Sachverhalt vertraut gemacht hatte, war dieser bereit, das vorbereitete Memorandum in einem Vieraugengespräch an Giscard d'Estaing mit einer entsprechenden Bitte weiterzugeben. In den nächsten Austauschverhandlungen konnte festgestellt werden, dass die Botschaft angekommen war.

Schon am 30. 9. 1974 meldete die WELT, dass der französische Geheimdienst Hans Völkner, Sohn von Mitgliedern der „Roten Kapelle"[11)], und Hans Bäumler freigelassen habe. Beide standen auf meiner Austauschliste. Es fehlte allerdings noch Nr. 3 der Liste, nämlich Peter Kranick. Er wurde erst am 22. 5. 1975 freigelassen. Erst danach, nämlich am 3. 6. 1975, öffneten sich endgültig die Tore der Freiheit für meine Verwandten. Bis dahin waren noch zahlreiche komplizierte Verhandlungen zwischen Frankreich und der DDR zu bewältigen. Aber der Bann war durch das Machtwort des Präsidenten für diese Spione gebrochen. Sie standen als „Manövriermasse" für weitere Verhandlungen, in welcher Kombination auch immer, zur Verfügung.

Nachdem die DDR erkannt hatte, wie sehr man bereit war, mir bei meinen Bestrebungen zur Freilassung meiner Verwandten zu helfen, zögerte sie natürlich nicht, dies nach Kräften auszunützen. Es genügte ihr nicht mehr, ihre wichtigsten Figuren in dem Austauschpoker zu bekommen, sondern sie erhob auch noch finanzielle Forderungen im Sinne einer „Kopfquote" für meine Verwandten, wovon bisher keine Rede gewesen war.

Hier nun war wieder Berthold Beitz der Retter in der Not. Er fuhr eigens nach Ostberlin zum Staatsratsvorsitzenden Erich Honecker, der ihn wegen seines oben schon geschilderten unerschrockenen Eintretens für polnische Juden während des Krieges, aber auch als für das Ostgeschäft aufgeschlossenen Unternehmer schätzte. Erstaunlicherweise kümmerte sich Honecker sogar persönlich um jeden einzelnen Freikauf, vielleicht aus Misstrauen gegen seine Umgebung. Kein Häftling kam ohne sein grünes Kreuz auf der betreffenden Liste frei, wie mir Rechtsanwalt Stange erzählte. Es glückte Beitz, die letzten Hindernisse zu beseitigen, was hier nicht darzustellen ist. Im Ergebnis wurden mir meine fünf Verwandten am 3. 6. 1975 durch die Rechtsanwälte Vogel und Stange am Grenzübergang Herleshausen in einem Sondertransport übergeben. Es sollte nämlich nicht publik werden, dass entgegen der verkündeten Praxis nun doch Ärzte entlassen worden waren. Aber natürlich verbreitete sich die Nachricht wie ein Lauffeuer in den Gefängnissen der DDR und ließ die dort wartenden Schicksalsgenossen wieder hoffen. Insofern hatte dieses Ereignis auch für einen großen Kreis anderer Betroffener eine grundsätzliche Bedeutung. Zu einer „Ärztesperre" ist es nicht mehr gekommen.

Bisher habe ich diese Ereignisse mehr in ihrem äußeren Ablauf geschildert. Sie müssen aber auch aus der Sicht der politischen Häftlinge und damit auch meiner Verwandten gesehen werden. Denn was es wirklich bedeutet, Jahre, wenn nicht Jahrzehnte, der Freiheit beraubt zu sein, das kann nur der ermessen, der es erlebt hat. Für einen Außenstehenden ist es kaum möglich, das nachzuvollziehen oder für andere darzustellen. Inzwischen gibt es allerdings auch für diesen Bereich viele Veröffentlichungen.[12)] Sogar ein Film wurde gedreht.[13)] Ich aber kann auf viel bessere und aktuellere Quellen zurückgreifen, nämlich auf die Berichte meiner Verwandten und vieler anderer ihrer Schicksalsgenossen, die ich später kennenlernte.

Am schlimmsten lastete die menschenunwürdige Behandlung auf den politischen Gefangenen. Obwohl sie als Untersuchungshäftlinge die Unschuldsvermutung für sich hatten, wurden sie von Anfang an als überführte Schwerverbrecher behandelt. Nach den Strafakten der DDR über meine Verwandten, die mir in Fotokopie vorliegen, wurde meine Kusine Dr. Irmgard Dörner am 6. 6. 1975 gegen 15 Uhr in Lützen in ihrer Wohnung festgenommen und mit einem PKW nach Rostock in die „Untersuchungshaftanstalt BV Rostock" eingeliefert. Dort wurde sie von dem „Untersuchungsorgan", einem Leutnant der Staatssicherheit, von 21 - 3 Uhr vernommen. Vorher wurden ihr laut „Durchsuchungs- und Beschlagnahmeprotokoll" sämtliche persönlichen Gegenstände einschließlich Kleidungsstücken und alle Wertsachen ab- und „in Verwahrung genommen".

Nach ihren Erzählungen und den Aufzeichnungen, die sie im Herbst 1975, kurz nach ihrer Entlassung, niedergeschrieben hat, schildert sie ihre Einlieferung wie folgt:

„Man sperrte mich in eine kleine Zelle: ich musste alles ausziehen, bekam Anstaltskleidung, bekam Decken und Waschzeug und wurde 2 Treppen hoch in eine Zelle gesperrt (Nr. 215). Dann musste ich mich duschen, bekam etwas zu essen; ich bekam kaum etwas herunter und kam zur Untersuchung in das Nebengebäude zur Vernehmung. ‚Untersuchungsgefangene Dörner zur Vernehmung.' – ‚Hände auf den Rücken. Bleiben Sie an der Tür mit Gesicht zur Wand stehen!' So ging es durch 3 Türen und noch mehr; sofort wurde ich in Anstaltskleidung – gestreiftes Hemd, Trainingshose, Trainingsbluse, wollene Socken und Filzschuhe – fotografiert von vorn und von der Seite. Zurück ins Vernehmerzimmer. Ich saß in einer Ecke auf einem Stuhl (sonst gab es nur Holzhocker), man gab ihn wohl meines Alters wegen. ... ‚Wenn Sie uns für dumm verkaufen wollen, dann sagen Sie es uns gleich; dann wollen wir mit offenen Karten spielen.' Nachdem ich merkte, daß sie bereits über vieles orientiert waren, antwortete ich nur noch auf das, was ich gezielt gefragt wurde und stellte mich manchmal so, als ob ich die Fragen nicht verstände, so daß ein leitender Stasimann, der noch nachts dazu kam, sagte: ‚Wir wollen Ihnen nichts erzählen, wir wollen etwas von Ihnen wissen. Reden Sie gefälligst!' Dann ließ man mich eine Stunde ruhen und anschließend ging die Vernehmung bis zum Morgen des nächsten Tages weiter. Dann ging bei mir im Kopf alles so durcheinander, daß ich nicht mal mehr wußte, welches Datum wir hatten. ... Nachmittags kam ich noch zu einem Vernehmer, der vor allem über unser Ziel in der CSSR Bescheid wissen wollte und mir nicht glaubte, daß ich es nicht wisse. Im übrigen brüllte er mich an, daß ich mich als Untersuchungsgefangener ordnungsgemäß an- und abzumelden hätte. So ging es immer hin und her in den nächsten Tagen: Meldung, Hinführung zur Vernehmung, Abmeldung, Rückführung, Hände auf den Rücken."

Dieser kurze Einblick zeigt, dass von rechtsstaatlichen Verfahrensweisen keine Rede sein konnte. Bekanntlich ist ein Beschuldigter in jedem zivilisierten Strafverfahren nicht zur Aussage verpflichtet, insbesondere braucht er sich nicht selbst zu belasten. Hier wurde jedoch von Anfang an versucht, Geständnisse zu erzwingen durch Ausnutzung des Einlieferungsschocks, Einschüchterung durch Anbrüllen, Bedrohung mit Nachteilen, Suggestivfragen. Den natürlichen Selbsterhaltungswillen eines politischen Häftlings versuchte man durch Praktizierung eines entwürdigenden Kommissbetriebs zu brechen. Unqualifiziertes oder aufgehetztes Bewachungspersonal ließ seine Ressentiments gegen „die Politischen" dadurch aus, dass es die sogenannten „Kriminellen" unter sie mischte, nicht selten mit Bespitzelungsaufträgen versehen. In dem schon zitierten Bericht heisst es z. B.:

„Am 12. Dez. kam eine 20 jähr. Kriminelle in meine Zelle. Ich war sehr vorsichtig, denn ich hatte das Gefühl, daß sie mich bespitzeln sollte. Das ‚Schönste' war, sie hatte eine nicht ausgeheilte Krätze. Ich nahm mich also sehr in Acht. Brachte den ‚Sani' dazu, nochmal eine Kur vorzunehmen und erklärte mich bereit sie einzupinseln. Als ich glaubte, eine Krätzestelle am li. Handgelenk zu haben, glühte ich diese Stelle mit meiner letzten Zigarette aus. Gott sei Dank kam nichts mehr dazu. Nur eine Brandnarbe habe ich noch davon."

Nach der schon erwähnten Verurteilung zu einer Freiheitsstrafe von vier Jahren bzw. drei Jahren und sechs Monaten wurden Irmgard Dörner, wie auch ihre Töchter Karin und Almut, Ende Januar 1974 zur Strafverbüßung in das Frauengefängnis Hoheneck im erzgebirgischen Landkreis Stollberg verlegt. Darüber schreibt sie u. a.:

„Die Fahrt war sehr anstrengend dorthin. Wir wurden in einem Wagen an einen Personenzug angehängt in kl. Abteilen mit je 2 Plätzen, wo wir aber meist zu 4 od. 5 eingepfercht waren. Erst mit der „Grünen Minna" nach Bahnhof Rostock. Dort mit Hundebegleitung, die Männer sogar mit Handschellen, in die Züge. Unterwegs Brote und Kaffee. Ausgeladen wurden wir in Magdeburg. Ich hatte Glück, daß ich mit Karin zusammen war. Wir kamen dort 14 Tage in ein Gefängnis mit Kriminellen zusammen. Es war eine 2-Mann-Zelle. Eine Kriminelle hatte das Bett oben. Unten lag eine von uns und zwei mit Matratzen auf dem Fußboden mit den Beinen unter dem Doppel(stock)bett. Die letzten Stunden vor dem Weitertransport lagen wir in dem Duschraum auf dem Fußboden, in der Ecke ein Eimer zum Kübeln. Der Transport ging nach Leipzig. Wir wurden wieder mit Postenbegleitung und Hunden über die Bahnsteige geführt. Es war schon ein sehr erniedrigendes Gefühl. Weiter ging es nach Karl-Marx-Stadt mit Lastenfahrstühlen unten durch den Bahnhof im Keller zur Grünen Minna und ab nach Hoheneck. Abends im Dunkeln kamen wir dort an. Wir mussten noch eingekleidet werden. ... Das dauerte sehr lange und ich war so schwach, daß ich mich hinsetzen musste auf die Erde, weil sich alles drehte und ich immer dachte, der Fußboden schlug Wellen."

Über die Unterbringung im Gefängnis schreibt sie, dass sie zu 35 Frauen in einem Raum von 30 qm lagen mit zwei Dreistockbetten und einigen „Bodenschläfern" auf Matratzen. „Es war schon schlimm." Ihre Haare wuschen sie in Tee oder Kaffee, da sie nur kaltes Wasser hatten. Arbeiten mussten sie u. a. im sog. „Lumpenkommando", wo alte Uniformen aufgetrennt werden mussten, die dann zu Röcken verarbeitet wurden, oder in der Motorenproduktion. Die Arbeit dort war für sie, die 60jährige, sehr schwer:

„Zuerst habe ich Motoren geprüft; dann sollte ich mit einlegen; aber das schaffte ich nicht mehr. So wurde ich an eine Presse gestellt, wo die Motoren gepreßt wurden. Es war sehr anstrengend für die Arme. Ich musste mir immer beide Handgelenke bandagieren und hatte dann auch Sehnenscheidenentzündungen. Es hat lange gedauert später, daß ich diese Beschwerden wieder los wurde."

Ende Mai 1975 hatte das Leid ein Ende. Die Entlassungsformalitäten begannen. Alle fünf Verwandte schildern sie ähnlich. Sie wurden aus ihren Haftanstalten in Hoheneck und Cottbus in das Abschiebegefängnis in Karl-Marx-Stadt verlegt. Dort erhielten sie ihre Zivilkleidung zurück, die sie bei der Verhaftung getragen hatten, und mussten ihre erarbeiteten Restguthaben dazu verwenden, Tragetaschen und andere Gegenstände aus dem dortigen Angebot zu kaufen. Die vorbereiteten Beschlüsse über die Aussetzung ihrer Strafen zur Bewährung und ihre Entlassung aus der Staatsbürgerschaft der DDR wurden ihnen eröffnet und ausgehändigt. Schließlich erhielten sie eine Identitätsbescheinigung mit Lichtbild für den Grenzübergang. Ein Funktionär eröffnete ihnen, dass sie ihre Freilassung „der Intervention von Herrn Beitz verdankten". Er konnte es sich dabei nicht verkneifen zu sagen, dass er diese Maßnahme nicht verstehen könne, aber die Regierung müsse sich ja dabei etwas gedacht haben. Wie schon erwähnt wurden sie in einem Sonderfahrzeug, getrennt von den übrigen zur Entlassung ausgesuchten politischen Häftlingen zum Grenzübergang Herleshausen gebracht. Die Rechtsanwälte Vogel und Stange begleiteten in Vogels Mercedes den Transport. In Irmgard Dörners Bericht heißt es ganz typisch und fast gleichlautend wie in vielen ähnlichen Berichten: „Die Fahrt durch die Landschaft mit dem vielen Grün und Gelb durch das Thüringer Land war ein Erlebnis, denn wir kannten ja keine Farben mehr. Auf dem Hof, wo wir „Umgang" hatten, stand in einer Ecke ein Baum. Und durch unsere vergitterten Fenster sah alles immer grau in grau aus. Wir waren alle Fünf sehr glücklich."

Wir im Westen waren nicht minder glücklich. Den Entlassungstermin (3. 6. 1975) erfuhr ich einige Tage vorher von Rechtsanwalt Stange. Am Telefon fiel der bedeutungsvolle Satz: „Es ist soweit!“, den ich später immer wieder hören und an glückliche Angehörige weitergeben durfte.

Am Entlassungstag, einem Dienstag, fuhr ich mit Volkmar Dörner und Renate Gay zum Grenzübergang Herleshausen. Steffen Gay wartete zusammen mit Helga in Essen. Es war herrliches Wetter. Große Vorfreude beherrschte die Stimmung und eine fast unerträgliche Spannung. Würden sie wirklich kommen oder würde in letzter Minute noch etwas schief gehen? Wie würden sie aussehen? Wie hatten sie die zweijährige Haft überstanden? Wie würde es weitergehen? Jeder hatte an diesem Tag solche oder ähnliche Gedanken.

Wir bezogen auf dem Parkplatz oberhalb des Grenzübergangs unsere Warteposition. Dann erschien zunächst Rechtsanwalt Vogels Mercedes am Schlagbaum. Der westdeutsche Grenzbeamte begrüßte die beiden Anwälte Vogel und Stange, die den Transport bis hierher begleitet hatten. Ich ging sofort zu ihnen, um für ihr Engagement und ihre Hilfe beim Zustandekommen des glücklichen Endes herzlich zu danken. Es war sicher keine normale Übergabe politischer Häftlinge. Die Vorgeschichte dieser Entlassung war zu ungewöhnlich gewesen. Während wir uns unterhielten, hatte Vogels Wagen gewendet und kehrte mit Almut und Uli Müller zurück.

Unsere Begrüßung und unser Wiedersehen nach über zwei Jahren war unbeschreiblich schön. Viele Tränen der Rührung flossen. Während der Wagen erneut wendete, geleitete ich die beiden zum Parkplatz zu Almuts Geschwistern, wo sich die nächste Begrüßungsszene abspielte. Schließlich brachte der Wagen meine Kusine Irmgard mit Karin und Jürgen Schmidt und die Habseligkeiten, die die Entlassenen mitgebracht hatten. Wieder gab es eine rührende Begrüßung zwischen Mutter und Geschwistern. Wie ich später erfuhr, hatte es sich der Sachbearbeiter Honeckers für Freikaufsangelegenheiten nicht nehmen lassen, als Fahrer mit einer Lederjacke „verkleidet“, diesen Grenzübergang zu begleiten. Er warf einen neugierigen Blick auf mich. Der gesamte Ablauf ist fotografiert worden. Die Bilder können nur einen schwachen Eindruck der Freude vermitteln, die dort herrschte.

Nach der ersten Begrüßung fuhren wir nach Herleshausen in ein kleines Gasthaus, wo sich die Neuankömmlinge erst einmal fassen und etwas essen konnten. Typischerweise bestellte sich Uli Müller „eine echte COCA-COLA“, die man in der DDR nicht bekommen konnte. Ich meldete die glückliche

Ankunft telefonisch der Familie und bei Berthold Beitz, der ja den letzten Anstoß zur Freilassung gegeben hatte.

Der zweite Teil der aufregenden Fahrt, die morgens in Chemnitz begonnen hatte, führte nun durch das schöne hessische Land um Kassel ins Ruhrgebiet nach Essen. Die gepflegten Dörfer und Städte der Bundesrepublik beeindruckten die Ankömmlinge. Je mehr wir uns Essen näherten, desto größer wurde die Spannung auf das Wiedersehen mit Steffen Gay, der sich damals mit Renate unter dramatischen Umständen von ihnen getrennt hatte. Gegen Abend trafen wir vor unserem Haus ein. Es war zugleich die erste Station in der Freiheit und für einige von ihnen auch vorerst ihre neue Heimat. Die letzte Begrüßung des Tages konnte nicht ohne Freude, Tränen und Emotionen vor sich gehen. Als wir uns um die Abendbrottafel versammelten, wich langsam die Spannung: „Gestern Abend saßen wir noch im Knast und heute sind wir in der Freiheit!" Für alle Verwandten und insbesondere für die Ehepaare waren es die ersten richtigen Gespräche seit zwei Jahren.

Noch bis tief in die Nacht dauerten die Berichte an und auch die ersten Telefongespräche mit Verwandten und Freunden. Erschöpft von den aufregenden Erlebnissen suchten unsere Heimkehrer ihre Lager auf. Alle konnten im Haus untergebracht werden. Einige Verwandte kamen bei hilfsbereiten Nachbarn unter, die unsere Freude teilten. An einem der nächsten Tage fand bei herrlichem Wetter im Garten ein Frühstück statt, zu dem sich auch meine Mutter gesellte. Helga hatte eine große Tafel und ein Büfett vorbereitet. Es dauerte nicht lange und die ersten Verwandten und Freunde trafen zur Begrüßung aus nah und fern ein. In der Nachbarschaft hieß es, bei Reinholds müsse etwas ganz Schönes passiert sein! Die Stimmung war unbeschreiblich. Überall im Haus und im Garten lagen sich Menschen immer wieder in den Armen.

Nach einigen Tagen der Eingewöhnung und Erholung, in denen auch viele Behördengänge zu erledigen waren, löste sich die Familienversammlung allmählich auf und das Leben ging in den Alltag über. Zunächst aber machten wir Dankesbesuche bei Berthold Beitz und bei E. W. Mommsen, die entscheidenden Anteil an der Freilassungsaktion gehabt hatten. Beide nahmen warmherzig und mit großem Interesse Anteil am Schicksal der fünf Entlassenen. Beitz sagte für Jürgen Schmidt sogar noch eine außerplanmäßige Stelle als Arzt in der Frauenabteilung des Krupp-Krankenhauses zu.

Gays nahmen ihre Mutter mit nach München und von da aus auf eine Reise nach Südfrankreich, die ihr aber nicht gut bekam. Zu groß waren die Strapazen der letzten beiden Jahre für die 62jährige gewesen. Erst als sie in Hannover in der Nachbarschaft ihrer Schwester Ilse einen neuen Lebensmittelpunkt gefunden hatte, kam sie langsam zur Ruhe. Für einige Zeit arbeitete sie sogar noch als ärztliche Gutachterin für eine Versicherungsgesellschaft, zog sich dann aber vom Berufsleben zurück und widmete sich ihren Kindern, Enkeln und vielfältigen Interessen. Später lebte sie in der Nähe ihres Sohnes Volkmar im Altersheim in Ahrensburg bei Hamburg und unternahm von dort aus viele Reisen, u. a. nach USA, wo Familie Gay für mehrere Jahre wohnte. Sie erlebte zu ihrer großen Freude den Fall der Berliner Mauer und die deutsche Einheit. Am 1. 11. 1998 starb sie im Alter von 86 Jahren.

Karin und Jürgen Schmidt konnten glücklicherweise nebenan bei unseren Nachbarn eine freistehende möblierte Wohnung beziehen und so ihren ersten selbstständigen Haushalt im Westen begründen. Auch für Karin ergab sich eine berufliche Tätigkeit als Bibliothekarin bei der Buchhandlung BAEDECKER, die allerdings noch nicht ihrer Ausbildung als Kunsthistorikerin entsprach.

Almut und Uli Müller fanden in Hamburg unter Mithilfe von Volkmar Dörner eine Wohnung und ihre ersten Stellen als Ärzte.

Das Glück der Familie war aber erst vollständig, als die beiden Kinder Anke Müller und Gunter Schmidt ihren Eltern in den Westen folgen konnten. Deren Geduld wurde noch auf eine harte Probe gestellt. Seit ihrer Verhaftung am 5. bzw. 6. 6. 1973 hatten sie ihre Kinder nicht mehr sehen können.

Der inzwischen fast siebenjährige Gunter Schmidt hatte bei der Familie von Irmgards Vetter in Röcknitz eine denkbar gute Betreuung gehabt. Für seine Abholung hatten sich mein Vetter Greif Sander und Hanna Frentzel-Beyme, die Frau meines Vetters Arnfried bereiterklärt. Am 29. 8. 1975 war es soweit. Gunter wunderte sich über sein umfangreiches Reisegepäck: „Ist das alles mei Jelumpe?“ Bei Sonnenuntergang traf das sehnlichst erwartete Fahrzeug in Essen ein, von Gunter mit der Bemerkung kommentiert: „Hier geht die Sonne unter! Jetzt sind wir im Westen!“ Unterwegs hatte er sich für die Fahrzeugtypen, besonders von „Opel“, interessiert, auch mal eine „Wurschtbemme“ angefordert und zu größerer Geschwindigkeit ermuntert. Auch für ihn war die Übersiedlung ein Abenteuer und keine Belastung. Seine Eltern konnten ihn nach zwei Jahren und drei Monaten der Trennung wohlbehalten wieder in die Arme schließen. Er erkannte sie allerdings zunächst nicht mehr. Offenbar hatte er die Trennung von ihnen verdrängen müssen. Er kam gerade rechtzeitig an, um in die benachbarte Graf-Spee-Schule, in die auch unsere Kinder so gern gegangen waren, eingeschult zu werden. Mit seiner etwas zarteren seelischen Konstitution brauchte er einige Zeit länger als Anke, um sich in die neuen Lebensverhältnisse einzugewöhnen.

Für die Abholung der inzwischen fünfjährigen Anke Müller hatten sich mein Vetter Freimut Sander und seine Frau Lisa bereit erklärt. Nach schwierigen Übernahmeverhandlungen kamen sie schließlich am Abend des 5. 9. 1975 mit Anke in Essen bei uns an. Es war bewegend, das Wiedersehen von Anke mit ihren Eltern miterleben zu können. Der Vater hob das schlaftrunkene Kind aus dem Auto und reichte es der Mutter hinüber, die in Tränen ausbrach. Die Kleine sagte im reinsten Sächsisch: „Mutti, warum weinst 'n du? Die Oma, hat auch geweint, als ich wegfuhr. Der Vati hat sich nicht verändert. Aber du hast dich verändert." Auf der Fahrt von Leipzig nach Essen hatte sie in kindlicher Unbekümmertheit laut den Schlager „Das ist die Rose, die Rose vom Wörther See" gesungen. Offenbar hatte sie die Trennung von den Eltern bei den Großeltern in Chemnitz in deren verständnisvoller Betreuung ohne Schaden überstanden.

Damit hatte die „Republikflucht" der Familie Dörner letzten Endes einen glücklichen Abschluss gefunden. Späteren Lesern wird diese innerdeutsche „Reise", die über zwei Jahre dauerte und durch die Gefängnisse der DDR führte, unglaubhaft vorkommen. Ging es doch nur darum, von einem Teil Deutschlands in den anderen überzuwechseln.

„Nachlese"

Die erste Sorge unserer Ankömmlinge galt dem Schicksal ihrer zurückgebliebenen Haftgenossen. Sie nannten mir mehrere Namen mit der Frage, ob ich nicht auch für diese Menschen etwas tun könnte. Da ich durch meine vermittelnde Tätigkeit in den vergangenen beiden Jahren zahlreiche Kontakte mit den verschiedensten Stellen hatte knüpfen können, habe ich nicht gezögert, dieses „Know how" für die Freilassung weiterer Menschen einzusetzen. Dabei bin ich davon ausgegangen, dass jeder politische Häftling, der wegen „Republikflucht" oder ähnlicher Delikte in einem DDR-Gefängnis saß, sich dort zu Unrecht befand. Meine Tätigkeit erstreckte sich in allen derartigen Fällen zunächst darauf, dafür zu sorgen, dass die Namen dieser Häftlinge zur Kenntnis der westdeutschen Behörden gelangten, sofern noch nicht geschehen. Denn dies war die Grundvoraussetzung für jede Freilassung oder Übersiedlung. Zuständig war das Bundesministerium für innerdeutsche Beziehungen (BMI).

Dabei muss erwähnt werden, dass die entlassenen politischen Häftlinge im Notaufnahmelager Gießen systematisch nach anderen Gefangenen befragt wurden, um diesen ebenfalls helfen zu können. Da die Entlassenen auch von deutschen und amerikanischen „Diensten" unter verschiedenen Gesichtspunkten angehört wurden, konnte es vorkommen, dass die aus Erfahrung misstrauischen ehemaligen DDR-Bürger zunächst mit ihren Angaben zurückhaltend waren. Manchmal argwöhnten sie, dass sich eingeschleuste Stasi-Agenten unter den Befragern befänden. Ganz abwegig waren solche Befürchtungen ja leider nicht.

Bei der weiteren Abwicklung kam es darauf an, dass die Namen der Betroffenen auf die entsprechenden Listen der zur Entlassung oder Übersiedlung anstehenden Personen kamen. Die Prioritäten hierfür wurden in den Verhandlungen zwischen den beiden Seiten gesetzt, wobei auf westdeutscher Seite der Rechtsanwalt Stange und auf ostdeutscher Seite der Rechtsanwalt Vogel eine maßgebliche Rolle spielten. Wie immer, wenn es um Menschenschicksale geht, war es sehr schwierig, die „richtige" Auswahl zu treffen. Ich kann hier erneut auf die Schilderung von Ludwig Rehlinger verweisen, der in seinem Buch diese verantwortungsvolle und belastende Arbeit geschildert hat. Ich habe bei der Zusammenstellung der Listen insofern mittelbar Hilfe geleistet, als ich Vorschläge gemacht habe, die gewissermaßen auf Bedürftigkeit und Würdigkeit vorgeprüft waren. Die DDR versuchte ja nicht selten, ihr lästige Bürger, wie Kriminelle, loszuwerden oder Spitzel und Agenten einzuschleusen. Ich konnte mich bei meinen Verwandten, oder später deren Schicksalsgefährten, nach menschlichem Ermessen darauf verlassen, dass sich unter den von ihnen benannten Mithäftlingen solche Elemente nicht befanden. Ein langes Zusammenleben unter Haftbedingungen schärft wohl das Beurteilungsvermögen für menschliche Zuverlässigkeit. In diesem Sinne haben meine Meldungen den Entscheidungsträgern genützt.

Ein weiteres Betätigungsfeld war für mich die Mithilfe bei den sogenannten „Familienzusammenführungen", d. h. bei Trennung von Eheleuten oder Partnern, bei denen nur der eine geflohen oder nur dem einen die Flucht geglückt war, während der andere gefasst wurde oder zurückbleiben musste.

Häufig ging es um solche Fälle, bei denen politische Häftlinge nach Strafverbüßung nicht, wie erhofft, in die Bundesrepublik Deutschland, sondern in die DDR entlassen worden waren. Natürlich versuchten diese nun nachträglich, eine offizielle Ausreisegenehmigung zu bekommen, obwohl es sich im Wortsinn nicht um „Zusammenführungen" handelte. Sie wurden aber in der

Praxis trotzdem unter dieser Überschrift geregelt, weil die DDR Devisen benötigte. Gelegentlich hatten Wissenschaftler eine der seltenen Genehmigungen erhalten, einen Kongress im westlichen Ausland zu besuchen, und waren auflagewidrig nicht zurückgekehrt. Dann ging es darum, Ehefrauen und Kinder nachzuholen, die man als „Pfand" zurückbehalten hatte.

Im Laufe der nächsten Jahre kam mir meine enge Zusammenarbeit mit den Rechtsanwälten Stange und Vogel bei der Freilassung meiner Verwandten besonders zustatten. So war es gelegentlich möglich, auch in zunächst aussichtslos erscheinenden Fällen eine Lösung zu finden. Dabei spielten humanitäre Erwägungen die maßgebliche Rolle.

Es konnte auch nicht ausbleiben, dass mein Name im Laufe der Jahre unter ehemaligen politischen Häftlingen und ihren Angehörigen und Freunden bekannt wurde. Mit zunehmender Häufigkeit traten Verwandte und Bekannte von DDR-Bürgern mit Fragen und Bitten an mich heran, ob ich diesen helfen könne. Natürlich habe ich geholfen, wo ich konnte, und immer kostenlos. Jeden Versuch, mir ein „Honorar" anzubieten, habe ich abgelehnt. Mir als in Halle Geborenem und auch als Westdeutschem, der in der Freiheit leben konnte, war es ein Herzensbedürfnis zu helfen. Es konnte für mich keine schönere Belohnung geben, als beim Eintreffen von Transporten politischer Häftlinge in Gießen die Freude meiner Schützlinge und ihr Wiedersehen nach oft jahrelanger Trennung mit ihren Eheleuten, Verwandten oder Freunden mitzuerleben.

Die Kontaktsuchenden habe ich grundsätzlich nach Essen eingeladen, um sie und ihre Anliegen kennenzulernen. Ich wollte mir vor allem im persönlichen Gespräch sachdienliche Informationen über das Umfeld der zu betreuenden Personen, z. B. potentieller Ausreisender, erfragen, um den richtigen Ansatz für die zu treffenden Maßnahmen oder die einzuschlagende Taktik zu finden. Sogenannte „Geheimnisträger" oder „Reisekader" in der Familie schlossen z. B. eine Ausreise für Familienmitglieder grundsätzlich aus. Je nach Einzelfall musste dann eine andere Lösung gesucht werden. Meist fiel mir dazu etwas ein. So habe ich manche Verbindung meines Berufslebens genützt, um die DDR-Funktionäre zu einer meinen Schützlingen günstigen Entscheidung zu bewegen. Kirchliche Würdenträger aus Ost und West haben ihre Mithilfe dabei nie verweigert.

Auf diese oder ähnliche Weise konnte ich bis 1986 in mehreren hundert Fällen bei der Freilassung von politischen Häftlingen und bei der Übersiedlung von DDR-Bürgern und von Kindern in die Bundesrepublik mithelfen. Weiter habe ich Arbeitsplätze und Wohnungen vermittelt sowie mit Rat und Tat in vielerlei Beziehung geholfen. Meine Sekretärinnen, ohne deren zuverlässige und engagierte Hilfe das alles nicht durchführbar gewesen wäre, haben diese Abläufe festgehalten.

Es ist unmöglich und auch nicht tunlich, über alle Schicksale hier im Einzelnen zu berichten. Ich will aber einige Fälle herausgreifen, die menschlich besonders dramatisch oder rührend und für die damalige Situation in der DDR exemplarisch sind.

Am markantesten ist der Fall von Wolfgang Tischler. Im Jahr 1927 geboren, war er als junger Mensch noch Soldat geworden und für ein Jahr in russische Kriegsgefangenschaft geraten. Aus diesem Erlebnis hatte sich eine starke Abneigung gegen die sowjetische Besatzungsmacht und den Kommunismus entwickelt. Er war der Meinung, es genüge nicht, die in Ost-Berlin vorgefundenen Zustände zu beklagen, sondern er wollte etwas „für sein deutsches Vaterland“ tun. Bei einem seiner damals noch möglichen Besuche in Westberlin hatte er Kontakt zu einer westalliierten Dienststelle bekommen und sich 1952 für eine nachrichtendienstliche Tätigkeit anwerben lassen. Er wurde als Funker ausgebildet und sendete bis 1965 verschlüsselte Funksprüche in den Westen. Dann wurde er „abgehängt“ und aufgefordert, sein Funkgerät zu verstecken. Es wurde jedoch durch Zufall 1971 an einer Baustelle entdeckt und die Verbindung zu Tischler aufgedeckt. Er wurde verhaftet und durch das Militärobergericht in Ost-Berlin wegen Militärspionage zu lebenslanger Haft verurteilt. Seine Ehefrau wurde ebenfalls verhaftet und wegen Mitwisserschaft und Mittäterschaft zu vier Jahren Freiheitsstrafe verurteilt, jedoch im Rahmen der damaligen Amnestie am 20. 12. 1972 entlassen.

Durch Mithäftlinge erfuhr ich 1978 vom Schicksal Wolfgang Tischlers. Die Bemühungen um seine Freilassung liefen bereits. In der folgenden Zeit habe ich mich ebenfalls in zahlreichen Besprechungen um seine Freilassung gekümmert. Endlich, am 14. 11. 1980, wurde er nach neun Jahren und acht Monaten Haft in die Bundesrepublik entlassen. Bemerkenswerterweise hatte er vorher zu Mithäftlingen geäußert, er wolle auf keinen Fall gegen Guillaume[14)] ausgetauscht werden. Da wolle er lieber weiter „sitzen“. Seine Frau und seine beiden Kinder wohnten noch in Ost-Berlin. Nach seiner Freilassung bekamen wir Kontakt zu ihm und luden ihn zu uns ein. Er war am 27. und 28. 2. 1981 unser Gast. Dabei erzählte er uns die halbe Nacht hindurch über sein Schicksal und seine Probleme nach seiner Entlassung. Seine Erzählungen musste er sehr häufig durch regelrechte Verschnaufpausen unterbrechen, die offensichtlich durch seine seelischen Erregungszustände und eine deutliche Kreislaufschwäche bedingt waren. Von uns aus konnte er zum ersten Mal seit Jahren mit seiner Frau telefonieren.

Am 2. 3. 1981 bezog er eine neue Wohnung in der Nähe von Hannover, nachdem er bis dahin mehr schlecht als recht bei Verwandten seiner Frau untergekommen war. Er erfuhr noch telefonisch von seiner Frau, dass die Möbel am 27. 3. in Berlin verladen und am 30. 3. bei ihm angeliefert werden würden. Er hoffte im Stillen, dass seine Familie gleich mitkäme. Aber am 16. 3. 1981 fand ihn der Hausmeister tot in seiner Wohnung. Die Obduktion ergab als Todesursache einen Herzinfarkt. Wolfgang Tischler hat seine Frau und seine Kinder nicht wiedergesehen.

Rechtsanwalt Vogel hat sich in der Folge wieder einmal sehr bewährt. Als ich ihn anrief, war er bestürzt und fuhr sofort mit seiner Frau zu Frau Tischler, um ihr den Tod ihres Mannes persönlich mitzuteilen und ihr seine Hilfe anzubieten. Sie durfte dann auch bald mit ihren beiden Kindern ausreisen und die Wohnung beziehen, die ihr Mann noch für sie alle vorbereitet hatte. Tischler war nach unserem Eindruck ein idealistisch eingestellter Mensch mit einer unbeugsamen und integren Persönlichkeit, der sich aus patriotischen Motiven dem Bundesnachrichtendienst (BND) zur Verfügung gestellt hatte. Er wurde ein Opfer der jahrelangen Haft, der seine Gesundheit nicht gewachsen war.

Das Schicksal unserer mittlerweile guten Freundin Elke Lehmann ist in verschiedener Beziehung typisch für junge Menschen in der DDR. Sie wurde 1951 als Tochter eines Lehrerehepaares in Sachsen-Anhalt geboren. Beide Eltern waren Parteimitglieder der SED, der Vater Schulrat und überzeugter Anhänger des DDR-Regimes. Elke legte 1970 das Abitur ab und begann an der Universität Jena ein Lehrerstudium für Anglistik/Slawistik. 1972 lernte sie während eines Urlaubs in Bulgarien einen westdeutschen jungen Mann kennen, mit dem sie sich in der Folgezeit gelegentlich in Ost-Berlin traf. Das war damals für Bürger der Bundesrepublik an 30 Tagen im Jahr möglich. Als ein für Weihnachten 1973 geplantes Treffen nicht genehmigt wurde und nach mehreren Beeinflussungsversuchen der Stasi („Entweder in der DDR heiraten oder Abbruch der Beziehung und Verlust des Passes!"), ließ sich Elke dazu überreden, mit einer Fluchthilfeorganisation Verbindung aufzunehmen. Im November 1973 wurde das Fluchtvorhaben vorzeitig entdeckt. Die Tatsache, dass man Elke zusammen mit dem Kind eines ihr fremden Ausschleusewilligen in einer Wohnung vorfand, wurde ihr als „Kindesentführung“ zur Last gelegt und sie zu fünf (!) Jahren Freiheitsstrafe verurteilt.

Von ihren Hafterlebnissen in der berüchtigten Strafanstalt Hoheneck hat Elke in dem schon[15] erwähnten Buch selbst erzählt. Entsprechend der damaligen Freikaufspraxis war sie nach Verbüßung von etwa der Hälfte der Strafe für eine Entlassung in die Bundesrepublik vorgesehen. Sie wurde also im Juli 1976 nach Karl-Marx-Stadt in das Abschiebegefängnis verlegt. Zwei Tage vor dem für den 11. 8. 1976 geplanten Transport wurde ihr völlig überraschend eröffnet, dass ihr Antrag auf Übersiedlung in die Bundesrepublik abgelehnt worden sei. Dies bedeutete, dass in letzter Minute eine Intervention stattgefunden haben musste, die sich gegen die schon ausgehandelte Entlassung in die Bundesrepublik richtete. Elke wurde also zu ihrem Entsetzen nach Hoheneck zurückverlegt und hatte dort noch ein Jahr und fünf Monate weitere Strafhaft zu verbringen.

Von meiner Nichte Karin Schmidt, die bis zu ihrer oben geschilderten Entlassung im Juni 1975 mit Elke Lehmann zusammen war, hatte ich schon von deren Schicksal gehört. Als ich mich nun um sie bemühte, erfuhr ich, dass ihre Entlassung in die Bundesrepublik nicht möglich wäre. Ihr Vater sei „hoher Parteifunktionär“, der sich „offenbar an hoher Stelle für die Freilassung seiner Tochter in die DDR eingesetzt“ habe. Diesem Wunsch solle von Seiten der zuständigen Behörden der DDR entsprochen werden. Wie später zu hören war, hatte der Vater schon eine Unterkunft und eine Bewährungsstelle als Arbeiterin in den Bunawerken für sie besorgt! Offenbar fürchtete er um seine Position als Schulrat und sein Ansehen in der Partei, wenn seine Tochter in die Bundesrepublik gelangte. Zwar wurde die Entlassung von Elke in die D D R schon für den 25. 1. 1978 vorbereitet, als sie am 20. 1. plötzlich als Einzelperson von der Arbeit weggeholt und nach Karl-Marx-Stadt gebracht wurde, ein völlig ungewöhnliches Verfahren! Am 25. 1. 1978 konnte ich sie in Gießen in Empfang nehmen. Meine mehrfachen Interventionen haben sie vor dem ihr zugedachten Schicksal in letzter Minute bewahrt. Zehn Monate Reststrafe blieben ihr erspart. Aber vier Jahre und zwei Monate ihres jungen Lebens musste sie der Staatsideologie der DDR opfern.

Wie zu erwarten war, wurde Elke Lehmanns Vater kurz nach ihrer Entlassung in die Bundesrepublik von seiner vorgesetzten Behörde vorgeladen und ihm eröffnet, dass er nunmehr als Schulrat nicht mehr tragbar sei, da er es nicht vermocht habe, seine Tochter im Sinne der Parteiideologie zu erziehen. Er müsse in Zukunft in einem Nachbarkreis eine einfache Lehrerstelle übernehmen. Diese Maßregelung regte ihn derartig auf, dass er einen Nervenzusammenbruch erlitt. Er wurde deshalb in den Vorruhestand versetzt und war nie wieder berufstätig.

Auch der Fall meiner Kusine Renate Rindtorff ist in vieler Hinsicht interessant und auch bedrückend. Im Kapitel „Schulzeit in Halle/Saale" habe ich das Schicksal ihrer Familie erwähnt. Onkel Richard, ihr Vater, war Arbeitsführer im Reichsarbeitsdienst und Parteigenosse gewesen. Dies reichte damals, ihn zu verhaften. Er starb 1946 kurz nach der Entlassung aus sowjetrussischer Haft an Tuberkulose. Kusine Ursel folgte ihm nicht viel später, da sie sich anlässlich eines Gefängnisbesuchs bei ihrem Vater angesteckt hatte. Vetter Hans war im Krieg gefallen. So blieb Tante Hildegard mit der noch kurz vor Kriegsende, am 13. 1. 1945 in Stolp in Pommern geborenen Renate allein zurück. Die Flucht hatte sie über Halle nach Leipzig geführt, wo sie sich mit Gelegenheitsarbeiten mit Renate durchschlug. Diese machte eine Lehre als Industriekauffrau und arbeitete als Telefonistin und Fernschreiberin. Am 12. 5. 1965 wurde ihr Sohn Erik geboren. Ihre Mutter wurde 1975 an Krebs operiert und durfte am 17. 12. 1977 zu ihrer Schwester nach Bremen übersiedeln. Renates Versuche, ihr im Wege der Familienzusammenführung zu folgen, scheiterten zunächst. Durch Einschaltung von Rechtsanwalt Vogel konnte ich jedoch erreichen, dass sie am 6. 10. 1979 mit Erik in die Bundesrepublik zu ihrer Mutter nach Bremen ausreisen durfte.

Renate versuchte nun, einen in Leipzig wohnenden Freund in die Bundesrepublik zu holen. Da er verheiratet war, kam eine „Familienzusammenführung" nicht in Frage. So unternahm sie zur Vorbereitung einer Ausschleusung am 18. 11. 1980 zusammen mit einer Bekannten eine Fahrt über die Transitstraße nach West-Berlin. Dabei wurden sie an der DDR-Grenzübergangsstelle Drewitz festgenommen und in ein Gefängnis für Bundesbürger in Ost-Berlin eingeliefert. Die Haftbedingungen waren dort ungleich besser als für DDR-Bürger in den übrigen Gefängnissen. Ein Mitglied der Ständigen Vertretung der Bundesrepublik Deutschland in Ost-Berlin konnte Renate am 22. 12. 1980 besuchen und Wünsche zur Hafterleichterung entgegennehmen. Die bei Untersuchungshäftlingen möglichen Einzahlungen von sog. „Haftgeld" für Zukäufe durften monatlich 50,– DM (West) betragen. Sie wurden im Umtauschverhältnis 1 : 1 in DM (Ost) ausgezahlt. Ich konnte aber eine Erhöhung auf 300,– DM erreichen. Die devisenhungrige DDR hatte da keine Hemmungen. Auch Paketsendungen nach Wunschzettel waren möglich. Für Erik übernahm ich einstweilen die Vormundschaft. Tragischerweise verstarb Renates Mutter am 12. 2. 1981. Meine Frau Helga betreute sie in den letzten Lebenstagen und löste auch ihren Haushalt auf. Erik blieb unter Aufsicht der Schwester seiner verstorbenen Großmutter in der Wohnung wohnen. Die Wochenenden verlebte er bei uns.

Renate wurde wegen des Versuchs der Beihilfe zum Menschenhandel am 11. 5. 1981 zu einer Freiheitsstrafe von zwei Jahren und sechs Monaten verurteilt. Die halbjährige Untersuchungshaft wurde angerechnet. Dank des massiven Einsatzes von Rechtsanwalt Vogel, mit dem ich engen Kontakt hielt, konnte ich Renate, und auch ihre Bekannte, bereits am 21. 5. 1981 wieder in Gießen in Empfang nehmen. Eine schnellere Abschiebung hatte und hat es sicher nie wieder gegeben.

Renate nahm ihr „bürgerliches" Leben mit Erik im Westen wieder auf und fand dank ihrer Tüchtigkeit eine auskömmliche Existenz. Leider ist sie bereits am 2. 12. 1991 an Krebs gestorben.

Die Darstellung von Einzelschicksalen könnte natürlich fortgesetzt werden, soll aber genügen. Über die Gemütslage von haftentlassenen DDR-Bürgern geben bewegende Dankesbriefe Auskunft, die mich im Laufe der Jahre erreicht haben. Einen von ihnen möchte ich hier als Beispiel für viele andere auszugsweise folgen lassen:

„... Fünf Wochen sind vergangen, seit wir die Grenzbefestigungen der DDR passiert haben. Beinahe wie im Traum mit bis dahin unvorstellbarer Leichtigkeit haben wir die Wand zwischen zwei Welten durchstoßen. Und dabei waren erst wenige Stunden vergangen, seit wir erstmals wieder ohne Stacheldraht, Betonmauern und elektrische Sicherheitszäune, ohne Gitter, Hundegassen und bewaffnete Posten vom Bus aus in die Landschaft schauen konnten, Menschen ohne Uniform oder Häftlingskluft ihrem normalen Tagewerk nachgehen sahen. Und nach den ersten unwirklichen Tagen im Westen die Gewißheit: Es ist überstanden! Wir sind davongekommen, zwar mit leeren Händen, etwas erschöpft und erschüttert, aber zuversichtlich und vor allem wieder beieinander, voll Freude auf unsere Kinder, die wir bald haben möchten, und voll Dankbarkeit für den warmen und herzlichen Empfang in unserer neuen Heimat.

Die ersten Wochen haben wir gebraucht, um uns gegenseitig zu finden, gegenseitig die Erlebnisse, Eindrücke und Ängste der letzten Monate zu erzählen und uns auf die neue und ungewohnte Realität einzustellen. Wir haben uns vorgenommen, nichts von unseren Erlebnissen und Erfahrungen zu vergessen, sie durch möglichst rasche Aufzeichnung zu fixieren und als Mahnung zu bewahren. Uns bedrückt das Schicksal der Haftgefährten aus Hoheneck und Cottbus sehr und wir machen uns große Sorgen wegen des zunehmend härteren politischen Klimas. ...

Anfangs waren wir überwältigt von der Fülle verschiedenster Angebote und der Vielfalt der Lebensmöglichkeiten in dieser Welt. Vieles war uns durch mündliche Berichte und das Fernsehen bekannt, aber der unmittelbare Eindruck ist nicht zu vergleichen und wahrscheinlich auch kaum mitteilbar, weil unsere Ausgangssituation aus hiesiger Sicht so völlig anders gewesen ist. Fast alles erscheint uns sauberer, freundlicher, reichhaltiger, gepflegter, funktionstüchtiger und besser organisiert, bis zu den vielen kleinen Handgriffen und notwendigen Kleinigkeiten des Alltags, als wir es aus dem anderen Teil Deutschlands kennen."

Hier wird noch eimal der himmelweite Unterschied zwischen West- und Ostdeutschland und den beiderseitigen Lebensverhältnissen sichtbar. Am Schicksal aller dieser Familien wird auch beispielhaft klar, was die deutsche Teilung praktisch bedeutete, und wie sich die Abgrenzungspolitik der DDR, die natürlich von der Sowjetunion gesteuert wurde, auf die Menschen ausgewirkt hat. Insgesamt war der „Eiserne Vorhang" zwischen Ost und West das Endergebnis des Zweiten Weltkrieges, der ohne Adolf Hitlers größenwahnsinniges Expansionsstreben nicht vorstellbar ist.

Flüchtlinge, Vertriebene, Umsiedler

In dieser Reihenfolge spielte sich, vereinfacht ausgedrückt, das Schicksal der Deutschen im Osten ab. Im Kapitel „ERSTE NACHKRIEGSZEIT" habe ich die Flucht und die Vertreibung der reichs- und volksdeutschen Bevölkerung aus den deutschen Ost- bzw. Siedlungsgebieten erwähnt. Die nachfolgende Umsiedlung von verbliebenen Volksdeutschen aus Polen, Ungarn, Rumänien, Jugoslawien und Russland, wohin sie im Laufe der Jahrhunderte, zuletzt noch durch die Deportationen Stalins im Zweiten Weltkrieg, gelangt waren, in die Bundesrepublik ging noch jahrzehntelang weiter und ist bis heute nicht abgeschlossen. Sie wird durch die Regelung von Art. 116 des Grundgesetzes[16] ermöglicht.

Das Gros der deutschen oder deutschstämmigen Umsiedler kam zunächst aus Polen, dessen Staatsgebiet nach den verschiedenen Teilungen seiner Geschichte, nach dem Ende des Zweiten Weltkriegs auf Grund der Vereinbarungen der Jalta-Konferenz (4. - 11. 2. 1945) und des Potsdamer Abkommens (2. 8. 1945) zwischen Roosevelt, Stalin und Churchill praktisch um mehrere hundert Kilometer nach Westen „verlegt“ worden war, und zwar zugunsten der Sowjetunion bis zur „Curzon-Linie“ (1920) und zulasten Deutschlands bis zur Oder-Neiße-Linie. Dementsprechend mussten sich die Polen und die Deutschen aus ihren bisherigen Siedlungsgebieten nach Westen bewegen: Eine unmenschliche Völkerwanderung! Zurück blieben nach den Zufälligkeiten der örtlichen Willkür und Praxis Deutsche, die ihre bisherige Heimat nicht verlassen wollten oder durften. Bei ihnen setzten bald Umsiedlungstendenzen in Richtung Westdeutschland ein, die sich vor allem aus dem Bedürfnis nach Familienzusammenführung, aber auch aus der begreiflichen Furcht vor Not und Unterdrückung erklären. Später setzten auch Umsiedlungsbewegungen aus den übrigen erwähnten deutschen Siedlungsgebieten ein.

Meine Frau trat eben zu dieser Zeit (1970) in das „Deutsche Rote Kreuz“ (DRK) ein. Dort betreute sie jahrelang das städtische Umsiedlerheim „Auf 'm Bögel“ in Essen-Haarzopf. Es bestand aus vier zweistöckigen Häusern mit jeweils zwölf Zimmern (mit winzigem Vorraum und WC), in denen drei bis fünf Menschen für ein bis zwei Jahre wohnen mussten, bis sie eine endgültige Bleibe fanden. Es lebten also ständig 200 bis 250 Menschen in diesem Übergangswohnheim. Über das Notaufnahmelager Unna-Massen, wo die aus Polen kommenden Umsiedler registriert wurden, reisten sie zu den Orten ihrer Wahl, nämlich in der Nähe von Verwandten oder von bereits zugewiesenen Arbeitsplätzen leben konnten.

In 15jähriger Tätigkeit bis 1985, als der Umsiedlerstrom aus Polen plötzlich durch veränderte politische Verhältnisse verebbte und die Stadt das Heim schloss, hat meine Frau Helga weit über 1.000 Menschen mit großem persönlichen Engagement betreut. Die Aufgabenstellung war sehr umfassend. Es galt, den oft mittellos eintreffenden Umsiedlern Rat und Hilfe in einer für sie völlig veränderten Lebenssituation zu geben. Es mussten ihnen Wohnung und Arbeit, oft auch Deutschunterricht vermittelt werden. Ihnen war der Gebrauch ihrer Muttersprache Deutsch in ihren Herkunftsländern verboten. Verstöße zogen Diffamierungen nach sich. In vielen Fällen war medizinische Betreuung nötig, von der Verschaffung von Zahnersatz bis zur Gewährung von Erholungsmöglichkeiten für Mütter und insbesondere für die zahlreichen älteren Frauen, die ein schweres Schicksal durch Tod naher Angehöriger, Vergewaltigung und Misshandlungen erlitten hatten. In unserem Haus richtete Helga einen „Roten-

Kreuz-Keller" ein, in dem ein ständig erneuertes Lager für Bekleidung, Schuhe und Haushaltsgeräte aus privaten Sammlungen vorgehalten wurde. Die neu eintreffenden Familien wurden einzeln zunächst „eingekleidet" und dann zum Kaffeetrinken eingeladen. Die Schicksalsberichte dieser Menschen waren meist erschütternd und wären einer gesonderten Darstellung wert. Natürlich entstanden so auch manche persönlichen Beziehungen und Verbindungen, die die Jahrzehnte überdauert haben.

Helgas langjähriges Wirken ist vom Deutschen Roten Kreuz zweimal gewürdigt worden: Der Landesverband Nordrhein hat ihr am 14. 12. 1976 seine Verdienstmedaille und der Präsident des Deutschen Roten Kreuzes am 8. 5. 1989 das „Ehrenzeichen des Deutschen Roten Kreuzes" verliehen.

Schlussbemerkung

1989 und 1990 durften wir erleben, was niemand für möglich gehalten hätte: Die deutsche Wiedervereinigung. Ein Traum vieler Menschen ging in Erfüllung. Nach meiner damaligen Vorstellung würde ich meine Vaterstadt Halle an der Saale nicht wiedersehen können, weil ich ja meinen Verwandten „Beihilfe zur Republikflucht" geleistet hatte und in der DDR sofort verhaftet worden wäre. Nun gab es keine innerdeutschen Grenzen mehr. Die Berliner Mauer und die Grenzbefestigungen verschwanden. Aus der „DDR" wurden im Sprachgebrauch „die neuen Bundesländer".

Inzwischen habe ich meine alte Heimat mehrfach besucht. Vieles hat sich verbessert, vieles muss noch geschehen. Nach jahrzehntelanger kommunistischer Misswirtschaft und sowjetischer Aussaugepraxis kann das auch nicht anders sein, ungeachtet fehlerhafter und irrtümlicher Einschätzungen des Wiederaufbaus und seines Zeitbedarfs.

Ich will an dieser Stelle nicht verhehlen, dass meine Ansichten zur deutschen Einheit nicht von jedem Zeitgenossen geteilt werden, nicht einmal von jedem deutschen, geschweige denn von jedem Ausländer. Die Errichtung der Berliner Mauer wurde von vielen Menschen als gerechte Strafe für die Deutschen und die stolze „Reichshauptstadt" angesehen, von der alles Unglück der ganzen Welt ausgegangen sei.

Die Aufrechterhaltung der Trennung Restdeutschlands und zweier deutscher Staaten entsprach den Vorstellungen der Siegermächte des Zweiten Weltkrieges über die Zerschlagung Deutschlands. Frankreich und England hätten es bei der Wende 1989/90 lieber gesehen, wenn die DDR bestehen geblieben wäre, wie der eilige Besuch des französischen Staatspräsidenten Mitterand am 20. 12. 1989 und des britischen Außenministers Hurd am 22. 1. 1990 bei der neuen DDR-Regierung Modrow zeigen. Aber die Geschichte hat sich anders entwickelt.

XI. UNSERE KINDER

WIE kann ich diese Lebenserinnerungen am besten beenden? Indem ich unsere Kinder in den Mittelpunkt der Betrachtung stelle, denen alle Mühe und Arbeit unseres letzten Lebensabschnittes galt.

Schon die Jahre 1951 - 1961 in Gießen waren von besonderer Bedeutung, als nämlich diese Kinder geboren wurden: Angelika, Almut, Ilse und Johanna. Was kann es Schöneres geben als die erwünschte Geburt eines gesunden Kindes in harmonische Verhältnisse hinein, wie das bei uns der Fall war. Jede Tochter wurde dankbar und mit Freude begrüßt. Natürlich hatte Helga die Hauptarbeit und die größten Anstrengungen zu leisten. Bei der damals noch gängigen Arbeitsteilung der Ehepartner in Familie und Beruf ist die Leistung der Mutter, die vier Kinder zur Welt bringt, sie aufzieht, den Haushalt organisiert und bewältigt, am höchsten einzuschätzen. Als jahrelang beruflich abwesender Vater konnte ich da leider nur in begrenzter Weise mithelfen.

Das Werden und die Geburt des ersten Kindes zu erleben ist für die Eltern etwas Besonderes. So war es auch mit unserer *Angelika*, die am 26. 12. 1951 zur Welt kam, unser Weihnachtskind. Sie war gesund an Körper und Geist, wie alle unsere Kinder, eine Gnade. Sie war ein zartes Geschöpf mit einer reinen Seele. Böse Gedanken, Neid, Eifersucht und Egoismus waren ihr fremd. Wenn ich über sie nachdenke und die Tagebücher lese, die Helga über sie, wie später auch über unsere anderen Kinder geführt hat, finde ich keine negativen Eigenschaften an ihr. Arglos und ohne Vorbehalt trat sie den Menschen gegenüber. Sie war immer bestrebt, das Gute in einem Menschen zu suchen und anzuerkennen. Einfühlsam und mit Gerechtigkeitssinn beschäftigte sie sich mit Vorkommnissen in ihrer Umgebung wie z. B. einer geplanten Elterninitiative gegen eine Lehrerin, die sie nicht für gerechtfertigt hielt und letzten Endes mittelbar verhinderte. Sie war musikalisch, wie ihre Schwestern, lernte Flöte- und Klavierspielen, zuletzt noch das „Tempo di menuetto“ aus Beethovens Sonate Nr. 20 in G-dur op. 49 Nr. 2. Ihr besonderes Zeichentalent war früh erkennbar. Ihren jüngeren Geschwistern war sie eine liebevolle Schwester, die sie ganz selbstverständlich und zusammen mit der Mutter betreute. „Die Kleinen“ waren lange Zeit ihr Hauptlebensinhalt. Sie bezog sie in ihre Kinderwelt mit ein und leitete sie zu Spielen und Basteleien an. Viele Fotos zeigen das. Helga bezeichnete sie scherzhaft als „Diplomspielerin“. Bei ihren Freundinnen war sie beliebt und anerkannt. In Gießen besuchte sie nach der Volksschule das Landgraf-Ludwigs-Gymnasium, meine alte Schule, in Essen das Grashof-Gymnasium. Wir verlebten glückliche Ferienaufenthalte mit ihr, insbesondere in Dänemark in Ferienhäusern am Meer.

Im Sommer 1966 verbrachten wir unseren Urlaub in Hermagor in Kärnten in Österreich. Nach einem Ausflug nach Villach verunglückten wir nachts auf der Rückfahrt mit unserem Auto. Ein Tanklastzug mit Anhänger kam uns in einer Kurve auf der falschen Straßenseite entgegen. Ich konnte nur noch den Frontalzusammenstoß verhindern, nicht aber eine Kollision. Angelika erlitt schwere Schädelverletzungen, an denen sie am nächsten Tag, am 26. 8. 1966, im Krankenhaus in Villach verstarb. Ihr kurzes Leben hatte nur 14 Jahre und acht Monate gedauert. Sie war für uns und alle, die sie gekannt haben, ein Gottesgeschenk, eine große menschliche Bereicherung, ihr Tod ein unersetzlicher Verlust. Auf dem Bredeneyer Friedhof in Essen ist sie beigesetzt.

Auch die übrige Familie erlitt mehr oder weniger schwere Verletzungen und vor allem seelische Erschütterungen, die zwar im Laufe der Zeit abgeklungen, aber eigentlich nie bewältigt worden sind. Während Helga und ich zunächst wochenlang im Villacher Krankenhaus liegen mussten, holte Helgas Vater bald die Kinder ab, wozu ihm durch die Hilfsbereitschaft von Berthold Beitz ein kruppsches Flugzeug zur Verfügung gestellt werden konnte. Am 23. 9. 1966 wurden wir mit einem Hubschrauber von Villach, wo keine modernen Operationstechniken zur Verfügung standen, über die Alpen in die Schweiz geflogen. Im Kantonsspital in Chur konnten wir mit Erfolg operiert und gepflegt werden. Der weltberühmte Professor Allgöwer war nicht nur ein ausgezeichneter Operateur. Er strahlte auch eine große menschliche Wärme aus, die uns beiden in unserer schwierigen Situation sehr geholfen hat. Unsere Kinder wussten wir unter der Betreuung von Helgas Eltern und meiner Mutter in bester Obhut, bis wir im Oktober, wiederum mit einem kruppschen Flugzeug, nach Essen zurückkehren konnten. Das Wiedersehen mit unseren Kindern, die tapfer durchgehalten hatten, war erschütternd. Erst jetzt wurde uns allen so richtig bewusst, dass unsere Angelika nicht mehr bei uns war und nie mehr sein würde. Aber in unseren Herzen und Gedanken lebt sie weiter.

Am 4. 5. 1955 wurde unsere *Almut* geboren. Sie war ein Wunschkind und nicht nur von uns, sondern auch von ihrer Schwester und den Großeltern sehnlichst erwartet. Sie war und ist natürlich eine andere Persönlichkeit als Angelika. Am meisten erinnert sie mich an meinen Vater, äußerlich und charakterlich. Anders als ihre sanfte ältere Schwester ist sie zwar meist freundlich („Almut, dieses freundlichste aller Kinder ...“ schreibt ihre Mutter ins Tagebuch) und lustig bis ausgelassen, zärtlich, mitleidig, strahlend und vergnügt, aber auch, da harmonieabhängig und stimmungsunterworfen, gelegentlich abweisend und trotzig bis stur. Ein starker Willen ist ihr eigen. So hat sie ihre Zukunft nach dem Abitur selbst in die Hand genommen, an der Pädagogischen Hochschule in Köln Heilpädagogik studiert, aber zunächst nicht den Vorbereitungsdienst angeschlossen, sondern Zusatzausbildungen auf dem Gebiet der „Körperorientierten Psychotherapie“ wahrgenommen. Dabei hat sie sich mit hohem Interesse und Engagement, wie schon in der Schulzeit während der Ferien, einer Vielzahl von Praktika und Fortbildungsveranstaltungen der unterschiedlichsten Thematik unterzogen, auch selbstlos und unentgeltlich gearbeitet und einfallsreich ihr Anleitungstalent im therapeutischen Bereich entwickelt. Nach ihrer Eheschließung mit dem Psychotherapeuten Thomas Tepfer und der Geburt von Linda, unserer ersten Enkelin, hat sie zunächst in München selbständig oder in Thomas' Praxis psychotherapeutisch, ferner an der Volkshochschule organisatorisch und lehrend gearbeitet, die Qualifikation einer Heilpraktikerin erworben und schließlich mit großem Kraftaufwand und unermüdlichem Fleiß den Vorbereitungsdienst in Bayern absolviert. Nach Ablegung des zweiten Staatsexamens ist sie als Sonderschullehrerin und Beamtin in München lebenslänglich angestellt. Ihre Musikalität erfüllt und begleitet sie in frohen und schwierigen Lebensphasen. Es ist nicht überraschend, wie verantwortungsvoll sie ihr Leben gestaltet und sich mit wirklicher Menschenliebe ihrer Familie, ihren Freunden und Schülern zuwendet.

Unsere *Ilse Maria* genannt „Iller“ wurde am 4. 3. 1957 geboren, ein Wunschkind wie ihre Schwestern. Sie ähnelt ihrer Mutter und hat auch die aparte Schönheit ihrer Großmutter Maria Funk geerbt. Als Kind war sie „immer vergnügt und zufrieden“, konnte aber auch von einer „gradezu wilden glückstrahlenden Freude“ sein. Ihre im Tagebuch der Mutter dokumentierten Eigenschaften wie „aufrichtig, ehrlich und anhänglich, bescheiden, dankbar und zuverlässig, temperamentvoll, energiegeladen, tatkräftig und ordnungsliebend, humorvoll und ironisch“ treffen auch heute unverändert zu. Von Schicksalsschlägen wie einem schweren unverschuldeten Autounfall, schon dem zweiten in ihrem Leben, und Krankheit blieb sie nicht verschont, hat dies aber mit großer Energie immer wieder überwunden. Nicht zuletzt deshalb hat sie eine Ausbildung als Schwesternhelferin absolviert und längere Zeit ihr Geld mit Nachtwachen in der Neurochirurgie verdient. Ihre besondere Begabung ist ihre Musikliebe und Musikalität, die sie nach dem Abitur zum Studium der „Musikpädagogik und des Lernbereichs Sprache für die Primarstufe" an die Gesamthochschule Essen führte. In der Abiturfeier ihrer Klasse trug sie in der Aula das berühmte Prélude in cis-Moll op. 3 Nr. 2 von Rachmaninow vor. Sie beherrscht alle Flötenarten, gibt an der Folkwang-Musikschule in Essen und privat Musikunterricht für Klavier und Flöten und wirkt im Chor und im Flötenensemble der Musikschule mit. In Musiktheater und Kabarett setzte sie ihre Talente ein. Nach ihrer Heirat mit dem Designer Reinhard Pietrass und der Geburt unserer beiden Enkel Moritz und Nora, wird sie auch ihren Aufgaben als Hausfrau und Mutter souverän gerecht.

Last, not least, wurde unsere *Johanna* am 3. 7. 1961 geboren. Nach dem unerwartet frühen Tod von Helgas Schwester Ebba am 9. 5. 1960 war dieses strahlende Kind eine Freude und ein Trost für die gesamte Familie. Sie ähnelt in manchem ihrer Schwester Angelika, vor allem aber ihrer Mutter, in Wesen, Verhalten und Denkweise angeblich auch ihrem Vater. Ob dies ein Vorteil ist, mögen andere entscheiden. Sie wuchs vielgeliebt im Kreise ihrer Schwestern und deren Freundinnen auf. Unser großes Kinderzimmer war damals von zahlreichen Mädchen aller Altersgruppen bevölkert und Mittelpunkt vieler Familienfeste und Einladungen. Hier stand auch das Klavier, und es wurde musiziert. Ich glaube, dass die vier Schwestern in diesem Rahmen eine schöne Kindheit hatten.

Von ihrer Mutter wird Johanna in der ersten Lebensphase als „schelmisch und stillvergnügt" und als „begeisterungsfähig" charakterisiert. Frühzeitig konnte sie fast fehlerlos sprechen, hatte einen großen Wortschatz, beherrschte die Grammatik und den Sinn der Wörter. Schon im Alter von zwei Jahren überraschte sie mit Sprichwörtern und Redensarten, die sie richtig und auch ironisch anwandte („Immer mit der Ruhe!" – „Na, Frau Amend, wie geht's denn so?" – „Gute Nacht, meine Damen und Herren!"). Als sie neun Jahre alt war, schrieb sie mit meiner Schreibmaschine „Romane" oder Phantasie-Berichte wie beispielsweise „über den Zwischenfall in der Kirche zur Heiligen Magdalena: ... Minister Brandt äußerte sich gerade über die Wichtigkeit der Kirche für ältere Leute mit z. B. 78 Jahren, als sich ein Stein aus der Kirchenwand löste. Alle Menschen nahmen Reißaus." Man hört schon die zukünftige Journalistin formulieren. Musikalisch und musikbegeistert ist sie wie ihre Schwestern, sie singt in einem Chor, spielt Klavier und Flöte und gibt so ihrem Leben besondere Akzente. Dieser erste Eindruck ist allerdings unvollständig. Johanna hat ihre Umwelt mit allerlei zunächst überraschenden Charaktereigenschaften wie Eigensinn, Willensstärke, Entschlusskraft und Durchhaltevermögen überrascht. Mit 16 Jahren verließ sie die Schule mit der mittleren Reife und ging in die weite Welt, zunächst mit dem idealistischen Ziel Taizé[1]. Später bereiste sie mit Amleto Italien und Indien. Eines Tages kehrte sie allein zurück und erprobte für längere Zeit eine eigenständige Existenz in Spanien mit der Herstellung und dem Verkauf von Schmuck und Kunsthandwerk. Bemerkenswert ist ihr uneigennütziges Engagement bei dem Erdbeben von Avellino östlich Neapel im Dezember 1980. Sie verwendete ihr gesamtes von meiner Mutter geerbtes Geld, um einen LKW zu chartern, ihn mit sieben Tonnen Kleidung, Decken und Lebensmitteln zu beladen, selbst ins Erdbebengebiet zu begleiten und vor Ort an Bedürftige zu verteilen. Nebenbei half sie mit ihren Sprachkenntnissen dem dort als Katastrophenhilfe eingesetzten Pionierbataillon der Bundeswehr als Dolmetscherin. Schließlich fasste sie den Entschluß, Journalistin zu werden, holte ihr Fachabitur nach und wurde Redakteurin bei der Westdeutschen Allgemeinen Zeitung (WAZ). Nach einem Jahrzehnt journalistischer Tätigkeit hat sie erfolgreich Psychologie an der Fachhochschule in Wuppertal studiert.

Der Verbindung Johannas mit ihrer lebenslangen Freundin Irmeli Kraft, Tochter unserer Freunde Heinrich und Ilse Kraft aus Gelnhausen, ist hier noch zu gedenken. Sie hatte ihr künstlerisches Leben als Opernregisseurin erfolgreich begonnen und mit dem schweizerischen Dirigenten Samuel Bächli verbunden. Aus dieser Ehe ging Eva hervor. Am 21. 5. 1996 starb Irmeli kurz vor Vollendung ihres 36. Lebensjahres nach jahrelanger Krankheit an Krebs wie schon ihr Vater. Johanna hat ihren Leidensweg getreu bis in ihre letzten Stunden gemeinsam mit Samuel begleitet. Eva war beim Tod ihrer Mutter erst fünf Jahre alt. Johanna betreut sie, wie schon seit langem, liebevoll weiter. Samuel und Johanna haben ihr Leben inzwischen zusammengetan und am 29. 6. 1997 geheiratet. Und am 12. 10. 1998 wurde unsere Enkelin Paula zur Freude der ganzen Familie geboren.

Unseren Kindern wollten wir die Grundlagen schaffen, die sie für ihr eigenes Leben brauchen. Nach allem was wir wissen und erlebt haben, sind sie gute und tüchtige Menschen. Sie werden ihren Weg gehen.

Wir selbst begleiteten das Leben unserer Familienangehörigen oft bis an deren Ende. Nach dem Tod meiner Mutter (1977) starben Helgas Mutter 1979 und ihr Vater 1988. Im Februar 1989 haben wir unsere liebe Schwägerin Sonja Funk geb. von Schachovzeff begraben, die Gernot und ihre Töchter Susanne und Annette viel zu früh verlassen musste. Sie war uns nicht nur verwandtschaftlich verbunden, sondern jahrzehntelang die beste und verständnisvollste Freundin.

Am 8. 10. 1999 konnten wir im Kreise der Familie unsere Goldene Hochzeit feiern. Wir hoffen, dass wir uns noch lange über unsere Kinder, Schwiegerkinder und Enkel freuen dürfen.

Was das neue Jahrtausend ihnen wohl bringen wird?

ANMERKUNGEN

Kap. I KINDHEIT IN HALLE/SAALE (1923-1928)

[1] Ein Franc kostete am Tage meiner Geburt (11. 6. 1923) 6.921.730 Reichsmark (RM). Die Devisenkurse erreichten im November die Billionengrenze. Auch für eine Goldmark, das war die feste Währungseinheit, die dem Wert von 0,358 g Feingold entsprach, mußte eine Billion (12 Nullen) RM gezahlt werden! Durch das Gesetz vom 13. 10. 1923 wurde als Zwischenwährung zur Stabilisierung der deutschen Währung die „Rentenmark" geschaffen, die vom 20. 11. 1923 an ein festes Austauschverhältnis von 1 Rentenmark=1 Billion RM festsetzte. Von da an pendelten sich die Devisenkurse für die nächste Zeit auf 4,19 Billionen RM für den US Dollar bzw. 18,35 Billionen RM für das Pfund Sterling oder 22,18 Billionen RM für 100 Franc ein. (Quelle: Statistisches Jahrbuch für das Deutsche Reich)

[2] Prüfungsfächer waren Physik, Chemie und auch Philosophie, worauf mein Vater großen Wert legte.

[3] der schon damals auf seinen umfangreichen Konzertreisen im rund 30 km entfernten Meiningen, seiner späteren Wirkungsstätte, gelegentlich spielte.

[4] Ihr Vater, mein Urgroßvater, war dort Rechnungsrat am Königlichen Oberbergamt gewesen. Bei seiner Pensionierung hatte der König von Preußen ihm den Roten Adlerorden der entsprechenden Klasse verliehen, den man mit dem heutigen Bundesverdienstkreuz vergleichen kann.

[5] Die Schüler von Gymnasien erreichten mit der Versetzung in die Oberstufe, d.h. in die „Obersekunda" (heute: Klasse 11) das „Einjährige" (heute: die „Mittlere Reife"). Das bedeutete bis 1918, dass ein Wehrpflichtiger auf Grund dieser höheren Schulbildung (und bei Übernahme der Kosten für Bekleidung und Verpflegung) nur ein Jahr zu dienen brauchte, anstelle von drei Jahren wie die übrigen Wehrpflichtigen. Er konnte auch Offizieranwärter werden. Mein Großvater war übrigens nicht in der Lage, die Verpflegungskosten zu übernehmen. Sein Vater, mein Urgroßvater Pastor Carl Reinhold, veranlaßte ihn vielmehr, den Antrag zu stellen, „in die Verpflegung aufgenommen zu werden", was ihm auch gewährt wurde. Die Verpflegungsgelder wurden ihm, wie er in seinen Lebenserinnerungen (S. 46) bitter schreibt, „vor der Front in die Hand gezählt", was eine Diffamierung gegenüber den anderen „Einjährigen" bedeutete, die die Verpflegung selbst bezahlen konnten.

[6] Am 16. 10. 1906 nahm in der damals noch selbständigen Stadt Köpenick bei Berlin der stellungslose Schuhmacher Wilhelm Voigt in geliehener Haupmannsuniform den Bürgermeister fest und „beschlagnahmte" die Stadtkasse. Danach Schauspiel von C. Zuckmayer und Film mit Heinz Rühmann. Die Stimme des Schusters ist übrigens in einer Schallplattenaufnahme des Jahres 1908 erhalten, die anläßlich seiner Begnadigung durch den Kaiser und seiner Haftentlassung gemacht worden ist (Deutsches Rundfunkarchiv -DRA- s. u. Kap. IV, Anm. 44).

Kap. II SCHULZEIT IN HALLE/SAALE (1929 - 1936)

[1] Hans Hermann von Katte war Mitwisser der gescheiterten Fluchtpläne des damaligen Kronprinzen, wurde von einem Kriegsgericht zu lebenslänglicher Festungshaft verurteilt, aber von König Friedrich Wilhelm I. entgegen dem alten Rechtssatz des Verbotes der „reformatio in peius" (Umgestaltung ins Schlimmere) zum Tode verurteilt. Er wurde vor den Augen des Kronprinzen enthauptet, der vom König gezwungen wurde, die Hinrichtung mitanzusehen.

[2] München, 1934

[3] Der Film handelt von Friedrich dem Großen und seinem Sieg über die Österreicher am 5. 12. 1757 bei Leuthen (Niederschlesien), der von dem durch diese Rolle berühmt gewordenen Schauspieler Otto Gebühr hervorragend dargestellt wurde. Er prägte das Bild Friedrichs in der Vorstellung der breiten Masse für eine ganze Generation.

[4] DER GROSSE PLOETZ, Freiburg, Würzburg, 1980, S. 939

[5] Im Auszug: „... Soll Deutschland gesunden, so muß – das ist von uns seit Jahr und Tag gefordert worden – der kranke Parlamentarismus auf Zeit wenigstens stillgelegt werden. Daß diese Forderung, an der nicht vorbeizukommen war, wenn der Staat nicht an der parlamentarischen Krankheit mit zugrunde gehen sollte, durch ein Ermächtigungsgesetz erfüllt werden kann, ist ein unschätzbarer Vorzug des neuen Systems. Dieser Vorzug, daß mit verfassungsmäßigen Mitteln der Weg zur Gesundkur freigemacht werden kann, ist so groß, daß man dafür das Gesetz, so wie es ist, gern hinnehmen kann. Wir wollen doch lieber nicht in die formaldemokratischen Hauptsünden der überwundenen Vergangenheit zurückfallen, die jede nur geplante Maßregel kritisch so zerpflückte, daß von ihr nichts mehr übrig war, wenn sie hätte in die Tat umgesetzt werden müssen.
Wesentlich ist, daß für einen vernünftig begrenzten Zeitraum der Grundsatz zur Geltung kommt: Männer, nicht Maßregeln. Männern wird im verfassungsmäßigen Wege eine gewaltige Verantwortung aufgebürdet, die nur kollegial zu tragen ist. Kollegial, nicht parlamentarisch! Da auch diese Männer nur Menschen sind, so werden sie sicher dies und jenes tun, was vor einer späteren Nachprüfung nicht standhält. Die Hauptsache ist doch, daß sie etwas tun. Und nicht endlos palavern, wie es unter der Herrschaft eines greisenhaft erkrankten Parlamentarismus dienen, Regel geworden war. Männer, die sich der Verantwortung vor der Sache, der sie die stets bewußt bleiben, pflegen aus unvermeidlichen Fehlern zu lernen, auch wenn sie von einer nörgelnden Parlamentskritik nicht auf Schritt und Tritt gehemmt werden. Daß sich solche Männer in der neuen Regierung zusammengefunden haben und daß die Verbundenheit Hitlers mit Hindenburg, die der Feier in der Potsdamer Garnisonskirche das Gepräge gab, für ihr Handeln richtunggebend bleiben wird, das ist unsere Hoffnung ..."

[6] seit 1748: Montesquieu, „L'ésprit des lois"

[7] DIE ZEIT, Nr. 29 v. 8. 7. 1977, S.9

[8] Anmerkungen zu Hitler, München 1978, S.22

[9] Joachim C. Fest, Hitler – Eine Biographie – Frankfurt, Berlin, Wien 1973, 7. Aufl.1974

[10] Albert Speer, Erinnerungen, Frankfurt, Berlin 1969

[11] 2. Aufl. München 1980

[12] München 1971, 12. Aufl. 1989

[13] Dr.Bernhard Sommerlad, Das Stadtgymnasium zu Halle, mir von der Schule zur Verfügung gestellt.

[14] Während des „Dritten Reiches" zweiter Teil der Nationalhymne. Der Text des sogenannten „Horst-Wessel-Liedes" wurde von dem von Kommunisten ermordeten SA-Führer Horst Wessel verfaßt. Eine ausführliche Darstellung hierüber gibt Heinz Knobloch: Der arme Epstein. Wie der Tod zu Horst Wessel kam. Berlin 1993 (Hierzu: Peter Jochen Winters FAZ 1993 S.37)

[15] Heinz Boberach, Jugend unter Hitler, Düsseldorf 1990 S.160, Bernd-A. Rusinek, Gesellschaft in der Katastrophe, Essen, 1989

[16] Joachim C. Fest, a.a.O., S.619 - 620

[17] Siehe „Leipziger Neueste Nachrichten" Nr.183 vom 2. Juli 1934, wo es heißt: „Ernst Röhm erschossen Berlin, 1. Juli. Dem ehemaligen Stabschef Röhm ist Gelegenheit gegeben worden, die Konsequenzen aus seinem verbrecherischen Handeln zu ziehen. Er tat das nicht und wurde daraufhin erschossen.
Die von einer anderen Zeitung in Leipzig bereits gestern verbreitete Nachricht von

der Erschießung Röhms entsprach nicht den Tatsachen. Die Erschießung des vormaligen Stabschefs ist vielmehr im Verlaufe des Sonntags erfolgt."

18) a.a.O. S. 629

19) PLOETZ, a.a.O. S. 942

Kap. III SCHULZEIT IN GIESSEN (1936-1941)

1) Wilhelm Lorenz Adam, Ein Leben zwischen Kirche und Welt, Kassel 1995

2) a.a.O. S.59

3) Philipp Reclam jun. Stuttgart, Universal-Bibliothek Nr. 2340

4) Mit dem Kirchenkampf im „Dritten Reich", insbesondere in der Evangelischen Kirche, hat sich mein Großvater Reinhold intensiv beschäftigt und darüber in drei handgeschriebenen Bänden mit insgesamt 750 Seiten seine Beobachtungen und Meinungen festgehalten, dazu eine Vielzahl von Originaldokumenten (Flugblätter, Zeitungsausschnitte, Broschüren usw.) gesammelt. Er hat sich zur „Bekennenden Kirche" Martin Niemöllers und damit gegen die nationalsozialistisch bestimmten „Deutschen Christen" unter „Reichsbischof" Müller bekannt.

5) Diese Sammlung wurde wohl für die Pflege der 45.000 Gräber deutscher Soldaten des 1. Weltkrieges verwendet, die in Langemark bei Ypern in Belgien im Okt./Nov. 1914 gefallen waren. Dort sollen Bataillone kriegsfreiwilliger deutscher Studenten unter dem Gesang „Deutschland, Deutschland über alles" in den Tod gestürmt sein. Ich habe Zweifel, ob sich dies so ereignet hat. Wer mit voller Ausrüstung auch nur wenige 100 m über Felder laufen muß, hat nicht genug Luft, um neben aller Aufregung und körperlicher Anstrengung auch noch zu singen. Wahrscheinlich hat sich an einer Stelle anfänglich etwas Derartiges ereignet, was, dem Geist des patriotische Überschwangs der ersten Kriegstage entsprechend, Eingang in den amtlichen Bericht der Obersten Heeresleitung und in schriftstellerische Arbeiten gefunden hat. Der Langemark-Mythos ist zwischen den beiden Weltkriegen vielfältig propagandistisch verwendet worden.

6) siehe Anm. Kap. II., Nr. 14

7) Persönlicher Adjutant Hitlers

8) von Preußen, Sohn des letzten Deutschen Kaisers

9) „Autoren über Hitler" Deutschsprachige Schriftsteller 1919 - 1945 und ihr Bild vom „Führer". Bonn 1993. 1012 S.

10) Frank Schirrmacher FAZ 14. 8. 1993 Literatur

11) Neuere Forschungen ergaben, dass die von franquistischer Seite aufgestellten Behauptungen über den Hergang der Zerstörungen Guernicas (nämlich: durch die Basken selbst oder durch die Republikaner) nicht stimmten, dass aber der Angriff nicht so geplant war, wie er dann erfolgte. Er galt in Richtung Bilbao fliehenden baskischen Truppen, denen der Rückzug abgeschnitten werden sollte. Dazu wurde ein Luftangriff auf die Straßengabel, die Brücke und die Vorstadt Renteria östlich von Guernica befohlen. Wegen schlechter Sichtverhältnisse verfehlten die Bomben ihr Ziel und fielen auf die Stadt. Der deutsche General von Richthofen notierte in sein Tagebuch:
„... Als die 1. Jus (= Junkers) 52 kamen, war überall schon Qualm ... Keiner konnte mehr Straßen-, Brücken- und Vorstadtziel erkennen und warf nun mitten hinein..." (Vgl. im einzelnen: „Legenden, Lügen, Vorurteile – Ein Wörterbuch zur Zeitgeschichte" Herausgegeben von Wolfgang Benz, dtv 3295 2. Aufl.1992, S.92 ff.)
Ob Fehlwürfe oder nicht: Die Tötung von Zivilpersonen und die Zerstörung nichtmilitärischer Ziele wurden seitdem jedenfalls in Kauf genommen, wie in späteren Kriegen auch, als sogar gezielte Angriffe auf die Zivilbevölkerung, von Dresden bis

Hiroshima und Nagasaki, von Vietnam bis Sarajevo befohlen wurden. Bis heute ist aber Guernica das Symbol für den Beginn des modernen Krieges gegen die Zivilbevölkerung.

11a) Karl-Heinz Janssen ZEIT v. 30. 5. 1997 S. 42

12) Über den neusten Stand der Forschung informiert das Buch von Karl-Heinz Janssen und Fritz Tobias: Der Sturz der Generäle. Hitler und die Blomberg-Fritsch-Krise, 1938, München 1994. Hierzu Günter Kiesling FAZ vom 5. 4. 1994, ferner Karl--Heinz Janssen: Die Halder – Legende ZEIT v. 1. 10. 1998 S. 112. Über Keitel: Wilhelm Keitel, Mein Leben, Pflichterfüllung bis zum Untergang. Hitlers Generalfeldmarschall und Chef des Oberkommandos der Wehrmacht in Selbstzeugnissen. Herausgegeben von Werner Maser, Berlin 1998, besprochen von Günter Kiessling FAZ vom 4. 12. 1998

13) Das heutige Österreich war jahrhundertelang Teil des „Heiligen Römischen Reichs Deutscher Nation". Nachdem Kaiser Franz II. 1806 die Kaiserkrone niedergelegt hatte und damit das Reich zu bestehen aufhörte, wurde Österreich nach dem Wiener Kongreß (1814 - 1815) Teil des neugegründeten Deutschen Bundes. Es war noch bis zum innerdeutschen Krieg von 1866 (Gründung des N o r d-deutschen Bundes 1867) in diesem Rahmen mit Preußen und den anderen deutschen Staaten verbunden, wurde aber dann durch Bismarck von einer Mitwirkung bei der Bildung des zweiten Kaiserreichs 1871 („Kleindeutsche Lösung") ausgeschlossen. Nach dem Ende des Ersten Weltkrieges (1914 - 1918), den das Deutsche Reich und Österreich-Ungarn gemeinsam geführt und verloren hatten, mußte Deutschland im Versailler Friedensvertrag vom 28. 6. 1919 die Unabhängigkeit Österreichs als „unabänderlich" anerkennen. Eine Änderung sollte nur mit Zustimmung des Rats des Völkerbunds möglich sein. Allerdings sah die sogenannte „Weimarer Reichsverfassung" vom 11. 8. 1919 in ihrem Artikel 61 vor, dass „Deutsch-Österreich ... nach seinem Anschluß an das Deutsche Reich das Recht der Teilnahme am Reichsrat" erhalten solle. Deshalb forderten die Siegermächte bei den Verhandlungen über den Friedensvertrag von Saint-Germain mit Deutschösterreich, dass dem neuen Bundesstaat „Republik Österreich" der Name „Deutschösterreich" sowie der durch die Wiener Nationalversammlung am 12. 11. 1918 beschlossene Anschluß an das Deutsche Reich untersagt werden sollten. Unter diesem Druck nahm die Nationalversammlung in Wien am 10. 9. 1919 den Friedensvertrag entsprechend an. Die sogenannte „Anschlußbewegung" verfolgte den „alten Vereinigungstraum der Deutschen, der durch die Zerstückelung der Doppelmonarchie im Jahre 1919 endlich möglich geworden war"(Joachim Fest), weiter. Damit konkurrierten der „Austromarxismus" und der „Austrofaschismus", die unter Bundeskanzler Dollfuß durch ein autoritäres Notverordnungssystem in Schach gehalten wurden. Sozialdemokratische und nationalsozialistische Aufstände und Putschversuche wurden niedergeschlagen, dabei Dollfuß ermordet (25. 7. 1934). Sein Nachfolger Schuschnigg setzte die bisherige Politik fort und versuchte, die Souveränität Österreichs durch Abkommen mit Italien und Ungarn zu sichern. In den Konferenzen von Stresa (1934 und 1935) gaben Frankreich, Großbritannien und Italien Garantieerklärungen für die Unabhängigkeit Österreichs ab. 1936 schloß Hitler sogar einen Nichteinmischungsvertrag mit Österreich ab. Unter dem Eindruck der Machtübernahme Hitlers in Deutschland und seiner Erfolge geriet aber die Anschlußbewegung in Österreich immer mehr in den Sog des Nationalsozialismus. Auch Hitlers österreichische Herkunft (geboren in Braunau am Inn) spielte dabei eine gefühlsmäßige Rolle. Schuschnigg musste schließlich erkennen, dass er weder von Italien noch von England Hilfe zu erwarten hatte. Er ließ sich daher zu einem Zusammentreffen mit Hitler in Berchtesgaden am 12. 2. 1938 bewegen.

14) Joachim C. Fest, a.a.O. S. 750 Anm. 162 (S. 1119)

15) Stockholm 1944, Lizenzausgabe Amsterdam 1949, S. 446 ff.

[16] FAZ vom 9. 7. 1993
[17] PLOETZ, a.a.O. S. 993
[18] Joachim C. Fest, a.a.O. S. 760 Anm.181 (S. 1120)
[19] Joachim C. Fest, a.a.O. S. 767
[20] Joachim C. Fest, a.a.O. S. 771-773, derselbe, „Staatsstreich: Der lange Weg zum 20. Juli" Berlin 1994, 3. Kapitel „Septemberverschwörung" (S. 76-104). Karl-Heinz Janssen hält diese Darstellung in seiner Abhandlung „Die Halder-Legende", ZEIT v. 1. 10. 1998 S. 112, für eine „abenteuerliche Geschichte". Halders „Putsch von 1938" sei kein konkreter Plan, sondern allenfalls eine nachträgliche Überhöhung vager Absichten gewesen, die vor allem aus der Unzufriedenheit mit dem Strategen Hitler entstanden sein möchten.
[21] Vater des späteren Bundespräsidenten Richard Freiherr von Weizsäcker
[22] vgl. „Legenden Lügen Vorurteile" a.a.O. S. 175 ff.
[23] Joachim C. Fest, a.a.O. S. 780
[24] Sebastian Haffner a a.O. S. 175
[25] Joachim C. Fest a.a.O. S. 792
[26] Joachim C. Fest a.a.O. S. 803
[27] Günther Gillessen FAZ v. 16. 1. 1995
[28] Die Sowjetunion und ihre Funktionäre haben die Existenz dieses geheimen Zusatzabkommens jahrzehntelang bestritten. Erst im Dezember 1989 wurde eingeräumt, dass es in bis dahin geheimen Archiven aufbewahrt worden war (vgl. FAZ v. 31. 10. 1992).
[29] Joachim C. Fest a.a.O. S. 811
[30] Die „Kriegsbriefe von der Westfront 1914 - 1918" meines Vaters sind im Juli/August 1937 im „Fränkischen Kurier" in Nürnberg in Fortsetzungen erschienen. Sie basieren auf den Briefen, die meine Mutter für ihn, unter Weglassung rein persönlicher Bemerkungen, handschriftlich in zwei dicke Tagebücher übertragen hat, die ich noch besitze.
[31] Hitler versprach oder irrte sich: Die Feindseligkeiten begannen bereits 4.45 Uhr (s. o. und u.).
[32] „Legenden, Lügen, Vorurteile" a.a.O. S. 90 u. 190
[33] „Legenden, Lügen, Vorurteile" a.a.O. S. 48
[34] Gerhart Binder, Geschichte im Zeitalter der Weltkriege, Stuttgart 1977, S. 762
[35] Goethe, Faust, Prolog im Himmel
[36] Joachim C. Fest a.a.O. S. 843

Kap. IV SOLDATENZEIT (1941 - 1945)

[1] Diese Zahlen stammen aus Unterlagen der Deutschen Dienststelle in Berlin, der früheren Wehrmachtsauskunftsstelle (WASt), die in dem Organ des VDK (Deutsche Kriegsgräberfürsorge) „Stimme & Weg" veröffentlicht worden sind.
[2] Joachim C. Fest a.a.O. S. 886 Anm.64
[3] Joachim C. Fest a.a.O. S. 875 Anm.39
[4] Alfred M. de Zayas, Die Wehrmacht-Untersuchungsstelle - Dokumentation alliierter Kriegsverbrechen im Zweiten Weltkrieg, München, 6. Auflage 1998 S. 273
[5] Walter Warlimont, Im Hauptquartier der deutschen Wehrmacht 1939-1945, Frankfurt 1962 S. 185, zitiert das „dienstliche Tagebuch der Kriegsgeschichtlichen Abteilung des OKW" mit Anm. 59: „Vgl. Nürnberg Dok. NOKW 200."
[6] vgl. die in meinem Besitz befindliche „Oberhessische Tageszeitung" vom 25. 6. 1941 S. 3
[7] Warlimont a.a.O. S.164
[8] DIE ZEIT Nr. 9 v. 24. 2. 1995 S.44; FAZ 10. 4. 1996 S. N6

[8a] FAZ 24. 3. 1999 S. N5

[9] Hans-Erich Volkmann, Die Legende vom Präventivkrieg, DIE ZEIT 13. 6. 1997 S. 44

[9a] Eine Neueinschätzung der Affäre, aber mit gleichem Ergebnis, ist jetzt nach Öffnung der Heßarchive durch das Foreign Office möglich (vgl. FAZ v. 1. 6. 1994).

[10] Bei allen ursprünglich berittenen oder bespannten Waffengattungen wie Kavallerie und Artillerie und auch der Nachrichtentruppe mit ihren bespannten Fernsprechbautrupps hießen die Unteroffiziere mit Portepee „Wachtmeister", bei den anderen Waffengattungen „Feldwebel".

[11] Heute weiß man, dass dies nicht stimmte (Einzelheiten bei Ronald Lewin, Entschied ULTRA den Krieg? Alliierte Funkaufklärung im 2. Weltkrieg, Koblenz/Bonn 1981). Die Alliierten konnten seit 1940 den deutschen strategischen Funkverkehr entziffern. Sie verteilten aber ihre Erkenntnisse nur mit der höchsten Geheimhaltungsstufe „ULTRA" an wenige höchste Entscheidungsträger und gaben nie zu erkennen, was sie wussten. Sie verzichteten lieber auf Vorteile und nahmen Opfer dann in Kauf, wenn sich aus ihren Reaktionen ergeben hätte, dass sie den deutschen Funkverkehr mitlasen.
Aber auch Deutschland hatte erfolgreiche Abhörzentralen. (Einzelheiten bei Günther W. Gellermann „... und lauschten für Hitler", Geheime Reichssache. Die Abhörzentralen des Dritten Reiches, Bonn 1991) Diese Darstellung umfasst die Arbeit des sogenannten Forschungsamtes des Reichsluftfahrtministeriums und der sogenannten Forschungsstelle der Reichspost. Diese wohl effektivsten deutschen Nachrichtendienste arbeiteten mit den neusten technischen Erkenntnissen jener Zeit (Überwachung und Entschlüsselung von Ferngesprächen, Funkferngesprächen und Funksprüchen). Ihre Arbeit blieb bis in jüngere Zeit weitgehend unbekannt. Sie kann mit derjenigen von „Bletchley Park" (s.u.) auf eine Stufe gestellt werden. Ähnlich der Geheimhaltungsstufe „ULTRA" dieses britischen Nachrichtendienstes wurden die Erkenntnisse der deutschen „Forschungsstellen" als „Geheime Reichssache" behandelt und auf braunem Papier verteilt, den sogenannten „Braunen Blättern" (im Hausgebrauch wegen des mit dem Reichsadlers versehenen Papiers auch „Braune Vögel" oder „Braune Freunde" genannt). Der Verteilerkreis war klein gehalten und wurde streng überwacht.
Außerdem gab es beim deutschen Heer für den Einsatz bei höheren Stäben sogenannte Nachrichten Aufklärungsabteilungen (NAA) , die den gegnerischen Funkverkehr im taktischen Bereich abhörten und entschlüsselten.
Auf britischer Seite hat an der Entschlüsselungsarbeit des britischen Secret Intelligence Service in der während des 2. Weltkrieges nach Bletchley Park bei London evakuierten „Government Code and Cypher School" Alan Stripp aus Cambridge mitgewirkt, den wir nach dem Krieg als einen guten Freund von Kusine Waltraud Chapman kennengelernt haben und seitdem manches freundschaftliche Gespräch mit ihm haben führen können. Er hat die Bücher „Codebreaker in the Far East" (London 1989) und (zusammen mit Sir Harry Hinsley) „Codebreakers, The Inside Story of Bletchley Park" (Oxford 1993) herausgegeben. Es ist faszinierend und bewegend, nach Jahrzehnten mit einem ehemaligen Kriegsgegner und heutigen Freund über das spezielle Fachgebiet sprechen zu können, auf dem man sich damals gegenübergestanden hat, ohne voneinander zu wissen.

[12] gegen Pocken, Typhus, Cholera und Ruhr. Soviel ich weiß, gab es in der Deutschen Wehrmacht während des ganzen Zweiten Weltkrieges keine größeren Seuchen oder Epidemien. In Rußland trat wohl Fleckfieber auf, gegen das mangels ausreichender Impfstoffmengen nur ältere oder besonders gefährdete Soldaten und Sanitätspersonal geimpft werden konnten.

[13] Ursprünglich ein aus dem Mittelalter stammendes (Trompeten)signal, durch das der Ausschank für die Soldaten in ihren Lagern beendet und dadurch sichtbar gemacht wurde, dass über den hölzernen Verschlußzapfen der Weinfässer mit Kreide ein Kreuz gemalt wurde.

[14] Joachim C. Fest, Staatsstreich, a.a.O. (s. Kap. III. Anm. 20) S. 303

[15] Quelle: Tätigkeitsbericht des Chefs des Heerespersonalamtes General der Infanterie

Rudolf Schmundt fortgeführt von General der Infanterie Wilhelm Burgdorf – 1. 10. 1942 - 29. 10. 1944 – herausgegeben von Dermot Bradley und Richard Schulze-Kossens, Biblio Verlag, Osnabrück, 1984

16) s. Anm. 10

17) d.i. der Adjutant von Feldmarschall Paulus, der Vater meiner oben erwähnten Klassenkameradin und von Helgas Freundin Margot Adam. Siehe Anm.19 dort in Band I Seite 776

18) Dr. Manfred Steinkühler, FAZ 18. 11. 1996

19) Walter Kempowski, Das Echolot, Ein kollektives Tagebuch, Januar und Februar 1943, Albrecht Knaus, München 1993

20) Hierfür benutzte Quellen:
a) Josef Schröder, Italiens Kriegsaustritt - Die deutschen Gegenmaßnahmen im italienischen Raum: Fall „Alarich" und „Achse", Göttingen 1969
b) Walter Warlimont, Im Hauptquartier der deutschen Wehrmacht 1939 - 1945, Frankfurt/Main 1962
c) Robert Murphy, Diplomat unter Kriegern - Zwei Jahrzehnte Weltpolitik in besonderer Mission, Berlin 1965 (auch Originalausgabe: „DIPLOMAT AMONG WARRIORS", New York 1964)
d) Lagebesprechungen im Führerhauptquartier, Protokollfragmente, herausgegeben von Helmut Heiber, dtv dokumente 120/21, 1963

21) Katriel Ben Arie, Die Schlacht bei Monte Cassino 1944, Freiburg 1985, S.55

22) Schröder a.a.O. (in Anm. 20a) S. 320 - 325 mit ausführlicher Darstellung der kontroversen Literatur

23) Amerikanische Filmberichterstatter drehten hierüber einen eindrucksvollen Film, der insbesondere die Berglandschaft mit ihren unsäglichen Erschwernissen für die Soldaten beider Seiten zeigt.

24) Über die Schlachten am Monte Cassino gibt es inzwischen eine umfangreiche kriegsgeschichtliche und Memoiren-Literatur in den Sprachen aller teilnehmenden Nationen, was die Bedeutung dieser Kampfhandlungen unterstreicht. Die meisten Autoren der letzten Jahre waren selbst nicht mehr Augenzeugen der Ereignisse. Die Historiker rücken mit dem berufstypischen zeitlichen Abstand in die Front der Memoirenschreiber ein. Für meine Darstellung konnte ich natürlich in erster Linie meine eigenen Erlebnisse heranziehen. Ich habe aber auch die wichtigsten Bücher zur Hintergrundserhellung studiert. Die beste und übersichtlichste Arbeit stammt aus der Feder des schon erwähnten israelischen Militärschriftstellers Katriel Ben Arie: Die Schlacht bei Monte Cassino 1944, herausgegeben 1985 vom Militärge schichtlichen Forschungsamt in Freiburg. Die Israelis haben sich ja zum Erstaunen der Antisemiten als ausgezeichnete Soldaten und Militärfachleute gezeigt. Nachfolgend seien die wichtigsten von mir herangezogenen Werke genannt:
a) Dominick Graham, Cassino, 1970, deutsch: Rastatt 1983
b) David Hapgood, David Richardson, Monte Cassino, New York 1984
c) John Ellis, Cassino - The hollow victory, New York pp 1984
d) Janusz Piekalkiewicz, Die Schlacht von Monte Cassino, London 1980, deutsch: Bergisch Gladbach 1980
e) E.D.Smith, The Battles for Cassino, London 1975, deutsch: Stuttgart 1979
f) Robert Wallace - Time-Life, Der Feldzug in Italien, 1980
g) Die 71. Infanterie-Division im Zweiten Weltkrieg 1939-1945, Hildesheim 1973
h) Joachim Lemelsen, 29. Division, Bad Nauheim 1960
i) Friedrich Dettmer, Otto Jaus, Helmut Tolkmit, Die 44. Infanterie-Division-Reichs-Grenadier-Division Hoch- und Deutschmeister 1938-1945, Friedberg 1979
k) Frido von Senger und Etterlin, Krieg in Europa, Köln u. Berlin 1960
Ich habe ferner im Militärarchiv in Freiburg die noch vorhandenen Kriegstagebücher (KTB) der verschiedenen Oberkommandos, General- und Divisionskommandos studiert. Leider war das damals von mir geführte KTB meiner Nachrichten-Abteilung nicht mehr erhalten.
Mir standen auch die umfangreichen Akten des Militärgeschichtlichen For-

schungsamts in Freiburg zur Verfügung, insbesondere die Ausarbeitungen deutscher Befehshaber in Italien, die sie nach dem Krieg in alliierter Kriegsgefangenschaft auf Veranlassung der Alliierten hergestellt haben.
Schließlich habe ich das im Bundesarchiv in Koblenz erhaltene Filmmaterial gesichtet. Es gibt auch mehrere Filme über die Schlachten, die natürlich letzten Endes immer auf dieselben, damals gemachten Aufnahmen zurückgreifen müssen. Als sehr instruktiv möchte ich aber den BFN-Film „A bitter victory" hervorheben, der u.a. mit heutigen Hubschrauberaufnahmen das damals umkämpfte Gelände eindrucksvoll darstellt.
Das geschilderte Material habe ich zu einem Vortrag verarbeitet, den ich zuerst 1979 während einer Bildungsreise der Kgl. Schwedischen Militärakademie Stockholm am Fuße des Monte Cassino vor jungen schwedischen Generalstäblern gehalten habe. Mein Schulfreund Dieter Schönhals, der am Landekopf Anzio und Nettuno gekämpft hat, hatte als Lektor für Deutsch an der Universität Stockholm und an der Militärakademie diesen Vortrag arrangiert. So haben wir beide gemeinsames Erleben noch einmal in der alten Landschaft für uns und die jungen schwedischen Offiziere wiedererstehen lassen. - Den Vortrag habe ich in den Jahren 1985 bis 1987 auch insgesamt zehn Mal vor Offizieren der Bundeswehr gehalten.

25) Katriel Ben Arie, a.a.O. S. 118; Winston S. Churchill, Der Zweite Weltkrieg, 1.Auflage der Sonderausgabe seiner Memoiren 1995, Bern,München,Berlin , S. 892

26) vgl. Anm. 24c)

27) Wolff wurde von den Alliierten nicht vor Gericht gestellt, vermutlich weil er als eine Art „Kronzeuge" behandelt wurde. Das Schwurgericht München verurteilte ihn aber 1964 zu 15 Jahren Zuchthaus wegen Beihilfe zum Mord an 300.000 Juden. Er wurde 1969 wegen Haftunfähigkeit entlassen und starb 1984 im Alter von 84 Jahren. (Vgl. Jochen v. Lang, Der Adjutant, München u. Berlin 1985.)

28) Katriel Ben Arie, a.a.O., S. 317 Anm. 14 ; Legenden, Lügen, Vorurteile, a.a.O. S. 115

29) a.a.O. S. 388

30) Carl von Clausewitz, Vom Kriege, 1832 - 35

31) vgl. Roger Normand und Christof Jochnick, „The Legitimation of Violence" in Harvard International Law Journal, Bd.35, 1994, zitiert und besprochen von Marco Montani, FAZ 24. 5. 1995, Nr. 120/ S. N5

32) a.a.O. S. 283

33) Bei der folgenden Darstellung habe ich mich außer an die eigene Erinnerung an unsere Divisionsgeschichte gehalten (vgl. Anm. 24g).

34) a.a.O. (s. Kap. III. Anm. 20)

35) Nach dem Krieg sah ich Ornella 1966 in Rom anläßlich einer Dienstreise wieder. Sie war inzwischen mit Andrea Fussi, später General der italienischen Luftwaffe, verheiratet und hatte zwei Söhne. – Helga und ich besuchten San Zaccharia 1979 während einer Italienreise. Die Eltern Missiroli waren gestorben. Mario, inzwischen verheiratet, bewohnte das Elternhaus. Romana hatte eine Apotheke in Milano Marittima. Sie zerstörte mir nachträglich manche Illusion, als sie mir ungerührt erläuterte, dass Ornella i m m e r weine (vgl. die Abschiedsszene). Mirella war in Ravenna verheiratet und hatte zwei Kinder. Es war ein rührendes und herzliches Wiedersehen.

36) Nr. 6 der Schriftenreihe Ehemaliger der Ricarda-Huch-Schule zu Gießen, Herausgeber: Dr. Mutgard Kuschke geb. Flörke, Bad Nauheim, Band I-Zweite und vermehrte Auflage 1991, S. 194, 195

37) Dietrich Graef, Selbstverlag des Oberhessischen Geschichtsverlags Gießen, 1986, S. 95

38) Mussolini hatte versucht, sich mit einer deutschen Uniform in einer deutschen Fahrzeugkolonne zu verstecken und vor den italienischen Partisanen in Sicherheit zu bringen. Er wurde am 27. 4. 1945 in Dongo am Comer See entdeckt und am 28. 4. mit seiner Freundin Clara Petacci und mehreren faschistischen Würdenträgern erschossen. Ihre Leichen wurden später in Mailand geschändet und öffentlich an den Füßen aufgehängt und zur Schau gestellt. (Vgl. z. B. Joachim C. Fest, a.a.O.

S. 1021. Erich Kuby, Verrat auf deutsch, Hamburg 1982, S. 539 ff.)

[39)] Hitlers persönliches Testament, s. Joachim C. Fest, Hitler, a.a.O. S. 1018

[40)] a.a.O. in Anm. 24g)

[41)] Johann Georg Reißmüller FAZ 25. 7. 1995

[42)] 2. Mose 14. und 15. (Der Untergang der Ägypter im Roten Meer) - Diese Vision hat 1812 in einem „Fluchtlied" über den Rückzug Napoleons aus Rußland Verwendung gefunden (1813 in einem „Fliegenden Blatt" in Riga erschienen, abgedruckt in Ludwig Erk, Deutscher Liederhort, 2. Band, Nachdruck Hildesheim 1963 S. 158). Ich hatte es erstmals im Stadtgymnasium Halle gehört.

[42a)] Steve Sem-Sandberg FAZ 10. 6. 97

[43)] Konrad wurde, soviel ich weiß, an Jugoslawien ausgeliefert und wegen angeblicher Kriegsverbrechen vor Gericht gestellt. Das gegen ihn ergangene Todesurteil wurde später in eine lebenslängliche Zuchthausstrafe umgewandelt. Schließlich wurde er wohl begnadigt.

[44)] Sprechstunden Deutscher Geschichte – Original-Tondokumente aus fünf Jahrzehnten, 1904 - 1954, Hamburg 1977, Platte 4 Nr. 105

[44a)] Erich Schwinge, Bilanz der Kriegsgeneration, 2.Aufl., Marburg 1979 S. 30

[45)] Tatsächlich hatten die Alliierten am 29. 6. in Berlin vereinbart, dass die sowjetische Bestzungszone durch britische und amerikanische Truppen in der Zeit vom 1. bis 4. Juli teilweise geräumt werden sollte, gegen Einräumung von Teilen von Westberlin. Andreas Hillgruber/Gerhard Hümmelchen, Chronik des Zweiten Weltkrieges, Kalendarium militärischer und politischer Ereignisse 1939 - 1945, Düsseldorf 1978

Kap. V ERSTE NACHKRIEGSZEIT (1945 - 1946)

[1)] Hartwig Bögeholz a.a.o. S. 31

[2)] siehe: Jan Reifenberg, Als Stalin zur Gefahr wurde, FAZ 17. 2. 1996 Beilage

[3)] „Damals und Heute" a.a.O. S. 83 , Hillgruber/Hümmelchen a.a.O. S. 252

[4)] Hartwig Bögeholz a.a.O. S. 28-30

[5)] berichtet Ludwig Emanuel Reindl, Herausgeber der Zeitschrift „Die Erzählung" Südverlag Konstanz, 2. Jahrgang Heft 6 Juni 1948 S.2

[6)] Hartwig Bögeholz a.a.O. S. 192 - 194

[7)] Kindlers Literatur Lexikon, München 1974 dtv 3151 S. 4836

[8)] siehe Kap. III. Anm. 30

[8a)] Die britischen Militärbehörden, in deren Sektor sich das Gefängnis befand, gaben am 18.8.1987 folgende Verlautbarung heraus:
„Eine erste Untersuchung deutet darauf hin, dass Rudolf Heß versucht hat, sich das Leben zu nehmen. Am Nachmittag des 17. August begab sich Heß, wie gewohnt, unter Aufsicht eines Gefängnisaufsehers zu einem Häuschen im Garten des Gefängnisses, wo er zu sitzen pflegte. Als der Aufseher ein paar Minuten später im Häuschen nachsah, fand er Heß mit einem Elektrokabel um den Hals vor. Man nahm Wiederbelebungsversuche vor, und Heß wurde ins britische Militärkrankenhaus gebracht. Nach weiteren Versuchen, Heß wiederzubeleben, wurde er um 16.10 Uhr für tot erklärt. Die Frage, ob dieser Selbstmordversuch für seinen Tod ursächlich war, ist Gegenstand einer Untersuchung einschließlich einer umfassenden Autopsie, die noch andauert." (FAZ 19. 8. 1987) Es ist also nicht bewiesen, dass Heß, wie sein Verteidiger und andere behauptet haben, ermordet worden ist. Dies ist eher unwahrscheinlich. Der Aufseher wird sich nicht in einer ihn dann praktisch allein belastenden Form vergangen haben. Andere Personen hatten keinen Zutritt zum Gefängnis und wurden nicht beobachtet. Darüber, wer ein Interesse an einem derartigen Mord hätte haben können, kann nur spekuliert werden. An der Schaffung einer Märtyrerfigur in Gestalt von Heß wären nur diejenigen interessiert gewesen, die heute versuchen, ihn zu feiern. Aber auch hierfür fehlen Beweise. Die

Frage muss daher auf sich beruhen.

[8b] Peter Jochen Winters, FAZ 1997, S. 5

[9] Uwe Schmitt, Wehe den Gerechten . Fehler und Irrtümer der Siegerjustiz beim Kriegsverbrecherprozeß von Tokio. FAZ 4. 5. 1996 Beilage

[10] Telford Taylor a.a.O. S. 50ff

[11] Hartwig Bögeholz a.a.O. S. 71

[12] Telford Taylor a.a.O. S. 102

[13] vgl. Daniel Jonah Goldhagen, Hitler's Willing Executioners, Berlin 1996

[13a] FAZ 20. 12. 1999 S. 56

[14] Christabel Bielenberg, Als ich Deutsche war 1934 - 1945, München 1994 (Beck 326)

[14a] Vgl. die Berichte in der FAZ v. Okt. u. Nov. 1999

[15] Marion Gräfin Dönhoff und Richard Freiherr von Weizsäcker, DIE ZEIT 8. 3. 1996, S. 63

[16] Alfred M. de Zayas, a.a.O.

[17] FAZ 30. 1. 1997 S. 36

[18] Dr. Friedhelm Plücker, FAZ 11. 2. 1997 S. 9

[19] Wolfgang Matel, DIE ZEIT 31. 10. 1997 S. 1120

[20] Jürg Altwegg „Hitlers hilfreiche Hehler", FAZ 31. 1. 1997 S. 39

[21] DIE ZEIT, 7. 2. 1997 S. 50

[22] FAZ, 15. 5. 1997 S. 16

[23] FAZ, 4. 3. 1998

Kap. VI STUDIUM UND VERLOBUNG (1946 - 1949)

[1] Stadtrechte etwa seit 1200. Die Philipps-Universität wurde 1527 als erste protestantische Universität von Landgraf Philipp dem Großmütigen gegründet. 1529 fand im Schloß das „Marburger Religionsgespräch" zwischen Luther und Zwingli über das Verständnis des Abendmahls statt
(Luther: „Realpräsenz" von Leib und Blut Christi beim A., Zwingli: nur symboli sche Bedeutung).

[2] Studentensprache: jemand, mit dem man zusammen studiert.

[3] Mittags„tisch" für Studenten

[4] Mein Ururgroßvater Wilhelm Weber (1792 - 1874), Pastor in Brachstedt bei Halle/Saale, gehörte seit 1810 der Landsmannschaft „Marchia" (seit 1813/14 „Teutonia") in Halle/Saale an. Er war dort „Zweiter Senior". In den Freiheitskriegen gegen Napoleon folgte er mit seinen Kommilitonen 1813 dem Ruf des Königs von Preußen nach Breslau und schloß sich als freiwilliger Jäger dem Lützowschen Corps und 1815 dem Husarenregiment des Majors von Colomb an. Er wurde mit dem von Friedrich Wilhelm III. gestifteten „Eisernen Kreuz" ausgezeichnet. –
Mein Urgroßvater Carl Reinhold (1825 - 1897), Pastor in Vorweiden (Aachen), Raubach und Neuwied, gehörte seit 1851 in Halle/Saale dem „Wingolf" an, einer christlichen Verbindung.
Mein Großvater Moritz Reinhold schloß sich in Halle/Saale keiner studentischen Verbindung an. Während seines nur 6-semestrigen Studiums hatte er noch seiner Wehrpflicht als „Einjähriger" (s.o. Kap. I. Anm. 5) zu genügen. Für eine Teilnahme am Verbindungsleben hatte er weder Zeit noch Geld.
Mein Vater trat nach der Teilnahme am Ersten Weltkrieg während seines Studiums in Halle/Saale 1919 dem „VdSt" (Verein deutscher Studenten) bei, einer deutschnationalen Verbindung.

[5] verlegt zuerst in Freiburg, dann in Frankfurt von den heute schon legendären Journalisten E.Benkard, B.Guttmann, R.Haerdter, A.Oeser und B.Reifenberg (1945 - 58)

[6] Hartwig Bögeholz a.a.O. S. 46

Kap. VII HOCHZEIT UND REFERENDARZEIT (1949 - 1953)

1) Otto Peter Schweling, Die deutsche Militärjustiz in der Zeit des Nationalsozialismus, 2. Aufl. Marburg 1978, S. 60
2) Kriterien sind: Verantwortlicher Führer; bestimmte ständig benutzte und aus der Ferne erkennbare Abzeichen; offenes Führen der Waffen; Beachtung der Gesetze und Gebräuche des Krieges.
3) Dieter Schenk, Die Post von Danzig, Geschichte eines deutschen Justizmords, Hamburg 1995; Besprechung von Friedrich-Christian Schroeder, FAZ 13. 12. 1995; Bericht von Heinrich Senfft, DIE ZEIT 19. 1. 1996
4) Hubert Schorn, Die Richter im Dritten Reich, Frankfurt, 1959
5) FAZ 6.12.1997

Kap. IX BEI KRUPP IN ESSEN (1964 - 1987)

1) William Manchester, KRUPP (amerikanisch THE ARMS OF KRUPP), München 1968 S. 651/652
2) William Manchester a.a.O. S. 675
3) Thomas Sandkühler, „Endlösung" in Galizien - Der Judenmord in Ostpolen und die Rettungsinitiativen von Berthold Beitz 1941 - 1944, Bonn 1996 S. 290 ff, s. insbesondere S. 420, wo geschildert wird, dass der Fall Beitz Parallelen zum Verhalten von Oskar Schindler aufweist.
4) Eugen Gerstenmaier, Streit und Friede hat seine Zeit, Frankfurt/Main-Berlin-Wien 1981 S. 549
5) vom 28. 3. 1966 Nr. 14 S. 73
6) Will Tremper , Das Tall-Komplott, Wien-München-Zürich 1973
7) s. Kap. IV, Anm. 19

Kap. X DAS GETEILTE DEUTSCHLAND, „REPUBLIKFLUCHT" UND FREIKAUF

1) Hartwig Bögeholz a.a.O. S. 279, 281 - 287
2) Rainer Barzel, Es ist noch nicht zu spät, München 1976, S. 24 ff
3) Ludwig A.Rehlinger, Freikauf - Die Geschäfte der DDR mit politisch Verfolgten 1963 - 1989, Berlin, Frankfurt/Main, 1991
Für meine Darstellung habe ich außer eigenen Kenntnissen der Materie folgende Veröffentlichungen herangezogen:
a) Michel Meyer, Freikauf - Menschenhandel in Deutschland, Wien, Hamburg, 1978
b) Klaus Bölling, Die fernen Nachbarn - Erfahrungen in der DDR, Hamburg, 1983
c) Jens Schmidthammer, Rechtsanwalt Wolfgang Vogel - Mittler zwischen Ost und West, Hamburg, 1987
d) Wolfgang Brinkschulte, Freikaufgewinnler: Die Mitverdiener im Westen, Frankfurt/M., Berlin, 1993
e) Helmut Schmidt, Das Jahr der Entscheidung, Berlin, 1994
f) Norbert F. Pötzl, Basar der Spione - Die geheimen Missionen des DDR-Unterhändlers Wolfgang Vogel, Hamburg, 1997
4) a.a.O. S. 286
5) a.a.O. S. 247
6) Hartwig Bögeholz a.a.O. S. 286 - 288
7) Hartwig Bögeholz a.a.O. S. 708
8) Annette Kaminsky, Kaufrausch, Die Geschichte der ostdeutschen Versandhäuser, Berlin 1998, Buchbesprechung: DIE ZEIT 18. 3. 1999 NR.12 S. 24
9) FAZ 1998 S. 14

[10] Götterdämmerrung im Zentralkommitee, Tonprotokolle aus den letzten Sitzungen des ZK der SED, Okt. bis Dez. 1989,DeutschlandRadio, Nr. 23

[11] Laut Großem Brockhaus-Kompaktausgabe-18.Aufl. 1983, Bd.18, S. 297: „Kennwort (der dt.Abwehr) für einen seit 1936 in W-Europa aufgebauten Agentenapparat der sowjet. Spionageorganisationen, der im 2. Weltkrieg bes. nach dem dt. Angriff auf die UdSSR (1941) aktiv wurde. Politische Gegner des Nationalsozialismus (Kommunisten, Pazifisten u.a.) arbeiteten in der R.K. mit. ... In Berlin traten zwei Gruppen der R.K. unter H. Schulze-Boysen (Reichsluftfahrtministerium) und A. Harnack (Reichswirtschaftsministerium) hervor. Die R.K. wurde seit Aug. 1942 von der Gestapo aufgedeckt und bis Sommer 1943 zerschlagen. Viele Mitglieder wurden hingerichtet." Über die wechselnde Einschätzung der Rolle der „Roten Kapelle" vgl. Peter Jochen Winters, FAZ 14. 9. 1992, Johannes Tuchel, FAZ 3. 11. 1992, Tilman Krause, FAZ 16. 11. 1992. Die familiäre Verbindung Völkners zur „Roten Kapelle" könnte u.a. das erhöhte Interesse der DDR an der Freilassung dieses Gefangenen erklären. Möglicherweise hat sich deshalb auch die Sowjetunion im Hintergrund an der Lösung des Falles interessiert gezeigt. (Den Chefankläger in dem Verfahren des Jahres 1942 gegen die „Rote Kapelle" vor dem Reichskriegsgericht, Generalrichter Manfred Roeder, habe ich übrigens 1954 bei dem Amtsgericht Wiesbaden in anderer Sache als Zeugen vernommen.)

[12] z.B.: a) Horst Hiller, Sturz in die Freiheit-Von Deutschland nach Deutschland, München 1986
b) Jörg Lolland/Frank S.Rödiger, Gesicht zur Wand! Berichte und Protokolle politischer Häftlinge in der DDR, Stuttgart 1977
c) Ulrich Schacht, Hohenecker Protokolle-Aussagen zur Geschichte der politischen Verfolgung von Frauen in der DDR, Zürich 1984

[13] „Unschuld in Ketten" (1986) mit „Emanuelle"-Star Sylvia Kristel und unter Verwendung von Ellen Thiemanns Buch „Stell dich mit den Schergen gut", die auch am Drehbuch mitgearbeitet hat. Der Filmbericht in „Bild am Sonntag" vom 2. 3. 1986 lässt auf eine reißerische Darstellung des schlimmen Themas schließen.

[14] DDR-Spion in der Umgebung von Bundeskanzler Willy Brandt. Wurde 1974 enttarnt und 1975 zu 13 Jahren Freiheitsstrafe u.a. wegen schweren Landesverrats verurteilt. Vor dem Hintergrund der „Affäre G." legte Brandt am 7. 5. 1974 sein Amt als Bundeskanzler nieder. G. wurde im Okt. 1981 im Austauschverfahren in die DDR entlassen.

[15] Anm. 12c) S. 147 - 165

[16] „(1) Deutscher im Sinne dieses Grundgesetzes ist ... , wer die deutsche Staatsangehörigkeit besitzt oder als Flüchtling oder Vertriebener deutscher Volkszugehörigkeit oder als dessen Ehegatte oder Abkömmling in dem Gebiete des Deutschen Reiches nach dem Stande vom 31. Dezember 1937 (also ohne Österreich, Sudetenland, Memelgebiet, Elsaß-Lothringen, Anm. des Verf.) Aufnahme gefunden hat."

Kap. XI UNSERE KINDER

[1] Communauté de Taizé (Gemeinschaft von T.), 1940 von R.Schutz („Frère Roger"– 1974 Friedenspreis des Deutschen Buchhandels) dort gegründete evang. ökumen. Gemeinschaft von etwa (1974) 70 Brüdern unterschiedlicher Konfession aus mehr als 10 Ländern; veranstaltet u.a. auch das „Konzil der Jugend".